Adolf von Deitenhofen

Fremde Fürsten in Habsburgs Heer 1848-1898

Adolf von Deitenhofen

Fremde Fürsten in Habsburgs Heer 1848-1898

ISBN/EAN: 9783742871275

Hergestellt in Europa, USA, Kanada, Australien, Japan

Cover: Foto ©ninafisch / pixelio.de

Manufactured and distributed by brebook publishing software (www.brebook.com)

Adolf von Deitenhofen

Fremde Fürsten in Habsburgs Heer 1848-1898

FREMDE FÜRSTEN

IN

HABSBURGS HEER

1848—1898.

HERAUSGEGEBEN

VON

ADOLF VON DEITENHOFEN,
K. U. K. GARDE-OBERLIEUTENANT.

MIT 19 PORTRAITS.

WIEN
IM SELBSTVERLAGE
1898.

SEINER

KAISERLICHEN und KÖNIGLICHEN APOSTOLISCHEN

MAJESTÄT

FRANZ JOSEPH I.

KAISER VON ÖSTERREICH, KÖNIG VON BÖHMEN U. S. W.

UND

APOSTOLISCHEN KÖNIG VON UNGARN

IN TIEFSTER EHRFURCHT

GEWIDMET.

Seit Jahrhunderten haben unter Habsburgs Banner Mitglieder aller Fürstengeschlechter Europas gefochten; seit mehr als einem Jahrhundert haben es souveräne Fürsten wie die Glieder ihrer Familien als hohe soldatische Ehre betrachtet, das österreichische Waffenkleid zu tragen, in einen, wenn auch nur idealen Zusammenhang mit unserem Heere treten zu können. Waren die einen vollgiltige Krieger in Habsburgs Heer, so pflegten die andern gerne das Ehrenverhältnis, in welches sie ein Act kaiserlicher Courtoisie zu unserer Armee treten ließ. So wurden die Namen fremder Monarchen, die Namen ausländischer Fürstlichkeiten mit ihren Regimentern populär; unsere Kriegsgeschichte zeigt auf jedem Blatte diese fürstlichen Namen, sie sind mit unserer Ruhmesgeschichte innig verwoben.

Daran zu erinnern, die glänzende Reihe jener Regenten und Prinzen ausländischer souveräner Fürstenhäuser vor Augen zu führen, welche in dem halben Jahrhundert der glorreichen Regierung Sr. k. und k. Apostolischen Majestät unseres Allergnädigsten Obersten Kriegsherrn entweder zu Habsburgs Fahnen geschworen, Österreichs Schwert geführt, oder ihre Namen tapferen Truppenkörpern unseres Heeres gegeben und dadurch in bleibenden Contact mit demselben getreten sind, dies ist der Zweck des vorliegenden Buches. Es bietet, geordnet nach dem Eintrittstage in unsere Armee, kurze Lebensbilder aller Fürstlichkeiten ausländischer souveräner

Häuser, welche in dem genannten ereignisreichen Zeitabschnitte unserem Heere activ, oder als Regiments-Inhaber angehört haben, oder in den Officierslisten einzelner Truppenkörper geführt worden sind. Es ist ein gewaltiges Stück Zeitgeschichte, das in diesen Lebensbildern niedergelegt ist; in ihnen spiegelt sich sozusagen auch das Verhältnis unseres erhabenen Herrscherhauses zu den Dynastien Europas, und manch innige Beziehung, manch historisch bedeutsame Freundschaft tritt darin zutage.

So mag das Werk, das auf Grund zuverlässiger Quellen gearbeitet ist, seine Existenzberechtigung erweisen, seinen bescheidenen Platz in den Jubiläums-Publicationen dieses Jahres behaupten; es ist ein kleiner, aber nicht ganz nebensächlicher Beitrag zur Geschichte der inhaltsreichen fünfzig Jahre des Regentenwirkens unseres erhabenen Monarchen!

Wien, im December 1898.

Quellenmaterial.

Allgemeine Familien-Zeitung; Stuttgart, 1869.
Amon Ritter von Treuenfest, Gustav: Armee-Album; Wien, 1888.
Bartold, W.: Friedrich Wilhelm, Großherzog von Mecklenburg-Strelitz; Neustrelitz, 1893.
Brockhaus: Conversations-Lexikon.
Das Buch für Alle; die Jahrgänge: 1871, 1876, 1878 und 1890.
Dinckelberg, Hugo: General-Feldmarschall Prinz Albrecht von Preußen, Regent des Herzogthumes Braunschweig; Altenburg, 1898.
Döhler, F. Hermann: Weimars edles Fürstenhaus; Jena, 1892.
Falkenstein, von, J. Paul, Dr.: Johann, König von Sachsen; Dresden, 1879.
Gedenkblatt, Ein: „Hie gut Württemberg"; Stuttgart, 1889.
Glaeser, Karl: Herzog Alfred von Sachsen-Coburg-Gotha und seine Familie; Gotha, 1893.
Glasenapp, von, G.: Biographien, Porträts und Facsimiles der Führer der deutschen Heere, als Ergänzung zum Generalstabswerk 1866 und 1870/71.
Glücksmann, Heinrich: Se. Majestät König Oskar II.; Feuilleton des „Neuen Wiener Tagblatt" v. J. 1897.
Gothaischer genealogischer Hofkalender.
Greesinger, Th.: Wilhelm I., König von Württemberg; Stuttgart, 1864.
Hassel, Paul, Dr.: König Albert von Sachsen; erster Theil: Jugendzeit; Berlin, 1898.
Heigel, K. Theodor: Ludwig I., König von Bayern; Leipzig, 1872.
Hendrichs, von, W.: Prinz Wilhelm von Preußen; Berlin.
Herbst, Wilhelm: Encyklopädie der neueren Geschichte. Herausgegeben in Verbindung mit namhaften deutschen und außerdeutschen Historikern. Gotha, F. A. Perthes, 1877 ff.
Hesekiel, George: Nikolaus Pawlowitsch, Kaiser von Russland; eine biographische Notiz, Berlin, 1855.
Hesekiel, George: Alexander II. Nikolajewitsch, Kaiser von Russland; eine biographische Notiz, Berlin, 1855.
Hirschfeld, von, Ludwig: Friedrich Franz II., Grossherzog von Mecklenburg-Schwerin und seine Vorgänger; Leipzig, 1891.
Hirtenfeld, J., Dr.: Der Militär-Maria-Theresien-Orden und seine Mitglieder. Nach Quellen bearbeitet, Wien, 1857.
Hirtenfeld, J., Dr.: Militär-Zeitung; 9. Jahrg. v. 1856 und 13. Jahrg. von 1860.
Hirtenfeld, J., Dr.: Österreichischer Soldatenfreund; 4. Jahrgang, 1851.
Jahnke, Hermann: Kaiser Wilhelm-Gedenkbuch; Berlin, 1897.

Kämmel, Otto, Dr.: Illustrierte Geschichte der neuesten Zeit, Band IX und X: von der Thronbesteigung Napoleons III. bis zur Gegenwart. In 3. Auflage neu bearbeitet. Leipzig, 1898.
Karlowitsch, Wasili: Czar Alexander II. als Mensch und Herrscher: Dresden, 1881.
Klaussmann, O. A.: Das Leben im deutschen Kaiserhause; Minden i. W. 1896.
Klopp, O.: Georg V., König von Hannover; Hannover, 1878.
Koch, Adolf: Fürst Alexander von Bulgarien; Darmstadt, 1887.
Kolb, R.: Adolf, Großherzog von Luxemburg, Herzog von Nassau; Wiesbaden, 1897.
Kriegs-Archiv des k. u. k. Reichs-Kriegs-Ministeriums.
Laferté, Victor: Alexander II. Unbekannte Einzelheiten über sein Familienleben und seinen Tod; 1882.
Lamport, Friedrich: Ludwig II., König von Bayern; München.
Leipziger Illustrierte Zeitung: Jahrgang 1861; 46. Band, Nr. 1190; 70. Band, Nr. 1824; 78. Band, Nr. 2022; 82. Band, Nr. 2125; 85. Band, Nr. 2208; 90. Band, die Nummern 2333 und 2334; 91. Band, Nr. 2371; 92. Band, Nr. 2387; 95. Band, Nr. 2475; 97. Band, Nr. 2520; 98. Band, die Nummern 2536 und 2552; 99. Band, die Nummern 2561, 2562 und 2574; 100. Band, die Nummern 2591 und 2599; 101. Band, Nr. 2631; 103. Band, Nr. 2676; 106. Band, die Nummern 2748 und 2749 und 110. Band, Nr. 2858.
Liez, N.: Wilhelm III., König der Niederlande; Luxemburg, 1889.
Lukeš, J.: Militärischer Maria Theresien-Orden; Wien, 1890.
Malortie, von, C. E. Dr.: König Ernst August; Hannover 1861.
Menzel, Wolfgang: Geschichte der Deutschen; 5 Bde, Stuttgart u. Augsburg, 1855.
Meyer: Conversations-Lexikon.
Militär-Wochenblatt Nr. 24, Berlin, 1892.
Neue Freie Presse: Feuilleton im Morgenblatte vom 19. März 1898: »Aus den Berliner Märztagen des Jahres 1848,« von Alexandra von Schleinitz; Bericht im Morgenblatte vom 8. April 1898 über König Christians IX. achtzigsten Geburtstag und Feuilleton im Morgenblatte vom 23. April 1898: »König Albert von Sachsen.«
Neue illustrierte Zeitung: die Jahrgänge von 1875, 1881 und 1885.
Neuigkeits-Weltblatt: Über König Christian IX., vom 9. April 1898.
Notovich, Nicolas: Alexander III. und seine Umgebung; übertragen von Oskar Marschall von Bieberstein; Leipzig.
Österreichs Kämpfe im Jahre 1866. Nach Feldacten bearbeitet durch das k. k. Generalstabsbureau für Kriegsgeschichte. 1. u. 2. Band: 1867; Band 3./1 und 3./2: 1868 und 4. Band: 1869; Wien.
Petzet, G., Chr.: Unser Prinz-Regent; München 1891.
Poestion, Josef: Oskar II., König von Schweden und Norwegen, eine biographische Skizze im 7. Jahrgang des österreichischen Familienblattes »Die Heimat« vom Jahre 1882.
Ruete, Hermann: Großherzog Friedrich von Baden; Hannover 1896.
Rodd, Renell: Friedrich III. als Kronprinz und Kaiser. Ein Lebensbild. Deutsche Ausgabe von Sebastian Hensel; Berlin, 1888.
Scherer, Graf, Theodor: Franz II. in Rom; Mainz, 1862.

Schladebach, Julius, Dr.: Friedrich August II., König von Sachsen; Dresden 1854.
Schlosser: Weltgeschichte.
Schmettau, Hermann: Friedrich Wilhelm IV., König von Preußen; Berlin 1861.
Schneider, L.: Aus dem Leben Kaiser Wilhelms I., 3 Bände, Berlin, 1888.
Schöchlin, Karl: Geschichte des Großherzogthums Baden unter der Regierung des Großherzogs Leopold von 1830—1852, nebst einem Rückblick auf die frühere Geschichte des Landes; Karlsruhe, 1856.
Simon, Edouard: Kaiser Friedrich III. Nach dem französischen Original in die deutsche Sprache übertragen von Eufemia Gräfin Ballestrem (Frau von Adlersfeld); Breslau, 1888.
Söltl, J. M. Dr.: Maximilian II., König von Bayern; Augsburg, 1865.
The illustrated London News: The king of Denmark's eightieth birthday, April, 1898.
Über Land und Meer: Die Jahrgänge von 1864, 1874, 1878 und 1898.
Velke, W. und Soldan, F.: Die Landgrafen und Großherzoge von Hessen-Darmstadt; Mainz, 1894.
Wurzbach: Biographisches Lexikon.
Zincke, W.: Karl Alexander, Großherzog von Sachsen; Eisenach 1898.

Inhalts-Verzeichnis.

	Seite
Baden, Friedrich Großherzog von	390
— Karl Prinz von	292
— Leopold Großherzog von	91
Battenberg, Alexander Prinz von, siehe Hartenau	558
Bayern, Arnulf Prinz von	651
— Karl Prinz von	275
— Leopold Prinz von	494
— Ludwig I. König von	24
— Ludwig II. König von	457
— Ludwig Prinz von	489
— Luitpold Prinz-Regent von	362
— Maximilian II. König von	253
Belgien, Leopold I. König von	319
— Leopold II. König von	484
Bourbon, Karl Herzog von, siehe Parma	122
Bragança, Dom Miguel Herzog von	86
— Dom Miguel Herzog von	511
Braunschweig-Lüneburg, Georg Wilhelm Herzog zu	661
— Wilhelm Herzog zu	357
Bulgarien, Alexander I. Fürst von, siehe Hartenau	558
— Ferdinand I. Fürst von	534
Connaught, Arthur Herzog von	644
Cumberland, Ernst August Herzog von	499
Dänemark, Christian IX. König von	593
Girgenti, Gaëtano Graf von	445
Griechenland, Georg I. König von	571
Hannover, Ernst August König von	227
— Georg V. König von	294
Hartenau, Alexander Graf von	558
Hessen und bei Rhein, Alexander Prinz von	325
— Emil Prinz zu	89
— Ernst Ludwig Großherzog von	642
— Karl Prinz zu	79
— Ludwig III. Großherzog von	277
— Ludwig IV. Großherzog von	513
Hessen-Homburg, Ferdinand regierender Landgraf zu	5
Hessen-Kassel, Friedrich Wilhelm I. Kurfürst von	284

	Seite
Italien, Humbert I. König von	549
Lippe-Detmold, Friedrich Prinz zu	88
Lucca, Karl Herzog von, siehe Parma	122
Luxemburg, Adolf Großherzog von	207
— Wilhelm Erbgroßherzog von	491
Mecklenburg-Schwerin, Friedrich Franz II. Großherzog von	395
Mecklenburg-Strelitz, Friedrich Wilhelm Großherzog von	446
Nassau, Adolf Herzog von, siehe Luxemburg	207
— Moriz Prinz von	125
— Nikolaus Wilhelm Prinz zu	249
— Wilhelm Prinz von, siehe Luxemburg	491
Niederlande, Wilhelm III. König der	424
Orléans, Emanuel Prinz von, siehe Vendôme	650
Orléans-Bragança, Ludwig Prinz von	662
— Pedro Prinz von	656
Parma, Karl II. Herzog von	122
— Karl III. Herzog von	306
Portugal, Ludwig I. König von	596
Preussen, Albrecht Prinz von, Regent des Herzogthums Braunschweig	616
— Eitel Friedrich Prinz von	655
— Friedrich III. König von, Deutscher Kaiser	329
— Friedrich Karl Prinz von	453
— Friedrich Leopold Prinz von	638
— Friedrich Wilhelm IV. König von	136
— Friedrich Wilhelm Kronprinz von, und Kronprinz des Deutschen Reiches	653
— Heinrich Prinz von	590
— Karl Prinz von	244
— Wilhelm I. König von, Deutscher Kaiser	156
— Wilhelm II. König von, Deutscher Kaiser	540
Reuß, Heinrich LXIV. Fürst von	9
Rumänien, Ferdinand Kronprinz von	657
— Karl I. König von	518
Russland, Alexander II. Kaiser von	127
— Alexander III. Kaiser von	478
— Alexis Alexandrowitsch Großfürst von	498
— Constantin Nikolajewitsch Großfürst von	247
— Georg Alexandrowitsch Großfürst-Thronfolger von	582
— Michael Großfürst von	223
— Michael Nikolajewitsch Großfürst von	292
— Nikolaus I. Kaiser von	104
— Nikolaus II. Kaiser von	579
— Nikolaus Cäsarewitsch Großfürst von	423
— Nikolaus Nikolajewitsch Großfürst von	290
— Nikolaus Nikolajewitsch Großfürst von	659
— Paul Alexandrowitsch Großfürst von	509
— Sergius Alexandrowitsch Großfürst von	507
— Wladimir Alexandrowitsch Großfürst von	496

	Seite
Sachsen, Albert König von	307
— Friedrich August II. König von	55
— Friedrich August Prinz zu	631
— Georg Prinz zu	502
— Johann König von	371
Sachsen-Coburg-Gotha, Alfred Herzog von	646
— August Prinz zu	118
— August Prinz zu	438
— August Leopold Prinz von	641
— Ferdinand Herzog von	1
— Ferdinand Prinz von, siehe Bulgarien	534
— Leopold Prinz zu	205
— Leopold Prinz zu	659
— Ludwig Prinz von	637
— Philipp Prinz zu	451
Sachsen-Meiningen, Bernhard Herzog von	441
Sachsen-Weimar-Eisenach, Gustav Prinz von	225
— Karl Alexander Großherzog von	428
Salerno, Leopold Prinz von	23
Schaumburg-Lippe, Albrecht Prinz von	630
— Friedrich Prinz zu	589
— Wilhelm Prinz zu	419
Schleswig-Holstein-Sonderburg-Glücksburg, Wilhelm Prinz zu	120
Schwarzburg-Rudolstadt, Adolf Prinz zu	53
— Wilhelm Prinz zu	85
Schweden, Gustav Prinz von, siehe Wasa	81
Schweden und Norwegen, Oskar II. König von	607
Serbien, Milan I. König von	568
Sicilien, Ferdinand II. König Beider	354
— Franz II. König Beider	421
— Gaëtano Prinz Beider, siehe Girgenti	445
— Leopold Prinz Beider, siehe Salerno	23
— Ludwig Prinz Beider, siehe Trani	437
Spanien, Alfons XII. König von	554
Trani, Ludwig Graf von	437
Vendôme, Emanuel Herzog von	650
Wales, Albert Prinz von	584
Wasa, Gustav Prinz von	81
Württemberg, Albrecht Herzog von	639
— Alexander Herzog von	102
— Karl I. König von	475
— Nikolaus Herzog von	251
— Philipp Herzog von	439
— Wilhelm I. König von	13
— Wilhelm II. König von	633
— Wilhelm Herzog von	236

10. Februar 1791.

Ferdinand Herzog von Sachsen-Coburg-Gotha,

k. k. General der Cavallerie, Oberst und Inhaber des k. k. Uhlanen-Regimentes Nr. 2 (vom 6. März 1822 bis 23. November 1828), Oberst und Inhaber des k. k. Husaren-Regimentes Nr. 8 (vom 23. November 1828 bis 27. August 1851), Commandeur des Militär-Maria-Theresien-Ordens, Ritter des kaiserl. russischen St. Georg-Ordens IV. Classe, des königl. preußischen rothen Adler-Ordens I. Classe, Großkreuz des königl. großbritannischen Militär-Bath-, des königl. portugiesischen Christus- und des Thurm- und Schwert-, des königl. sächsischen Rautenkron-, des königl. hannover'schen Guelfen-, des königl. belgischen Leopold-, des großherzogl. baden'schen Zähringer-Löwen-, des großherzogl. Sachsen-Ernestinischen Haus-Ordens und der französischen Ehrenlegion etc. etc.

Als Sohn des Herzogs Franz von Sachsen-Coburg-Saalfeld und dessen Gemahlin Auguste, geborenen Gräfin Reuß zu Lobenstein und Ebersdorf, am 28. März 1785 zu Coburg geboren, wurde Prinz Ferdinand schon als sechsjähriger Knabe von seinem Oheim, dem berühmten Feldmarschall Prinz Friedrich Josias zu Sachsen-Coburg-Saalfeld, als Unterlieutenant im Dragoner-Regiment Coburg Nr. 6 der k. k. Armee einverleibt.

Stufenweise am 6. Mai 1796 zum Oberlieutenant, im Jahre 1798 zum Seconderittmeister vorgerückt, wurde er am 1. Februar 1802 gelegentlich der Auflösung der Coburg-Dragoner zum Chevauxlegers-Regiment Fürst Rosenberg transferiert. Am 29. September 1804 zum Major im Regimente ernannt, erfolgte bereits nach einigen Monaten, am 1. Januar 1805, seine Übersetzung in gleicher Eigenschaft zu Blankenstein-Husaren Nr. 6, in welchem Regimente er am 6. August desselben Jahres Oberstlieutenant wurde. Am 15. September 1808 rückte er in die Oberstencharge vor, und bekam zugleich das Commando des Husaren-Regimentes Ferdinand Karl d'Este Nr. 3. Prinz Ferdinand, der sich bisher mit einem

1

bei seiner Jugend ungewöhnlichen Ernste seinen Berufspflichten gewidmet hatte, kam schon im nächsten Jahre in die Gelegenheit, das bisher Gelernte in heißem Kampfe zu verwerten.

Im Feldzuge 1809 mit seinem Regimente bei dem III. Armee-Corps (Feldmarschall-Lieutenant Prinz Hohenzollern) befindlich, wurde dem Prinzen am 22. April, dem Tage der Schlacht von Eckmühl, die Aufgabe zutheil, den Rückzug dieses Corps zu decken; ein wichtiger aber auch schwieriger Auftrag, da der siegestrunkene und überlegene Feind mit Ungestüm nachdrängte und Prinz Ferdinand kaum mehr als 2 Divisionen seines Regimentes zur Verfügung hatte. Diese wenigen Schwadronen jedoch verwendete der Prinz bei seinen wiederholten Angriffen mit solcher Umsicht und an den Tag gelegter persönlicher Tapferkeit, dass das III. Armee-Corps und der beträchtliche Artillerietrain Zeit gewannen, das beschwerliche Defilé bei Köffring ohne namhaften Verlust zu überschreiten und gegen Burgweinting zurückzuweichen. Das Ritterkreuz des Militär-Maria-Theresien-Ordens war der Lohn für diese geleisteten ausgezeichneten Dienste. Dass Prinz Ferdinand seine Reiter in der Schlacht bei Deutsch-Wagram mit gleicher Tapferkeit geführt, dafür spricht das Zeugnis seines Corps-Commandanten Fürst Johann Liechtenstein, der in seinen Berichten der Leistungen des Prinzen mit den ehrendsten Worten gedenkt.

Im Jahre 1811 veranlassten Prinz Ferdinand politische Verhältnisse, mit Generalmajors-Charakter aus dem activen Dienste der österreichischen Armee zu scheiden. 1813 jedoch, als Österreich dem Bündnisse gegen Napoleon beitrat, finden wir ihn unter dem Namen eines Grafen von Sordenburg als Cavallerie-Brigadier (Kaiser-Kürassiere und Erzherzog Johann-Dragoner) wieder in den Reihen unseres tapferen Heeres.

In der Schlacht bei Kulm am 13. August 1813 hielt der Prinz, dem Corps des Feldzeugmeisters Grafen Colloredo zugetheilt, mit dem Regimente Erzherzog Johann (Kaiser-Kürassiere waren gegen Aussig entsendet) unter den Höhen von Nendorf als Unterstützung des russischen Generals Knoring, der mit seinen leichten Reitern eben drei feindliche Geschütze genommen hatte, aber nicht gesonnen schien, weiter vorzurücken. Nun setzte Prinz Ferdinand sein Regiment in Bewegung, richtete das Feuer einer herbeigeholten Batterie gegen die zur Linken vordringenden feindlichen Massen und nöthigte diese, sich mit bedeutenden Verlusten in die bei Kulm liegende Fasanerie zurückzuziehen.

Um diese Zeit hatte das Erscheinen des Kleist'schen Corps bei Mollendorf den Tag entschieden. Die französische Reiterei durchbrach die preußische Colonne und jagte gegen Peterswalde. Vandamme beschloss, sich mit Aufopferung seiner Geschütze durchzuschlagen und sammelte seine Infanterie-Brigaden bei Kulm. In diesem Momente langte Prinz Ferdinand mit seinen tapferen Reitern am Mühlgraben an, der sich von Arbesau gegen Kulm binunterzieht. Er suchte und fand einen Übergangspunkt, formirte jenseits, durch Gebüsche gedeckt, das Regiment in Colonnen, stürzte sich an ihrer Spitze auf die feindlichen Batterien, eroberte 12 Geschütze und wendete sich dann mit gleicher Schnelligkeit gegen die nächsten Massen der feindlichen Infanterie, die er ungeachtet ihres verzweifelten Widerstandes zersprengte, niederhieb oder gefangen nahm. So jedes Hinderniss vor sich niederwerfend, erreichte er die preußische Brigade Sako, die vom Feinde bereits umringt war, und befreite dieselbe. Prinz Ferdinand erhielt bei dem Angriffe auf die Massen eine Contusion auf der Brust, sein Pferd zehn Wunden, meist Bajonnettstiche. In Anerkennung seiner ausgezeichneten Tapferkeit und Umsicht bei Kulm wurde dem Prinzen noch 1814 das Commandeurkreuz des Militär-Maria-Theresien-Ordens verliehen. Nach der Schlacht von Leipzig nahm Prinz Ferdinand wieder seinen Namen an und zeichnete sich bei der Einnahme des verschanzten Postens von Hochheim erneuert aus. Nach der Einnahme von Lyon wurde der Prinz mit 1600 Mann nach St. Etienne entsendet, um dort die große Gewehrfabrik zu zerstören und sich des Materials zu bemächtigen, welchen Auftrag er auch erfolgreichst durchführte. Er hielt nicht nur die zahlreiche Bevölkerung der Stadt (40.000 Seelen, zumeist Fabriksarbeiter) in Zaum, sondern deckte auch die nach Lyon führenden Straßen und drängte den Gegner bis Clermont zurück. Im Feldzuge 1815 war der Prinz neuerdings als Cavallerie-Brigadier bei der österreichischen Reserve-Armee eingetheilt.

Am 2. Januar 1816 vermählte sich Prinz Ferdinand mit der am 2. Juli 1797 geborenen, reichen, ungarischen Prinzessin Maria Antonie Gabriele von Koháry, der Tochter des letzten Fürsten dieses Namens. Mit 6. März 1822 zum Oberstinhaber des Uhlanen-Regimentes Fürst Karl Schwarzenberg ernannt, ward Prinz Ferdinand mit 28. December 1824 zum Feldmarschall-Lieutenant befördert, mit 23. November zum Oberstinhaber des Husaren-Regimentes Nr. 8 und mit 11. Juni 1841 zum General der Cavallerie ernannt. Bis zum Jahre 1831 führte er ein Divisions-Commando in Wien, trat dann aus der Activität und lebte beurlaubt theils im Auslande, theils in Wien, bis ihn daselbst am 27. August 1851 im 66. Lebensjahre der Tod von einem längeren und schmerzhaften Übel befreite.

Am 1. September wurden die irdischen Überreste des ruhmreichen Generals unter den gebürenden militärischen Ehrenbezeugungen vom Nordbahnhofe zur Beisetzung in der Familiengruft nach Coburg überführt.

4. April 1796.

Ferdinand, regierender Landgraf zu Hessen-Homburg,

k. k. General der Cavallerie, Großkreuz des hessischen Wilhelm- und des **königl. ungarischen St. Stephan-Ordens, Ritter des Militär-Maria-Theresien-Ordens,** Großkreuz des hannover'schen Guelfen-Ordens etc. etc.

Prinz Ferdinand war der siebente und jüngste Sohn von den dreizehn Kindern, die Prinzessin Karoline ihrem Gemahl, dem Landgrafen Friedrich V. Ludwig von Hessen-Homburg, schenkte, und ward am 26. April 1783 im Schlosse zu Homburg geboren.

Der geringe Umfang der Regierungsgeschäfte innerhalb des kleinen Ländchens brachte es mit sich, dass die regierenden Landgrafen selbst, sowie ganz besonders die Prinzen des Hauses ihren Thatendurst jenseits der Grenzen zu stillen suchten und draußen sich einen weiteren Wirkungskreis schafften. So haben die Hessen-Homburger auf dem Kriegstheater eine bedeutende Rolle gespielt und ihr Blut todesmuthig für das Vaterland geopfert.

Auch Prinz Ferdinand widmete sich schon frühzeitig dem Kriegerstande, angefeuert durch das Beispiel seiner älteren Brüder, die, ebenfalls noch Jünglinge, im österreichischen und preußischen Heere schon Schlachten mitgeschlagen hatten. Noch im Knabenalter, kaum dreizehn Jahre alt, wurde er als Rittmeister den Reihen des Kürassier-Regimentes Lothringen, derselben wackeren Schar, welche er in den großen Kämpfen gegen Frankreich mit besonderer Auszeichnung zu Ruhm und Sieg zu führen ausersehen war, einverleibt.

Nachdem er im österreichischen Heere 1800 gegen die Franzosen am Rhein und in Schwaben und 1805 bei Austerlitz gekämpft, that er sich, am 12. Februar 1809 zum Oberstlieutenant bei Hohenlohe-Dragonern ernannt, bei Sacile und an der Piave durch persönliche Tapferkeit und Führertalent so hervor, dass er noch am

6. August desselben Jahres zum Oberst im 7. Kürassier-Regimente ernannt wurde. In diesem Feldzuge war es, als er mit eigener Hand einen feindlichen Officier vom Pferde hieb, selbst aber auch am rechten Arme verwundet wurde. Mit Ruhm bedeckte sich das Haus Hessen-Homburg in der großen Völkerschlacht bei Leipzig. War der sechste der Prinzen, Leopold, bereits am 2. Mai 1813 auf dem Schlachtfelde bei Lützen den Heldentod fürs Vaterland gestorben, so kämpften in den denkwürdigen Octobertagen nicht weniger als fünf hessen-homburgische Prinzen, fünf Brüder, in der mörderischen Schlacht. Der Erbprinz Friedrich Josef wurde schon am 16. October, Prinz Ludwig bei der Einnahme des Grimmaischen Thores durch einen Schuss in die Schulter verwundet, und Prinz Ferdinand zeichnete sich als Kürassier-Oberst bei dem Regimente Lothringen durch glückliche und entscheidende Attaquen so aus, dass er noch auf dem Schlachtfelde von Seiner Majestät dem Kaiser mit Allerhöchstem Handbillet aus Rötha vom 20. October durch das Ritterkreuz des Militär-Maria-Theresien-Ordens ausgezeichnet wurde.

Es war am ersten Schlachttage, am 16. October, da Prinz Ferdinand unvergängliche Lorbeeren am Kampfplatze sich errang. Die russischen Kürassiere Lowaschoffs mussten dem Anpralle der französischen Reiterei unter Letort weichen und Gröbern preisgeben, wobei der linke Flügel der Alliirten unter Kleist Gefahr lief, völlig von dem Centrum und zugleich von allen auf dem linken Pleisse-Ufer streitenden Truppen getrennt zu werden. Einige Säumnis nur, so wäre dieser wichtige Verbindungspunkt verloren gewesen, die österreichische Reserve auf diesem Theile des Schlachtfeldes gar nicht zur Mitwirkung gekommen und der schon zweifelhafte Kampf hätte einen ungünstigen Ausgang genommen. Da, im Augenblicke der höchsten Gefahr, langte um zwei Uhr nachmittags die Tête der Kürassier-Division Feldmarschall-Lieutenant Graf Nostiz an und debouchierte aus Gröbern. Das vorderste Regiment, Albert-Kürassiere, rückte unter dem fürchterlichsten Kartätschen- und Kleingewehrfeuer dem anstürmenden Feinde geschlossen entgegen. Als nun auch Prinz Ferdinand mit seinem Regimente anrückte, ließ Graf Nostiz die Franzosen durch ihn in der Flanke, durch Albert-Kürassiere in der Front angreifen. Die feindlichen Reiter-Regimenter wurden geworfen und zersprengt, ebenso mehrere Infanterie-Massen durchbrochen und niedergeritten, deren Reste gegen Wachau hin fliehend, das Schlachtfeld bedeckten. Nun rückten aber die Kaiser-Garden vor, das Regiment des Prinzen und Albert-Kürassiere mit außerordentlicher Übermacht von allen Seiten anfallend. Die tapferen Reiter zogen sich langsam, geschlossen, in bester Ordnung auf den Haupttheil der Reserve-Cavallerie zurück, worauf ein neuer Angriff mit den Regimentern Franz- und Kronprinz-Kürassieren erfolgte, der auf diesem Punkte den Sieg des Tages entschied. Prinz Ferdinand setzte sich bei dieser Gelegenheit unerschrocken allen Gefahren aus und war seinen Reitern ein leuchtendes Beispiel von Tapferkeit und Todesverachtung.

Am 30. April 1815 zum Generalmajor und Brigadier in Ungarn befördert, schied Prinz Ferdinand im Jahre 1824 aus den Reihen der Armee und lebte auf Schloss Homburg in stiller Zurückgezogenheit. Seine Majestät der Kaiser ernannte ihn am 21. December 1830 zum Feldmarschall-Lieutenant, dann mit 23. December 1845 zum General der Cavallerie und schmückte die Brust des tapferen Prinzen mit dem Großkreuze des St. Stephan-Ordens.

Mit dem Revolutionsjahre 1848 begann für den Prinzen Ferdinand eine neue Lebensperiode. Da sein Bruder Gustav am 8. September ohne männlichen Erben gestorben war, musste nun er die Regierung übernehmen, zu einer Zeit, die auch an den kleinsten Fürsten große Anforderungen stellte. Der verfassungsgebende Landtag, dessen Einberufung noch Landgraf Gustav durch Patent vom 10. März bewilligt hatte, trat am 12. April 1849 zusammen. Derselbe berieth die Verfassungsvorlage, sowie einige andere organische Gesetze ziemlich rasch, so dass schon am 10. December das neue Staatsgrundgesetz zustande gebracht war und am 3. Januar 1850 publiciert werden konnte. Bei der eisernen Natur des nunmehrigen Landgrafen Ferdinand, seinem ernsten, zurückhaltenden und abgeschlossenen Wesen, bei seiner streng conservativen Gesinnung, ist es nicht zu verwundern, dass er sich mit aller Energie der freiheitlichen Strömung entgegenstemmte. Er war einer der ersten Fürsten, welche sich für die Reactivierung des Bundestages erklärten und denselben im September 1850 beschickten. In der deutschen Frage war er stets ein unwandelbarer Anhänger Österreichs gewesen.

Die seit Anfang 1850 siegreich fortschreitende Reaction gestattete auch dem Landgrafen, zu Anfang 1851 alle Zugeständnisse von 1848 zurückzunehmen. Am 20. April 1852 erfolgte die Aufhebung der Verfassung vom 3. Januar 1850.

Landgraf Ferdinand, der unvermählt geblieben war, lebte sehr einfach und sparsam; fast nie sah man ihn in den Straßen Homburgs. Nur einmal, als die Stadt seinen 80. Geburtstag durch eine Illumination festlich begieng, wurde auch dem kleinsten Gässchen die Ehre seines Besuches zutheil. Bis in sein höchstes Alter erfreute sich der Fürst einer kräftigen Gesundheit und erst als die früheren Wunden sich öffneten, trat Schwäche ein, der er schon nach wenigen Tagen, am 24. März 1866, in seinem Residenzschlosse zu Homburg vor der Höhe erlag.

Zur feierlichen Beisetzung der Leiche hatten sich die fürstlichen Anverwandten aus Darmstadt, Rudolstadt, Greiz u. s. w., Officiere aller Grade und Waffengattungen aus Frankfurt, Mainz, Darmstadt und Wiesbaden eingefunden. Ein in Frankfurt garnisonierendes österreichisches Infanterie-Bataillon, eine Escadron Dragoner und vier Hessen-Darmstädter Zwölfpfünder bildeten das Ehrengeleite, und unter Fackelschein, der die dunkle Nacht erhellte, dem Geläute der Glocken, dem Donner der Kanonen und dem Krachen der Gewehrsalven brachte man den letzten vom Stamme der Hessen-Homburger in die stille Gruft der Ahnen.

Mit ihm war der jüngste und letzte der Brüder jenes erlauchten Geschlechtes zur Ruhe gegangen, welches der k. k. Armee in ein und derselben Periode vier tapfere und ausgezeichnete Soldaten gegeben hatte, mit ihm, als dem letzten männlichen Sprossen des Stammes, erlosch die jüngere Linie des Hauses Hessen-Darmstadt.

Das Erbe des verblichenen Landgrafen mit einem Flächenraume von 5 Quadratmeilen und etwas über 27.000 Einwohnern fiel an den Vertreter der älteren Linie, den Großherzog von Hessen.

28. April 1804.

Heinrich Fürst Reuß LXIV.,

k. k. General der Cavallerie, Oberst und Inhaber des k. k. Husaren-Regimentes Nr. 7 (vom 31. Mai 1836 bis 16. September 1856), Ritter des Militär-Maria-Theresien-Ordens, des königl. bayerischen St. Hubertus-Ordens, Commandeur des königl. hannover'schen Guelfen-Ordens, Großkreuz des königl. dänischen Danebrog-Ordens, Ritter des kaiserl. russischen St. Annen-Ordens I. Classe etc. etc.

Heinrich Fürst Reuß LXIV., eine mit besonderen Geistesgaben ausgestattete Persönlichkeit, ward am 31. März 1787 auf dem Schlosse Köstritz geboren. Durch ausgezeichnete Vorstudien gründlich vorbereitet, besuchte er die Universität Jena. Hier eignete er sich in allen Fächern ein eminentes Wissen an, besonders aber war es die Wissenschaft der Heilkunde, in welche er tiefer eindrang. Durch seine in seinen späteren Krankheiten gestellten Fragen an die ihn behandelnden Ärzte brachte er dieselben gar manchmal in Verwirrung.

Doch eigentlich zog es ihn zum Militärdienste hin, und nachdem er sich für denselben die erforderlichen Vorkenntnisse erworben, trat er gleichzeitig mit seinem Bruder Heinrich LXI. am 28. April 1804 als Oberlieutenant in das Infanterie-Regiment Graf Kinsky Nr. 47 ein. Im Herbste desselben Jahres noch wurde er als 2. Rittmeister in das 6. Husaren-Regiment eingetheilt und machte mit diesem auch 1805 den Feldzug in Deutschland mit.

Die darauffolgende Friedenszeit verbrachte er theils zu Groß-Tapoltschan in Ungarn, theils in Böhmen.

Im März des Jahres 1809 ward der Prinz zum Major befördert und gleichzeitig zum großen Generalstab transferiert. Bald darauf ward ihm das Glück zutheil, zum Flügeladjutanten Sr. kaiserl. Hoheit des Generalissimus Erzherzog Karl, unseres ruhmreichen, sieggekrönten Heerführers ernannt zu werden. Das ihm durch diese Stellung entgegengebrachte Vertrauen rechtfertigte er in vollstem Maße.

In allen Gelegenheiten dieses denkwürdigen Krieges glänzte der jugendliche Prinz durch Muth, Unerschrockenheit, wie einsichtsvolles Handeln und that sich besonders bei Aspern rühmlichst hervor. Kein Kugelregen war ihm zu dicht, überhaupt keine Gefahr für die eigene Person schreckte ihn zurück, wenn es galt, die Befehle seines über alles verehrten Generalissimus an die verschiedenen Abtheilungen zu überbringen.

Auch die höchste österreichische, nur vor dem Feinde zu erringende Auszeichnung, der Militär-Maria-Theresien-Orden, ward Prinz Heinrich in diesem Feldzuge zum Lohne für eine wahrhaft heldenmüthige That zutheil.

Als nämlich am ersten Tage der Schlacht ein Bataillon des Infanterie-Regimentes Reuß-Planen Nr. 17 vom Gegner zurückgeworfen worden, war es Prinz Heinrich, welcher das in Unordnung gerathene Bataillon rasch sammelte und mit dem Rufe: „Kinder, folgt mir, auch ich bin ein Reuß" an der Spitze desselben gegen Aspern vorstürmte. Dieser todesmuthige Angriff, bei dem er das Pferd unter dem Leibe verlor, war vom besten Erfolge begleitet und Prinz Heinrich in Anerkennung seiner ausgezeichneten Tapferkeit am 24. October 1809 durch die Verleihung des Ritterkreuzes des Militär-Maria-Theresien-Ordens ausgezeichnet worden.

Ebenso erwähnten die Gefechtsberichte der Schlacht bei Wagram die vorzüglichen Leistungen des Prinzen.

Mit wahrhaft diplomatischer Geschicklichkeit half er die schwierige Frage lösen, welche vor dem Abschlusse des Znaimer Friedens an die an demselben Betheiligten herantrat.

Seit 1. Januar 1810 weilte er in St. Georg in Ungarn, der Stabsstation des 6. Kürassier-Regimentes, in dessen Reihen er nun versetzt worden war.

Ein Mann von durch und durch dentscher Gesinnung, hatte er für den großen Corsen von jeher nur eine tiefe Antipathie empfunden, und als 1812 der Allianzvertrag zwischen Österreich und Frankreich gegen Russland zustande kam, konnte der Prinz es nicht über sich bringen, unter den Fahnen desjenigen zu kämpfen, dessen Anhänger er nie gewesen. Und so entschloss er sich denn, wenn auch schweren Herzens, verbanden ihn doch so viele glückliche und stolze Erinnerungen mit der kaiserlichen Armee, um seinen Austritt aus dem österreichischen Heere zu bitten. Er hatte nun schon die Charge eines Oberstlieutenants erreicht.

Nach erfolgter Entlassung wendete sich der Prinz, von General Graf Wallmoden begleitet, zuerst nach Schweden, dann nach England. Hier wurde ihm das Commando eines Jäger-Bataillons der britisch-deutschen Legion übertragen. An der Spitze desselben betheiligte er sich unter Wellington bei allen bedeutenderen Vorkommnissen und zog mit demselben siegreich in Frankreich ein. Zwei höchst ehrenvolle Wunden hatte Prinz Heinrich aus dem Feldzuge heimgebracht.

Nach dem Pariser Frieden quittierte er die englischen Dienste und eilte zum Wiener Congress. Mochte auch die schwere napoleonische Herrschaft die Gemüther noch so sehr bedrücken, er war stets der freidenkende deutsche Mann geblieben, der niemals seine Gesinnung verleugnete.

Als nach der Rückkehr Napoleons der Kriegsruf aufs neue in Österreichs Gauen erscholl, zog der Thatendrang den heldenmüthigen Officier wieder zu der ihm liebgewordenen österreichischen Armee zurück; er ward um seine Wiederaufnahme in dieselbe bittlich.

Im April 1815 wurde er auch als Oberstlieutenant in das Infanterie-Regiment Erzherzog Rainer Nr. 11 eingetheilt. Zum größten Bedauern des Fürsten war es ihm nicht mehr gegönnt, activ an dem so rasch und glücklich beendeten Kampfe theilzunehmen. Doch machte er noch die Belagerung von Hüningen mit, begab sich mit seinem Regimente in das Lustlager von Dijon und verblieb sodann bei der Occupations-Armee in Frankreich zu Ober-Ehnheim in Garnison.

1816 ward ihm in Anerkennung seiner ruhmreichen kriegerischen Leistungen vom König von Hannover das Commandeurkreuz des Guelfen-Ordens, gelegentlich seiner Anwesenheit auf seiner Fideïcommiss-Herrschaft 1817 in Dänemark das Großkreuz des Danebrog-Ordens und 1824 der königlich bayerische Hubertus-Orden verliehen.

Im April 1818 zum Obersten vorgerückt, wurde er im September 1819 zum 6. Husaren-Regimente übersetzt, dessen Commando er durch 11 Jahre führte.

1830 ward Fürst Heinrich Generalmajor und Brigadier in Grodeck, welche Garnison er später mit Prag vertauschte.

Anlässlich der Anwesenheit des Czar Nikolaus in letztgenannter Stadt im Jahre 1834 verlieh ihm der russische Herrscher den St. Annen-Orden I. Classe, zu welchem der Fürst später die Decoration in Brillanten erhielt.

1836 zum Feldmarschall-Lieutenant ernannt, erhielt er das Divisions-Commando in Kremsier und wurde kurze Zeit darauf Inhaber des Husaren-Regimentes Nr. 7, 1842 wurde er nach Prag, 1843 nach

Pressburg und 1844, bei gleichzeitiger Ernennung zum Geheimen Rath, als commandierender General für Slavonien und Syrmien nach Peterwardein transferiert. 1846 als Commandierender nach Brünn übersetzt, machte Fürst Heinrich hier die Sturmtage des Jahres 1848 mit. Viele bittere Stunden bereiteten ihm diese traurigen Ereignisse; mit aufrichtiger Liebe und Verehrung hieng er an seinem Kaiser, dessen Stellung er bedroht sah.

Mit 1. December 1848 trat der Fürst, welcher am 22. September 1814 seinem Vater, dem Fürsten Heinrich XLIII, in dem Paragiat Köstritz gefolgt war, als General der Cavallerie in den Ruhestand.

Unvermählt nahm er nun ständigen Aufenthalt auf seiner Herrschaft Ernstbrunn. Hier ruhte er von seiner thaten- und erfolgreichen militärischen Laufbahn aus und setzte seine in der Jugend so eifrig betriebenen Studien wieder emsig fort.

Ein hartnäckiges Leiden vergällte ihm jedoch die letzten Jahre seines Daseins; wiederholt suchte er in Gastein Heilung seiner Krankheit; doch nur Linderung der Schmerzen, nicht aber die erhoffte Genesung war der Erfolg dieses Curgebrauches.

Durch die vielen Schmerzen sehr geschwächt, siechte der Fürst langsam dahin und ward am 16. September 1856 von seinen Leiden erlöst. Nicht nur ein tapferer Soldat war mit ihm dahingegangen, sondern auch ein edler Wohlthäter der Armen und Bedürftigen.

14. October 1814.

Wilhelm I., König von Württemberg,

Oberst und Inhaber des k. k. Husaren-Regimentes Nr. 6 (vom 14. October 1814 bis 25. Juni 1868), Chef des königl. preußischen Infanterie-Regimentes Nr. 25, Großkreuz des königl. ungarischen St. Stephan-Ordens, Commandeur des Militär-Maria-Theresien-Ordens etc. etc.

Friedrich Wilhelm Karl, nachmaliger König von Württemberg, wurde am 27. September 1781 zu Lüben in Schlesien geboren, wo sein Vater, der spätere König Friedrich I. von Württemberg, damals als preußischer Generalmajor und Chef eines Dragoner-Regimentes in Garnison lag; seine Mutter war die Prinzessin Auguste, Karoline Friederike Louise, Tochter des Herzogs von Braunschweig-Wolfenbüttel.

Manch unangenehmes Ereignis umwölkte des Prinzen Jugend. Als Knabe führten ihn die Verhältnisse seiner Familie aus Schlesien nach Russland, in die Schweiz und nach Holland, bis sein Vater 1790 Ludwigsburg zum bleibenden Wohnsitz erkor und dort die Erziehung des Prinzen dem Dr. Gros anvertraute, während er selbst dieselbe mit großer Strenge leitete und überwachte.

Die Mutter, an welcher Prinz Wilhelm mit zärtlichster Liebe gehangen und die allein im Stande gewesen, auf den despotischen Sinn seines Vaters besänftigend einzuwirken, hatte er, als er sieben Jahre zählte, verloren, und trotz seiner großen Jugend empfand er diesen bitteren Verlust tief und nachhaltig.

Der Erholung und dem Vergnügen wurde fast gar keine Zeit gewidmet. Dank seiner kräftigen Constitution entwickelte sich Prinz Wilhelm jedoch trotzdem zu einem gesunden Menschen, und auch in geistiger Beziehung entsprach er vollkommen den an ihn gestellten Anforderungen. Ein gewisser Ernst jedoch haftete ihm sein ganzes Leben hindurch an.

Sein Vater unternahm häufig längere Reisen und lernte während eines Aufenthaltes in London die Kronprinzessin Charlotte

Auguste Mathilde von Großbritannien kennen, welche ihn durch ihr liebenswürdiges Wesen derart fesselte, dass er sich entschloss, sie zu seiner zweiten Gemahlin zu erwählen. Schon im Mai 1797 fand die Hochzeit in London statt, und bald darauf ließ sich das hohe Paar in Stuttgart nieder. Noch im December desselben Jahres fiel ihm durch den am 23. December erfolgten Tod seines Vaters die Regierung des Herzogthums Württemberg zu.

Prinz Wilhelm, der inzwischen zum Jüngling herangewachsen und nun Erbprinz geworden war, wurde, nach wie vor, von seinem Vater in unbedingter Abhängigkeit erhalten und fasste daher den Entschluss, das Vaterhaus für einige Zeit zu verlassen. Er trat als Freiwilliger in kaiserliche Kriegsdienste bei der Armee des Erzherzogs Johann und focht mit Auszeichnung in der Schlacht bei Hohenlinden (3. December 1700), schon damals als 19jähriger Jüngling Beweise von persönlichem Muthe, sowie jener Unerschrockenheit und Beharrlichkeit gebend, welche seine spätere Feldherrnlaufbahn begleiteten und ein Grundzug seines Charakters geblieben sind.

Von 1803—1806 bereiste Prinz Wilhelm einen Theil von Deutschland, Italien und Frankreich, hielt sich längere Zeit in Wien und Paris auf und benützte diese Reisejahre, sowie die darauffolgenden Jahre 1807 bis 1812, welche er in stiller Zurückgezogenheit theils in Stuttgart, theils im Lustschlosse Scharnhausen zubrachte, zur ferneren Ausbildung für seinen zukünftigen hohen Beruf, wobei er sich jedoch jeder Einmischung in die Regierungsangelegenheiten — welche König Friedrich mit gewichtiger Strenge selbst leitete — enthielt.

Als Kaiser Napoleon 1812 den Krieg mit Russland begonnen, übertrug ihm sein königlicher Vater das Commando des, der großen französischen Armee folgenden württembergischen Contingents. Nach dem Einrücken in russisches Gebiet musste er jedoch, gefährlich erkrankt, in Wilna zurückbleiben und nach erfolgter Besserung nach Stuttgart zurückkehren.

Auch im Jahre 1813 hatte sich der Prinz noch nicht soweit erholt, um zur Armee rückkehren und an den Ereignissen theilnehmen zu können.

Nach der für Napoleon so entscheidenden Schlacht bei Leipzig schloss König Friedrich von Württemberg sich den Verbündeten gegen Frankreich an und sandte im December 1813 seine Armee unter dem Obercommando des Kronprinzen Wilhelm, der diese Aufgabe mit Freude übernahm, nach dem Elsass ab. Das IV. Armeecorps, dessen Oberbefehl der zugleich zum Feldmarschall ernannte Kronprinz erhielt, bestand aus 15 Bataillonen, 12 Schwadronen und 5 Batterien Württembergern denen sich später mehrere österreichische und russische Regimenter anschlossen.

Am 31. December gieng Kronprinz Wilhelm bei Märkt unterhalb Hüningen über den Rhein, überschritt dann durch den Pass von Pussang die Vogesen und vertrieb am 11. Januar 1814 die Franzosen aus Epinal. Am 18. sollte das IV. Corps an dem Angriffe auf Langres theilnehmen; nachdem dies jedoch vom Marschall Marmont schon vorher geräumt worden war, wendete sich der Kronprinz gegen Chaumont, um diesen wichtigen Übergangspunkt zuerst zu erreichen; da gleichzeitig das III. Armee-Corps (Gyulay) von Langres aus gegen Chaumont vorgieng, mussten die Franzosen dies ebenfalls räumen, durch welch günstiges Zusammentreffen nun das IV. Armee-Corps die Avantgarde der Hauptarmee bildete. Das III. und IV. Corps nöthigten am 25. und 27. Jänner durch das Gefecht von Bar-sur-Aube den Marschall Mortier, auch diesen Ort zu verlassen, und bereiteten so den Sieg bei Brienne am 1. Februar vor. In dieser Schlacht bildete Kronprinz Wilhelm mit dem IV. Corps den rechten Flügel der Blücher'schen Armee und trug durch Wegnahme und Behauptung der Orte la Giberie und Petit Mesnil, sowie durch Eroberung einer französischen Batterie wesentlich zum Siege bei. Tags darauf vertrieben das IV. und V. Armee-Corps die Franzosen aus Brienne und das III. und IV. Corps verfolgten sie bei Lesmont über die Aube. Während nun die schlesische Armee längs der Marne gegen Paris vorzudringen suchte, wollte die Hauptarmee diesen Operationspunkt von Süden her erlangen. Am 11. Februar griff der Kronprinz Sens an, welches der französische General Alix vertheidigte, und erstürmte es, nachdem die Aufforderung zur Übergabe und die Beschießung vergeblich gewesen waren. Napoleon nöthigte indessen durch geschickte Manöver die Verbündeten zum Rückzuge, und um diesen zu decken, erhielt Kronprinz Wilhelm vom Fürsten Schwarzenberg den Auftrag, Monterean am Zusammenflusse der Yonne und Seine bis 18. Februar, und zwar so lange zu behaupten, bis die Hauptarmee ganz auf das linke Seine-Ufer gegangen sein würde. Mit 19 Bataillonen und 21 Schwadronen, etwa 12.000 Mann, hielt auch der Kronprinz den Angriff von 50.000 Franzosen, welche Marschall Ney anführte, lange genug ab, bis er endlich der Übermacht weichen und sich nach Troyes zurückziehen musste. Beim weiteren Rückzuge der Verbündeten bildete das IV. Armeecorps, welches durch 4 Landwehr-Regimenter, 4 österreichische Grenadier-Bataillone und 4 Kürassier-Regimenter verstärkt wurde, mehrere Tage die Nachhut derselben. Vom 27. Februar an begann die Hauptarmee wieder offensiv zu handeln. Dem Kronprinzen Wilhelm ward jetzt auch das VIII. Armee-Corps untergeordnet. Beide Corps vereint, zwangen am 2. März die Franzosen, Bar-sur-Seine zu räumen. Nachdem Troyes von der Hauptarmee genommen worden war, mussten die Bewegungen bis zum 13. ausgesetzt werden. Das IV. Armee-Corps cantonierte bei Nogent und machte am 15. einen fruchtlosen Versuch, daselbst den Übergang über die Seine zu erzwingen. Napoleons abermaliges Vordringen gegen die Aube veranlasste die Hauptarmee zu einem zweiten Rückzuge hinter Troyes. Die zweitägige Schlacht von Arcis-sur-Aube am 20. und 21. März war die Folge dieser Bewegung. Kronprinz Wilhelm commandierte in derselben das III., IV. und VI. Armee-Corps, hatte aber in Gemäßheit der Anordnung des Fürsten Schwarzenberg am ersten Tage nur wenig Gelegenheit, handelnd aufzutreten, dagegen am zweiten den Auftrag, Arcis zu nehmen, welcher mit großer Tapferkeit ausgeführt wurde. Beim nunmehrigen Vorrücken der Verbündeten gegen Paris befehligte Kronprinz Wilhelm in dem Treffen bei Fère Champenoise am 25. März das IV. und VI. Armee-Corps und verwendete in demselben seine Reiterei so zweckmäßig und entschlossen, dass ihm der glänzende Erfolg des Tages — 45 theils eroberte, theils zurückgelassene Geschütze und 4000 Gefangene — zum großen Theile zuzuschreiben war. In der Schlacht von Montmartre am 30. März bildete das IV. Corps den linken Flügel; es drang über Nogent-sur-Marne in den Park von Vincennes, vollbrachte die Einschließung des dortigen Schlosses, eroberte die Dörfer St. Maur und Charenton und wäre durch die Vorstadt St. Antoine in Paris eingedrungen, wenn nicht ein Waffenstillstand die Schlacht beendigt hätte.

Seine Majestät Kaiser Franz hatte dem Kronprinzen schon früher das Ritterkreuz und für seine erfolgreiche Theilnahme an der Schlacht bei Brienne mit Handbillet aus Bar-sur-Aube vom 4. Februar das Commandeurkreuz des Militär-Maria-Theresien-Ordens, desgleichen als weitere Anerkennung seiner großen Verdienste nach dem ersten Pariser Frieden die Inhaberstelle des k. k. 6. Husaren-Regimentes zu verleihen geruht.

Im Jahre 1815 commandierte Kronprinz Wilhelm das III. Armeecorps der Oberrhein-Armee, welches sich bei Bruchsal und Rastatt versammelte und aus vier Reiter- und zehn Infanterie-Regimentern

Württembergern, sowie zwanzig Bataillonen und vier Schwadronen der Division Wallmoden bestand. Er überschritt am 22. und 24. Juni den Rhein und hatte den Auftrag, im Vereine mit dem IV. Armee-Corps (Bayern) den französischen General Rapp in Straßburg einzuschließen oder ihn zu einem Gefechte zu zwingen. Infolge dieser Bewegung schlug der Kronprinz eine französische Abtheilung am 26. Juni bei Surburg und bekämpfte mit dem glücklichsten Erfolge am 28. General Rapp im Gefechte bei Straßburg, in welchem er persönlich an der Spitze der württembergischen Reiterei focht und die Franzosen zum Rückzuge nach Strassburg nöthigte. Vom 29. Juni bis 4. Juli blieb das III. Armee-Corps vor dieser Festung stehen und ward am letzteren Tage vom zweiten österreichischen Corps (Prinz von Hohenzollern) abgelöst. Beim weiteren Vordringen in Frankreich ward in der Nacht vom 5. auf den 6. Juli Pletzburg beschossen und dann blockiert, worauf das Corps über Luneville vorrückte und während der Friedensverhandlungen Cantonierungen bei Nevers bezog.

Nach abgeschlossenem Frieden blieben 5000 Württemberger unter General-Lieutenant von Wölwanth in Frankreich, während Kronprinz Wilhelm zum Congresse nach Wien zurückkehrte. Die Soldaten hiengen mit wahrer Begeisterung an ihrem Kronprinzen, und seine Rückkehr in die Heimat glich einem Triumphzuge.

Schon 1808 hatte sich Kronprinz Wilhelm auf Wunsch seines Vaters mit der Prinzessin Charlotte von Bayern vermählt; da diese Ehe jedoch kinderlos blieb, wurde sie nach sechs Jahren wieder gelöst. In Paris hatte der Kronprinz die russische Großfürstin Katharina Pawlowna, welche am 21. Mai 1788 in Zarskoje Sselo geboren und in erster Ehe mit dem Prinzen Peter Georg von Oldenburg vermählt war, kennen gelernt. Großfürstin Katharinas besondere Schönheit, deren lebhafter Geist, sowie ihr unendlich liebenswürdiges Wesen, das aller Herzen bezwang, bezauberte auch Kronprinz Wilhelm. Bereits am 24. Januar 1816 erhielt das Herzensbündnis in Petersburg die kirchliche Weihe, und bald nach der Trauung zog das hohe Paar unter lautem Jubel der Bevölkerung in Stuttgart ein.

Noch im selben Jahre, am 30. October 1816, verlor der Kronprinz seinen Vater; König Friedrich war im 62. Lebensjahre einer heftigen Verkühlung erlegen, und Kronprinz Wilhelm trat nunmehr als „König Wilhelm I." die Regierung an.

Gleich anfangs hatte der König mit Schwierigkeiten zu kämpfen; sein Vater war nur bestrebt gewesen, die Grenzen des

Landes so viel als möglich zu erweitern, was ihm auch glänzend gelungen war; um die inneren Verhältnisse hatte er sich jedoch wenig gekümmert. Dem Volke waren ungeheuere Steuern aufgelegt worden, da die fortwährenden Kriege und der überaus glänzende Hofhalt große Summen verschlungen hatten. Auch Gewerbefleiß und Industrie standen auf einer sehr niederen Stufe, mit einem Worte, es herrschte bedeutender Nothstand im Lande und die Unzufriedenheit des Volkes war stets im Steigen begriffen.

König Wilhelm stand nun die schwere Aufgabe bevor, hier Ordnung zu schaffen.

Vor allem vereinfachte er die Hofhaltung so gut es gieng und begnügte sich mit einer Civilliste von 850.000 Gulden. Er hob die geheime Polizei auf, ebenso auch die Leibeigenschaft, setzte die Pressfreiheit ein, erließ den Bauern die drückendsten Abgaben an Steuern für Grund und Boden und führte noch manche Verbesserung ein, so dass die Württemberger wieder ruhig in die Zukunft blicken konnten.

Den Kriegsjahren vor 1816, welche dem Ackerbau nicht förderlich waren, sowie schlechten Ernten folgte im Sommer 1816 eine vollkommene Missernte, wie man sie seit Menschengedenken nicht erlebt hatte. Die Folge war eine furchtbare Hungersnoth in ganz Deutschland, besonders aber in Württemberg.

König Wilhelm that alles, was in seiner Macht war, um das große Elend seiner Unterthanen zu lindern, und wurde hiebei von seiner hochherzigen Gemahlin auf das Kräftigste unterstützt.

Die Königin nahm sich mit wahrer Begeisterung der Hilfsbedürftigen an, gründete Wohlthätigkeitsanstalten der verschiedensten Art, worunter besonders die Armenschulen, Erziehungsanstalten und Spitäler hervorgehoben werden müssen. Das thätige Eingreifen der hohen Frau war ein unendlicher Segen für das ganze Land, denn sie leistete unglaublich viel Gutes innerhalb dieses einen Jahres.

Ihrem Gemahl war sie eine liebevolle Gattin und wurde auch von ihm zärtlich geliebt, sie galt ihm mehr als sein Leben. Zwei Töchter entsprossen dieser glücklichen Ehe, die im Jahre 1819 durch den ganz unvermuthet plötzlichen Tod der Königin getrennt wurde.

König Wilhelm war durch diesen herben Verlust wie vernichtet; ganz Württemberg trauerte mit ihm um die geliebte Herrscherin, die wie eine Mutter für das Land gesorgt hatte. Der

König bedurfte all seiner moralischen Kraft, um sich seiner Trauer zu entreißen und sich wieder seinen Regierungsgeschäften zuzuwenden.

Gleich nach seiner Thronbesteigung hatte er den Minister von Wangenheim beauftragt, einen neuen Verfassungsentwurf auszuarbeiten; derselbe wurde jedoch bei der im Mai 1817 stattgehabten Ständeversammlung verworfen.

Erst im September 1819, nachdem das Volk eingesehen hatte, dass das Land ohne Verfassung nicht bestehen könne, wurde derselbe freisinnige Verfassungsentwurf nur mit einigen wenigen Abänderungen von der Ständeversammlung angenommen. Nachdem der König den Eid abgelegt hatte, den Verfassungsvertrag treu einzuhalten, wurde dies dem Volke bekannt gegeben, und mit großem Jubel aufgenommen.

Zur Hebung der Landwirtschaft stiftete der König 1818 einen landwirtschaftlichen Verein und im darauffolgenden Jahre eine Bildungsanstalt für Landwirte in seiner Domäne Hohenheim, die bald große Bedeutung in ganz Deutschland gewann. Um die Viehzucht zu fördern, wurden bei den alljährlich im September zu Cannstatt stattfindenden landwirtschaftlichen Festen Preise für das beste Vieh vertheilt, außerdem anlässlich derselben auch Pferderennen, sowie verschiedene Volksbelustigungen veranstaltet. So gelang es König Wilhelm in vollstem Maße, die Landwirtschaft in jeder Richtung zu heben.

Handel und Industrie standen in jener Zeit noch auf sehr niederer Stufe. Auch diesen wandte der König seine volle Aufmerksamkeit zu, und es gelang ihm durch Vermehrung und Verbesserung der Verkehrsanlagen, welche einen Aufwand von nahezu 30 Millionen erforderten, auch in dieser Richtung ein glänzendes Resultat zu erzielen. Es wurden Eisenbahnen neu gelegt, der Neckar wurde schiffbar gemacht und auf dem Bodensee, welcher bisher nur mit Segelbooten befahren wurde, die Dampfschifffahrt eingeführt. Von größtem Vortheile für das Land war es aber, dass die württembergische Regierung volle Gewerbe- und Handelsfreiheit gestattete. Auch die Schöpfung des Zollvereines war von großer Bedeutung nicht nur für Württemberg, sondern für ganz Deutschland.

Als ein Zeichen der liberalen Gesinnung des Königs muss auch hervorgehoben werden, dass er im Jahre 1862 die Emancipation der Juden begünstigte, so dass diese in Württemberg in allem den Christen gleichgestellt wurden.

Unter der Regierung König Wilhelms war die Bauthätigkeit eine ungemein rege; mit Vorliebe ließ er die verschiedensten Bauten aufführen, nicht nur um das Land mit schönen und zugleich nützlichen Gebäuden zu schmücken, sondern anderseits dadurch auch den Arbeitern dauernden Verdienst zu bieten. So entstanden eine große Anzahl von Kirchen, Hospitälern, Schulen, Fabriken, Hüttenwerken, Salzsiedereien und Brücken. Das bedeutendste Werk war der Wilhelms-Canal und die Neckarschleuse bei Heilbronn. In Stuttgart entstand das Staatsarchiv, das Naturaliencabinet, das Polytechnicum, das Kunstgebäude, mehrere Kasernen und das kronprinzliche Palais. Der Schlossgarten wurde bedeutend erweitert und verschönert und war von nun an dem Publicum zugänglich. In Esslingen wurde ein Schullehrerseminar, in Tübingen die Universität und in Ulm die großartige Bundesfestung erbaut. Auch die prachtvollen Badeanstalten in Wildbad und Teinach verdanken dem Könige ihr Entstehen. Doch die allerschönsten Werke waren unstreitig der „Königsbau" mit den beiden Fontainen in Stuttgart und die „Wilhelma" in Cannstatt.

König Wilhelm war rastlos thätig, sein Land in jeder Beziehung zu heben, was ihm auch in vollstem Maße gelang. Es herrschte bald Wohlstand und Zufriedenheit im Volke, sowie ein bedeutender Aufschwung in geistiger Beziehung zu bemerken war.

Die Liebe und Verehrung, welche dem Könige von seinen Unterthanen zutheil wurde, nahm immer mehr zu und erstreckte sich auch auf seine nunmehrige Gemahlin, Königin Pauline Therese Louise (geboren am 4. September 1800), mit welcher er seit 15. April 1820 vermählt war. Sie war eine äußerst fromme, schlichte und aufopfernde Frau, welche im Stillen ungemein viel Gutes wirkte.

Ihrem Gemahl schenkte sie drei Kinder: Prinzessin Katharina, geboren 24. August 1821, Kronprinz Karl Friedrich Alexander, geboren 6. März 1823, und Prinzessin Auguste, geboren 4. October 1826. Die Geburt des Kronprinzen rief im ganzen Lande ungeheueren Jubel hervor; die Festlichkeiten, welche anlässlich dieses freudigen Ereignisses veranstaltet wurden, wollten kein Ende nehmen.

In noch größerer freudiger Erregung war ganz Württemberg, als König Wilhelm am 27. September 1841 seinen 60. Geburtstag und zugleich das 25jährige Jubiläum seines Regierungsantrittes feierte. Der König war tief gerührt über die unzähligen Beweise von Liebe und treuer Anhänglichkeit, welche ihm von seinen

Württembergern bei dieser Gelegenheit zutheil geworden waren. In einem Manifeste sprach er dem Lande seinen Dank aus und schenkte zur Feier des Tages allen politischen Verbrechern die Freiheit.

In dem so bedeutsamen Jahre 1848 kam König Wilhelm allen an ihn gestellten Anforderungen bereitwilligst entgegen. Er hob am 1. März 1848 die Censur auf und ließ das Pressgesetz vom Jahre 1817 wieder in Kraft treten. Am 9. März wurde das sogenannte Märzministerium, bestehend aus den Freisinnigen Römer, Pfizer, Düvernog und Goppet, gebildet.

Bei der am 15. Mai in Frankfurt am Main abgehaltenen Nationalversammlung betheiligten sich auch die württembergischen Abgeordneten.

Die von der Frankfurter Nationalversammlung beschlossenen Grundrechte wurden von der Regierung als Reichsgesetze verkündet und dem widerstrebenden Könige am 24. April 1849 die Reichsverfassung zur Unterzeichnung vorgelegt.

Schon am 28. October wurde das Märzministerium wieder aufgelöst und Schlayer an die Spitze der Regierung berufen, dem im Juli 1850 von Linden folgte. Auch die von König Wilhelm im Jahre 1849 einberufene Landesversammlung stellte ihre Thätigkeit ein und die frühere Verfassung trat wieder in Kraft.

Für Württemberg war das Jahr 1848—1849 trotzdem kein vergebliches gewesen; es waren eine große Anzahl neuer Gesetze geschaffen worden, welche dem Lande zu großem Vortheile gereichten und neuerlich bewiesen, wie König Wilhelm auf das Wohl seines Volkes bedacht war.

Schon im Jahre 1844 war ganz Württemberg in Angst und Sorge um den König; er war an einer Lungenentzündung gefährlich erkrankt und es währte lange Zeit, bis er sich wieder erholte. Von da ab war er gezwungen, alljährlich im Sommer eine Badecur zu gebrauchen, während er die Wintermonate häufig in Nizza verbrachte, was für seinen Gesundheitszustand von großem Vortheile war.

Leider verschlechterte sich das Befinden König Wilhelms im März 1864 derart, dass er nicht mehr die Kraft hatte, die Regierungsgeschäfte zu leiten, weshalb ein Ministerrath unter Vorsitz des Kriegsministers von Miller einberufen wurde. Später trat der Kronprinz an die Spitze des Ministerrathes.

Bis zuletzt bewahrte König Wilhelm das wärmste Interesse für sein Land und war noch in seinen letzten Lebenstagen mit verschiedenen Plänen für neue Bauten beschäftigt, die er jedoch nicht mehr ausführen konnte.

Noch am 14. Juni wollte der König, der seinen Schwächezustand sich selbst nicht eingestehen wollte, nach Wiesbaden abreisen, um sich durch die dortige Quelle zu stärken. Erst über die Erklärung der Ärzte, dass eine so lange Fahrt für ihn allzu beschwerlich wäre, ließ er von dieser Idee ab und entschloss sich nun, eine Luftcur auf seinem Lustschlosse Rosenstein bei Cannstatt zu gebrauchen. Kein Residenzbewohner wollte an die Ausführung dieses Entschlusses glauben, denn der Regent hatte bis jetzt noch nie, auch nicht ein einzigesmal, auf dem Rosenstein übernachtet; außerdem gieng eine alte Sage, dass ihm vor vielen Jahren schon prophezeit worden sei, er werde auf dem Rosenstein sterben. Dessenungeachtet ward der Entschluss doch ausgeführt und am 20. Juni siedelte der König auf den schönen Landsitz über. Fast zu gleicher Zeit trat der Kronprinz mit seiner hohen Gemahlin eine Reise nach Kissingen an, um dortselbst mit dem Kaiser von Russland zusammenzutreffen, während die Königin sich mit Prinzessin Friedrich von Württemberg, ihrer ältesten Tochter, zum gewohnten Sommeraufenthalte nach Friedrichshafen begab.

Von den Mitgliedern der königlichen Familie waren also in Stuttgart zur Zeit nur Prinzessin Marie, Gemahlin des Grafen Alfred von Neipperg, Prinzessin Auguste mit ihrem Gemahl, dem Prinzen von Weimar, und Prinz Friedrich, der Neffe König Wilhelms, anwesend.

Am 23. Juni machte der König eine Fahrt nach dem nahen Gestüt Weil, einer seiner Lieblingsschöpfungen, und ließ sich dortselbst in einem Lehnsessel herumtragen. Dieser Ausflug hatte jedoch bei seiner ohnehin sehr geschwächten Natur nur einen weiteren Kräfteverfall zur Folge, und tags darauf fühlte der König bereits selbst, dass seine Stunden gezählt seien.

Nach Mitternacht schlummerte der hohe Kranke ein, doch war sein Schlummer unruhig, von Phantasien gestört. Am Morgen des 25. Juni hatte König Wilhelm ausgerungen.

Ganz Württemberg trauerte an der Bahre des hohen Verblichenen, hatte doch die Bevölkerung in ihm den Vater verloren.

Sein Sohn, der Kronprinz, folgte ihm in der Regierung als König Karl I.

6. August 1816.

Leopold Johann Josef, Prinz beider Sicilien,

Prinz von Salerno, General-Inspector der königl. Garde und der Garde für die innere Sicherheit, **Oberst und Inhaber des k. k. Infanterie-Regimentes Nr. 22 (vom 6. August 1816 bis 10. März 1851)**, Großkreuz des königl. ungarischen St. Stephan-Ordens etc. etc.

Prinz Leopold, der zweite Sohn König Ferdinand I. (IV.) beider Sicilien und der Erzherzogin Karoline von Österreich, einer Tochter der großen Kaiserin Maria Theresia, wurde am 2. Juli 1790 geboren.

Zugleich mit seinem Bruder, dem späteren Könige Franz I., im Elternhause vorzüglich erzogen, widmete sich Prinz Leopold dem vaterländischen Militärdienste und erreichte die Charge eines General-Inspectors der königlichen Garde und der Garde für die innere Sicherheit. Mit Allerhöchstem Handschreiben Seiner Majestät des Kaisers Franz I. von Österreich vom 6. August 1816 wurde er zum Oberst und Inhaber des k. k. Infanterie-Regimentes Nr. 22 ernannt.

Am 28. Juli 1816 vermählte sich Prinz Leopold mit der am 1. März 1798 geborenen österreichischen Erzherzogin Maria, einer Tochter Kaiser Franz I., welcher Ehe Prinzessin Karoline, die spätere Gemahlin des Prinzen Heinrich von Orléans, Herzogs von Aumale, entspross.

Der Prinz verschied am 10. März 1851 im 60. Lebensjahre zu Neapel.

15. Mai 1817.

Ludwig I., König von Bayern,

Oberst und Inhaber des k. k. Dragoner-Regimentes Nr. 2 (von 1860—1867 Kürassier-Regiment Nr. 10, von 1867—1873 Dragoner-Regiment Nr. 10, seit 4. October 1873 Husaren-Regiment Nr. 15 **(vom 15. Mai 1817 bis 29. Februar 1868)**, oberster Ordensmeister des Hausritterordens vom heiligen Hubertus, Ordensgroßmeister des Hausritterordens vom heiligen Georg, Großkreuz des Max Josef-Ordens, **Ritter des österreichischen Ordens vom goldenen Vliesse** etc. etc.

Ein von edelstem Kunstsinn beseelter Fürst tritt uns in dem Lebensbilde König Ludwig I. entgegen. Welchen Aufschwung nahmen unter seiner segensreichen Regierung die bildenden Künste in Bayern, und welchen Schatz an Kunstsammlungen und Monumentalbauten verdankt München dem edlen Herrscher!

Noch im Jünglingsalter fasste er den Entschluss, eine Ehrenhalle für berühmte deutsche Männer zu errichten, und durch die Verwirklichung dieser genialen Idee entstand die berühmte Walhalla. Und wer kennt nicht die Glyptothek und Pinakothek zu München? An sich als Bauten schon einzig in ihrer Art, ist der Wert der in denselben angesammelten Kunstschätze der Skulptur und Malerei ein unermesslicher. Und dies alles hat München und mit ihm ganz Bayern seinem kunstsinnigen Könige Ludwig I. zu danken, welcher mit unermüdlichem Fleiße und Ausdauer bis ans Ende seiner Tage bestrebt war, diese Sammlungen, nachdem er sie einmal ins Leben gerufen, stets mehr und mehr zu vervollkommnen und zu bereichern.

Der erste Sohn des Herzogs Maximilian von Pfalz-Zweibrücken, Oberst des Regimentes d'Alsace, erblickte im sogenannten „Zweibrücker-Hof" zu Straßburg am 25. August 1786 das Licht der Welt. In der Taufe, bei welcher König Ludwig XVI. von Frankreich und der regierende Herzog von Zweibrücken, Karl August, Pathenstelle vertraten, erhielt der neugeborene Prinz die Namen Ludwig Karl August. Ein französisches Oberstenspatent war das Pathengeschenk

König Ludwigs XVI. von Frankreich. Nachdem der regierende Herzog von Zweibrücken ebenso wie dessen nächstberechtigter Thronerbe Herzog Karl Theodor kinderlos war, wurde die Geburt des Prinzen in der Pfalz und in Bayern mit hellem Jubel begrüßt, und Festlichkeiten aller Art gaben die freudige Erregung des Volkes kund; eine Deputation von Münchener Bürgern überbrachte die aufrichtigsten Glück- und Segenswünsche dem überglücklichen Vater.

Unter der Leitung seiner, leider nur zu bald vom Tode ereilten Mutter, Herzogin Augusta, Tochter des Landgrafen Georg von Hessen-Darmstadt, ward dem Prinzen Ludwig eine vorzügliche Erziehung zutheil. Herzogin Augusta, eine liebenswürdige Erscheinung von milder und gütiger Sinnesart, war es auch, welche dem Prinzen Anregung zu seinen ersten poetischen Versuchen gab; und auf diesem Gebiete war er nicht unfruchtbar wie eine stattliche Anzahl Gedichte, die auch zum Theil in Druck erschienen, Zeugnis von der poetischen Veranlagung des Prinzen Ludwig geben. Als König noch verlieh er oft seinen Gefühlen in schwungvollen Gedichten Ausdruck.

Im Hauptsächlichen war die Erziehung des Prinzen eine streng militärische, nur war die Gesinnung desselben von allem Anfang eine durchaus patriotisch-deutsche, während sein Vater immer mehr zur französischen hinneigte. Die deutsche Denkungsart des jugendlichen Prinzen zeigte sich am deutlichsten in dem Ausspruche, welchen er 1805 zu Straßburg that:

„Das sollte mir die theuerste Siegesfeier sein, wenn diese Stadt, in der ich geboren bin, wieder eine deutsche Stadt sein würde."

Die Aufstände in Frankreich 1789 pflanzten sich bis nach Straßburg fort und nach der Erstürmung des dortigen Rathhauses und der Proclamation des Martialgesetzes war in der aufgeregten Stadt nicht mehr des Bleibens für die herzogliche Familie. Zuerst begab sich dieselbe für kurze Zeit nach Darmstadt, dann nach Oggersheim, um später dauernden Aufenthalt in Mannheim zu nehmen. Hier verbrachte der Prinz die glücklichsten Tage seiner Jugendzeit.

Doch nicht allzu lange sollte Prinz Ludwig die Freuden sorgloser Tage genießen, denn bereits 1792, nachdem zuvor in der Pariser National-Versammlung der Krieg gegen Deutschland beschlossen worden war, musste die herzogliche Familie raschestens Mannheim verlassen, da die feindlichen Armeen Pfalz-Bayern überfluteten und die Stadt Mannheim in drohendste Gefahr gerieth. Nun entrollten sich vor dem Auge des empfindsamen Prinzen die traurigsten Bilder eines verheerenden Krieges, deren düsterstes wohl die Enthauptung seines königlichen Pathen gewesen.

Zuerst hatte sich die herzogliche Familie nach Darmstadt begeben; während dieser Zeit war Herzog Karl August plötzlich gestorben und dadurch der Vater des Prinzen, Herzog Max Josef, regierender Herzog von Zweibrücken geworden. Doch die Sansculotten hielten das Erbland besetzt, und dadurch war Herzog Max seines Landes beraubt. Als sich der wüste Kriegslärm allmählich verzogen hatte, wurde die einfache und bescheidene Hofhaltung des Herzogs nach Rohrbach an der Bergstraße verlegt. Hier wurde Prinz Ludwig zu Anfang 1796 von einer lebensgefährlichen Krankheit heimgesucht, doch gelang es glücklicherweise der aufopfernden Pflege des Leibarztes Besnard, den Prinzen zu retten. Kaum war er genesen, als ihm das unerbittliche Schicksal am 20. März 1796 seine innig verehrte Mutter, Herzogin Auguste, entriss, die wie sein Schutzengel stets über ihn wachte und seine geistige und körperliche Entwickelung nach bestem Können förderte.

Kurz vor ihrem Tode hatte Herzogin Auguste noch Pfarrer Josef Anton Sambuga und den früheren Lehrer des Staatsrechtes an der Universität Straßburg, Kirschbaum, zu Lehrern des aufgeweckten Prinzen berufen. Der Einfluss, welchen diese beiden vortrefflichen Männer auf Prinz Ludwig ausübten, zeigte sich selbst noch im spätesten Alter des nachmaligen Königs. Während Sambuga Ordnungssinn, Sparsamkeit und das Bestreben, sich stets von allem Erforderlichen selbst zu überzeugen, in seinem fürstlichen Schüler weckte, war es Kirschbaum, welcher denselben für die Schönheiten der Kunst empfänglich machte.

Aufs eifrigste und gewissenhafteste oblag Prinz Ludwig seinen Studien, welche nur durch die Übersiedlung nach München eine kurze Unterbrechung erfuhren.

Herzog Karl Theodor war kinderlos gestorben und sein Nachfolger auf dem bayerisch-pfälzischen Kurstuhl, Herzog Max Josef, zog mit seiner zweiten Gemahlin Herzogin Karoline, Prinzessin von Baden, dem nunmehrigen Kurprinzen Ludwig und dessen jüngeren Geschwistern am 6. März 1799 in die festgeschmückte Landeshauptstadt München ein. Der Empfang, welcher der herzoglichen Familie bereitet wurde, war ein äußerst herzlicher. Kurprinz Ludwig durchfuhr an der Seite seines Vaters die Straßen Münchens, jener Stadt, die er später zu solcher Blüte und Entwickelung brachte.

Doch nicht allein im Innern des Landes stellten sich der neuen Regierung zahlreiche Hindernisse entgegen, größere Schwierigkeiten noch brachte der aufs neue entflammte Krieg gegen Frankreich mit sich. Der Kurfürst schloss sich Österreich an; vor Abmarsch der Truppen fanden mehrere militärische Übungen statt, denen auch der nun vierzehnjährige Kurprinz beiwohnte.

Das Kriegsglück schlug sich leider wieder auf Seite der Franzosen; durch ihren unaufhaltsamen Vormarsch in Süddeutschland sah sich die kurfürstliche Familie zu schleunigster Flucht nach Amberg gezwungen. Bald darauf zog Moreau in München ein.

April 1801 war erst die Rückkehr des Kurprinzen und seiner Geschwister nach München möglich. Herzlicher noch als das erstemal gestaltete sich diesmal der Empfang der Fürstenfamilie in der Hauptstadt. Kurz nachher nahm Prinz Ludwig zum erstenmale an einer öffentlichen Sitzung der Akademie theil, und von diesem Tage an brachte er stets diesem Institute sein regstes Interesse entgegen.

Im Mai 1803 verließ Prinz Ludwig die Residenz und bezog in Begleitung seiner beiden Lehrer Sambuga und Kirschbaum die Landes-Universität Landshut. Und wie ehemals daheim, so nahm es auch hier Prinz Ludwig sehr ernst mit seinen Studien und die fünfte Morgenstunde fand ihn stets schon über seinen Büchern. Außer den Privatvorträgen seiner Lehrer hörte er noch deutsches und bayerisches Staatsrecht, Staatsökonomie und naturhistorische Fächer. Hier war es auch, wo er mit dem Professor für Moralphilosophie, Sailer, das erstemal zusammen kam. Der Einfluss dieses Gelehrten auf die geistige Entwicklung und Charakterbildung des Prinzen war ein sehr bedeutender; Prinz Ludwig ward ein treuer Anhänger der Lehren Sailers und blieb stets dessen aufrichtiger Freund und Beschützer.

Im Herbste desselben Jahres übersiedelte der Prinz an die Hochschule zu Göttingen; daselbst widmete er sich besonders dem Studium des Staatsrechtes und der Geschichte; weiters besuchte er auch die Vorlesungen des berühmten Naturforschers Blumenbach, welchen er 36 Jahre später zum Unterrichte seines Erstgeborenen, des Kronprinzen Max, berief.

Nach einem halben Jahrhundert, 1853, übersandte die philosophische Facultät der Georgia Augusta dem ehemaligen Zögling als „Ausdruck wahrer Ehrerbietung, Dankbarkeit und Pietät gegen einen deutschen Fürsten von Seite einer deutschen Hochschule" das Ehrendiplom eines Doctors der Philosophie, da kein Fürst jemals die Würde des königlichen Namens durch liebevollere Fürsorge für Kunst und Wissenschaft verherrlichte.

Mit besonderer Aufmerksamkeit, ja nahezu mit Andacht verfolgte er die Vorlesungen des bekannten Historikers Johannes Müller, dessen Werke er auch in späteren Jahren noch mit Vorliebe las. In näheren persönlichen Verkehr mit Müller trat Prinz Ludwig erst im Jahre 1806. Seinen Studiengenossen kam Prinz Ludwig stets in leutseligster Weise entgegen, er nahm auch öfters an deren festlichen Gelagen theil, wusste hiebei jedoch immer bei herzlichster Fröhlichkeit seine Stellung zu wahren.

Nach Vollendung der Universitätsstudien hörte Prinz Ludwig von Jacobi Vorträge über griechische Geschichte und Literatur und begann mit der Lectüre lateinischer Classiker. Der gelehrte Thiersch stand im regsten Gedankenaustausch mit dem Prinzen über hellenische Kunst und Geschichte.

Nach erlangter Großjährigkeit beeilte sich Prinz Ludwig, das Land seiner Träume, Italien, zu besuchen. Am 12. November 1804 trat er die Reise dahin an, begleitet von seinem Lehrer Kirschbaum und dem Grafen Karl von Seinsheim, mit welch letzterem er schon während seines Göttinger Aufenthaltes in näheren Verkehr getreten war. Alle sehenswerten Baudenkmäler und Ruinen wurden besichtigt, selbst auch dann, wenn hiezu eine größere Fußtour nöthig war.

Gegen Neujahr langte die kleine Reisegesellschaft in Rom an. Der Aufenthalt dortselbst war für die geistige Ausbildung des Prinzen maßgebend. Er besuchte die Ateliers aller berühmten Maler und Bildhauer. Hier in der ewigen Stadt erstand das Project zu jener Sammlung, die zum kostbarsten Schatze Münchens ward: zur Glyptothek. Die ersten Kunstwerke für dieselbe sammelte er hier, und lernte gleichzeitig Josef Martin Wagner, einen ausgezeichneten Kenner des Alterthums kennen, welchen er im Laufe der späteren Jahre mit der Erwerbung zahlreicher wertvoller Bestandtheile der Glyptothek betraute. — Schöne Tage verlebte der Prinz in den herrlichen Gefilden Italiens, dessen Kunstschätze mit innigem Verständnis bewundernd. In raschem Fluge vergiengen Sommer und Herbst, und erst im November rüstete Prinz Ludwig zur Heimkehr und traf, über Lausanne und Straßburg kommend, glücklich in München ein. Die politische Stellung Bayerns, welches sich im Feldzuge 1805 an die Seite Frankreichs geschlagen hatte, war durchaus nicht im Sinne des Kurprinzen, was dieser auch unverhohlen zum Ausdruck brachte. Doch musste er wohl oder übel seinen Vater im November 1805 begleiten, um dem gewaltigen Herrscher Frankreichs in dessen Hauptquartier zu Linz einen Besuch abzustatten.

Kurz nach dem Siege bei Austerlitz, zu Neujahr 1806, erhob Kaiser Napoleon seinen Verbündeten zum Könige, sowie dessen Erstgeborenen zum Kronprinzen von Bayern. Fest auf Fest und militärische Schauspiele reihten sich anlässlich der Anwesenheit des französischen Kaisers in München aneinander. Besondere Mühe gab sich der große Corse, auch die Sympathien des Thronfolgers zu erlangen; nicht nur, dass er dies Ziel durch häufigen Verkehr mit Kronprinz Ludwig zu erreichen suchte, überhäufte er denselben mit allen möglichen Aufmerksamkeiten, verlieh ihm den höchsten französischen Orden und überreichte ihm den Degen, den er selbst bei Austerlitz getragen. Doch umsonst! das Herz des deutschen Jünglings blieb seinen Gesinnungen treu, hielt fest an seiner Überzeugung.

Die Convenienz gebot wohl hierauf dem Kronprinzen den Besuch des Kaisers zu erwidern; sehr bald begab er sich auch in dessen Residenz nach Paris, doch konnte er sich hier nicht glücklich fühlen. Eifrig besichtigte er zu Paris die angesammelten Kunstschätze. Gerade als Kronprinz Ludwig Vorbereitungen zu einer spanischen Reise traf, erreichte ihn der Befehl, nach Bayern zurückzukehren, um mit dessen Armee in Preußen einzurücken.

In Berlin traf Kronprinz Ludwig zu Neujahr 1807 ein. Hierauf übernahm er das Obercommando über die bayerische Division, bestehend aus drei Infanterie- und einer Cavallerie-Brigade. Zuerst hatte Ludwig sein Hauptquartier in Warschau aufgeschlagen, doch wendete er sich bald östlich gegen Pultusk. Der Sieg heftete sich an seine Schritte; vorerst erkämpften sich am 13. Mai die Bayern den Übergang über die Narew, hierauf folgten einige glückliche Gefechte gegen die Russen. Glänzenden Erfolg hatte am 16. Mai ein vierstündiges Treffen, nach welchem die Russen schleunigst den Rückzug antraten. Der Prinz hatte eine außerordentliche Tapferkeit an den Tag gelegt und wurde bei seiner Rückkehr in das Lager von seinen Soldaten mit lautem Jubel begrüßt. Vom Schlachtfelde aus ließ er seinem erlauchten Vater die frohe Meldung des errungenen Sieges zugehen. Der König verlieh dem Kronprinzen in Anerkennung seiner heldenmüthigen Leistungen das Großkreuz des Max Josef-Ordens. Mit Stolz konnte der tapfere Kronprinz auf die vor dem Feinde errungene Auszeichnung blicken, die nun seine jugendliche Brust zierte.

Nachdem die Bayern sich inzwischen noch einigemale durch ihre Tapferkeit und Tüchtigkeit hervorgethan hatten, konnte der Kronprinz am 22. Juni den entscheidenden Sieg bei Friedland in die Heimat melden. Nach Abschluss des Waffenstillstandes übergab der Kronprinz das Obercommando über die bayerischen Truppen, welche Cantonnements bezogen hatten, an General Wrede und reiste nach Berlin ab.

Während seines Aufenthaltes dortselbst, indes die französischen Marschälle von den Palästen unter den Linden Besitz ergriffen hatten, reifte in dem, über dies Vorgehen aufs Höchste empörten Kronprinzen der Plan zur Erbauung einer Ehrenhalle für deutsche Helden. Im August 1807 schrieb er an Johannes Müller und erbat sich dessen Hilfe bei der Auswahl der Männer, welche gewürdigt werden sollten, in die Reihe deutscher Helden eingefügt zu werden.

Im nächstfolgenden Monat kehrte der Kronprinz nach ein- und einhalbjähriger Abwesenheit in die Heimat zurück. Tosender Jubel empfieng den heimkehrenden Heerführer, welcher seine Truppen zum Siege geleitet hatte; die gesammte Garnison erwartete ihn mit klingendem Spiele. Bei seinem ersten Erscheinen im Theater ward er mit lautem Jubel begrüßt, König Max trat an die Logenbrüstung vor und küsste mit Stolz seinen tapferen Sohn. Nur von kurzer Dauer war der Aufenthalt des Kronprinzen in München; dann begab er sich zur Begrüßung des Kaisers, vom Minister Montgelas begleitet, nach Venedig. Der König und die Königin folgten nach.

Den Sommer des Friedensjahres 1808 benützte Kronprinz Ludwig zu einer Reise in die Schweiz, begleitet von Graf Karl von Seinsheim und Major Washington. Selbstverständlich wandte er auch hier den Künsten seine besondere Aufmerksamkeit zu und machte mehrere Bestellungen von Büsten berühmter Schweizer, die in die Walhalla eingereiht werden sollten. Von der Reise zurückgekehrt, weilte Kronprinz Ludwig auf Schloss Nymphenburg, wo er seine eifrigen Studien wieder fortsetzte, als er durch neuen Kriegslärm aus seiner Ruhe aufgescheucht wurde.

Im Feldzuge 1809 befehligte der Kronprinz die 1. bayerische Division; dieser fiel die Aufgabe zu, München von den einfallenden Österreichern zu decken. Trotz der Tapferkeit der Truppen mussten sie dem Gegner weichen und am 16. April rückten die ersten österreichischen Uhlanen in München ein.

Durch das langsame Vorgehen des Feindes hatte die bayerische Armee Gelegenheit, sich wieder zu sammeln und rückte dann in raschem Siegeslauf gegen Landshut vor, wo sie die österreichische Armee bereits am 21. April verdrängt hatte.

Der Kronprinz hatte seine Aufstellung bei Eggmühl und konnte auch von hier einen entschiedenen Sieg melden. In der Nacht vom 21. zum 22. schwebte der Kronprinz in höchster Lebensgefahr; er hatte sich in einem Gehöfte nächst Eggmühl einquartiert, in welchem, als alles in tiefem Schlafe lag, ein verheerender Brand ausbrach. Nur wie durch ein Gotteswunder gelang es dem Kronprinzen, sich noch im letzten Momente über die hellbrennende Treppe zu retten.

Heimgekehrt, begab sich Kronprinz Ludwig vor Weihnachten 1809 an den Hof zu Hildburghausen; dorthin zog es ihn mit unwiderstehlicher Gewalt, weilte doch dort eine anmuthige, liebreizende Prinzessin, welcher der Kronprinz die aufrichtigste Liebe entgegenbrachte. Kurze Zeit darauf erfolgte die officielle Verlobung mit Prinzessin Therese und bereits am 12. October 1810 fand die feierliche Vermählung des hohen Paares statt. Dieser Bund, welcher nicht infolge von politischen Calculs, sondern von gegenseitiger und aufrichtiger Zuneigung geschlossen worden war, blieb stets ein außerordentlich glücklicher. Die Bevölkerung Bayerns nahm lebhaften Antheil an dem freudigen Ereignisse der Vermählung, ebenso wie ein Jahr später, als am 28. November 1811 dem Kronprinzen ein Sohn geboren wurde. Kronprinz Ludwig war überglücklich und hieng mit unendlicher Liebe an seinem Erstgeborenen. Kronprinzessin Therese schenkte ihrem Gemahl noch drei Prinzen und fünf Prinzessinnen.

Innige Zuneigung und Zärtlichkeit verband alle Glieder der kronprinzlichen Familie miteinander und der Kronprinz ließ sich die Erziehung seiner Söhne und Töchter sehr angelegen sein. Besonders die Ausbildung des erstgeborenen Sohnes, Prinz Max, bewachte er sorgfältig, ließ durch seinen ehemaligen Lehrer Sailer einen geeigneten Erzieher für den Prinzen wählen, dem er dann selbst die Art und Weise des Unterrichtes, sowie die vorzutragenden Gegenstände vorschrieb. Nichts ließ der Kronprinz ungeschehen, um den kleinen Prinzen würdig vorzubereiten auf die hohe Aufgabe, die er einstens zu lösen hatte.

Nach seiner Vermählung war der Kronprinz zum Gouverneur des Inn- und Salzachkreises ernannt worden; infolgedessen nahm er abwechselnd in Innsbruck und Salzburg Aufenthalt. Als am Ende des Jahres 1812, nach der Niederlage von Napoleons Heeren in Russland, Österreich sich den nordischen Mächten anschloss, um im Vereine mit diesen gegen den gewaltigen Corsen vorzurücken und sich Bayern entgegenkommend zeigte, indem es die Initiative zu einer Regelung ergriff, um das Land zu einem Mittelstaat zu erheben und den Schutz fremder Mächte entbehrlich zu machen, folgte Bayern nur zagend diesem Rufe. Zu tief war die Überzeugung von der Unbesiegbarkeit Napoleons eingewurzelt. Allmählich nur konnte man sich mit dem Gedanken einer Gegnerschaft mit Napoleon vertraut machen. Umso freudiger begrüßte der Kronprinz diese Änderung in der Politik Bayerns, und während man daselbst die Schlacht bei Leipzig ungefeiert ließ, veranstaltete der Kronprinz in Salzburg rauschende Feste zur Feier des glänzenden Sieges bei Leipzig; auch fand eine Ausspeisung von 800 Armen statt, welchen Act der Wohlthätigkeit der edle Fürst bis an sein Lebensende jedes Jahr am 18. October wiederholen ließ.

Als dem Kronprinzen das Obercommando der Landesbewaffnung übertragen wurde, trachtete er mit außerordentlicher Umsicht und Ausdauer sich seiner Aufgabe zu entledigen; er führte eine Neubildung des Heeres durch. Zur Errichtung eines freiwilligen Husaren-Regimentes spendete Kronprinz Ludwig 20.000 Gulden, durch diese großherzige Gabe noch viele Andere zu Spenden anfeuernd.

Als die süddeutschen Heere gegen Frankreich zogen, wäre Ludwig gar zu gerne mit ihnen, doch ließ dies seine Stellung nicht zu; erst nachdem die Truppen in Paris eingezogen waren und infolgedessen die Landbewaffnung aufgehoben werden konnte, durfte er nach der französischen Residenz eilen.

Nach längerem Aufenthalt daselbst, reiste er, einem Wunsche seines Vaters folgend, nach Wien, woselbst der Monarchencongress zusammengetreten war. Hier konnte bei den Berathungen keine Einigkeit erzielt werden, die Verhältnisse der Theilnehmer gegeneinander waren schon aufs Äußerste gespannt, als durch die plötzliche Wiederkehr des allgemeinen Bedrückers alle Zwistigkeiten ihr Ende erreichten und die vereinigten Heere gegen den alten Erbfeind zogen.

Diesmal zog auch Kronprinz Ludwig mit ins Feld. Vor seiner Abreise verfügte er die weitestgehenden Verhaltungsmaßregeln für den Fall seines Ablebens.

Mit einer von Heldenmuth und Kampfesfreude durchglühten Ansprache nahm der Kronprinz von der Landwehr Abschied und folgte am 16. Mai der bayerischen Armee an den Rhein. Zu seinem größten Leidwesen jedoch mussten die bayerischen

Truppen längere Zeit unthätig in Mannheim verweilen. Da hiedurch der Kronprinz sehr viel freie Zeit erübrigte, ließ er sich Körners Gedichte nachsenden. Eine passendere Lectüre für den thatendurstigen, heldenmüthigen Prinzen lässt sich wohl kaum denken. Wie mögen ihn die herrlichen, von froher Kampfeslust durchwehten Lieder begeistert und angefeuert haben!

Leider war es aber dem bayerischen Contingente wieder nicht beschieden, ruhmreichen Antheil an dem Siege zu nehmen, denn als der Kronprinz Befehl erhielt, am 20. Juni mit seinen Truppen den Rhein zu übersetzen, war die entscheidende Schlacht bei Belle Alliance bereits geschlagen.

An der Spitze seiner Armee marschierte der Kronprinz hierauf in Paris ein. Hier wandte er sehr viel Mühe der Wiedererwerbung zahlreicher Kunstwerke zu, welche seinerzeit die siegestrunkenen Franzosen aus Deutschland weggeschleppt hatten.

Bei seinem Einzuge in München ward der Kronprinz mit nicht endenwollendem Jubel empfangen. Nun eilte er nach Salzburg zu seiner Familie, wo inzwischen sein zweiter Sohn, Prinz Otto, der nachmalige König von Griechenland, am 1. Juni das Licht der Welt erblickt hatte. Doch nicht zu lange währte mehr der Aufenthalt des kronprinzlichen Paares dortselbst. Nach der Abtrennung Salzburgs, des Innviertels und Tirols an Österreich, siedelte Kronprinz Ludwig mit seiner Familie nach Würzburg über; abwechselnd mit Würzburg nahm er auch in Aschaffenburg Aufenthalt. Kronprinz Ludwig hielt sich den Regierungsgeschäften ziemlich ferne. Die Stellung eines Gouverneurs, die er zuerst in Salzburg und dann in Würzburg inne hatte, war nur ein Ehrenposten, doch in einigen wichtigen Fällen machte er seinen Einfluss dennoch geltend.

Ein entschiedener Gegner der Richtung des Ministers Montgelas, stand er nicht nur in den Rheinbundtagen an der Spitze der Opposition gegen dessen äußere Politik, sondern war auch jetzt bemüht, den Einfluss des Ministers in der inneren Politik zu schwächen. Ein Zufall kam ihm hiebei zuhilfe und gelang es ihm, dies autokratische Regiment zu stürzen. Am 2. Februar 1817 wurde Montgelas plötzlich aller ihm anvertrauten Staatsämter enthoben. Nach Montgelas Rücktritt wurden als oberste vollziehende Stelle fünf Ministerien, als oberste berathende Stelle ein Staatsrath eingesetzt, an dessen wichtigeren Verhandlungen auch der König und der Kronprinz theilnahmen.

In der äußeren Politik beschäftigte den Kronprinzen besonders die Frage der Wiedererwerbung des alten Pfälzer Gebietes für

Bayern. Das Heidelberger Schloss wieder aufzubauen, war ein Lieblingsplan Ludwigs.

Durch die immer lauter werdenden Forderungen nach einer Volksvertretung und Verfassung, sah sich die Regierung endlich veranlasst, eine Commission zum Zwecke der Ausarbeitung einer solchen einzuberufen. Unerwartet schnell fand die Veröffentlichung der Verfassungsurkunde statt; der Kronprinz musste von Italien in die Heimat eilen, um dieselbe mit zu unterzeichnen. Glockengeläute und Kanonendonner verkündeten am 18. Mai 1818 die Übergabe des königlichen Geschenkes; Bayern war der erste Staat, welcher die Constitution einführte. Am 27. Mai leistete der Kronprinz als Erster den Eid auf die Verfassung. Bei der Eröffnung des ersten Landtages am 4. Februar 1819 stand er zur Rechten des Thrones; er stimmte im Reichsrathe mit einer verschwindend kleinen Minorität zu Gunsten der freisinnigen Reformen.

Im Zusammenhange mit der liberalen Strömung steht auch die Sympathie, die der Kronprinz der Erhebung und politischen Wiedergeburt des Hellenen-Volkes entgegenbrachte; er war der erste Fürst, der dem kühnen Unternehmen seine Gunst zuwandte. Als die Theilnahme des Abendlandes sich mehr und mehr durch thatsächliche Beweise, durch finanzielle Opfer kundgab, bildete sich unter dem Protectorate des Kronprinzen auch in München ein Griechenverein.

Von einer sehr gefahrdrohenden Lungenentzündung aufs Krankenlager geworfen, begab sich Kronprinz Ludwig, nachdem er sich in Reconvalescenz befand, zur Wiedererlangung und Kräftigung seiner Gesundheit nach Italien. Seine Begleitung bestand aus dem Grafen Karl von Seinsheim, Grafen Ingelheim, Custos Dillis und Leibarzt Ringseis. Im September 1817 brach die Reisegesellschaft auf und erreichte Rom im Januar des nächsten Jahres. Der Kronprinz hatte sich auf der nur in kurzen Fahrten, langsam erfolgten Reise schon zusehends erholt und konnte sich nun in Rom wieder ganz den Besichtigungen und Studien der Kunstsammlungen und Werke hingeben. Mit allen damals in Rom lebenden bedeutenden Künstlern wie: Cornelius, Overbeck, Eberhard, Schnorr und Veit trat der Kronprinz in nähere Beziehung. Wie glücklich er sich hier in Verkehr mit diesen lebensfrohen Menschen, umgeben von Naturschönheiten und Kunstwerken fühlte, bezeugen mehrere Gedichte, welche während dieses Aufenthaltes in Rom entstanden.

Im Monate April verließ der Kronprinz Rom. Zuvor hatten die Künstler ihm zu Ehren ein Fest veranstaltet, wie es wohl glänzender und feenhafter nicht gedacht werden kann. Es wird, so lange deutsche Kunstgeschichte dauert, als ein schönes Denkmal des großen Aufschwunges fortdauern, den besonders die Malerei durch Ludwigs königlichen Schutz genommen.

Seinen Dank hiefür bekundete der König dem Arrangeur des herrlichen Festes damit, dass er ihn mit der Ausführung der großen Wandgemälde in der Glyptothek betraute.

Infolge seiner Lungenschwäche war Kronprinz Ludwig gezwungen, auch den Herbst 1820 und die darauffolgenden Wintermonate im sonnigen Süden zu verbringen; abermals finden wir ihn in Rom im regen Verkehr mit den dort weilenden Größen der Kunstwelt. Diesmal brachte er auch der Numismatik besonderes Interesse entgegen und sammelte hier eine beträchtliche Anzahl schöner und wertvoller Münzen.

Ein Freudenfest ohne Gleichen war für die treuen Bayern das 25jährige Regierungsjubiläum des Königs Max, welches dieser im Jahre 1824 feierte. Adressen und Deputationen sonder Zahl langten in der königlichen Residenz ein; genoss doch der Monarch die unbegrenzte Liebe und Verehrung seiner Unterthanen. In dem 1825 eröffneten dritten Landtage sprach auch der König den Ständen seinen wärmsten Dank für die dargebrachten Huldigungen aus. Mit den Worten, dass er nochmals seinen Dank wiederhole, „ehe er aus ihrer Mitte scheide", schloss seine herzliche Ansprache. Wie von Todesahnungen durchdrungen, klangen diese Worte und leider waren es wirklich die letzten, die er an die versammelten Stände richtete. Sein 69. Namensfest war gleichzeitig sein letzter Lebenstag. Nach einem, bei einem Ballfeste angenehm verbrachten Abende entschlummerte sanft in der Nacht des 12. October 1825 der allverehrte König Max I.

Zu dieser Zeit weilte der Thronfolger im Bad Brückenau. Da das Erscheinen eines Kometen in den ersten Stunden des 15. October zu erwarten war, hatte er den Befehl gegeben, ihn zu wecken, sobald das Gestirn in Sicht sei. In der nämlichen Stunde traf die Depesche ein, welche dem Sohne den Tod des Vaters meldete und den Prinzen auf den Thron berief.

Unerwartet traf diese Nachricht Kronprinz Ludwig, und gramgebeugt eilte er nach München an die Bahre des geliebten Vaters. Am 18. October traf er daselbst ein, hatte sich jedoch jeden feierlichen Empfang verboten.

Am nächsten Tage schon übernahm er die Regierung und leistete den Eid auf die Verfassung, wobei er an die versammelten Staatsdiener eine herzliche Ansprache richtete.

Gleich seine ersten Verfügungen die er traf, zeigten, wie gründlich er sich für seinen hohen Beruf vorbereitet und welch treffliche Erfahrungen er schon gesammelt hatte.

Seine erste Sorge wandte er der Besserung der Staatsfinanzen zu. In dem Maße, als unter König Max die Staatseinnahmen infolge der bedeutenden Gebietsvergrößerung gestiegen waren, hatten sich auch die Ausgaben und Schulden des Staates vermehrt. Die gefährlichste Unordnung hatte im Staatshaushalte überhandgenommen; selbst der Bestand der Staatsschuld war noch nicht festgestellt.

Zum Zwecke von Berathungen über Ersparungen im Civil- und Militäretat berief er bereits am 24. und 25. October zwei Commissionen, und betheiligte sich selbst an den oft halbe Tage dauernden Sitzungen derselben. Vereinfachung der Staatsverwaltung war sein Hauptziel. Der Besoldungsetat wurde geregelt, viele überflüssige Stellen wurden eingezogen, das Generalfiscalat, das Medicinalcollegium, das geheime Taxamt aufgelöst. Auf diese Weise gelang es sehr bald den Staatscredit zu heben und bereits 1827 konnte in der Kammer die erfreuliche Thatsache constatiert werden, dass Bayern zum erstenmale seit langen Jahren kein Deficit aufzuweisen habe; im Militäretat allein war eine Million erspart worden. Durch Aufhebung der kostspieligen Garden und Vereinfachung des Montursystems, war es möglich geworden, dieses Resultat zu erzielen. Dagegen musste auf ausdrücklichen Befehl des Königs von allen Ersparungsrücksichten bei der Artillerie Abstand genommen werden.

Auch im Beamtenthume wurden zahlreiche Veränderungen getroffen und der Geschäftsgang mit den Ministerien dahin geregelt, dass die Entscheidung in allen wichtigeren Fällen unmittelbar dem Monarchen zufiel, während der Wirkungskreis der Minister auf das Vorschlagsrecht und die Beaufsichtigung der unteren Behörden beschränkt blieb. Während seiner Studienzeit in Göttingen hatte Ludwig sich mit den Einrichtungen an der Hochschule bekannt gemacht und gleich nach seinem Regierungsantritte fasste er den Entschluss, nach diesem berühmten Vorbilde die vaterländischen Universitäten zu gestalten. Zu diesem Behufe verlegte er durch Rescript vom 3. October 1826 die Universität von Landshut nach München und berief die berühmtesten Männer seiner Zeit an diese Hochschule. Es lag im Plane des Königs, dieser ein eigenes Heim zu schenken; vorläufig wurde ihr der Wilhelminische Palast angewiesen, wo fast alle wissenschaftlichen Sammlungen vereinigt waren. Am 14. November 1826 erfolgte die feierliche Eröffnung der Universität.

Seit Ludwig den Thron bestiegen, setzte er seine Bemühungen für die Wiedergewinnung der Rheinpfalz eifrig fort. Er ließ in Karlsruhe ein Tauschproject in Vorschlag bringen, das jedoch zurückgewiesen wurde.

Den günstigsten Einfluss auf die Streitfrage erhoffte er sich von dem ihm persönlich befreundeten Czar Nikolaus, der auch 1825 auf den Thron gekommen war. Er sandte im Jänner 1826 Fürst Wrede mit einem eigenhändigen Schreiben an den russischen Herrscher nach Petersburg. Dieser empfieng den Feldmarschall mit Auszeichnung, die Antwort jedoch war höflich ausweichend.

Im Übrigen war Bayerns äußere Politik, seit 1827 unter der Leitung des Justizministers Zentner, des Schöpfers der bayerischen Verfassungsurkunde, in dieser Periode in keine wichtigere Frage verwickelt.

Die Zollverträge erfuhren auf Anregung des Königs bedeutende Verbesserungen.

Den ersten Landtag seit seinem Regierungsantritte eröffnete der König am 17. November 1827 mit einer Thronrede, in welcher er seine Ansichten und Maßregeln, welche er zur Aufrechterhaltung der Ordnung im Staatshaushalte für nothwendig fand, klar darlegte. Kein wichtiger Punkt war übergangen. Verbesserung der Rechtspflege, Einführung des Steuerdefinitivums und des Landraths-Institutes, Erleichterung des Verkehres und der Landwirtschaft durch Zollordnung und Culturgesetz wie ein Gesetzentwurf zu einer, auf das Princip der Öffentlichkeit und Mündlichkeit gegründeten Gerichtsordnung wurde in Aussicht gestellt. Als bei der Budgetberathung die Regierung das günstige Resultat der finanziellen Reformen mittheilte, bekundete sich die frohe Überraschung der Stände durch ein „Hoch lebe der König!" Nach Schluss des Landtages wurde Eduard von Schenk zum Minister des Innern ernannt.

Das Wiederaufleben älterer, religiöser Orden begünstigte König Ludwig ebenfalls; bereits 1827 ward das Kloster Metten wieder ins Leben gerufen, die Franciscaner und Kapuziner erhielten die Bewilligung, sich in München und mehreren anderen Orten neue Ordenshäuser zu bauen und erhielten vom Könige reichliche Unterstützung, ebenso die verschiedenen weiblichen Orden. Ein

Jahr zuvor wurden Clericalseminare in Steyer und Freising neu errichtet, die schon bestehenden höher dotiert. Auch dem Presswesen widmete der König seine Aufmerksamkeit.

Ein Erlass des Ministeriums des Innern vom 21. December 1829 erklärte als ausdrücklichen Willen des Monarchen, „dass die Freiheit der Presse innerhalb der gesetzlichen Schranken auf keine Weise beeinträchtigt und dass insbesondere dem Rechte der freien Beurtheilung des amtlichen Wirkens der zum öffentlichen Dienste berufenen Personen, soweit nicht dadurch gesetzliche Ehrenrechte verletzt werden, der gebürende Schutz gewährt werden solle". So hob sich die Tagespresse unter dem Schutze der Regierung selbst.

Den Ereignissen in Griechenland hatte König Ludwig immerwährend lebhaftes Interesse entgegengebracht. Ein Beschluss der Londoner Conferenz vom 3. Februar 1830 sprach sich für die Unabhängigkeit Griechenlands unter einem eigenen Souverän aus. Nachdem Prinz Leopold von Coburg die Krone Griechenlands abgelehnt, wurden die Stimmen immer lauter, welche für dieselbe den zweiten Sohn des Königs Ludwig vorschlugen. Durch eine endgiltige Entscheidung der Großmächte vom 7. Mai 1832 ward Prinz Otto zum König der Hellenen erhoben. Während seiner Minderjährigkeit sollte eine aus drei Räthen der Krone bestehende Regentschaft das Land verwalten. Die Großmächte garantierten dem Fürsten ihrer Wahl den Besitz voller Souveränität und zugleich eine Anleihe von 60,000.000 Francs; dagegen versprach die Krone Bayerns vorläufige Unterstützung Griechenlands durch Geldvorschüsse und die Aufstellung eines Hilfscorps von 3500 Bayern; König Ludwig hatte versprochen, für die Regentschaft Männer von gemäßigten, constitutionellen Grundsätzen zu wählen. In Griechenland wurde die Wahl Prinz Ottos mit Enthusiasmus begrüßt. Der Abschied von der Heimat war ein äußerst herzlicher.

Mit 1. Juni 1835 übernahm König Otto selbst die Regierung. Doch war die Lage noch immer eine derart unsichere, dass er seinen Vater beschwor, nach Griechenland zu kommen, um sich durch eigene Anschauung zu überzeugen, durch welche Mittel die Ruhe befestigt, das Vertrauen der Nation dauernd erworben werden könne.

König Ludwig reiste nach Griechenland ab und betrat nach glücklicher Fahrt den Boden des hellenischen Reiches, von hellem Jubel der Bevölkerung empfangen; seine Einfahrt in Athen glich einem Triumphzuge. Im Januar 1836 bereiste er den Archipelagus und berührte auch die Küste Kleinasiens. Überall ward ihm begeisterter Empfang zutheil. Am 24. März verließ der Monarch Athen, begleitet von einer großen Zahl berittener Pelikaren, die dem Vater ihres Königs unzählige Zitos nachriefen. Zum Andenken an seinen Besuch spendete er der Stadt zur Gründung eines Krankenhauses 50.000 Francs. Im folgenden Jahre ward König Ludwig durch den Dimarchen im Namen der Stadt Athen ein goldener Ehrenbecher überreicht.

Dem Tulleriensturm in den Julitagen 1830 antwortete ein Echo in Brüssel und Warschau, in kurzer Zeit war fast ganz Europa von der revolutionären Bewegung ergriffen; Bayern aber, im Besitze geordneter staatlicher Zustände und einer Repräsentativverfassung, blieb ruhig. Als König Ludwig am 18. October, an welchem Tage wieder die Erinnerung an die Schlacht bei Leipzig feierlich begangen wurde, ohne militärische Begleitung mitten unter seinem Volke erschien, wurde er mit hellem Jubel begrüßt.

Doch ganz verschont von Unruhen blieb auch Bayern nicht; im December kam es an einigen Orten zu Excessen, die jedoch sehr bald unterdrückt wurden.

Der am 1. März 1831 einberufene Landtag verlief zeitweilig etwas stürmisch. Besonders die Budgetberathung beschwor heftigere Kämpfe herauf. Denn obgleich der Finanzminister den Stand der bayerischen Finanzen in das günstigste Licht stellte, wurden doch bei den Nachweisen über die Verwendung der Staatsgelder viele Ausgaben beanstandet, namentlich die für den Freskenschmuck der Arkaden, den Bau der Pinakothek und anderer öffentlichen Gebäude erwachsenden Kosten. Es gieng sogar der Beschluss durch, der Bau der Pinakothek sollte gänzlich eingestellt werden und bei Feststellung der Civilliste beschloss die Majorität beträchtliche Abzüge.

Damit der Bau der Pinakothek nicht ruhen müsse, schoss König Ludwig aus eigenen Mitteln eine halbe Million Gulden vor; die Antwort auf die Schmälerung der Civilliste war eine großartige Schenkung an die Armen der Vorstadt Au.

Die immer stürmischer sich gestaltende Zeit erheischte einen energischeren Mann zur Führung der Staatsgeschäfte, als Minister Schenk es war; daher wurde nun Ludwig Fürst zu Öttingen-Wallerstein, welcher sich während der letzten Landtagsperiode als Reichsrath besonders hervorgethan und zu wiederholtenmalen in conservativ-liberalem Sinne zur Versöhnung gemahnt hatte, an Stelle Schenks zum Minister des Innern ernannt; gleichzeitig ward

Freiherr von Giese Minister des Äußeren, zu Rhein der Justiz, Wirschinger der Finanzen, Weinrich des Krieges.

Nachdem die Julistürme 1830 vorübergerauscht, trat naturgemäß eine Abspannung und Erschlaffung auf politischem Gebiete ein. Wie in allen constitutionellen Staaten hatte auch in Bayern der Liberalismus durch das kampfbereite Auftreten der radicalen Fraction gegen das historische Recht sein früheres Übergewicht verloren. Dadurch bot auch der Landtag 1834 ein völlig anderes Bild als der vorhergehende, trotzdem er fast dieselben Persönlichkeiten vereinigte.

In der Thronrede ward besonders die Freude des Monarchen über den am 22. März 1833 erfolgten Abschluss der Zollvereinigung der deutschen Staaten betont. Der König hatte sich hiebei die wichtigsten Verdienste erworben. Bayerns Handelsverkehr hatte sich dadurch bedeutend gehoben. Die Verhandlungen über die Civilliste liefen diesmal glatt und rasch ab; die Permanenz der königlichen Einnahmen wurde nahezu einstimmig angenommen.

Seinem warmen Gefühle für das Deutschthum folgend, hob der König die Territorialeintheilung Montgelas' auf und gab den Provinzen ihre alten Namen, die sie als Stämme des deutschen Reiches geführt, wieder zurück.

Die, durch Verordnung vom 29. November 1837 erfolgte neue Eintheilung des Königreiches hatte zur Folge, dass die Vertheilung der Mitglieder der zweiten Kammer unter die einzelnen Regierungsbezirke nicht mehr genügte. Es entstand nun die Frage, ob durch ein königliches Patent allein die Auflösung des dermaligen Landtages erfolgen könne. König Ludwig äußerte sich darüber, dass, obwohl die Auflösung erforderlich scheine, dennoch die Verfassung nie verletzt werden dürfe. Erst nachdem der Staatsrath einstimmig sein Gutachten dahin abgegeben hatte, dass die Einberufung der Stände zum Behufe der Auflösung nicht räthlich, sondern eine Neuwahl durch königliche Erklärung anzuordnen sei, gab Ludwig seine Einwilligung. In der Thronrede mit welcher der König 1840 die neugewählten Stände begrüßte, sagte er:

„Bayern, Pfälzer, Schwaben und Franken, ruhmvoll nennt sie die Geschichte; zu schön glänzen diese Namen durch eine Reihe von Jahrhunderten, als dass sie erlöschen sollten und freudig ertheile ich den Ländern wieder ihre angestammten Benennungen."

Lebhaften freudigen Antheil nahm die Bevölkerung an der im December 1841 erfolgten Verlobung des bayerischen Thronfolgers mit Prinzessin Marie, Tochter des Prinzen Wilhelm von Preußen, und zu einem wahren Familienfeste gestaltete sich die Vermählung des hohen Brautpaares im October 1842. Durch diese Verbindung hatten sich die freundschaftlichen Beziehungen zwischen dem bayerischen und preußischen Hofe nur noch inniger gestaltet. König Friedrich Wilhelm IV. besuchte wiederholt seine königlichen Verwandten in München und vertrat auch bei dem Erstgebornen des Kronprinzen, Max, Pathenstelle. Ein glücklicher Zufall fügte es, dass dieser jüngste Spross des Hauses Wittelsbach an demselben Tage, 25. August, das Licht der Welt erblickte, wie sein Großvater König Ludwig I., vor nahezu 60 Jahren.

An Stelle des Ministers Fürst zu Öttingen-Wallerstein war bereits 1837 Karl Abel getreten. Mit dem Ressort des Ministers des Innern war auch dasjenige des Unterrichts- und Cultuswesens verbunden. Bald nach Ernennung Abels wurden Klagen über Beeinträchtigung der Rechte der protestantischen Kirche laut, später reihten sich die Beschwerden der Generalsynoden hinzu; ebenso wurde die Censur strenger denn je geübt und ließ sich Einseitigkeiten zu Schulden kommen. Besonders ungünstigen Einfluss übte Abel durch seine Maßnahmen für Unterricht und Wissenschaft aus.

Im Landtage 1840 traten bereits die ersten confessionellen Zwistigkeiten hervor; die Beschwerden der Protestanten waren noch nicht zum eigentlichen Gegenstand der Berathung geworden, doch wurde eine Bitte um entsprechende Abhilfe dem Könige überreicht.

Lauter aber wurden die Klagen in dem 1842 eröffneten Landtage; die Wahlen für denselben fielen nicht mehr wie die vorhergehenden nach dem Wunsche der Regierung aus und durch die immer höher gehenden Wogen des confessionellen Kampfes entstand für das Staatsleben eine drohende Krisis.

Im Mai 1846 ward der Landtag plötzlich geschlossen; es ließ sich nicht mehr verhehlen, dass Abels Principien zu sehr auf Einseitigkeiten hinausliefen, welche eine unheilvolle Spaltung im Innern Bayerns hervorrufen und die Achtung des Auslandes vermindern mussten. — Dies war aber gegen den Willen König Ludwigs, denn obzwar er nicht nur religiös, sondern auch ein gehorsamer Sohn der katholischen Kirche war, deren Vorschriften er auf das Pünktlichste nachkam, so wusste er aber auch, dass sein Namenspatron, der fromme König Ludwig von Frankreich, selbst das erste Beispiel gegeben, durch eine pragmatische Sanction kirchliche Einflüsse abzuhalten, die der staatlichen Gesellschaft schädlich werden müssten. Diese Überzeugung nun und das Misstrauen, welches der König seit den Vorgängen im letzten Landtage Abel und dessen System entgegenbrachte, bewogen ihn am 15. December 1846 die Trennung eines Ministeriums für Cultus und Unterricht vom Ressort des Ministers des Innern zu verfügen.

Die Stellung Abels war hiedurch vollkommen erschüttert und bereits am 16. Februar 1847 erhielt er, einige Tage später die übrigen Minister, die Entlassung.

Freiherr zu Rhein wurde nun zum Minister des Innern ernannt und eine Circularnote theilte allen befreundeten Cabineten die Veränderungen im Kronrathe mit. Sämmtliche Antworten lauteten auf das Befriedigendste, selbst diejenige des päpstlichen Stuhles gab deutlich ihr vollkommenes Einverständnis mit der erfolgten Änderung zu erkennen. Dagegen machte im eigenen Lande jene Partei, welche Bayern gerne als hieratisch-archaistische Oase erhalten wollte, Front gegen die neue Regierung.

Die Universität wurde nun von mehreren drückenden Bestimmungen der Abel'schen Periode befreit und vom Verbindungswesen der Bann gelöst. Die Studenten brachten zum Danke hiefür ihrem Könige einen großartigen Fackelzug.

Auch wurde auf freisinniger Grundlage eine gründliche Reform der Gesetzgebung angeordnet.

Durch ein königliches Decret ward verordnet, dass, im Falle der Abwesenheit des Monarchen, der Kronprinz im Staatsrathe den Vorsitz führen sollte. Gleichzeitig erfolgte die Ernennung des Thronfolgers zum General-Inspector der Armee.

Das Ministerium zu Rhein erfreute sich jedoch nicht zu langer Wirksamkeit, denn noch vor Abschluss des Landtages 1847 schied es aus dem Amte und ihm folgte das Ministerium Wallerstein-Berks.

Wallerstein zeigte sich eifrig bestrebt, die modernen Ideen in die Staatsverwaltung einzuführen, um Bayern dadurch eine hervorragende Stellung in Deutschland zu erwerben. In ruhigeren Jahren als im aufgeregten Jahre 1848 hätte er vielleicht sein Ziel erreicht, eine Vermittlung und Aussöhnung der Parteigegensätze im Lande durchsetzen können. Aber schon traten da und dort Sturmeszeichen zutage. München selbst sah schon zu Anfang dieses Jahres aus ganz geringfügiger Veranlassung eine Art Vorspiel zu den ernsteren Unruhen, die bald darauf in ganz Europa losbrachen.

Die deutsche Einigungsidee konnte wohl zeitweise niedergehalten, doch nicht unterdrückt werden. Vom badischen Landtage aus wurde der zündende Funke in das deutsche Volk geworfen, denn dieser stellte als erster die Forderung nach einem Nationalparlament. In Bayern war es zuerst die Stadt Nürnberg, welche sich der allgemeinen deutschen Sache zuwandte. Eine Adresse der Nürnberger verlangte in ernster aber würdiger Sprache, dass Bayerns Herrscher durch zeitgemäße Reformen die Initiative zu einer Neugestaltung der deutschen Verhältnisse ergreifen solle. Diese Adresse, der sich die meisten bayerischen Städte anschlossen, enthielt auch gleichzeitig die Bitte um schleunige Einberufung der Volksvertretung, von der allein eine Anbahnung der gewünschten Reformen auf friedlichem Wege ausgehen konnte.

Der König verfügte jedoch, dass die Stände erst am 31. Mai zusammentreten sollten; dringender aber noch als die Ständeversammlung schien die Entlassung des missliebigen Ministers Berks. Unzufrieden über die Verzögerung der Einberufung des Landtages sammelten sich Volksmassen vor dem Hause desselben und am 2. März kam es zu Excessen. Als Militär einschritt, wurden Barrikaden aufgerichtet, ein Waffenmagazin zu stürmen versucht und Hochrufe auf die Republik tönten durch den wüsten Tumult.

Eine Bürgerversammlung, welche tags darauf im Rathhause zusammentrat, entwarf eine Adresse, welche die Bitte um Einberufung der Kammern dringend wiederholte. Ohne sich den Ernst der Lage zu verhehlen, machte König Ludwig dennoch nur geringe Zugeständnisse, indem er die Einberufung der Stände für die letzten Tage des März in Aussicht stellte und gleichzeitig bekanntmachen ließ, dass Berks „aus Gesundheitsrücksichten" beurlaubt und Staatsrath v. Völtz an seine Stelle getreten sei.

Doch mit diesen Zugeständnissen gab sich das Volk nun nicht mehr zufrieden. Der Straßenlärm dauerte fort. Um nun diesen Zusammenrottungen ein Ende zu machen, beredete Fürst Karl Wrede den Monarchen, die Menge durch strenge Anwendung von Waffengewalt einschüchtern zu lassen. Als sich der König endlich einverstanden erklärte, gab Wrede Befehl, den Generalmarsch zu schlagen und die Kanonen vor der Königsburg aufzufahren. Die Antwort seitens des Volkes auf diese Gewaltmaßregel war die Erstürmung des Bürgerzeughauses, mit dessen seit Jahrhunderten aufgespeicherten Wehrstücken es sich bewaffnete.

Gegen 4 Uhr nachmittags standen sich nun einige auf diese Weise ausgerüstete Scharen von Studenten, Bürgern und Arbeitern und das aufgebotene Linienmilitär gegenüber; der Ausgang des Kampfes war wohl vorauszusehen gewesen.

Da mit einemmale verbreitete sich in den Reihen der Menge die Kunde, dass der König willens sei, den Volkswünschen Rechnung zu tragen, indem die Stände bereits am 16. März zusammentreten würden und Fürst Wrede die Stadt verlasse.

Bald darauf erschien auch der Bruder des Königs, Prinz Karl, um die Nachricht zu bestätigen und die Verwirklichung derselben mit seinem Ehrenworte zu verbürgen. Daraufhin, vorläufig beruhigt, zerstreute sich die Menge. Unterdessen bestürmte die Familie des Königs, sowie der Ministerrath den Monarchen, nicht durch Aufgebot militärischer Macht, sondern durch weitere Concessionen das Volk zu entwaffnen. Schwer nur konnte sich der König hiezu entschließen.

Für den 6. März war abermals eine bewaffnete Volksversammlung verabredet und eine offene Demonstration erwartet worden, doch durch das Erscheinen einer königlichen Proclamation, welche den Volkswünschen im weitesten Sinne Rechnung trug und Gesetze über Ministerverantwortlichkeit, vollständige Pressfreiheit, Verbesserung der Ständewahlordnung, bessere Stellung der Staatsdiener etc. etc. verhieß, verwandelte sich der Unmuth der Bevölkerung in hellen Jubel und der König wurde stürmisch acclamiert.

Gleichzeitig mit der Proclamation wurde auch die Instruction bekannt, welche der bayerische Bundestagsgesandte erhielt. Wohl war das Ziel, welchem fortan jetzt ernstlich zugesteuert werden sollte, dem Könige kein fremdes, aber die Mittel und Wege, durch welche Freiheit und Glück der einzelnen Staaten und die Einheit Deutschlands erreicht werden sollte, waren ihm ungewohnt und fremd.

Rasch erfolgte nun die Entlassung Wallersteins und am 8. März wurde Thon-Dittmer zum Minister des Innern ernannt und die Wahl des populären Führers der Linken in der 2. Kammer konnte nur dazu beitragen, die günstigste Stimmung im Publicum zu erhalten.

Aber schon der 16. März brachte neue Unruhen in München und die Ereignisse, welche mit unwiderstehlicher Gewalt von allen Seiten hereinbrachen und die zahllosen, stürmisch vor den Thron gebrachten und schnelle Gewährung verlangenden Wünsche, die der König nicht immer befriedigen zu dürfen glaubte, reiften allmählich seinen Entschluss, der Krone zu entsagen. Vergebens waren dagegen die flehentlichsten Bitten der gesammten königlichen Familie. Am 20. März, 6 Uhr abends, unterzeichnete er die Erklärung, dass er die Regierung niederlege; am nächsten Morgen wurde diese königliche Entschließung durch öffentliche Anschläge bekannt und mit Staunen las München die königlichen Worte des Abschiedes:

Bayern!

„Eine neue Richtung hat begonnen, eine andere, als die in der Verfassungsurkunde enthaltene, in welcher Ich nun im 23. Jahre geherrscht.

Ich lege die Krone nieder zu Gunsten Meines geliebten Sohnes, des Kronprinzen Maximilian.

Treu der Verfassung regierte Ich; dem Wohle des Volkes Mein Leben geweiht, — als wenn Ich eines Freistaates Beamter gewesen, so gewissenhaft gieng Ich mit dem Staatsgute, mit den Staatsgeldern um. Ich kann jedem offen in die Augen sehen. Und nun Meinen tiefgefühlten Dank allen, die Mir anhiengen.

Auch vom Throne herabgestiegen, schlägt glühend Mein Herz für Bayern, für Deutschland."

München, 20. März 1848.

Ludwig.

Da sich das Gerücht verbreitet hatte, dass der Entschluss des Königs kein freiwilliger sei, hatte sich eine zahlreiche Menge versammelt, welche sich das Wort gab, für den König einzustehen, falls er selbst den Wunsch um Hilfe äußern würde. Doch eine Bürgerdeputation erhielt aus seinem Munde die Versicherung, dass keinerlei fremder Einfluss auf seinen Entschluss gewirkt habe. Auch aus den umliegenden Ortschaften kamen Deputationen, die nöthigenfalls dem Könige Schutz gegen die Münchener anbieten sollten.

Mit einemmale war die alte Liebe für den Monarchen, dessen Leben bisher eine fortgesetzte Arbeit für das Wohl und Gedeihen seiner Unterthanen gewesen, wachgerufen.

Am 21. März beschwor Maximilian die Verfassung und Tags darauf trat er zum erstenmale vor die Stände des Reiches. Sein erstes Königswort war herzlicher Dank für den Vater: „Großes hat er in seiner 23jährigen Regierung vollbracht. Nicht bloss in Stein und Erz, auch in unseren Herzen wird dankbar dessen Gedächtnis fortleben."

Werfen wir nun noch einen Blick auf das Privatleben des Königs und sein segensreiches Wirken während seiner Regierungszeit zurück.

Der König lebte sehr einfach. Die Ausgaben für seine Toilette beschränkte er auf das erdenklich geringste Maß und hielt auch seine Tafel sehr bescheiden. Das Familienleben in der Königsburg war ein rührendes und zeichnete sich ebenso durch Innigkeit, wie durch Einfachheit aus. Seine erlauchte Gemahlin schätzte und achtete der König überaus hoch und gedachte ihrer in seinem Testamente mit aufrichtigen Worten der Anerkennung und Wertschätzung. Die Kinder erbten den Sinn für Ordnung und Pünktlichkeit, ihr Haushalt war, wie der des Vaters, so geregelt, dass er bürgerlichen Hauswirten zum Muster dienen konnte. Der König war ein großer Kinderfreund; seine Kinder und später seine Enkel hiengen aber auch mit zärtlichster Liebe an ihm. Es vergieng kein Geburts- oder Namensfest in der königlichen Familie, zu dem er sich nicht mit einem Geschenke eingestellt hätte.

Er war kein Freund vom Reiten, noch vom Fahren, sondern gieng am liebsten zu Fuß, zumeist wie ein Privatmann, allein. Mit dem Spaziergange vor Tisch pflegte er gewöhnlich die Besichtigung von Neubauten oder den Besuch eines Ateliers zu verbinden.

War er in München anwesend, besuchte er fast täglich mit der Königin das Theater. Unter seiner Regierung wirkten am Münchener Theater eine große Anzahl berühmter Kunstkräfte beim Schauspiel, wie in der Oper; denn, obzwar selbst nicht sehr musikalisch, war er doch ein warmer Freund der Musik, besonders der älteren, leichten Opernmusik.

Seinen Regierungsgeschäften oblag der König mit großem Eifer, bereits um 3 Uhr morgens saß er täglich schon am Schreibtische; er ließ sich fast gleichmäßig alle Verwaltungszweige angelegen sein. Der Hochschule hatte er festen Grund gelegt und fuhr auch später fort, sich ausreichende Kenntnisse in den Zweigen zu erwerben, die für die Erledigung seiner Geschäfte von Belang waren. Seine Signate zeigen von gründlicher Kenntnis der Landesgesetze. Er besaß natürliche Anlagen zum Zeichnen; schon als Knabe erhielt er darin Unterricht und setzte die Übungen bis in sein reiferes Mannesalter fort. Namentlich die Zeichnungen nach Gypsabgüssen von berühmten Antiken wurden von ihm mit Eifer durchgeführt. Den größten Theil seiner Muße widmete er schriftstellerischen Arbeiten. Eine große Anzahl von Gedichten sind von ihm erschienen und außerdem beschäftigte sich der Monarch auch mit Übersetzungen aus dem Spanischen ins Deutsche und umgekehrt.

Mit wohlangewandter Sparsamkeit verband der König einen regen Wohlthätigkeitssinn und war ein warmer Beschützer der wahrhaft Bedürftigen.

Was König Ludwig während seiner Regierung und auch noch bis an sein Lebensende für das Aufleben der Kunst und den Aufschwung Münchens gethan, lässt sich eigentlich kaum mit wenigen Worten beschreiben; da es aber der Umfang dieser Blätter nicht ermöglicht, ausführlicher darüber zu berichten, so seien hier nur die wichtigsten Schöpfungen mit kurzen Daten angeführt.

Als den schönsten Festtag seiner langen Regierungszeit bezeichnete Ludwig selbst den Tag der Grundsteinlegung zur Walhalla. Am 2. October 1808 hatte der Jüngling an Johannes Müller geschrieben: „Walhalla ist kein Werk für einen Kronprinzen, wäre zu kostspielig; soll ich einst König werden, errichte ich es!" Seit dieser Zeit aber waren in seinem Auftrag durch Künstlerhand nach und nach die Brustbilder der berühmtesten Deutschen geschaffen worden. Als Platz für die Halle wurde schon 1810 der Breuberg in der längs der Donau zwischen Regensburg und dem alten Stauf sich hinziehenden Hügelkette erwählt. 1821 wurde Baumeister Klenze, den Ludwig 1815 in Paris kennen gelernt hatte, mit dem Bauplane betraut. Er entwarf den Riss zu einer Tempelhalle von einem dorischen Peristyl umzogen, zu welchem Ludwig seine Einwilligung gab.

Am Jahrestage der Leipziger Schlacht 1830 zog eine festlich geschmückte Flotille von Regensburg stromabwärts. Auf beiden Ufern jubelte eine unermessliche Volksmenge, von der Stadt tönte feierlicher Glockenklang und Pöllerschüsse krachten. Schenk hielt die Festrede, dann machte der König selbst die üblichen drei Hammerschläge. „Möchten in dieser sturmbewegten Zeit," sprach er dabei, „fest, wie dieses Baues Steine vereinigt sein werden. alle Deutschen zusammenhalten!" Von nun an regten sich tausend fleißige Hände am Donaustrande; der königliche Gedanke wurde bald zur That. Für die Auswahl der Namen und Bildnisse, die in die Halle der Verklärten Aufnahme finden sollten, blieben im allgemeinen die Bestimmungen Müllers maßgebend. Der König trug ihm auch auf, von allen diesen Männern Lebensskizzen zu verfassen. Als Müller vor Vollendung seiner Aufgabe starb, übernahm nun der König selbst die Abfassung kurzer Biographien der „Walhallagenossen" und verfügte auch später noch die Aufnahme einiger großer Deutscher.

Nach zwölf Jahren, wieder am Jahrestage des Leipziger Befreiungskampfes, öffneten sich die ehernen Thore des deutschen Ehrentempels. Unter den Klängen des von Stunz componierten Walhallaliedes schritt der König mit großem Gefolge die majestätische Marmortreppe hinan; das Gelübde, das er vor 35 Jahren nach der Schlacht bei Jena geleistet, war gelöst.

Roms Schätze von Meisterwerken antiker Sculptur weckten in Ludwig den Wunsch, jenen Gestalten der mythischen und heroischen Naturpoesie auch in der Heimat eine Stätte zu gründen. Er war noch fast ein Knabe, als in ihm dieser Entschluss reifte, und mit welchem Eifer führte er den Plan bis in seine letzten Lebenstage durch! Als eine beträchtliche Anzahl von Sculpturen erworben war, erwuchs der Wunsch, zu ihrer Aufbewahrung eine würdige Halle zu bauen. Die von anderen Architekten eingereichten Entwürfe für den Museumsbau wurden bei Seite gelegt, als Klenze den Entwurf einer edlen Tempelhalle vorlegte, welcher sofort den begeisterten Beifall des damaligen Kronprinzen fand. Bald erhob sich außerhalb der Stadt ein griechischer Bau. Inzwischen kam Kiste auf Kiste aus Rom und Griechenland für den Kronprinzen an. Die Vorschrift, die für die Agenten galt, lautete: Nur das Beste ist gut genug. Doch der Kronprinz arbeitete für seine Glyptothek, wie das Heim für die Meisterwerke der Bildhauerkunst benannt wurde, nicht bloß durch fremde Hände. Er selbst ließ sich in Wien, Paris und London die Bereicherung der Glyptothek angelegen sein. Während seines Aufenthaltes beim Wiener Congresse erwarb er das kostbarste Juwel der Glyphothek, die Ilioneus-Statue, und bereicherte die Sammlungen bis in die letzten Jahre seines Lebens. Auch bei dem Baue des Gebäudes blieb er keineswegs müßig, sondern berieth sich mit Klenze über Eintheilung und Ausschmückung oft halbe Tage lang. 1830 wurde die Glyptothek dem Besuche des Publicums eröffnet.

Bei einem so edlen Kunstfreunde wie König Ludwig es war, ist es wohl selbstverständlich, dass er auch für die Malerei aller Genres ein ganz außerordentliches Verständnis besaß. Unter seinem Schutze sammelte sich eine zahlreiche Künstlergemeinde in München an, deren herrlichste Schöpfungen der König erwarb. Der Gedanke, auch der Kunst der Zeitgenossen ein würdiges Haus zu bauen, war schon seit langer Zeit in König Ludwig rege. Die Erwerbung des kolossalen Gemäldes Kaulbachs „Die Zerstörung Jerusalems", für welches kein geeigneter Raum vorhanden, brachte den Plan zur Reife. Von vorne herein wurde dem Erbauer, August

Voit angegeben, „an den Außenwänden müsse für große Fresken Raum gelassen sein, um zur Ausbildung dieser classischen Malweise beizutragen". Am 12. October 1846 wurde der Grundstein gelegt, der König hielt dabei eine kurze, herzliche Ansprache. Der Bau des in einer Art byzantinischen Stils ausgeführten Hauses nahm die Jahre 1846—1853 in Anspruch. Es enthält außer der Gemälde-Sammlung auch die Porzellanmalerei-Cabinette, eine Sammlung von Gipsbüsten hervorragender Zeitgenossen und eine Sammlung photographischer Veduten von merkwürdigen Gegenden und Gebäuden. Die Gemäldegallerie wurde im October 1853 dem Besuche des Publicums eröffnet.

Die Erwerbung würdiger Bilderschätze für diese Sammlung war namentlich seit seiner Thronentsagung eine wahre Herzensangelegenheit des Königs. Vom Wirrsal politischer Ereignisse, die seiner Abdankung folgten, flüchtete er immer wieder zu dem unberührten Heiligthume der Kunst. Die Ansammlung so bedeutender Kunstschätze war mit großen Mühen verbunden, die Acten des Galleriearchives, welche viele hundert eigenhändige Signate Ludwigs enthalten, geben davon Zeugnis. Kein Bild wurde ohne speciellen Auftrag des Königs erworben.

Ein Hauptverdienst der Bestrebungen König Ludwigs ist darin begründet, dass er die Förderung aller Künste im Auge behielt. Brachte er den Malern herzliche Gunst entgegen, so wurde auch die Plastik nicht vernachlässigt; sie schwang sich unter seiner Regierung zu hoher Blüte empor. Namentlich der historische Sinn Ludwigs trug zur Förderung der Plastik bei. Erzbilder berühmter Männer, von König Ludwig errichtet, sind durch ganz Bayern zerstreut. Jede Stadt, deren Namen mit demjenigen eines bedeutenden Fürsten, Gelehrten oder Künstlers verknüpft ist, erhielt dessen Standbild. Das edelste Erzbild, welches München aufzuweisen hat, verdankt es der Munificenz des Königs, u. zw. ist dies die Reiterstatue des Kurfürsten Maximilian I. Die Kosten betrugen 91.000 Gulden. Auch eine stattliche Reihe herrlicher Monumentalbauten in München hat König Ludwig zum Schöpfer, und somit kann man wohl ihn mit Recht eines der kunstsinnigsten gekrönten Häupter nennen.

Den Abdicationsbedingungen gemäß behielt er auch weiter den Königstitel. Er führte nach seiner Thronentsagung ein sehr einfaches, regelmäßiges Leben, verwandte seine Zeit zur Lectüre deutscher und lateinischer Classiker und verkehrte viel mit den Künstlern, denen er sich immer enger und enger anschloss. Sein

Verhältnis zu ihnen kann im wahrsten und edelsten Sinne ein „väterliches" genannt werden. Den Winter verbrachte er zumeist in München, wo er die zweite Etage des Wittelsbacher Palastes bewohnte; nur einigemale weilte er aus Gesundheitsrücksichten in Nizza, die Wintermonate 1863—1864 verbrachte er in Algier. Die Sommermonate hielt der König sich abwechselnd in Berchtesgaden, Leopoldskron, Aschaffenburg und Ludwigshöhe auf. Im Juni 1854 begab er sich nach Köln, um sich von den Fortschritten des Dombaues selbst zu überzeugen. Bei seiner Ankunft daselbst empfieng ihn der Jubelruf einer zahllosen Menge, ein Musikcorps spielte seine Lieblingsweise, das Prinz Eugen-Lied, und alle Kirchenglocken läuteten zum feierlichen Gruße. Als der Dampfer „Schiller", welcher den König trug, landete, erstrahlte plötzlich der majestätische Dom in hellem Lichtschimmer.

Im September 1859 reiste der Monarch nach Dresden, um seine hohen Verwandten zu begrüßen. Die Dresdener Künstlerschaft brachte ihm einen glänzenden Fackelzug. Im nächsten Jahre gieng er nach Wien zur Enthüllung der Reiterstatue des Erzherzogs Karl. Eine Deputation der Wiener Künstler brachte „dem hohen Regenerator, dem väterlichen Schützer und Förderer der deutschen Kunst" Dank und Huldigung dar.

Leider sollte auch der Lebensabend des greisen Fürsten nicht von Kummer verschont bleiben. Seit der September-Revolution 1843, welche den König Otto gezwungen hatte, allen Forderungen der Opposition sich zu fügen, spann sich, wenn auch unter gemäßigteren Formen, der Kampf gegen die „fremde Dynastie" in Griechenland fort. Im October 1862 kam aber der Sturm zum offenen Ausbruche. Am 22. brachte ein Telegramm dem Vater die Nachricht von dem bedauernswerten Geschicke Ottos. Während einer Rundreise des Königs brach in Athen der Aufstand los und die Verschworenen proclamierten die Absetzung ihres königlichen Herrn. Otto wollte um jeden Preis Blutvergießen verhindern und war nicht zu bewegen, einen Versuch zur Bezwingung des Aufstandes zu wagen.

Krank, und im Innersten gebrochen, verließ er das Land, wo er vor 30 Jahren, als blühender Jüngling, die Brust voll schöner Hoffnungen, seinen Einzug gefeiert hatte. Dies war ein herber Schlag für das fühlende Vaterherz König Ludwigs, der noch eine gewaltigere Wiederholung durch das Ableben König Ottos, am 26. Juli 1867, erfuhr; drei Jahre zuvor schon hatte ihm der Tod seinen ältesten Sohn, König Max II., entrissen. Mit Ausnahme einer kurzen Krankheit, im Jahre 1854, war bis 1861 die Gesundheit des Königs eine blühende gewesen, doch von dieser Zeit an machte sich eine Abnahme der Kräfte bemerkbar; sein Geist jedoch blieb frisch und rege.

Im Juli 1867 begab er sich unter dem Incognito eines Grafen von Spessart zur Pariser Weltausstellung und besichtigte dieselbe mit lebhafter Aufmerksamkeit und regem Interesse. Als er Ende October von München zum Winteraufenthalte nach Nizza reiste, besuchte er nochmals die Exposition in der Seinestadt; doch diesmal hatte er seine Kräfte überschätzt, ungewöhnlich abgespannt kam er in Nizza an. Ende November stellten sich Athmungsbeschwerden ein, der Schlaf wurde unruhig, die Füße schwollen an. Doch noch einmal im Laufe des Januar 1868 trat eine günstige Wendung ein und sofort begann der König wieder mit seinen Promenaden und Besuchen, selbst von Abendgesellschaften.

Leider trat bald eine Entzündung des rechten Unterschenkels ein. Zur Verhütung des Brandes mussten wiederholt Operationen vorgenommen werden. Chloroformieren ließ er sich nicht und trug den Schmerz geduldig und standhaft.

Vorläufig war er gerettet; auch konnten die Ärzte auf längere Erhaltung Hoffnung geben, da sämmtliche höheren Organe merkwürdig gesund waren. Der König schrieb wieder eigenhändig Briefe an die Seinen, die er in liebevollster Weise über sein Befinden zu beruhigen suchte. Es war aber nur ein letztes Aufflackern der Lebenskräfte.

Der Schwächezustand wurde bedenklicher. Am 24. Februar stellten sich Delirien ein. Die Prinzen Luitpold und Adalbert eilten an das Krankenlager des Vaters. Die Sterbesacramente wurden ihm am Morgen des 26. gereicht. Am 27. erfolgte Blutung unter der Haut und jetzt wusste der König, dass sein Ende nahe sei. Am Abend desselben Tages, da er von schweren Schmerzen gequält schien, sagte er: „Wenn ich heute Nacht sterbe, dann ist der König von seinen Leiden erlöst." Später richtete er sich noch einmal auf und sprach mit fester Stimme: „Allen, allen in München meinen Dank!" Nach Mitternacht erwachte er aus dem Delirium und rief: „Ein Uhr und ich bin noch nicht todt!" Es waren seine letzten Worte. Den ganzen 28. Februar über blieben seine Sinne umnachtet. Am folgenden Morgen trat Agonie ein und ohne schweren Todeskampf verschied der König um 8 Uhr 35 Minuten. Eine edle Seele hatte ausgerungen. Die Einwohner Nizzas gaben bei seiner Krankheit und seinem Tode herzliche Theilnahme kund.

Auf Anordnung Napoleons segelte eine Corvette von Toulon nach Nizza, um dort Trauersalven abzugeben.

Von München, wo um die Mittagsstunde des 29. Februar die Bennoglocke das Hinscheiden des Königs der Bürgerschaft verkündete, gieng eine Hof-Commission nach Nizza, um die Leiche des Königs in die Heimat zu geleiten. Inzwischen blieb sie zu Nizza auf dem Paradebette ausgestellt. Das Antlitz des Todten war nicht entstellt. Ein prächtiger Leichenconduct brachte den Sarg vom Dome zum Bahnhof; eine große Menschenmenge gab das Geleite. — Die Königsleiche wurde nach der Ankunft in München vorläufig in der Hofkapelle beigesetzt. Der Verstorbene selbst hatte verfügt, dass seine sterblichen Reste an der Seite seiner ihm vorangegangenen Gemahlin Therese in der Bonifaciuskirche bestattet, sein Herz aber zu denen seiner Ahnen nach Alt-Ötting gebracht werden sollte; an Stelle des Herzens sei sein Trauring zu legen.

Am 9. März, als alle Glocken der Münchener Kirchen sich zu gewaltigem Chor vereinten, setzte sich der Leichenzug in Bewegung. Außer der Militär-Garnison und sämmtlichen Staats- und Gemeindebeamten betheiligten sich auch viele Abgesandte fremder Höfe und Deputationen bayerischer Städte. Dem Trauerwagen folgten die Söhne und Verwandten des Dahingeschiedenen. Die einfache Gruftkapelle der Basilika nahm die Leiche auf, und dankbare Liebe schmückt diese Ruhestätte noch heute mit frischen Kränzen.

Nicht bloß im Königsschlosse und in den Palästen der Familie des Todten, in vielen Häusern, in jeder Hütte rief der Tod des Königs tiefe Trauer wach. Die großen Züge seines Charakters traten jetzt in hellerem Lichte hervor; die einen gedachten seiner Verdienste um Stadt und Land, die anderen empfanden schmerzlich den Verlust des Wohlthäters.

20. August 1820.

Adolf Prinz zu Schwarzburg-Rudolstadt,

k. k. Feldmarschall-Lieutenant, Großkreuz des kaiserl. österreichischen Leopold-Ordens, Ritter des königl. preußischen Schwarzen Adler-Ordens, Großkreuz des königl. hannover'schen Guelfen- und des großherzogl. hessischen Ludwig-Ordens, sowie Ritter des kaiserl. russischen St. Wladimir-Ordens IV. Classe etc. etc.

Prinz Adolf wurde am 27. September 1801 zu Rudolstadt geboren. Unter der liebevollen Aufsicht seiner erlauchten Eltern, dem Prinzen Karl Günther zu Schwarzburg-Rudolstadt und seiner Gemahlin Prinzessin Ulrike, Tochter des Landgrafen Ludwig von Hessen-Homburg, wurde Prinz Adolf vorzüglich erzogen und für den militärischen Beruf vorbereitet. Bereits am 20. August 1820 trat er in die Reihen der kaiserl. österreichischen Armee und wurde als Oberlieutenant beim Infanterie-Regimente Graf Colloredo-Mannsfeld Nr. 33 eingetheilt. In diesem verblieb Prinz Adolf nun bis zum 26. September 1825, an welchem Tage er bei gleichzeitiger Ernennung zum Seconde-Rittmeister in das Husaren-Regiment Baron Geramb Nr. 4 eingereiht wurde. Mit 17. October 1831 zum Premier-Rittmeister vorgerückt, wurde er am 3. Mai 1833 zum supernumerären Major im Chevauxlégers-Regimente Chevalier Fitzgerald Nr. 6 ernannt und laut Allerhöchster Entschließung vom 29. Februar 1836 zum 7. Chevauxlégers-Regimente übersetzt. In diesem versah er bis 2. März 1737 den Dienst, wurde an diesem Tage zum Oberstlieutenant befördert und zum Chevauxlégers-Regimente Nr. 2 transferiert. Doch schon am 29. September 1838 kehrte Prinz Adolf zu seinem früheren Regimente zurück und avancierte am 18. Juni 1839 daselbst zum Oberst. Im darauffolgenden Jahre übernahm der Prinz das Commando dieses Truppenkörpers, in welcher Dienstesverwendung er bis zu seiner am 16. October 1846 erfolgten Ernennung zum Generalmajor und Brigadier zu Gospich in Kroatien stand. Am 22. Juli 1849 rückte er in die

Feldmarschall-Lieutenants-Charge vor und trat am 16. April 1850 in den Ruhestand.

Am 27. September 1847 hatte sich Prinz Adolf mit Mathilde, Prinzessin von Schönburg-Waldenburg, vermählt. Dieser Ehe entstammen: Prinzessin Marie, geboren 29. Januar 1850, vermählt mit Friedrich Franz II. Großherzog von Mecklenburg-Schwerin, Prinz Günther, geboren 21. August 1852, und Prinzessin Thekla, geboren 12. August 1859.

Tiefbetrauert von seiner Familie verschied Prinz Adolf am 1. Juli 1875.

Sein Sohn Fürst Günther ist der nunmehr regierende Fürst des Hauses Schwarzburg-Rudolstadt.

6. März 1822.

Friedrich August II., König von Sachsen,

Oberst und Inhaber des k. k. Kürassier-Regimentes Nr. 3 (vom 6. März 1822 bis 9. August 1854), Ritter des österreichischen Ordens vom Goldenen Vliesse etc. etc.

Der Donner der Kanonen von den Wällen Dresdens verkündete den Bewohnern der Residenz und deren Umgebung das frohe Ereignis, dass am 18. Mai 1797, halb 3 Uhr morgens, zu Pillnitz dem Prinzen Maximilian, dem jüngsten Bruder des regierenden Kurfürsten Friedrich August von Sachsen, der erste Sohn geboren worden war. Die Nachricht von der Geburt des Prinzen rief umso größere Freude im ganzen Lande hervor, als man bis nun befürchten musste, dass die albertinische Linie des Hauses Sachsen aussterben werde, da der regierende Kurfürst und dessen zweiter Bruder ohne männliche Erben waren; somit ward der neue Spross des Hauses Wettin als präsumtiver Thronfolger begrüßt.

Die Taufe, welche durch den Großoheim des Neugeborenen, Clemens Wenzeslaus Kurfürst und Erzbischof von Trier und Bischof von Augsburg unter Assistenz des Vicarius Apostolicus Josef Herz vollzogen wurde, fand noch am Geburtstage, um 12 Uhr mittags, statt. Die Taufpathen waren: der regierende Kurfürst Friedrich August, Herzog Albrecht Casimir August von Sachsen-Teschen (ein Oheim des Kurfürsten) und die hohen Gemahlinnen dieser beiden Fürsten. Der junge Prinz erhielt die Namen: Friedrich August Albert Maria Clemens Josef Vincenz.

Ein inniges, einfaches, von dem Hauche wahrhafter Frömmigkeit durchwehtes Familienleben umgab den Prinzen in seinen ersten Kinderjahren; mit rührender Liebe und Zärtlichkeit wachte seine hohe Mutter, Prinzessin Carolina Maria Theresia, Tochter des Herzogs Ferdinand Maria von Parma, über ihn und seine Geschwister; auch Prinz Max hieng mit allen Fasern seines Herzens an seiner Familie und lebte nur für diese. Dieses Familienleben übte, wie ja die ersten Eindrücke auf das leicht empfängliche kindliche Gemüth stets die nachhaltigsten sind, auf die ganze Geistes- und Gemüthsrichtung des Prinzen Friedrich August, wie auf seine spätere wissenschaftliche Ausbildung und Charakterentwicklung den allergünstigsten Einfluss aus.

Herzog Max, wie alle Mitglieder des sächsischen Regentenhauses, war von wahrem Wissensdrange beseelt und befasste sich besonders mit dem Studium der Geschichte und Naturwissenschaften, pflegte aber auch Musik und besaß ein vorzügliches Sprachentalent. Er war aber auch der erste Lehrer seiner Kinder. Auf dem Schoße des geliebten Vaters sitzend, lernte Friedrich August in zartester Jugend lesen und empfieng den ersten Religionsunterricht von dem sorgenden Vater, der auch regelmäßig die täglichen Andachtsübungen der Kinder leitete. So verlebte der junge Prinz, der von Natur gesund und kräftig, dabei von Charakter außerordentlich gutmüthig und liebenswürdig war, von seinen Eltern und den beiden fürstlichen Ohmen herzlich geliebt, die ersten Jahre in harmloser Freude und ungetrübter kindlicher Heiterkeit. Der erste, aber tiefgehende Schmerz, der sein junges Leben trübte, war der Verlust der geliebten Mutter, welche am 1. März 1804 infolge einer Erkältung zum tiefsten Schmerze ihres fürstlichen Gemahls und ihrer Kinder, sowie des ganzen Landes in die Ewigkeit abberufen ward. Mit doppelter Sorgfalt widmete sich nun der gramgebeugte Prinz Maximilian seinen Kindern.

Durch die unglückliche Schlacht bei Jena sah sich Kurfürst Friedrich August gezwungen, seine Verbindung mit Preußen zu lösen und mit Napoleon ein Bündnis zu schließen. Durch dieses nun war Sachsen zu vollständiger Passivität verurtheilt. Napoleon suchte dem bisherigen Kurfürsten dadurch einen Beweis seiner Achtung zu geben, dass er ihn zur Annahme der Königswürde bewog, welche infolge des Posener Friedens am 20. December 1806 erfolgte. Auf das jugendliche Gemüth des Prinzen Friedrich August musste diese Machtvergrößerung und Glanzerhöhung seines Hauses einen bedeutenden Eindruck machen, welcher noch entschiedener und tiefer ward, als er den mächtigen siegreichen Kaiser Napoleon in all' seinem Glanze in Dresden sah, und 1812 Gelegenheit hatte, ihn persönlich kennen zu lernen. Diesem Eindrucke ist es wohl hauptsächlich zuzuschreiben, dass in dem jungen Prinzen eine Vorliebe für die militärische Laufbahn erwachte, die indes nie seiner vorherrschenden Neigung zu den Wissenschaften und Künsten Abbruch thut.

Die Leitung seiner Studien war schon seit geraumer Zeit dem Oberhofmeister General Freiherrn von Forell übertragen, unter welchem eine Reihe trefflich gewählter Lehrer den Elementar- und Realunterricht ertheilten. Ausgestattet mit bedeutenden Geistesgaben, von Eifer beseelt und durch seinen Vater vielfach angeregt, oblag der Prinz aufs Gewissenhafteste seinen Studien und machte namhafte Fortschritte, die auch durch die öfteren Unterbrechungen, welche die Ereignisse der kommenden Jahre verursachten, keine Verminderung erfuhren.

Die erste derartige Störung brachte das Jahr 1809, in welchem König Friedrich August sammt der königlichen Familie sich infolge der Kriegsereignisse veranlasst sah, außerhalb des Landes eine friedlichere, gesicherte Stätte zu suchen. Am 25. April verließ der König und dessen Angehörige Dresden und begaben sich nach Frankfurt am Main. Erst im October desselben Jahres kehrte Prinz Friedrich August nach der Residenz zurück.

Die Vorgänge des Jahres 1813 brachten es mit sich, dass der König und sämmtliche Familienmitglieder abermals Dresden verlassen mussten. Sie reisten am 23. Februar 1813 ab. Der König kehrte am 12. Mai, die königliche Familie, darunter Prinz Friedrich August, erst am 10. Juni wieder in die Residenz zurück. Dieselbe wurde erst wieder verlassen, als König Friedrich August, nachdem er sich nach der Schlacht von Leipzig von Napoleon losgesagt hatte, als Gefangener nach Berlin abgeführt worden war. Die Mitglieder der königlichen Familie begaben sich nun nach Prag, wo ihnen Kaiser Franz einen angenehmen Aufenthalt bereitete. Hier verweilte Prinz Friedrich August mit seiner erlauchten Familie fast anderthalb Jahre, und waren auch die Zeitverhältnisse einer ruhigen wissenschaftlichen Beschäftigung und Ausbildung sehr wenig günstig, so setzte er doch dort die begonnenen Studien mit großem Eifer fort und machte in allen Gegenständen die erfreulichsten Fortschritte.

Als nach der plötzlichen Rückkehr Napoleons 1815 aus Elba sich alle deutschen Fürsten und Völker zusammenthaten, um den kühnen Friedensstörer auf immer unschädlich zu machen, rüstete sich auch ein sächsisches Contingent von 20.000 Mann. In Prinz Friedrich August ward der lebhafteste Wunsch rege, auch mit ins Feld gegen Deutschlands Feinde ziehen zu dürfen. Nachdem er nebst seinem jüngeren Bruder, dem Prinzen Clemens, die Erlaubnis seines königlichen Oheims dazu erhalten hatte, begaben sich beide Prinzen in das Hauptquartier des Fürsten Schwarzenberg nach

Wien, wo sie am 29. April 1815 eintrafen. In Begleitung des General-Lieutenants von Watzdorf, des Majors von Eppendorf, des Rittmeisters der Gardes du Corps Freiherr von Lützerode und außerdem noch eines österreichischen Stabsofficiers, trafen sie bald im Hauptquartier des Commandeurs der österreichischen Reserven, Erzherzogs Ferdinand von Este, zu Dijon ein. Der österreichische Officier ließ es sich seine angelegentlichste Sorge sein, die Prinzen in jeder Richtung mit den Regeln der praktischen Kriegskunst möglichst vertraut zu machen. Durch den Sieg der vereinigten englischen und preußischen Truppen bei Waterloo über die Franzosen war jedoch der Reserve-Armee jede Aussicht auf directe Thätigkeit, und dadurch auch den sächsischen Prinzen die Gelegenheit zur eventuellen Theilnahme an größeren Gefechten gänzlich benommen. Sie verließen daher, bereichert mit mannigfachen, praktisch-militärischen Anschauungen und Erfahrungen, die österreichische Armee. Nach dem Einzuge der Verbündeten in Paris begaben sie sich auch dahin, um die berühmte Weltstadt und ihre Sehenswürdigkeiten kennen zu lernen.

Nach Abschluss des Waffenstillstandes verließen die Prinzen am 30. September 1815 Paris und trafen, nachdem sie am badischen, bayerischen und württembergischen Hofe Besuche abgestattet, am 24. October in Dresden ein, wohin die übrigen Familienmitglieder mit dem Könige schon am 7. Juni zurückgekehrt waren.

Von nun an widmete sich Friedrich August im Vereine mit seinen Brüdern, den Prinzen Clemens und Johann, mit ernstem Fleiße den vielfach unterbrochenen Studien, deren Oberleitung jetzt dem General-Lieutenant von Watzdorf anvertraut wurde; die militärischen Fächer lehrte Major von Cerrini, während Major Eppendorf den mathematischen Unterricht ertheilte und die Hofräthe D. D. Stübel und Günther den Prinzen Vorträge über Jurisprudenz und Staatsrecht hielten. Mit großer Neigung blieb Prinz Friedrich August dabei immer dem Militärwesen zugewandt und ward, nachdem er schon am 17. Juli 1815 das 3. Infanterie-Regiment als Oberst und Chef verliehen erhalten hatte, zu seinem Geburtstage am 18. Mai 1818 durch das Patent als General-Major auf das Angenehmste überrascht, worauf ihm am 6. December 1822 die selbständige Führung einer Infanterie-Brigade anvertraut wurde.

Seine Erholungsstunden widmete er zumeist den Naturwissenschaften, an denen neben der Mineralogie sein sinniges Gemüth namentlich an der Botanik die reinste Freude fand. Außerdem aber wendete er sich mit großer, früh erwachter Vorliebe den bildenden Künsten zu, und diese Neigung fand lebhafte und befriedigende Nahrung in den reichen Kunstschätzen Dresdens sowohl, als in der Anschauung und dem Studium vieler ähnlicher Sammlungen, zu dem ihm seine Reisen stets Gelegenheit boten. Diese Vorliebe für die Kunst verwandelte sich durch fleißiges Studium gar bald in tiefeindringende Kennerschaft.

Füllte die Beschäftigung mit der Kunst hauptsächlich die Mußestunden des Prinzen aus, so war es anderseits auch die herrliche Natur, die ihm die edelsten Freuden und Genüsse, sowie seinem Herzen die vollste Befriedigung gewährte. Und deshalb gehörten schon damals kleinere Reisen in die schönen Gegenden des engeren Vaterlandes zu seinen Lieblingserholungen, deren er auch nach angestrengtem Studium und nach Erfüllung seiner anderweitigen Pflichten wohl bedurfte.

So unerschütterlich fest König Friedrich August I. an dem Grundsatze festhielt, seinen Brüdern keine Theilnahme an den Regierungsgeschäften einzuräumen, so gieng er seinen Neffen gegenüber von diesem ab und ließ sie schon frühzeitig in den praktischen Staatsorganismus Einblick nehmen. Bereits vom Jahre 1819 an wohnte Prinz Friedrich August, in welchem Fürst und Volk schon lange gewohnt war, den dereinstigen Thronfolger zu sehen, auf Wunsch seines königlichen Oheims den Sitzungen des geheimen Rathes und der übrigen höchsten Staatsbehörden bei; am 19. November 1821 ward er zum wirklichen Mitgliede des erstgenannten höchsten Collegiums mit Sitz und Stimme ernannt und durch den damaligen Conferenzminister von Globig daselbst eingeführt. Prinz Friedrich August verdiente in vollem Maße dieses Vertrauen und diese Auszeichnungen, nicht nur seiner hohen Geburt, sondern seiner gründlichen wissenschaftlichen Bildung und seines ernsten und eifrigen Strebens wegen. Es war aber auch natürlich, dass ein solches Vertrauen den Prinzen erheben, ermuntern, und zu immer größeren Anstrengungen anfeuern und begeistern musste. Früh schon erkannte er die Schwere und Wichtigkeit des hohen Berufes, den er einst auszuüben von der Vorsehung bestimmt war. Er wusste es, dass hoffnungsvoll die Augen des Landes auf ihn gerichtet waren; denn damals schon war in vielen das Bewusstsein erwacht, dass auf die Länge der Zeit nicht alles bleiben könne, wie es bisher gewesen und bei aller wahrhaft innigen Pietät für den mit Recht hochverehrten königlichen Greis, dem Sachsen so unendlich viel verdankte, wandten sich doch Vieler Blicke damals schon dem jungen Prinzen zu. Und in der That war auch das ganze Wesen des Prinzen darnach, um die schönsten Hoffnungen zu wecken. Klar, verständig, ohne der tiefen Wärme des Herzens und des Gefühles zu entbehren und fest an dem haltend, was er einmal für wahr und recht erkannt, zeigte Prinz Friedrich August schon als Jüngling, was man von dem Manne, dem künftigen Könige zu erwarten habe. Und das war es auch, was ihm die Herzen aller seiner erlauchten fürstlichen Verwandten, wie die seines Volkes gewann und sie mit zauberischer unwiderstehlicher Gewalt zu ihm hinzog.

Als im Jahre 1818 das fünfzigjährige Regierungsjubiläum des im ganzen Lande hochverehrten Königs Friedrich August I. feierlich begangen wurde, benützte dieser die Gelegenheit, um seinen erlauchten Neffen Friedrich August einen neuen hohen Beweis seiner Zuneigung und seines Vertrauens zu geben. Er sandte den Prinzen nach Leipzig, um dort an seiner Stelle den Festlichkeiten beizuwohnen, welche Bürgerschaft und Universität zur königlichen goldenen Jubelfeier veranstaltet hatten; es war dies das erstemal, dass Friedrich August sich öffentlich und selbständig als künftiger Thronfolger zeigte.

Die Liebe, das Vertrauen, die Hoffnung, mit welcher man damals schon den Thronfolger betrachtete, documentirte sich bei dieser Gelegenheit in unzweideutigster Weise. Am 19. September 1818 begab er sich zur Jubiläumsfeier nach Leipzig, wo ihm die aufrichtigsten und herzlichsten Freudenbezeugungen während seiner Anwesenheit, welche er, gerührt von so vielen Beweisen der Liebe und Anhänglichkeit, bis zum Abend des 22. September ausdehnte, im reichsten Maße gespendet wurden.

Wohl waren die festlichen Tage bald vorüber gerauscht, doch der Eindruck, den sie auf die Gemüther, namentlich zu Gunsten des künftigen Thronerben gemacht, war ein tiefer, nachhaltender und dauernder. Das zeigte sich deutlich und unverkennbar, als sich ein Jahr später die frohe Kunde von der bevorstehenden Vermählung des Prinzen Friedrich August im Sachsenlande verbreitete.

Erzherzogin Maria Karoline, die vierte Tochter des Kaisers Franz I. von Österreich, war die erwählte hohe Braut, mit welcher Prinz Friedrich August am 26. September 1819 unter glänzenden Festlichkeiten zu Wien durch Procuration, und am 7. October persönlich in Dresden vermählt ward. Am letztgenannten Tage hielt die Erzherzogin ihren feierlichen Einzug in die sächsische Residenz, wo sie am Rathhause vom Bürgermeister mit einer herzlichen Ansprache willkommen geheißen und von dort in das königliche Schloss geleitet wurde. Abends 7 Uhr fand in der Hauskapelle die priesterliche Einsegnung des hohen Paares statt und eine allgemeine Beleuchtung der Stadt beschloss den frohen Tag, welchem noch mehrere festliche Veranstaltungen anlässlich der Vermählungsfeier folgten.

In der nächsten Zeit nach der Vermählung unternahm Prinz Friedrich August mit seiner jungen Gemahlin mehrere kleine Reisen in verschiedenen Gegenden des Sachsenlandes, unter anderen auch nach Leipzig, wo das hohe Paar einige Tage verweilte. Überall zeigte sich deutlich die Liebe des Volkes und empfieng der Prinz die herzlichsten Beweise der Zuneigung und Anhänglichkeit.

Prinz Friedrich August widmete seine ganze freie Zeit der Wissenschaft und Kunst. Diese Neigung zu den Wissenschaften und deren Förderung durch eigene Thätigkeit war es denn auch hauptsächlich, was den Prinzen bestimmte, bei dem, durch das Zusammenwirken hoher Staatsbeamter, sowie einer Anzahl namhafter Gelehrter und Künstler schon im Jahre 1824 vorbreiteten und am 19. Januar des folgenden Jahres constituierten „Vereine zur Erforschung und Erhaltung vaterländischer Alterthümer im Königreiche Sachsen" das Präsidium zu übernehmen.

Indes die Beschäftigung mit den ehrwürdigen Denkmälern und Überresten einer dahingeschwundenen Zeit, so sehr sie auch dem stets der Geschichte mit besonderer Neigung zugewendeten Sinne des Prinzen zusagte und soviel Anregung auch das liebevoll betriebene Studium der bildenden Künste bieten mochte, konnten sie doch allein sein sinniges Gemüth nicht befriedigen. Das blühende und sprossende Leben der Gegenwart, das reine Wohlbehagen an der Natur, in der ihm überall die schaffende, waltende und segnende Hand Gottes entgegenwinkte, stand seinem Herzen gleich nahe und so suchte er ein stilles, heimliches Plätzchen, wo es ihm gegönnt wäre, ganz der freien Natur sich hingeben und ihrem erhabenen Schöpfer unter seinen Blumen nähertreten zu können. Durch Ankauf des Rittergutes Wachwitz mit Niederpopritz gelang es dem Prinzen, sein Ideal zu verwirklichen. Eine einfache, bescheidene, nach den eigenen Angaben Friedrich Augusts erbaute Villa mit Kapelle, außerordentlich geschmackvolle, wohlgepflegte Gärten und Weinanlagen, auf der Höhe der Besitzung ein wohlausgestatteter Thiergarten mit den herrlichsten Aussichten auf das ferne und nähere Gebirge, war dieses idyllische Tusculum zum Lieblingsaufenthalte des Prinzen während seines ganzen Lebens geworden.

Doch nicht nur auf diesen engeren, wenn auch noch so beglückenden, Kreis beschränkte sich der erhebende Naturgenuss des Prinzen, er unternahm auch mehrere Reisen ins Ausland, theils zur Kräftigung seiner Gesundheit und zur Erholung von den mannigfachen Geschäften, welche das Vertrauen seines königlichen Oheims ihm überwiesen, theils auch in wissenschaftlichem Interesse. Im Jahre 1824 bereiste der Prinz in Begleitung des Oberstlieutenant Cerrini Holland und Belgien; er nahm in allen größeren Städten längeren Aufenthalt und besichtigte die Meisterwerke der niederländischen Malerschule, sowie andere Denkmäler der bildenden Kunst.

Im darauffolgenden Jahre begab sich der Prinz nach Paris, wo ihm durch die hochgebildete Familie des damaligen Herzogs Louis Philipp von Orléans eine höchst liebenswürdige und freundliche Aufnahme zutheil ward. In Paris fand er auch Gelegenheit, mit den bedeutendsten Staatsmännern, Gelehrten und Künstlern bekannt zu werden und mit ihnen in näheren persönlichen Verkehr zu treten. Er fand in dem Umgange mit ihnen, namentlich auch in dem wiederholten Besuche der Ateliers berühmter Künstler und Industriellen, ebenso hohen Genuss, als erwünschte Nahrung für seinen Geist, und gewann sich hier wie überall durch seine liebenswürdige Persönlichkeit und seinen Reichthum an Kenntnissen die aufrichtigste Verehrung und Zuneigung. Nach der Rückkehr von dieser Reise widmete sich Prinz Friedrich August mehrere Jahre hindurch ununterbrochen den Staatsgeschäften, welche König Friedrich August und nach dessen Tode König Anton in vielleicht noch höherem Maße seinem fürstlichen Neffen übertragen hatte. Am 5. Mai 1827 nämlich war der greise König Friedrich August nach kurzem Krankenlager infolge eines Schlagflusses verschieden. Die allgemeinste, ungeheuchelteste Trauer herrschte über den Tod des hochverehrten Monarchen im ganzen Lande. Sein Bruder Anton, auch schon ein fast 72jähriger Greis, war ihm auf den Thron gefolgt, mit vollem Vertrauen vom Volke empfangen, das seine ausgebreitete Bildung, vor allem aber sein edles Herz wohl kannte. So waren denn auch die vielfachen Festlichkeiten, mit welchen namentlich die Städte, in denen der König persönlich die Huldigungen entgegennahm, denselben zu erfreuen und ihre Liebe und Anhänglichkeit an den Tag zu legen suchten, kein erheuchelter Jubel, sondern ein Ausdruck des innersten Gefühles.

Hatte schon der Tod des geliebten königlichen Oheims dem Herzen Friedrich Augusts eine tiefe Wunde geschlagen, so wurde diese in kurzen Zwischenräumen, noch ehe sie durch die lindernde Hand der Zeit gänzlich geheilt werden konnte, immer wieder aufgerissen. Noch im Todesjahre Friedrich August I. erlebte der Prinz den tiefen Schmerz, am Sterbebette seiner verehrten Tante, der Gemahlin König Antons, stehen zu müssen. Kaum ein Jahr später, am 28. November 1828, raffte der Tod die Königin-Witwe Maria Amalia Augusta dahin und wenige Monate darauf traf ihn die Trauerkunde, dass seine geliebte jüngste Schwester, die Königin Josefa von Spanien, am 17. Mai 1829 zu Aranjuez verschieden sei.

So viele Schicksalsschläge in dieser Epoche den Prinzen trafen, so fehlte es ihm anderseits nicht an Gelegenheit, sein Gemüth zu erheben, seinen Geist aufzurichten und zu stärken. Vor allem darf hiezu die große Reise durch Italien und die Schweiz 1828 gezählt werden, womit ein lange gehegter, sehnlichster Wunsch des Prinzen in Erfüllung gieng. Am Morgen des 28. April 1828 verließ er, von den Segenswünschen der Seinen geleitet, Dresden in Begleitung des Geheimen Rathes Minkwitz, des Oberst von Cerrini, des Hof- und Medicinalrathes Dr. Carus und des Professors Hartmann von der Kunstakademie, denen noch ein junger Arzt für die Pflege der botanischen und naturwissenschaftlichen Sammlungen beigegeben war.

Die Reise gieng über Wien, Parma und Bologna nach Florenz. Dortselbst verweilte Prinz Friedrich August am großherzoglichen, doppelt verschwägerten Hofe nahezu acht Tage und begab sich sodann nach Rom, in die heilige Stadt, wo er am 1. Mai eintraf. Hier am Grabe des heiligen Petrus, in der ihm geweihten, weltberühmten Kirche war es, wo Friedrich August die frohe Kunde von der am 23. August in Dresden erfolgten Geburt des ersten Sohnes seines fürstlichen Bruders, des nunmehrigen Königs Albert, empfieng. Da kniete er nieder, um zu beten und des Allerhöchsten Segen auf das Haupt des Neugeborenen und all' die Seinen herabzuflehen.

Er nahm vorläufig nur ganz kurzen Aufenthalt in Rom und reiste nach Neapel weiter; von hier aus unternahm der Prinz zahlreiche Ausflüge; unter anderen nach Sorrent, Capri, wie nach Pompeji, wo man in seiner Gegenwart einige Ausgrabungen vornahm, und natürlich auch auf den Vesuv.

Am 19. Mai erfolgte die Rückreise nach Rom; ein mehr als 14tägiges Verweilen daselbst bot dem Prinzen ausreichende Gelegenheit, die Merkwürdigkeiten der ewigen Stadt kennen zu lernen und fand hier sein schon damals fein entwickelter Kunstsinn reiche Nahrung. Zur Betrachtung der römischen Alterthümer ward der

Prinz von dem alten Abbate Uggeri begleitet, der schon vor Jahren dem Prinzen Maximilian als Cicerone gedient hatte und von diesem dem erlauchten Sohne empfohlen worden war. Wie der hohe Reisende den Kunstleistungen und Kunstbestrebungen volle Berücksichtigung angedeihen ließ, bezeugen seine Besuche im Atelier des berühmten Meisters Thorwaldsen, welchem er das Comthurkreuz des königlich sächsischen Verdienstordens überbrachte.

Wie hoch auch der Papst den Besuch des jungen Fürsten zu ehren suchte, bewies die auf dessen Befehl veranstaltete, wahrhaft grandiose Beleuchtung der Kuppel des St. Petersdomes, wie die feine Aufmerksamkeit, welche sich in den wiederholt angebrachten Namenszügen des Prinzen bei der prächtigen Girandole, dem großen Feuerwerke auf der Engelsburg am Abende des Frohnleichnamstages aussprach.

Von Rom begab sich der Prinz nach Florenz zurück, um im Kreise der großherzoglichen Familie einen vierwöchentlichen Aufenthalt zu nehmen, der, wie in seinem Herzen durch die zarte Aufmerksamkeit der hohen fürstlichen Verwandten, so in seinem strebsamen Geiste durch die Betrachtung der mannigfaltigen wissenschaftlichen und Kunstschätze, welche die berühmte Stadt und deren Umgebung birgt, einen unauslöschlichen Eindruck hinterließ. Einem so empfänglichen, für alles Schöne offenen Gemüthe, wie das seinige musste sich hier anregender Stoff in reichster Fülle darbieten.

Von Florenz aus gieng die Reise über Pisa, Mailand, den Como- und Luganer-See, den Lago maggiore und über die Simplonstraße nach Chamounix; am 24. Juli war Genf erreicht, und während in Italien der Prinz sein regstes Interesse vorzugsweise der Kunst in ihren zahllos dort angehäuften Schätzen aus der Vorzeit und der Gegenwart zugewendet hatte, war es in der Schweiz die wunderbare Größe und Erhabenheit der Natur, welche seinem Gemüthe nahetrat und einen unvertilgbaren Eindruck auf dasselbe ausübte. Von Genf war man über Lausanne, Bern, den Thuner- und Brienzer-See nach Interlaken, dann durch das Lauterbrunnerthal nach Grindelwald und über den Sustenpass in das Reußthal zum Vierwaldstättersee gelangt. Nach einer glücklichen Besteigung des Rigi, einem kurzen Aufenthalte in Zürich und einer Besichtigung des herrlichen Rheinfalles, wurde am 4. August die Grenze Deutschlands überschritten, und am Abend des 9. August traf Friedrich August nach mehr als viermonatlicher Abwesenheit glücklich in seinem geliebten Dresden ein.

Seiner Vorliebe für Botanik folgend, unternahm Prinz Friedrich August botanischer Forschungen willen im Jahre 1829 eine Reise ins Erzgebirge, die eine schöne Ausbeute gewährte.

Im übrigen verflossen seine Tage in geregelter Wirksamkeit für seine staatsmännischen und militärischen Obliegenheiten. Hier trat auch die rege Thätigkeit des Prinzen für nothwendige Reformen und Verbesserungen zutage; nach seiner am 27. September 1828 zum General-Lieutenant und am 23. Juli 1830 zum commandierenden General und Oberbefehlshaber der sächsischen Armee erfolgten Ernennung gieng er sofort daran, die zeitgemäße Umbildung mancher veralteter militärischer Institutionen vorzubereiten und zunächst die königliche geheime Kriegskanzlei und den Generalstab zweckmäßig in eine Behörde, „den königlichen Generalstab" zu verschmelzen, wodurch eine wesentliche Verbesserung im Militärwesen eingeführt wurde.

Der bedeutsame Moment, welcher Sachsen aus dem altgewohnten Kreise einer in der That antiquierten Verfassung zu den, vom sittlichen und staatlichen Bewusstsein der Neuzeit seit Jahren schon als unabweisliches Bedürfnis klar erkannten politischen Reformen hinüberführen sollte, rückte unaufhaltsamen Schrittes näher. Mit ihm der Wendepunkt im Leben Friedrich Augusts, der sich dadurch plötzlich mitten in die öffentliche Wirksamkeit versetzt sah.

Dem auf allen Bahnen der Cultur fortgeschrittenen, der Höhe seiner Intelligenz mit Recht sich rühmenden sächsischen Volke genügte die bisherige Verfassung von Tag zu Tag weniger. Die Intelligenz war selbst bei den unteren Ständen sehr gewachsen, aber der Landmann seufzte unter Herrenrechten und Servituten, die Entwickelung des Gewerbes unter dem Drucke des Zunftzwanges, Handel und Fabrikswesen unter ungünstigen Einflüssen von außen und zum Theil auch von innen. Am unzufriedensten war der Bürger mit seiner städtischen Verfassung und Verwaltung; man klagte über Beamtendruck, über Ausschreitungen der Polizei aus ihrem ohnehin schon sehr weiten Wirkungskreise. Am meisten aber seufzte man allerorten über den zu großen Einfluss des Cabinetsministers Grafen Detlev von Einsiedel, der das Vertrauen des Landes in keiner Weise mehr besaß. Ihn bezeichnete man als einen Hauptbegünstiger des Alten und Hergebrachten und als eine Scheidewand zwischen Volk und Fürst.

Umso natürlicher war es, wenn damals immer inniger und fester die sehnsüchtigen Blicke der Sachsen auf die Prinzen des

Königshauses, namentlich auf den Thronerben Friedrich August, gerichtet waren. Durch umfassende Studien zum Staatsdienste vorbereitet, hatte er als Mitglied des Geheimen Rathes nach Kräften gewirkt, hatte am Hofe, im Rathe, im Heere so manches nach dem Sinne der öffentlichen Meinung durchgesetzt, und so war es wohl natürlich, dass man mit gerechtem Stolze und froher Hoffnung auf ihn blickte.

Doch hier vermittelnd einzuschreiten und dadurch den nachtheiligen Einfluss des Cabinetsministers wenigstens bis auf einen geringen Grad zu schwächen und unschädlich zu machen, dazu konnte sich der Prinz nicht entschließen; denn so wenig es ihm verborgen geblieben war, dass von vielen Seiten schon bei dem Tode König Friedrich Augusts sein sofortiger Regierungsantritt gewünscht wurde, ebensowenig ließen es jetzt die innige Liebe zu seinem königlichen Oheim und zu seinem greisen Vater, seine edle Bescheidenheit und sein wahrhaft edler Charakter zu, dass er sich nun hervordränge und dadurch zu noch größerer Popularität gelange. Dazu kam auch noch, dass er zu dem Ministerium selbst, dessen Ansichten er nicht theilen und dessen Maßregeln er häufig nicht billigen konnte, gerade in seiner Stellung als Mitglied des Geheimen Rathes keineswegs freundschaftlich stand.

So nahte das ereignisreiche Jahr 1830 heran. Am 6. Januar d. J. eröffnete König Anton in herkömmlicher Weise den ersten Landtag unter seiner Regierung. In politischer Beziehung erhöhte der begonnene Landtag die Aufregung, da man von ihm ein ernsteres Auftreten erwartete. Sehr bald gestaltete sich dieser zu einem bedenklichen Kampfplatze, auf welchem der Streit zwischen alten und neuen Principien mit einer Entschiedenheit und Schärfe wie nie zuvor entbrannte. Die Stände verlangten wiederholt die Vorlegung eines umfassenden Staatshaushaltplanes als Bedingung der Steuerbewilligung, dreijährige Steuerbewilligungs-Perioden, beschränkte Öffentlichkeit der Landtags-Verhandlungen durch den Druck derselben, eine wesentliche Veränderung des Landtags-Ordnung und eine zweckmäßigere Gestaltung der ständischen Verfassung. Doch nur der Druck der Landtags-Verhandlungen, und dieser lediglich für die Stände und Archive bei strengster Controle, ward endlich zugegeben, die dreijährige Steuerbewilligung angenommen, die Vorlage des Staatshaushaltplanes aber entschieden abgelehnt. Dass ein so starres Festhalten an dem Althergebrachten nicht befriedigen konnte, sondern die politische Aufregung noch steigerte, ist leicht erklärlich. In vollem Einverständnisse zwischen der Regierung und den Ständen ward der Landtag am 8. Juli 1830 geschlossen und sein Wiederzusammentreten für Anfang 1832 bestimmt.

Als die Kunde von den welterschütternden Juli-Ereignissen in Frankreich auch in das Sachsenland drang, blieb sie auf die einmal angeregte Stimmung nicht ohne Einfluss.

Bei gewöhnlicher ruhiger Volksstimmung hätten Reibungen mit der Polizei, wie sie am 2. September 1830 in Leipzig stattfanden, schwerlich wichtige Folgen gehabt; bei der damaligen Lage der Dinge aber arteten sie rasch zu gefährlichen Excessen aus, welche erst durch eine aus Bürgern und Studenten gebildete Schutzwehr unterdrückt werden konnten.

Wenige Tage später, am Abend des 9. September, brach nun auch der Aufstand in Dresden los. Die verbrecherischen Ausschreitungen des Pöbels konnten durch die äußerst geringe disponible Militärmacht nicht verhütet werden, ja, diese selbst musste, um noch ärgeres Unheil zu verhüten, sich zurückziehen; das Schicksal der Stadt war in jener Nacht thatsächlich der Willkür des aufgeregten Pöbels preisgegeben.

Doch schon am Morgen des 10. September hatte sich der Geheime Rath unter dem Vorsitze des Prinzen Friedrich August versammelt und es ward mit Bewilligung König Antons eine „zur Aufrechterhaltung der öffentlichen Ruhe verordnete Commission" eingesetzt. Den Vorsitz derselben übertrug König Anton seinem geliebten Neffen Friedrich August, eine außerordentlich glückliche Wahl, der die sofortige Wiederherstellung der Ruhe und das günstige segenbringende Resultat der unheildrohenden September-Stürme zuzuschreiben ist. Denn auf diesen Prinzen, als den präsumtiven Thronfolger, hatte das Land schon seit Jahren seine Hoffnung gesetzt; er war der Liebling des Volkes geworden, dessen ganzes Vertrauen auf ihm ruhte. Hier war es, wo klar und deutlich die versöhnende Mission des edlen Prinzen begann, welche man als den Gesammtcharakter seiner Regierungsthätigkeit nach innen und nach außen bezeichnen kann.

Die königliche Commission war in richtiger Würdigung der herrschenden Umstände zu dem Entschlusse gelangt, die Wiederherstellung der Ruhe im Innern der Stadt ganz und gar den Bürgern selbst, welche bereits ihre Dienste dem Könige angetragen, anzuvertrauen und nur für unerwartete Nothfälle Militär-Abtheilungen in der Nähe der Residenz aufzustellen. Zu diesem Zwecke erließ sie am Mittag des 10. September folgende Proclamation, die erste, welche Friedrich August als Vorsitzender unterzeichnete:

„Die öffentliche Ruhe ist auf eine betrübende Art gestört worden. Vertrauensvoll blicken Seine Majestät auf die bewährte Treue und Liebe der hiesigen Bürger und Einwohner und wollen ihnen die Herstellung der Ruhe, den Schutz des bedrohten öffentlichen und Privateigenthums anvertrauen. Seine königliche Hoheit, der Prinz Friedrich August, wird sich von diesen Gesinnungen selbst überzeugen. Die Bürger und Einwohner Dresdens, welche diesem Aufrufe folgen wollen, werden, insoferne sie nicht mit eigenen Waffen versehen sind, solche auf Anweisung erhalten und werden aufgefordert, sich mit einer weißen Binde am linken Arme zu versehen."

Prinz Friedrich August begab sich, die weiße Binde um den Arm, auf das Rathhaus. Überall empfieng und begleitete ihn lauter Jubel, welcher sich mit gleich herzlicher Begeisterung wiederholte, als Friedrich August die in so kurzer Zeit entstandene Schutzwehr, welche in den ersten Nachmittagsstunden bereits 2000 Mann zählte, inspicierte. Mit herzgewinnender Dankbarkeit und unverhohlener Freude nahm der Prinz die Acclamationen auf, durch seine ernsten und entschiedenen Worte die Bürgerschaft zur Herstellung der Ruhe aufmunternd und die erregten Gemüther beruhigend.

Am 11. September war allerdings die äußere Ruhe wieder hergestellt, aber die innere Aufregung war beiweitem noch nicht beschwichtigt. Man wollte auch ein Resultat der Bewegung sehen und hoffte, dass ein solches, wenn man ehrlich und freimüthig den Augenblick ergreife, erzielt werden könne. Auch der königlichen Commission hatte diese Stimmung nicht verborgen bleiben können und sie erließ schon am 11. September eine Note, in welcher zuerst der Dank des Königs den Bürgern für ihre Haltung bei den Unruhen ausgesprochen und dann bekannt gegeben wurde, dass, vom 13. angefangen, Mitglieder der Commission in dem Locale des königlichen Geheimen Rathes gegenwärtig sein werden, um Wünsche und Anträge der Bürger, sofern sie hiesige, öffentliche, städtische Angelegenheiten betreffen, entgegenzunehmen. Es liefen zahlreiche Beschwerden und Bitten ein, welche die Schuld der Gedrücktheit der Zustände unumwunden dem Cabinetsminister von Einsiedel zuschrieben. Die der Altstädter-Bürgerschaft war direct an den Prinzen Friedrich August gerichtet und enthielt mehrere, nicht unwichtige Züge zur Charakterisierung der damaligen Verhältnisse.

Wohl hatte die Sicherheits-Commission ausdrücklich betont, lediglich nur Bitten und Beschwerden, welche öffentliche städtische Angelegenheiten betreffen, entgegenzunehmen, doch der Drang des Momentes war zu mächtig und den Mitgliedern der Commission konnte es am wenigsten fremd geblieben sein, dass eine Radicalreform der Communalverhältnisse ohne gleichzeitige tiefeingreifende Reformen in der Staatsverwaltung und Verfassung großentheils illusorisch bleiben oder vielleicht gar nicht ins Leben zu führen sein würde. Die Fragen der Landesverwaltung konnten nun nicht mehr einer Discussion entzogen werden und so giengen die Reformbewegungen von der Stadt auf den Staat über.

Dabei wurden immer mehr Stimmen, besonders in Dresden, laut, welche den Prinzen **Friedrich August** zum Könige verlangten; am 13. September früh erschien denn auch eine Deputation bei demselben, welche ihm den Wunsch des Volkes, die Krone und den Glauben seines Volkes anzunehmen, überbrachte. Die Antwort des **Prinzen**, ein edles, deutsches Fürstenwort, war:

> „Da sei Gott vor, dass ich zum Rebellen würde an meinem lieben und ehrwürdigen Oheim! Wo ihr mich aber zwingen wollt, so werde ich heute noch das Land meiner Väter verlassen und nie wieder zurückkehren. Was das zweite betrifft, so muss das lediglich Sache meiner Überzeugung bleiben."

Durch die Weigerung des **Prinzen** war die drohende Gefahr noch nicht beseitigt und es begaben sich sofort einige Geheime Räthe zu König Anton, um demselben bei dieser Lage der Dinge als die mildeste, ja einzig mögliche Lösung der entstandenen Schwierigkeiten die Ernennung des Prinzen **Friedrich August** zum Mitregenten vorzuschlagen. Etwaige Bedenken des Königs, welcher schon den Grafen Einsiedel veranlasst hatte, seine Entlassung zu nehmen und zu dessen Nachfolger den wahrhaft trefflichen Bernhard v. Lindenau ernannte, wurden glücklich und rasch beseitigt; auch Prinz Maximilian war bald zur Resignation auf den Thron bewogen worden und so war schneller, als man gehofft, der Weg geebnet, die Brücke geschlagen, auf welcher sicher und gefahrlos ein Übergang aus der alten in die neue Zeit bewerkstelligt werden konnte.

Gegen Abend noch ward der versammelten Bürgergarde die Mittheilung gemacht, dass Prinz **Friedrich August** entschieden die ihm vorgeschlagene Erhebung auf den Thron abgelehnt habe; aber kurz nachher eilte die frohe Kunde von Mund zu Mund, dass der greise König Anton seinen geliebten Neffen **Friedrich August** zum Mitregenten ernannt habe und der nächste Morgen brachte die darauf bezügliche, zu Schloss Pillnitz am 13. September

1830 gegebene Originalacte. Unbeschreiblicher Jubel herrschte im ganzen Lande nach Bekanntwerden dieser frohen Kunde und wie durch einen Zauberschlag wurden die Unruhen überall bald gestillt. Zumal in Dresden wurde die königliche Entschließung mit seltenem Enthusiasmus aufgenommen; man gab sich der aufrichtigsten Freude hin, denn die Erhebung des Lieblings des Volkes zum Mitregenten verbürgte auch die allmähliche Gewährung der anderen Wünsche und dem Lande eine segensreiche, glückliche Zukunft.

Am Vormittage des 14. September inspicierte **Friedrich August** die 4000 Mann starken Communalgarden und wurde mit lautem Jubel empfangen. Am Abend schwamm die Stadt in einem Lichtmeere, Blumen in Unzahl blühten zwischen Kerzen, Musik ertönte in den Straßen, schallte aus den öffentlichen Gebäuden und den Wachen, und eine zahllose, freudig erregte Menge durchzog die Stadt. Seinen Höhepunkt erreichte der Jubel und Enthusiasmus, als Prinz **Friedrich August**, ohne die herkömmliche militärische Begleitung, die für ihn festlich erglänzenden Straßen durchfuhr; schließlich konnte er es nicht verhindern, dass sein treues Volk die Pferde ausspannte und jubelnd den Wagen seines fürstlichen Lieblings über die Brücke bis ins Schloss zog.

König Anton überließ seinem geliebten Neffen sehr bald nach dessen Ernennung zum Mitregenten beinahe die ganze Last der Regentenpflichten, und so darf man ihn mit Recht als den Urheber, den treuen Pfleger und Entwickler der neuen Zeit für Sachsen nennen.

Schon am 15. September musste der Prinz, infolge seiner neuen hohen Stellung, den Vorsitz in der Sicherheitscommission an seinen erlauchten Bruder, Prinz Johann, übertragen. Am 1. März 1831 erfolgte die Wiedereröffnung des Landtages, in welchem Minister Nostitz bekannt gab, „dass Seine Majestät und Seine königliche Hoheit beschlossen haben, unter Beirath und Zustimmung der getreuen Stände, die Verfassung hiesiger Lande, sowie die ständische Repräsentation zu ordnen, und dabei auf die in anderen Staaten des Deutschen Bundes bereits getroffenen, und durch die Erfahrung bewährt gefundenen Bestimmungen Rücksicht zu nehmen. Nur in bundesgesetzlicher Weise kann die bisherige in anerkannter Wirksamkeit bestehende ständische Verfassung hiesiger Lande abgeändert und eine neue an deren Stelle gesetzt werden".

Bereits der 4. September 1831 brachte Sachsen die Verleihung der Constitution, durch welche eine neue Zeit für Land und Volk begann. Der erlauchte **Prinz-Mitregent**, unter dessen Leitung vornehmlich, mit Unterstützung seines Ministers von Lindenau, das große Werk in dem verhältnismäßig kurzen Zeitraume von sechs Monaten mit den Ständen vollendet worden war, hatte bewiesen, dass das unbegrenzte Vertrauen des Volkes zu ihm ein in jeder Beziehung wohlverdientes gewesen. Glockengeläute sämmtlicher Kirchen der Residenz verkündete den Anbruch des feierlichen Tages. Um 8 Uhr begann der Gottesdienst und nach Beendigung desselben begaben sich die Landstände ins Schloss, um hier den Landtagsabschied zu vernehmen. Bei dieser Gelegenheit wurde auch die neue Verfassungsurkunde übergeben. Nachdem König Anton das Original derselben dem Landtagsmarschall Grafen von Bülau mit den Worten übergeben hatte:

> „Herr Landtagsmarschall, hier übergebe Ich Ihnen die neue Verfassung, zu deren treuen und vollständigen Erfüllung Ich Mich mit Meinem fürstlichen Worte verpflichte. Möge der Himmel seinen Segen dazu geben, dass diese Verfassung das Land und seine Bewohner so glücklich mache, als es Mein herzlichster Wunsch und Wille ist"

fügte Prinz Friedrich August mit fester Stimme hinzu:

> „Beseelt von denselben Gesinnungen, welche Seine Majestät der König soeben ausgesprochen hat, verspreche auch ich bei meinem fürstlichen Worte, die jetzt übergebene Verfassung treu zu beobachten, zu bewahren und zu beschützen!"

Der Donner von 101 Kanonenschüssen verkündete dem Volke den Act der vollzogenen Übergabe der Constitution und in feierlichem Zuge wurde hierauf die Urkunde in das Ständehaus gebracht.

Mit Einführung der Constitution war für Sachsen das herrliche Morgenroth einer hoffnungsreichen Zeit angebrochen. Die mit eifersüchtiger Ungeduld erwartete Städteverordnung erschien am 2. Februar 1832, und am 17. März desselben Jahres auch das Gesetz über Ablösungen und Gemeinheitstheilungen, in dessen Folge schon mit 1. April desselben Jahres die bisherige Erbunterthänigkeit aufhörte, wodurch der milde und gerechte Geist der sächsischen Regierung in das hellste Licht trat. Denn durch dieses Gesetz, das endlich sehr drückende, mittelalterliche Verhältnisse gänzlich verschwinden ließ, knüpft sich an König Antons und seines Mitregenten Regierung der Beginn einer neuen Ära für den sächsischen Bauernstand und die eigentliche, langersehnte Emancipation desselben. In Dankbarkeit dafür brachte die Dresdener Amtslandschaft am ersten Jahrestage der Übergabe der Constitution den beiden Regenten einen großen, ländlichen Festaufzug dar.

Mitten in einer Zeit der angestrengtesten Thätigkeit des Prinzen Friedrich August traf ihn der herbe Schlag, seine Gemahlin zu verlieren. Wenige Monate nur reinen, ungetrübten Glückes hatte diese Ehe ihm gewährt; bald nach der Vermählung erkrankte Prinzessin Karoline, um nie mehr gänzlich zu genesen, und diese jahrelangen, schmerzlichen Leiden hatten auch dem Prinzen viel Kummer verursacht. Tiefer Schmerz bemächtigte sich seiner, als sich alle angewendeten Mittel erfolglos erwiesen und die edle Dulderin am 22. Mai 1832 zu Pillnitz durch den Tod von ihrem langjährigen Leiden erlöst wurde.

Die aufrichtige und herzliche Trauer des fürstlichen Gemahls konnte nur in dem Gedanken, die theuere Dahingegangene von allen so lange erduldeten Schmerzen für immer befreit zu wissen, und in der tiefen, echten Herzensfrömmigkeit, welche ihm von jeher eigen gewesen, einigen Trost finden. Die schwere Prüfung, welche diese trübe Zeit häuslicher Leiden seinem schon früh vielfach bewegten Leben auferlegte, hatte er mit jener Würde, die einen Grundzug seines Wesens bildete, mit christlicher Geduld und Ergebung getragen.

Mit allgemeiner Spannung sah man dem ersten constitutionellen Landtage entgegen. Die feierliche Eröffnung desselben fand nach vorhergegangenem Gottesdienste am 27. Januar 1833, 11 Uhr vormittags, im königlichen Schlosse statt. Auf dem Throne befanden sich König Anton und der Mitregent Prinz Friedrich August, in nächster Nähe desselben die Prinzen Maximilian und Johann; tags darauf wurden die ersten Sitzungen der Kammern gehalten. Eine Reihe wichtiger und wohlthätiger Gesetze erschien infolge der Verhandlungen dieses Landtages, welcher eine Dauer von 21 Monaten erreichte. Die beiden Kammern zusammen hatten über 600 öffentliche Sitzungen abgehalten, deren letzte am 29. October 1834, abends 9 Uhr, stattfand; am nächsten Tage erfolgte der feierliche Schluss des ersten constitutionellen Landtages. Eine große Anzahl von Gesetzen und Verordnungen, welche wesentlich zur weiteren Entwickelung und Realisierung der Constitution und der durch dieselbe neubegründeten Staatsverhältnisse beitrugen, wurden während dieses Landtages oder infolge der Verhandlungen desselben erlassen.

Auch in den oberen Militärbehörden, in der Organisation des Heeres traten, zumeist als nothwendige Folge der Bestimmungen der neuen Verfassung, bedeutende Reformen ins Leben, welche größtentheils das Werk Friedrich Augusts selbst waren.

Heller Jubel durchzog das Land, als die Absicht des Prinzen, sich wieder zu vermählen, bekannt wurde. Der Geheime Rath von Reitzenstein war nach München entsendet worden, daselbst um die Hand der vierten Tochter des verstorbenen Königs Maximilian Josef von Bayern, der geistreichen und gemüthvollen Prinzessin Maria Anna Leopoldine, zu werben, und bereits am 19. April 1833 reiste der Prinz seiner erlauchten Braut entgegen, um sie an der Grenze ihrer neuen Heimat zu begrüßen. Am 24. April 1833, 1 Uhr nachmittags, fand der Trauungsact in der katholischen Hofkirche mit großer Feierlichkeit statt. Am folgenden Abende war die Stadt festlich beleuchtet und das neuvermählte Paar, wie die übrigen Mitglieder der königlichen Familie, wurden bei ihrer Fahrt zur Besichtigung der Illumination überall auf das Freudigste und Herzlichste begrüßt. Dieser Bund wurde für den trefflichen Fürsten durch die Vorzüge des Geistes und des Herzens, mit denen seine erhabene Gemahlin so reich ausgestattet war, eine Quelle des lautersten, ungetrübtesten Glückes. Das fürstliche Paar war dem Volke ein leuchtendes Vorbild in echter Gottesfurcht und allen rein menschlichen Tugenden.

Noch ein hoher Freudentag war während dieser Zeit ernster und schwerer Regentensorgen wie Mühen dem edlen Herzen Friedrich Augusts beschieden; es war der 80. Geburtstag seines geliebten Oheims König Anton am 27. December 1835, welcher in ganz Sachsen festlich begangen wurde.

In diesen Jahren unausgesetzter Thätigkeit erübrigte der Prinz nur wenig Zeit zur Erholung, denn er musste sich den Staatsgeschäften mit unermüdlichem Eifer hingeben. Nur im Kreise der beglückenden Häuslichkeit und in dem nie vernachlässigten Studium der Natur und seiner geliebten Pflanzen fand er die nöthige Erquickung. Doch als seine feste Gesundheit durch die vielen Anstrengungen erschüttert war, musste er sich doch zu kürzeren Erholungsreisen entschließen, und so unternahm er in Begleitung seiner erlauchten Gemahlin im Juni 1834 eine solche nach Marienbad, und im Herbste 1835 eine zweite in die Salzburger und Tiroler Alpen.

Bald brachen aber wieder Tage der Trauer für Prinz Friedrich August an. Bei König Anton zeigten sich schon seit Ende Februar 1836 Erscheinungen, welche eine Erschütterung seiner bisher ungestörten Gesundheit andeuteten und denen sich anfangs Juni eine auffallende Abnahme der Kräfte zugesellte. Bereits am 4. Juni hatte er mit innigster Andacht die Sterbesacramente im

Beisein der ganzen königlichen Familie empfangen, und am 6. Juni 1836, mittags ½,12 Uhr, war er sanft und schmerzlos entschlummert. Tiefe Trauer verbreitete sich im ganzen Lande über den Tod des gütigen Monarchen, dessen sterbliche Hülle die königliche Familiengruft am Abend des 9. Juni aufnahm.

Nun schmückte thatsächlich die Königskrone das Haupt des allgeliebten Friedrich August, welcher die Sorgen und Mühen derselben schon jahrelang mit Hingebung getragen. Das Ereignis gieng ohne jene unruhige Spannung vor sich, welche sonst von jedem Thronwechsel unzertrennlich zu sein pflegt; man wusste ja, was man zu erwarten habe und dass dies nur zum Heil, Segen und zur Wohlfahrt des Landes gereichen könne.

Bald nach seiner Thronbesteigung führte König Friedrich August II. die öffentlichen Audienzen ein, zu denen jedem sächsischen Staatsangehörigen der Zutritt freistand, „um allen getreuen Unterthanen ohne Ausnahme den Zutritt zu Seiner Majestät thunlichst zu erleichtern und ihm Bitten, Wünsche, Anliegen und Beschwerden mündlich" vortragen zu können.

Am 13. November 1836 eröffnete der König den zweiten constitutionellen Landtag mit einer Thronrede, in welcher er erklärte, er werde auf dem Grunde, den sein Oheim gelegt, fortbauen, um dem Lande die Wohlthaten einer guten Verwaltung und Gesetzgebung zu sichern, das Recht stets heilig halten, vor allem aber den religiösen Sinn pflegen.

Die erzielten Resultate dieses Landtages, welcher am 3. December 1837 geschlossen wurde, waren wieder die erfreulichsten; viele nützliche Gesetze brachte derselbe dem Lande, wie überhaupt Sachsen unter der segensreichen Regierung König Friedrich Augusts im Inneren und nach außen einen großen Aufschwung nahm. Er hatte durch Weisheit und Umsicht, durch Kenntnis und Erfahrung, wie durch unermüdliche Thätigkeit, durch unerschütterliche Consequenz und durch energische Festigkeit im Vereine mit seinem erlauchten Bruder, dem Prinzen Johann, und bedeutenden Staatsmännern, welche er mit richtigem Blicke an die wichtigsten Posten zu stellen wusste, das von Grund aus umgestaltete Staatsleben Sachsens in neue sichere Bahnen gelenkt.

Tiefen Schmerz bereitete ihm der am 3. Januar 1838 erfolgte Tod seines geliebten Vaters, sowie des zweiten Sohnes des Prinzen Johann, Prinz Ernst, welcher am 12. Mai 1847, kaum 16 Jahre alt, verschied.

Leider hatte sich um die Mitte der Vierziger-Jahre in Sachsen wieder eine politische Spannung gebildet, welche durch den Einfluss der Presse nur noch mehr unterhalten und genährt wurde, und so ist es nicht zu wundern, dass die Kunde von der Februar-Revolution in Frankreich im Jahre 1848 auch in Sachsen eine große Erregung der Gemüther zur Folge hatte.

Friedrich Augusts Charakter war viel zu fest und unerschütterlich, als dass er in seinen Ansichten sich hätte ändern können und so kam er, wie 1830, seinem Volke mit vollem Vertrauen entgegen. Die Ansprache des Königs an seine Sachsen vom 6. März 1848, ein herrliches Blatt der Geschichte seiner Regierung, lautete:

„Bei den ernsten Ereignissen des Auslandes und der hiedurch in mehreren Staaten Deutschlands entstandenen Anregung drängt es Mich, vertrauensvoll zu Meinem treuen Volke von Stadt und Land zu reden. Als Ich Sachsen im Einverständnisse mit den Vertretern des Landes die Verfassung verlieh, that Ich es in der Zuversicht, sie werde die Treue, welche jahrhundertelang Sachsens Fürsten und Volk eng verband, neu beleben und befestigen, in Tagen des Friedens den Aufschwung des Gemeinwohles nach allen Richtungen kräftig fördern, in Tagen der Gefahr für Gesetzlichkeit und Ordnung ein festes Bollwerk sein. Ich bin Mir bewusst, seit dieser Zeit für das Wohl Meines Volkes nach bestem Wissen gewirkt zu haben. Ich bin stolz darauf, dass Meine Regierung an redlicher, offener Verfassungstreue von keiner anderen übertroffen wird. Mein Volk und selbst das Ausland haben dies anerkannt. Ihr werdet Mein Streben vergelten, indem ihr Meinem Zurufe Folge leistet. Gern vernehme Ich die Stimme, den Rath der verfassungsmäßigen Vertreter Meines Volkes; doppelt gern in Zeiten der Gefahr. Sobald die neuen Wahlen beendet sein werden, spätestens zu Anfang des Monats Mai dieses Jahres, bin Ich entschlossen, die Stände zu versammeln, um Mich mit ihnen über alles, was als wahres Bedürfnis für das Staatswohl erscheint, zu verständigen. Namentlich werde Ich ihnen, nachdem auch die mitverbündeten Regierungen jedem einzelnen Staate die Aufhebung der Censur freigegeben haben, die nunmehr im erweitertem Maße zulässige Vorlage über die Presse nach § 5 der Verfassungsurkunde zugehen lassen. Harret ruhig und im Vertrauen auf das, was Ich schon gethan und noch thun werde. Greift nicht den Befugnissen der von euch selbst gewählten Landesvertreter vor; nur was im verfassungsmäßigen Wege zustande kommt, trägt die Bürgschaft sicheren Bestehens. Ruhe und Ordnung, Gesetzlichkeit, unverrücktes Festhalten an dem Rechtszustande, welchen die Verfassungsurkunde begründet hat, Eintracht zwischen Fürst und Volk, Muth und Vertrauen, das ist es, worauf Deutschlands Freiheit und Selbständigkeit beruht, das ist es, wodurch wir allein jeder Gefahr entgegen treten können. Sachsen, bewahret eure alte Treue!"

Eine solche Ansprache von einem solchen Könige konnte nicht ohne Frucht bleiben. Sie trug die herrlichste von allen. Der drohende Sturm der Revolution gieng ohne jegliche Verheerung an dem Lande vorüber, denn einige mehr oder minder bedeutende

Unruhen in einzelnen Orten des Königreiches waren wohl Folgen der Aufregung, aber ohne jeden politischen Hintergrund; auch wurden aus mehreren Städten Adressen an den König gerichtet, welche schleunige Abhilfe von Beschwerden verlangten.

Die sofortige Gewährung der Pressfreiheit, der Wechsel des Ministeriums, die sofortige Einberufung des Landtages, der indes erst am 18. Mai zusammentrat, und so manch anderer willkommen geheißener Schritt wirkten äußerst beschwichtigend; der edle Monarch bethätigte abermals seine Opferfreudigkeit für das Wohl seines Volkes und des gesammten deutschen Vaterlandes, wodurch er immer höher und höher in der Verehrung und Liebe seiner Unterthanen stieg.

Der hohe Edelmuth des Königs war es auch, durch welchen gerade Sachsen, an dessen sämmtlichen Grenzen die Wogen der Revolution mehr oder minder heftig anschlugen, in seinem Innern, trotz aller geistigen, sich stets höher steigernden Aufregung, mit Ausnahme der Tumulte in Waldenburg, Mittweida und Elterlein, von den Revolutionsstürmen unberührt geblieben ist.

Während der letzten Jahre seiner Herrscherthätigkeit kamen noch viele segenbringende Gesetze und Einrichtungen zustande. Der König selbst widmete sich mit allem Eifer den Staatsgeschäften. Um Hebung und Förderung von Kunst und Wissenschaft, von Handel und Verkehr, von Landwirtschaft und Industrie, wie um die Erhöhung der allgemeinen Volksbildung in intellectueller, moralischer und religiöser Beziehung verdankt Sachsen seinem stillen, aber belebenden Einflusse eine reiche Fülle des Segens.

In die Zeit seiner Regierung fällt die Eröffnung, zumeist auch die Erbauung aller sächsischen Eisenbahnen, so diejenige der Leipzig-Dresdener, sächsisch-schlesischen, sächsisch-bayerischen, sächsisch-böhmischen und der Chemnitz-Risaer Bahn. Aber auch andere große Bauten, zum Theil von dem kunstsinnigen Monarchen selbst angeregt, besonders zur Verschönerung der Residenz, wurden zu dieser Zeit ausgeführt, z. B. das Hoftheater, die große Orangerie, das neue Museum und viele andere.

Am 31. December 1850 stiftete der erlauchte Monarch für Männer, welche in Kunst und Wissenschaft sich ausgezeichnet, wie für solche, die dem Staate nützliche Dienste geleistet, sich durch bürgerliche Tugend Verdienste erworben, den Albrecht-Orden.

Für Kirchen und Schulen, Wohlthätigkeitsanstalten und Vereine hat König Friedrich August außerordentlich viel gethan; bei Feuers- oder Wassernoth oder sonstigen Gefahren war er stets anwesend, mit Rath und That den Bedrängten zuhilfe kommend.

Die hauptsächlichste Erholung und Zerstreuung von den vielfach auf ihm lastenden Staatsgeschäften fand König Friedrich August bis ans Ende seines Lebens in der Beschäftigung mit der Kunst, dem Studium der Botanik und vorzugsweise in der Betrachtung der Natur. Ihr waren denn auch zumeist, nebst der Besichtigung von Kunstschöpfungen und industriellen Anstalten, seine Reisen, namentlich während seiner Regierungszeit, gewidmet. So unternahm er eine große Reise 1838 nach Istrien, Dalmatien und Montenegro, während welcher er eine große Anzahl Pflanzen sammelte, dann 1844 nach England und Schottland, 1851 nach Triest und Ober-Italien und 1853 durch die Lombardei nach Modena und Toscana bis Sardinien.

Kürzere Touren führte der König, meist in Begleitung seiner hohen Gemahlin, ins Erzgebirge, Riesengebirge, den Harz, in die galizischen und ungarischen Karpathen und in die Tiroler Alpen aus, stets mit einer reichen Ausbeute botanischer Sammlungen heimkehrend; er scheute hiebei keine Gefahr und war ein kühner Bergsteiger. Mehreremale kam er bei botanischen Excursionen in ernste Lebensgefahr, die glücklicherweise jedesmal von dem Haupte des edlen Fürsten abgewendet wurde.

Auch für den Sommer 1854 war eine Erholungsreise nach Tirol in Aussicht genommen. Vorerst begab sich Friedrich August mit der Königin nach Nymphenburg zu Besuch der königlichen Verwandten, dann nach München zur Besichtigung der Kunst- und Industrie-Ausstellung. Von hier reisten die hohen Herrschaften nach Possenhofen, wo die Königin einige Zeit bei der Herzogin Luise in Bayern zu verweilen beabsichtigte; hier verabschiedete sich Friedrich August von seiner hohen Gemahlin und trat am 6. August, abends, in Begleitung des Majors von Zezschwitz den Ausflug in die Tiroler Alpen an. Über Seefeld, Zirl, Ferklehen und Selbrain gieng es nach Gries, und wurde gegen Abend des 7. August die Alpe Lisons, das Ziel der Wanderung dieses Tages, erreicht. Am 8., abends, traf der König in Silz ein und nahm Nachtquartier im Gasthofe „zur Post". Am Morgen des 9. August, um 7 Uhr früh, reiste der Monarch von dort ab und traf um 9 Uhr vormittags im eigenen Wagen mit Extrapostpferden in Imst ein. Da der dortige Posthalter die Bemerkung machte, dass für die von Imst nach Wens führende Straße, ihrer vielen Wendungen halber, ein kleiner Wagen ein besseres Fortkommen gestatte, wurde ein sogenanntes „Einspännerwügele" genommen. Nur von Major von Zezschwitz und einem Kammerlakei begleitet, trat der König frohen Muthes die Weiterfahrt an. Die Straße war infolge anhaltenden Regens in sehr schlechtem Zustande; unterhalb Brennbichl, als die Straße sich zu senken begann, stieg der Kutscher seiner Instruction gemäß vom Wagen und führte langsamen Schrittes das Sattelpferd am Zaume. So vorsichtig der Postillon den Wagen auch führte, auch jedem Steine auswich, kam doch bei einer Wendung der Straße derselbe plötzlich zum Sturz. König Friedrich August wurde nach vorne zu gegen die Pferde geschleudert und rief wiederholt: „Haltet die Pferde!" Als er sich jedoch aufrichten wollte, schlug das eine der Pferde mit dem rechten Hinterfuße aus und traf ihn derart schwer am Kopfe hinter dem linken Ohr, dass er sofort bewusstlos zurücksank. Major von Zezschwitz und der Lakai, welche keinen Schaden bei dem Sturze erlitten hatten, brachten den König in das nahe gelegene Gasthaus zu Brennbichl. Der rasch herbeigeholte Arzt konnte dem Könige keine Hilfe mehr bringen; nachdem man ihn mit den heiligen Sterbesacramenten versehen, verschied Friedrich August um ½11 Uhr vormittags, den 9. August 1854, ohne das Bewusstsein wieder erlangt zu haben. Ein edles Herz stand stille, das so viel Gutes gethan hatte. Ein Trost mag in dem Gedanken liegen, dass der edle Monarch inmitten der herrlichen, von ihm so geliebten Natur, in glücklichster Stimmung, plötzlich, ohne Leiden und Schmerzen, vom Tode ereilt wurde. Die Schreckensbotschaft von dem Unglücksfalle kam in der Nacht zum 10. August nach Dresden, überall die schmerzlichste Trauer hervorrufend. Die königliche Leiche gieng am 13. von Brennbichl ab und langte am 15. abends in Dresden ein.

Das Drängen des Volkes aus allen Ständen, die theueren Züge des geliebten Entschlafenen, dessen irdische Überreste am 16. August in der heiligen Kreuzkapelle der katholischen Hofkirche ausgestellt waren, noch einmal zu schauen, die tausend heißen Thränen, die seinem Andenken geflossen, die innigen Gebete des Dankes und der Fürbitte, die in jenen Tagen aus tausend und abertausend Herzen für den Dahingegangenen zu Gottes Thron emporgesandt wurden, das alles gibt Zeugnis, mit welch unendlicher Liebe und Verehrung die treuen Sachsen an ihrem edlen Könige gehangen waren. Am 16. August, um 9 Uhr abends, fand die herzerhebende Feierlichkeit der Beisetzung statt. König Friedrich August II. war eingezogen in die Gruft seiner Ahnen, tief betrauert und beweint von seinem Volke.

18. März 1825.

Karl Prinz zu Hessen und bei Rhein,

k. k. **Feldmarschall-Lieutenant a. D.**, großherzogl. hessischer General der Infanterie; Chef des großherzogl. hessischen 4. Infanterie-Regimentes Nr. 118; Ritter des königl. preußischen Schwarzen Adler-Ordens, des königl. preußischen Rothen Adler-Ordens I. Classe, Großkreuz des großherzogl. hessischen Ludwig-Ordens, des großherzogl. hessischen Philipp-Ordens, des kurhessischen Löwen-Ordens, des königl. hannover'schen Guelfen-Ordens, des großherzogl. badenschen Ordens vom Zähringer Löwen, des königl. griechischen Erlöser-Ordens, Ritter des königl. bayerischen St. Hubertus-Ordens, des kaiserl. russischen St. Andreas-Ordens, des kaiserl. russischen St. Alexander Newskij-Ordens, des kaiserl. russischen Weißen Adler-Ordens, des kaiserl. russischen St. Annen-Ordens I. Classe etc. etc.

Prinz Karl war der zweite der drei Söhne, mit welchen Prinzessin Wilhelmine Luise von Baden ihren Gemahl, den nachmaligen Großherzog Ludwig II. von Hessen, beschenkte.

Am 23. April 1809 zu Darmstadt geboren, erhielt der Prinz gemeinschaftlich mit seinem um drei Jahre älteren Bruder Ludwig im Elternhause eine vortreffliche Erziehung. Früh schon sich dem militärischen Berufe widmend, trat Prinz Karl mit 18. März 1825 als Major in das k. k. Husaren-Regiment König Georg IV. von England Nr. 5 ein, war die ersten Jahre, die noch in seine Studienzeit fielen, jedoch beurlaubt. Nach Vollendung seiner wissenschaftlichen Ausbildung machte er mit seinem Bruder größere Reisen.

Mit 12. Juni 1828 zum k. k. Infanterie-Regimente Nr. 60 transferiert, wurde Prinz Karl am 23. Mai Oberstlieutenant und am 19. Januar 1831 in das Hoch- und Deutschmeister 4. Infanterie-Regiment übersetzt, in welchem er das Grenadier-Bataillon commandierte. Am 11. März 1833 wurde der Prinz dauernd beurlaubt und ihm bei dieser Gelegenheit der General-Majors-Charakter, sowie am 19. August 1863 die Feldmarschall-Lieutenantscharge verliehen.

Prinz Karl, der sich zumeist in Darmstadt aufhielt, wo er auch am 20. März 1877 verschied, war seit 22. October 1836 mit der am 13. Juni 1815 geborenen Prinzessin Elisabeth, einer Tochter des Prinzen Wilhelm von Preußen, vermählt. Nach dem kinderlosen Ableben Großherzog Ludwigs III. trat der erstgeborene Sohn des Prinzen Karl als Großherzog Ludwig IV. das Erbe seiner Väter an.

26. Juni 1825.

Gustav Prinz von Wasa

(bis 5. Mai 1829 Prinz von Schweden), **k. k. Feldmarschall-Lieutenant, königl. niederländischer Generalmajor, Oberst-Inhaber des k. k. Infanterie-Regimentes Nr. 60 (vom 1. December 1831 bis 4. August 1877), Großkreuz des königl.** ungarischen St. Stephan-Ordens, des Johanniter-Ordens, Ritter des kaiserl. russischen St. Andreas-, des Alexander Newskij-, wie des St. Annen-Ordens I. Classe, des königl. preußischen Schwarzen Adler-, wie des Rothen Adler-Ordens I. Classe, des königl. bayerischen St. Hubertus-Ordens, des königl. sächsischen Ordens der Rautenkrone, Großkreuz des königl. hannover'schen Guelfen-Ordens, Ritter des großherzogl. baden'schen Ordens der Treue, Großkreuz des großherzogl. baden'schen Ordens vom Zähringer Löwen, des königl. niederländischen Löwen-Ordens, des königl. griechischen Erlöser-Ordens, des herzogl. braunschweigischen Ordens Heinrich des Löwen, des großherzogl. hessischen Ludwig-Ordens, des großherzogl. hessischen Ordens Philipp des Großmüthigen, des großherzogl. oldenburg'schen Haus- und Verdienst-Ordens, des großherzogl. mecklenburg-schwerin'schen Hausordens der wendischen Krone, des fürstlich Hohenzollern-Sigmaringen'schen Haus-Ordens etc.

Prinz Gustav (geb. am 9. November 1799), der einzige Sohn König Gustav IV. Adolf von Schweden und der Prinzessin Friederike von Baden, der Enkel Gustav III., welcher in der Nacht vom 15. auf den 16. März 1792 infolge einer Adelsverschwörung auf einem Maskenballe tödtlich verwundet wurde und am 29. März d. J. starb, musste sich leider schon als zehnjähriger Knabe aller Hoffnung beraubt sehen, den väterlichen Thron jemals besteigen zu können.

Sein Vater, ein unversöhnlicher Gegner Napoleons, trat 1805 der dritten Coalition gegen Frankreich bei. Obwohl er mit dem schwedisch-russischen Heere, mit dem er in Pommern gelandet war, weder 1805 noch 1806 zu einer kriegerischen Action gelangte, lehnte er, nach der Versöhnung Russlands mit Frankreich, die ihm von Napoleon kurz vor dem Tilsiter Frieden gemachten günstigen Friedensvorschläge ab, und verlor dadurch später Stralsund und die Insel Rügen. Am 21. Februar 1808 rückte, da er die wiederholte Forderung Russlands, dem Continentalsystem beizutreten wie den Engländern seine Häfen zu verschließen, ablehnte, plötzlich — ohne Kriegserklärung — ein russisches Heer in Finnland ein. Die Ereignisse der nächsten Zeit waren bei der Übermacht der Russen und dem Mangel aller Vorkehrungen von Seite Schwedens vorherzusehen. Erst Ende April und anfangs Mai, als die Russen bereits ganz Finnland besetzt und für eine Provinz ihres Reiches erklärt hatten, erschien das schwedische Heer unter Klingspor und Adlerkreuz, von einer Flotte unterstützt, im Felde. Auch der Angriff, den die Schweden unter Arimfeld auf Norwegen unternahmen, scheiterte gänzlich. Der unglückliche Ausgang des Krieges und neue Opfer und Anstrengungen, die König Gustav zur Fortsetzung desselben verlangte, führten die nun folgende Katastrophe herbei. Bereits im December 1808 verabredete eine Anzahl schwedischer Officiere und Edelleute unter Führung des Oberstlieutenants Baron Adlersparre den Sturz des Königs, welcher denn auch am 13. März 1809, ohne dass ein Tropfen Blut vergossen wurde, zur Ausführung gelangte. Herzog Karl von Sudermannland übernahm am 14. März als Reichsvorsteher die Regierung und schrieb sogleich einen Reichstag auf den 1. Mai aus. Noch ehe dieser aber zusammentrat, unterzeichnete König Gustav, den man nach Drottingholm und von da nach Gripsholm gebracht hatte, am 29. März eine Urkunde, in welcher er der Regierung entsagte. Die versammelten Reichsstände erklärten jedoch überdies am 10. Mai nicht bloß den König, sondern auch seine Nachkommen aller Ansprüche auf den schwedischen Thron für verlustig, während sein Oheim am 6. Juni als Karl XIII. zum König proclamiert wurde. Für sich und seine Familie wurde König Gustav ein jährliches Einkommen von 66.666 Thalern ausgesetzt, statt dessen 1824 seine Familie eine Abfindungssumme von 721.419 Thalern erhielt.

Im December 1809 zog sich Gustav IV. mit seiner Familie in die Heimat seiner Gemahlin nach Karlsruhe, dann in die Schweiz zurück, wo er unter dem Namen eines Grafen von Gottorp, später als Oberst Gustavson sehr bescheiden lebte und am 7. Februar 1837 in St. Gallen starb. In Karlsruhe wurde Prinz Gustav sammt seinen Schwestern, den späteren Großherzoginnen Sophie von Baden und Cäcilie von Oldenburg, unter der Aufsicht seiner edlen Mutter auf das Sorgfältigste erzogen. Inzwischen regierte König Karl XIII. in Schweden und adoptierte, da er bejahrt und kinderlos war, nicht etwa, wie er mehrfach gebeten wurde, den Prinzen Gustav, sondern zuerst den Prinzen Christian von Augustenburg und nach dessen frühem Tode den französischen Marschall Bernadotte, welcher auch 1818 als Karl XIV. Johann zur Regierung gelangte. König Gustav IV. hatte wohl 1815 auf dem Wiener Congresse eine Erklärung überreicht, in welcher er die Rechte seines Sohnes auf den schwedischen Thron in Anspruch nahm — jedoch vergebens. Prinz Gustav schwor, nachdem er noch mehrere Reisen am Continente unternommen, zu Habsburgs Fahnen und trat am 26. Juni 1825 als supernumerärer Oberstlieutenant in das k. k. Uhlanen-Regiment Kaiser Franz Nr. 4. Am 21. Mai 1827 zum Oberst im Infanterie-Regimente Ignaz Graf Gyulai Nr. 60 befördert, wurde der Prinz mit 6. März 1828 zum Infanterie-Regimente Kaiser Alexander I. von Russland Nr. 2 transferiert, in welchem er das Grenadier-Bataillon commandierte. Infolge Allerhöchsten Handschreibens vom 5. Mai 1829 den Namen eines Prinzen von Wasa mit dem Titel „königliche Hoheit" annehmend, wurde Prinz Gustav am 12. December 1829 Generalmajor und Brigadier in Wien und vermählte sich am 9. November 1830 mit Prinzessin Luise von Baden. Am 1. December 1831 durch die Verleihung des 60. Infanterie-Regiments ausgezeichnet, erfolgte am 29. Februar 1836 die Beförderung zum Feldmarschall-Lieutenant und Divisionär in Wien, welche Dienstesstellung er bis zu seiner am 20. December 1848 erfolgten dauernden Beurlaubung behielt.

Prinz Gustav lebte viele Jahre in Wien, u. zw. nach dem Jahre 1848 in völliger Zurückgezogenheit. So erregte es denn auch nicht ungewöhnliches Aufsehen, als er im October 1862 wieder sein Vaterland Schweden besuchte. Er hatte vorher den dänischen Truppenübungen in Schleswig beigewohnt und dann von der schwedischen Regierung die Erlaubnis erbeten, sein Vaterland besuchen zu dürfen, das ihm vor mehr als einem halben Jahrhundert die Krone genommen und ihn aus dem Lande seiner Ahnen verbannt hatte. Die Erlaubnis wurde dem Prinzen auch gewährt. Man schloss aus diesem Besuche auf politische Combinationen, die sich jedoch bald als nichtig erwiesen. Der Prinz, nur von Sehnsucht getrieben, vor seinem Tode noch sein Vaterland zu sehen, segelte unerkannt und unbeachtet nach Hölsingborg, besuchte Ramlosa und bestieg die alte Thurmruine Kürnau, welche einen prachtvollen Aus- und Überblick über den Sund, über Land und See gewährt; ebenso unerkannt und unbeachtet reiste Prinz Gustav zurück. Im Mai 1877 besuchte er in Dresden seine einzige Tochter Karoline, die am 18. Juni 1853 dem Prinzen Albert, dem heutigen König von Sachsen, die Hand zum ewigen Bund gereicht hatte. Bald nach seiner Ankunft von einer tückischen Krankheit ergriffen, starb Prinz Gustav im Alter von 78 Jahren am 4. August 1877 zu Pillnitz. Die Leiche des Verewigten wurde am 7. August ebendaselbst eingesegnet, nach Oldenburg überführt und zunächst in der Gruft des oldenburgischen Hauses, dann aber in Stockholm beigesetzt

Mit ihm wurde der letzte männliche Sprosse des Hauses Wasa zu Grabe getragen.

21. Mai 1827.

Wilhelm Prinz zu Schwarzburg-Rudolstadt,

k. k. Oberst im Kürassier-Regimente Kaiser Ferdinand Nr. 1, Großkreuz des königl. hannover'schen Guelfen-Ordens etc. etc.

Am 31. Mai 1806 zu Rudolstadt als zweiter Sohn des Prinzen Karl Günther und der Prinzessin Ulrika zu Schwarzburg-Rudolstadt geboren, wurde Prinz Wilhelm, ebenso wie sein älterer Bruder Prinz Adolf, vorwiegend militärisch erzogen.

Kaum 21. Jahre alt, wurde er vermöge Allerhöchster Entschließung vom 21. Mai 1827 zum supernumerären Oberlieutenant im Kürassier-Regimente Großfürst Constantin Nr. 8 ernannt und rückte bereits am 17. Juni 1829 zum Seconde-Rittmeister bei gleichzeitiger Transferierung zum Kürassier-Regimente Erzherzog Franz Nr. 2 vor.

Mit 4. Januar 1831 zum Dragoner-Regimente Baron Minutillo Nr. 3 transferiert, wurde Prinz Wilhelm 1832 Premier-Rittmeister im selben Regimente und verblieb daselbst bis zu seiner Ernennung zum Major, welche am 9. Januar 1838 erfolgte. Mit diesem Tage wurde er auch in das Kürassier-Regiment Kaiser Ferdinand Nr. 1 eingetheilt, welchem er nun bis zu seinem Tode angehörte. Am 10. Februar 1840 zum Oberstlieutenant und am 20. October 1845 zum Oberst und Regiments-Commandanten ernannt, trat er am 12. März 1849 einen längeren Urlaub an, von welchem er leider nicht mehr zurückkehren sollte, denn schon am 7. Mai desselben Jahres wurde Prinz Wilhelm, welcher unvermählt geblieben war, zu Dresden vom Tode ereilt.

28. October 1827.

Dom Miguel, Herzog von Bragança,

Infant von Portugal. Oberst und Inhaber des k. k. Infanterie-Regimentes Nr. 39 (vom 28. October 1827 bis 14. November 1866) etc. etc.

Dom Miguel war der dritte Sohn des Königs Johann II. von Portugal und der spanischen Infantin Charlotte Joachime und erblickte am 26. October 1802 zu Lissabon das Licht der Welt. Die königliche Familie, welche das Land verlassen und sich nach Brasilien begeben hatte, kehrte 1821 nach Portugal zurück. Dom Miguel, welcher in die religiösen und politischen Pläne seiner Mutter, deren Lieblingssohn er gewesen, vollkommen eingeweiht war, zeigte sich bald als entschiedener Gegner der constitutionellen Principien. Seine Mutter stellte ihn an die Spitze der absolutistisch-theokratischen Partei; eifrig von dieser unterstützt, beabsichtigte er die Constitution zu stürzen. Bereits am 30. April 1824 ließ er als Infant-Generalissimus sämmtliche Minister verhaften, wurde nach Misslingen dieses Staatsstreiches sammt seiner Mutter aus Portugal verbannt und begab sich nun zuerst nach Paris, dann nach Wien.

Nach dem am 10. März 1826 erfolgten Tode seines Vaters sah die Partei der Königin in ihm den legitimen Erben der Krone Portugals, welche sein Bruder Dom Pedro als Kaiser von Brasilien nicht tragen konnte. Doch letzterer betrachtete sich als den von seinem Vater in dessen Testamente bezeichneten rechtmäßigen Nachfolger und gab Portugal am 26. April 1826 eine Constitution. Schon am 2. Mai jedoch entsagte er dem Throne zu Gunsten seiner ältesten Tochter Donna Maria da Gloria und bestimmte derselben Dom Miguel zum Gemahl, welcher auch bis zu ihrer Volljährigkeit Regent sein sollte. Dom Miguel genehmigte alles und beschwor die Constitution. Er verlobte sich auch mit seiner Nichte und wurde am 3. Juli 1827 von Dom Pedro zum Regenten ernannt. Im Februar 1828 traf er in Lissabon ein und übernahm die Regentschaft aus den Händen seiner Schwester Isabella.

Doch die Partei der Königin Charlotte hatte inzwischen alles zur Herstellung der absoluten Gewalt und zur Erhebung des Infanten auf den Thron vorbereitet. Dom Miguel löste daher schon am 13. März die versammelten constitutionellen Cortes auf, berief am 3. Mai die alten Cortes und ließ sich von diesen am 25. Juni zum legitimen Könige von Portugal ausrufen. Obwohl Dom Pedro seinen Bruder aller Rechte für verlustig erklärte und dessen Verlobung mit seiner Tochter aufhob, blieb Dom Miguel dennoch im Besitze seiner Macht.

Dom Pedro, welcher im Juni 1831 selbst aus Brasilien gekommen war, sammelte nun auf der Insel Terceira ein Heer, eroberte von dort aus am 8. Juli Lissabon und führte Donna Maria als Königin dahin zurück.

Nachdem sich auch England und Spanien für letztere erklärten, sah sich Dom Miguel gezwungen, am 26. Mai 1834 zu Evora eine Capitulation zu unterzeichnen, kraft welcher er allen Ansprüchen auf den Thron Portugals entsagte.

Er schiffte sich denn auch am 1. Juni auf einem englischen Kriegsschiffe nach Genua ein, von wo er ohne Erfolg gegen die zu Evora unterzeichnete Acte protestierte.

Hierauf längere Zeit in strenger Zurückgezogenheit zu Rom lebend, vermählte sich Dom Miguel am 23. September 1851 mit Prinzessin Adelheid, Tochter des verstorbenen Erbprinzen Constantin von Löwenstein-Wertheim-Rosenberg. Seit seiner Vermählung hielt er sich zumeist auf den Schlössern Heubach in Bayern und Brombach in Baden auf.

Dom Miguel, welcher am 14. November 1866 verschied, hinterließ einen Sohn und sechs Töchter: Prinzessin Maria de las Neves, geb. 5. August 1852, Prinz Miguel, geb. 19. September 1853, sowie die Prinzessinnen Maria Theresia, geb. 24. August 1855, Maria Josefa, geb. 19. März 1857, Adelgunde, geb. 10. November 1858, Maria Anna, geb. 13. Juli 1861, und Maria Antonia, geb. 28. November 1862.

18. April 1829.
Friedrich Prinz zu Lippe-Detmold,

k. k. Oberst in der Armee, Großkreuz des königl. portugiesischen Thurm- und Schwert-Ordens, Comthur des königl. hannover'schen Guelfen-Ordens etc. etc.

Prinz Friedrich, der jüngere Sohn des Fürsten Friedrich Wilhelm von Lippe-Detmold, wurde am 8. December 1797 geboren.

Am 18. April 1829 als supernumerärer Major bei Sachsen-Kürassieren in die Reihen der k. k. Armee eingetreten, wurde der Prinz noch im Juli desselben Jahres zum Dragoner-Regimente Nr. 5 und im Februar 1832 zum 4. Kürassier-Regimente transferiert. Mit 4. Mai desselben Jahres in die Oberstlieutenants-Charge vorgerückt, quittierte er am 12. December 1845 und erhielt hiebei den Oberstenscharakter.

Prinz Friedrich, der stets beurlaubt war und sich zumeist in Detmold aufhielt, starb unvermählt am 20. October 1854.

29. September 1830.

Emil Prinz zu Hessen und bei Rhein,

großherzogl. hessischer General der Cavallerie, **k. k. Feldzeugmeister,** Inhaber des großherzogl. hessischen Garde-Chevauxlégers Regimentes, **des k. k. Infanterie-Regimentes Nr. 54 (vom 14. October 1831 bis 26. April 1856),** des kaiserl. russischen Kasan'schen Dragoner-Regimentes; Großkreuz des großherzogl. hessischen Ludwig- und des großherzogl. hessischen Philipp-Ordens, des kurhessischen Löwen-Ordens, **Großkreuz des königl. ungarischen St. Stephan- und des kaiserl. österreichischen Leopold-Ordens, Ritter des Militär-Maria-Theresien-Ordens,** Ritter des königl. bayerischen St. Hubertus-Ordens, des badischen Ordens der Treue, Großkreuz des badischen Zähringer-Löwen-Ordens, des sachsen-weimar'schen Ordens vom weißen Falken und des hannover'schen Guelfen-Ordens, Commandeur des württembergischen Militär-Verdienst-Ordens, Ritter des Johanniter-Ordens, des russischen St. Andreas-Ordens, des russischen St. Alexander-Newskij-Ordens, des russischen St. Georgs-Ordens III. Classe, des russischen weißen Adler-Ordens, des russischen St. Annen-Ordens I. Classe etc. etc.

Als jüngster Sohn des Großherzogs Ludwig I. und dessen Gemahlin Luise, einer Tochter des Landgrafen Georg von Darmstadt, erblickte Prinz Emil am 3. September 1790 zu Darmstadt das Licht der Welt. Vorwiegend militärisch erzogen, bekleidete der Prinz im Jahre 1813 bereits die Charge eines Generallieutenants. Er befehligte im Feldzuge dieses Jahres die hessen-darmstädtischen Truppen und wurde bei Leipzig verwundet; später der Hauptarmee des Fürsten Schwarzenberg zugetheilt, focht er bis zum Pariser Frieden stets mit Auszeichnung.

In dem neuerlichen Kampfe gegen Napoleon im Jahre 1815 nahm Prinz Emil im III., vom Kronprinzen von Württemberg befehligten Armee-Corps theil. Hier war es, wo er seine außerordentliche Tapferkeit bewies. Nachdem er am 23. Juni bei Germersheim den Rhein überschritten hatte, besetzte er Seimersheim, Rheinzabern und mehrere andere Orte; durch die Erstürmung von Mundelsheim am 28. beraubte er den Gegner einer äußerst vortheilhaften Position. Für den bei dieser Gelegenheit an den Tag gelegten Heldenmuth belohnte Seine Majestät Kaiser Franz den Prinzen mit dem Ritterkreuze des Militär-Maria-Theresien-Ordens, welches der Monarch ihm wenige Tage nach dem Gefechte mit einem kaiserl. Handschreiben aus Saarburg vom 3. Juli 1815 zuzuerkennen geruhte.

Am 29. September 1830 wurde Prinz Emil die Charge eines kaiserl. österreichischen Feldmarschall-Lieutenants und im Jahre 1831 das k. k. Infanterie-Regiment Nr. 54 verliehen. Mit 23. December 1845 rückte er zum Feldzeugmeister vor, doch war er stets beurlaubt.

Als Prinz Emil am 26. April 1856 zu Baden-Baden einem Schlagflusse erlag, wurde er mit allen militärischen Ehren, welche einem österreichischen Krieger gebüren, zu Grabe getragen. Die ganze Garnison von Rastatt unter Commando des Obersten Freiherrn von Wimpffen war ausgerückt und geleitete in feierlichem Zuge den verblichenen Helden aus den Freiheitskriegen zum Bahnhofe, von wo die irdischen Überreste desselben zur endgiltigen Beisetzung nach Darmstadt überführt wurden.

9. December 1830.

Leopold, Großherzog von Baden,

Oberst und Inhaber des k. k. Infanterie-Regimentes Nr. 59 (vom 9. December 1830 bis 24. April 1852) etc. etc.

Dem am 30. März 1830 verstorbenen Großherzog Ludwig von Baden war der erste Sprosse aus der Hochberg'schen Linie, Markgraf Leopold, gefolgt.

Ein Sohn der von seinem Vater, dem damaligen Markgrafen Karl Friedrich, 1787 mit Reichsgräfin Luise von Hochberg geschlossenen zweiten Ehe, wurde Karl Leopold Friedrich am 29. August 1790 geboren. Den Namen Leopold erhielt er von seinem Taufpathen, dem trefflichen Fürsten Leopold Friedrich Franz von Anhalt-Dessau, dem friedlichen Enkel des kriegerischen alten Dessauers, welcher sich schon einige Zeit am Hofe des Markgrafen befunden hatte. Einen besseren und würdigeren Pathen hätte Karl Friedrich für seinen eben geborenen Sohn, dessen große Zukunft niemand ahnen konnte, nicht finden können als diesen Reichsfürsten, welcher in Charakter und Neigung soviel Ähnlichkeit mit dem Markgrafen hatte.

Eine sorgfältige, von den besten Lehrern unter Leitung des Hofrathes E. L. Frei besorgte Erziehung legte in Leopold den wissenschaftlichen Boden, der ihn zu einem erfolgreichen Besuche der Hochschule Heidelberg befähigte. Hier zogen ihn besonders juristische und publicistische Vorlesungen an; er besuchte die staatsrechtlichen Vorträge des als Theoretiker und Praktiker, als Schriftsteller, wie als Diplomat berühmten J. L. Klüber, besuchte Reinhards, Seegers und von Sponecks Collegien mit dem rühmlichsten Fleiße. Hier und während seines späteren Privatlebens erwarb er sich umfassende Kenntnisse, welche sich, wenn die Nothwendigkeit es erheischte oder eine passende Gelegenheit sich fand, vortheilhaft entwickelten.

Obwohl Leopold keinen hervorragend kriegerischen Sinn besaß, so ließ er doch das schöne Vorrecht fürstlicher Sprösslinge, in die zwei Sphären des Civil- und Militärwesens zugleich thätig eingreifen zu können, nicht unbenützt, und machte seine praktische Kriegsschule im Kriege 1813—1814 gegen Frankreich, indem er als Generalmajor und später als Generallieutenant dem Hauptquartiere der Alliierten aggregiert war. An der Seite des russischen Generals der Cavallerie Rajewsky, welcher das russische Grenadier-Corps, einen Haupttheil des vom Großfürsten Constantin commandierten Reserve-Armee-Corps, befehligte, war Leopold bei allen Waffenthaten desselben gegenwärtig.

Schon zu Anfang des Jahres 1813 war Leopold zum Generallieutenant vorgerückt und zog als solcher mit den Alliierten in Paris ein, wo er sich mitten im Taumel der Siegeslust und der den Siegern zugebote stehenden Vergnügungen durch seltene Enthaltsamkeit und Einfachheit auszeichnete. Noch in der letzten Zeit seines Lebens bildeten diese blutigen Tage, an welchen Napoleons nochmals aufblitzendes Genie mit geschmolzenen Kräften gegen die Anstrengungen seiner verbündeten Feindesmassen ruhmvoll, aber unglücklich die letzten verzweifelten Kämpfe wagte, den Lieblingsgegenstand der Privatunterhaltung des Großherzogs und während seines Krankenlagers stieg die Erinnerung daran mit neuer Lebhaftigkeit in seinem Geiste auf. Wohlbekannt nun mit den Feldern, wo die blutigen Lorbeeren wachsen, zog es ihn nach jenen Gefilden, wo der friedliche Lorbeer grünt, und gegen Ende des Jahres 1816 war es ihm gegönnt, sein längst gehegtes Sehnen nach Italien zu befriedigen.

Über seine italienische Reise führte er ein Tagebuch, welches einen tiefen Blick in das Geistes- und Gemüthsleben des Fürsten thun lässt und ein vortheilhaftes Licht auf seine wissenschaftliche Bildung und Anschauungsweise wirft.

Nach Hause zurückgekehrt, eröffnete sich Leopold die Zukunft ebenso lachend und freundlich, als kurz vorher Italiens Gefilde; denn durch eine Staatsurkunde vom 4. October 1817 erklärte Großherzog Karl öffentlich die seitherigen drei Grafen von Hochberg: Leopold, Wilhelm und Maximilian als zur Regierungsnachfolge berufen, indem er sie zu Markgrafen von Baden erhob. So fand Leopold nach seiner Rückkehr aus Italien im Heimatlande die uralte, aus Italien stammende badische Markgrafenwürde für sich aufgehoben, die er behielt, bis er als Großherzog den Titel des ersten Erwerbers derselben, den herzoglichen Titel von Zähringen sich beilegen durfte. Das Jahr 1817 hatte zwei Zweige des fürstlichen Stammes hinweggerafft, und ein dritter begann zu welken, so dass nur auf den drei Markgrafen, und zwar zunächst auf Leopold, die Hoffnung des Vaterlandes beruhte; denn am 8. Mai 1817 war ein Urenkel Karl Friedrichs, Sohn des Großherzogs Karl, der junge Erbgroßherzog, am 26. Mai aber der zweite Sohn Karl Friedrichs, Markgraf Friedrich, gestorben und Karls Gesundheit erschien schon wankend.

Der Pflicht einer alsbaldigen Vermählung genügte Leopold zwei Jahre darauf, indem er zur Freude des Landes Sophie Wilhelmine, geboren am 21. Mai 1801 zu Stockholm, die Tochter des ehemaligen Königs Gustav IV. Adolf von Schweden und der Königin Friederike, geborene Prinzessin von Baden, also die Urenkelin Karl Friedrichs, in das Haus der Ahnen am 28. Juli 1819 als Gemahlin zurückführte; ein Ehe, um deren Förderung sich besonders Minister von Reizenstein große Verdienste erwarb. Sieben Kinder entstammen diesem Bunde, und zwar: Prinz Ludwig, welcher frühzeitig verschied, Prinz Friedrich, der heute regierende Großherzog, Prinz Wilhelm und Prinz Karl, sowie die Prinzessinnen Alexandrine, Marie und Cäcilie.

Über die nun folgende Zeit des Lebens des Markgrafen Leopold bis zur Thronbesteigung hat die Geschichte wenig zu berichten; denn obwohl er 1826 zum General der Infanterie vorrückte und Chef des 4. Infanterie-Regimentes wurde, so konnte sein Leben und Wirken bis zu Ludwigs Tode keine große öffentliche Bedeutung haben, weil dieser durchaus keine Mitregentschaft des künftigen Thronfolgers ertragen konnte.

Doch muss noch einer Reise des Markgrafen nach Russland gedacht werden, welche er im Jahre 1826 machte, um Kaiser Nikolaus I. zu seiner Thronbesteigung Glück zu wünschen. Man kann behaupten, dass jeder Vorzug, jede Tugend eines Fürsten ein Glück für das allgemeine Wohl sei, und solcher Vorzüge gaben sich in dem künftigen Thronerben in der Zwischenzeit seiner Vermählung bis zur Thronbesteigung genug zu erkennen; sie schimmerten durch sein Privatleben in die Öffentlichkeit hinein, gleich Hoffnungsstrahlen, aus welchen das Land sich eine schöne Zukunft weissagte.

Ludwigs Selbstherrschaft hatte in letzter Zeit mehr und mehr die Schattenseiten einer Cabinetsregierung hervortreten lassen, seine früher so feste Hand wurde, da sie schwächer geworden war, oft missleitet, als am 30. März 1830, um 1³/₄ Uhr nachts, sein Tod erfolgte. Ein neuer, lebenswarmer Frühlingshauch durchwehte mit Leopolds Thronbesteigung das Land, und wie ein friedlicher Vater schien der neue Fürst herauszutreten in den frischen Morgen, um seine Kinder zum Genusse der schönsten Zukunft zu erwecken. Leopold stand als trefflicher Berather Staatsrath Winter zur Seite, dessen segensreicher Einfluss für ein kundiges Auge sich bald bemerklich machte. Aber trotzdem sollte auch er bald die allergrößten Schwierigkeiten zu bekämpfen haben.

Eine ohne jede Beeinflussung von Seite der Regierung gewählte Kammer stellte die liberalen Führer wieder in den Vordergrund des politischen Lebens und ein Ministerwechsel beseitigte die Organe, welche die Politik der Jahre 1828 bis 1830 bestimmt hatte. Die Regierung erhielt ihre Signatur durch die Persönlichkeit des Ministers des Innern: Winter. Seiner ganzen Veranlagung und Neigung nach conservativ gesinnt, jeder Überstürzung und vorschnellen Neuerung abhold, war er doch keineswegs ein Gegner der modernen Ideen und räumte sowohl den Individuen, als den im Staate bestehenden Corporationen gern ein reiches Maß von Freiheiten ein, die lediglich durch das Interesse der Staatsordnung und der Staatsverwaltung eingeschränkt sein sollten.

Von solchen Gesichtspunkten ausgehend, legte die Regierung den Kammern eine Reihe tief einschneidender Gesetzentwürfe vor: zunächst eine Vorlage, durch welche die im Jahre 1825 abgeänderten Bestimmungen der Verfassung wieder hergestellt wurden; ferner eine Gemeindeordnung, eine bürgerliche Processordnung mit Öffentlichkeit des Verfahrens, ein Gesetz über Aufhebung der Staatsfronden u. a., die von der zweiten Kammer freudig begrüßt wurden und denen, freilich erst nach längerem und theilweise hartnäckigem Widerstande, auch die erste Kammer beistimmte; dagegen gieng aus der Initiative der zweiten Kammer, insbesondere unter dem Einflusse von Itzstein und Welcker, ein neues Pressgesetz hervor, welches jedoch am 28. Juli 1832 wieder für unwirksam erklärt wurde.

Gegen die bekannten Bundesbeschlüsse von 1832, einer Fortsetzung der Karlsbader Beschlüsse, erhob die zweite Kammer Protest, und trotz der neuen Pressordonnanzen versuchten Rotteck und Welcker der Presse eine möglichst freie Bewegung zu erhalten. Daraufhin erfolgten zahlreiche Confiscationen der von ihnen und ihren Genossen herausgegebenen Zeitungen, die vorübergehende

Schließung der Universität Freiburg und die Pensionierung der Professoren Rotteck und Welcker.

In dem darauffolgenden Landtage von 1833 sah sich die liberale Partei der zweiten Kammer lediglich auf Rechtsverwahrungen beschränkt, und musste zufrieden sein, durch das Zehentablösungsgesetz wenigstens die materiellen Interessen eines Theiles ihrer Committenten fördern zu können.

Zu sehr langwierigen Discussionen führten in den Jahren 1834 und 1835 die Vorlagen der Regierung in Betreff des Anschlusses Badens an den großen deutschen Zollverein, gegen welchen, unter Rottecks Führung, die Liberalen eifrigst kämpften. Wenn schließlich der Anschluss Badens doch genehmigt wurde, so wollten anderseits die liberalen Abgeordneten durch Anträge auf Sicherstellung der Verfassung und auf Pressfreiheit beweisen, dass sie an ihrem Programme festhielten. Die dadurch hervorgerufenen Conflicte mit der Regierung wurden noch verschärft, als der bisherige Bundestagsgesandte von Blittersdorff das Ministerium der auswärtigen Angelegenheiten übernahm und nun eifrig dahin strebte, die von ihm bisher im Bundestage vertretenen Tendenzen in der inneren Verwaltung des Landes zur Geltung zu bringen.

Bei der Ermüdung, welche sich der Bevölkerung während der unfruchtbaren Streitigkeiten des Landtages bemächtigt hatte, konnte die Regierung auf eine Mehrheit in der zweiten Kammer rechnen, wenn sie ihrerseits auf leidenschaftliches Vorgehen verzichtete. Zwar hatten immer noch Anträge auf Pressfreiheit, auf Schutz der hannover'schen Verfassung, auf größere Öffentlichkeit der landständischen Versammlungen u. dgl. auf Annahme in der Kammer zu rechnen; aber eine principielle Opposition, die der Regierung ernstliche Schwierigkeiten bereitet hätte, bestand nicht, und die geschäftlichen Vorlagen derselben wurden im großen Ganzen, ohne tendenziöse Gegnerschaft zu finden, in geschäftsmäßiger Art erledigt.

Unter den auf den Landtagen von 1838 bis 1840 zustande gekommenen Gesetzen ist in erster Reihe das Strafgesetzbuch — mit Einführung der Öffentlichkeit der Verhandlungen, ausschließlich des Zeugenverhörs — zu erwähnen, ferner das Gesetz über die Anlage einer Eisenbahn zwischen Mannheim und Basel.

Verhängnisvoll für die weitere politische Entwickelung in Baden wurde der Tod des Ministers Winter, am 26. März 1838, dem auch die Liberalen volles Vertrauen geschenkt hatten. Nun erst erhielt Minister von Blittersdorff freie Hand zur Durchführung seiner Projecte. Von der Anschauung ausgehend, dass die

Opposition der Staatsbeamten, welche zugleich Abgeordnete waren, mit der Staatsordnung unvereinbar sei, dass die Beamten vielmehr auch in dieser Stellung lediglich als Organe der jeweiligen Regierung zu betrachten seien und sich danach zu verhalten hätten, verweigerte er bei Beginn des Landtages von 1841 zwei liberalen Beamten den Urlaub zum Eintritt in die Kammer.

Damit war eine Controverse des Verfassungsrechtes angeregt, die sofort zu den heftigsten Conflicten in der zweiten Kammer führte, welche der Regierung das Recht, den Urlaub zu verweigern, bestritt. Gestützt auf die Zustimmung der ersten Kammer, blieb die Regierung auf ihrem Standpunkte stehen und löste im Februar 1842 die Kammer auf, welche ihrerseits ebenso fest auf ihrer Anschauung beharrt hatte. Die Beeinflussung der Neuwahlen durch die Regierung veranlasste sofort beim Zusammentritte des Landtages, im Mai 1842, lebhafte Debatten, deren gereizter Ton in allen folgenden Verhandlungen nachklang. Zwar wurde das Verhältnis der Kammern zur Regierung ein besseres, als Freiherr von Blittersdorff im Jahre 1843 wieder auf seinen Gesandtschaftsposten im Bundestage zu Frankfurt zurückkehrte und durch den constitutionell gesinnten Minister von Dusch ersetzt wurde; ja, die dem Landtage von 1843/44 vorgelegten Gesetzentwürfe: Umgestaltung des Strafprocessverfahrens mit Mündlichkeit und Öffentlichkeit und Anklageprocess, Umgestaltung der Gerichtsverfassung unter Trennung der Justiz von der Verwaltung auch in den untersten Instanzen, wurden von allen Abgeordneten ohne Unterschied der politischen Meinung freudig begrüßt.

Allein die Saat des Misstrauens war einmal aufgegangen, die politische Thätigkeit der Beamten war compromittiert und im Stillen untergruben einerseits bureaukratisch-reactionäre, anderseits radicale Elemente jede Bestrebung, die auf eine ernst gemeinte und dauernde Versöhnung der bisherigen Gegner gerichtet war. Unter solchen Umständen konnte auch die Ernennung des Finanzministers von Böckh, dessen constitutionelle Gesinnung außer Zweifel stand, zum Ministerpräsidenten, sowie die des 1839 beseitigten Staatsrathes Nebenius zum Minister des Inneren die Wirkung nicht haben, welche sich Großherzog Leopold wohl davon versprochen hatte.

Das System Blittersdorff war mit dem Rücktritte seines Urhebers nicht verlassen worden, die scharfe Censur, welche gegen die Presse geübt wurde, die Plackereien, deren sich bei der Regierung missliebige Beamte ausgesetzt sahen, gaben unter dem

Ministerium Böckh-Nebenius den Liberalen ebensoviel Anlass zur Klage wie unter dem Ministerium Blittersdorff-Rüdt. In der zweiten Kammer traten alle geschäftlichen Verhandlungen in den Hintergrund vor dem jeden Tag von neuem entbrennenden Wortgefechten zwischen Ministertisch und Tribüne. Darunter aber litt einerseits das Ansehen der Regierung und ihrer Vertreter, andererseits die Continuität der politischen Entwickelung und der Weiterbildung des Verfassungsrechtes, wie die Liberalen sie anstrebten. Gedeihen konnte dabei nur der jeder Autorität widerstrebende Radicalismus, der durch eine Anzahl begabter und namentlich redegewandter Männer in der Kammer vertreten war und durch die Nachbarschaft Frankreichs und der Schweiz in der Bevölkerung des lang hingestreckten Grenzlandes einen nur zu wohl vorbereiteten Boden fand.

Für den Radicalismus war es eine erwünschte Förderung, dass an der Jahreswende von 1845/46 im Landtage zu den ohnehin schon sehr erregten Debatten auch noch eine Verhandlung über eine kirchliche Angelegenheit kam, welche geeignet war, der Regierung Verlegenheiten zu bereiten und die Gemüther noch mehr zu erhitzen; den Anlass bot der Antrag des Abgeordneten Zittel auf Religionsfreiheit, hervorgerufen durch die Verhältnisse der eben erst in der Bildung befindlichen deutsch-katholischen Gemeinden. Nachdem schon seit Beginn der Vierziger-Jahre Beschwerden der Katholiken über angebliche Kränkung ihrer verfassungsmäßigen Rechte in der Presse und in Broschüren erhoben worden waren, wurde jetzt von Freiburg aus eine Agitation in großem Stile gegen jenen Antrag und seine Tendenz eingeleitet und in Massenpetitionen die Auflösung der dem Antrage zustimmenden Kammer verlangt. Die Regierung gab diesem Drängen nach und löste am 9. Februar 1846 die Kammer auf; die Neuwahlen aber, die in sehr erregter Stimmung vorgenommen wurden, ergaben nur eine Verstärkung der Kammeropposition, welche insbesondere aus den katholischen, aber der sogenannten ultramontanen Richtung abgeneigten Landestheilen des Oberlandes erheblichen Zuwachs erfuhr. Dadurch aber verstärkte sich im Landtage speciell jener Theil der liberalen Partei, welcher auf politischem so gut wie auf kirchlichem Gebiete zu radicalen Tendenzen hinneigte.

Diese Wahrnehmung veranlasste die Regierung, sich ihrerseits den gemäßigten liberalen Elementen der Kammer zu nähern und einen der Führer dieser Richtung, den im ganzen Lande als Mensch, Richter und Politiker gleich hochgeachteten Abgeordneten Bekk als Präsidenten des Ministeriums des Innern in das Staatsministerium zu berufen, eine Maßregel, die ein paar Jahre früher vielleicht den gehofften Erfolg gehabt hätte, jetzt aber, im December 1846, zu spät kam, um das Überwiegen des Radicalismus in der zweiten Kammer und im Lande hintan zu halten. Zwar traten bei den Wahlen, die im Herbste 1847 stattfanden, die liberalen Führer Itzstein, Welcker, Bassermann, Mathy und andere den Radicalen, deren leitende Häupter Fr. Hecker und G. Struwe waren, scharf gegenüber; aber diese setzten doch eine Reihe von Candidaten durch, nachdem eine stark besuchte Parteiversammlung in Offenburg am 12. September 1847 ein umfassendes Programm aufgestellt hatte, in welchem so ziemlich allen bestehenden Verhältnissen im Staate der Krieg erklärt war, und man sich kaum noch scheute, die Abschaffung der monarchischen Staatsform selbst zu verlangen.

In solch erregte Verhältnisse fiel, wie ein Funke in ein mit Brennstoff gefülltes Gefäß, die Nachricht von der Pariser Februar-Revolution. Im ganzen Lande traten alsbald Massenversammlungen zusammen, um die vier Forderungen, die jetzt, wie einst die Artikel der aufständischen Bauern, das allgemeine Stichwort für die Volksbewegung in ganz Deutschland wurden, in Sturmpetitionen an den Landtag zu formuliren: Pressfreiheit, Schwurgerichte, Volksbewaffnung und ein deutsches Parlament. Die Petitionen fanden im Ständesaale zu Karlsruhe lauten Widerhall und die Verkündigung der Pressfreiheit durch den Minister Bekk am 1. März 1848 wurde von den radicalen Führern Hecker und Brentano sofort mit der Aufstellung einer Reihe weitergehender Forderungen beantwortet. Die gemäßigteren Liberalen, aus deren Reihe schon vorher der Abgeordnete Bassermann am 12. Februar 1848 die Berufung einer Volksvertretung am Bundestage verlangt hatte, mussten sich, obwohl durchaus nicht mit dem radicalen Programme in dessen vollem Umfange einverstanden, damit begnügen, die Forderungen der Radicalen wenigstens in die Bahnen einer geordneten, geschäftsmäßigen Behandlung zu leiten.

Am 9. März traten die missliebigen Minister Trefurt und Regenauer aus dem Ministerium und machten den Liberalen Brauer und Hoffmann Platz, nachdem schon am 7. März an Blittersdorff's Stelle Welcker zum Bundestagsgesandten und Bassermann zum Vertrauensmann beim Bundestage ernannt worden waren. Gleichzeitig wurde eine Reihe von Gesetzesvorlagen zur Erfüllung der wesentlichsten liberalen Forderungen in Aussicht gestellt. Aber damit war den Wünschen der Radicalen keineswegs genügt. Sie überzogen nunmehr, ungestört von den eingeschüchterten Organen der Verwaltung, das ganze Land mit einem Netze politischer Vereine und mit einer Unzahl kleiner Zeitungen, in welchen in zügellosester Weise die Revolution gepredigt wurde. Vergebens warnten die erprobten und langjährigen Führer der Liberalen in öffentlichen Ansprachen vor ungesetzlichem Vorgehen. Die Hecker, Struwe, Brentano glaubten, dass ihre Zeit gekommen sei. In dem durch die Nachbarschaft der Schweiz dem Radicalismus am meisten zugänglichen Landestheile, dem Seekreise, organisierten sie einen bewaffneten Aufstand, während die Regierung die Hilfe des Bundes anrief, und auf ihren Ruf das VIII. Bundes-Armeecorps mobil gemacht wurde.

Das Signal zum Ausbruche des Aufstandes gab die Verhaftung eines der radicalen Führer, Fickler, am Bahnhofe zu Karlsruhe durch den Abgeordneten Mathy. Hecker und Struwe riefen von Constanz aus am 12. April das Volk zu den Waffen.

Das wahnsinnige Unternehmen scheiterte bei den ersten Zusammenstößen der Aufständischen mit der bewaffneten Macht. Württembergische, badische und hessische Truppen nöthigten die Freischaren nach kurzen Gefechten über die Grenze zu flüchten. Ende April war der Putsch niedergeschlagen.

Eine energische Regierung, in Verbindung mit der unbedingt der Sache und der Ordnung ergebenen Mehrheit der Kammern, hätte vielleicht jetzt die vollständige Beruhigung des Landes herbeiführen können. Das Ministerium Dusch-Bekk konnte sich aber nicht zu thatkräftigem Eingreifen entschließen. Den liberalen Grundsätzen aufrichtig ergeben, fürchteten diese Männer die gesetzmäßige Freiheit zu schädigen, wenn sie mit scharfen Maßregeln der immer weiter um sich greifenden Anarchie entgegen träten. So wurde nicht nur eine allgemeine Amnestie bewilligt, sondern das Ministerium fuhr fort, im Sinne der sogenannten „März-Errungenschaften" die Rechtspflege und Verwaltung zu organisieren, als ob man in den normalsten Verhältnissen lebte, während die Männer des Umsturzes ungestört ihre, den Bestand der Staatsordnung untergrabenden Bestrebungen fortsetzten. Zwar wurde auch ein zweiter Putsch, den Struwe im Oberland organisierte, durch ein Gefecht bei Staufen am 24. September 1848 rasch an weiterer Ausbreitung gehindert, allein die Zügellosigkeit der radicalen Partei war damit keineswegs besiegt. Sie arbeitete jetzt mit aller Anstrengung auf die Auflösung des Landtages und dessen Ersetzung durch eine constituierende Versammlung hin.

Im Mai 1849 zeigte sich durch den Ausbruch einer Meuterei der Rastatter Garnison, dass die auf den Volksversammlungen und in den politischen Vereinen gepredigten Lehren auch schon in die Reihen der Armee Eingang gefunden hatten; eine Volksversammlung in Offenburg entfaltete am 13. Mai rückhaltlos das Banner der Revolution. Am nämlichen Tage meuterte auch die Garnison von Karlsruhe; der Großherzog und die Minister begaben sich außer Landes und am 14. Mai hielt der Landesausschuss, der in Offenburg eingesetzt worden war, unter Brentanos Führung, begleitet von bewaffneten Freischaren, seinen Einzug in die Landeshauptstadt.

Am 1. Juni trat nun an Stelle des Landesausschusses eine provisorische Regierung, welche das Land im revolutionären Sinne zu organisieren begann. Die Radicalen übten ihren Terrorismus trotz der großen Zahl der Gegner, die sie im Lande zählten, ungestört aus, weil es diesen an einem Mittelpunkte fehlte, den Revolutionären thatkräftig entgegenzutreten. Die zügellose Anarchie währte so lange, bis das zuerst von dem Reichsministerium, dann, nachdem der Großherzog von Frankfurt aus dem „Dreikönigsbündnis" beigetreten war, von Preußen erbetene bewaffnete Einschreiten erfolgte. Im Laufe des Juni 1849 schlugen die Reichsarmee unter General Peucker und die Preußen unter dem Oberbefehle des Prinzen von Preußen in einer Anzahl von Gefechten die Aufständischen, in deren Reihen die Mannschaften des badischen Armee-Corps kämpften, und am 23. Juli musste auch Rastatt, das einige Wochen einer Belagerung getrotzt hatte, sich auf Gnade und Ungnade ergeben. Das Standrecht wurde publiciert und mit der Härte gehandhabt, welche durch die Orgien gerechtfertigt war, die der Radicalismus seit dem Aufhören geordneter, gesetzlicher Zustände gefeiert hatte.

Großherzog Leopold kehrte erst am 18. August nach Karlsruhe zurück, umgeben von neuen Ministern, die er, nach Entlassung des liberalen Ministeriums, noch in Frankfurt um sich versammelt hatte. Die Wiederherstellung normaler Zustände in der Verwaltung des Landes erfolgte mit Ernst und Strenge gegen alle jene Elemente, die sich in den Tagen schwerer Prüfung unzuverlässig oder schwach gezeigt hatten, aber ohne Anwendung außerordentlicher Mittel, wie denn auch die Verfassung nicht einen Augenblick angetastet oder auch nur unter den Eingebungen der Restaurationspolitik modificiert worden ist. Am tiefsten eingreifend war die Neubildung der durch den Aufstand fast völlig aufgelösten Armee, die in der Weise erfolgte, dass bis November 1850 preußische Truppen das Großherzogthum besetzt hielten, während die neugebildeten badischen Regimenter in preußische Garnisonen verlegt wurden.

    Die Neuwahlen zu dem am 6. März 1850 wieder zusammentretenden Landtage fielen natürlich durchweg im Sinne der Regierung aus, aber ohne ein Überwiegen eigentlich reactionärer Elemente, wie die Wahl des früheren liberalen Ministers Bekk zum Präsidenten der zweiten Kammer beweist. Willig leistete der Landtag der Regierung den erwarteten Beistand zur Entfernung solcher Bestimmungen aus der Gesetzgebung, welche der demokratischen Partei in den Bewegungsjahren die Durchführung ihrer Tendenzen erleichtert hatten. In der deutschen Verfassungsfrage hielt, unter Zustimmung der Kammer, die badische Regierung an dem Unionsprojecte fest, so lange dessen Verwirklichung erreichbar schien. Es lag der Bann einer schweren geistigen und geschäftlichen Apathie über dem Lande, als am 24. April 1852 Großherzog Leopold starb, dessen milde Gesinnung die tief betrübenden Erfahrungen der Revolutionszeit und die nothwendigen Maßregeln der Restaurierungsperiode gleich schmerzlich berührt hatten. Großherzog Leopold brachte Kenntnisse, Gemüth, milden Sinn, Thätigkeit und offenes Auge für seine Zeit auf den Thron mit, allein der belohnende, ermunternde, glückliche Erfolg blieb aus, und so wurde er der Märtyrer der Widersprüche seiner wirren Zeit.

23. December 1830.

Alexander Herzog von Württemberg,

k. k. General der Cavallerie, Oberst-Inhaber des k. k. Husaren-Regimentes Nr. 11 (vom 2. December 1850 bis 4. Juli 1885), Großkreuz des königl. ungarischen St. Stephan-Ordens, des kaiserl. österreichischen Leopold-**Ordens, des** königl. württemberg'schen Friedrich-Ordens, des königl. württemberg'schen Civil-Verdienst-Ordens mit der Krone, Ritter des königl. preußischen Schwarzen Adler-Ordens, des königl. sächsischen Ordens der Rauten-Krone, Großkreuz des großherzogl. hessischen Ludwig-Ordens, des herzogl. sachsen-ernestinischen Haus-Ordens, Ritter des großherzogl. baden'schen Ordens der Treue, des kaiserl. russischen St. Alexander Newskij-Ordens, Großkreuz des königl. niederländischen Civil-Verdienst-Ordens etc. etc.

Als Sohn des Herzogs Ludwig von Württemberg und dessen zweiter Gemahlin, Herzogin Henriette, am 9. September 1804 geboren, trat Herzog Alexander am 23. December 1830 als Oberstlieutenant des 6. Husaren-Regimentes in die Reihen der österreichischen Armee.

Anfangs supernumerär geführt, wurde der Prinz am 5. Januar 1833 als zweiter Oberst zu Erzherzog Josef-Husaren transferirt, deren Commando er am 14. December desselben Jahres übernahm. Am 27. September 1839 zum Generalmajor und Brigadier in Graz ernannt, verblieb Herzog Alexander in dieser Stellung bis zu seiner am 16. November 1846 erfolgten Ernennung zum Feldmarschall-Lieutenant und Divisionär in Großwardein. Mit 12. Februar des folgenden Jahres wurde der Prinz beurlaubt und zwei Jahre später, am 4. August 1849, pensionirt. 1850 reactivirt, übernahm Herzog Alexander das Divisions-Commando in Wien und wurde mit Allerhöchstem Befehlschreiben vom 2. December desselben Jahres zum Oberst-Inhaber des k. k. Husaren-Regimentes Nr. 11 ernannt. Selbst ein ausgezeichneter und schneidiger Reiter, übernahm der Herzog am 10. April 1851, bei Weiterführung seines Divisions-Commandos, auch das Inspectorat des Militär-Central-Equitations-Institutes. Seit 10. Februar 1853 Leiter des Landes-Militär-Commandos zu Wien, wurde Prinz Alexander am 20. April

1854 General der Cavallerie und am 27. Mai 1859 Commandant des neuerrichteten XVI. Armeecorps. Mit 5. October desselben Jahres zum Inspector sämmtlicher Equitationsanstalten ernannt, wurde der Horzog am 23. April 1860 in Disponiblität versetzt und demselben in Anerkennung seiner eifrigen und ersprießlichen Dienstleistung das Großkreuz des Leopold-Ordens verliehen. Am 23. April 1868 erfolgte seine Übernahme in den definitiven Ruhestand.

Herzog Alexander, der von nun ab zumeist in Graz und Wien lebte, wurde noch am 8. September 1884 mit dem Großkreuze des St. Stephan-Ordens ausgezeichnet und starb zu Tüffer am 4. Juli 1885. Vermählt war der Herzog seit 2. Mai 1835 morganatisch mit Claudine Gräfin von Rhedey, einer geborenen Gräfin von Hohenstein, die ihm jedoch schon am 1. October 1841 wieder durch den Tod entrissen wurde. Sein Sohn Franz, geboren am 27. August 1837, wurde 1863 durch königlich württembergische Erhebung Fürst, 1871 Herzog von Teck und ist seit 12. Juni 1866 mit Prinzessin Mary Adelaide von Großbritannien und Irland vermählt.

30. September 1833.

Nikolaus I., Kaiser von Russland,

Selbstbeherrscher aller Reußen etc. etc., Chef der Leibgarde-Regimenter Preobraschenski, Ssemjonow, Ismailow und Pawlow, des Leibgarde-Jäger-, des Leibgarde-Grenadier-Regimentes, des Leibgarde-Regimentes zu Pferde, das 1. Leibgarde-Kürassier-Regimentes, des 1. Leibgarde-Uhlanen-, des Leibgarde-Kosaken-Regimentes etc. etc. **Oberst und Inhaber des k. k. Husaren-Regimentes Nr. 9 (vom 30. September 1833 bis 21. August 1849), wie des k. k. Kürassier-, seit 1. October 1867 Dragoner-Regimentes Nr. 5 (vom 21. August 1849 auf Immerwährende Zeiten),** Großmeister sämmtlicher kaiserl. russischer Orden, Großkreuz des königl. ungarischen St. Stephan-Ordens etc.

Wenige Monate vor dem Tode der großen Anhalterin, die als Katharina II. 38 Jahre auf dem goldenen Stuhle der russischen Cäsaren gesessen, wurde in dem einsam stillen Schlosse Gatschina Großfürst Nikolaus am 25. Juni (6. Juli n. St.) 1796 als dritter Sohn geboren, mit welchem Maria Feodorowna, eine Prinzessin von Württemberg, ihren Gemahl Paul Petrowitsch beschenkte.

Die Geburt des Großfürsten Nikolaus erregte die öffentliche Aufmerksamkeit nur in geringem Grade; das hohe Alter der Kaiserin Katharina beschränkte die sonst herkömmlichen Ehrenbezeigungen auf das geringste Maß. Die Theilnahme der Völker Russlands und das Interesse des Auslandes waren den beiden ältesten Großfürsten Alexander und Constantin zugewendet. Großfürst Alexander war bei der Geburt seines Bruders Nikolaus fast zwanzig Jahre alt.

Über die ersten Lebensjahre des Großfürsten Nikolaus ist wenig zu sagen; dürftig ist, was wir überhaupt von seiner Jugendgeschichte wissen, nur das steht fest, dass seine Entwickelung in einer ganz anderen Weise stattfand, als sonst bei nachgeborenen Prinzen großer Dynastien.

Unter der sorgfältigen Aufsicht der hochausgezeichneten Mutter wuchsen die beiden Großfürsten Nikolaus und der nach ihm geborene Michael auf und beide gewöhnten sich, auf ihren ältesten Bruder Alexander, nachdem derselbe den Thron bestiegen, wie auf einen Vater zu blicken. Die Ehrfurcht, welche die beiden jüngeren Großfürsten für Kaiser Alexander hegten, haben sie nie, auch nach dessen Tode nicht, verleugnet.

Unbeachtet fast verflossen die Knabenjahre der Großfürsten Nikolaus und Michael; ihre Erziehung leiteten General Graf Lambsdorf, als Lehrer fungierten die Staatsräthe Storch und Adelung, der Bruder des großen Sprachgelehrten, Graf Murawieff und Professor Dupuget von Lausanne.

Frühzeitig regte sich in den beiden Kaisersöhnen das Soldatenblut Kaiser Peters III., ihres Großvaters. Militärische Dinge hatten von Anfang an den größten Reiz für sie; dabei lernte Großfürst Nikolaus mit größter Leichtigkeit neuere Sprachen und liebte vorzugsweise Musik zur Erholung. Nur wenige haben den Großfürsten Nikolaus spielen hören, aber früh schon soll sich eine Ahnung seines eigenthümlichen Wesens in den Musikstücken seiner eigenen Composition kundgegeben haben.

Geistig und leiblich gesund, waren die beiden Großfürsten ungemein temperamentvolle Knaben. Nikolaus sah in seinem wenig jüngeren Bruder seinen einzigen und besten Spielgefährten und Jugendfreund, und ein Freund im schönsten Sinne des Wortes ist der treue Bruder dem Bruder geblieben bis an des Lebens Ende. Andere Jugendfreundschaften haben die beiden Großfürsten nicht geschlossen; es waren einsame Seelen, die wohl Genossen, aber keine Freunde haben. Bei Beiden barg eine harte Schale den Kern zarter Empfindungen und weichen Mitgefühls, eine Schale, welche erst das eigene Familienleben in gereifteren Jahren zu öffnen vermochte.

In dem Maße als Großfürst Nikolaus den Kinderschuhen entwuchs, neigte sich sein Wesen zu dem Ernste, der Strenge und der Abgeschlossenheit, die bis zuletzt ihm eigen waren, mit denen sich aber die liebenswürdigen Eigenschaften, welche sich später in ihm entwickelten, die Milde, die Herzlichkeit und innige Theilnahme an den Seinigen, zu einem desto schöneren und bedeutenderen Ganzen verbanden.

Als Napoleon I. im Jahre 1812 die halbe Welt gegen Russland heranführte, da klopfte dem ernsten Knaben Nikolaus das Herz wohl lauter als je in der jungen Brust, er schrieb einen Brief an seinen Kaiser und Bruder mit der ehrfurchtsvollen Bitte, ihm die Theilnahme am Kampfe für das Vaterland zu gestatten. Kaiser Alexander I. glaubte dem jugendlichen Bruder die Gewährung dieser Bitte versagen zu müssen; Großfürst Nikolaus schwieg; er, der einst so gewaltig befehlen sollte, er, der einst unbedingt Gehorsam heischen sollte von Millionen, er musste erst gehorchen lernen, Gehorsam üben da, wo er am schwersten ist. Während die große österreichisch-preußisch-russische Waffenbrüderschaft unter dem Donner von 20 Feldschlachten geschlossen wurde und die Monarchen Franz, Alexander und Friedrich Wilhelm III. den Frieden zu Paris dictirten, den besiegten Welteroberer auf die kleine Insel ins Exil schickten, den bourbonischen Lilienthron in Frankreich wieder herstellten und die Landkarte Europas umgestalteten, während dieser ganzen großen Zeit saß der ernste Kaiserjüngling einsam in dem Winterpalaste zu St. Petersburg, gewiss den tiefen Schmerz gezwungener Thatlosigkeit im Herzen, aber ohne ein Wort des Unwillens oder der Unzufriedenheit zu äußern. Mit mächtigem Fleiße warf er sich auf das Studium des Geniewesens, bis er die umfassendsten und schwierigsten Aufgaben zu lösen verstand und durch die Resultate eigenen Nachdenkens über Gegenstände dieses Faches seinen Lehrmeister in Verwunderung setzte. Dem Geniewesen hat der Kaiser sein ganzes Leben lang eine besondere Theilnahme und Aufmerksamkeit gewidmet. Sebastopol hat es der Welt bewiesen, was der Kaiser als Ingenieur vermocht, und auch die neuen Festungen in Polen sind alle sein Werk. Zu seiner Erholung bereiste Großfürst Nikolaus in jener Zeit alle Schlachtfelder Russlands, auf denen im heiligen Kriege gefochten worden. Er fasste damals den Plan, jedes Schlachtfeld mit einem passenden Denkmale zu schmücken, zum Ehrengedächtnis der russischen Helden. Den Plan, den der Großfürst damals fasste, ihn hat der Kaiser später in großartiger Weise ausgeführt.

Der Wiener Friede war geschlossen; Kaiser Alexander I. kehrte heim mit den siegreichen Heeren und in den Palästen der Hauptstadt regte sich neues Leben. Großfürst Nikolaus blieb dem bunten Treiben der Gesellschaft völlig fremd.

Im Jahre 1816 machten die Brüder Nikolaus und Michael gemeinschaftlich ihre erste große Reise; sie besuchten einen Theil Deutschlands, Frankreich und England.

Es ist nicht bekannt, welche Eindrücke Großfürst Nikolaus auf dieser Reise empfangen; er war zurückhaltend, fast scheu, schweigsam und kalt. Nur der Dichter Sir Walter Scott trat dem jungen Großfürsten näher und richtete ein Gedicht an ihn. Auch äußerlich zeigte sich noch wenig von der vollendeten Mannesschönheit und der imponierenden Hoheit der Erscheinung, durch die er später vor anderen Sterblichen hervorragte.

Längere Zeit verweilte der Großfürst an dem eng befreundeten preußischen Hofe zu Berlin und Potsdam, und an letzterem Orte machte er auch bei der Leib-Compagnie des ersten Garde-Regimentes zu Fuß eine gründliche militärische Schule durch. Er lernte den preußischen Infanteriedienst bis ins kleinste Detail. In dieser Zeit mag die Schönheit, die hinreißende Liebenswürdigkeit der Prinzessin Charlotte von Preußen, der ältesten Tochter Friedrich Wilhelms III. und der unvergesslichen Königin Luise, den ersten Eindruck auf das Herz des Großfürsten gemacht haben. Das schöne Familienleben am königlich preußischen Hofe ist das Muster seines eigenen geworden.

Im folgenden Jahre bereits, am 13. Juli 1817, führte Großfürst Nikolaus Prinzessin Charlotte Wilhelmine von Preußen (geboren 1798) als Gemahlin heim. Mit seiner Vermählung entwickelten sich in dem Großfürsten all die milden, liebenswürdigen Eigenschaften, die ihn, ganz abgesehen von seinen Kaiserthaten, allen, die ihn gekannt, unvergesslich machten und seinem Gedächtnis außer dem Ruhm in der Weltgeschichte auch den Segen der Herzen sicherten.

In den Jahren 1818, 1819 und 1822 wurden dem Großfürsten von seiner Gemahlin der Großfürst Alexander, nachmaliger Kaiser Alexander II., und die Großfürstinnen Maria, später Herzogin von Leuchtenberg, und Olga, die nachmalige Kronprinzessin von Württemberg, geboren.

Langsam, aber stetig und sicher, in den einfachen Verhältnissen, welche überhaupt die allgemeine Schule der Männer bilden, als Gemahl einer edlen, liebenswürdigen und geliebten Prinzessin, als Vater schöner Kinder, entwickelte und entfaltete sich das Wesen des Großfürsten Nikolaus immer herrlicher und verheißender.

Am 1. December 1825 war Kaiser Alexander zu Taganrog, einige hundert Werst von seiner Hauptstadt, erst 48 Jahre alt, gestorben. Er hatte sich heftig erkältet, fieberhafte Symptome zeigten sich; rasch hatte die Krankheit den edlen Monarchen dahingerafft, dessen weiches Gemüth, dessen empfänglicher, zum Schwärmerischen mehr und mehr geneigter Geist schon lange vorher der Herrschaft müde waren.

Als die erste Nachricht von dem Tode des Kaisers nach St. Petersburg kam, ließ Großfürst Nikolaus sofort seinen älteren Bruder, den Großfürsten Constantin, der als Vicekönig von Polen in Warschau residierte und nach der Erbfolge-Ordnung Kaiser Pauls der gesetzmäßige Nachfolger Alexander I. war, zum Kaiser ausrufen und die Garnison demselben huldigen. Nikolaus wusste sehr gut, dass Kaiser Alexander I. dem Reichsrathe unter dem 15. October 1823 ein versiegeltes Schriftstück übergeben hatte, mit dem Befehle, die Siegel erst nach seinem Tode zu lösen. Nikolaus wusste auch, dass dieses versiegelte Couvert eine Abdications-Urkunde des Großfürsten Constantin und einen Befehl Alexander I. enthielt, ihn, den Großfürsten Nikolaus, zum Kaiser auszurufen. Trotzdem schickte er aber mit jener Loyalität, welche nur großen Menschen eigen ist, dem Bruder seine Huldigung nach Warschau schriftlich zu.

Aus welchen Beweggründen er so handelte ergibt sich aus den Worten des Manifestes, welches er bei seiner Thronbesteigung erließ. Es hieß da:

„Wir hatten weder den Wunsch noch das Recht, jene Verzichtleistung für unwiderruflich zu halten; sie war nicht publiciert worden, sie hatte die volle Gesetzeskraft nicht erlangt. Wir wollten Unsere Achtung kundgeben für das Grundgesetz über die unabänderliche Thronfolge-Ordnung und getreu dem Eide, welchen Wir geleistet hatten, bestanden Wir darauf, dass das Reich Unserem Beispiele folge."

Nikolaus hielt die Abdication des Großfürsten Constantin für keine freiwillige, er glaubte, sie sei das Resultat des mächtigen und glücklichen Einflusses, den Maria Feodorowna, die kaiserliche Witwe Pauls, auf alle ihre Söhne bis zu ihrem Tode ausgeübt hat. Die Mutter hatte ihren dritten Sohn nicht mit Unrecht für befähigter zum Beherrscher des russischen Reiches gehalten als den zweiten, aber selbst der Wunsch der hochgeliebten Mutter konnte ihn nicht bewegen, auch nur einen Schritt von der Bahn der Loyalität abzuweichen.

Doch traf von Warschau, wo man die Trauerbotschaft von Taganrog zwei Tage früher erhalten als in St. Petersburg, alsbald ein Courier mit Depeschen des Großfürsten Constantin ein, welche seine Verzichtleistung auf den Thron bestätigten.

Der jüngere Bruder hatte den älteren zu St. Petersburg zum Kaiser ausrufen und ihm huldigen lassen, der ältere hatte zu Warschau die Behörden und die Garnison für den jüngeren in Eid und Pflicht genommen.

Aber trotzdem nahm Nikolaus die Krone noch nicht an; er sagt in seinem Manifest weiter:

„Wie bestimmt auch diese Acte lauten mochten und obgleich sie bis zur Evidenz bewiesen, dass Seine kaiserliche Hoheit der Großfürst Constantin fest und unwiderruflich beharrten auf der Verzichtleistung, so zwangen Uns doch Unsere Gefühle sowohl, wie die Lage der Dinge selbst, die Publication jener Actenstücke solange zu verschieben, bis Seine kaiserliche Hoheit ihre Willensmeinung kundgegeben in Bezug auf den Huldigungseid, den Wir und das ganze Reich ihm geleistet."

Der jüngste Bruder, Großfürst Michael, gieng nach Warschau, und erst als man am 24. December erfuhr, dass Großfürst Constantin fest bei seiner Verzichtleistung bleibe, ergriff Nikolaus das Scepter der Czaren und ließ sich den Eid leisten von den Würdenträgern des Reiches, den Großbeamten und den Obrigkeiten.

Aber selbst solche Loyalität ersparte Kaiser Nikolaus I. die furchtbare Prüfung nicht, die er an der Schwelle seiner Regierung bestehen sollte. Im Gegentheil, die unsinnige Verschwörung, an deren Spitze Fürst Trubetzkoi, ein eitler, schwacher, unklarer Mensch, Oberst Pestel, Oberstlieutenant Murawieff-Apostol und der Zeitungsschreiber Ryljeff standen, suchte den seltenen Thronstreit in ihrem Interesse auszubeuten.

Man bearbeitete die Truppen in den Kasernen und Eid und Treue wurden zu Agitationsmitteln schmachvoll missbraucht. Man ermahnte sie zur Treue gegen den angestammten Czaren Constantin, dem sie den Eid bereits geleistet. Man sagte ihnen, ihr Kaiser Constantin sei von den Anhängern des Großfürsten Nikolaus ins Gefängnis geworfen worden, über die Leiche seines Bruders und rechtmäßigen Herrn wolle Nikolaus zum Throne gelangen. Mit der Treue verführten sie die einzelnen Abtheilungen der russischen Garde zur Empörung. Nun gaben die Verschwörer die Parole aus; sie lautete: „Vivat Constantin und die Constitution!" Dies erregte Bedenken bei den arglosen Söhnen Russlands; unbefangen fragten sie, wer die Constitution sei? Die Constitution sei die Gemahlin des Kaisers Constantin, war die Antwort der Verschwörer.

So zogen die Getäuschten in voller Rüstung nach dem Isaak-Platze und im guten Glauben an ihre Treue und Pflicht riefen sie: „Vivat Constantin und die Constitution!"

Kaiser Nikolaus saß, nichts Böses ahnend, im Kreise der Seinen, als der Gouverneur der Hauptstadt, General Miloradowitsch, ein Held, der mit hoher Auszeichnung in 20 Feldschlachten gefochten, bei ihm vorsprach: „Verrath, Sire, eine Militärverschwörung, die ganze Garnison ist unter den Waffen!"

Der Kaiser blieb einen Augenblick wortlos sitzen, dann stand er auf, der ganze Mann ein Kaiser. „Mein Bruder Michael!" rief er einem Adjutanten zu und einem anderen: „In die Preobraschensky-Kaserne, frage die Garde Peters des Großen, ob sie seinen Thron aufrecht erhalten wolle!"

Schweigend umarmte der Kaiser die Kaiserin; seinen Sohn, den Thronfolger, nahm er auf den Arm und schritt mit ihm hinaus, die Treppe herunter.

Auf dem Hofe des Winterpalastes stand die Wache unter dem Gewehr; vor sie hin trat der Kaiser, den Knaben auf seinem Arme, und mächtig erklang seine Stimme: „Soldaten, eine Horde Gottvergessener sinnt auf Meuterei und Empörung, gehört ihr auch zu ihnen, so drückt los, mordet mich und den Thronfolger, wir sind in eurer Gewalt!" Ein donnerndes „Hoch lebe der Czar!" antwortete. Da übergab der Kaiser den ergrauten Kriegern seinen Sohn: „Beschützt den Naslednik" (Thronfolger), rief er, „der ist euer Kaiser, wenn ich falle, bei euch ist der Naslednik sicher!" „Sire," antwortete der Capitän, welcher die Wache commandierte, „ich heiße Dolgorucki." Der Kaiser sah den Officier forschend an und nickte.

Dann warf er sich aufs Pferd und jagte, von Miloradowitsch und einigen Adjutanten begleitet, über den Admiralitätsplatz der mörderischen Bande entgegen. Vor dem Senatsgebäude zwischen der Isaaks-Kirche und dem englischen Quai stand die verführte Soldateska in dichten Colonnen; von allen Seiten marschierten Zuzüge heran, der Platz war mit tobenden Menschenmassen bedeckt; dort erschien der Kaiser mit wenigen Getreuen, dort hielt er, allen sichtbar, hoch zu Ross. Da sprengt ein Officier der Empörer über den Platz auf den Kaiser zu, eine gespannte Pistole unter der Uniform haltend. Der Kaiser reitet ihm bis auf Degenlänge entgegen: „Was bringst du mir?" herrscht er ihn an. Der Officier blickt in das Kaiserauge, das ernst und fest auf ihm ruht; die Hand unter der Uniform zuckt; aber ohne ein Wort zu erwidern, ohne zu salutieren, wirft er sein Pferd herum, sprengt zurück und ruft den Seinen überlaut zu: „Er sah mir ins Auge, ich konnte ihn nicht tödten!"

Unterdessen sammelten sich mehr und mehr die Getreuen um den Kaiser, es ward Raum zwischen der Empörung und der Treue. Die Aufrührer stellten sich in Schlachtordnung, sie zauderten aber noch mit dem Angriffe. Da debouchierte aus der großen Morskoje die Colonne der Preobraschconsky'schen Grenadiere, die Garde Peters des Großen, an ihrer Spitze Großfürst Michael, der treue Bruder, den Degen in der Hand, in vollem Laufe. Er hatte sie aus ihrer Kaserne geholt. Ein donnerndes „Hurrah!" brauste über den Platz. Gleich darauf flog in gestrecktem Galopp eine Batterie reitender Artillerie heran und stellte sich neben dem Kaiser auf, der einen Adjutanten ins Winterpalais mit der Botschaft sandte, er lebe noch.

Die Aufrührer sandten neue Parlamentäre, sie wollten Zeit gewinnen, die Nacht erwarten, um unter ihrem Schutze die Verwirrung über die ganze Stadt zu verbreiten. Einzelne Kugeln pfiffen, von beiden Seiten fielen einzelne Opfer. Es war ein trüber Decembertag, drei Uhr nachmittags, Nebel und Dämmerung begannen sich über die Stadt zu lagern.

Die ganze Umgebung des Kaisers, Großfürst Michael an der Spitze, bat denselben, das Signal zum Angriffe zu geben, erhielt jedoch zur Antwort:

"Ich will das Blut der Meinen schonen, denn habe ich das erste Geschütz abgebrannt, so muss der letzte Mann als Opfer fallen!"

Die Kanoniere standen mit brennenden Lunten an ihren Geschützen, die Infanterie war schussfertig, die Cavallerie hielt mit gezogenem Säbel; Todtenstille herrschte in der kleinen Truppe, jedes Auge war auf den Kaiser gerichtet, der, von seinem Stabe umgeben, vor der Front hielt.

Plötzlich sieht man einen General vom Pferde stürzen. Es war der edle Miloradowitsch, der graue Held, der den Tod der Treue starb. Da entreißt ein junger Artillerie-Lieutenant dem Feuerwerker die Lunte, drückt sie auf das Zündloch und krachend schmettert der Kartätschenhagel in die Reihen der Empörer. Der Kaiser befiehlt den allgemeinen Angriff und beim letzten Schimmer des Tages sieht man die Rebellen, Wehr und Waffen von sich schleudernd, den Quai hinab fliehen, vom Kanonendonner verfolgt. Zu Hunderten wurden die Empörer gefangen, zu Hunderten bedeckten ihre Leichen den Platz und das Eis der Newa. Der Thron war gerettet und der wahnsinnige Plan der Verschworenen, in Russland eine Republik herzustellen, war vernichtet. Der Kaiser warf sich über die Leiche seines treuen Miloradowitsch, drückte ihm die Augen zu und kehrte in den Winterpalast zurück. Bis zur Thür des Saales wankte ihm die zitternde Kaiserin entgegen. Schweigend drückte er sie in seine Arme, aber einen schmerzlich wehmüthigen Blick auf sie richtend, sagte er todtenbleich mit gepresster Stimme: "Voilà le commencement de notre régence!"

Dann sandte er nach seinem Sohne; aber der Gouverneur und die Diener kehrten ohne ihn zurück, denn die Grenadiere der Palastwache hatten sich geweigert, den Prinzen auszuliefern. „Der Czar hat uns den Naslednik anvertraut, dem Czar, aber auch nur dem Czar werden wir ihn zurückgeben."

Eine Thräne der Rührung glänzte in dem Auge des Kaisers und er gieng selbst, seinen Sohn von den Getreuen zu fordern. Eine Steinplatte im Hofe des Winterpalastes bezeichnet noch heute die Stelle, wo Kaiser Nikolaus an jenem blutigen Decembertage den Grenadieren seinen Naslednik übergab. Sie ist mit drei Kreuzen geschmückt.

Die Verschwörung war vereitelt, nun kam das Gericht des Kaisers über die Verschwörer; es war wohl streng und furchtbar, doch ebenso groß die Gnade des Monarchen. Von der langen Reihe der verhängten Todesurtheile wurden nur wenige, und auch diese gemildert vollstreckt; die meisten Verurtheilten, selbst Fürst Trubetzkoi, wurden nur verbannt und nach und nach begnadigt; bis zum Jahre 1842 waren alle wieder frei.

Das war der Anfang dieser von Sieg und Waffenherrlichkeit umgebenen Regierung, deren glänzendste Seite doch gleichwohl nicht der Krieg, sondern der Friede war, der Friede mit den zahllosen Einrichtungen und Schöpfungen, durch welche Kaiser Nikolaus der Gründer eines ganz neuen Russlands, der Wohlthäter seines Reiches, der Beglücker von Millionen geworden.

Mit Staunen blickten die Russen auf den Kaiser, der aus der stillen Zurückgezogenheit des Anitschkow'schen Palastes heraus mit einem gewaltigen Schritt in den Vordergrund der Geschichte trat.

Gleich in den ersten Tagen des Jahres 1826 sah die Kaufmannschaft den Kaiser an der Börse erscheinen, wo er die bescheidensten Kaufleute mit einer so herzgewinnenden Freundlichkeit anredete, dass der Handelstand volles Vertrauen zu ihm fasste und ihm von da ab eine wahrhaft schwärmerische Verehrung widmete. Bei diesem Besuche an der Börse blieb der Monarch vor der Büste Kaiser Alexanders I., seines Bruders, im großen Saale stehen und rief: „Meine Herren, halten wir das Andenken dieses Herrschers stets in Ehren, er war ihr Wohlthäter und war der meinige." Bevor er den Saal wieder verließ, sagte er zu der ihn dicht umdrängenden Kaufmannschaft: „Behalten Sie mich lieb, wie ich Sie, das heißt vom ganzen Herzen."

Diese innige Verehrung des Kaisers für seinen verstorbenen Bruder Kaiser Alexander I., die bei dem grundverschiedenen Wesen der beiden Monarchen auffallen muss, sprach sich bei jeder Gelegenheit unumwunden aus.

Es gab nie eine Zeit, in der Kaiser Nikolaus seine Liebe zum Frieden verleugnet hätte: die Hand war immer gewappnet, der Arm immer geharnischt, um ihm Muße und Ruhe zur Fortsetzung seines großen Werkes der Civilisation Russlands zu schaffen. Der Plan, welcher ihm von Anfang seiner Regierung an vorschwebte, welcher ihm mit den Jahren immer klarer wurde, er hat ihn festgehalten und verfolgt bis ans Ende seines Lebens. Um demselben aber nachgehen zu können, um die Zeit zu der unermesslichen Last der Regierungsgeschäfte zu erübrigen, hielt er mit eiserner Consequenz an der festgeregelten Tagesordnung, die dann freilich nicht einen müßigen Augenblick gestattete.

Zur bestimmten Stunde stand er auf, warf einen Blick durch das ganze Schloss bis auf die Wiege seiner Enkel in der letzten Zeit, auf die Erziehung der Söhne und Töchter in der ersten Zeit. Von acht bis neun Uhr ergieng sich der Kaiser in freier Luft, in der Stadt wie auf dem Lande, im Sommer wie im Winter. Er gönnte sich dabei in der Form kein Vorrecht vor dem letzten Soldaten. Um neun Uhr empfieng er regelmäßig den Kriegsminister, um zehn Uhr begrüßte er die Kaiserin und verweilte dann einige Minuten im Familienkreise. Auch in seinem höchsten häuslichen Glücke ließ er nie einen angemeldeten Minister nur eine Minute warten; er selbst räumte bei Verspätungen fünf Minuten ein. Wenn gegen zwei Uhr alle Geschäfte im Palais beendet waren, so fuhr er aus, u. zw. auf einspänniger Droschke oder Schlitten und besuchte hiebei drei bis vier Anstalten der verschiedensten Art. Um vier Uhr speiste er im Familienkreise, welchem eine Anzahl Auserwählter einzeln zugezogen wurde.

Selbst die abendlichen Stunden waren dem Staate gewidmet, seltener einer Lieblingsbeschäftigung, wie im Sommer der Malerei, die er in Wouvermanns Geiste mit hoher Vollendung betrieb. An gewöhnlicher Salonunterhaltung nahm der Kaiser nie Antheil. So lange noch ein Papier ungelesen auf seinem Pulte lag, gönnte er sich keinen Schlaf. Oft sprang er nachts von seinem eisernen Feldbette auf, eilte hinaus und stattete irgend einem öffentlichen Institute einen nächtlichen Inspectionsbesuch ab. Der erste Blick des Kaisers bei solch einem Besuche war auf das Thermometer gerichtet; wehe, wenn es nicht die vorgeschriebenen 14 Grade zeigte. Die Untersuchungen, die er anstellte, giengen bis ins kleinste Detail, er wollte alles selbst sehen. Dabei liebte es der Kaiser nicht, bei nächtlichen Excursionen erkannt zu werden.

Der Kaiser war der einzige Mann in seinem weiten Reiche, der Tag und Nacht „im Dienste" war. „Der Dienst", das war das große Wort, das sein ganzes Leben beherrschte. „Wenn es der Dienst erlaubt", das war die Bedingung, welche unfehlbar jeder Zusage angehängt wurde.

Aber es war nicht jedem gegeben, das auszuhalten, was dieser eiserne Wille im Verein mit riesenhafter Gesundheit zu ertragen vermochte. Die gewaltige Kraft in diesem tadellosen Körper war schon der großen Kaiserin Katharina, seiner Großmutter, aufgefallen, denn sie schrieb kurz vor ihrem Tode an einen Freund: „Ich bin noch Großmutter eines dritten Enkels geworden, der mich durch die beispiellose Kraft, die er verräth, glauben machen könnte, dass er zum Kaiser geboren sei, wenn er nicht zwei ältere Brüder hätte."

Kaiser Nikolaus entwickelte gleich bei Beginn seiner Regierung eine gewaltige Thätigkeit auf den verschiedensten Gebieten: in der Gesetzgebung, der Polizei, der Verwaltung, der Industrie, dem Kriegswesen; überall wurde die sichtende, schlichtende, strafende, ordnende, belohnende und segnende Hand des Alleinherrschers sichtbar; des Kaisers „eigene Kanzlei" war die große, reformierende Behörde und die hundert General-Adjutanten flogen als Vollstrecker der kaiserlichen Befehle wie Blitze durch das Reich. Wo es aber den letzten, den höchsten Ernst gilt, da ist der Kaiser selbst; die Militär-Colonie bei Nowgorod ist in Aufruhr, es ist in den ersten Wochen der Regierung, die Unseligen kennen den Mann noch nicht, der jetzt ihr Kaiser ist. Ehe sie es ahnen, ist er mitten unter ihnen, ganz allein — aber seine Stimme donnert ihnen zu: „Auf die Knie, Rebellen!" und — sie knien. „Liefert die Rädelsführer aus!" und die Rädelsführer werden ausgeliefert. Es war dies die letzte Soldatenmeuterei.

Am 3. September 1826 ließ sich der Kaiser mit seiner Gemahlin zu Moskau krönen und am 14. September erfochten die russischen Waffen den ersten Sieg unter seiner Regierung.

Zwischen Persien und Russland bestanden schon seit längerer Zeit Differenzen; vergeblich hatte sich Fürst Mentschikoff in Teheran bemüht, sie zu schlichten. Als die Nachricht von dem Tode des Kaisers Alexander I. in Persien bekannt wurde, fiel Abbas Mirza, der kriegslustige Erbe des Perser-Schahs, in russisches Gebiet ein. General Yermoloff zog ihm entgegen, schlug ihn in zwei Schlachten, am 14. und am 24. September 1826, aufs Haupt und warf die persischen Truppen hinter den Araxes zurück. Sein Nachfolger eröffnete eine Reihe glänzender Waffenthaten mit der Eroberung des Klosters Edschmiasin und krönte sie mit der Einnahme von Eriwan. Der glänzende Friede von Turkmanscha endigte am 10. Februar 1828 den Krieg, welcher Russland eine Gebietsvergrößerung sowie Ruhm und Ehre brachte.

Aber den Frieden, dessen der Kaiser bedurfte, um seine großen Pläne ins Werk zu setzen, den brachte er nicht, denn schon hatten die Kanonen von Navarin das Signal zu einem neuen Kriege gegeben; hartnäckig weigerte sich der Großtürke, die billigen Forderungen Russlands zu bewilligen. Am 7. Mai 1828 reisten der Kaiser und die Kaiserin nach dem Kriegsschauplatze ab; am selben Tage giengen die russischen Colonnen über den Pruth und der 4. Juni brachte die Kriegserklärung gegen die Türkei. Die Russen erfochten Sieg auf Sieg, der Thron des Großtürken wankte; endlich legten sich die europäischen Mächte ins Mittel. Mit Bewilligung des Kaisers Nikolaus gieng der preußische General von Müffling nach Constantinopel. Die Großmuth des Kaisers und die Bemühungen des preußischen Generals brachten am 24. September 1829 den Frieden von Adrianopel zustande. Der Sieger gab, seinem vor Ausbruch des Krieges gegebenen Versprechen getreu, alle eroberten Gebietstheile zurück.

Zu Anfang des folgenden Jahres wurde der russische Gesandte zu Teheran ermordet; hätte Russland Genugthuung fordernd zu den Waffen gegriffen, es hätte ungeheure Eroberungen machen können. Doch Abbas Mirza gieng nach Petersburg und erhielt nicht nur den Frieden, sondern auch einen Erlass von zwölf Millionen Rubel von der im Frieden von Turkmanscha festgesetzten Kriegskosten-Entschädigung. Allein noch immer sollte Kaiser Nikolaus den Frieden nicht haben, den er so sehnlich wünschte.

Durch Verrath und Aufruhr war zum zweitenmale der bourbonische Lilienthron in Frankreich gefallen und der Sieg der Revolution zuckte krampfhaft durch ganz Europa. Am 29. November 1830 brach zu Warschau ein Aufstand gegen die russische Herrschaft aus, und des Kaisers Bruder, Großfürst Constantin, der als Vicekönig die Polen beherrschte, musste sich nach Brzesk Litewski zurückziehen. Die Polen zögerten mit dem Beginne des Kampfes, doch Kaiser Nikolaus weigerte sich, mit Rebellen zu unterhandeln und sandte Diebitsch-Sabalkansky, sie zur Unterwerfung zu bringen. Während der Kampf auf den Feldern von Grochow und Ostrolenka tobte, brach die Cholera von Osten in das russische Reich ein und zog verheerend durch die Länder. Sie forderte zahlreiche Opfer, darunter den Großfürsten Constantin und seine Gemahlin, die Fürstin von Lowicz, endlich auch Diebitsch-Sabalkansky, den ruhmreichen Feldmarschall. Inmitten all dieses Jammers stand Kaiser Nikolaus fest und unerschüttert. An Sabalkanskys Stelle trat Paskiewitsch, der Eroberer von Eriwan, und am 7. September pflanzte dieser seines Kaisers Banner siegreich in Warschau auf.

Nun erst hatte der Kaiser den Frieden, den er gewollt; er hatte ihn mit mächtigen Anstrengungen errungen, er hat ihn zwanzig Jahre festgehalten für sich und für Europa. Zwar feierten die russischen Waffen nicht ganz; die ernste Kriegsschule im Kaukasus bildete unablässig seine Officiere und Generale. Auch schickte der Kaiser, den Verträgen treu, ein Heer ab, den Sultan gegen den Angriff seines empörten Vasallen, des Vicekönigs von Ägypten, zu schützen. Russische Schiffe unter Contre-Admiral Lazareff und russische Regimenter unter dem Grafen Murawieff deckten 1835 Constantinopel gegen Ibrahim Pascha. Dazu erließ die Großmuth des Kaisers den Türken noch die im Frieden von Adrianopel stipulierte Kriegsentschädigung fast ganz. Und nochmals 1841 war es Russland, dessen Macht damals im Vereine mit Österreich und Großbritannien den Sultan aus der Hand seines von Frankreich unterstützten übermächtigen Vasallen, des Vicekönigs von Ägypten, rettete.

Die russischen Waffen also feierten nicht ganz, aber der Kaiser fand nun im Innern seines Reiches Muße zu den großen Reformen, durch welche er sein Volk einer sittlichen Civilisation entgegen führen wollte.

Es kann nicht die Aufgabe dieser Blätter sein, bei diesen mächtigen Thaten des Friedens, bei diesen zahllosen Verbesserungen zu verweilen; das ist vielmehr die Aufgabe der russischen Historiographie.

Unter den Charakterzügen des Kaisers stehen die oben an, die ihn in seinem Verhältnisse zu seiner Familie zeigen. In Peterhof verbrachte Kaiser Nikolaus seine Erholungszeit vom „Dienste". Jede Stunde verbrachte er hier im Schoße seiner Familie. Mit Krone und Scepter strahlend flößte er nur Hochachtung und Bewunderung ein; erblickte man ihn aber in dem Kreise der Seinen — da musste man ihn lieben. Wie erhebend war nicht seine Freude an dem Blühen und Gedeihen seiner Kinder und Enkel, wie rührend und erschütternd sein schmerzliches Andenken an die ihm zu früh Entrissenen. Nicht in Bulletins, Verbannungs- und Todesurtheilen bekundet sich das Herz eines Selbstherrschers; da spricht nur zu gut die gebieterische Stimme der eisernen Nothwendigkeit und Pflicht. Im Kreise der Seinen muss man das Herz des Selbstherrschers suchen — da findet man es in seinem strahlendsten, wärmendsten Lichte.

Der persönliche Muth, das Gottvertrauen, die unerschütterliche Ruhe, durch die Kaiser Nikolaus die Gefahr besiegte, die Empörung unterdrückte, charakterisieren die eingangs mitgetheilten welthistorischen Züge.

Seit fast zwanzig Jahren hatte sich die Diplomatie des Kaisers Nikolaus mit Erfolg bemüht, der Welt den Frieden zu erhalten; da kam das Jahr 1848. Russlands Heere standen schlagfertig. Der Reformator Russlands kannte damals keine andere Aufgabe als die eines Pacificators.

Es ist dem Kaiser nicht gelungen, den Weltfrieden zu erhalten, und das muss man beklagen. Aber er ist auch in die letzte Phase seines Lebens, in den Krieg mit den Türken und Westmächten, ernst und fest eingetreten. Den gewaltigen Anstrengungen und Rüstungen seiner Feinde gegenüber hat er sein Volk zu den Waffen gerufen und dieses hat die Stimme seines Vaters vernommen, ein Volk, groß und unbesiegbar durch sein gläubiges Vertrauen auf seinen Kaiser und Herrn. Wohl schwer und dornenvoll war der Pfad, welchen der Kaiser zuletzt wandelte, aber auch der Freuden manche hat er noch gehabt bis ans Ende, welches infolge einer heftigen Erkältung, die er sich auf einer Parade seiner Garden am 26. Februar bei strenger Kälte geholt hatte, am 2. März 1855 im noch nicht vollendeten 60. Lebensjahre eintrat.

Der bezeichnendste Zug des edlen Charakters und der reichen Natur des Kaisers Nikolaus ist die Liebe zu seinen Pflichten; die hat er bewiesen in einer Regierung von fast dreißig Jahren, in seinen Verhältnissen zu seiner Familie, zu seinem Lande und zu Gott. Er war zugleich der zärtlichste Familienvater, der erste Diener seines Landes und der demüthigste Christ. Er konnte sich nicht getrennt denken von seinem Volke; allgemeine Leiden desselben schmerzten ihn wie einem Vater die Leiden seiner Kinder. Sein Gottvertrauen allein konnte ihn aufrecht erhalten mitten in den schwersten Prüfungen und den brennenden Schmerzen, welche ihm bis zum letzten Augenblicke nicht erspart geblieben sind. Ein solches Leben musste durch einen schönen Tod gekrönt werden; es gab nie ein Sterben, das christlicher, heiterer und so beneidenswert gewesen wäre.

10. Juni 1834.

August Prinz zu Sachsen-Coburg-Gotha,

Herzog zu Sachsen, **k. k. General-Major a. D.**, königl. sächsischer Generallieutenant, Großkreuz des herzogl. sächsischen Hausordens, des königl. portugiesischen Thurm- und Schwert-Ordens etc. etc.

Als zweiter Sohn des am 27. August 1851 verstorbenen k. k. Generals der Cavallerie Prinzen Ferdinand von Sachsen-Coburg-Gotha und dessen Gemahlin, Prinzessin Antonie, am 13. Juni 1818 zu Wien geboren, wurde Prinz August im Elternhause sorgfältigst erzogen. Am 10. Juni 1834 als Unterlieutenant des Sachsen-Coburg-Gotha 8. Husaren-Regimentes in die Reihen der österreichischen Armee eingetreten, wurde der Prinz mit 1. Juni 1837 als Oberlieutenant in das 1. Uhlanen-Regiment übersetzt und rückte noch am 16. September desselben Jahres zum 2. Rittmeister im Husaren-Regimente Erzherzog Ferdinand Nr. 3 vor. Als 1. Rittmeister diente Prinz August im Kürassier-Regimente Graf Auersperg Nr. 5, wurde mit 7. Februar 1842 als übercompleter Major in das 10. Husaren-Regiment transferiert und quittierte am 3. März 1843 den Dienst. Seine Wiedereintheilung in das k. k. Heer als Generalmajor außer Dienst erfolgte mit Allerhöchster Entschließung vom 2. Jänner 1867.

Von diesem Zeitpunkte an nahm Prinz August, der inzwischen in Coburg gelebt hatte, wieder ständigen Aufenthalt in Wien, von wo er sich nun immer nur für kurze Zeit auf seine Besitzungen begab. Ein passionierter Jäger, huldigte er mit besonderer Ausdauer diesem Sporte. Hohes Interesse brachte der Prinz der Land- und Forstwirtschaft, sowie der Viehzucht entgegen und richtete besonders sein Augenmerk auf eine praktische und zweckmäßige Verwaltung seiner Besitzungen.

Prinz August, dessen edler und erhabener Geist auch für die Kunst ungemein empfänglich war, war nicht nur ein großer Musikfreund, sondern mehr noch ein verständnisvoller Kenner und Verehrer der Malerei. Sein ausgezeichneter und feingebildeter

Geschmack ließ ihn sofort wahre Kunstwerke erkennen und seine im Laufe der Jahre stattlich angewachsene Bildergallerie ist eine der besten und wertvollsten Wiens gewesen. Der Prinz, auch ein warmer Gönner der Künstler und Gelehrten, war Präsident des Kunstvereines und Ehrenmitglied der Genossenschaft der bildenden Künstler in Wien.

Seit 20. April 1843 lebte Prinz August in glücklicher Ehe mit Prinzessin Clementine von Bourbon-Orléans vereint. Dieser Ehe entstammen: Prinz Philipp, geboren 28. März 1844, vermählt 4. Februar 1875 mit Luise, Prinzessin von Belgien, Prinz August, geboren 9. August 1845, vermählt am 15. December 1864 mit Leopoldine, Prinzessin von Brasilien, Prinzessin Clotilde, geboren 8. Juli 1846, vermählt am 12. Mai 1864 mit Erzherzog Josef von Österreich, und Prinz Ferdinand (heute Fürst von Bulgarien), geboren 26. Februar 1861, vermählt 8./20. April 1893 mit Marie Luise von Bourbon, Prinzessin von Parma.

Prinz August führte ein äußerst regelmäßiges, einfaches Leben und nahm lebhaften Antheil an der Erziehung seiner Kinder; besonders war er darauf bedacht, schon im Kindesalter den kleinen Prinzen reges Interesse und Verständnis für die Kunst beizubringen und dieselben auf dem Gebiete, wohin ihre Neigung sie am meisten zog, gründlich ausbilden zu lassen.

Tiefbetrauert von seiner Familie, wurde der Prinz von einem langwierigen Leiden am 26. Juli 1881 auf dem Schlosse Ebenthal durch den Tod erlöst.

26. September 1835.

Wilhelm Prinz zu Schleswig-Holstein-Sonderburg-Glücksburg,

k. und k. General der Cavallerie sowie königl. dänischer General-Lieutenant à la suite, Oberst-Inhaber des k. und k. Infanterie-Regimentes Nr. 80 (vom 17. Januar 1860 bis 5. September 1893), Großkreuz des kaiserl. österreichischen Leopold-Ordens (mit der Kriegsdecoration des Ritterkreuzes), Ritter des Ordens der Eisernen Krone II. Classe mit der Kriegsdecoration, Besitzer der Kriegsmedaille, des Officiers-Dienstzeichens I. Classe, Ritter des kaiserl. russischen St. Andreas, des St. Alexander Newskij-Ordens, des kaiserl. russischen St. Annen-Ordens II. Classe in Brillanten, Großkreuz des königl. dänischen Danebrog- und Elephanten-, des königl. griechischen Erlöser-, des großherzogl. hessischen Ludwig-Ordens, des kurhessischen Haus-Ordens vom goldenen Löwen, des herzogl. Anhalt'schen Gesammtordens Albrecht des Bären, Ritter des königl. schwedischen Seraphinen-Ordens etc. etc.

Prinz Wilhelm, ein Sohn des am 17. Februar 1831 verstorbenen Herzogs Friedrich Wilhelm von Schleswig-Holstein-Sonderburg-Glücksburg und der Herzogin Luise, einer Tochter des Landgrafen von Hessen-Cassel, wurde am 10. April 1816 zu Schleswig geboren.

Nach Vollendung seiner Studien am 26. September 1835 als zweiter Rittmeister des Husaren-Regimentes Kaiser Nikolaus I. von Russland Nr. 9 in die Reihen des k. k. Heeres eingetreten, wurde der Prinz am 27. Mai 1839 als erster Rittmeister in das 1. Dragoner-Regiment übersetzt, am 1. September desselben Jahres jedoch wieder zu Nikolaus-Husaren zurücktransferiert. In diesem am 27. Januar 1843 in die Majorscharge befördert, avancierte Prinz Wilhelm mit 26. April 1849 zum Oberstlieutenant im Kürassier-Regimente Nr. 8 und machte im Feldzuge 1848 in Italien die Schlacht bei Sommacampagna, das Gefecht bei Salionze, die Schlacht bei Custozza, das Gefecht bei Volta und die Einnahme von Mailand im Hauptquartiere des Feldmarschalls Grafen Radetzky mit. Vom italienischen Kriegsschauplatze zur Armee vor Wien transferiert, focht der

Prinz mit Auszeichnung in den Gefechten bei Schwechat, Poisdorf, Wieselburg, Raab, Tétény, Kápolna und Mezö Kövesd und wurde siebenmal verwundet. Obgleich noch nicht genesen, rückte er bereits sechs Wochen später zu seinem Regimente ein, nahm in der Folge mit seiner Division an den Schlachten bei Komorn, Szegedin, Szöregh und Temesvár theil und wurde für seine hervorragenden Leistungen in diesem Feldzuge, insbesonders in der Schlacht bei Komorn, am 10. December 1849 mit dem Ritterkreuze des Leopold-Ordens ausgezeichnet. Am selben Tage zum supernumerären Oberst im Dragoner-Regimente Nr. 7 ernannt, rückte er mit diesem als Commandant der Oberst-Division nach Schleswig-Holstein, übernahm, von dort nach Böhmen zurückgekehrt, am 30. Juni 1853 das Commando des Regimentes, wurde am 31. Mai 1854 zum Generalmajor und Brigadier in Wien ernannt, 1855 in gleicher Eigenschaft zum I. Cavallerie-Armee-Corps und 1857 zum dritten Armeecorps übersetzt. Im Feldzuge 1859 befehligte der Prinz in der Reserve-Cavallerie der zweiten Armee eine Brigade (Dragoner-Regimenter Nr. 5 und 6, Cavallerie-Batterie Nr. 9/III), machte in der Schlacht bei Solferino den Reiterkampf auf der Heide bei Medole mit und bewies dabei eine derart ausgezeichnete Tapferkeit, dass ihm mit Armeebefehl Nr. 44 vom 15. August der Orden der Eisernen Krone II. Classe verliehen wurde. Nach dem Feldzuge Brigadier in Ungarn, wurde der Prinz am 17. Januar 1860 zum Inhaber des Infanterie-Regimentes Nr. 80 und am 15. August 1862 zum Feldmarschall-Lieutenant und Commandanten der Cavallerie-Division in Galizien ernannt. Seit 1865 Commandant der X. Truppen-Division in Prag, nahm Prinz Wilhelm am 6. März 1869 Urlaub, wurde am 13. März 1871 mit dem Großkreuze des Leopold-Ordens ausgezeichnet, am 18. Mai 1872 in den supernumerären Stand versetzt und am 20. April 1879 zum General der Cavallerie ad honores ernannt.

Prinz Wilhelm, welcher ein älterer Bruder Sr. Majestät des Königs Christian IX. von Dänemark war, starb unvermählt am 5. September 1893 zu Fredensborg.

26. März 1836.

Karl II., Herzog von Parma,

Infant von Spanien, Oberst-Inhaber des k k. Infanterie-Regimentes Nr. 24 (vom 26. März 1836 bis 4. Februar 1848 als „Karl Ludwig von Bourbon, Herzog von Lucca", vom 4. Februar 1848 bis 18. April 1883 als „Karl II., Herzog von Parma") etc. etc.

Herzog Karl war ein Sohn König Ludwigs von Etrurien und der Infantin Maria Luise, der Tochter König Karl IV. von Spanien und wurde am 22. December 1799 geboren.

Nach dem frühen Tode seines Vaters folgte Prinz Karl demselben, kaum vier Jahre alt, am 27. Mai 1803 unter der Vormundschaft seiner Mutter in der Regierung. Doch schon am 10. December 1807 musste Etrurien, das zufolge einer Übereinkunft zwischen Frankreich und Spanien vom 21. März 1801 aus dem Großherzogthume Toscana gebildete neue Königreich, wieder an Frankreich abgetreten werden, während Lucca inzwischen (1805) Napoleons Schwester Elise, die mit dem Fürsten Bacciochi vermählt war, erhalten hatte. Durch den Pariser Frieden 1814 und die Wiener Congress-Acte von 1815 kamen die Herzogthümer Parma, Piacenca und Guastalla, welche der Vater Herzog Karls, König Ludwig, 1802 an Frankreich hatte abtreten müssen, an die bisherige Kaiserin von Frankreich, die Erzherzogin Maria Luise, jedoch mit der am 10. Juni 1817 hinzugefügten Bestimmung, dass dieser souveräne Besitz nach dem Tode der Erzherzogin an die in Lucca herrschenden Bourbonen, die Nachkommen König Ludwigs von Etrurien, fallen sollte. Der ehemaligen Königin von Etrurien und ihren Kindern wurde bis zu diesem Zeitpunkte das Herzogthum Lucca überlassen.

Mit erlangter Volljährigkeit übernahm nun Herzog Karl II. die Regierung aus den Händen seiner Mutter, die am 13. März 1824 starb, und vermählte sich am 5. September 1820 mit der am 19. September 1803 geborenen Tochter des Königs Victor Emanuel I. von Sardinien, Prinzessin Maria Therese. Der Fürst lebte jedoch meist auf Reisen, während die Herzogin fast immer ihr Landhaus in der Nähe von Lucca bewohnte.

Wie unter seiner Mutter erfreute sich das Land auch unter Herzog Karl einer ungestörten Ruhe. Selbst die 1840 laut gewordenen Klagen über die fortwährende Finanznoth und die dadurch entstandene Unordnung in der Verwaltung des Staatsschatzes unter dem damaligen Finanzminister Ward, einem Engländer von Geburt, verhallten ohne weitere Folgen. Als aber 1847 die italienische Bewegung begann, erhoben sich in Lucca nicht nur jene Klagen abermals, sondern die Aufregung nahm daselbst bald einen ernsten Charakter an. Die Lucchesen verlangten eine Constitution, Errichtung einer Bürgergarde und Pressfreiheit. Herzog Karl machte jedoch keine Concessionen. Während der Großherzog von Toscana mittelst Manifest vom 21. Juli 1847 den Wünschen seines Volkes nach Kräften entsprechen zu wollen verhieß, erklärte sich Herzog Karl an demselben Tage in ganz entgegengesetzter Weise und ließ viele Verhaftungen vornehmen. Der seitdem in zahlreichen Demonstrationen sich immer lauter kundgebende Unwille des Volkes gieng am 31. August in vollen Aufruhr über. Am 1. September schickte der Staatsrath eine Deputation an den auf seinem Landhause lebenden Herzog, der sich eine große Volksmenge anschloss. Nun gewährte Herzog Karl alle Reformen, die in Toscana zur Ausführung kommen sollten. Während des Jubels der Bevölkerung über die erreichten Zugeständnisse verließ er jedoch am 15. September das Land und gieng mit seiner Familie nach Modena, um nicht wieder nach Lucca zurückzukehren. Am 7. October trat Herzog Karl Lucca an das Großherzogthum Toscana ab und folgte, der Bestimmung des Wiener Congresses gemäß, der am 17. December 1847 verstorbenen Witwe Napoleons I. als Herzog von Parma und Piacenza.

Sogleich nach Übernahme der Regierung sandten die Bewohner Parmas an Herzog Karl eine Adresse, welche die dringende Bitte um Reformen der Verwaltung enthielt. Als Antwort erfolgte von Seite des Herzogs ein noch engerer Anschluss an Österreich. Ein Corps ungarischer Truppen besetzte am 9. Februar 1848 das Land. Nachdem am 19. März vergebens die Entfernung der Truppen und freie Institutionen begehrt worden waren, brach am 20. März eine Revolution aus, die den Herzog zur Nachgiebigkeit zwang. Das bisherige Ministerium wurde entlassen und alles, was gefordert worden, bewilligt. Dagegen verließ der Herzog nach Einsetzung einer Regentschaft das Land. Von Weißtropp im Königreiche Sachsen aus legte Herzog Karl am 14. März 1849 die Regierung zu Gunsten seines am 14. Januar 1823 geborenen Sohnes Ferdinand Karl nieder.

Der Herzog lebte von nun ab auf seinen Gütern bei Viareggio in Toscana und in Nizza, wo er auch, seit 16. Juli 1879 Witwer, am 18. April 1883 starb.

3. Februar 1837.

Moriz Prinz von Nassau,

k. k. Oberst im Husaren-Regimente Franz Fürst zu Liechtenstein Nr. 9, Ritter des kaiserl. österreichischen Leopold-Ordens, Großkreuz des herzogl. braunschweigischen Ordens Heinrich des Löwen, des königl. niederländischen Civil-Verdienst-Ordens vom niederländischen Löwen, des königl. niederländischen Ordens der Eichenkrone etc. etc.

Als zweiter Sohn des Herzogs Wilhelm von Nassau und dessen erster Gemahlin, Prinzessin Luise von Sachsen-Altenburg, am 21. November 1820 zu Bibrich geboren, verlebte Prinz Moriz mit seinen übrigen Geschwistern im väterlichen, am sonnigen Gestade des Rheins gelegenen Schlosse eine ungemein glückliche Jugendzeit. Von 1826 bis 1832 erhielt er zugleich mit seinem um drei Jahre älteren Bruder, dem Erbprinzen Adolf, durch die Hofmeister Lorberg und Resius unter Mitwirkung bedeutender Lehrkräfte häuslichen Unterricht in den Gymnasialfächern. In Begleitung des Majors Heinrich von Hadeln bezogen beide Prinzen im Herbste 1837 die Universität zu Wien und hörten daselbst die Vorträge Jarkes in den Rechts- und Naturwissenschaften, studierten Literaturgeschichte bei Professor H. Fick, französische Sprache bei Etienne, englisch bei Clermont. Gleichzeitig gaben sowohl Major von Hadeln, wie die k. k. Officiere Navarra und Baron Kirchbach Unterricht in den militärischen Fächern.

Auf diese Art auch für den Kriegerstand gründlich vorbereitet, trat Prinz Moriz in die Reihen der k. k. österreichischen Armee. Schon seit 3. Februar 1837 als Unterlieutenant im Erzherzog Karl Uhlanen-Regimente Nr. 3 supernumerär geführt, wurde der Prinz am 15. Februar 1841 zum Husaren-Regimente Kaiser Ferdinand Nr. 1 transferiert und tagsdarauf zum Oberlieutenant befördert. Noch am 31. December desselben Jahres erfolgte seine Übersetzung als Capitän-Lieutenant zum Infanterie-Regimente Nr. 31. Mit 1. März 1842 als Rittmeister zu seinem früheren Regimente zurücktransferiert, diente Prinz Moriz später als zweiter und erster Rittmeister im Husaren-

Regimente Nr. 9, wurde am 15. August 1845 supernumerärer Major im Palatinal Husaren-Regimente Nr. 12, am 27. Juni 1849 Oberstlieutenant ebendaselbst und mit 10. December dieses Jahres endlich Oberst im 9. Husaren-Regimente.

Prinz Moriz, der im ungarischen Insurrectionskriege anfangs beim Schlick'schen Corps, später in der Armee-Abtheilung des Banus bei Mészáros, Kápolna, Budamir, Hatvan, Tarczal, sowie vor Raab mit Auszeichnung mitgekämpft, erlag, kaum 30 Jahre alt, am 23. März 1850 zu Wien einem typhösen Fieber. Seine irdische Hülle wurde am 4. April in der Familiengruft zu Weilburg beigesetzt.

6. März 1839.

Alexander II., Kaiser von Russland.

Selbstherrscher aller Reußen, Czar zu Moskau, Kiew, Wladimir, Nowgorod, Astrachan, Polen, von Sibirien, des taurischen Chersones, Großfürst von Smolensk, Litauen, Wolynien, Podolien und Finnland etc. etc., Chef der Leibgarde-Regimenter Preobraschenski, Ssemjonow, Ismailow und Pawlow, des Leibgarde-Jäger-, des Leibgarde-Grenadier-Regimentes, des Leibgarde-Regimentes zu Pferde, des 1. Leibgarde-Kürassier-, des Leibgarde-Husaren-, wie des Leibgarde-Uhlanen-Regimentes Sr. Majestät, des Jekaterinoslaw'schen Leib-Grenadier-, des Eriwan'schen Leibgarde-Carabinier-, wie des Borodino'schen Leibjäger-Regimentes, des Leibgarde-Sappeur-Bataillons, der 1. Leibgarde-Artillerie-Brigade, des 1. Cadetten-Corps etc. etc., **Oberst und Inhaber des k. k. Husaren-Regimentes Nr. 4 (vom 6. März 1839 bis 21. August 1849), des k. k. Chevauxlégers-Regimentes Nr. 7, nunmehrigen Uhlanen-Regimentes Nr. 11 (seit 21. August 1849 für immerwährende Zeiten), des k. u. k. Infanterie-Regimentes Nr. 2 (vom 4. Juni 1873 bis 13. März 1881),** Chef des königl. preußischen Uhlanen-Regimentes Nr. 3 etc. etc., Großmeister sämmtlicher kaiserl. russischer Orden, **Großkreuz des königl. ungarischen St. Stephan-Ordens, Ritter des Militär-Maria-Theresien-Ordens** etc. etc.

Alexander II. wurde als erstes Kind des Großfürsten, nachmaligen Kaisers Nikolaus I., von Alexandra Feodorowna (Prinzessin Charlotte von Preußen) am 29. April 1818 zu Moskau geboren. Am 10. September 1831 erhielt Alexander den Titel „Großfürst-Czarewitsch". Seine Erziehung, welche anfänglich außer seiner hohen Mutter Oberst Kawelin und General Mörder leiteten, wurde später in erster Linie das Werk des Begründers der russischen romantischen Schule, des Dichters Schukowski, dessen nach innen gerichtetes gemüthvolles Wesen auf ihn übergieng. 1834 majoren geworden, trat Großfürst-Czarewitsch Alexander unter Kaiser Nikolaus I. in öffentlichen Angelegenheiten niemals eingreifend hervor, entwickelte sich hingegen zu einem friedliebenden, weisen und äußerst wohlwollenden Charakter. Sein Rang verschaffte ihm 1836 die Kanzlerwürde der Universität Helsingfors, auch wurde er Groß-Ataman sämmtlicher Kosaken, Chef des Garde- und Grenadiercorps, erster Adjutant seines Vaters, unter dessen

Augen er sich zum Militär bildete, und 1849 oberster Chef der Militärschulen.

Am 28. April 1841 vermählte sich Alexander mit Prinzessin Maria Alexandrowna (bisher Maximiliane Wilhelmine Auguste Sophie Marie), einer Tochter des Großherzogs Ludwig II. von Hessen. Während der Reisen des Vaters ins Ausland wurde er wiederholt mit der Regentschaft und außerdem mehrfach mit Missionen an die Höfe von Wien und Berlin betraut. Mitten im Krimkriege, am 2. März 1855, kam der Großfürst-Czarewitsch durch des Vaters Tod als „Kaiser von Russland und König von Polen" auf den Thron und wurde am 7. September 1856 in Moskau gekrönt.

Obwohl er vom Krimkriege abgerathen hatte, konnte er nun natürlich nicht sofort nachgeben, sondern setzte denselben mit Nachdruck fort und erklärte, im Geiste seines Vaters regieren zu wollen. Während er den Frieden herbeizuführen wünschte, rüstete er unablässig zum Kriege und eilte selbst auf das Kriegstheater. Nachdem im Februar 1856 der Waffenstillstand unterzeichnet worden, folgte am 30. März 1856 der Pariser Friede.

Kaiser Alexander II., ein wahrer Friedensfürst, setzte sich als Ziel, „alle geistigen und materiellen Kräfte zu entwickeln", und bemühte sich, die durch den Krimkrieg hervorgerufenen Übelstände zu mildern. Das Auswärtige Amt übertrug er 1856 dem Fürsten Gortschakow. Im Gegensatze zu seinem Vorgänger am Throne nahm sich Alexander II. auch der inneren, die allgemeine Gesittung fördernden Verhältnisse an und der Volksunterricht trat unter seine unmittelbare Direction. Er erlaubte alsbald den polnischen Flüchtlingen straffrei zurückzukehren, setzte sie wieder in ihre bürgerlichen Rechte ein und verhieß ihnen sogar nach Verlauf von drei Jahren den Eintritt in den Staatsdienst. Bei der Krönung gab er allen Verurtheilten von 1825 die Freiheit und ihren Kindern den Adelstitel wieder, befreite das Reich auf vier Jahre von der Recrutierung und erließ 24 Millionen Silberrubel Steuerrückstände. Human sorgte er für die Juden, hob die sie drückenden Recrutierungslasten auf und gestattete ihnen 1857 Landgüter zu erwerben.

Neben dieser inneren Reform gieng eine großartige auswärtige Thätigkeit einher. Die Bergvölker des Kaukasus wurden in blutigen Kriegen unterthan gemacht, Russland dehnte sich am Kaspischen Meere, auf dem es eine bedeutende Seemacht hielt, immer mehr aus, machte Baku zum Kriegshafen, drang nach Persien und Turkestan vor, beherrschte alle Ufer des Uralsees und fügte sich mindestens 1,121.000 Quadrat-Kilometer zwischen dem Kaspischen Meere und Khiwa, dem Schlüssel zum Flussgebiete des Sir Darja und Amu-Darja, ein; starke Forts und Handelsniederlassungen befestigten solch neuen Erwerb. Überdies setzte sich Russland in der östlichen Mandschurei im Stromgebiete des Amur fest, dessen linkes Ufer durch den Vertrag von Aigun im Mai 1858 von China an Russland kam, ebenso an den Ufern des Japanischen Meeres. Mit Japan und China wurden vortheilhafte Handelsverträge geschlossen, im November 1871 ein telegraphischer Verkehr mit ihnen eingerichtet und 1875 von Japan die Insel Sachalin erworben.

Im Jahre 1857 ordnete Kaiser Alexander II. die Freilassung von Leibeigenen ganzer Gütercomplexe an und verfolgte den Plan, dieselben allmählich in steuerpflichtige Kronbauern zu verwandeln. Wesentlich wurde die Wehrkraft des Reiches verstärkt; Alexander II. hob die unzweckmäßigen Militärcolonien auf und machte die Colonisten zu Kronbauern. Von seiner Regierung unterstützt, bildeten sich überall Dampfschiffahrts- und Handelsgesellschaften, auf allen Werften herrschte Rührigkeit; auf Staatskosten wurden die Telegraphenlinien erweitert und vermehrt. Mit Hilfe auswärtigen Capitals überzog ein Eisenbahnnetz ganz Russland; der Verkehr im allgemeinen, wie an der Grenze wurde erleichtert und gehoben. Großartige Wasserbauten traten ins Leben. Der Staat entwand sich der Starrheit seiner bisherigen volkswirtschaftlichen Principien, infolgedessen auch zahllose Actiengesellschaften auftauchten, welche aber bald, als verfehlt, in Misscredit kamen. Der Handel empfieng einen neuen Aufschwung seit dem Zolltarife von 1857, der fast alle Einfuhrverbote aufhob und das Zollsystem wesentlich vereinfachte. Das Verbot der Bibelverbreitung fiel, die Censur wurde milder gehandhabt und mit der größeren Freiheit der Presse stieg die Zahl der Journale, Zeitschriften u. dgl. bedeutend. Für den Volksunterricht geschah unter Kaiser Alexander II. außerordentlich viel; dem höheren Unterrichte hingegen fehlte es an einer festen Grundlage. Dieser Mangel begünstigte die Halbbildung. Der Bestechlichkeit und Willkür der Beamten suchte man vergebens abzuhelfen, aber die Finanzlage verbot den einzigen praktischen Weg hiezu: die Verbesserung der unzureichenden Gehalte.

Am 25. September 1857 kam Kaiser Alexander II. in Stuttgart mit Napoleon III. und am 30. September desselben Jahres mit Kaiser Franz Josef I. in Weimar zusammen, blieb aber den europäischen Verwickelungen gegenüber in reservierter Stellung.

Eine vollständige Umwälzung in allen socialen, finanziellen und wirtschaftlichen Verhältnissen Russlands führte die Aufhebung der Leibeigenschaft, Alexanders II. schönster Ruhmestitel, herbei. Die schon von Alexander I. und Nikolaus I. angebahnten Schritte waren nur vorbereitende geblieben; Kaiser Alexander II. nahm jetzt die Sache mit rücksichtsloser Energie in die Hand, und trotz aller Schwierigkeiten und harter Kämpfe mit den Adelsversammlungen setzten er und sein genialer Minister, Graf Bludow, die Emancipation der Leibeigenen durch, deren Zahl über 23 Millionen betrug.

Ein kaiserliches Manifest mit Statut verkündete am 3. März 1861 die näheren Bestimmungen der Aufhebung der Leibeigenschaft, welche natürlich nicht radical war, sondern auf Entschädigung der Gutsherrn und auf Leistungen seitens der Leibeigenen fußte, welche erst in Fristen freie Eigenthümer wurden. Um den Bauern den Landerwerb zu freiem Eigenthum zu erleichtern, wollte die Regierung sie mit Darlehen unterstützen. Nachdem ein Ukas Näheres über die Einführung der Friedensgerichte, Bezirks- und Gemeindeverwaltungen angeordnet, wurden infolge der Emancipation ausbrechende Bauernaufstände besonders mit Hilfe der neuen Friedensrichter bis Mitte 1861 unterdrückt. Die Besorgnis vor denselben machte den trotzenden Adel der Emancipation geneigter; am 7. Juli 1863 emancipierte ein Ukas alle kaiserlichen Apanage- und Domänenbauern, am 2. März 1864 wurde in Polen, am 28. November desselben Jahres in Transkaukasien die Leibeigenschaft aufgehoben.

Die infolgedessen nothwendige Auseinandersetzung zwischen Gutsbesitzern und Bauern erregte bei beiden Theilen übertriebene Erwartungen; oft musste man die Bauern mit Gewalt verhalten, die ihren alten Herren gebührenden Entschädigungen zu leisten, während ein Theil des Adels für seine materielle Einbuße immer noch auf politische Rechte hoffte, welche er bei einer Reichsverfassung erhalten würde. Production und öffentlicher Reichthum wurden durch die junge Freiheit von Person und Eigenthum ungemein gefördert. Mit den Jahren bewährte sich auch hier das große Talent der Russen für praktische Verhältnisse.

Hatte sich auch Kaiser Alexander II. seit Beginn der Regierung sehr milde gegen Polen erwiesen, so blieb doch hier der alte Hass gegen die russische Herrschaft. Die im Jahre 1861 ausgebrochene Revolution wurde bewältigt, aber alle Concessionen Alexander II., welcher seinen Bruder Constantin zum Statthalter Polens machte, vermochten nichts, wie die Revolution vom Jahre 1863 traurig darlegte. Die Intervention der Mächte für Polen war bei Alexander erfolglos; da mit Güte nichts erreicht worden, ließ er Militär- und Polizeimacht wirken; im Jahre 1868 wurde der polnische Staat ganz mit Russland verschmolzen.

Finnland erhielt im Gegensatze hiezu seit 1865 seine Autonomie wieder, die finnische Sprache wurde officiell. Die Ostseeprovinzen entwickelten sich geordnet, während an den russischen Universitäten und in den Kreisen des „jungen Russland" immer lauter nach weitgehenden Reformen gerufen wurde. Nach und nach schritt aber die Regierung im Geiste des Unitarismus auch gegen das für Russland so segensreiche deutsche Element in den Ostseeprovinzen vor, brach hier der griechischen Kirche und dem russischen Staate Bahn und entkleidete schließlich im Februar 1876 die treuen Provinzen des letzten Scheines eigenartiger oder selbständiger Stellung durch Aufhebung des General-Gouvernements.

1862 gestaltete Walujew, der größte Minister des Innern im modernen Russland, die Justiz um und trennte sie von der Verwaltung; die Justizreform, welche Kaiser Alexander II. zu hoher Ehre gereicht, trat 1871 ins Leben. Im Jahre 1864 wurden eine verbesserte Gerichtsorganisation, ein Strafgesetzbuch, sowie eine Civil- und Criminalprocessordnung für die Friedensrichter eingeführt. Die Geschworenengerichte erfüllten aber die Erwartungen nicht und waren im Bestehen bedroht; besser bewährte sich das Institut der Friedensrichter durch seine schnelle Justiz. Stets auf Reformen im Inneren bedacht und von Walujew berathen, griff Kaiser Alexander zu constitutionellen Anfängen. Während im Reiche immer wieder von einer allgemeinen Landesvertretung geträumt wurde, führte er mit Walujew 1864 in den polnischen Gouvernements, den baltischen Provinzen, Archangel, Astrachan und Bessarabien Provinzial- und Kreisvertretung ein und begründete die landschaftliche Selbstverwaltung in Groß-Russland. Zum wahren Constitutionalismus jedoch fehlten die unentbehrlichen Vorbedingungen; zur politischen Freiheit war Russland noch nicht gereift und Kaiser Alexander II., welcher dies fühlte und wusste, hielt mit Recht am Absolutismus fest.

Am 20. September 1862 wurde in Nowgorod in Gegenwart Kaiser Alexander II. und seines ganzen Hauses das tausendjährige Bestehen Russlands gefeiert, wobei der Monarch sich als Primas der einen großen slavischen Völkerfamilie zu betrachten schien. Der Panslavismus gewann Boden, die ethnographische Ausstellung in Moskau im Mai des Jahres 1867 war eigentlich ein Slavencongress. Durch die Ehen des Thronfolgers mit der Prinzessin Dagmar von Dänemark und der einzigen Tochter Alexanders mit dem Herzoge Alfred von Edinburgh trat Russland zuerst in verwandschaftliche Beziehungen zu England. Das Attentat Karakasows vom 16. April 1866 entfremdete Kaiser Alexander trotz des Wühlens einer reactionären Hofpartei nicht der Bahn der Reformen, nur hatte es eine Einengung der Presse zufolge. Das zweite des Polen Berezowski im Juni 1867 auf der Pariser Weltausstellung erregte allgemeine Entrüstung.

Siegreich drangen die Russen in Centralasien vor. Taschkent wurde 1866 einverleibt, 1867 ein neues Gouvernement Turkestan organisiert, 1868 Samarkand und Katty-Kurgan erobert, der Emir von Buchara tributpflichtig gemacht, Khiwa im Juli 1873 zum Vasallen gemacht und das ganze rechte Ufer des Amu-Darja für Russland von ihm gewonnen. Ein Theil des Khanates Kokand mit Namangan wurde 1875 annectiert und 1876 das ganze Khanat, 60.500 Quadrat-Kilometer, als Ferghana-Gebiet einverleibt. Weniger glücklich waren die letzten Unternehmungen gegen die Tekke-Turkmenen. Am 17. Januar 1867 kamen Mingrelien gegen Gold in russischen Besitz und hier wie im Kaukasus fiel die Leibeigenschaft; die mongolischen Nomaden am oberen Irkut und die Tartaren am Tarbagatei erkannten die russische Herrschaft an.

Im Kriege von 1870 bewährte sich Kaiser Alexander II. als Freund Kaiser Wilhelms I., so mächtig auch feindliche Strömungen in seiner nächsten Nähe sich zeigten; dabei benützten er und Gortschakow die Sachlage glücklich und machten im März 1871 auf der Londoner Conferenz Russland von den Beschränkungen des Artikels 14 des Pariser Friedens frei; fortan konnte es im Schwarzen Meere beliebig viele Kriegsschiffe halten und an dessen Küsten nach Gutdünken Festungen bauen; der Pontus war entneutralisiert.

Die schon länger von Kaiser Alexander und dem Kriegsminister Milutin eingeleitete Militärorganisation fand ihre Besiegelung am 13. Januar 1874 durch die Einführung der allgemeinen Wehrpflicht. Neben dem Verhältnisse zu Deutschland, respective zu Preußen, gestaltete sich auch das zu Österreich herzlicher. Kaiser Alexander gieng, von Erzherzog Wilhelm begleitet, 1872 nach Moskau und hatte mit Kaiser Franz Josef I. und Wilhelm I. in Berlin eine Begegnung.

Nur widerwillig ließ sich Kaiser Alexander, trotz seines Wunsches, in den türkischen Angelegenheiten ein wichtiges Wort mitsprechen zu dürfen, zu dem Kriege mit der Pforte hinreißen, welcher nach sehr bedenklichen Wendungen mit dem Berliner Frieden vom 13. Juli 1878 endigte. Als directen Gebietszuwachs erhielt Russland Batum, welches aber Freihafen wurde, Ardahan und Kars mit dem Lande der Lasen; für die Dobrutscha, die Schlangeninsel und den Landstrich von Rassowa bis Mangalia tauschte es von Rumänien, welchem es vorzüglich die Rettung vor Plewna verdankte, Bessarabien ein. Sein Einfluss in der Orientfrage wurde verstärkt und der neue Staat Bulgarien zumeist von ihm abhängig.

Indessen die panslavistische Partei wühlte und gegen die Fremden in den hohen Stellen intriguierte, hatte sich größerer Kreise eine heftige Gährung bemächtigt, die im Nihilismus ihren unheimlichsten Ausdruck fand. Eine Reihe von Ermordungen hochgestellter Personen bereitete auf die scheußlichen Attentate vor, welche am 14. April und im Winter 1879, wie am 17. Februar 1880 gegen Alexanders Leben unternommen wurden. Unter solch trostlosen Eindrücken feierte der humane Fürst am 2. März 1880 sein 25jähriges Regierungsjubiläum und sah sich genöthigt, sein Reich unter die Dictatur eines mit ungeheueren Vollmachten ausgerüsteten Getreuen, des Grafen Loris-Melikow, zu stellen, damit dessen starker Arm Ordnung in das Chaos bringe. Dieser räumte zunächst gründlich im Winterpalais auf, beseitigte die allmächtige Stellung der dritten Abtheilung, entließ 6000 Gefangene aus der Haft, gewährte der Presse größere Freiheit und veranlasste den Rücktritt des unpopulären Ministers Tolstoj. Endlich, da der nihilistische Radicalismus entwaffnet schien, unterzeichnete der Kaiser am Morgen des 13. März 1881, an einem Sonntage, die entscheidende Urkunde, welche eine Notablenversammlung zur Berathung über die Lage des Reiches berief und am nächsten Tage im „Regierungsboten" erscheinen sollte.

In diesem zukunftsvollen Augenblicke trafen die nihilistischen Mörder den Kaiser. Unmittelbar nach jenem entscheidenden Federzuge fuhr Kaiser Alexander nach dem Exercierhause der Garden und nahm hier zu Pferde die übliche sonntägliche Wachparade ab; seit längerer Zeit zum erstenmale. Nach derselben bestieg er den Wagen, um zur Großfürstin Katharina Michailowna zum Frühstück zu fahren. Niemand ahnte, dass alle Wege, die dorthin führten, mit nihilistischen Mördern besetzt waren und dass es für ihr erlauchtes

Opfer kein Entkommen mehr gab. Als der kaiserliche Wagen, von den prächtigen rothen Reitern des Convois geleitet, über den Newskij-prospect an der kasan'schen Brücke vorbeifuhr und dann in die schmale Straße an der Südseite des Katharinen-Canals einbog, gab Sophie Perowsky ein verabredetes Zeichen. Einige Männer, meist in Bauerntracht, näherten sich daraufhin aus verschiedenen Richtungen jener Straße. In dem Augenblicke, als der Wagen in raschem Tempo herankam und die angesammelte Menge schon „Hurrah" rief, gab es plötzlich einen scharfen Knall; Feuer und Rauch stiegen auf, Pflastersteine und Splitter flogen hinter dem Wagen in die Höhe, einige Kosaken und Zuschauer lagen verwundet am Boden. Als der treue Kutscher des Kaisers sah, dass der Wagen zwar beschädigt, aber noch fahrbar sei, peitschte er, in rascher Erkenntnis der Gefahr, auf die Pferde des Dreigespannes ein; da gab der Kaiser das Zeichen zum Halten und stieg aus, erfahl im Gesichte, Blut an den Händen. Alles drängte sich an ihn mit der Frage, ob er verwundet sei. „Nein, aber diese da," sagte der edle Monarch mit zitternder Stimme, auf die Verwundeten deutend.

Im selben Augenblicke fasste man einen Menschen in Bauerntracht als den Verbrecher. Die Frage des Kaisers, ob er ihm aus Leben gewollt, bejaht dieser mit stierem Blicke. Ihm den Rücken kehrend, gieng der Kaiser durch die ehrfurchtsvoll ausweichende Menge längs des Canalgeländers auf den Wagen zu. Da hob, aus der Menge hervorspringend, ein Mann etwas wie einen Schneeball in der Rechten hoch empor und warf es zwischen sich und den Monarchen. Ein Blitz, ein Knall, dichter Rauch verhüllte auf einige Secunden beide. Als der Qualm sich verzogen hatte, lag der Kaiser in einer Blutlache im Schnee, das Gesicht mit Blut bedeckt, die Beine zu einer formlosen Masse zerschmettert; wenige Schritte von ihm der ebenso schrecklich zugerichtete Verbrecher. Des Kaisers Lieblingsbruder Michael beugte sich über den zu Tode getroffenen Monarchen und frug: „Sascha (Alexander), erkennst du mich?" Der Kaiser, die blutende Hand an die Stirne führend, antwortete leise: „Kalt, kalt!" Dann nach einer Pause: „Ins Winterpalais, dort sterben!" Die Sinne schwanden dem grausam Verstümmelten, man hob ihn in einen Schlitten des Stadthauptmanns Fedorow, der langsam, das bleiche Haupt des Sterbenden an die Brust gelehnt, mit ihm die Gartenstraße entlang nach dem Palaste fuhr. Der lange Weg war eine einzige Blutspur. Als man den Kaiser entkleidet hatte, sah man, dass der Unterleib aufgerissen, das linke

Bein bis unterhalb des Knies, das andere bis an den Oberschenkel zerschmettert sei. Die Ärzte legten starke Gummiringe um die Schenkel, um die entsetzliche Blutung zu hemmen und reichten dem Kaiser belebende Mittel; noch einmal schlug er die Augen auf und schien die Seinen zu erkennen, die weinend und betend an dem blutüberströmten Sterbelager knieten, während ein Priester das hl. Sacrament reichte. Draußen auf dem ungeheueren Halbrund des Schlossplatzes, um die Alexander-Säule, hatten sich unterdessen tausende von Menschen angesammelt, in banger Erwartung stumm nach den Fensterreihen des Winterpalastes blickend. Beständig jagten Schlitten und Wagen mit den höchsten Würdenträgern heran unter den ersten der Großfürst-Thronfolger mit seiner Gemahlin, todtenblass, keinen Gruß erwidernd. Immer hoffnungsloser lauteten die Nachrichten aus dem Schlosse und alles starrte angstvoll nach der Kaiserflagge; da senkte sich dieselbe auf Halbmast: Der Czar hatte ausgelitten, es war 3 Uhr 35 Minuten nachmittags. Sich bekreuzigend sanken die Tausende in die Knie und sprachen ein stilles Gebet für den hohen Entschlafenen.

So endete der edelste, gütigste und liebenswürdigste Herrscher, den Russland jemals hatte, der Enkel der Königin Luise von Preußen, als das Opfer einer ruchlosen fanatischen Secte. Alexander II. stieg zum Ewigen empor, in der Hand den Palmenzweig des Märtyrers und das Haupt von unsterblichem Schimmer eines unvergänglichen Ruhmes umgeben! Er wird auch immerdar im Gedächtnisse des russischen Volkes leben, dessen Vater er war und dem er beim Scheiden von dieser Welt nur bitteres Bedauern und eine Schmerzensquelle zurückließ, die nichts imstande ist zu schwächen, noch sie versiegen zu machen.

11. Juni 1840.

Friedrich Wilhelm IV., König von Preußen,

Markgraf zu Brandenburg, Burggraf zu Nürnberg, Graf zu Hohenzollern etc. etc. Chef des 1. Garde-Regimentes zu Fuß, des Regimentes der Gardes du Corps, des Leibgarde-Husaren-Regimentes, des 1. Garde-Feldartillerie-Regimentes etc. etc., **Oberst-Inhaber des k. k. Husaren-Regimentes Nr. 10 (vom 11. Juni 1840 bis 2. Januar 1861),** Souverän und Meister des Ordens vom Schwarzen Adler, **Großkreuz des königl. ungarischen St. Stephan-Ordens** etc. etc.

Am 15. October 1795 beschenkte Prinzessin Luise ihren Gemahl, den Kronprinzen Friedrich Wilhelm, in dessen Palais zu Berlin mit dem ersten Sohne, welcher am 28. October durch den Ober-Consistorialrath Sack auf die Namen Friedrich Wilhelm getauft wurde. Seines Vaters Pflichttreue und Seelenreinheit, seiner Mutter Hochherzigkeit und Geistesadel hatte er geerbt, sowie beider Eltern ungeheuchelte, innige Gottesfurcht. Dazu hatte ihm ein gütiges Geschick einen umfassenden Verstand, schnellen, treffenden Witz und eine ungewöhnliche Rednergabe verliehen, die sich schon in dem Knaben offenbarten.

In der Wiege wurde der Sitte des preußischen Königshauses gemäß dem kleinen Prinzen der Schwarze Adlerorden umgehangen. Seit dem 17. November 1797, wo sein Großvater Friedrich Wilhelm II. verschieden, erhielt er den Titel Kronprinz und musste als solcher in der Uniform eines Gardes du Corps schon tüchtig exerciren. Nach altem Herkommen wurde er, als er am 15. October 1805 sein zehntes Lebensjahr vollendet hatte, Officier. Der König ernannte ihn zum Fähnrich im ersten Bataillon des Garde-Grenadier-Regimentes. Später hat er die militärische Stufenleiter in folgender Art durchlaufen: Am 27. Mai 1807 wurde er Seconde-Lieutenant, sechs Jahre später, während des Waffenstillstandes, Capitän, 1814 Major und 1815 Oberst, in welcher Charge er eine Zeitlang das erste Garde-Regiment commandirte; auch wurde er Chef des zweiten Infanterie-Regimentes. 1816 avancirte er zum General-major, bald darauf zum General-Lieutenant und commandirenden

General des zweiten Armeecorps. Später ist er noch General der Infanterie geworden und hatte somit die höchste militärische Würde erreicht, die zu jener Zeit ein preußischer Prinz erreichen konnte. 1819 wurde der Kronprinz auch stimmberechtigtes Mitglied des Staatsrathes.

Die erste Erziehung des jungen Kronprinzen von 1800 bis 1809 leitete Dr. Friedrich Delbrück zur Zufriedenheit der hohen Eltern. Der Kronprinz machte unter seiner Leitung in den Wissenschaften glänzend zu nennende Fortschritte. Als er zwölf Jahre alt war, konnte er schon im Lateinischen, Französischen und Englischen sich geläufig mündlich wie schriftlich ausdrücken, und war geschickt im Clavierspielen und Zeichnen. Besonders aber liebte er das Studium der Geschichte. Wie gründlich er diese studiert hat, beweist fast jede seiner späteren, öffentlich gehaltenen Reden. Auch die Naturwissenschaften zogen ihn schon frühzeitig an, denn ein Gemüth, wie das seinige, musste wohl die Natur lieben. An Delbrücks Stelle wurde Erzieher des vierzehnjährigen Kronprinzen der Professor an der Akademie militaire und Mitglied der Akademie der Wissenschaften Frederic Ancillon. Derselbe, ein sehr gründlicher Geschichtsforscher, entwickelte die Neigung und das Talent seines Zöglings für diese Wissenschaft noch mehr, und das gelang ihm umso besser, als er selbst sich auch dessen Achtung in hohem Grade gewann. Nach der Juli-Revolution wurde Ancillon Minister der auswärtigen Angelegenheiten und genoss die Gunst sowohl des Königs als des Kronprinzen bis zu seinem Tode 1837. Die Liebe für das historisch Gewordene, für das, was sich naturgemäß entwickelt hat und nicht auf künstliche Weise bloß durch menschliche Willkür entstanden ist, befestigte Ancillon gründlich in der Seele seines Zöglings. Auch Delbrück genoss die königliche Gunst bis zu seinem Ende.

In den Geist der Kriegskunst wurde der geistreiche Kronprinz durch zwei ausgezeichnete Männer eingeweiht, durch Gerhard von Scharnhorst, den Schöpfer der neueren Wehrverfassung Preußens, und Karl Freiherrn von Knesebeck, den Urheber des genialen Planes, den Kaiser Alexander 1812 von ihm annahm: die Franzosen durch Versagung einer entscheidenden Schlacht in das Innere Russlands zu locken, wodurch ihr Untergang herbeigeführt wurde. Weder als Kronprinz, noch als König ist Friedrich Wilhelm in die Lage gekommen, ein Heer selbst gegen den Feind zu führen; aber persönlichen Muth zeigte er in den Feldzügen 1813—1815 in hohem Grade, namentlich bei Groß-Görschen, wo ihm sein Vater befehlen lassen musste, die Schützenlinie, mit welcher er sich dem feindlichen Feuer entgegenwarf, zu verlassen.

Am 20. November 1823, als der Kronprinz 28 Jahre alt war, vermählte er sich, ganz nach der Neigung seines Herzens, mit Elisabeth Ludovica, der Tochter des Königs Maximilian I. von Bayern, geboren den 13. November 1801. Dass diese hohe Fürstin ganz für ihn passte und dass in seltener Einigkeit beide dem Lande das Muster einer guten Ehe gaben, wie weiland ihre königlichen Eltern, ist jedermann bekannt. Der Kronprinz verlebte nun eine Reihe friedlicher Jahre; seine angenehmste Zeit brachte er mit seiner Gemahlin auf dem ganz nach seinen eigenen Ideen angelegten Landhause Charlottenhof bei Potsdam zu. Er dachte stets des schweren, seiner einst wartenden Berufes, und suchte sich alle Kenntnisse anzueignen, die derselbe nothwendig macht. Wie einstmals Friedrich im Schlosse zu Rheinsberg, so lebte zu Sanssouci und Charlottenhof Friedrich Wilhelm im traulichen Verkehre mit der Kunst und Wissenschaft. Sein Mittagstisch vereinigte die Meister derselben um sich, und von seiner und seiner Gemahlin seltener Liebenswürdigkeit und geistsprühender Unterhaltung wussten diese nicht genug zu erzählen.

So war das Jahr 1840 herangekommen, das siebzigste Lebensjahr des Königs Friedrich Wilhelm III. Der Frühling brachte dem müden Greise keine Stärkung mehr; am 31. Mai sah er zum letztenmale vor seinem Fenster die geliebten Garden unter Waffen stehen, deren kriegerische Haltung oft sein Herz erfreut hatte. An seiner Stelle legte der Kronprinz den Grundstein zu dem Denkmale Friedrich II., der an diesem Tage vor hundert Jahren seinem Vater Friedrich Wilhelm I. gefolgt war. An diesem Tage sah auch zum letztenmale das Volk das verfallende, schmerzgedrückte Antlitz seines Königs, dem es in den Tagen seiner Gesundheit und Kraft oft zugejauchzt hatte. Das Vorgefühl der nahen Scheidestunde breitete tiefen Ernst selbst über die bunte Menge, die sich zu dem Schauspiele der Grundsteinlegung gedrängt hatte. Der 7. Juni vereinigte die ganze königliche Familie um das Sterbebett des Vaters und Herrn. Gegen 4 Uhr stockte der Pulsschlag und der König von Preußen hieß von diesem Augenblicke an Friedrich Wilhelm IV. „Dieu bénisse le gouvernement de Votre Majesté!" lautete der erste Glückwunsch, der ihm gebracht wurde. Sein kaiserlicher Schwager, Nikolaus I. von Russland, der wenige Stunden vorher mit Courierpferden angelangt war, sprach denselben aus. Auch er war tief gerührt. Friedrich Wilhelm IV. aber warf sich auf die Knie; Gott weihte er die ersten Thränen um den Verlust des Heimgegangenen — das ganze Volk trauerte tief.

Die ersten Anordnungen des neuen Herrschers betrafen natürlich die Bestattung des königlichen Vaters. Unter den vielen Deputationen, die ihn ihres Beileides und ihrer Segenswünsche versicherten und denen er allen immer fast aus dem Stegreif die gerade passenden Antworten zu geben wusste, war die erste die des Magistrates und der Stadtverordneten seiner Residenzstadt Berlin. Am 9. Juni erschien sie im Vorzimmer. Als sie ihm gemeldet wurde, trat er ihr sogleich aus dem Cabinete entgegen und drückte unter stummen Thränen die Hand des Oberbürgermeisters sowie des Stadtverordneten-Vorstehers. Nachdem der erstere einige kurze Worte gesprochen, erwiderte der König mit oft schwankender Stimme:

> „Ich bin tief erschüttert von dem großen Verluste, den das Land und Ich durch den Hintritt eines so vortrefflichen Vaters erlitten, aber auch innigst gerührt von der Hingebung, welche die Stadt Berlin immer ihren Herrschern bewiesen. Besonders haben dies die letzten Tage gezeigt. Die allgemeine Theilnahme aller Einwohner, die sich so klar ausspracht, ist wahrhaft rührend für Mich und uns alle gewesen und gereicht Uns wahrhaft zum Trost. Ich habe Berlin lieb, nicht bloß als Meine Vaterstadt, sondern auch, weil es immer dem ganzen Lande mit den besten Gesinnungen und in allem Guten vorangegangen ist. Ich werde nie das Jahr 1810 vergessen, nie das Jahr 1813, wo Ich selbst auf kurze Zeit hier war und davon Zeuge gewesen bin, welche Liebe und Treue die Einwohner damals an den Tag legten. Besonders aber haben die letzten Tage Mich tief ergriffen; sie bekunden, dass nur ein Herz dem Könige schlug. Ich hoffe auch, Wir werden miteinander zufrieden sein, und Sie werden auch Mir Ihre treue Anhänglichkeit bewahren. Ich bin Ihr wärmster, Ihr innigster Freund. — Sie sehen Mich nicht vorbereitet, Meine Herren, Sie zu empfangen; möge es unter uns immer so sein!"

Nach alter, hergebrachter Sitte sollte die Huldigung, welche das Land dem neuen Herrscher darzubringen pflegt, eine doppelte sein. Ost- und Westpreußen sollten zu Königsberg, der Wiege der Königskrone, ihren Treuschwur aussprechen, die sechs deutschen Provinzen in Berlin später folgen.

Zu diesem Zwecke begab sich das Königspaar mit sehr zahlreichem und glänzendem Gefolge nach Königsberg. Die Reise dahin glich einem Triumphzuge. Das Volk jauchzte überall; es zeigte sich die alte Erfahrung, dass jeder Regierungswechsel von der Menge mit überschwenglichen Hoffnungen begrüßt wird. Von dem neuen Könige erwartet sie Abstellung jeder

Beschwerde, jedes Ungemaches, das sie drückt. Die ganze Liebenswürdigkeit und Freundlichkeit, welche das neue Königspaar überall an den Tag legte, war nicht dazu angethan, die übergroßen Erwartungen herabzustimmen. Schon am 29. August hielt dasselbe seinen feierlichen Einzug in die alte, von den Hochmeistern des Deutschen Ordens nach Marienburgs Verlust erwählte Residenz. Es folgten zwei Wochen Feste und trunkener Jubel.

Am 10. September fand die Huldigung statt. Dazu war um den Balkon des Schlosses ein Gerüst erbaut und ein Thronsessel aufgestellt worden. Eine unermessliche Volksmenge drängte sich auf dem Platze. Nachdem Regierungsrath von Zander den Ständen den Eid abgenommen, erhob sich der König und sprach mit weithin tönender Stimme:

"Ich gelobe hier vor Gottes Angesicht und vor diesen lieben Zeugen allen, dass Ich ein gerechter Richter, ein treuer, sorgfältiger, barmherziger Fürst, ein christlicher König sein will, wie Mein unvergesslicher Vater es war! Gesegnet sei Sein Andenken! Ich will Recht und Gerechtigkeit mit Nachdruck üben, ohne Ansehen der Person; Ich will das Beste, das Gedeihen, die Ehre aller Stände mit gleicher Liebe umfassen, pflegen und fördern. Alle Confessionen Meiner Unterthanen sind Mir gleich heilig. Ich werde allen ihre Rechte zu schützen wissen. Ich bitte Gott um den Fürstensegen, der dem Gesegneten die Herzen der Menschen zueignet und aus ihm einen Mann nach dem göttlichen Willen macht — ein Wohlgefallen der Guten, ein Schrecken der Frevler! Gott segne unser theueres Vaterland! Sein Zustand ist von altersher oft beneidet, oft vergebens erstrebt! Bei Uns ist Einheit an Haupt und Gliedern, an Fürst und Volk, im großen und ganzen herrliche Einheit des Strebens aller Stände nach einem schönen Ziele: nach dem allgemeinen Wohle in heiliger Treue und wahrer Ehre. Aus diesem Geiste entspringt unsere Wehrhaftigkeit, die ohne gleichen ist. So wolle Gott unser preußisches Vaterland sich selbst, Deutschland und der Welt erhalten, mannigfach und doch eins! wie das edle Erz, das aus vielen Metallen zusammengeschmolzen, nur ein inniges, edelstes ist — keinem anderen Roste unterworfen, als allein dem verschönernden der Jahrhunderte!"

Diese Worte tönten weithin; nicht bloß in den Straßen von Königsberg wurden sie vernommen. Am 12. September verließ der König die Stadt. Die Behörden Berlins konnten der allgemeinen Stimme nicht widerstehen, ihrem Herrscher bei seiner Rückkehr einen feierlichen Empfang zu bereiten. Nur ihrem Wunsche gab er nach, als er einen feierlichen Einzug in seine Hauptstadt zu Pferde an der Seite der im Staatswagen sitzenden Königin hielt.

Der 15. October, der Geburtstag des Königs, an dem dieser in sein sechsundvierzigstes Lebensjahr trat, war zu der Huldigung für die sechs deutschen Provinzen in Berlin bestimmt. Trotz des strömenden Regens war von mittags zwölf Uhr an der ganze Platz von den Linden bis zum Schlosse mit einer unzähligen Volksmenge angefüllt. Wie in Königsberg, war um den Balkon ein Gerüst erbaut. Der König empfieng zuerst im Schlosse die Deputation der katholischen Geistlichkeit, an deren Spitze der Bischof von Paderborn, Freiherr von Ledebur, eine Anrede hielt.

Im Weißen Saale des Schlosses waren die Abgeordneten der Ritterschaft versammelt. Der Geheime Rath Matthis nahm denselben, dem Programme gemäß, in Gegenwart des auf dem Throne sitzenden Königs den Eid ab. Nachdem hier die Stände geschworen, verfügte sich der Monarch auf den Balkon und sprach zu den Versammelten, so laut, dass es von dem unten stehenden Volke deutlich vernommen werden konnte und bei einigen Stellen seiner Rede die Hand feierlich zum Himmel erhebend, mit vor Begeisterung leuchtenden Augen:

> „Im feierlichsten Augenblicke der Erbhuldigung Meiner deutschen Lande, der edelsten Stämme des edelsten Volkes, und eingedenk der unaussprechlichen Stunde zu Königsberg, die sich jetzt wiederholt, rufe Ich zu Gott, dem Herrn, er wolle mit seinem allmächtigen Arme die Gelübde bekräftigen, die eben erschollen sind, die jetzt erschallen werden; die Gelübde, die Ich zu Königsberg gesprochen, die Ich hier bestätige. Ich gelobe, mein Regiment in der Furcht Gottes und in der Liebe der Menschen zu führen, mit offenen Augen, wenn es die Bedürfnisse Meiner Völker und Meiner Zeit gilt; mit geschlossenen Augen, wenn es Gerechtigkeit gilt. Ich will, soweit Meine Macht und Mein Wille reicht, Frieden halten zu Meiner Zeit — wahrhaftig und mit allen Kräften die hohen Mächte unterstützen, die seit einem Vierteljahrhundert die treuen Wächter über den Frieden Europas sind. Ich will vor allem dahin trachten, dem Vaterlande die Stelle zu sichern, auf welche es die göttliche Vorsehung durch eine Geschichte ohne Beispiel erhoben hat, auf welcher Preußen zum Schilde geworden ist für die Sicherheit und für die Rechte Deutschlands. In allen Stücken will Ich so regieren, dass man in Mir den echten Sohn des unvergesslichen Vaters, der unvergesslichen Mutter erkennen soll, deren Andenken von Geschlecht zu Geschlecht in Segen bleiben wird. Aber die Wege der Könige sind thränenreich und thränenwert, wenn Herz und Geist ihrer Völker ihnen nicht hilfreich zur Hand gehen. Darum, in Begeisterung Meiner Liebe zu Meinem herrlichen Vaterlande, zu Meinem in Waffen, in Freiheit und in Gehorsam geborenen Volke, richte Ich an Sie, Meine Herren, in dieser ernsten Stunde die ernste Frage: Können Sie, wie Ich hoffe, so antworten Sie Mir, im eigenen Namen, im Namen derer, die Sie entsendet haben, Ritter! Bürger! Landleute! und von den hier

unzählig Geschaften alle! die Meine Stimme vernehmen können. — Ich frage Sie: Wollen Sie mit Herz und Geist, mit Wort und That und ganzem Streben, in der heiligen Treue der Deutschen, in der heiligeren Liebe der Christen, Mir helfen und beistehen, Preußen zu erhalten wie es ist, wie Ich es soeben, der Wahrheit entsprechend, bezeichnete, wie es bleiben muss, wenn es nicht untergehen soll? Wollen Sie Mir helfen und beistehen, die Eigenschaften immer herrlicher zu entfalten, durch welche Preußen mit seinen nur vierzehn Millionen den Großmächten der Erde beigesellt ist? — nämlich: Ehre, Treue, Streben nach Licht, Recht und Wahrheit, Vorwärtsschreiten in Alters-Weisheit zugleich und heldenmüthiger Jugendkraft? Wollen Sie in diesem Streben Mich nicht lassen noch versäumen, sondern treu mit Mir ausharren durch gute, wie durch böse Tage? — O! dann antworten Sie Mir mit dem klarsten, schönsten Laute der Muttersprache, antworten Sie mir ein ehrenhaftes Ja!"

Dieses „Ja" ertönte mächtig von allen Seiten des Kopf an Kopf gefüllten Platzes, und man konnte in dem Ausdruck der vieltausendstimmigen Antwort deutlich die Entschiedenheit und Wärme wieder vernehmen, mit welcher die Frage an das Volk gerichtet war. Der König fuhr hierauf fort:

„Die Feier dieses Tages ist wichtig für den Staat und die Welt — Ihr Ja aber war für Mich — das ist Mein eigen — das lass Ich nicht — das verbindet uns unauflöslich in gegenseitiger Liebe und Treue — das gibt Muth, Trost, Kraft, das werde Ich in Meiner Sterbestunde nicht vergessen! — Ich will Meine Gelübde, wie Ich sie hier und in Königsberg ausgesprochen habe, halten, so Gott Mir hilft. Zum Zeugnis hebe ich Meine Rechte zum Himmel empor! — — Vollenden Sie nun die hohe Feier! — — Und der befruchtende Segen Gottes ruhe auf dieser Stunde!"

So hatte noch kein König von Preußen zu seinem Volke gesprochen. Öffentlich mit der Rede des Mundes seinen König sich seinem Volke mittheilen zu hören, war dasselbe lange nicht gewohnt gewesen. Die schönsten Zeiten Athens und Roms schienen zurückgekehrt, wo das öffentliche Leben nicht aus dumpfen Amtsstuben, sondern aus dem frischen, lebendigen Quell gegenseitiger Rede und Gegenrede seine Nahrung gesogen hatte. Es war aber auch wirklich ein neues Leben, welches der König seinem Volke aufthat. Mit den Worten, die er vom Balkon seines Berliner Schlosses gesprochen, war ein Wendepunkt in dem Schicksale desselben eingetreten, und niemand begriff das besser als er selbst.

Der schöne Sonnenaufgang in Preußen wurde von keiner Wolke getrübt. Auch die Verhältnisse mit dem Auslande waren so friedlich, dass wirklich eine einfache, väterliche, christliche Regierung, wie der König sie verheißen, einen ungestörten Fortgang nehmen zu können schien.

In Europa herrschte noch unangefochten die Pentarchie, das heißt die Fünfherrschaft der großen Mächte: Österreich, Russland, England, Frankreich und Preußen, wie sie in den Wiener Verträgen festgestellt war. Sie bildeten die rechtliche Grundlage des ganzen europäischen Völkerrechtes. Die Stifter des heiligen Bundes, die Kaiser Franz und Alexander wie König Friedrich Wilhelm III. waren alle drei hinübergegangen; doch solange die fünf Hauptmächte in gegenseitigem friedlichen Vernehmen zueinander blieben, war auch an eine ernstliche Störung des Weltfriedens nicht zu denken. Einen ganz kleinen Schatten warf gleich zu Anfang von Friedrich Wilhelm IV. Regierung die nie ruhende orientalische Frage in dieses Friedensverhältnis; aber auch nur einen ganz kleinen. Die Wolke sollte sich erst später zu einer Gewitterwolke verdichten.

Alle Macht war also im Jahre 1840 wirklich noch bei den fünf Hauptmächten. Von allen übrigen war kaum die Rede; sie kamen nicht in Betracht, wenn es sich um Änderungen, welcher Art sie auch waren, handelte. Weder die skandinavischen Staaten, die in starrer Ruhe lagen, noch die pyrenäische Halbinsel, die in inneren Kämpfen zuckte, veranlasst durch den Zusammenstoß des ursprünglichen Volkslebens mit der aus Frankreich wehenden revolutionären Giftluft, noch Italien, dessen vulkanische Natur nur in einzelnen kleinen Erschütterungen sein Dasein kundgab, wurden gefragt, wenn die Pentarchen etwas thun wollten. Und dass diese Pentarchen damals noch keine Veranlassung hatten, gegeneinander die Schwerter zu ziehen, sondern alle etwa obschwebenden Meinungsverschiedenheiten der alten erfahrenen Diplomatie überließen, um sie auszugleichen, das erhielt der Welt den Frieden. Es schien damals, als ob dieser Friede noch recht lange dauern sollte; wenigstens war es der allgemeine Glaube.

Friedrich Wilhelm IV. that das Seinige, um diesen Frieden zu erhalten. Es ist nicht genug anzuerkennen, dass die große Begeisterung, welche sein bisheriges Auftreten in seinem Volke geweckt hatte, auch nicht die leiseste Ader eigenen Ehrgeizes in ihm selbst wachrief. Sein Streben ist es von Anfang bis zu Ende gewesen, ein friedlicher Herrscher zu sein und zu bleiben. Im Jahre 1842 reiste er nach England, um der Taufe des neugeborenen Prinzen von Wales als Pathe beizuwohnen und darauf nach St. Petersburg, um die silberne Hochzeit des Kaisers mitzufeiern. Er bewies dadurch, wie sehr ihm der Friede mit den beiden Großstaaten am Herzen lag. Noch in demselben Jahre begab er sich mit der Königin nach Köln; hier sollte ein Fest so recht nach seinem Herzen stattfinden. Der Dom zu Köln, dessen Bau im XIII. Jahrhundert begonnen wurde, war noch nicht vollendet. Es galt in ganz Deutschland als nationale Ehrensache, ihn zu beendigen, nicht bloß bei den Katholiken, auch bei den Protestanten. Er sollte ein Symbol der nationalen Einheit, wie des Friedens unter den beiden Confessionen sein. Am 4. September 1842 sollte die feierliche Grundsteinlegung zum Weiterbaue stattfinden. Die Feier gieng in Gegenwart auserlesener Gäste und vor einer unermesslichen Volksmenge vor sich.

Später fanden große Manöver des siebenten und achten Armeecorps statt. Das königliche Paar bereiste die ganzen Rheinlande; überall jubelte demselben alt und jung, groß und klein entgegen. Diese Reise war ein Triumphzug, wie es 1840 die Fahrt nach Königsberg, wie es 1841 eine ähnliche Reise in Schlesien gewesen war. Überall entzückte der König durch geistvolle, lebendige Reden und Trinksprüche.

Das war das Morgenroth von Friedrich Wilhelm IV. Regierung. Der Sturm sollte nicht ausbleiben.

Seinen Regierungsantritt hatte der König durch eine allgemeine Amnestie bezeichnet. Er hatte alle wegen politischer Vergehen im Kerker Befindlichen oder unter polizeilicher Aufsicht Stehenden begnadigt. Ganz besonders ausgezeichnet hatte er zwei Männer, welchen die frühere Regierung ein schweres Unrecht gethan hatte: den berühmten Dichter und Geschichtsschreiber Ernst Moriz Arndt und Friedrich Ludwig Jahn, den sogenannten Turnvater. Beide waren wegen angeblicher demagogischer Umtriebe verhaftet worden und obgleich die gerichtliche Untersuchung nichts gegen sie ergeben, hatte man sie doch 20 Jahre unter polizeilicher Aufsicht behalten. Dies war ein schreiender Undank; denn beide Männer hatten nicht geringen Antheil an der Entzündung des Vaterlandsgefühles im Jahre 1813 gehabt und sich auch persönlich im heißen Waffentanze nicht geschont. Friedrich Wilhelm beeilte sich, sie beide wieder in ihre alten Ehren und Rechte einzusetzen. Seine aufrichtige, eigene Begeisterung für das deutsche Vaterland trieb ihn zu diesem Schritte der Gerechtigkeit noch besonders an. Derselbe Gerechtigkeitssinn bewog ihn auch zu sofortiger Einstellung der Feindseligkeiten gegen die römische und lutherische Kirche, die er eben noch in Flammen stehend geerbt hatte. Er befriedigte die Lutheraner, die sich der Landeskirche nicht anschließen wollten, durch eine sogenannte General-Concession, durch welche sie vor allen Verfolgungen geschützt waren, gleichwie er Frieden mit Rom schloss. Er gab nach, dass die Kirche die Ehen nur auf ihre eigenen Bedingungen einsegnen dürfe und entließ die Bischöfe ihrer Haft. Aus eigenem Antriebe gewährte der König der römischen Kirche mehr als ihr sogar in vielen katholischen Ländern zustand. Er gestattete, dass die Bischöfe päpstliche Verordnungen in Kirchensachen bekannt machen durften, ohne erst die Genehmigung des Staates hiefür einzuholen. Diese, das sogenannte „Placetum regium", war früher zu ihrer Rechtsgiltigkeit nothwendig.

All' diese Schritte hatten ihre Quelle nicht bloß in der Gerechtigkeitsliebe des Königs, sondern auch in seiner auf ein tiefes Geschichtsstudium gegründeten Überzeugung.

Von Anfang seiner Regierung beschäftigte den König die Presse. Bei der Vermehrung der Verkehrsmittel machte sich auch ein ganz besonderer Aufschwung in der Zahl der Zeitungen und periodisch erscheinender Blätter bemerkbar. Wie die ganze Literatur, so stand auch die Presse unter strenger Censur. Dem König, in seinem Streben nach Veredlung seines Volkes, gefiel dieser Zwang überhaupt nicht. Schon im December 1841 erlaubte er in einer Cabinetsordre eine erweiterte Besprechung von Gegenständen der Staatsverwaltung in den Zeitungen; 1842 bewilligte er Werken über 20 Bogen völlige Censurfreiheit und verfügte in einem Erlasse an die Oberpräsidenten, dieselben sollten etwaige falsche Zeitungsnachrichten amtlich berichtigen. Als Beschwerde-Instanz gegen die Übergriffe der Censoren wurde ein Ober-Censurgericht in Berlin eingesetzt und wiederholt eingeschärft, dass die Censoren nicht zu bedenklich in Besprechung von Staatsangelegenheiten in den Zeitungen sein sollten.

Am 26. Juli 1844 ereignete sich etwas bisher in Preußen Unerhörtes. Als der König mit der Königin eben im Begriffe war auszufahren, schoss ein ruchloser Mensch, namens Tschech, ein abgesetzter Bürgermeister, der mehrmals vergeblich um Wiederanstellung gebeten hatte, eine Pistole auf den König ab, glücklicherweise ohne ihn zu verwunden. Seine darauffolgende Hinrichtung musste dem Könige erst durch eine einstimmige Vorstellung des Staatsministeriums abgerungen werden. Der König erließ am 5. August einen öffentlichen Dank an sein Volk für alle Beweise der Theilnahme, die er damals erhielt.

Das Attentat, so vereinzelt es in seinen Motiven auch dastand, war doch ein Ausfluss der schwülen Gewitterluft, die damals anfing, sich von Tag zu Tag, von Jahr zu Jahr mehr zu verdichten. Überall wurde gewühlt: in der Kirche, in der Presse, unter Deutschen und Polen. Schon 1846 standen letztere wieder bereit, sich bewaffnet zu erheben. In Posen unterdrückte die Wachsamkeit der Behörden den beabsichtigten Aufstand ohne Blutvergießen, in der Republik Krakau, dem einzigen Reste des alten Polenreiches, kam es zu einem blutigen Conflicte mit dort stehenden österreichischen Truppen. Die drei Schutzmächte Russland, Österreich und Preußen kamen nun überein, der ganzen Republick den Gnadenstoß zu geben und sie dem österreichischen Kaiserstaate einzuverleiben. Die Ausführung fand keine Schwierigkeiten.

In Preußen wurde es immer klarer, dass die ganze Bewegung der Geister vorläufig mit aller Macht nach einem Ziele hinstrebte: Preußen aus einer unumschränkten Monarchie in eine constitutionelle zu verwandeln; Preußen sollte eine Verfassung erhalten. Viele wohlmeinende, patriotische Männer waren darin mit solchen einig, welchen die Constitution nur eine Brücke bauen sollte, weiter einzureißen. Am 22. Mai 1815 hatte Friedrich Wilhelm III. seinem Volke eine reichsständische Verfassung versprochen. Der Anfang war 1823 mit der Berufung von Provinzialständen gemacht worden, welche die Theilnahme und auch die thätige Mitwirkung des damaligen Kronprinzen in hohem Grade in Anspruch nahmen. Die Provinzialstände waren zusammengesetzt aus einigen Standesherren und aus erwählten Abgeordneten der Ritterschaft, der Städte und des Bauernstandes. Die Zahl der ritterschaftlichen Deputierten bildeten die Mehrzahl. Die Provinzialstände sollten sich an die alte historische Entwickelung des Staates aus der Lehensverfassung anknüpfen. Sie hatten vorläufig nur über provinzielle Angelegenheiten zu berathen und nur über solche, welche ihnen von der Regierung vorgelegt wurden. Im Anfange war die Theilnahme an denselben nicht besonders groß; die Regierung Friedrich Wilhelm III. hatte noch keinen Sturm gegen das constitutionelle Princip zu bestehen. Als aber nun sein Sohn die anregenden Worte bei der Huldigung gesprochen, als er fortfuhr, mit Geist und Beredsamkeit alle edlen Kräfte seines Volkes zum Leben zu rufen, wurden immer mehr Stimmen laut, die nach einer Verfassung verlangten. Dass ihnen endlich würde nachgegeben werden müssen, war dem Könige wohl klar; drängen aber wollte er sich nicht lassen. Freiwillig wollte er eine Verfassung geben, wie er sie für rechtlich begründet, für angemessen hielt. Er wies vielfache Gesuche von Behörden, von einzelnen Provinzialstände-Versammlungen, zum Theile unwillig, zurück.

In des Königs Umgebung hatte das constitutionelle Princip Vertreter; mehrere einsichtsvolle Stimmen aber sahen darin Preußens Verderben. Man hatte bis nun Preußens treffliche Armee, Preußens redliche, unbestechliche Beamte, Preußens geordnete Finanzen, des ganzen preußischen Volkes kriegerische Tüchtigkeit, Kraft sowie dessen Treue gegen das Herrscherhaus überall im Auslande gerühmt und gepriesen; dass durch schöne Reden in den Kammern der Geist noch besser werden würde, war kaum anzunehmen. Das dem constitutionellen Leben eigenthümliche Parteiwesen sagte dem ehrlichen, soldatischen, altpreußischen Wesen nicht zu. Preußen war die kleinste unter den fünf europäischen Hauptmächten; nur durch feste Zusammenfassung all seiner Kräfte konnte es den anderen gegenüber seinen Rang behaupten. So wünschenswert auch eine Vertretung und Theilnahme des Volkes im öffentlichen Leben sein mochten, eine Kammer-Regierung war ein Übel und die Gefahr einer solchen drohte durch eine Constitution nach modernem Zuschnitt. Der König wollte nur eine Vertretung auf dem durch die ständische Entwickelung vorgezeichneten Wege; er zögerte lange, denn er wusste wohl, welch ein verhängnisvoller Schritt eine Berufung von Reichsständen sein würde. Endlich entschloss er sich, dem immer lauter werdenden Drängen nachzugeben und berief die Provinzialstände sämmtlicher acht Provinzen für den 11. April 1847 in seine Hauptstadt. Dabei versprach er in dem Einberufungs-Patente vom 3. Februar diesen Schritt zu wiederholen, wenn die Bedürfnisse des Staates es nöthig machten, ohne sich aber durch eine bestimmte Zusage zu binden. Die Aufregung war im In- und Auslande groß. Es war vorauszusehen, dass die einmal betretene Bahn weiter führen würde; wohin? war nicht abzusehen.

Am 11. April 1847 eröffnete der König diesen ersten vereinigten Landtag. Die Sitzungen zeigten, dass auch in Preußen viele Redner vorhanden waren. Der Minister von Bodelschwingh vertrat mit Beredsamkeit die Ansichten seines königlichen Herrn, das constitutionelle Princip wurde durch den westfälischen Abgeordneten, Freiherrn von Vincke, am lautesten verfochten. Unter den conservativen Abgeordneten sprach am gründlichsten der Regierungsrath von Manteuffel. Nachdem viele schöne Worte gemacht worden waren, bat der Landtag um das königliche Versprechen einer periodischen Wiedereinberufung. Der König behielt sich wohl eine solche noch vor, verhieß aber, eine kleinere Zahl, die sogenannten ständischen Ausschüsse, die von den Abgeordneten aus ihrer Mitte gewählt werden sollten, bald wieder um sich zu versammeln; am 24. Mai 1847 entließ er den Landtag in Gnaden

Die Nachricht von den Februar-Ereignissen 1848 zu Paris regte besonders Deutschland bis ins innerste Mark auf.

Da überraschte die Kunde von Louis Philipps Sturze wie dem Untergange der französischen Monarchie und entfesselte viele bisher gebundene Geister, offenbarte vieler Herzen geheime Gedanken. Eine conservative Partei gab es damals noch nicht, und konnte es nicht geben. In den deutschen Mittelstaaten herrschten die constitutionell Gesinnten. Diese wollten die bisherigen Constitutionen endlich zu Wahrheit machen und verlangten nun ein deutsches Parlament neben dem Bundestage. Deutsches Parlament, Pressfreiheit, Volksbewaffnung, Schwurgerichte, so lauteten ihre Forderungen durchwegs, und die große Menge jauchzte ihnen zu; fast in allen diesen Staaten wurden die bisherigen Ministerien im Sturme gestürzt, und neue, im Sinne des Liberalismus, traten an ihre Stelle.

In Preußen, wo seit dem vereinigten Landtage die Aufregung noch nicht nachgelassen hatte, bestand eine Partei, welche offen am Umsturze der bestehenden Verhältnisse arbeitete. Die Behörden wagten jedoch nirgends Ernst und Entschiedenheit zu zeigen, wiewohl denselben die Bestrebungen vieler Übelgesinnter unmöglich verborgen bleiben konnten.

Die im Februar zu Berlin versammelt gewesenen ständischen Ausschüsse wurden vom Könige am 7. März 1848 entlassen. Friedrich Wilhelm IV. wurde damals wahrhaft erdrückt von Deputationen und Adressen, welche alle das nämliche: Volksvertretung, Pressfreiheit, Schwurgerichte und Bürgerwehren verlangten. Er wollte ihnen genügen. — Niederdrückung der Aufregung durch gewaltsame Mittel kam nicht in seine Seele. Die Aufregung stieg, künstlich noch von verborgenen Leitern genährt, von Tag zu Tag. Schon am 14. März 1848 kam es zu einem blutigen Conflicte zwischen Truppen und Einwohnern, an sich unbedeutend, aber die Stimmung noch mehr erbitternd.

Eine ruhige Entwickelung lag jedoch nicht im Sinne der Demokraten. Es ist bekannt, wie am 18. März die unheilvolle Krisis eintrat. Als am 17. März eine königliche Proclamation angeschlagen wurde, welche eine Verfassung verhieß, ergrimmten die Demokraten; in ihrem Plane lag es, der König müsse zu derselben gezwungen werden. Nachmittags des 18. drängte sich das Volk auf dem Schlossplatze; der König erschien auf dem Balkone, von vielen mit Freudengeschrei begrüßt. Da giengen plötzlich zwei Gewehre der in der Ferne stehenden Truppe los; auf das Geschrei: „Verrath! Verrath! man schießt auf das Volk", begann nun ein achtzehnstündiges Gefecht. Der ganze Aufstand war vorbereitet, der Barrikadenbau eingeübt gewesen. Der die Truppen befehligende General von Prittwitz hatte seine Macht um das Schloss, den Mittelpunkt der Stadt, concentriert und machte von hier aus strahlenförmige Angriffe auf die Ruhestörer. Um 9 Uhr des folgenden Tages war alles entschieden, die Truppen waren auf allen Punkten vollständig Sieger geblieben. Der König befahl nun das Schießen einzustellen; von wem aber eigentlich der Befehl ausgieng, dass die siegreichen Truppen die Stadt verlassen sollten, ist noch nicht völlig aufgeklärt. Über manche Vorgänge im Inneren des königlichen Schlosses liegt überhaupt noch ein tiefer Schleier.

Der König sah sich von denen verrathen, für welche er bisher gedacht, gehandelt und gekämpft hatte. Über alles, was er bis jetzt in einem 52jährigen Leben erstrebt und erarbeitet hatte, legte sich ohne seine Schuld, ihm ganz unerwartet, überraschend, mit dämonischer Gewalt, die Hand eines finsteren Verhängnisses. Wer kann ermessen, was in jener Nacht vom 18. zum 19. März in seiner Seele vorgegangen sein mag?

Schon am 18. März hatten sämmtliche Minister ihre Entlassung eingereicht. Der König hatte eine Verfassung auf breitester Grundlage versprochen; am 2. April war der zweite vereinigte Landtag zusammengetreten, um sich sogleich selbst freiwillig aufzulösen. „Jeder Preuße ist Wähler", war das Feldgeschrei des Tages, man fühlte sich nicht stark genug, dem Strome zu widerstehen. Die neue sogenannte constituierende Nationalversammlung, die nun von sämmtlichen königlich preußischen Urwählern berufen wurde, ließ auch nicht lange auf sich warten. Am 22. Mai wurde sie eröffnet.

Die Frankfurter Versammlung sollte eine Verfassung für ganz Deutschland mit den Fürsten, die Berliner eine andere für Preußen mit dem Könige vereinbaren. Zu einer Vereinbarung gehört aber von beiden Seiten guter Wille, und wenn dieser auch angenommen werden konnte, so kamen hier so viele Interessen ins Spiel, dass das Werk jedem Unbefangenen sehr schwer erscheinen musste. Der Unfug war aller Orten groß genug. Es wollte niemand mehr gehorchen, alle Zucht und Ordnung wurden in diesem Jahre grundsätzlich mit Füßen getreten, und die Mehrzahl der Behörden zeigte sich nicht stark genug. Die herrschende Verwilderung zeigte ihre hässlichsten Früchte in der ganz zuchtlosen Presse. Während alles wankte, blieb eine Körperschaft in ihrer Gesammtheit fest und trotzte dem Gifte — die Armee.

Gleich nach dem Märzaufruhre hatte Graf Arnim-Boitzenburg die Bildung eines Cabinettes versucht, überließ dies aber darauf Herrn Camphausen; im Juni trat das Ministerium Auerswald an seine Stelle. Im September wurde dieses wieder durch das von General Pfuel gebildete Cabinet ersetzt. Aber alle diese Herren waren ganz außer Stande, der Revolution Meister zu werden. In Berlin wurde es von Tag zu Tag toller; Straßentumulte, Unsicherheit der Person und des Eigenthums nahmen überhand und es ereignete sich, dass selbst die Abgeordneten, wenn sie nicht genug revolutionär gestimmt hatten, Thätlichkeiten ausgesetzt waren.

Während so die Hand eines finsteren Geistes auf Preußen lag, litt es an einem Kriege, den der Leichtsinn Arnims, der im Juni aus dem Ministerium schied, heraufbeschworen hatte.

In Dänemark saß seit 1448 das Haus Holstein auf dem Throne. Die beiden, durch alte Verträge eng miteinander verbundenen Herzogthümer Schleswig und Holstein, der ursprüngliche Familienbesitz dieses Hauses, waren seitdem mit der Krone Dänemarks verbunden, ohne an seiner übrigen Verfassung theilzunehmen. Die Staatsmänner, welche 1815 die Wiener Verträge schlossen, hatten damals Holstein mit dem Deutschen Bunde vereinigt, Schleswig aber nicht, so dass der Bundestag eigentlich gar kein Recht hatte, sich um Schleswig zu bekümmern. Die Bevölkerung dieses letzteren ist im nördlichen Theile stark mit Dänen gemischt. In Dänemark stand die Thronfolge auf vier Augen, und wenn das regierende Haus ausstarb, so musste nach altem Rechte in Dänemark, wo weibliches Erbschaftsrecht bestand, ein hessischer Prinz, in den beiden Herzogthümern aber der Prinz von Holstein-Augustenburg folgen.

Dänemark war zu schwach, um ohne diese beiden Herzogthümer noch selbständig bestehen zu können, und dies bewog König Christian VIII. 1846 zu einem offenen Briefe, worin er die beständige Vereinigung derselben mit dem dänischen Gesammtstaat aussprach und also den Erbschaftsansprüchen des Hauses Augustenburg, sowie den wohlbegründeten Rechten der Herzogthümer, wie des Deutschen Bundes entgegentrat. Im Januar 1848 starb er, und sein Sohn König Friedrich VII. bestätigte diesen offenen Brief.

Der Deutsche Bund nahm sich von Anfang an der Rechte Holsteins an; Schleswig aber gieng ihn von rechtswegen nichts an. Dem einmal erwachten Nationalgefühle war dies jedoch schwer begreiflich zu machen, sowie es auch in der Praxis schwer auszuführen war, den Holsteinern zu helfen und die Schleswiger von ihnen zu trennen. Desto besser begriff es aber die europäische Diplomatie, welche die Holsteinische Sache zwar für eine deutsche, die Schleswigische aber für eine europäische Angelegenheit erklärte. Deutschland als unparteiischer, redlicher Vermittler des ganzen Streites auftretend, den man am besten als einen Streit Dänemarks mit Holstein um den Besitz Schleswigs bezeichnen kann, hätte sich die Dänen verpflichten können. Nun aber kam der Märzsturm von 1848. Die Holsteiner standen mit den Schleswigern gemeinschaftlich auf und stellten eine provisorische Regierung an ihre Spitze. Dies musste natürlich den Dänen von ihrem Standpunkte aus als Rebellion erscheinen. Holsteinische und dänische Truppen sowie Freischaren bekämpften sich schon, da erschien eine Aufforderung des Vorparlaments in Frankfurt an Preußen, die Sache Deutschlands und der Herzogthümer mit Waffengewalt gegen Dänemark zu vertreten. Ohne Besinnen gieng Minister von Arnim darauf ein und sandte General Wrangel mit 15.000 Mann an die Eider. Unter den Mauern von Schleswig gewannen die Preußen ein Treffen und bald darauf ein zweites bei Flensburg. Als nun aber dies siegreiche Heer in Jütland eindrang, zeigten sich die Folgen der Kriegsunternehmung. Russland und England nahmen sich der Dänen an und drohten bei weiterem Vorgehen von preußischer Seite mit Krieg und Küstenblockade.

Wrangel räumte nun Jütland. Nach mehreren zum Theile sehr rühmlichen Gefechten, an denen sich auch die Hannoveraner betheiligten, wurde im August der Waffenstillstand zu Malmö geschlossen, in welchem Dänemark einwilligte, dass an der Regierung Schleswigs bis auf weiteres ein preußischer Commissär theilnehmen sollte. Mit Abschluss des Londoner Protokolles vom 8. März 1852 wurden beide Herzogthümer wieder an Dänemark ausgeliefert.

In Berlin wurde indes weiter berathen. Man war nun endlich bei Feststellung der Verfassung angekommen und es gieng an den Anfang: „Das Staatsoberhaupt führt den Titel König von Gottes Gnaden." Ein König von Gottes Gnaden empfieng nicht, wie es die herrschende Partei wollte, sein Amt aus den Händen seiner Urwähler. Der Abgeordnete Schultze-Delitsch erklärte das Königthum von Gottes Gnaden für eine „bankerotte Firma", und diese wurde also verworfen, aller Adel und alle Vorrechte der Geburt abgeschafft. Da endlich ermannte sich der König. Ein halbes Jahr hatte er zugesehen, wie die Revolution einen Stein nach dem anderen aus dem Gebäude der alten Monarchie ausbrach. Er hatte einmal am 18. März mit der Revolution eine Capitulation geschlossen, sein gegebenes Wort war ihm heilig; er hatte von Anfang an den Plan verfolgt, diesen Feind nur mit geistigen Waffen zu bekämpfen; jetzt aber, als sein Beruf, auf den er so stolz war, ein König von Gottes Gnaden zu sein, mit frevelhafter Hand angegriffen, als seine Krone in den Staub gezogen wurde, da fasste er den Entschluss, sich loszureißen. Es musste mit der Revolution ernstlich gebrochen werden!

Ein neues Gesetz über die Einrichtung der Bürgerwehr war nicht nach dem herrschenden Geschmacke; die Bürgerwehr schritt, wie zu erwarten war, ohne Energie und Zusammenhang gegen die Revoltanten ein; es kam zu Blutvergießen, doch blieb alles beim alten. Erst als man hörte, General Wrangel, welcher vom Könige zum Oberbefehlshaber in den Marken ernannt worden, habe 30.000 Mann in der Umgebung von Berlin zusammengezogen, ergriff den Pöbel schreckliche Furcht und seine demokratischen Häupter verloren allen ihren Heldenmuth. Die Furcht und Rathlosigkeit, die im demokratischen Hauptquartier herrschten, trieb zu den abgeschmacktesten Lügen. Die Angst stieg, als sehr schlimme Nachrichten aus Wien eintrafen. Wien fiel in die Hände seiner rechtmäßigen Obrigkeit zurück. Nun geberdete sich die Demokratie in Berlin wie rasend. Schon am 15. October hatte der König beschlossen, die Regierung wieder in die Hand zu nehmen und, wie er gelobt, den Frevlern ein Schrecken zu sein.

Am 1. November trat das bisherige Ministerium Pfuel freiwillig zurück, und der König ernannte ein neues Cabinet, an dessen Spitze General Graf Brandenburg trat; außer ihm war das hervorragendste Mitglied der Geheime Rath von Manteuffel, welcher sich schon auf dem ersten vereinigten Landtage hervorgethan hatte. Am 2. November machte Graf Brandenburg seine Ernennung der Nationalversammlung bekannt, und setzte sie dadurch, wie zu erwarten war, in die äußerste Aufregung. Sie entsendete noch denselben Tag eine Deputation an den König nach Potsdam, um ihm eine Adresse zu überreichen, des Inhalts, „dass der Graf Brandenburg das Vertrauen des Landes nicht besäße, und also seine Ernennung unabsehbares Unglück über dasselbe bringen müsse". Die Deputation, aus fünfundzwanzig Mitgliedern bestehend, wurde vom Könige abends, um halb sieben Uhr, empfangen, erhielt aber keine Antwort.

Am 9. November erschien eine königliche Verordnung, laut welcher die Nationalversammlung auf sechzehn Tage vertagt und für den 27. nach Brandenburg einberufen wurde, einer Stadt von 20.000 Einwohnern, die alle Bequemlichkeit bot, aber keinen Pöbel hatte, der zahlreich genug war, durch seine Stimme das Gewicht der demokratischen Partei zu verstärken. Als nun mittags Graf Brandenburg in die Sitzung trat, wendete er sich an den Präsidenten von Unruh und erbat sich das Wort, um die königliche Botschaft vorzulesen. Alles erhob sich schweigend. Nachdem die Mitglieder den königlichen Befehl zu ihrer Vertagung vernommen, war jede fernere Berathung ungesetzlich; das Recht, sie zu vertagen, stand zweifellos dem Könige zu; auch verließen sofort die Minister und viele Mitglieder den Saal. Die Mehrheit aber blieb trotzig zurück und beschloss im Wahne ihrer Souveränität, das Feld zu behaupten. Die Bürgerwehr, von Rimpler befehligt, wurde vom Ministerium aufgefordert, fernere Berathungen der Versammlung zu verhindern; sie erwiderte aber, sie würde im Gegentheil sie schützen.

Als nun der zurückgebliebene Theil der Abgeordneten, dem königlichen Befehle zuwider, am 10. November in ihrem Locale auf dem Gendarmenmarkte weitertagte, stellte Rimpler seine Bürgerwehr als schützendes Spalier rings umher auf, und nach den Reden, die drinnen und draußen fielen, sah es aus, als ob nun ein Bürgerkrieg entbrennen würde, der halb Berlin von der Erde vertilgen müsse. Um zwölf Uhr erscholl Kriegsmusik. General Wrangel zog ein mit 25.000 Mann Soldaten. Von allen Seiten rückten sie auf den Gendarmenmarkt zu; aus den geöffneten Fenstern flatterten ihnen zahllose weiße Tücher und tönten ihnen Freudenrufe entgegen. Der Augenblick war da, wo wieder die Herrschaft des Königs die des Pöbels ablösen sollte. Als Rimpler auf General Wrangels freundliche Begrüßung erwiderte, er werde die Nationalversammlung beschützen, antwortete der alte Krieger: „Gut, ich werde auch hier bleiben; meine Leute sind gewohnt zu bivouakieren, wir können's acht Tage aushalten." „So lange können wir's auch," sagte Rimpler. Allein schon nach zwei Stunden waren er und die Senatoren drinnen und die Bürgerwehrmänner draußen anderen Sinnes geworden. Friedlich zogen sie ab, mitten durch die Truppen hindurch, welche ihnen schweigend Platz machten. Jetzt besetzten diese das Sitzungslocal und schlossen es; in der Stadt aber herrschte Ruhe und Sicherheit. Die rechtmäßige Obrigkeit hatte zum erstenmale seit sieben Monaten wieder das Heft in der Hand.

Am 11. November wurde überall eine königliche Proclamation angeschlagen, worin die Verlegung der National-Versammlung von Berlin nach Brandenburg, ferner die Verstärkung der Garnison in Berlin, sowie die Auflösung der Bürgerwehr, bis zu deren Reorganisation, motiviert wurde. Die Proclamation schloss mit einem Appell an die Wohlgesinnten und versprach, dass die in den Märztagen verheißenen Freiheiten durch niemanden verkümmert werden sollten. Um die Auflösung der Bürgerwehr in Ruhe vollziehen zu können, musste der Belagerungszustand über Berlin verhängt werden.

Die Nationalversammlung ließ sich, von einem Sitzungslocal zum anderen gedrängt, endlich am 15. November sprengen, nachdem sie noch die Steuern verweigert hatte. Die Hauptwühler flohen. Die conservativen und gemäßigten Mitglieder der Versammlung eröffneten am 27. November ihre Sitzungen in Brandenburg; nun eilten auch viele demokratische Mitglieder dahin, um sie zu stören. Aber schon am 5. December wurde die ganze Versammlung aufgelöst und eine Verfassung octroyiert. So endete das Jahr 1848.

In der nun folgenden Zeit in allen großen politischen Fragen eine mehr passive Haltung einnehmend, machte Preußen nur auf einem Gebiete Eroberungen: auf dem der Kunst und Wissenschaft. Die bedeutendsten Vertreter derselben zog Friedrich Wilhelm IV. an seinen Hof, in seine Residenz, oder seine Bildungsstätten. Der Ruhm Rauchs, Schinkels, A. v. Humboldts, der Gebrüder Grimm, Lepps, Potts, Lobecks, Böckhs, Welckers, Ritschls, Lepsius', Ehrenbergs, Doves, Enkes, Ritlers, Gräfes, Rankes, Räumers, Droysens, Dunckers, Mommsens u. a. ist allbekannt.

Ganz besonders zeigte sich Friedrich Wilhelms Thätigkeit fruchtbar auf dem Gebiete der Kirche. Er gab derselben eine freiere und selbständigere Existenz durch die Einsetzung des Oberkirchenrathes im Jahre 1850, an den er einen Theil seiner oberbischöflichen Rechte abtrat. Die Kirchentage, die innere Mission, das Diaconissenwesen belebten ungemein das wiedererwachende religiöse Bewusstsein und die praktische Bethätigung desselben in der evangelischen Kirche.

Für Industrie und Handel wurde durch den Bau zahlreicher Eisenbahnen gesorgt, zur Sicherung des letzteren die preußische Flotte gegründet und derselben durch die im Jahre 1853 erfolgte Erwerbung des Jahdebusens eine ausgezeichnete Station in der Nordsee gesichert. Auch der Wohlstand des Volkes, für dessen Unterstützung und Belebung außerordentlich viel geschah, nahm augenscheinlich zu und die Regierung des Königs zeigte sich sichtbar bemüht, alle Einrichtungen zu fördern, welche imstande waren, dem mit dem wachsenden Reichthume des Bürgerthums in gleichem Maße wachsenden Pauperismus der unteren Classen zu steuern.

Indessen hatten sich in der Gesundheit Friedrich Wilhelms bedenkliche Symptome gezeigt. Ein Gehirnleiden, dessen Ursache in den gewaltigen und erschütternden Geistesaufregungen des Königs von 1848 bis 1857 zu suchen ist, zwang ihn im October des letzteren Jahres sich zeitweilig von der Regierung zurückzuziehen. Da keine Besserung eintrat, wurde am 7. October 1858 dem Prinzen Wilhelm von Preußen die Regentschaft übertragen. Endlich nach langem Leiden erlag Friedrich Wilhelm IV. am 2. Januar 1861 der unheilbaren Krankheit. Sein Leichnam wurde in der Friedenskirche zu Potsdam bestattet. — Die großen Hoffnungen, welche man an Friedrich Wilhelms Regierung bei seiner Thronbesteigung geknüpft hatte, haben sich in ganz anderer Richtung erfüllt, als es die meisten erwartet hatten. So wenig positive Erfolge er in seiner äußeren Politik aufzuweisen hatte, so wichtig war seine Regierung für die innere Entwicklung des Staates geworden. Der Übergang vom ständisch vertretenen zum constitutionellen Staate ist unter ihm, und zwar, trotz der großen Gefahr gewaltsamer Umwälzung aller staatlichen Verhältnisse, wie sie fast jeder größere Staat durchzumachen gehabt hat, mit verhältnismäßiger Leichtigkeit und Schnelligkeit erfolgt. Es ist keine Frage, dass dies wesentlich dem friedliebenden, edlen und hohen Charakter Friedrich Wilhelm IV. als Verdienst anzurechnen ist. Dazu gesellt sich das nicht geringere um die sittlich-religiöse, wie wissenschaftliche und ästhetische Aus- und Fortbildung seines Volkes. Man darf es nicht vergessen, dass Friedrich Wilhelm IV. es gewesen ist, welcher seines Volkes Kräfte zu der Höhe erhob, auf der es in den ernsten Jahren 1864, 1866, 1870 und 1871 stand.

10. October 1841.

Wilhelm I., Deutscher Kaiser und König von Preußen,

Markgraf zu Brandenburg, Burggraf zu Nürnberg, Graf zu Hohenzollern, souveräner Herzog von Schlesien und der Grafschaft Glatz, Großherzog von Niederrhein und Posen, Herzog zu Sachsen, Westfalen und Engern, zu Pommern, Lüneburg, Holstein und Schleswig etc. etc. Oberster Kriegsherr des deutschen Reichsheeres, Chef der Marine, Chef des 1. Garde-Regimentes zu Fuß, des Regimentes der Gardes du Corps, des Leibgarde-Husaren-Regimentes, des Königs-Uhlanen-Regimentes (1. hannover'sches) Nr. 13, des 1. Garde-Feld-Artillerie-Regimentes, des Königs-Infanterie-Regimentes Nr. 145, des königl. sächsischen 2. Grenadier-Regimentes, des königl. württemberg'schen Infanterie-Regimentes Kaiser Wilhelm, König von Preußen (2. württemberg'sches) Nr. 120, des 2. badischen Grenadier-Regimentes Nr. 110, des Infanterie-Regimentes Kaiser Wilhelm (2. Grossherzoglich hessisches) Nr. 115, Inhaber des königl. bayerischen 1. Uhlanen- und 6. Infanterie-Regimentes, **Oberst-Inhaber des k. und k. Infanterie-Regimentes Nr. 34 (vom 10. October 1841 auf immerwährende Zeiten) und des k. k. Husaren-Regimentes Nr. 10 (vom 18. October 1873 bis 9. März 1888)**, Chef des kaiserl. russischen St. Petersburger Leibgarde-Grenadier-Regimentes König Friedrich Wilhelm III. und des kaiserl. russischen Infanterie-Regimentes Kaluga etc. etc., Souverän und Meister des Ordens vom Schwarzen Adler, **Großkreuz des königl. ungarischen St. Stephan-Ordens und Besitzer der österreichischen Kriegserinnerungs-Medaille**, Ritter des kaiserl. russischen St. Georg-Ordens I. und IV. Classe etc. etc.

Überblickt man den langen, inhaltreichen und vielbewegten Lebenslauf Kaiser Wilhelm I., so entrollt sich vor dem geistigen Auge des Beschauers ein von Glanz und vaterländischer Glorie umleuchtetes, historisches Gemälde. Und aus dem Bilde tritt die hohe Gestalt des Verewigten, welcher nicht nur dem Lande, dem er angehörte, nicht nur dem Volke, das er regierte, sondern der ganzen gebildeten Welt als ein Fürst galt, in dessen Charakter sich Kraft und Entschiedenheit mit Weisheit, Mäßigung, milder Herzensgüte und höchster Pflichttreue auf das Schönste vereinten.

Zu einer Zeit, da in Frankreich die Donner der Revolution grollten, während Preußen vollen Frieden genoss und der hellste Sonnenschein der Liebe und des Glückes in dem kronprinzlichen Palais glänzte, wurde dem daselbst residierenden erlauchten Fürstenpaare, dem Prinzen Friedrich Wilhelm, damals noch Kronprinzen von Preußen und seiner edlen, reizumflossenen Gemahlin Luise, einer geborenen Prinzessin von Mecklenburg-Strelitz, am 22. März 1797 ein zweiter Sohn geboren. Der Neugeborene erhielt in der Taufe die Namen: Friedrich Wilhelm Ludwig mit der Bestimmung, dass er den Namen Wilhelm führen sollte.

Prinz Wilhelm war in seiner ersten Kindheit von so schwächlicher Natur, dass seine Mutter die Befürchtung hegte, er würde nicht am Leben bleiben. Sie wendete daher ihre größte Liebe und Zärtlichkeit diesem Sorgenkinde zu. Seit der Zeit Friedrich Wilhelm I. ist die Erziehung der preußischen Prinzen in erster Linie eine militärische. Nach diesem Grundsatze erzog auch Friedrich Wilhelm seine Söhne. Luise steckte in ihrer Milde und Herzensgüte das Ziel ihres Erziehungswerkes weiter hinaus, denn es war ihr liebster und heißester Wunsch, ihre Kinder zu wohlwollenden Menschenfreunden zu erziehen. Die straffe soldatische Zucht und der Einfluss der milden Menschenfreundlichkeit haben auf den Prinzen Wilhelm wohlthätige Einwirkung ausgeübt und den Grundriss zu dem wunderbaren Charakterbilde gegeben, das uns in Kaiser Wilhelm I. entgegenleuchtet. Die wissenschaftliche Ausbildung des Prinzen gieng mit den militärischen Übungen Hand in Hand. Einen tüchtigen Geistesbildner hatte das Elternpaar in dem Geheimen Rathe Delbrück gefunden, einem Manne, der sich ebensowohl durch gründliche Gelehrsamkeit, wie durch Gemüthstiefe und Charakterfestigkeit auszeichnete, und der seines ihm anvertrauten Erzieheramtes mit treuer Hingebung und bestem Erfolge waltete.

Indessen war es nicht heller Sonnenschein allein, welcher das zarte Lebensalter des jungen Hohenzollernsprossen umgab; es kamen auch bald rauhe Stürme, die das Bäumchen rüttelten und bis ins Mark durchschauerten. Und auch diese haben sich für die Entwickelung seines Charakters als von dauernd heilwirkender Kraft erwiesen.

Europa stand damals unter den unheilvollen Nachwirkungen, welche die französische Revolution von 1789 hervorgerufen hatte und von denen auch Preußen nicht verschont bleiben sollte. In den Greueln der Verwüstung, welche über Frankreich hereingebrochen, war das bourbonische Königsgeschlecht verdrängt worden, sein Herrscherthron zertrümmert. Die Republik, welche aus dem Abgrunde unerhörter Blutthaten sich erhoben, hatte aber bald einen Kaiserthron erbaut, um auf demselben den Helden ihrer Ruhmsucht zu erhöhen, den Advocatensohn aus Corsica: Napoleon Bonaparte. Dessen Genialität als Staatsmann wie als Feldherr überraschte alle, sein Ruhm verschlang die Erinnerung der Revolution. Alles sah jetzt nur auf ihn. Mit erstaunlichem Feldherrngeschicke und unerhörtem Kriegsglücke führte Napoleon unter dem Jubel seines Volkes die französischen Heere von Sieg zu Sieg, zerschlug er einen Thron nach dem anderen. Auch das ehrwürdige deutsche Kaiserreich gieng unter seinem gewaltigen Schlage am Tage von Austerlitz in Stücke. Aus einem Theile der Trümmer schuf der Eroberer den Rheinbund. Es reizte Napoleon nun besonders, den Staat Friedrichs des Großen, des Siegers von Roßbach, zu demüthigen. Er forderte Preußen zum Kampfe heraus.

König Friedrich Wilhelm III. war ein edeldenkender, gewissenhafter Fürst, doch kein Mann des Schwertes. Er war vielmehr zum friedlichen Wirken geneigt. Um seine großherzigen Pläne, welche er sich zur Förderung der Wohlfahrt seines Volkes gesteckt hatte, durchzuführen, bedurfte er des Friedens. Er hatte deshalb, von schwächlichen Staatsmännern zudem nicht wohl berathen, an dem Kampfe Österreichs und seiner Verbündeten gegen Napoleon nicht theilgenommen. Nun war der günstige Zeitpunkt verpasst und er stand, durch des Corsen Übermuth zum Kriege gezwungen, dem Gewaltigen allein gegenüber.

Es kamen die unheilvollen Jahre 1806 und 1807 über Preußen und sein Königshaus. Das preußische Heer zog zwar in der ansehnlichen Stärke von 150.000 Mann dem Feinde entgegen; es nannte sich auch mit stolzer Siegeszuversicht noch die Armee Friedrich des Großen, aber neben dem äußeren Glanze fehlte der alte Heldengeist und die ehemalige Tüchtigkeit.

In Thüringen kam es Mitte October 1806 zu den Entscheidungsschlachten. Die Königin, welche ihrem Gemahle ins Feld gefolgt war, hatte auf Weisung des Königs schon vorher das Heer verlassen. Sie befand sich noch auf der Rückfahrt nach Berlin, als sie die Unheilsbotschaften erreichten.

Am 10. October war Prinz Louis Ferdinand in einem Vorhutgefechte bei Saalfeld gefallen; am 14. October wurde das preußische Heer in den großen Schlachten bei Jena und Auerstädt völlig geschlagen.

Voll Verzweiflung kam die Königin am 18. October in Berlin an; sie traf ihre Kinder nicht mehr dort. Dieselben hatten mit ihrem Erzieher am Morgen desselben Tages auf den Rath des Gouverneurs von Berlin, Grafen von der Schulenburg-Kehnert, die Stadt verlassen und waren nach Schwedt geflohen; dorthin eilte die Königin ihnen nach. Als sie den Eingang des Schlosses zu Schwedt erreicht hatte, kamen ihr ihre Söhne entgegen. In Thränen aufgelöst, umarmte sie dieselben. Welch ein Augenblick! Mit unauslöschlicher Kraft hat sich das Bild der Mutter in dieser Stunde in der Seele des jugendlichen Prinzen Wilhelm eingegraben. Wahr und offen, ohne jede Täuschung und Beschönigung, theilte Königin Louise, wahrhaft groß in diesem Augenblicke, ihren Kindern das ganze Unglück, die bittere Demüthigung des noch vor kurzem so siegesstolzen Heeres mit.

Im unaufhaltsamen Siegeslauf drang das französische Heer gegen die preußische Hauptstadt vor; am 27. October 1806 hielt der stolze Eroberer seinen Einzug in Berlin. Überall herrschten Kleinmuth und Rathlosigkeit, wo der Sieger nahte.

Unter dem Eindrucke solcher Nachrichten setzten die königlichen Prinzen ihre Flucht nach Königsberg fort, wo auch bald nach ihnen die Eltern eintrafen. Ein trauriges Weihnachtsfest war es, welches die königliche Familie im Jahre 1806 in Königsberg verlebte. Auch der Beginn des neuen Jahres wurde hier gefeiert. Als Prinz Wilhelm am Neujahrsmorgen 1807 dem Vater seinen Glückwunsch ausgesprochen hatte, umarmte der König seinen Sohn und sagte zu ihm: „Da an Deinem Geburtstage keine Zeit sein wird, dich ordentlich einzukleiden, weil ihr nach Memel müsst, so ernenne ich dich heute schon zum Officier. Da liegt deine Interimsuniform." Der neunjährige Officier hat gewiss die Bedeutung dieser Beförderung erkannt. Frühzeitig wurden in dem jungen Königssohne diejenigen Empfindungen wach, die seinem Wesen den Ernst hohen Strebens verliehen.

Doch der Kelch des Leidens der schwergeprüften Königin war noch nicht bis auf den Grund geleert. Ein heftiges Nervenfieber hatte sie ergriffen; von demselben noch nicht wieder genesen musste sie vor dem Andringen des Feindes ihre Flucht fortsetzen, um in dem äußersten Winkel des Reiches eine Zufluchtsstätte zu suchen. Unter furchtbaren Schneestürmen, bei der heftigsten Kälte, brach die königliche Familie von Königsberg nach Memel auf. Drei Tage und drei Nächte dauerte die fürchterliche Reise, theils zu Wagen, theils zu Schiff.

Die Königin überstand diese Beschwerden und genas gegen Erwarten des Arztes bald wieder, aber ihre Söhne erkrankten. Prinz Wilhelm lag noch am Nervenfieber darnieder, als sein Vater ihn an seinem zehnten Geburtstage besuchte und ihm das Patent als Fähnrich der neugebildeten „Garde zu Fuss" überreichte, deren Leibcompagnie damals in Memel stand.

Das preußische Heer hatte inzwischen in den mörderischen Schlachten bei Deutsch-Eylau und Friedland noch einmal versucht, dem Andringen der Feinde Einhalt zu gebieten. Vergebens! Kaiser Alexander von Russland schloss auf eigene Hand mit Napoleon Frieden und überließ seine Verbündeten der Gnade des übermüthigen Eroberers. Königin Luise brachte dem Vaterlande das schwere Opfer, dem gewaltigen Franzosenkaiser selbst zu begegnen, um die harten Friedensbedingungen, die Preußen auferlegt werden sollten, zu mildern. Doch auch dies war vergebens; um die Hälfte seines Besitzes verkleinert gieng Preußen aus dem Friedensschlusse von Tilsit hervor. Das preußische Königspaar ertrug den Sturz von der Höhe zur Tiefe solchen Unglückes mit bewunderungswürdiger Würde und Seelenstärke; vor allem die Königin, deren Tugenden sich immer herrlicher entfalteten, und die ihrem Gemahle, ihren Kindern und ihrem Vater ein Engel des Trostes wurde.

Mochte der fremde Eroberer den preußischen Thron zertrümmern, mochte er dem Königshause die Hülfte seines Besitzes rauben, dafür gewann dieses einen Schatz von unermesslichem Werte: die grenzenlose Liebe seines Volkes!

Damals, in der Zeit der Verbannung war es, als das gemeinsame schwere Geschick Preußens Königshaus und sein Volk mit festen, unzertrennlichen Banden vereinte. Auch die Glieder der königlichen Familie schloss die schwere Heimsuchung nur noch inniger zusammen.

Das Familienleben des preußischen Königspaares war wahrhaft herzerhebend, für das Volk vorbildlich und für die heranwachsenden Kinder ein leuchtendes Beispiel, das bleibenden Einfluss fürs ganze Leben ausüben musste. Während es äußerlich unter der größten Einschränkung lebte, alles Entbehrliche, liebgewordene Erbstücke und Kostbarkeiten, darunter den Brillantschmuck der Königin, der Noth des Vaterlandes zum Opfer brachte, richtete der König all sein Denken und Streben auf die Rettung und Erhebung seines Volkes, die Königin auf die Erziehung ihrer Kinder. Für die wissenschaftliche Ausbildung wurde Karl August Zeller nach Königsberg, wo die königliche Familie jetzt wieder residierte, berufen. Unter seiner vortrefflichen Führung entwickelten sich die Söhne in erfreulicher Weise.

Auch in der Ausübung ihres militärischen Berufes wurde bei den Prinzen nichts versäumt. Am 3. October 1807 hatte Prinz Wilhelm bei einer Heerschau in Memel zum erstenmale in der Front seines Regimentes gestanden und zu Weihnachten desselben Jahres das Patent als Secondlieutenant erhalten.

Am 21. Januar 1808 marschierte er beim Einzuge der Garden mit seinem Regimente in Königsberg ein. Unter der Leitung seiner militärischen Lehrer, Generalmajor von Diericke und Major von Pirch, schritt die Ausbildung des Prinzen kräftig fort; täglich nahm er an den Exercitien seines Bataillons theil. Durch das preußische Heer wehte schon damals der Hauch einer neuen Zeit; mit den alten Überlieferungen wurde gänzlich gebrochen und begonnen, die Armee nach den Forderungen der Gegenwart umzugestalten. So sah der zwölfjährige Prinz unter seinen Augen eine neue Kriegsführung entstehen, die später das preußische Heer zu großen Siegeserfolgen führte. Das angeborene Interesse für militärische Dinge wie für die Kriegswissenschaft wuchs in Prinz Wilhelm mehr und mehr. So widmete er sich mit Vorliebe dem Studium der Geschichtswerke Friedrich des Großen und las besonders fleißig die Geschichte des siebenjährigen Krieges.

Um die Weihnachtszeit 1809 war es der königlichen Familie endlich gegönnt, nach der Hauptstadt zurückzukehren. Ihre Reise durch das Land, ihr Einzug in Berlin wurde zu einem Triumphzuge erhebender Art. Die beiden ältesten Prinzen zogen als Soldaten ihres Königs mit dem Garde-Regimente zu Fuß am 23. December durch das Bernauer-Thor in die Hauptstadt ein.

Doch nur ein kurzer Sonnenblick des Glückes war für die königliche Familie dieser Einzug in Berlin; bald zeigte sich ihr Lebenshimmel wieder von düsteren Wolken bedeckt. So stark und groß sich die Seele der Königin in den schweren Unglücksjahren gezeigt hatte, ihr Körper erwies sich als zu zart, den Stürmen und Schlägen des Schicksales dauernd zu widerstehen. Schmerz und Gram um das niedergetretene Vaterland nagten unaufhörlich an ihrem Herzen und untergruben ihre vorher so gute Gesundheit. Todesahnungen durchschauerten die Seele der edlen Königin.

Im Sommer 1810 machte Luise ihrem Vater in Strelitz einen Besuch. Es war um die Erntezeit, als der König aus dem nahe bei Strelitz gelegenen herzoglichen Lustschlosse Hohenzieritz die Nachricht erhielt, dass die Königin an einer Lungenentzündung schwer erkrankt sei. Zu früher Morgenstunde traf der König mit den ältesten Prinzen Friedrich Wilhelm und Wilhelm am 19. Juli auf Hohenzieritz ein; sie fanden die Königin im Todeskampfe. Noch einmal belebte die Freude die letzte Kraft der Sterbenden. Die Prinzen traten ein und knieten weinend am Bette der Mutter nieder. Um 9 Uhr morgens traten die heftigen Brustkrämpfe, woran die Kranke besonders litt, von neuem ein. Man brachte die Kinder heraus. Die Ärzte versuchten die letzten Mittel ihrer Kunst. Mit dem Seufzer: „Herr Jesu, mach' es leicht!" verhauchte Königin Luise ihren letzten Odem. Das Herz einer der edelsten Frauen, die je gelebt haben, war im Tode gebrochen.

In stummem Schmerze, in wortloser Seelenqual drückte der König seiner Luise die Augen zu, die Augen, welche das Sonnenlicht seines Lebens ausgestrahlt hatten. Auch die Söhne kamen herzu, sie schluchzten laut, fielen auf ihre Knie nieder und benetzten mit ihren Thränen die erkaltenden Hände der geliebten Mutter.

Prinz Wilhelm wand an jenem Tage einen Kranz von Eichenblättern, Rosen und Feldblumen und legte ihn auf das Todtenbett der Entschlafenen. Er ist in dem Sterbezimmer der Königin aufbewahrt worden. Erinnerten den gemüthvollen Herrscher die lieblichen, schlichten Kornblumen, die wie blaue Augen zwischen den goldenen Ähren hervorschauten, an die treuen blauen Augen der Mutter, als er sich dieselben später zu seinen Lieblingsblumen erkor? Was Prinz Wilhelm in jenen leidvollen Stunden empfunden hat, wer vermöchte es zu schildern? —

Die Zeit der Wiedergeburt Preußens hatte begonnen. „Besser werden kann es nur durch die Guten;" diese Mahnung seiner edlen Gemahlin hatte König Friedrich Wilhelm III. wohl beherzigt und die Besten unter den Guten seines Volkes um sich versammelt, mit ihnen an der Erneuerung des Staates, an dem Werke der Rettung aus Schmach und Knechtschaft, zu arbeiten.

Der kühnmuthige, kernfeste Staatsmann Freiherr Karl von und zum Stein, den der König an die Spitze des Ministeriums stellte, erdachte die Bedingungen, unter denen eine heilsame Neugestaltung des Staatswesens sich vollziehen könne und es wurden Einrichtungen getroffen, die das preußische Volk mündig machten, mitzuarbeiten an den großen Aufgaben der Zeit: die Städteordnung, die Aufhebung der Hörigkeit im Bauernstande.

Der neue Kriegsminister, Gerhard David von Scharnhorst, ein scharfblickender General, leitete als Vorsitzender der Reorganisations-

Commission die Umgestaltung des Heerwesens. Er pflanzte nicht nur den Truppen den besten Geist ein, sondern gab ihnen auch eine bessere Organisation. Nach den Bedingungen des Tilsiter Friedens durfte Preußen nur 42.000 Mann unter Waffen halten; aber diese wurden in drei Monaten für den Kriegsdienst ausgebildet und entlassen, um dann wieder neue Mannschaften einzuberufen und auszubilden. So wuchs das preußische Heer von Vierteljahr zu Vierteljahr. Auch schaffte General Scharnhorst Waffen und neues Geschütz so heimlich und so zahlreich an als möglich. Und für den rechten Geist, der die in die Heimat entlassenen Krieger für den Befreiungskampf beseelen musste, sorgten Männer wie: Ernst Moriz Arndt, Ludwig Jahn, Fichte, Schleiermacher u. a. m. durch Wort und Schrift.

In der Zeit dieser Heldenschule des preußischen Volkes war auch Prinz Wilhelm nicht müßig. Mit allem Eifer arbeitete er an seiner militärischen Fortbildung. Zum Lehrer wurde ihm nach 1810 neben Major von Pirch Hauptmann von Reiche bestellt. In allen Zweigen des praktischen Felddienstes, wie in den Kriegswissenschaften wurde der Prinz unterrichtet und geübt. Bald sollte der junge fürstliche Officier, nach fleißiger Vorbereitung, auch den blutigen Ernst des Krieges kennen lernen.

Napoleon stand im Jahre 1812 auf dem Gipfel seiner Macht; fast ganz Europa lag ihm zu Füßen. Der Feldzug gegen das mächtige russische Reich jedoch, in welchem er bis zur alten Czarenstadt Moskau siegreich vordrang, war sein letzter Triumphzug. Auf den Eisfeldern Russlands, in den Wassern der Beresina, fand die große Armee Napoleons, die aus allen Völkern Europas, etwa 500.000 Mann stark, zusammengesetzt war, ihren Untergang.

Ihre Trümmer kamen im Winter 1812 krank und elend über die preußische Grenze, während der Gewaltige, in seinem Wagen heimlich vorauseilend, den Weg nach Frankreich gesucht hatte.

Das in Ostpreußen stehende Hilfscorps, welches Preußen für den Feldzug gegen Russland hatte stellen müssen, brauchte zum Glücke nicht mit ins Innere des Czarenreiches zu ziehen.

Als sein Oberbefehlshaber, General von York, die Kunde von dem Misslingen des französischen Feldzuges vernahm, hielt er den Zeitpunkt für gekommen, die Fesseln des Franzosenkaisers abzuwerfen. Mit kühnem Entschlusse, auf seine eigene Verantwortung hin, trat der heldenmüthige General zu den Russen über und gab dadurch den Anstoß zu einer allgemeinen Erhebung des preußischen

Volkes, das, angefeuert durch die Sturmlieder der deutschen Freiheitssänger, sich bereit fand, für die Rettung des Vaterlandes Gut und Blut einzusetzen.

Der König in Potsdam, von Feinden umgeben und in Gefahr, gefangen genommen zu werden, entsetzte zum Scheine General von York seines Postens; der Sturm der Begeisterung seines Volkes riss ihn mit fort. Er verließ am 22. Januar 1813 Berlin und begab sich mit den Seinen nach Breslau. Am 27. Februar schloss Friedrich Wilhelm III. mit Kaiser Alexander I. von Russland zu Kalisch ein Schutz- und Trutzbündnis gegen Frankreich und erließ am 17. März 1813 den denkwürdigen Aufruf: „An mein Volk!" Der König rief, und alle kamen; keiner wollte zurückbleiben, jeder der heiligen Sache des Vaterlandes dienen.

Ein solcher Sturm allgemeiner Begeisterung hatte das Volk seit den Kreuzzügen nicht durchbraust. Am 10. März 1813, dem Geburtstage der edlen Königin Luise, stiftete der König das „Eiserne Kreuz" als Zeichen der eisernen Zeit für die tapferen Freiheitskämpfer.

Ein Heer von 247.000 Mann zog, geführt von Männern wie: Blücher, York, Gneisenau, Scharnhorst, Bülow, Kleist, verbündet mit den Russen, im Frühling des Jahres 1813 zum Kampfe gegen den französischen Unterdrücker aus. Schon die ersten Treffen: Groß-Görschen und Bautzen, obwohl sie keine Entscheidung brachten, zeigten, dass Napoleon ebenbürtige Gegner gefunden hatte. Auch der Kaiser von Österreich trat, dem Drängen seiner Rathgeber und seines Volkes folgend, dem preußisch-russischen Bunde bei. Die ruhmreichen Siege der Verbündeten bei Großbeeren an der Katzbach, bei Hagelsberg und Kulm zogen die herrlichen Tage der großen Völkerschlacht bei Leipzig nach sich, in welcher Napoleon mit seiner Armee vollständig geschlagen wurde. Nur durch schleunigste Flucht entgiengen die Franzosen ihrer gänzlichen Aufreibung. Bald war der fliehende Feind über den Rhein getrieben.

Prinz Wilhelm, damals sechzehn Jahre alt, hatte pochenden Herzens die begeisterte Erhebung des Volkes miterlebt. Glühendes Verlangen, an dem Kampfe theilzunehmen, erfüllte die Seele des muthigen Jünglings. Wie groß musste daher sein Schmerz sein, als ihm sein königlicher Vater erklärte, es könne ihm, seiner schwächlichen Gesundheit wegen, der Wunsch nicht erfüllt werden. Er musste zurückbleiben, während sein älterer Bruder, der Kronprinz Friedrich Wilhelm und sein Vetter, Prinz Friedrich von Oranien, mit ins Feld zogen.

Als die ersten siegreichen Schlachten geschlagen waren, beschied der König den Prinzen Wilhelm zu sich nach Neudorf in Schlesien und überreichte ihm das Patent als Premierlieutenant. „Er solle," sagte der König, „gleich seinen Kameraden avancieren, da er ohne Schuld auf seinen Befehl zurückgeblieben sei." Das Patent wurde denn auch auf den 15. Mai 1813 zurückdatiert. Nochmals musste der Prinz dazu verurtheilt werden, daheim zu bleiben, während sich tausende seiner Altersgenossen Ruhm erwarben. Mit Freude und Schmerz zugleich erfüllten ihn die Nachrichten von den Heldenthaten seines Regimentes. Erst nach der Schlacht bei Leipzig ward ihm die freudige Kunde, dass es ihm gestattet sei, am Feldzuge, jedoch seiner noch immer schwächlichen Gesundheit wegen nur auf sechs Wochen, theilzunehmen. Nachdem er am 30. October 1813 das Patent als Hauptmann erhalten, reiste er sogleich von Breslau ab. Freudig schlug ihm das Herz, als er zu seinem Regimente kam. Das Soldatenleben schien der rechte Boden zu sein, auf dem der junge Heldenspross gedeihen sollte. Seine Gesundheit blühte während des Zuges nach Paris zusehends auf. Am 1. Januar 1814 war der Prinz Zeuge des bei Mannheim nach heftigem Gefechte erzwungenen Überganges des Sacken'schen Corps über den Rhein. Bald darauf betrat er mit dem Könige und dem Kronprinzen französischen Boden, um dann am 1. Februar 1814 an der Schlacht bei Brienne und am 2. Februar an dem Gefechte bei Rosnay theilzunehmen.

Die eigentliche Feuertaufe erhielt Prinz Wilhelm am 27. Februar 1814 in dem Gefechte bei Bar-sur-Aube. Während des Kampfes hielt der König mit seinen Söhnen an einer Stelle, in deren Nähe die Kugeln wiederholt einschlugen. Bei einem Sturme der Infanterie gegen die das Thal der Aube einfassenden Weinberge, welche die Franzosen besetzt hielten, that sich ein russisches Regiment besonders hervor und erlitt außerordentliche Verluste. Der König, der diesem Vorgange mit Bewunderung gefolgt war, befahl dem Prinzen Wilhelm, sich zu erkundigen, von welchem Regimente die vielen Verwundeten seien. Der Prinz vernahm den Befehl und sprengte auch schon davon. Es war das berühmte russische Infanterie-Regiment Kaluga, das an den Weinbergen mit solchem Heldenmuthe stritt. Ganz unbefangen erkundigte sich der junge Königssohn, mitten im heftigsten Gewehrfeuer, nach dem Namen des Regimentes, überzählte die Verwundeten und ritt dann mit der kaltblütigsten Ruhe zurück, um seinen Rapport zu erstatten. Der Kaiser von Russland verlieh dem Prinzen für seine unerschrockene That am

5. März 1814 den St. Georgs-Orden als die erste militärische Auszeichnung, die der später mit so reichen Ehren gekrönte Held empfieng. Am 10. März 1814 schmückte der königliche Vater im Hauptquartiere Chaumont die Brust des Prinzen mit dem Eisernen Kreuze.

In Gewaltmärschen zogen die Verbündeten der Hauptstadt Frankreichs zu, warfen in dem siegreichen Gefechte bei La Fère-Champenoise am 25. März 1814 den Feind zurück und standen schon einige Tage später vor Paris. Vor den Mauern der befestigten Stadt sollte der letzte entscheidende Schlag geführt werden. Es entbrannte nochmals ein heißer, blutiger Kampf. Mit der Erstürmung des Montmartre durch die preußischen Garden ward der Schlüssel von Paris gewonnen, der Widerstand der tapferen Vertheidiger der Stadt gebrochen. Prinz Wilhelm war Zeuge der ruhmvollen Thaten des Entscheidungstages. Von der Höhe von Belleville herab überschauten der König und sein Sohn am Abende die Riesenstadt, welche noch in derselben Nacht capitulierte. Der Feldzug von 1814 war mit dieser ruhmreichen Waffenthat zu Ende.

Am 31. März 1814 begannen die Sieger ihren Triumphzug durch Paris, wo Prinz Wilhelm nun mehrere Wochen blieb und am 30. Mai 1814 auch das Majorspatent erhielt. Von Paris reiste er mit seinem Vater nach England, später nach der Schweiz. Am Abende des 3. August 1814 traf er unerwartet bei den Seinen in Potsdam ein. In die Freude seiner Geschwister über seine Ankunft mischte sich ihr Staunen über sein Aussehen. Er war seit seiner Abreise von Breslau so groß, stark und männlich geworden, dass sie ihn im ersten Augenblicke nicht wieder erkannten; jede Spur einer früheren Schwächlichkeit hatte er überwunden. Seine Brust schmückte an diesem Tage neben den beiden Ehrenzeichen zum erstenmale die Kriegsdenkmünze für 1814, die ihm sein General-Gouverneur Oberst von Diericke gleich nach seinem Eintreffen in Potsdam überreicht hatte.

Am 7. August 1814 erfolgte der feierliche Einzug der siegreichen Truppen in die Hauptstadt Berlin. An ihrer Spitze ritt der König, umgeben von den Prinzen und begleitet von seinen Feldherren. In demselben Augenblicke, da der König den Platz vor dem Brandenburgerthore erreicht hatte, fiel die Hülle von dem Siegeswagen, der, von Blücher aus Paris zurückgebracht, wieder wie früher auf seinem Platze stand, nur dass jetzt in dem Siegeskranze auf dem Stabe der Siegesgöttin das eiserne Kreuz prangte. Mit unendlichem Jubel wurde das neugewonnene Wahrzeichen des Sieges, sowie der König, als er durch das Thor in die Stadt einrückte, von der Bevölkerung begrüßt. Am 8. August 1815 feierte Berlin ein herrliches Friedensfest, dessen dankesvoller Jubel freudigen Widerhall in ganz Preußen fand.

Während die europäischen Fürsten und Staatsmänner im Laufe des Winters auf dem Wiener Congresse über die Neugestaltung der politischen Verhältnisse endlose, oft recht stürmische Berathungen pflogen, widmete sich Prinz Wilhelm ernster, stiller Arbeit, welche durch den Oberst von Brause als Gouverneur und den General von Wolzogen als Lehrer geleitet wurde. Es galt für den Prinzen sich zu sammeln und vorzubereiten auf einen der wichtigsten Acte seines Lebens: Die Confirmation. Am 8. Juni 1815 erfolgte durch den Oberhofprediger Ehrenburg in der Schlosskapelle zu Charlottenburg, in Gegenwart des königlichen Hofes, die feierliche Einsegnung des Prinzen. Die „Lebensgrundsätze und das Gelöbnis", die er selbst niedergeschrieben und bei der heiligen Handlung am Altare verlas, sind nicht nur eine denkwürdige Urkunde und ein treuer Spiegel seines Fühlens und Denkens, sondern auch die Richtschnur seines späteren Lebens geworden und haben ihm in allen Lagen desselben festen Halt gewährt.

Der Kriegsruf, der von neuem von Frankreich her ertönte, drang auch in das stille, friedliche Heim der königlichen Familie zu Charlottenburg.

Napoleon war aus seiner Verbannung auf der Insel Elba zurückgekehrt und von dem französischen Heere und Volke abermals zum Herrscher ausgerufen worden. Von neuem mussten die Verbündeten zu den Waffen greifen, um den corsischen Friedensstörer zum zweitenmale zur Ruhe zu verweisen.

Am 16. Juni 1815 rückte auch Prinz Wilhelm an der Spitze des Füsilier-Bataillons des ersten Garde-Regimentes zu Fuß zum zweitenmale ins Feld. Aber ehe er noch den Rhein erreichte, kam die Kunde von dem entscheidenden Siege Blüchers und Wellingtons bei Belle-Alliance. Am 13. Juli 1815 zog er mit dem verbündeten Heere abermals in Paris ein und blieb hier bis zum Herbste in strenger Arbeit des Dienstes. In voller, kräftiger Männlichkeit trat der Prinz nach seiner Rückkehr aus dem zweiten Feldzuge anfangs October in den Kreis seiner Geschwister.

Am 22. Juni 1817 begleitete Prinz Wilhelm seine Schwester Charlotte, die dem Großfürsten Nikolaus von Russland verlobt war, in ihre neue Heimat und wohnte in Petersburg den prunkvollen Vermählungsfeierlichkeiten bei.

Mehr noch, als in der Schule des Leidens von 1806 und 1807, hatte Preußen in dem Abschlusse der ruhmreichen Freiheitskriege gelernt, dass es nicht, wie ehedem geschehen, auf den von seinem sieggekrönten Heere gepflückten Lorbeeren einschlafen dürfe, sondern vielmehr alle Kräfte anspannen müsse, wenn es die seiner Größe und Macht würdige Stelle unter den Mächten Europas behaupten wolle.

Ein ruhiges Leben und Streben begann nun nach dem Kriege auf allen Gebieten des Staatswesens. Es galt, die neuen freiheitlichen Verwaltungsmaßregeln der Stein'schen Gesetzgebung weiter auszubauen und auch für die neugewonnenen Gebiete (Preußen erhielt die Hälfte von Sachsen, das Großherzogthum Posen, Schwedisch-Pommern, einen großen Theil Westfalens, sowie beinahe den ganzen Niederrhein von Mainz bis Aachen, und hat seitdem unter allen Staaten die meisten deutschen Unterthanen) zur Geltung zu bringen, diese neuen Landestheile mit dem Ganzen zu verschmelzen, Handel- und Gewerbefleiß, Kunst und Wissenschaft mit aller Kraft zu fördern und die schweren Wunden, die der Krieg geschlagen, zu heilen. Das Hauptaugenmerk aber richtete die Regierung des Königs auf die weitere Ausgestaltung des Heerwesens. In diesem Werke fand Prinz Wilhelm ein seiner Natur so ganz entsprechendes Arbeitsfeld; ihm widmete er seine ganze Kraft und Sorgfalt.

Um die in den Feldzügen gewonnenen Erfahrungen nutzbar zu machen, begann man in Preußen schon in der ersten Friedenszeit mit einer Reorganisation des Heeres, die unter dem Kriegsminister von Boyen bis zum Jahre 1820 im wesentlichen durchgeführt wurde. Es blieben auch für diese Umformung des Militärwesens die Scharnhorst'schen Grundsätze maßgebend.

So jung Prinz Wilhelm noch war, nahm er doch an diesen wichtigen Arbeiten regen und thätigen Antheil. Mit seinem Aufrücken zum Obersten, am 30. März 1817, wurde er vom Könige zugleich zum Mitgliede des Staatsrathes ernannt, in dem er Sitz und Stimme erhielt und so befugt war, an allen Berathungen der wichtigen Staatsfragen sich zu betheiligen. Der König hatte die echte Soldatennatur des Prinzen Wilhelm, seines eigentlichen Lieblingssohnes, wohl erkannt; er freute sich seiner Gewissenhaftigkeit, seiner strengen, peinlichen Pflichterfüllung bis ins kleinste, seines regen Interesses an allen Vorgängen, die den Krieg betrafen, und seines unermüdlichen Eifers, sich in seinem Berufe fortzubilden. Er ließ ihn daher auch bereits am 30. März 1818 zum Generalmajor vorrücken, wie er ihn kurz zuvor, am 28. Februar 1818, zum Commandeur der ersten Garde-Infanterie-Brigade ernannt hatte.

Eine hohe Auszeichnung erhielt Prinz Wilhelm auch durch einen fremden Monarchen. In zarter Aufmerksamkeit ernannte ihn der Kaiser von Russland damals, am 15. Februar 1818, zum Chef des Regimentes Kaluga, mit dessen berühmten Namen der des Prinzen, durch seinen kühnen Adjutantenritt am 27. Februar 1814, so eng verknüpft worden war, und das von nun an auch den Namen „Prinz Wilhelm von Preußen" trug. Diese Ernennung sowohl, wie die ein Jahr vorher stattgefundene Vermählung seiner Schwester Charlotte mit dem Großfürsten Nikolaus von Russland, an welcher der Prinz persönlich theilnahm, gleichwie seine Theilnahme an der Feier der Enthüllung der Alexander-Säule im Jahre 1834, eines Ehrendenkmals, welches der Erinnerung an die Waffenbrüderschaft der russischen und preußischen Armee Ausdruck zu geben bestimmt war, brachten Prinz Wilhelm in nähere Berührung mit dem Kaiserhofe von St. Petersburg.

In jenen Tagen knüpfte sich das engere persönliche Verhältnis an, das der Monarch bis zu seinem Ende so hoch hielt und welches er als eine der ehrwürdigsten Traditionen seines Hauses pietätvoll pflegte. Einen hohen Beweis seines Vertrauens gab der königliche Vater dem Prinzen Wilhelm im Mai 1818, als er ihm während seiner Abwesenheit, gelegentlich eines Besuches am russischen Hofe, die Leitung aller Militärangelegenheiten übertrug. Im October darauf ernannte er ihn zum Mitgliede des Kriegsministeriums.

Dienstliche Reisen zur Besichtigung von Truppentheilen und Festungen, größere militärische Übungen und Arbeiten in Commissionen, die unter seinem Vorsitze Angelegenheiten des Heeres beriethen, sowie wissenschaftliche Studien füllten fast ausschließlich die Zeit des Prinzen in den nächsten Jahren aus. Überall bewährte sich seine strenge Pflichttreue, seine Arbeitskraft und seine Arbeitslust, die keine Ermüdung kannte.

Derselbe Zug sittlichen Ernstes, wie er in der Berufsthätigkeit des Prinzen hervortrat, zeigte sich in seiner ganzen Lebensweise; sorgsam, streng und gewissenhaft achtete er auf seinen Wandel, arbeitete er an der Vervollkommnung seines inneren Menschen, suchte er die Reinheit des Herzens zu bewahren und jene Festigkeit seines Charakters zu erlangen, wie er es in seinem Confirmationsgelübde ausgesprochen hatte. Das Andenken seiner heißgeliebten, entschlafenen Mutter wurde ihm auch hierin der Leitstern auf seinem Lebenswege. Bei solcher Sittenreinheit und so strenger Zucht seiner selbst, entwickelte sich auch sein Körper immer kräftiger. Der Prinz war in seinen Zwanziger-Jahren ein Bild der Gesundheit,

Frische und edler Männlichkeit. Verehrung und Hochachtung erwarb er sich allerorten auch durch seine ritterliche Erscheinung und durch sein wahrhaft fürstliches Auftreten.

Im Jahre 1826 begleitete Prinz Wilhelm auf Geheiß seines Vaters seinen jüngeren Bruder, den Prinzen Karl, auf einer Reise nach Weimar. Das Ergebnis derselben war, dass Prinz Karl sich bald darauf mit der weimarischen Prinzessin Marie verlobte und in Prinz Wilhelm der Entschluss reifte, die jüngere Schwester der Prinzessinbraut, Prinzess Augusta, zur künftigen Lebensgefährtin zu wählen. Mit seinem öffentlichen Verlöbnis zögerte der Prinz aber bis zum 11. Februar 1829. Nicht lange darauf, am 11. Juni desselben Jahres, fand die feierliche Vermählung statt.

Die Wahl des Prinzen erwies sich als eine sehr glückliche. Die junge, erst achtzehn Jahre zählende Herzogstochter war von edler Schönheit und hochgebildetem Geiste. Das eheliche Verhältnis beider Gatten zueinander war von Anfang an auf aufrichtige Hochachtung und zarte gegenseitige Rücksicht gegründet. Beide Ehegatten waren Charaktere, welche die Vorsehung durchaus verschieden veranlagt, trotz ihrer Jugend aber schon so unverrückbar in sich abgeschlossen hatte, dass sie sich nicht merklich änderten. Der etwas trockene Ton am preußischen Hofe und die tiefe Stille der Dreißiger-Jahre auf politischem, literarischem und künstlerischem Gebiete waren allerdings nicht geeignet, eine zartbesaitete, unter den Eindrücken und Stimmungen des Goethe- und Schiller-Zeitalters herangewachsene Prinzessin sympathisch zu berühren.

Am Tage nach seiner Vermählung bezog das fürstliche Paar das Tauentzien'sche Haus unter den Linden. Der Prinz kaufte das Gebäude an und ließ es zu seiner jetzigen Gestalt umbauen. Er bewohnte dasselbe als königliches, später als kaiserliches Palais bis zu seinem Ende. Daselbst vergiengen dem jungen Paare die ersten Jahre ehelichen und häuslichen Glückes in ungetrübtem, harmonischem Zusammenleben, denn das Jahrzehnt von 1830 bis 1840 verfloss, nachdem der Thronwechsel in Frankreich vor sich gegangen und die polnische Insurrection überwältigt worden war, in einförmiger und friedlicher Stille; nur größere militärische Übungen, Reisen in das Ausland und einige, ihm von seinem königlichen Vater übertragene Vertrauensmissionen, die sich auf Reformen im Heere bezogen, nahmen die Thätigkeit des jungen Ehemannes in vermehrter Weise in Anspruch. Wenn demnach Prinz Wilhelm im Laufe der Jahre von 1815 bis 1840 die höchsten militärischen Rangstufen erreichte und mit reichen Ehrenzeichen geschmückt wurde, so ist von allen, die Gelegenheit hatten, ihn näher kennen zu lernen, bezeugt worden, dass diese Beförderungen erdient und verdient waren und mit seinen Leistungen in vollem Einklange standen.

Die Ehe des erlauchten Paares war eine gesegnete. Am 18. October 1831 beschenkte Prinzessin Augusta ihren Gemahl mit einem Sohne, der in der Taufe die Namen: Friedrich Wilhelm Nikolaus Karl erhielt. Sieben Jahre später, am 3. December 1838, wurde dem prinzlichen Paare eine Tochter, Luise Marie Elisabeth, geboren, nachmals die Gemahlin des Großherzogs Friedrich von Baden.

Außer seinem Palais in Berlin ließ sich der Prinz auf dem Babelsberge bei Potsdam noch einen Sommerwohnsitz erbauen, der, mit allem Schmucke der Kunst und wohnlicher Behaglichkeit ausgestattet und wundervoll gelegen, zu seinem Lieblingsaufenthalte wurde. Die feierliche Einweihung des später vielgenannten Schlosses Babelsberg fand am 18. October 1835 statt.

Am 7. Juni 1840 starb König Friedrich Wilhelm III., geehrt von Europa, aufrichtig betrauert von seinem Volke, das so viele Jahre Leid und Freud in inniger Gemeinschaft mit ihm und seinem Hause durchlebt hatte. Des Prinzen Wilhelm älterer, kinderloser Bruder bestieg nun als Friedrich Wilhelm IV. den Thron, während ihm selbst, dem Herkommen gemäß, als dem nächsten Thronerben, der Titel „Prinz von Preußen" verliehen wurde.

König Friedrich Wilhelm IV. berechtigte in seiner ganzen Persönlichkeit, wie sich dieselbe bisher erwiesen, sowie durch die ersten Schritte seiner Regierungsthätigkeit zu hohen Erwartungen. Prinz Wilhelm von Preußen war seinem königlichen Bruder in inniger Liebe und Verehrung ergeben. Seine ihm nunmehr zugewiesene Stellung im Staate bezeichnete er damals mit den Worten: „Vermöge meiner Geburt bin ich der erste Unterthan des Königs, vermöge des Vertrauens des Königs sein erster Rathgeber." Besonders in militärischen Dingen wurde der Prinz seinem Bruder ein treuer und im höchsten Grade sachkundiger Rathgeber. Nach wie vor widmete er seine ganze Kraft dem Heerwesen und der König schenkte ihm hierin umso lieber sein ganzes Vertrauen, als er selbst, mehr für Kunst und Wissenschaft veranlagt, sich bisher weniger mit militärischen Angelegenheiten beschäftigt hatte. So wurde für den Prinzen die Armee jetzt erst recht das Gebiet, auf dem er seine Neigung und Arbeitskraft in vollem Umfange entfalten konnte. Das Aufblühen des preußischen Heerwesens zu dessen heutiger

Macht und Größe ist denn auch gewiss sein Verdienst und sein ureigenes Werk.

Fast alle nennenswerten Vorgänge im Leben des Prinzen während der folgenden Jahre stehen denn auch mit seiner militärischen Thätigkeit im Zusammenhange. Bei der Huldigungsfeier in Königsberg am 10. September 1840 wurde er zum General der Infanterie ernannt. Am 4. December 1840 erschien die erste Cabinetsordre über die Einführung des Zündnadelgewehres, dem das preußische Heer nachmals so große Erfolge verdankte. Am 14. Januar 1841 wurde Prinz Wilhelm vom Könige zum Statthalter von Pommern und am 3. August desselben Jahres zum Senior des Eisernen Kreuzes ernannt; wenige Wochen darauf fiel ihm die ehrenvolle Aufgabe zu, als Bundesbevollmächtigter eine Inspection über die österreichischen Truppen abzuhalten. Am 10. October 1841 verlieh Se. Majestät der Kaiser von Österreich dem Prinzen das Infanterie-Regiment Nr. 34.

Reisen, die Prinz Wilhelm in diesen Jahren nach Österreich, England und Russland unternahm, hatten mehr oder weniger militärischen Charakter. Daneben waren unter seinem Vorsitze Commissionen thätig, um neue Reglements für das Heer auszuarbeiten. So lebte der Prinz bis zum Jahre 1848 als General der Infanterie vornehmlich seinen militärischen Dienstpflichten; nur im Jahre 1842 wurde er, während eines Besuches König Friedrich Wilhelms IV. in England, mit der Leitung sämmtlicher Militär- und Civilstaatsgeschäfte betraut. Am 9. März 1848 erfolgte seine Ernennung zum General-Gouverneur der Rheinprovinz und Westfalens. Wenige Tage darauf jedoch traten verhängnisvolle politische Ereignisse ein, die ihn aus dem Kreise seiner Wirksamkeit rissen und die friedliche Arbeit aller Kräfte im Staatsleben auf längere Zeit lähmten.

Das sturmbewegte Jahr 1848 war gekommen. Am 24. Februar desselben rief Frankreich nach dem Sturze seines Königs Louis Philipp die demokratische Republik aus und gab damit das Signal zum Losbruche aller Umsturzelemente in den meisten europäischen Staaten.

In Deutschland war die Wirkung der französischen Februarrevolution eine überwältigende; betäubend für die Regierungen, zündend für die Volksmassen. Mit elementarer Gewalt entrafften sich die Kräfte der Fesseln. Wie ein Sturm brauste der Einheitsgedanke durch die deutschen Stämme; mit ihm um die Wette brach sich das Verlangen nach constitutioneller Verfassung Bahn.

Die Herstellung der nationalen Einheit, Berufung eines deutschen Parlaments, Befreiung der Presse von der Censur, Aufhebung der Beschränkung des freien Vereins- und Versammlungsrechtes, das waren die Forderungen der besonnenen Elemente des Bürgerthums. Die niederen Volksschichten und die Umsturzmänner verlangten Freiheit und Gleichheit aller Stände, Beseitigung der Steuern und des Kriegsdienstes und dergleichen Ungeheuerlichkeiten mehr.

Gewaltig, lawinenartig wuchs die Bewegung. Im Süden Deutschlands beginnend, verbreitete sie sich mit reißender Schnelligkeit über die Klein- und Mittelstaaten gegen den Norden.

Die Macht der Führer erwies sich den unlauteren Elementen des Volkes gegenüber bald zu schwach; die zügellosen Massen ließen sich zu tumultuarischen Gewaltthaten hinreißen, vor deren Ansturme die Throne nicht mehr sicher waren. In Berlin überholte die Volksbewegung alle vermittelnden Vorschläge der Regierung.

Die erregten Massen steigerten ihre Forderungen ins Maßlose; wilde Verwirrung herrschte überall. Große Volksversammlungen vor den Thoren der Stadt, stürmische Freiheitsreden und rauschende Beschlüsse, Aufläufe in den Straßen und Zusammenstöße mit der einschreitenden Polizei waren an der Tagesordnung.

Am 16. März 1848 kam es bereits zu blutigen Zusammenstößen zwischen den Aufrührern und dem zur Aufrechthaltung der Ordnung aufgebotenen Militär. Der Barrikadenbau begann. Der König raffte sich, um weiteres Blutvergießen zu verhüten, zu thatkräftigem Handeln auf, unterzeichnete in der Nacht vom 17. zum 18. März einen Erlass, der den Forderungen der Vertreter der deutschen Einheitsbewegung nachzukommen verhieß und den vereinigten Landtag zur weiteren Berathung der preußischen Verfassungsfrage für den 2. April einberief. Durch ein besonderes Gesetz wurde die Censur der Presse aufgehoben.

Doch zu spät! — Wohl rief der königliche Erlass in den gemäßigten Elementen freudige Zustimmung hervor und der Monarch wurde von der Volksmenge vor seinem Schlosse jubelnd begrüßt. Die Umsturzmänner jedoch reizte das milde Nachgeben der Regierung zu immer höheren Forderungen. Sie verlangten endlich den Abzug der Truppen aus der Stadt, ja, ein Pöbelhaufen versuchte sogar in das Thor des königlichen Schlosses einzudringen. Da gab der König den Befehl, den von Menschenmassen dicht besetzten Schlossplatz durch Militär säubern zu lassen.

Eine Compagnie Infanterie und eine Escadron Dragoner rückten an und begannen mit möglichster Schonung den Befehl auszuführen. Doch widersetzte sich der Volkshaufe dem Einschreiten der Truppen, die von der Waffe keinen Gebrauch machten. Drohend drangen einzelne Elemente auf dieselben ein, so dass die Pferde scheuten und die Reiter zu ihrer Vertheidigung die Säbel ziehen mussten. Ein tückischer Zufall führte herbei, dass sich zwei Gewehre entluden.

Die Wirkung war eine unbeschreibliche! Unter dem Rufe: Verrath! Mord! zerstob die Menge und zerstreute sich in den Straßen. Wie ein Lauffeuer verbreitete sich das Gerücht, das Militär hätte wehrlose Bürger angegriffen und in Massen zu Boden gestreckt. Eine blinde Wuth bemächtigte sich der Berliner Bevölkerung. „Zu den Waffen! Auf die Barrikaden!" scholl es an allen Orten. Der König suchte den Aufruhr zu beschwören. Vergebens! In kurzer Zeit schien ganz Berlin in ein großes Kriegslager verwandelt. Die Truppen wurden zum Kampfe genöthigt und bald boten die Straßen die grauelvollsten Bilder wilden Schlachtgetümmels, das vom Nachmittage des 18. März bis zum Morgen des nächsten Tages dauerte.

Der König gerieth unter dem Toben des Straßenkampfes in eine unbeschreibliche Gemüthsbewegung; gegen Mitternacht ertrug er jedoch den wüsten Lärm nicht mehr. Er ertheilte dem General von Prittwitz, unter dessen Führung die braven Truppen den Aufstand fast überwältigt hatten, den Befehl, den Kampf auf die Behauptung der gewonnenen Stellungen zu beschränken. Gleich anschließend that er den ersten Schritt zum Frieden. Er griff zur Feder und schrieb jene Proclamation: „An meine lieben Berliner!", worin er diese um Einstellung der Feindseligkeiten beschwor. Endlich ließ sich der König auf Anrathen der liberalen Minister zu dem Befehle bewegen, der den Rückzug der Truppen anordnete. Wie sehr auch General von Prittwitz und Prinz Wilhelm vor diesem Schritte warnen mochten, die tapferen, siegreichen Vertheidiger des Königsthrones und der staatlichen Ordnung mussten die Straßen vor den triumphierenden Barrikadenhelden räumen. Sie rückten in die Kaserne, um von dort aus, gemäß dem wieder durch ein tückisches Missverständnis herbeigeführten Befehle, hinaus aus der Stadt zu marschieren. Eine Bürgerwehr nahm bald darauf ihre Stelle ein.

Jene furchtbaren Märztage von 1848 gehören zu den trübsten Zeiten, die Prinz Wilhelm von Preußen erlebte. Unter verfassungslosen Verhältnissen aufgewachsen und zum Manne gereift, vorzugsweise Militär und zum Befehlen geschaffen, mochte der Prinz keine besonderen Sympathien für das constitutionelle Regierungssystem, vollends für den plötzlich so hoch gepriesenen Parlamentarismus haben. Aber die seit Jahren in Preußen wie in ganz Deutschland herrschende politische Gährung, die kühle Aufnahme, welche der im Jahre 1847 zum erstenmale einberufene „vereinigte Landtag" gefunden hatte, dies und anderes hatten ihm gezeigt, dass es auch in Preußen mit dem bisherigen Systeme nicht mehr gehe. Konnte er bei seiner unbegrenzten Liebe und Verehrung für den Bruder auch den Ansichten und Handlungen desselben in vielen anderen Dingen nicht zustimmen, welche Wahrnehmung ihn tief schmerzte, so hatte er, als echter Soldat ein Feind aller halben Maßregeln, seinen ganzen Einfluss einsetzend, doch dem Bruder gerathen, auf die Wünsche des Volkes einzugehen, sich aber von der Revolution Zugeständnisse nicht abtrotzen zu lassen, vielmehr ihr zuvorzukommen suchen, um die Bewegung in eine festumgrenzte Bahn zu lenken.

Wie ein Schwert gieng es daher durch des Prinzen Seele, als seine tapferen, treuen Regimenter den besiegten Rebellen das Feld räumen mussten, ohne dass er es verhindern konnte. Wahrhaft tragisch jedoch wurde sein Schicksal, als er, durch die Macht der Zeitumstände gezwungen wurde, die Vaterstadt, das Vaterland zu verlassen. Mehr noch als gegen den König und das Heer hatte sich die Wuth der niederen Volksmassen gegen Prinz Wilhelm gerichtet.

In einer Zeit, in welcher derjenige als der Freisinnigste galt, der das preußische Militärwesen am heftigsten anfeindete, war es begreiflich, dass der Mann, welcher für die Befestigung und Vervollkommnung der preußischen Heeres-Einrichtungen am meisten das Wort führte und die Verbesserung derselben zu seiner Lebensaufgabe machte, die Zielscheibe alles Grolles und Unmuthes war. Da überdies Prinz Wilhelm von den zügellosen Volksmassen als Reactionär verschrien war, so gerieth er in ernste Gefahr, der er sich nur durch die schleunigste Entfernung aus seinem Palais entziehen konnte. Er fand nebst seiner hohen Gemahlin Zuflucht in der Familie des Freiherrn Julius von Schleinitz, damals Geheimen Regierungsrathes im Ministerium des Innern. Der Prinz entschloss sich mit seiner Gemahlin noch am selben Abende — es war der 19. März 1848 — nach dem kaum einige Stunden entfernten, befestigten Spandau zu fahren. Von Freiherrn Julius von Schleinitz und der Hofdame Gräfin Adele Haacke begleitet, langte das fürstliche Paar zu später Nachtzeit in Spandau an. Wer hätte damals, in jener düsteren Nacht des 19. März 1848, ahnen können, dass der von den entfesselten, verblendeten Volksleidenschaften zu so trauriger Flucht genöthigte, einer dunklen, scheinbar unheilvollen Zukunft entgegengehende, heimatlose Prinz einst — heimkehrend aus dem französischen Feldzuge — als glorreicher Kaiser, als Stolz und Liebling seiner Nation, umbraust von nicht endenwollendem Jubel, einen unvergleichlich glanzvollen Einzug in Berlin halten werde.

Doch kehren wir wieder nach dem Zufluchtsorte Spandau zurück. Auf ausdrücklichen Befehl des Prinzen musste sich nun der Geheime Regierungsrath Freiherr Julius von Schleinitz von den hohen Flüchtigen trennen, um Überbringer einer wichtigen Botschaft an den König zu sein. In Berlin angelangt, hielt es Freiherr von Schleinitz für seine Pflicht, sich unverzüglich aufs Schloss zu begeben. Doch vergeblich war all sein Bemühen, bis zum Könige vorzudringen. Nicht nur von außen waren das Schloss und seine Eingänge vom Janhagel belagert, nicht nur in den Straßen von Berlin sah man die plötzlich aufgetauchten, Umsturz und Schreckensherrschaft inaugurierenden unheimlichen Figuren — bis in die Zimmer des Königs sogar drängten sich solch fragwürdige Elemente.

Um denn doch seinem Auftrage gerecht zu werden und dem Herrscher Bericht über seinem hohen Bruder zu geben, musste sich Freiherr von Schleinitz der Vermittlung seines jüngeren Bruders, des späteren Grafen Schleinitz, bedienen, der im Jahre 1848, wie später noch zweimal zum Minister der auswärtigen Angelegenheiten berufen wurde und 1885 als Hausminister starb. Auch dieser, der stets das besondere Vertrauen des Prinzen besaß und dem der spätere König und Kaiser damals geleistete Dienste nie vergessen hat, verfügte sich nun nach Spandau und blieb zunächst in des erlauchten Flüchtlings Gefolge.

Prinz Wilhelm hatte schließlich Zuflucht in England gefunden. Auch von Spandau, wo sich die prinzlichen Herrschaften nicht mehr sicher glauben durften, hatten sie sofort wieder in Hast und Heimlichkeit flüchten müssen, und zwar in einer Weise, die ihr Leben aufs ernsteste gefährdete. In einem sogenannten Seelenverkäufer, der vier Personen tragen musste, das Prinzenpaar, Gräfin Haacke und Freiherrn Alexander von Schleinitz, ward bei stürmischen Wetter die Überfahrt über die Havel gewagt. Der kleine, unzureichende Kahn drohte jeden Augenblick umzuschlagen, brachte aber doch seine Insassen glücklich ans Land. Aus dem Holze dieses Rettungsbootes, welches späterhin angekauft ward, wurden kleine Anker geschnitzt, die als Andenken an schwere Zeiten und dabei bewiesene Treue unter die nächsten Anhänger des Prinzenpaares zur Vertheilung gelangten. Noch heute bewahrt die Familie Schleinitz nebst einer Hotelrechnung und einem Portemonnaie, welche Gegenstände Freiherr Julius von Schleinitz von der Prinzessin Augusta in Spandau zum Geschenke erhalten hatte, auch jenen kleinen Anker als kostbare Reliquie auf. Über Mecklenburg-Schwerin gieng der Prinz dann nach England.

Der Aufenthalt dortselbst, der Ideenaustausch mit Männern wie: Peel, Lord John Russel, Palmerston und besonders mit Prinz Albert, hatten manche seiner Anschauungen über Vergangenheit und Zukunft geläutert. Nach zweimonatlichem Aufenthalte in London kehrte Prinz Wilhelm am 8. Juni 1848 in der Eigenschaft eines officiell gewählten, vom Volke berufenen Vertreters, als „Abgeordneter von Wirsitz" (Regierungsbezirk Bromberg) wieder nach Berlin zurück und nahm als solcher seinen Sitz in der Nationalversammlung ein, welche über die Neugestaltung der preußischen Regierungsform berathen sollte. Allmählich kamen nun wieder Zeiten gesetzmäßiger Ruhe und Ordnung. Doch war es eine Periode schwüler Stille, dumpfen Druckes, missmuthiger Unzufriedenheit, die dem Sturme folgte.

Infolge der Wendung, welche die deutsche Bewegung durch die Ablehnung der Kaiserkrone seitens König Friedrich Wilhelm IV. erfahren hatte, kam es in Baden zu einem Aufstande. Die Rebellen stürzten die Regierung, und der Großherzog, im Bunde mit anderen vom Aufruhr bedrohten süddeutschen Fürsten, wandte sich in seiner Noth an den König von Preußen um Beistand. Friedrich Wilhelm IV. sagte Hilfe zu und ernannte am 8. Juni 1849 den Prinzen von Preußen zum Oberbefehlshaber des Truppen-Corps vom Rhein, welches zum Ausmarsche nach Baden bestimmt war. Es gelang dem Prinzen, dank der umsichtigen und thatkräftigen Leitung der Operationen, innerhalb weniger Monate den Aufstand zu unterdrücken und Ruhe und Ordnung wieder herzustellen, für welche That ihm der König den Orden pour le mérite verlieh. Prinz Wilhelm hatte sich als tüchtiger und muthvoller Heerführer erwiesen, und durch seine leutselige Art nicht nur die Herzen seiner Soldaten, sondern auch den Dank und die Liebe der Bewohner gewonnen. Bei der Rückkehr nach Berlin ward derselbe Mann, welchen ein Jahr zuvor der Zorn des verblendeten Volkes über das Meer getrieben, als Wiederhersteller der Ordnung in Süddeutschland von den Vertretern der Berliner Stadtgemeinde und von Deputationen der Landesvertreter in festlichster Weise bewillkommt.

Nach Beendigung des Feldzuges wurde Prinz Wilhelm abermals zum Generalgouverneur von Rheinland und Westfalen ernannt und ihm die Stadt Coblenz als Stabsquartier angewiesen. Er nahm dortselbst im Jahre 1850 seinen ständigen Wohnsitz.

Der Umfang dieser Biographie gestattet nicht, auf die einzelnen Momente, welche einen hervorragenden Platz in der Lebensgeschichte des Fürsten von 1850 bis 1858 (als des Zeitpunktes der Übernahme der Regentschaft) behaupten, hier näher einzugehen. Es sind nicht die glänzendsten Blätter der deutschen Geschichte, welche die Chronik in jener Periode zu verzeichnen hat.

Nach der Wiederherstellung des alten deutschen Bundestages folgten Jahre politischer Stille, welche der Prinz von Preußen mit Eifer benützte, um auf dem Gebiete des preußischen Heerwesens weiterzuarbeiten. Er sah mit scharfem Blicke die Armee-Einrichtungen anderer Staaten und suchte die gewonnenen Erfahrungen für sein Vaterland zu verwerten. Die Jahre 1851 und 1853 boten ihm Gelegenheit, Heerschau über österreichische, russische und englische Truppen zu halten. Im Jahre 1854 ernannte ihn der König zum General-Oberst der Infanterie mit dem Range eines General-Feldmarschalls.

Nach den Anstrengungen des Dienstes während dieses Abschnittes hatten das häusliche und Familienleben dem Prinzen manchen Lichtpunkt geboten; denn Freude und Erholung fand er in seinem traulichen Heim, das ihm durch die Liebe der Seinen sonnig verklärt wurde. Am 11. Juni 1854 begieng das prinzliche Paar die Feier der silbernen Hochzeit; andere hohe Familienfeste folgten bald. Die Tochter, Prinzess Luise, vermählte sich im Jahre 1856 mit dem Grossherzog Friedrich von Baden ; Prinz Friedrich Wilhelm, des Prinzen von Preußen Sohn, erkor sich in der anmuthigen und geistvollen Prinzess Royal Victoria von England die Lebensgefährtin, eine Verbindung, die für das Königshaus wie für das Volk und Vaterland Heil und Segen versprach.

Für die dienstliche Laufbahn des Prinzen, der wir uns wieder zuwenden, war das Jahr 1857 von großer Bedeutung. Der erste Tag desselben brachte sein fünfzigjähriges Dienst-Jubiläum, bei welcher Feier ihm Beweise der Liebe und Dankbarkeit in höchstem Maße zutheil wurden. Glückwünsche und Ehrengeschenke trafen bei dem hohen Jubilare zahlreich ein. Der König ehrte den Bruder durch Überreichung eines kunstvoll gearbeiteten Degens; im Namen der Armee wurde ihm ein kostbarer Ehrenschild überreicht und die Veteranen vervollständigten dies sinnreiche Geschenk noch durch einen prachtvollen Helm, der auf seiner Spitze den Erzengel Michael im Kampfe mit dem Drachen zeigte.

Ein tiefeinschneidendes Ereignis brachte der 23. October des so festlich froh begonnenen Jahres. Der König war im September vorher von einem Schlaganfalle betroffen worden und übertrug dem Bruder interimistisch, zunächst auf drei Monate, die Regierung; diese Frist musste jedoch verlängert und, da die Krankheit des Königs sich als unheilbar erwies, die Stellvertretung in eine Regentschaft umgewandelt werden. Prinz Wilhelm leistete als Inhaber der königlichen Gewalt am 26. October 1858 den Eid auf die Verfassung und führte nun den Titel „Prinz-Regent von Preußen".

Am 5. November 1858 ergriff der Prinz-Regent mit fester Hand die Zügel der Regierung und drückte gleich seinen ersten Regierungsacten das Gepräge eines thatkräftigen Regimes auf.

In der Nacht vom 1. zum 2. Januar 1861 erlöste der Tod König Friedrich Wilhelm IV. von seinem schweren Leiden. Tief und schmerzlich betrauerte ihn sein Bruder, der nun als König Wilhelm I. den Thron seiner Väter bestieg; er hatte nahezu das vierundsechzigste Lebensjahr vollendet.

> „Es ist Preußens Bestimmung nicht, dem Genusse der erworbenen Güter zu leben. In der Anspannung seiner geistigen und sittlichen Kräfte, in dem Ernste und der Aufrichtigkeit seiner religiösen Gesinnung, in der Wirkung seiner Wehrkraft liegen die Bedingungen seiner Macht, nur so vermag es, seinen Rang unter den Staaten Europas zu behaupten."

So lauteten die lapidaren Worte in der Proclamation, welche der König unmittelbar nach seiner Thronbesteigung, am 7. Januar 1861, an sein Volk erließ.

Im Herbste desselben Jahres begab sich der König nach Königsberg, am 14. October erfolgte der Einzug des Königspaares. Pietätvoll an den Traditionen der Familie festhaltend und in Demuth sich der alten Zeiten wie der Unglückstage erinnernd, verweilte der König, ehe er das Krönungsornat zu Königsberg anlegte, in dem Zimmer der Königin Luise und widmete eine Stunde ernster Andacht seiner heißgeliebten erlauchten Mutter. Am 18. October 1861, dem ruhmreichen Tage der Völkerschlacht bei Leipzig, setzte der Monarch zu Königsberg, vor den Zeugen des ganzen Volkes, in einer mit großem Glanze und Pompe angeordneten Krönungsceremonie, sich und seiner Gemahlin feierlich die Krone auf das

Haupt. Den das Gepräge eines ritterlichen Turniers tragenden Festlichkeiten folgten eine Reihe ernster und schwerer Tage, zunächst im Innern, wo ein Kampf entbrannte, welcher das Land vier Jahre lang in allen Tiefen aufwühlte und die sonst so festen Bande frommer Scheu vor dem monarchischen Principe bedenklich lockerte.

Bis zum Jahre 1866 dauerte die, durch die Verweigerung der Kosten für die Heeres-Reorganisation herbeigeführte Conflicts-Periode; die Popularität des Herrschers konnte unter diesen parlamentarischen Stürmen nicht gedeihen. Erst nach dieser Zeit brachten die Erfolge, die errungen worden waren, das nöthige Licht und die nöthige Wärme in die Beziehungen zwischen Thron und Volk zurück. In die Wirren der budgetlosen, von leidenschaftlichen Parteikämpfen erfüllten Zeit fielen von außen her ebenfalls manche, die erste Regierungs-Periode trübende Schatten. Die Bundesreform stand als brennende Frage auf der politischen Tagesordnung und beschäftigte alle deutschen Cabinette. Über die Richtung, in welcher die Lösung derselben zu suchen, herrschte wenig Übereinstimmung. König Wilhelm wusste indes inmitten der einander bekämpfenden Strömungen den rechten Mann zu finden, dem er das Steuerruder des Staatsschiffes anvertrauen konnte.

Er ernannte am 23. September 1862 den ehemaligen Gesandten am französischen Hofe, Otto von Bismarck-Schönhausen, zum interimistischen Vorsitzenden des preußischen Staatsministeriums.

Einen kurzen Lichtblick in die düsteren Wirren des inneren Streites brachte ein patriotischer Gedenktag, der vom Könige, Heere und Volke in einmüthiger Freude begangen wurde. Am 17. März 1863 waren fünfzig Jahre seit der Errichtung der preußischen Landwehr und des denkwürdigen Aufrufes „An mein Volk" verflossen. Dieser Tag wurde feierlich begangen und zugleich im Lustgarten zu Berlin der Grundstein zu einem Denkmale Friedrich Wilhelms III. gelegt. Der König hatte zu dieser Feier sämmtliche Veteranen aus den Freiheitskriegen einladen lassen; nahezu viertausend erschienen in Berlin und marschierten unter Führung des Feldmarschalls von Wrangel am königlichen Palais vorüber, ihren obersten Kriegsherrn begeisterungsvoll begrüßend.

Der Beginn des Jahres 1864 brachte mit dem Ausbruche des Schleswig-Holstein'schen Krieges ein folgenschweres Ereignis.

Die sogenannten Elbherzogthümer, Schleswig, Holstein und Lauenburg, waren deutsch seit uralten Zeiten. Vor hunderten von Jahren nun hatten die Bewohner gelegentlich der Personalunion mit Dänemark sich ihre Rechte, namentlich, dass die Länder gesint, „up ewig ungedeelt", bleiben sollten, urkundlich verbriefen und besiegeln lassen. Stets hielten die dänischen Könige die alten Verträge treu und unverbrüchlich, wie die deutschen Völker treu zu ihrem Volksthume und zu ihrem alten Mutterlande hielten. In den letzten Jahrzehnten war jedoch das deutliche Bestreben der dänischen Könige in den Vordergrund getreten, das Deutschthum in Schleswig zu unterdrücken, welche Absichten auf nichts Geringeres, als auf eine völlige Einverleibung Schleswigs in Dänemark abzielten. Unterstützt von der Partei der Eiderdänen, hatte König Christian IX. im November 1863 eine neue Verfassung erlassen, welche die gefürchtete Einverleibung klar in sich schloss. Am 1. Januar 1864 sollte dieselbe in Kraft treten. Eine gewaltige Erregung entstand in den Herzogthümern wie im ganzen deutschen Volke. Mit Ungestüm verlangte dasselbe den Krieg gegen Dänemark. Der deutsche Bundestag sandte ein „Executionscorps" von Sachsen und Hannoveranern zur Besetzung Holsteins. Aber Schleswig zu schützen hatte der Deutsche Bund kein Recht. Die politischen Verhältnisse lagen so schwierig als nur möglich. Da lösten Österreich und Preußen den gordischen Knoten dieser Verwirrung durch ihr gemeinsames, thatkräftiges Eingreifen. Sie sandten am 16. Januar 1864 ein Ultimatum nach Kopenhagen, worin sie von Dänemark unter Androhung der Kriegserklärung die Rücknahme der Verfassung binnen achtundvierzig Stunden forderten. Da aber Dänemark, im Vertrauen auf die Hilfe Rußlands und Englands, den deutschen Großmächten trotzte, erfolgte bereits am anderen Tage die Kriegserklärung.

Preußischerseits waren für den Krieg das westfälische, das brandenburgische Armeecorps und eine Gardedivision auserwählt worden. In der letzteren befanden sich auch Regimenter, welche durch die Heeres-Organisation neu gebildet worden waren. So gab es für Preußen noch einen besonderen Kampfpreis: die Rechtfertigung der unter so heftigem Streite durchgeführten Heeresreform.

Zwanzigtausend Österreicher unter Feldmarschall-Lieutenant von Gablenz schlossen sich den preußischen Truppen an. In einer Gesammtstärke von 56.320 Mann rückte das verbündete Heer unter dem Oberbefehle des preußischen General-Feldmarschalls von Wrangel am 1. Februar 1864 in Holstein ein.

Nach einem meisterhaften Kriegsplane drangen die Verbündeten unaufhaltsam vor, verjagten die Dänen aus dem festen Bollwerk der Danewerke und trieben sie bis zu den Düppeler Schanzen. In dieser, für uneinnehmbar geltenden Stellung boten die Dänen noch monatelang trotz; am 18. April 1864 jedoch erstürmten die Preußen unter Führung des Prinzen Friedrich Karl auch die Schanzen von Düppel.

Mittlerweile hatten die Österreicher die dänische Feldarmee bei Översee und Veile geschlagen und ganz Jütland erobert.

Am Tage von Düppel empfiengen die neuformierten Truppentheile die Blut- und Feuertaufe, und indem sich dieselben an Kriegstüchtigkeit den ältesten Regimentern der Armee ebenbürtig erwiesen, wurde die glorreiche Waffenthat zugleich zu einem Siege für die, seitens des Königs, mit eisernem Nachdrucke durchgeführte Neugestaltung des Heeres.

König Wilhelm I. hatte mit sorgsamen Augen die Bewegungen seiner Armee verfolgt. Er entschloss sich nun auch, sich selber zum Heere zu begeben; mit Jubel wurde er von den Schleswig-Holsteinern und seinen Truppen empfangen.

Auf dem Kriegsschauplatze trat zunächst eine Waffenruhe ein; es begannen die Friedensverhandlungen. Die Dänen verwarfen indessen alle ihnen gestellten Friedensbedingungen, so günstig dieselben für sie waren, indem sie noch auf ihre Macht zur See und ihre feste Stellung auf der Insel Alsen hofften; so war es den deutschen Waffen vergönnt, das entscheidende Wort zu sprechen und das begonnene Werk zu einem herrlichen Ende zu führen.

In der Nacht auf den 29. Juni setzten, geführt von Herwarth von Bittenfeld, 2000 Preußen auf Kähnen über einen siebenhundert Schritte breiten Meeresarm nach Alsen über, erstürmten die befestigte Küste und erkämpften einen Sieg, nicht minder herrlich als der von Düppel.

Der Dänen Widerstand, welche sich selbst in Kopenhagen nicht mehr sicher fühlten, war gebrochen. Am 30. October unterzeichneten sie den Frieden, dessen erster Artikel lautete: „Der König von Dänemark entsagt allen Rechten auf die Herzogthümer Schleswig-Holstein und Lauenburg zu Gunsten des Kaisers von Österreich und des Königs von Preußen."

Trotz des am 4. August 1865 zu Gastein abgeschlossenen Vertrages verschärften sich die Gegensätze zwischen Österreich und Preußen mehr und mehr; die Entscheidungsfrage, wer in Deutschland die Hegemonie führen solle, drängte zur Lösung, und es ist in dem österreichisch-preußischen Conflicte das Resultat eines zielbewussten Vorgehens preußischer Interessenten zu erblicken. In den leitenden Kreisen Preußens stand es darum schon längst fest, dass der Krieg unausbleiblich sei.

Am 14. Juni 1866 sah sich denn auch Österreich veranlasst, die Mobilmachung sämmtlicher deutscher Armeecorps, mit Ausnahme der preußischen, beim Bundestage zu beantragen.

Preußen fand an Italien einen Bundesgenossen, und bald nach der Frankfurter Abstimmung gieng von Berlin ein Ultimatum an die Höfe von Sachsen, Hannover und Kurhessen, worin den Fürsten Wahrung ihrer Rechte zugesichert, aber von ihnen verlangt wurde, ihre Truppen sofort auf Friedensfuß zu stellen und ihre Betheiligung an der von Preußen beabsichtigten Gründung eines neuen Bundes zuzusagen. Auf die abschlägige Antwort der Fürsten rückten preußische Truppen in ihre Länder ein.

Inzwischen begann von Seite Preußens die kriegerische Action auch gegen Österreich. Die sächsische Armee, unter der Führung des Kronprinzen, marschierte nach Böhmen, um sich hier mit den Österreichern zu vereinigen, welche die Abtheilungen ihrer Hauptarmee unter dem Obercommando des Feldzeugmeisters Ritter von Benedek eben dahin aus Mähren dirigierten. Der österreichischen Hauptarmee zogen drei preußische Heere, geführt vom Kronprinzen Friedrich Wilhelm, dem Prinzen Friedrich Karl und dem General Herwarth von Bittenfeld entgegen. Nach den, von General von Moltke, der als Chef des Generalstabes die Operationen der drei Armeen leitete, ausgegebenen Directiven hatten dieselben von verschiedenen Seiten in Böhmen einzubrechen. Ihre Vereinigung in der Richtung auf Jičin sollte aber immer das Hauptziel bleiben, sowie ihre jeweilige Stellung zu etwaiger gegenseitiger Unterstützung immer im Auge behalten werden. Der Plan wurde nach beiden Richtungen hin zur Ausführung gebracht. Vier österreichische Corps stellten sich einzeln den einmarschierenden Preußen in den Weg; doch machten eine Reihe schneller Erfolge zwischen dem 26. und 28. jenen den Weg nach Böhmen frei, so dass sich schon am 30. Juni die drei vorgeschobenen preußischen Corps mit dem sechsten, das die Nachhut gebildet hatte, vereinigen konnten.

König Wilhelm I. reiste, nachdem in den vorangegangenen Tagen von der Armee eine Siegesnachricht nach der andern eingetroffen war, am Abende des 30. Juni in Begleitung des Generalstabs-Chefs von Moltke und des Ministers des Äußern Grafen Bismarck von Berlin nach Böhmen ab.

Bei seinem Eintreffen auf dem Kriegsschauplatze fand er bereits die drei in Böhmen eingerückten Heerestheile in Besitze großer strategischer Vortheile über den Gegner. Am Morgen des 2. Juli folgte er dem Heere des Prinzen Friedrich Karl nach Jičin.

Schwer ermüdet von den unausgesetzten Märschen, Bivouaks und Gefechten, sollte das Heer einige Ruhetage genießen; da drang am Abende die Kunde in das königliche Hauptquartier, die österreichische Armee habe sich zwischen dem Bistritzbache und der Elbe in Schlachtordnung aufgestellt. In einem, bei dem Könige schnell abgehaltenen Kriegsrathe entwickelte General von Moltke seinen Plan, dem der Monarch zustimmte. Bis 2 Uhr nachts war man vereint gewesen; um 5 Uhr morgens sollte aufgebrochen werden. Pünktlich um diese Zeit begab sich der oberste Kriegsherr mit seinem Gefolge über Horic nach Dub, von wo aus man dem Kampfe deutlich folgen konnte. Bange Stunden waren es, die König Wilhelm I. hier bis zur Mittagsstunde, als der Kampf im Centrum ergebnislos blieb und die Kraft der Reserven zu erlahmen drohte, durchlebte. Der Sieg war lange zweifelhaft. Die Österreicher fochten, wie immer, äußerst tapfer und erbittert, und wenn der Kronprinz das Schlachtfeld nur wenig später erreicht hätte, so hätte der ganze Krieg eine andere Wendung nehmen können. Gegen 3 Uhr nachmittags erst, nachdem sich das Erscheinen des kronprinzlichen Heeres in der Flanke und im Rücken der Österreicher fühlbar machte, konnte die Gefahr als beseitigt angesehen werden. Der forcierte Marsch der preußischen 2. Armee hatte über die Schlacht von Königgrätz entschieden. Spät am Abende traf der König mit seinem Sohne, den Kronprinzen Friedrich Wilhelm, zusammen, den er eigenhändig mit dem Orden pour le mérite schmückte.

Kaiser Napoleon, der durch seinen Gesandten im Hauptquartiere zu Nikolsburg die Vermittlung des Friedens anbot, wurde von Preußens Leitern der Staatskunst im Vertrauen auf die siegreichen Waffen abgewiesen. Preußen vereinbarte, nachdem vorher am 26. Juli die Friedenspräliminarien in Nikolsburg unterzeichnet wurden, auf eigene, freie Hand den Frieden mit Österreich; am 23. August 1866 wurde derselbe zu Prag ratificiert. Österreich gab seine Zustimmung zu einer neuen Gestaltung Deutschlands ohne Betheiligung an derselben, schied demnach aus dem politischen Verbande Deutschlands aus, übertrug seine Mitrechte auf Schleswig-Holstein an Preußen und zahlte außerdem, nach Abzug des Betrages der Kriegskosten mit 15 Millionen preußischer Thaler, welche es an die Herzogthümer Schleswig-Holstein zu fordern hatte, ferner nach Abzug von fünf Millionen als Äquivalent der freien Verpflegung, welche die preußische Armee bis zum Friedensschlusse in den von ihr occupierten österreichischen Landestheilen genossen hatte, 20 Millionen Thaler als Kriegskosten. Preußen vereinigte sich mit den, nach der Einverleibung

Hannovers, Kurhessens, Nassaus, der Stadt Frankfurt und der Herzogthümer Schleswig-Holstein übriggebliebenen 20 Staaten des nördlichen und mittleren Deutschlands zu dem Norddeutschen Bunde, welchem auch das Großherzogthum Hessen für sämmtliche nördlich vom Main gelegene Gebietstheile (Oberhessen) beitrat. Den süddeutschen Staaten Bayern, Württemberg, Baden und Hessen-Darmstadt wurde laut eines Artikels desselben Friedens gestattet, in einen besonderen Verein zusammenzutreten, dessen nationale Verbindung mit dem Norddeutschen Bunde der näheren Verständigung zwischen beiden vorbehalten blieb.

Eine solche festere, politische Einigung Deutschlands wurde durch Vereinbarungen auf dem Gebiete des Handels und Verkehrs, durch den allgemeinen deutschen Zollverein, der Preußen und die meisten deutschen Staaten, auch die Südstaaten mit Ausnahme Liechtensteins umfasste, vorbereitet. Deutschland zählte demnach zur Zeit vertragsmäßig zwei Hauptbestandtheile: 1. den norddeutschen Bundesstaat bis zum Main, 2. die südlichen deutschen Staaten bis zu den Alpen.

Unter keinem der früheren Regenten hatte Preußen einen so bedeutenden Gebietszuwachs erhalten, wie unter der Regierung König Wilhelm I. Denn Preußen gewann durch die mit Patent vom 9. October 1866 erklärte Einverleibung des Königreiches Hannover, des Kurfürstenthumes Hessen, des Herzogthumes Nassau und des Gebietes der freien Stadt Frankfurt in das preußische Staatsgebiet, ferner durch die Erwerbung Schleswig-Holsteins und durch die Abtretung einiger bayerischer und hessen-darmstädtischer Grenzdistricte 73.100 Quadratkilometer (1329 Quadratmeilen) mit 4,800.000 Einwohnern. Dazu kam noch die militärische Einheit nach Organisation, Ausrüstung und Ausbildung des unter dem Oberbefehle des Königs von Preußen gestellten verbündeten Heeres.

Mit der Liebe im Herzen, die Hand zur Versöhnung darbietend, trat König Wilhelm I. nach seiner Rückkehr aus dem Feldzuge am 5. August vor die Vertreter seines Volkes, deren Mehrheit, in trotzigem Widerstreben beharrend, die Mittel zur Heeres-Organisation, wie zu den beiden Kriegen (1864 und 1866) verweigert hatte.

Der König verlangte Indemnität, d. h. die nachträgliche Gutheißung dafür, dass er aus eigener Machtvollkommenheit die zur Vertheidigung des Vaterlandes nöthigen Summen dem Staatsschatze entnommen. Mit Bezug hierauf hieß es in der Thronrede bei Eröffnung des Landtages:

„Ich hege das Vertrauen, dass die jüngsten Ereignisse dazu beitragen werden, die unerlässliche Verständigung soweit zu erzielen, dass Meiner Regierung in Bezug auf die ohne Staatshaushaltgesetz geführte Verwaltung die nachträgliche Bewilligung, um welche die Landesvertretung angegangen werden soll, bereitwillig ertheilt und damit der bisherige Conflict umso sicherer zum Abschluss gebracht werden wird, als erwartet werden darf, dass die politische Lage des Vaterlandes eine Erweiterung der Grenzen des Staates und die Einrichtung eines einheitlichen Bundesheeres unter Preußens Führung gestatten werde, dessen Lasten von allen Genossen des Bundes gleichmäßig werden getragen werden."

Die zur Versöhnung gebotene Hand wurde nicht zurückgewiesen. Das von der Regierung eingebrachte Gesetz behufs nachträglicher Bewilligung der früheren Staatshaushaltskosten wurde mit großer Stimmenmehrheit angenommen, und überdies ein außerordentlicher Credit von 60 Millionen Thalern zu dem Zwecke bewilligt, den durch die Kriege erschöpften Staatsschatz wieder zu füllen. Damit war der Friede zwischen dem Könige und seinem Volke hergestellt.

Inzwischen waren alle deutschen Stämme nördlich vom Main zu einem Bunde vereinigt worden. Am 24. Februar 1867 eröffnete König Wilhelm I. in eigener Person den ersten Reichstag des Norddeutschen Bundes. Begeisterte, von edler Vaterlandsliebe durchglühte Worte klangen in der Thronrede von seinen Lippen.

Es war eine würdige Vertretung der geeinten deutschen Stämme, dieser aus freien und unmittelbaren Volkswahlen hervorgegangene erste Reichstag des Norddeutschen Bundes, zu dem diese Worte gesprochen wurden.

Seine nächste Aufgabe war die Berathung des dem Bundesrathe vorgelegten Entwurfes einer Verfassung, die dem neuen Gebäude deutscher Einheit Fundamente und würdige Gestaltung geben sollte.

König Wilhelm I. feierte am 1. Januar 1867 sein sechzigjähriges Dienstjubiläum und am 22. März seinen siebzigsten Geburtstag. Die Beweise inniger Verehrung, die ihm von allen Seiten entgegengebracht wurden, bezeugten ihm, dass er zu einem allgeliebten Helden seines Volkes geworden war. Das erwiesen auch die Reisen, die der König durch die neuerworbenen Landesgebiete machte; selbst in Süddeutschland schlugen ihm die Herzen warm entgegen, als er im Jahre 1867 durch Schwaben und Franken reiste, um der wiedererbauten Stammburg seines Geschlechtes einen Besuch abzustatten.

Die nächsten Jahre giengen ohne tiefeinschneidende Ereignisse vorüber. Die einzige Wolke, die an dem politischen Horizonte aufstieg, war die Luxemburger Frage, welche König Wilhelm I. jedoch auf diplomatischem Wege schlichtete; er folgte dabei dem Rathe seines ersten Ministers, welcher um eines zweifelhaften Rechtes wegen nicht abermals die Entscheidung des Schwertes anrufen wollte, ehe die deutschen Zustände hinreichend befestigt erschienen.

Als Gast betrat König Wilhelm I. den Boden Frankreichs bei Gelegenheit der Weltausstellung; bald aber trübten sich die Beziehungen zusehends und warfen ihre Schatten in die Seele des mit Wehmuth auf den heranziehenden Sturm blickenden, milden und menschenfreundlichen Herrschers.

Schweren Herzens sah er dem Waffengange mit dem mächtigen und kriegsgeübten Feinde entgegen. Doch der Geist, der im Heere und in der Nation lebte und der in imposanten und zahlreichen Kundgebungen zutage trat, zeigte dem Monarchen, dass er vertrauensvoll den Kampf aufnehmen könne. Vor den Marmorbildern der theueren Eltern im Mausoleum zu Charlottenburg stehend, ließ er die Bilder der Vergangenheit an seiner Seele vorüberziehen, Gott um Sieg bittend; dann begab er sich am 31. Juli 1870 zu dem in voller Kriegsrüstung bereitstehenden Heere und übernahm im Hauptquartiere zu Mainz den Oberbefehl.

Der Raum dieser Blätter gestattet hier nur kurz diejenigen Momente jener gewaltigen Kriegs-Episode vor die Seele des Lesers zurückzurufen, an welche sich große Entscheidungen oder besondere persönliche Erlebnisse König Wilhelms I. knüpften. Auf die Nachricht von den ersten Siegen verließ das königliche Hauptquartier Mainz und rückte über Homburg in die Pfalz, Saarbrücken, St. Avold, Falkenberg, Herny und Pont à Mousson in das Moselthal bei Metz vor, dessen Hänge und Ränder reißend schnell zu blutiger Kampfesstätte wurden. Noch hatte der König nicht als Augenzeuge dem Kampfe beigewohnt; nach den glänzenden Heldenthaten, die bereits verrichtet waren, drängte es ihn jedoch, auch im Angesichte der Schrecken des Todes unter seinen Truppen zu weilen. Nachdem er am 17. August, tief erschüttert von einem Besuche auf dem Schlachtfelde von Vionville, einem Kriegsrathe, der über die Action des nächsten Tages entschied, beigewohnt, übernahm er am 18. die Leitung der Operationen, durch welche Bazaines tapferes und unternehmendes Heer nach Metz geworfen werden sollte.

Der König war bereits um 5 Uhr morgens von Pont à Mousson aufgebrochen und folgte mit Aufmerksamkeit dem hin- und herwogenden Kampfe. Als der Erfolg des Tages durch das die letzten Stellungen der Franzosen erstürmende sächsische Armeecorps gesichert war, wand der königliche Sieger den heiß-errungenen Lorbeer um die Häupter seiner braven Krieger. Nachdem er den eisernen Ring um die geschlagene Armee gelegt, setzte er sich an die Spitze der zur Verfolgung Mac Mahons entsandten Heeresabtheilung, deren unerwartete Diversion von der eigentlichen Operationslinie die Schlachten bei Beaumont (30. August) und bei Sedan (1. September) herbeiführte. Von den Höhen bei Frénois aus, am linken Maasufer, beobachtete der Monarch vom frühen Morgen an, umgeben von seinen ersten militärischen Rathgebern, den Gang der Schlacht. Um dem bereits auf allen Seiten cernierten Gegner das Erfolglose jedes Widerstandes zu zeigen, befahl König Wilhelm, dass die bei Frénois aufgestellte große Batterie das Bombardement der Stadt eröffne; damit war der Schlussact eingeleitet. Unter dem Hagel der todbringenden Geschosse, welche aus den Reihen der Deutschen auf die, in einen immer mehr sich verengenden Kreis gedrängten Vertheidiger von Sedan fielen, entschloss sich der Führer des feindlichen Heeres zu jener denkwürdigen Capitulation, die das Staatsoberhaupt Frankreichs, Kaiser Napoleon III., und mit ihm ein Heer von 83.000 Mann, mit 10.000 Pferden und 550 Geschützen in die Gewalt der Sieger gab. Wie einfach menschlich, wie demüthig klang es, wenn der König, auf der Höhe der Macht und umgeben von dem Glanze des Sieges, am nächsten Tage seiner Gemahlin schrieb:

„Ich beuge mich vor Gott, der uns zu Werkzeugen seines Willens bestellt hat. Nur in diesem Sinne vermag ich das Werk aufzufassen."

Dem Gefühle der Dankbarkeit, das ihn erfüllte, gab der Monarch damals, bei dem Ausbringen jenes bekannten Trinkspruches, in so schmucklosen und ergreifenden Worten Ausdruck, indem er sagte:

„Wir müssen heute aus Dankbarkeit auf das Wohl Meiner braven Armee trinken. Sie, Kriegsminister von Roon, haben unser Schwert geschärft; Sie, General von Moltke, haben es geleitet, und Sie, Graf von Bismarck, haben seit Jahren durch die Leitung der Politik Preußen auf seinen jetzigen Höhepunkt gebracht. Lassen Sie uns also auf das Wohl der Armee, der drei von Mir genannten und jedes einzelnen unter den Anwesenden trinken, der nach seinen Kräften zu den bisherigen Erfolgen beigetragen hat."

Wohl hätte König Wilhelm, mit der Milde seines Wesens, und geleitet von den Empfindungen einer großherzigen und edlen Natur, dem Gegner gerne goldene Brücken gebaut, um die von ihm begehrten Zugeständnisse zu erlangen; die ablehnende Haltung der französischen Staatsmänner verschaffte ihm indes die Überzeugung, dass das Ende des großen nationalen Zweikampfes noch nicht herangenaht sei. Nachdem Metz und Straßburg gefallen, musste auch die Hauptstadt überwältigt und der Widerstand des Feindes an diesem Hauptbollwerke seiner Macht gebrochen werden. Die Lösung dieser Aufgabe war bei der Nachsicht und Geduld, bei der Rücksicht und Schonung, welche König Wilhelm der belagerten Residenz gegenüber an den Tag legte, nicht leicht; auch wurde sie bis zum Jahresschlusse nicht erreicht.

Am 5. October war der königliche Feldherr mit dem Hauptquartiere in Versailles eingezogen und leitete von hier aus, gleichzeitig mit dem Angriffe auf Paris, auch die Operationen auf den Kriegstheatern im Norden, Westen und Südosten, wie an der Loire. In seinen Händen liefen unausgesetzt die zahlreichen Fäden zusammen, welche die Organisation der Abwehr der vordringenden Entsatzheere, die Niederhaltung des allgemeinen Volkskrieges, die Sicherstellung der Verbindungen des deutschen Heeres, die Vertheidigung und den Schutz der deutschen Grenzen, die Ausrüstung und Ausstattung der Armeen mit Kriegsbedarf, Mannschaft und sonstigen Hilfsmitteln mit der obersten Heeresführung verbanden.

Staunenswert und großartig war die Thätigkeit, die der Monarch hier entfaltete. Bei den schwerwiegendsten Entscheidungen gleicherweise die Energie und Kühnheit, wie die Besonnenheit und Umsicht des echten Feldherrn bewahrend, hatte er nicht nur ein warmes Herz für die Entbehrungen, Gefahren und Leiden seiner Truppen, sondern er theilte dieselben auch mit ihnen in einem für sein hohes Alter und seine erhabene Stellung bewundernswerten Maße. Von schlichter Einfachheit war die Lebensweise, die König Wilhelm in jenen Tagen zu Versailles führte. Wo seine Soldaten Entbehrungen und Leiden zu erdulden hatten, wollte auch er Aufwand, Pracht und Lustbarkeiten vermieden sehen. Er bezog in Versailles das einfache Präfecturgebäude und überließ das mit seinen zahlreichen Reminiscenzen an die glanzvollsten Zeiten des französischen Königsthums erinnernde Schloss den Kranken und Verwundeten. Rührend war die Theilnahme des erlauchten Fürsten für die letzteren.

Und als die Riesenaufgabe gelöst, als Paris überwunden und entwaffnet zu seinen Füßen lag, die feindlichen Armeen im Norden und im Westen bis zur Auflösung geschlagen, Deutschland vor gefahrdrohender Invasion vom Süden her bewahrt, das letzte große französische Heer über die Grenze der Schweiz gedrängt war, da schrieb der Herrscher bescheiden und prunklos seiner Gemahlin:

„So weit ist das große Werk vollendet, welches durch siebenmonatliche, siegreiche Kämpfe errungen wurde, dank der Tapferkeit, Hingebung und Ausdauer des unvergleichlichen Heeres in allen seinen Theilen und der Opferfreudigkeit des Vaterlandes. Der Herr der Heerscharen hat überall unsere Unternehmungen gesegnet und daher diesen ehrenvollen Frieden in seiner Gnade gelingen lassen. Ihm sei die Ehre!"

Noch andere Erinnerungen knüpfen sich an jene ersten Tage des Jahres 1871; vor allem das Andenken an die Kaiserkrönung am 18. Januar, den symbolischen äußeren Act der Wiederherstellung der alten Kaiserwürde und der Gründung des Reiches in dem Sinne eines nicht nur politisch, sondern auch wirtschaftlich einheitlichen Staatswesens und einer Verminderung der bundesstaatlichen Selbstständigkeit. Wie König Wilhelm sich mit dem Feuer des Jünglings an die Spitze seiner Heeresmacht gestellt, mit der er groß geworden, so trat er nun an die Spitze einer neuen Staats- und Regierungs-Autorität, welche die deutschen Fürsten und freien Städte ihm in edler Selbstverleugnung unter dem Jubel der Bevölkerung entgegenbrachten.

Die Übernahme der Kaiserwürde war zugleich der Beginn des militärischen Schlussactes des Krieges. Dem am 28. Januar abgeschlossenen Waffenstillstande folgte der Präliminarfriede, in dessen Bestimmungen Kaiser Wilhelm, um seinem siegreichen Heere ein glänzendes Zeugnis der Anerkennung für kriegerisches Verdienst zu gewähren, das Einrücken in die französische Hauptstadt, sowie eine kurze Besetzung derselben ausdrücklich zur Bedingung machte. An derselben Stelle, von welcher sonst die Kaisergarde Napoleon III. ihr „Vive l'Empereur!" zuzurufen pflegte, hielt Kaiser Wilhelm nun Heerschau über die zum Einmarsche bestimmten Truppen.

Bald drängte jedoch die Zeit zur Rückkehr in die Heimat, denn hier harrte bereits der erste Reichstag der feierlichen Eröffnung. Am 17. März traf der siegreiche fürstliche Feldherr in Berlin ein. Seine schnell zurückgelegte Reise glich einem Triumphzuge; überall hoben sich begeistert die Hände zum Gruße und schlugen ihm die Herzen entgegen. Kostbare und sinnige Ehrengaben brachte das Rheinland dar, in welchem der Jubel und das Gefühl der Dankbarkeit am lautesten Wiederhall fanden. Fast nicht zu bewältigen waren die in der Haupt- und Residenzstadt Berlin des Monarchen harrenden Ovationen. Die Thronrede des am 21. März 1871 eröffneten ersten deutschen Reichstages war ein lebendiger Ausdruck jener Bescheidenheit, Mäßigung und Religiosität, welche schon die Siegesbulletins vom Kriegsschauplatze gekennzeichnet hatten. Von tiefem, nachhaltigem Eindrucke war jene Stelle derselben, in der es hieß:

„Wir haben erreicht, was seit der Zeit Unserer Väter für Deutschland erstrebt wurde, die Einheit und deren organische Gestaltung, die Sicherung Unserer Grenzen, die Unabhängigkeit Unserer nationalen Rechtsentwickelung."

Am folgenden Tage, am 22. März, feierte der Kaiser seinen 74. Geburtstag. Die meisten deutschen Fürsten hatten sich in Berlin eingefunden, um dem ehrwürdigen Oberhaupte des Reiches persönlich ihre Glückwünsche darzubringen; dieselbe Empfindung, dem Kaiser Glück zu wünschen, beherrschte das gesammte Vaterland und führte selbst in fernen Welttheilen, wo Deutsche beisammen wohnten, dieselben zueinander.

Kaiser Wilhelm I. betrachtete es als eine Pflicht der Dankbarkeit und der Pietät, dass den ruhmvollen kriegerischen Thaten des Heeres auch ein entsprechender äußerer Ausdruck gegeben werde. Er ordnete daher für den 16. Juni 1871 einen glanzvollen, mit allen Attributen kriegerischer Ehren ausgestatteten Einzug der Vertreter des Heeres in Berlin an und gab demselben dadurch, dass er sich selbst mit seinen fürstlichen Standesgenossen und den hervorragendsten Führern an die Spitze der Truppen setzte, die rechte Weihe. Den würdigen Abschluss des erhabenen patriotischen Festactes bildeten dann die Enthüllung des Denkmales seines königlichen Vaters Friedrich Wilhelm III. und ein an dem vaterländischen Gedenktage des 18. Juni abgehaltener allgemeiner Dankesgottesdienst.

Die politisch-militärische Stellung, welche der unter Kaiser Wilhelm so erfolgreich beendete Krieg Deutschland gegeben, spiegelte sich in der entgegenkommenden und freundschaftlichen Haltung, welche namentlich die beiden anderen Kaiserreiche, Österreich und Russland, sowohl von Regierung zu Regierung, als von Hof zu Hof hinfort bethätigten.

Gelegentlich größerer Übungen des Heeres, zu denen ganz Europa Repräsentanten entsandte, erschienen auch Kaiser Franz Josef I. und Kaiser Alexander II. Ihr Besuch am Hofe zu Berlin gab Anlass zu einem Gedankenaustausche der Monarchen und ihrer leitenden Minister über alle Fragen der großen Politik, sowie zu einer Wiederherstellung der in früherer Zeit zwischen den drei Reichen des Nordens und des Ostens bestandenen Beziehungen im Sinne der Befestigung des Weltfriedens. Mit der auf dieser Basis vollzogenen Annäherung der mächtigsten Staaten Europas war der Schwerpunkt der europäischen Politik in die deutsche Reichshauptstadt verlegt.

An die Drei-Kaiser-Zusammenkunft in Berlin knüpften sich im Jahre 1873 die Besuche Kaiser Wilhelms in St. Petersburg und in Wien zur Weltausstellung, sowie die Ankunft des Königs Victor Emanuel, der es im Hinblicke auf die starke clericale Strömung in dem damaligen Frankreich für gerathen fand, die Freundschaft des Beherrschers des deutschen Reiches und dadurch einen starken Rückhalt gegen französische Restaurationsgelüste zu gewinnen. Im Jahre 1875 gewährte der Kaiser den wiederholt von Seite Italiens ausgesprochenen Wunsch nach einem Gegenbesuche, indem er sich nach Mailand begab.

Auch den inneren Angelegenheiten, welche das Herz des deutschen Volkes bewegten, schenkte der Kaiser die regste Aufmerksamkeit; es gab kaum irgend eine nationale Feier, von der Enthüllung des Luther-Denkmales in Worms bis zu dem des Nationaldenkmales auf dem Niederwald, an welchem er nicht persönlich theilnahm, um das Selbstgefühl und den patriotischen Geist im Volke zu heben. Unter allgemeinster Theilnahme von Nation und Heer beging Kaiser Wilhelm am 1. Januar 1877 sein 70jähriges Militärdienst-Jubiläum. Der seltene militärische Gedenktag fand eine an Ehren überreiche Feier, deren einzelne Acte das Wesen des Monarchen in sympathischer Weise berührten. Tiefbewegt dankte er dem Kreise der Männer, in welchem keiner der Paladine des Heeresdienstes fehlte, auf die von seinem erlauchten Sohne an ihn gerichteten ehrerbietigen und schwungvollen Worte. Aus aller Seele hatte derselbe gesprochen, wenn er den kaiserlichen Vater das Vorbild aller soldatischen Tugenden und den Schöpfer jener neuen Ordnungen, welche Preußens Ruhm erhöhten und Deutschlands Größe neu und fest begründen halfen, nannte.

Doch auch jetzt noch sollte sich im Leben des Gefeierten bewahrheiten, dass Freude und Leid oft so nahe beieinander wohnen.

Am 11. Mai 1878 wurde die Stadt Berlin durch die Kunde erschreckt, dass unter den Linden ein Mordversuch auf den Kaiser stattgefunden habe. Er war glücklicherweise ebenso misslungen, wie das erste auf das Leben des Monarchen verübte Attentat vor 17 Jahren, als in Baden-Baden Oskar Becker aus Odessa, ein verrückter Bube, eine Kugel auf ihn abgefeuert hatte. Der Klempnergeselle Hödel aus Leipzig, ein schon des öfteren wegen Diebstahls bestrafter, verkommener Mensch war es diesmal, der seinen Arm gegen den greisen Monarchen erhoben und aus einem Revolver zwei Schüsse auf ihn abgefeuert hatte. Gottes Hand hatte wie vor Jahren so auch diesmal wieder den Kaiser gnädig bewahrt; die Schüsse waren fehlgegangen, der verruchte Mörder ward festgenommen, um seine gerechte Strafe, den Tod durch Henkershand, zu empfangen.

Kaum zwei Monate später verbreitete der Telegraph abermals eine Unheilbotschaft, schrecklicher, grauenvoller als die vorhergehende, durch die deutschen Lande. Am 2. Juli wurde zum zweitenmale auf den Kaiser geschossen. Als der Monarch nachmittags gegen 3 Uhr wiederum die Linden entlang fuhr, wurden aus dem zweiten Stocke des Hauses Nr. 18 aus einem Doppelgewehre zwei Schüsse auf ihn abgegeben, die unheilvollerweise diesmal ihr Ziel nicht verfehlten. Die Ladung, aus Schrot und Rehposten bestehend, hatte trotz des schützenden Helmes und Mantels das Gesicht und den zum Gruße erhobenen Arm schwer verletzt.

Der Mörder, welcher, als man ihn festnehmen wollte, sich eine Kugel oberhalb des rechten Auges in den Kopf gejagt hatte, ohne sich jedoch gleich zu tödten, war, wie sich herausstellte, ein Studierender der Landwirtschaft namens Nobiling, der entartete Spross einer ehrenhaften Familie.

Die Verwundungen des Kaisers erwiesen sich zum Glücke als nicht lebensgefährlich. Bald war der Monarch, der seinen Sohn, den Kronprinzen, zum stellvertretenden Herrscher des Reiches ernannt hatte, soweit hergestellt, dass er sich zu einer Nachcur nach Ems begeben konnte, von wo er anfangs December desselben Jahres, fast völlig genesen, wieder nach Berlin zurückkehrte. Unermesslich war der Jubel, mit dem er in der Hauptstadt empfangen wurde. Trotz der Winterszeit prangte Berlin im schönsten Guirlandenschmucke; prächtige Ehrenpforten waren errichtet, abends strahlte jedes Fenster im hellsten Lichterglanze. Abgesandte fast aller Stände und Volksclassen begrüßten den Kaiser und brachten ihm in den nächsten Tagen Heils- und Segenswünsche, wie Huldigungen dar. Einer Abordnung der Berliner Lehrerschaft, welche dem Kaiser ihren Huldigungsgruß in poetischer Form überbrachte, sagte der Monarch:

„Eine tiefe Wunde ist mit den körperlichen Verletzungen zugleich Meinem Herzen geschlagen worden; aber die vielen Beweise der Liebe und Hingebung, die Mir dargebracht werden, trösten und erheben Mich. Wenn nur jene Mordthat dem deutschen Volke die Augen geöffnet hätte über die Gefahr, in der es schwebt, so will Ich gern geblutet haben."

Des Kaisers Wunsch, dass dem deutschen Volke die Augen geöffnet werden möchten, gieng in Erfüllung. Ein Abgrund hatte sich in jenen Mordthaten vor den Blicken aller Vaterlandsfreunde aufgethan, der den Frieden und die Wohlfahrt des Volkes zu verschlingen drohte. Es war im Laufe der letzten Jahrzehnte eine Partei entstanden, die anfangs klein, unscheinbar und im Geheimen wirkend, bald zu einer furchtbaren Macht im Lande herangewachsen war. Die Anhänger dieser Partei, welche sich „Socialdemokraten" nannten, hatten sich zum Ziele gesetzt, die bestehenden staatlichen Einrichtungen wie die gesellschaftliche Ordnung umzustürzen und auf den Trümmern eine neue Weltordnung zu erbauen. Man war in vielen Kreisen blind gewesen gegen diese Gefahren; nun aber wurden ernste Maßregeln zur thatkräftigen Bekämpfung derselben ergriffen. Das Ausnahmsgesetz gegen die socialistischen Umtriebe gelangte im Reichstage mit großer Mehrheit zur Annahme und darauf mit Nachdruck und Strenge zur Durchführung.

Von größerer und nachhaltigerer Wirkung aber waren noch die Mittel, welche der Kaiser im Bunde mit seinem treuen Kanzler, den er nach dem französischen Kriege durch Erhebung in den Fürstenstand geehrt hätte, zur Unterdrückung des socialistischen Giftes in Anwendung brachte: Die Durchführung einer weisen Wirtschaftspolitik und socialen Staatsreform, welche die Besserung der Lage der niederen Volksstände durch Einrichtung von Unfall- und Krankenversicherung, sowie Invaliditäts- und Altersversorgung zum Zwecke hatten.

In seiner denkwürdigen Botschaft vom 17. November 1881 legte der Kaiser dem Reichstage die Mithilfe an einer Gesetzgebung in dieser Richtung ans Herz. Das große Segenswerk ist unter Kaiser Wilhelm I. nahezu vollendet und kurze Zeit nach seinem Heimgange von seinem Enkel, Kaiser Wilhelm II., zum Abschlusse gebracht worden.

Herrlich gestaltete sich nach jenen Unheilstagen der Lebensabend des so wunderbar gesegneten und gottbegnadeten Fürsten.

Mit innigster Liebe und Treue hieng das deutsche Volk an seinem greisen Kaiser, und unter diesem Balsam heilten die Wunden, die einst Verruchtheit und Tücke auch seinem Herzen geschlagen.

Zu derselben Zeit, als Kaiser Wilhelm an seinen Wunden darniederlag, versammelten sich in der deutschen Reichshauptstadt die Vertreter der europäischen Mächte, um unter Leitung des Reichskanzlers Fürsten Bismarck den Streit, den Russland mit der Türkei geführt hatte, endlich zu schlichten. Es war eine glänzende Versammlung von Staatsmännern, welche am 13. Juni 1878 im Reichskanzlerpalais zum Berliner Congresse (Dauer desselben vom 13. Juni bis 13. Juli 1878) zusammentrat. Es gelang dem deutschen Staatsmanne, der, wie er sagte, die Rolle des „ehrlichen Maklers" übernommen, in dem geschlossenen Berliner Vertrage den friedlichen Vergleich unter den Mächten herzustellen.

Im Jahre 1879 schloss die deutsche Regierung ein Schutz- und Trutzbündnis mit Österreich, dem sich später Italien anschloss. Dieser Dreibund der mitteleuropäischen Großmächte hat sich seither als fester Hort des Völkerfriedens erwiesen.

Nächst der früher erwähnten eigenartigen Feier des siebzigjährigen Militärdienst-Jubiläums war es das in den weitesten Kreisen der Nation mit herzlichem Antheile aufgenommene Fest der goldenen Hochzeit, das dem Lebensabende des Herrschers einen sonnigen Glanz verlieh und sich wie ein verklärender Hauch über denselben ausbreitete. Am 11. Juni 1879 feierte Kaiser Wilhelm mit Augusta, seiner hohen Gemahlin, die goldene Hochzeit, ein Fest, wie es noch keinem Herrscherpaare auf dem deutschen Kaiserthrone zu begehen vergönnt gewesen und das sich zu einem Jubeltage ohnegleichen gestaltete.

Höher als gewöhnlich stieg die Woge patriotischer Begeisterung und erfüllte jede Brust mit der Empfindung, dass der goldene Kranz, welcher das Jubelpaar schmückte, nicht nur ein halbes Jahrhundert ehelicher Gemeinschaft und glücklichen Familienlebens, sondern zugleich ein Stück vaterländischer Geschichte umschloss, wie es großartiger und bedeutungsvoller nicht gedacht werden konnte. Der Theilnahme mit Herz und Gemüth entsprach die Fülle der äußeren Kundgebungen von Treue, Verehrung und Anhänglichkeit, welche nicht nur aus dem Inlande, sondern aus allen Ländern Europas, ja selbst von den Deutschen, die jenseits des Oceanes eine neue Heimat gefunden, einliefen und in kostbaren und sinnigen Ehrengaben, Blumenspenden, Adressen, Diplomen u. s. w. bestanden.

In seinem menschenfreundlichen und wohlwollenden Sinne hatte der Kaiser den Wunsch ausgesprochen, es möchte der Bedeutung des Tages nicht durch persönliche Geschenke, sondern durch milde Stiftungen und ähnliche Zuwendungen Ausdruck gegeben werden. Dieser Anregung ist es zu danken, dass die Erinnerung des unvergleichlichen patriotischen Jubeltages noch dereinst im Andenken späterer Geschlechter fortleben wird.

Kaum nach Jahresfrist war es dem ewig jugendfrischen Jubilar vergönnt, die Hand seines ältesten Enkels, des Prinzen Wilhelm von Preußen, in die der Prinzessin Victoria von Schleswig-Holstein zum ehelichen Bunde zu legen und am 27. Februar 1881 darauf Zeuge der unter enthusiastischer Theilnahme der Einwohner der Residenz erfolgten Vermählung des jungen Paares zu sein. Am 6. Mai des folgenden Jahres erblickte der Erstgeborene des jungen prinzlichen Paares, des Kaisers erster Urenkel, das Licht der Welt.

Ein langes Leben ist ein Gnadengeschenk Gottes für den Menschen, dem zugleich auch die Kraft verliehen wird, bis ans Ende rüstig und thätig zu sein. Kaiser Wilhelm I. hat ein Alter erreicht, wie es nur wenigen Menschen beschieden ist, und in Frische und Kraft, in der strengen Erfüllung der Pflichten seines hohen Berufes hat er dies Leben bis zur Neige ausgelebt. Und wenn einmal das hohe Alter sein Recht geltend machen wollte, da überwand sein starkes Pflichtgefühl die vorübergehende Schwäche. Dem Wohle seines Volkes, der Fürsorge für sein treues Heer widmete er seine Kräfte.

Am 9. Juni 1884 wurde der Grundstein zu dem neuen Reichstagsgebäude am Königsplatze in Berlin gelegt. Kaiser Wilhelm weihte das Werk durch die üblichen drei Hammerschläge mit dem Wunsche ein, dass das Haus, welches sich über dem Steine erheben sollte, immerdar ein Wahrzeichen der unauflöslichen Bande sein möge, welche in großen Tagen die Stämme zu dem Deutschen Reiche vereinigten.

Am 18. August 1885 erfüllte Kaiser Wilhelm einen Act der Pietät, indem er in Potsdam der Enthüllungsfeier des Denkmales für den König Friedrich Wilhelm I. beiwohnte.

Fünfundzwanzig Jahre waren seit dem Tage vergangen, an dem der große Kaiser als König Wilhelm I. den preußischen Thron bestiegen hatte. Auf welche Zeit voll der Arbeit, des Segens und Erfolges konnte der greise Monarch am 2. Januar 1886, dem Tage dieses Jubiläums, zurückschauen! Sein dankbares Volk brachte ihm Ehrenhuldigungen im reichsten Maße dar.

Am ersten Tage des nächsten Jahres, am 1. Januar 1887, war es dem gottbegnadeten Kaiser vergönnt, die Feier seines achtzigjährigen Militärdienst-Jubiläums zu begehen, ein Festtag, besonders erhebend und denkwürdig für die Armee.

Mit Beginn des Frühlings kam der neunzigste Geburtstag des Kaisers. An diesem Tage erreichte der Jubel eine Höhe wie nie zuvor. Anfangs Juni desselben Jahres fand in Holtenau bei Kiel die Grundsteinlegung für die großen Wasserbauten statt, welche zur Eröffnung des großen Verbindungscanals zwischen der Nord- und Ostsee ausgeführt werden sollten. Trotz ungünstigen Wetters ließ der neunzigjährige Monarch es sich nicht nehmen, die weite Reise zu machen und die Weihe dieses großartigen Werkes persönlich zu vollziehen. Die drei Hammerschläge begleitete der Kaiser mit dem Segenswunsche: „Zur Ehre Deutschlands, seinem fortschreitendem Wohle, seiner Macht und Stärke!" Der Bau des Canals zwischen der Nord- und Ostsee, acht Jahre später, am 20. Juni 1895, unter seinem Enkel, dem jetzigen Kaiser Wilhelm II., vollendet, trägt nach seinem großen Begründer den Namen Kaiser Wilhelm-Canal. Die Grundsteinlegung zu demselben war die letzte öffentliche Feier von allgemeiner nationaler Bedeutung, welcher dem großen Fürsten beizuwohnen beschieden war.

In die letzten Lebensjahre Kaiser Wilhelms fiel auch die Inaugurierung der Colonialpolitik, wie dann weiter der Zusammentritt der Congo-Conferenz in Berlin zeigte, dass Deutschlands Einfluss auch in den überseeischen Angelegenheiten von den fremden Mächten anerkannt wurde. In zunehmendem Umfange ist seitdem die Ausbreitung der überseeischen Interessen und Machtsphären Deutschlands weiteren Bahnen der Entwickelung gefolgt und hat an dem von Kaiser und Reich gewährten thatkräftigen Schutze einen festen Rückhalt für lohnende, dem wirtschaftlichen Verkehre neue Aussichten eröffnende Unternehmungen erhalten.

Doch der Abend begann heranzubrechen! Tiefe Schatten kündeten den Untergang der Lebenssonne Kaiser Wilhelm I. an.

Bald nach Beginn des Jahres 1887 wurde der Kronprinz von einem Halsleiden befallen, das in besorgniserregender Weise um sich griff. Eine Cur in Ems hatte wenig Erfolg. Doch unternahm der hohe Kranke mit seiner Gemahlin im Sommer noch eine Reise nach England, wo er scheinbar in voller Rüstigkeit der Jubelfeier der fünfzigjährigen Regierung seiner erlauchten Schwiegermutter, der Königin Victoria von England, beiwohnen konnte. Ein längerer

Aufenthalt des hohen Kranken in den schottischen Bergen, wohin er auf Anrathen des Londoner Arztes Dr. Makenzie sich begab, hatte den erhofften Erfolg nicht, ebensowenig brachte die Reise nach dem Süden, nach Tirol und nach San Remo in Italien, dem Kronprinzen Heilung. Die Krankheit nahm einen immer drohenderen Verlauf. Das Schicksal des geliebten Kaisersohnes erweckte überall die innigste Theilnahme; schmerzlich klagte der greise kaiserliche Vater um den geliebten Sohn, den zu sehen ihm nicht mehr vergönnt sein sollte.

Aber trotzdem erfüllte Kaiser Wilhelm mit bewundernswerter Kraft und gewohnter Pünktlichkeit seine Herrscherpflichten.

Schöne Erfolge seiner Thätigkeit waren ihm noch beschieden: dem Einflusse des greisen Friedensfürsten gelang es im Herbste 1887 den Sturm, der sich im russischen Volke gegen Deutschland erhoben, zu beschwichtigen, indem sich gelegentlich eines Besuches des Kaisers Alexander III. am Berliner Hofe die Missverständnisse, welche zwischen beiden Mächten herrschten, aufklärten und dadurch eine friedliche Lösung herbeigeführt wurde.

Wie mächtig Vorgänge solcher Art das Herz des Monarchen auch erheben mochten, der Gram um den kranken Sohn zehrte an seiner letzten Lebenskraft; denn immer ungünstiger lautete die Kunde aus San Remo. Heftige Erstickungsanfälle bedrohten das Leben des theueren Kranken, ein gewaltsamer Eingriff der Ärzte wurde nothwendig, um die augenblickliche Gefahr zu vermindern. Prinz Wilhelm eilte nach San Remo an das Krankenlager des Vaters; der Bericht, den er dem kaiserlichen Grossvater erstattete, erweckte in diesem von neuem das heiße Verlangen, den schwer leidenden, geliebten Sohn noch einmal in seine Arme zu schließen. Trotz Winterschnees und Kälte fasste der fast einundneunzigjährige Herr den Entschluss, selbst nach San Remo zu eilen; nur der entschiedene Widerspruch der Ärzte vermochte die gefahrvolle Reise zu verhindern. Da traf ein neuer Schlag den tief bekümmerten fürstlichen Greis. Der Tod raffte plötzlich und unerwartet das blühende, hoffnungsvolle Leben seines inniggeliebten Enkels, des Prinzen Ludwig Wilhelm von Baden dahin. Eine neue, tiefe Wunde schlug dieser herbe Verlust dem Herzen des Kaisers; der Schmerz beugte den ritterlichen Herrn, welcher bisher allen Stürmen des Lebens siegreich Trotz geboten, noch schwerer darnieder. Der Tod sandte seine Vorboten.

Am Sonntag, den 4. März 1888, erschien der Monarch zum Schmerze seiner auf ihn wartenden treuen Berliner nicht am historischen Fenster. „Ist der Kaiser krank?" gieng es besorgt von Mund zu Mund.

Die Besorgnis steigerte sich, als die Zeitungen die schlimme Vermuthung bestätigten und am Abende des 7. März zum erstenmale ein amtlicher Bericht über das Befinden des Kaisers veröffentlicht wurde, welcher die traurige Kunde brachte, dass der Monarch am 3. März an einem heftigen Erkältungsfieber, verbunden mit einem Unterleibsleiden, das schon in früheren Jahren zu öfterenmalen aufgetreten, erkrankt sei.

Tiefe Betrübnis bemächtigte sich aller vaterländischen Herzen, bangend und zagend lauschte man auf alle Kundgebungen, die aus dem Kaiserschlosse zu Berlin drangen. Nur zu bald sollten sich die unheilvollen Ahnungen erfüllen. Es war früh am 8. März; alle Mitglieder des kaiserlichen Hauses, bis auf den in San Remo weilenden Kronprinzen und seine Familie, waren im Schlosse zu Berlin versammelt. Die Tochter des Kaisers und ihren Gemahl, den Großherzog von Baden, hatte die Nachricht von der Erkrankung des Vaters nach Berlin gerufen. Mit inniger Rührung begrüßte der Kaiser die in Trauer gekleidete Tochter und gedachte des heimgegangenen Prinzen Ludwig, des Kronprinzen und seines eigenen Kranken-, oder besser Sterbebettes, wie er selbst sagte. Am Mittage sprach er den Wunsch aus, den Reichskanzler zu sehen. Wiewohl am Ende seiner Kraft angelangt, ließ er es sich nicht nehmen, die Verfügung wegen Vertagung des Reichstages eigenhändig, wenn auch mit Anstrengung aller Kraft mit voller Namensunterschrift zu unterzeichnen. Diese Unterschrift sollte leider die letzte des Monarchen sein; er richtete nun noch Worte des Dankes und der Anerkennung an seinen Kanzler.

Während dieser Unterredung zeigte sich jedoch bereits, dass auch das Bewusstsein nicht mehr in voller Klarheit waltete und nur zu bald verfiel der hohe Kranke in einen Zustand von Willenlosigkeit, untermischt mit Fieberphantasien, welche jeden Augenblick das Herannahen der letzten Stunde in Aussicht stellten. Um 5 Uhr nachmittags trat eine derartige Verschlechterung ein, dass die Ärzte bei dem Aussetzen des Pulses der Meinung waren, der hohe Kranke habe bereits seinen letzten Athemzug gethan. Rasch verbreitete sich diese Nachricht in der Umgebung, bei den hohen Behörden und in den Gesandtschaften. Die dichtgedrängte, vor dem Palais stehende, in banger Erwartung der ärztlichen Nachrichten harrende Volksmenge gerieth über die Trauerkunde in eine unbeschreibliche Bestürzung, die noch mehr wuchs, als auf den

Straßen Extrablätter mehrerer Zeitungen die falsche Nachricht von dem Tode des Kaisers verbreiteten. Oberhofprediger Dr. Kögl, welcher auf Veranlassung des Prinzen Wilhelm im Einverständnis mit dem Monarchen schon früher herbeigerufen worden war, sprach in Pausen kurze Gebete. Als jedoch um 7 Uhr der todesähnliche Zustand wich und der Kaiser wieder in der Lage war, einige Erfrischungen zu nehmen, erkannte man, dass die Meldung vorschnell verbreitet war und beeilte sich, dieselbe zu widerrufen. In der Zeit, welche der augenblicklichen Erholung zwischen 7 und 8 Uhr folgte, versuchte der hohe Kranke noch einmal mit dem Prinzen Wilhelm eine Unterhaltung zu führen. Er sprach mit klarer Stimme über die politische Lage und die Heeres-Einrichtungen Deutschlands; er erwähnte, dass man das, was er für das Heer geschaffen habe, in Frankreich nachgeahmt hätte; dann verbreitete er sich über Russland und betonte, wie er davon überzeugt sei, dass es zu einem Kriege mit Russland nicht kommen würde.

Allein nicht lange währte die Hoffnung auf das Wiederaufleben der Kräfte. Nach Einnahme einiger Erfrischungen schien es wohl, als wollte das erlöschende Lebenslicht noch ein letztesmal aufflackern, aber die Kräfte vermochten sich im weiteren Verlaufe des Abends nicht zu heben, sanken vielmehr während der Nacht dermaßen, dass über Veranlassung der Ärzte um 4 Uhr morgens des 9. März die Mitglieder der kaiserlichen Familie zusammenberufen wurden. Außerdem waren alle diejenigen Persönlichkeiten zugegen, welche am Abende vorher um das Krankenbett versammelt waren. Der Puls des Kaisers wurde immer schwächer. Ab und zu schienen von den Lippen des Monarchen unbestimmte Laute zu kommen. Eines der letzten Worte, welche der Kaiser überhaupt gesprochen hat, war der rührende Ausruf: „Ach, mein armer Fritz!" Die Stunde des Sterbens war im Nahen. Die Kaiserin saß während dieser Zeit auf ihrem Stuhle zu Füßen des Bettes und hielt die linke Hand ihres hohen Gemahls in der ihren. Selbst die Schwäche, die sie zeitweise übermannte, konnte sie nicht bewegen, die Hand des Sterbenden zu lassen. Die Athemzüge des Kaisers wurden nun immer kürzer; Oberhofprediger Dr. Kögl betete das Vaterunser, welches die Kaiserin laut mitsprach. Als hierauf die Grossherzogin an ihren kaiserlichen Vater die Frage richtete: „Weißt du, dass Mama an deinem Bette sitzt und dir die Hand hält?" da schlug er die Augen auf und sah die Kaiserin lange klar an, dann schloss er die Augen, um sie nicht wieder zu öffnen. Der letzte Blick galt seiner hohen Gemahlin. Als die Zeichen des Todes sich deutlich ankündigten, segnete der Geistliche den Sterbenden ein; die kaiserliche Familie kniete nieder und Dr. Kögl sprach ein Gebet. Hand in Hand blieb die Kaiserin mit dem Gemahl vereint bis über den letzten Athemzug hinaus. Prinz Wilhelm stand am Fußende des Bettes angesichts des dahingeschiedenen Grossvaters; alle Familienmitglieder näherten sich nun, um von dem geliebten Oberhaupte den letzten Abschied zu nehmen und ihm nochmals die Hand zu küssen.

Auch die übrigen Anwesenden winkte Prinz Wilhelm heran: den Oberst-Kämmerer, den Ober-Hofmarschall, die General- und Flügeladjutanten, die Ärzte, die Leibdienerschaft, welche ihrem Herrn so lange treu gedient und nun den letzten Abschied von diesem so theueren Leben nahmen.

Wenige Minuten vor 10 Uhr ertönten vom Westen der Stadt her die ersten Schüsse des 1. Garde-Feld-Artillerie-Regimentes, welches beordert war, die Trauersalven abzugeben. Dumpfem Donner gleich rollte der Schall über die Stadt hinweg. Die Officiere hatten bereits Trauer angelegt, auch Civilpersonen bekundeten äußerlich ihre Trauer durch angesteckte Florschleifen. An mehreren Stellen wurden Extrablätter mit der Trauerkunde an die Säulen geklebt, um die sich schnell die Menschen sammelten.

Ganz Berlin war plötzlich eine einzige große Familie geworden, einig in Leid und Trauer. Überall lagerte tiefe Niedergeschlagenheit auf den Gesichtern. Das Preußenbanner mit seinen ernsten Farben flatterte von den Häusern, auf den Giebeln, nicht selten flankiert von schwarzen Florfahnen. Wohin man sah, waren Bilder des Kaisers, der Kaiserin, des Kronprinzen zu sehen, überall standen Porträtbüsten des Kaisers mit Trauerschleifen und Lorbeerkränzen geziert.

Doch nicht Deutschland allein, die ganze civilisierte Welt trauerte an der Bahre Kaiser Wilhelms, des friedfertigen, anspruchslosen Helden, der es sich an pflichttreuer Erfüllung seines Berufes als Schirmherr des Deutschen Reiches und Förderer der Wohlfahrt des seiner Fürsorge anvertrauten Königreiches Preußen genügen ließ, statt die Früchte seiner Siege aufs Spiel zu setzen, wie es andere vom Glücke begünstigte Herrscher vor ihm gethan haben. An Gelegenheit, Krieg zu führen, hat es nach Beendigung des Feldzuges gegen Frankreich gewiss nicht gefehlt; doch hielt sich Kaiser Wilhelm I. im Verein mit seinem gleichgesinnten hohen Bundesgenossen, Kaiser Franz Josef I. von Österreich, stets die hohe und edle Aufgabe vor Augen, als Hort des europäischen Friedens zu dienen und durch Ruhe und Besonnenheit bestehende Differenzen auszugleichen.

Wie Kaiser Wilhelm gelebt, so ist er gestorben. Seine letzten lichten Augenblicke waren der Fürsorge für Deutschlands Heil gewidmet, und ewig denkwürdig wird bleiben, was Fürst Bismarck dem deutschen Reichstage unmittelbar nach dem Tode des Monarchen, gleichsam als Vermächtnis an das deutsche Volk, mitgetheilt hat.

In der letzten Unterredung mit dem Reichskanzler, am Tage vor dem Ableben des Kaisers, gab dieser seine Freude darüber zu erkennen, dass die Leiden seines einzigen Sohnes und Nachfolgers in allen Welttheilen die innigste Theilnahme erweckt haben, wie es dem Kaiser zum Troste gereichte, dass die deutsche Einheit ihre Festigkeit durch die neuesten Beschlüsse im Bundesrath und Reichstag zur Sicherstellung des Reiches gegen die Gefahren der Zukunft erprobt habe. Fürst Bismarck verband mit diesen Mittheilungen eine Charakteristik des verblichenen Kaisers, wie sie treffender nicht gedacht werden kann. Der erste Beamte und langjährige Mitarbeiter Kaiser Wilhelm I. sagte: „Die heldenmüthige Tapferkeit, das nationale, hochgespannte Ehrgefühl und vor allen Dingen die treue, arbeitsame Pflichterfüllung im Dienste des Vaterlandes und die Liebe zum Vaterlande, die in unserem dahingeschiedenen Herrn verkörpert waren — mögen sie ein unzerstörbares Erbtheil unseres Volkes sein, das der aus unserer Mitte geschiedene Kaiser uns hinterlassen hat. Das hoffe ich zu Gott, dass dieses Erbtheil von uns allen, die wir an den Geschäften des Vaterlandes mitzuwirken haben, in Hingebung, Arbeitsamkeit und Pflichttreue treu bewahrt wird."

Ein glänzenderes Zeugnis für die Charaktereigenschaften und Herrschertugenden des verblichenen Herrschers, wie es in diesen Worten enthalten ist, kann nicht wohl gegeben werden. Solche Tugenden bleiben nicht unbelohnt und die Liebe des ganzen deutschen Volkes, die Verehrung der gesammten civilisierten Welt bilden das nothwendige Gegenstück so außergewöhnlicher Vorzüge. Etwas Besonderes im Wesen Kaiser Wilhelms ist auch das Verhältnis, welches sich im Laufe der Jahre, und namentlich im letzten Jahrzehnte, zwischen ihm und dem Fürsten Bismarck herausgebildet hat. Es ist wohl auch früher vorgekommen, dass große Verdienste leitender Staatsmänner von ihren Souveränen nach Gebür gewürdigt worden sind, aber ein so vollkommenes Einverständnis, ein so unbedingtes, rückhaltloses Vertrauen, wie es Kaiser Wilhelm seinem Kanzler jederzeit entgegenbrachte, dürfte kaum ein Seitenstück in der Geschichte finden.

Auch die Entwickelung und Ausbildung der deutschen Wehrkraft ist mit dem Namen Kaiser Wilhelms unauflöslich verbunden. Noch die letzten Fieberphantasien des verstorbenen Kaisers waren mit den Heeres-Einrichtungen, wie mit den möglichen Kriegen gegen Nachbarvölker beschäftigt, ein Zeichen, dass noch die Arbeiten der letzten Tage der Sorge für die vollste Kriegsbereitschaft des deutschen Heeres gewidmet waren. Wer vermag zu sagen, welchen Einfluss die Seelenkämpfe, welche Kaiser Wilhelm während seines letzten Lebensjahres durchgemacht hat, auf seine Lebenskraft geäußert haben, ob nicht die stete Sorge für das Wohl des Deutschen Reiches und das seiner nächsten Angehörigen seine Kraft vor der Zeit erschöpft haben? Es war für einen neunzigjährigen Greis gewiss eine Riesenaufgabe, alle die Gefahren, welche dem europäischen Frieden drohten, stets mit wachsamem Auge zu verfolgen und auf ihre Abwendung bedacht zu sein, dabei aber der Möglichkeit gewärtig zu bleiben, dass die Krankheit seines einzigen geliebten Sohnes einen verhängnisvollen Ausgang nehmen könnte. Kaiser Wilhelm vermochte sich den Wirkungen derartiger Gemüthsbewegungen nicht zu entziehen und sie haben offenbar nicht dazu beigetragen, sein Leben zu verlängern.

Auch auf wirtschaftlichem und socialem Gebiete bewährte Kaiser Wilhelm seine Autorität und führte dieselbe zum Siege. Es war eine Lebensfrage für Deutschland, die Mittel flüssig zu machen, welche zur Unterhaltung seiner Organisation und zu seiner Fortentwicklung nothwendig sind. Auch war ein hoher Grad von Entschlussfähigkeit nöthig, um im Jahre 1879 die neue Zollpolitik im Gegensatze zu den bis dahin freihändlerischen Grundsätzen zu vertreten und allen Widersprüchen gegenüber aufrecht zu erhalten.

Aber vielleicht die größte Schwierigkeit bot die Lösung des socialen Problems dar, und gerade in dieser gefährlichen Streitfrage hat Kaiser Wilhelm in den letzten Jahren seines Lebens einen Grad von Standhaftigkeit bewiesen, der ihm zur höchsten Ehre gereicht.

Kaiser Wilhelm hatte erkannt, dass die Verbesserung der materiellen Lage der arbeitenden Massen die Vorbedingung für die Einkehr zufriedenerer Anschauungen in den Kreisen der Arbeiter-Bevölkerung sei, und dass deshalb alle Mühe angewandt werden müsse, um in dieser Richtung helfend und fördernd einzugreifen. Der edle Freund der Hilflosen und Bedrängten hat es nicht erlebt, dass die Reformen, welche er am 17. November 1881 in der Thronrede bei Eröffnung des Reichstages ankündigte, ganz und voll zur Ausführung gelangt sind.

Unermesslich war der Schmerz, mit dem das deutsche Volk den Tod Kaiser Wilhelms I. beweinte; dementsprechend waren auch die Ehrenerweisungen, unter denen man den großen Todten nach der feierlichen Aufbahrung im Dome zu Berlin am 16. März 1888 hinausgeleitete, um ihn im Mausoleum zu Charlottenburg zu den Füßen seiner unvergesslichen Eltern, wie es sein Wunsch gewesen, zu bestatten. In würdig ernstem Trauerschmucke prangte die Kaiserstadt an diesem Tage; von ergreifendem Eindrucke war der Schmuck der Straßen, durch welche sich der kaiserliche Leichenzug bewegen sollte.

Gleich der Siegesstraße, welche die Reichshauptstadt 1871 ihrem heimkehrenden Kaiser gebaut, hatte sie jetzt wieder eine Triumphstraße errichtet, durch welche der entschlafene Held seinen letzten Zug nehmen sollte.

Auf der Innenseite des Brandenburger Thores stand in silbernen Lettern auf schwarzem Grunde der Abschiedsgruß der Residenzstadt:

VALE SENEX IMPERATOR!

11. Juni 1842.

Leopold Prinz zu Sachsen-Coburg-Gotha,

Herzog zu Sachsen, k. u. k. Generalmajor a. D., Besitzer des Militär-Verdienstkreuzes mit der Kriegsdecoration, Großkreuz des königl. portugiesischen Thurm- und Schwertordens, des königl. belgischen Leopold-Ordens, des herzogl. Sachsen-Weimar'schen Hausordens etc. etc.

Prinz Leopold, der jüngste Sohn des ruhmreichen österreichischen Generals der Cavallerie, des Prinzen Ferdinand von Sachsen-Coburg-Gotha und der Prinzessin Marie Antonie von Koháry, erblickte am 31. Januar 1824 zu Wien das Licht der Welt. Für den militärischen Beruf bestimmt, trat der Prinz am 11. Juni 1842 in die Reihen des k. k. Heeres ein und wurde als Unterlieutenant in das Hessen-Homburg 19. Infanterie-Regiment eingetheilt. Mit 1. Januar 1843 als Oberlieutenant zum Infanterie-Regimente Nr. 37 transferiert, übertrat Prinz Leopold 1844 zur Cavallerie und diente seit 1. März d. J., mit welchem Tage er auch zum Second-Rittmeister ernannt worden war, im Husaren-Regimente Kaiser Ferdinand Nr. 1, später im ersten Uhlanen-Regimente, endlich von 1. December 1848 an als Premier-Rittmeister kurze Zeit im Uhlanen-Regimente Graf Woyna Nr. 4. Bereits am 27. Juli 1849 als Major zu Sachsen-Coburg-Gotha-Husaren übersetzt, wurde Prinz Leopold bei seiner Beförderung in die Oberstlieutenants-Charge am 16. Januar 1853 zum Infanterie-Regimente Nr. 37 transferiert. Hier commandierte er von 7. August 1854 bis zu seiner mit 29. December 1855 erfolgten Beurlaubung und Versetzung in den supernumerären Stand das Grenadier-Bataillon. Am 13. Januar 1858 erfolgte die Ernennung des Prinzen zum überzähligen Obersten, mit 20. März 1859 wurde er zum 48., mit 31. August d. J. zum 59. Infanterie-Regimente übersetzt. Hier diente der Prinz nun als zweiter Oberst bis zu seiner am 8. November 1859 erfolgten Vorrückung in die Generalmajors-Charge. Schon vier Monate später, am 8. März 1860, wurde ihm die erbetene Charge-Quittierung mit Beibehalt des Militär-Charakters bewilligt.

Prinz Leopold, der seit 23. April 1861 morganatisch mit Freifrau Constanze von Ruttenstein vermählt war, starb am 20. Mai 1884.

Nach einer Original-Aufnahme von Victor Angerer, Wien.

29. Mai 1846.

Adolf Großherzog von Luxemburg, Herzog zu Nassau,

Pfalzgraf bei Rhein etc. etc., königl. preußischer General der Cavallerie, sowie königl. schwedischer General, **Oberst-Inhaber des k. und k. Infanterie-Regimentes Nr. 15 (seit 29. Mai 1846)**, Chef des königl. preußischen (westfälischen) Uhlanen-Regimentes Nr. 5, des kaiserl. russischen 29. Dragoner-Regimentes Odessa, **Großkreuz des königl. ungarischen St. Stephan-Ordens**, Ritter des königl. preußischen Schwarzen Adler-Ordens etc. etc.

Als drittes Kind, mit welchem Herzogin Louise, eine geborene Prinzessin von Sachsen-Hildburghausen, ihren Gemahl Herzog Wilhelm von Nassau beschenkte, als Thronerbe Nassaus, wurde Herzog Adolf am 24. Juli 1817 zu Biebrich geboren.

In dem herrlichen Schlosse dortselbst, am sonnigen Gestade des Rheins, verlebte der Prinz eine ungemein glückliche Jugendzeit; das schöne, glückliche Familienleben, die liebevolle Anleitung und Fürsorge der fürstlichen Mutter übten den besten, bleibenden Eindruck auf sein jugendliches Herz und Gemüth und bildeten die Grundlage für den edlen Charakter und die unbegrenzte Güte des späteren Landesherrn. Doch nur zu bald, am 25. April 1825 bereits, raubte der Tod dem erst achtjährigen Prinzen die geliebte Mutter, die treue Beschützerin seiner frühen Jugendzeit. Sein erlauchter Vater aber wurde Prinz Adolf nun das leuchtende Vorbild jeglicher Regententugend, und wie ihm von diesem die ernste Pflichttreue, gepaart mit Milde und Gerechtigkeit, als Erbtheil überkamen, so hat ihm die fürstliche Mutter ihre große Herzensgüte, ihren Wohlthätigkeitssinn und das unversiegbare Wohlwollen hinterlassen, mit dem der spätere Herzog jedem Bittenden und Bedürftigen entgegengekommen ist.

Bereits früh hatte Herzog Wilhelm für die pädagogische Erziehung des einstigen Thronerben Sorge getragen und seinen Kindern Prinzessin Therese, Erbprinz Adolf und Prinz Moriz durch Privatlehrer den ersten Unterricht ertheilen lassen.

Von 1826—1832 erhielten die beiden Prinzen durch ihre Hofmeister, Lorberg und Resius, unter Mitwirkung hervorragender Lehrer regulären Schulunterricht, dessen Studienplan dem des Gymnasiums entsprach. Im Jahre 1833 wurde dem Erbprinzen, welcher am 5. Mai 1832 zum Lieutenant ernannt worden, in der Person des Majors Heinrich von Hadeln ein militärischer Begleiter und Gouverneur zugetheilt, welchem der Lehrer Rottwitt beigegeben war. In Begleitung des genannten Officiers bezogen beide Prinzen im Herbste 1837 die Universität in Wien, wo Erbprinz Adolf bis zum Herbste 1839 verblieb und Hofrath Jarke die Leitung seiner akademischen Studien übernahm.

Während Jarke selbst Rechts- und Staatswissenschaften vortrug, lehrte Professor H. Fick Staats- und Literaturgeschichte, Etienne französische, Clermont englische Sprache. Gleichzeitig erhielten die Prinzen sowohl durch Major von Hadeln, als durch die k. k. Officiere Navarra und Baron Kirchbach Unterricht in militärischen Fächern. Allmonatliche Rapporte an den herzoglichen Vater gaben ein klares Bild von dem Streben und den Fortschritten der fürstlichen Brüder.

Am 23. April 1829 hatte sich Herzog Wilhelm wieder vermählt und in Prinzessin Pauline von Württemberg den herzoglichen Kindern eine zweite Mutter gegeben. Leider sollte jedoch das glückliche Familienleben nur zu bald auf grausame Weise gestört werden, denn schon am 20. August 1839 machte ein Schlaganfall im Bade Kissingen dem an fruchtbringender Thätigkeit so reichen Leben Herzog Wilhelms ein Ende.

Erbprinz Adolf und Prinz Moriz konnten noch an das Sterbelager des erlauchten Vaters eilen, die übrigen Familienmitglieder und das nassauische Volk sahen den geliebten Fürsten erst auf der Bahre wieder.

Unerwartet und viel früher als nach menschlichem Ermessen vorauszusehen, war Herzog Adolf auf den Thron seiner Väter berufen worden, denn kaum zweiundzwanzigjährig, musste er die Bürden der Regierung auf sich nehmen.

Das auf den berühmten grundlegenden Organisationen seines erlauchten Vaters aufgeführte Staatsgebäude weiter auszubauen und zu vervollkommnen, ist während 27 Jahren Herzog Adolfs Lebensaufgabe gewesen. Die lange Reihe von Gesetzen und Verordnungen während seiner Regierungszeit geben ein anschauliches Bild regen Schaffens auf den verschiedensten Gebieten. Personalveränderungen einschneidender Art hatte der Thronwechsel zunächst nicht mit sich gebracht, die noch von Herzog Wilhelm genehmigten oder bei der Landtagseröffnung vom 24. April verheißenen Gesetzentwürfe und Verordnungen fanden ihre sachgemäße Erledigung, und erst im Frühjahre des folgenden Jahres stand der junge Herzog zum erstenmale den Vertretern des nassauischen Volkes mit einem eigenen Programme gegenüber. Am 24. Februar 1840 eröffnete er feierlich die erste Versammlung der Landstände. Alle diejenigen, welche die Regierungszeit Herzog Adolfs miterlebt, sind Zeugen, wie der edle Fürst sein damals gegebenes Versprechen, nur nach Wahrheit und Recht zu handeln, eingelöst hat. Er hat die Treue, die er seinem Volke in jener feierlichen Stunde gelobt, gehalten bis zum Ende und auch in unheilvoller Zeit, als so viele ihn verließen, auf deren Treue er zu bauen ein Recht hatte, seinen Nassauern die Liebe nicht entzogen; sein edles Herz hat nie aufgehört für sein Heimatland zu schlagen.

Der Winter des Jahres 1843 brachte dem nassauischen Lande die frohe Aussicht, dass sein jugendlicher Herrscher demselben bald eine Landesmutter geben werde — Elisabeth Michaelowna, die zweite Tochter des Großfürsten Michael von Russland, geboren am 26. Mai 1826, war die Erwählte, eine jugendlich schöne Prinzessin, deren vortreffliche Charaktereigenschaften die besten Garantien für die Zukunft boten. Am 31. Januar 1844 fand die Vermählung zu St. Petersburg statt, und am 26. März hielt das herzogliche Paar unter dem Jubel der Bevölkerung und froher Betheiligung des ganzen Landes seinen feierlichen Einzug in die festlich geschmückte Residenz.

Eine Reihe von Festlichkeiten legten von der herzlichen Theilnahme des nassauischen Volkes an diesem freudigen Ereignisse Zeugnis ab und hießen die junge Herzogin in der neuen Heimat willkommen. Umso schmerzlicher wurde es empfunden, als kaum nach Jahresfrist, am 27. Januar 1845, die hohe Frau nach kurzem Leiden die Augen für immer schloss. Wie im Glücke nahm auch jetzt in trüben Tagen das nassauische Volk den herzlichsten Antheil an dem schweren Schicksalsschlage, der Herzog Adolf betroffen. Ein prächtiges Mausoleum, das sich auf dem Südabhange des Neroberges erhebt, gibt Zeugnis von der Liebe und Pietät des edlen Fürsten zu der hohen Verblichenen.

Im Einvernehmen mit sämmtlichen Mitgliedern des Deutschen Bundes nahm Herzog Adolf, laut Entschließung vom 28. August d. J., an Stelle des Titels „Herzogliche Durchlaucht" das Prädicat „Hoheit" an.

Die Februar-Revolution des Jahres 1848 in Frankreich hatte wie in ganz Deutschland, auch in Nassau das Signal zur Nachahmung gegeben und plötzlich, fast über Nacht, befand sich das Land, allen voran die Residenzstadt Wiesbaden, in hellem Aufruhr. Auch die Vorgänge in Karlsruhe und Stuttgart forderten zur Nachahmung auf, so dass am 1. März die Erhebung in Wiesbaden durch eine grosse Volksversammlung förmlich beschlossen wurde.

Am 2. März fand auf dem Theaterplatze eine große Volksversammlung unter Hergenhahns Leitung statt, welcher unter großem Beifalle der Menge „die Forderungen der Nassauer" verlas und dieselben mit Genehmigung der Versammlung, da sich der Herzog in Berlin befand, dem Staatsminister von Dungern überbrachte. Der Inhalt dieses Schriftstückes lautete: „Folgende Forderungen sind es, welche sofort erfüllt werden müssen: 1. Allgemeine Volksbewaffnung mit freier Wahl der Anführer, namentlich sofortige Abgabe von 2000 Gewehren und Munition an die Stadtbehörde von Wiesbaden; 2. unbedingte Pressfreiheit; 3. sofortige Einberufung eines deutschen Parlamentes; 4. sofortige Beeidigung des Militärs auf die Verfassung; 5. Recht der freien Meinung; 6. öffentliches und mündliches Verfahren mit Schwurgerichten; 7. Erklärung der Domänen zum Staatseigenthume unter Controle der Verwaltung durch die Stände; 8. sofortige Einberufung der zweiten Kammer zur Entwerfung eines neuen Wahlgesetzes; 9. Beseitigung aller Beengung der Religionsfreiheit."

In Abwesenheit des Landesherrn sagte von Dungern was ihm möglich war zu, als Gewährung der Pressfreiheit und des Bewaffnungsrechtes; überdies versprach er noch, sein möglichstes zur Gewährung der übrigen Forderungen beizutragen. 2000 Gewehre wurden noch an demselben Tage an die Bürger vertheilt und die vom Bundestage befohlene Mobilisierung des nassauischen Contingentes einstweilen suspendirt. Nur mit vieler Mühe gelang es, die aufgeregten Massen mit diesen Concessionen vorläufig zufriedenzustellen und dieselben bis zum 4. März, dem Tage der Rückkehr des Herzogs, zu vertrösten. Um den überall circulierenden Gerüchten, dass Herzog Adolf mit einer Truppenmacht zurückkehren und keinerlei Concessionen machen werde, wirksam entgegenzutreten, begab sich Prinz Nikolaus, ein jüngerer Bruder des Herzogs, unter die versammelten Bürger und versicherte, dass bei der loyalen und edelmüthigen Gesinnung seines Bruders eine derartige Handlungsweise undenkbar sei; lebhafte Ovationen waren die Antwort auf die schlichten Worte des jugendlichen Prinzen.

Doch je näher der Tag der Ankunft des Herzogs kam, desto aufgeregter wurde die Menge. Als am Morgen des 4. März die Bewegung einen bedrohlichen Charakter annahm, leistete die verwitwete Herzogin Pauline persönlich mit ihrem Sohne Nikolaus Bürgschaft dafür, dass Herzog Adolf die Forderungen bewilligen werde; dreizehn Bürger beglaubigten die Unterschriften dieses Versprechens, sowie Staatsminister von Dungern erklärte, dass er seine Stelle niederlege, falls der Herzog anderen Sinnes wäre. Trotzdem giengen die Wogen des Aufruhrs immer höher und glätteten sich erst bei der um 5 Uhr nachmittags erfolgten Ankunft des Herzogs.

Zu Fuss, mitten durch die aufgeregten Massen, begab sich der edle Fürst vom Bahnhofe in das Schloss, wo Herzogin Pauline und Prinz Nikolaus seiner harrten. Mit ruhiger Würde trat er auf den Balkon hinaus und sprach mit fester, lauter Stimme zu seinem Volke: „Nassauer! Was Mein Minister bewilligt, was Meine Mutter, was Mein Bruder verbürgt haben — ich halte es." Die Wirkung, den Eindruck dieser Worte zu schildern ist unmöglich; alle streitenden Gefühle und Missklänge lösten sich mit einemmale in ein begeistertes „Hoch" auf, Herzog Adolf hatte Aller Herzen erobert.

Der 6. März brachte die Eröffnung der Kammern und die Wahl Hergenhahns zum Präsidenten der zweiten Kammer. In öffentlicher Sitzung wurde ein neues Wahlgesetz berathen, die Wahl der neuen Volkskammer ausgeschrieben, am 7. erschien bereits ein provisorisches Pressgesetz. Dass in Nassau all diese Errungenschaften ohne Blutvergießen durchgesetzt wurden, war nur dem redlichen großherzigen Sinne des Herzogs zu verdanken.

Am 22. Mai trat die neue Volkskammer in Wirksamkeit; sie bestand aus 41, auf Grund eines indirecten Wahlsystems ohne Census gewählten Mitgliedern. Herzog Adolf eröffnete die erste Sitzung mit einer Thronrede.

Am 24. December erfolgte die Publicierung des Gesetzes über die Ablösung der Zehenten, welches jede Abgabe von landwirtschaftlichen Erzeugnissen, vom 1. Januar 1848 an, als aufgehoben bezeichnete; später folgte dann noch eine Verordnung die Einführung von Gerichtsvollziehern betreffend.

An dem Kriege mit Dänemark 1849 betheiligte sich Herzog Adolf persönlich, indem er eine aus dem 2. nassauischen Regimente, 2 Bataillonen von Anhalt, braunschweigischer Artillerie und Husaren gebildete Brigade der Reserve-Division in Schleswig commandierte. Außer einigen kleinen Vorpostengefechten hatte die Infanterie jedoch keine Gelegenheit zu kriegerischer Thätigkeit und kehrte nach dem Waffenstillstande vom 20. Juli wieder in die Heimat zurück, woselbst Herzog Adolf schon seit kurzer Zeit weilte, da ihn dringende Regierungsgeschäfte gezwungen hatten, das Obercommando vorzeitig niederzulegen und den Kriegsschauplatz zu verlassen.

Das 1. Regiment hatte Ende Mai zwei selbständige Bataillone zu den Reichstruppen zwischen Main und Neckar abgegeben; diese beiden hatten an allen größeren Gefechten rühmlichen Antheil genommen und wurden auch nach ihrer im September und October erfolgten Rückkehr in das Vaterland sowohl vom Oberbefehlshaber, als auch von Herzog Adolf für ihr wackeres Verhalten belobt. Nachdem der Herzog bereits am 24. Juli eine silberne Gedenkmedaille für die Theilnehmer des Sieges von Eckernförde gestiftet hatte, erließ das General-Commando am 20. September einen Tagesbefehl, welcher die Belobung und Decorierung einzelner Officiere und Mannschaften enthielt.

Ein schwerer Schlag traf den Herzog durch das Hinscheiden seines Bruders Moriz, welcher am 23. März 1850 zu Wien, woselbst er als österreichischer Officier in Garnison lag, einem typhösen Fieber erlegen war.

Tage des Glückes und der Freude zogen für Herzog Adolf heran, als er sich am 23. April 1851 zu Dessau mit der jugendlich schönen Prinzessin Adelheid von Anhalt vermählte. Schon am 22. April des nächsten Jahres verherrlichte die Geburt eines Erbprinzen, namens Wilhelm Alexander, das häusliche Glück des Herrscherpaares.

Ein rührend inniges und herzliches Verhältnis verband die Mitglieder der herzoglichen Familie miteinander; sowohl Herzog Adolf als seine erlauchte Gemahlin überwachten mit sorgsamen Augen die Erziehung ihrer Kinder.

Doch auch dem Wohle seines Landes widmete der Herrscher einen großen Theil seiner Zeit und war unablässig bestrebt, die Verhältnisse Nassaus zu verbessern.

Gleich allen seinen Vorfahren war er stets bemüht, das Schulwesen im Lande zu fördern, und auf Grundlage des von seinem erlauchten Vater im Jahre 1817 erlassenen Schuledictes weiterbauend kamen die nassauischen Schuleinrichtungen zu hoher Blüte. 1858 wurde eine Regierungsverordnung erlassen, welche eine sehr bedeutende Erhöhung der Lehrerbesoldungen festsetzte.

Ebenso wandte Herzog Adolf der Landwirtschaft, Viehzucht und dem Verkehrswesen sein regstes Interesse zu; einige neue

Eisenbahnlinien wurden gebaut, Bäche reguliert, Entwässerungsanlagen hergestellt, neue Bergwerke in dem so mineralreichen Herzogthume errichtet etc. etc.; auch das Post- und Telegraphenwesen nahm einen bedeutenden Aufschwung. Zu ganz besonderem Danke ist Wiesbaden dem Herzoge verpflichtet, welcher stets auf die Erweiterung und Verschönerung dieser Stadt bedacht war.

Ungemein viel geschah in den Friedensjahren nach 1849 für die taktische und militärische Ausbildung der Truppe; die alljährliche Concentrirung der vollzähligen Brigade gab den Officieren und höheren Commandanten Gelegenheit zur Führung und Verwendung kriegsstarker Verbände und bildete einen wichtigen Factor für die taktische Schulung derselben. Herzog Adolf wohnte diesen Manövern stets vom ersten bis zum letzten Tage bei und überzeugte sich persönlich von den gemachten Fortschritten; jedes Detail prüfend, entgieng nichts seinem militärischen Auge, wie seiner fachgemäßen Kritik. Besondere Aufmerksamkeit war den Schießübungen und dem Felddienste gewidmet worden.

Gemäß Generalbefehles vom 26. Juli 1854 war auch eine Veränderung der obersten Militärbehörden ins Leben getreten. Das Obercommando der Truppen, von Herzog Adolf persönlich geführt, bildete die oberste Behörde, deren Geschäfte die Militärkanzlei unter Vorsitz des General-Adjutanten führte.

Um den Officieren, welche fünfzig Jahre tadellos gedient, einen Beweis der höchsten Anerkennung zu geben, stiftete Herzog Adolf 1856 für dieselben ein Dienst-Ehrenzeichen, welches eine weitere Classe zu dem 1834 von Herzog Wilhelm gestifteten Dienstkreuze für fünfundzwanzig Jahre bildete. Der Verleihungstag war, wie bei diesem, der 2. Februar.

Im Jahre 1858 wurde die Stiftungsurkunde des nassauischen Hausordens vom „Goldenen Löwen" veröffentlicht und auch der „Nassauische Militär- und Civil-Verdienstorden Adolfs von Nassau" in fünf Classen gestiftet.

Das fünfundzwanzigjährige Regierungsjubiläum Herzog Adolfs wurde vom ganzen Volke mit Festlichkeiten aller Art begangen. Schon im April hatte sich in Wiesbaden ein Centralcomité gebildet, dessen gemeinsamen Vorbereitungen es auch glänzend gelang, dass der Jubeltag, der 21. August 1864, als Freudentag im ganzen Lande gefeiert wurde.

Am Vorabende verkündete feierliches Geläute der prächtig decorierten Stadt den Beginn des Festes und um 8 Uhr setzte sich ein imposanter Fackelzug in Bewegung; Kanonendonner und

Glockengeläute begrüßten den Morgen des eigentlichen Festtages, welcher durch feierliche Gottesdienste beider Confessionen eingeleitet wurde. Zahlreiche Deputationen überreichten dem hohen Jubilar Adressen.

Am Nachmittage fand ein Volksfest am Neroberge statt, zu welchem Herzog Adolf mit dem Erbprinzen erschien und mit nichtendenwollendem Jubel begrüßt wurde. Bis zum Einbruche der Dunkelheit verblieben die beiden Fürsten inmitten der fröhlichen Menge, mit vielen sich auf das leutseligste unterhaltend; später wohnte die gesammte herzogliche Familie dem großen Feuerwerk vor dem Cursaale bei.

Als bleibende Erinnerung an dies seltene Fest wurde die „Adolf-Stiftung zur Ausbildung von Lehrerwaisen" ins Leben gerufen.

Diesen glücklichen Tagen sollten leider nur zu bald sehr traurige folgen, welche mit dem Tode der allverehrten Herzogin-Mutter Pauline ihren Anfang nahmen. Die hohe Frau war am 7. Juli 1865 zu Wiesbaden verschieden und ihrem Wunsche gemäß auf dem allgemeinen Friedhofe, inmitten ihres geliebten Volkes, beigesetzt worden.

Auch der darauffolgende Winter war für die herzogliche Familie kein glücklicher. Herzog Adolf fühlte sich häufig sehr unwohl und sehnte schon das Frühjahr herbei, um eine Wassercur gebrauchen zu können. Er begab sich denn auch sobald als möglich nach Gräfenberg und kehrte von dort gekräftigt und wohlaussehend in die Heimat zurück.

Inzwischen hatte sich der politische Horizont sehr verdüstert. Im österreichisch-preußischen Conflicte stand Herzog Adolf treu zu Österreich und verfügte schon am 4. Mai 1866 die Mobilmachung seines Contingentes, obwohl die Stände die Mittel hiezu noch nicht bewilligt hatten. Seine Truppen standen, 4000 Mann stark, beim 8. Bundesarmeecorps unter dem Oberbefehle des Prinzen Alexander von Hessen.

Infolge des Rückzuges der süddeutschen Armeecorps hinter die Mainlinie und des Vordringens des Feindes war die Person des Landesherrn in der Heimat derart gefährdet, dass Herzog Adolf gezwungen war, dieselbe zu verlassen; vorher erließ er noch am 15. Juli eine Proclamation an seine Nassauer, in welcher er unter anderem auch seine baldige Rückkehr in Aussicht stellte. Er begab sich über Mainz nach Augsburg.

Da Nassau von den Bundestruppen seit 15. Juli geräumt war, besetzten die Preußen am 19. d. M. ohne Schwertstreich Wiesbaden, und durch Verfügung des Oberbefehlshabers der Mainarmee, von Manntcuffel, wurde der bisherige Landrath von Diest zum Civilcommissär der occupierten Gebietstheile der Bundesstaaten am Rhein und Main ernannt.

Die Haltung der nassauischen Brigade in den einzelnen Gefechten war eine tadellose und heldenmüthige. Durch die bayerische Regierung waren ihr Standquartiere am rechten Donauufer zwischen Günzburg und Ulm angewiesen worden, welche am 14. August erreicht wurden.

Hier traf auch Herzog Adolf mit seinen Truppen zusammen und verblieb bei denselben bis zum Abschlusse der Verhandlungen mit Preußen. In einem am 30. August zu Berlin durch den Bruder des Herzogs, Prinzen Nikolaus, abgeschlossenen Vertrage waren die Modalitäten festgesetzt worden, unter welchen die nassauischen Truppen in die Heimat zurückkehren sollten; durch dieselben war Herzog Adolf gezwungen, von seinen Soldaten Abschied zu nehmen. Dieser erfolgte denn auch am 8. September bei Günzburg, ein Abschied, wie er rührender und herzergreifender kaum gedacht werden kann; kein Auge blieb thränenleer, als es galt, von dem innigverehrten Kriegs- und Landesherrn zu scheiden.

Nachdem Nassau durch Gesetz vom 20. September 1866 mit Preußen vereinigt worden war, erfolgte die Besitzergreifung des Herzogthums am 9. October mittelst königlichen Patentes und einer allerhöchsten Proclamation an die Bewohner.

Nun begannen auch die Verhandlungen zwischen Herzog Adolf und Preußen wegen der nassauischen Domänen, welche der gewesene Landesherr als sein Privateigenthum beanspruchte. Am 22. September kam ein Vertrag zustande, welcher die Entschädigung des Herzogs mit 8½ Millionen Thalern festsetzte.

Nach der Abschiedsparade bei Günzburg hatte sich Herzog Adolf vorerst nach Heidelberg begeben, wo er mit der Herzogin und den beiden Prinzen, welche bis zu dieser Zeit in Biebrich verblieben waren, zusammentraf. Dann gieng es nach Ragatz und Reichenhall, während die Herzogin nach Biebrich zurückkehrte und daselbst bis zum 24. October verblieb.

Im ganzen Lande kam man nun erst zum Bewusstsein, was man an dem alten Regenten verloren; nun traten erst recht die Gefühle der Anhänglichkeit an das angestammte Herrscherhaus zutage. So viel mündliche und schriftliche Versicherungen von Liebe und Treue, wie in dieser traurigen Zeit, waren der herzoglichen Familie früher niemals zugekommen.

Infolge der vielen Aufregungen und Kränkungen der letzten Monate erkrankte Herzogin Adelheid gegen Weihnachten lebensgefährlich; erst nach zweimonatlichem Krankenlager, im Frühjahre 1867, konnte sie sich nach Ouchy und dann nach Gräfenberg begeben. Dortselbst verbrachte die herzogliche Familie den Sommer 1867.

In diese Zeit fiel auch die Confirmation des Erbprinzen, welche wieder einige frohe und glückliche Stunden in die hartgeprüfte Familie brachte. Diese nahm nun Aufenthalt in Frankfurt am Main, Schloss Königsstein blieb Sommerresidenz. Der Winter wurde zumeist in Wien verbracht, woselbst Herzog Adolf ein Palais angekauft hatte; der Verkehr mit den nahen erzherzoglichen Verwandten hatte dem Fürsten die alte Kaiserstadt besonders wert und lieb gemacht.

Das Familienleben gestaltete sich jetzt wieder in gewohnter harmonischer Weise; Parforcejagden bildeten eine liebgewordene Zerstreuung, und auf den herrlichen Höhen des bayerischen Hochgebirges, fern von dem unerquicklichen Weltgetriebe, erschloss sich dem Herzog ein bisher ungeahnter Born der Freude für sich selbst, für seine Angehörigen und Getreuen, nämlich eine ganz bedeutende Dichtergabe.

Den Winter 1870—71 verbrachte die herzogliche Familie in Italien. Leider erkrankte daselbst zuerst die Herzogin sehr ernstlich an Diphtheritis, dann Herzog Adolf an Typhus; doch gelang es der aufmerksamen Behandlung Dr. Köblers, beide ˙Hoheiten außer Gefahr und zu vollständiger Genesung zu bringen.

Erbprinz Wilhelm hatte inzwischen seine militärischen Studien vollendet und trat in die Reihen der österreichisch-ungarischen Armee ein, woselbst er am 23. November 1871 zum Lieutenant im Dragoner-Regimente Graf Neipperg Nr. 12 ernannt wurde. Mit seltenem Pflichteifer widmete er sich nun seinem Dienste. Rasch höhere Chargen erreichend, wurde ihm bereits mit 29. Februar 1884, nachdem er einige Monate zuvor zum Obersten ernannt worden war, das Commando des k und k. Husaren-Regimentes Nr. 1 übertragen.

Der Erbprinz hatte sich die aufrichtigsten Sympathien seiner Kameraden erworben; höchst ungern sah man ihn am 16. December 1888 aus dem activen Dienste scheiden, bei welcher Gelegenheit ihm der Generalmajors-Charakter ad honores verliehen wurde.

Auch der zweite Sohn des herzoglichen Paares, Prinz Franz, war für die militärische Laufbahn bestimmt und bezog 1874 die königlich sächsische Cadettenanstalt zu Dresden. Doch schon im nächsten Jahre brach in dieser Anstalt eine Scharlachepidemie aus und raffte auch den hoffnungsvollen jugendlichen Prinzen zum größten Schmerze seiner hohen Eltern dahin. Prinz Franz war für die Osterferien ins Elternhaus nach Wien gekommen, trug aber bereits den Keim dieser tückischen Krankheit in sich und erlag derselben am 19. April 1875.

Im Jahre 1870 hatte Herzog Adolf Schloss und Gut Hohenburg bei Lenggries im Isarthale angekauft; dieser reizende Besitz wurde nun der ständige Sommeraufenthalt der herzoglichen Familie. Hier inmitten der herrlichen Parkanlagen ließ auch Herzog Adolf ein Mausoleum für die nassauische Fürstenfamilie erbauen.

In diesem idyllischen Erdenwinkel begieng das herzogliche Paar im Jahre 1876 die Feier der silbernen Hochzeit, hier wurde Prinzessin Hilda 1881 confirmiert und eben daselbst reichte sie 4 Jahre später dem Erbgroßherzoge Friedrich von Baden die Hand zum ewigen Bunde.

Zu Anfang der Achtziger-Jahre wurde Herzog Adolf von einem schweren Augenleiden heimgesucht; die Ärzte constatierten Staar. Nach zwei glücklich durchgeführten Operationen konnte er jedoch wie früher dem edlen Weidwerke obliegen.

So hatte sich das Leben Herzog Adolfs wieder zu einem ruhigen und zufriedenen gestaltet, als er im Jahre 1889 infolge der schweren Erkrankung des Königs Wilhelm III. der Niederlande plötzlich zur Regentschaft im Großherzogthume Luxemburg berufen wurde. Zwischen den beiden, seit 1255 getrennten Linien des nassauischen Hauses waren nämlich in verschiedenen Jahrhunderten Erbvoreinigungen geschlossen worden, welche beim Aussterben der einen Hauptlinie den Besitz derselben der überlebenden Linie zusicherten.

Der letzte am 13. Juni 1783 erneuerte Erbverein des fürstlichen Gesammthauses Nassau bestimmte wiederum, dass beim Erlöschen der einen Linie die weiterblühende den angestammten Familienbesitz erben solle. Die Erbfolge in Luxemburg ist durch die Wiener Congressacte geregelt. In der genannten Urkunde verzichtete der König der Niederlande auf alle seine deutschen Besitzungen, namentlich auf die Fürstenthümer Dillenburg, Diez, Liegen und Hadamar; als Ersatz trat an ihre Stelle das neuerrichtete Großherzogthum Luxemburg. Auf dieses wurden die Grundsätze der Erbfolge übertragen, welche für die aufgegebenen deutschen Stammlande gegolten hatten. Der betreffende Artikel sagt: „Das

Recht und die Ordnung der Thronfolge, welche zwischen den beiden Zweigen des Hauses Nassau durch die Acte des nassauischen Erbvereines vom Jahre 1783 aufgerichtet sind, werden aufrecht erhalten und übertragen von den vier Fürstenthümern von Nassau-Oranien auf das Großherzogthum Luxemburg."

Als nun der Gesundheitszustand des Königs-Großherzogs ein derart ungünstiger wurde, dass er die Regierungsgeschäfte selbst nicht mehr zu leiten imstande und diese Linie des Hauses Nassau ohne männlichen Erben war, wurde Herzog **Adolf** zur Regentschaft berufen; gewiss keine leichte Aufgabe für den hochbetagten Fürsten, welcher weder die Verhältnisse, noch die Bevölkerung Luxemburgs kannte. Herzog **Adolf** begab sich also mit dem Erbprinzen Wilhelm in seine neue Heimat. Am 10. April trafen die beiden Fürstlichkeiten in der Grenzstation Wasserbillig ein, wo sie vom Staatsminister Dr. Eyschen und den drei General-Directoren des Landes begrüßt wurden. Diese erste Begegnung mit den Vertretern Luxemburgs war äußerst herzlich. Minister Eyschen versicherte dem Herzog wie dem Erbprinzen, dass man sie überall im Lande mit offenen Armen empfangen werde und die Luxemburger nur eines wünschten: „Glück und Segen dem Hause Nassau im neuen bei uns wiedergefundenen Vaterlande." Herzog **Adolf** dankte dem Minister und drückte die Hoffnung aus, dass es ihm in nicht zu langer Zeit gelingen werde, das Vertrauen des Landes zu gewinnen, welches er demselben in vollstem Maße entgegenbringe. „Seien sie versichert," fuhr der Herzog fort, „dass von dem Augenblicke an, da Ich die Zügel der Regierung ergreife, Ich mit Meinem letzten Blutstropfen für das Wohl des Landes, dessen Leitung Mir die Vorsehung übertragen hat, einstehen werde."

Der Empfang in Luxemburg entsprach der Begrüßung an der Landesgrenze. Nach der Eidesleistung gab Herzog **Adolf** den Deputierten der Kammer ein Bankett im Palais. Gegen Schluss desselben erhob er sich und brachte folgenden Trinkspruch aus: „Es sind 23 Jahre her, dass Ich Mein Vaterland verloren, unter euch finde Ich ein zweites wieder; Ich trinke auf das Glück und Wohlergehen Meines neuen Vaterlandes! Ich werde zu Gott beten, dass er Mir Geist und Kraft verleihe, damit Ich immer den Weg finde, der zum Glücke des Landes führt. Ich leere Mein Glas bis auf den letzten Tropfen und sage euch einige Worte, welche wie Ich hoffe, in euerem Herzen und im ganzen Lande wiederhallen werden: „Wir wolle bleiwe wat mir sin!" „Hoch lebe das Großherzogthum Luxemburg!"

Mit Begeisterung wurden diese herzlichen Worte aufgenommen und hallten im ganzen Lande wieder. Von jenem Abende an hatte Herzog Adolf die Herzen aller Luxemburger gewonnen, sein freundliches, herablassendes und herzgewinnendes Benehmen machte ihn mit jedem Tage populärer.

Gegen Ende des Monates April hatte sich indessen wider alles Erwarten der behandelnden Ärzte der Gesundheitszustand König Wilhelms soweit gebessert, dass er wieder selbst die Zügel der Regierung ergreifen konnte. Unter solchen Umständen verließ Herzog Adolf das Land, welches er erst vor wenigen Wochen betreten, aber nicht ohne die Überzeugung mitzunehmen, dass man ihm stets die herzlichste Zuneigung bewahren werde. Am Abend des 3. Mai wurde dem scheidenden Herzoge unter großem Andrange des Publicums ein Fackelzug gebracht, welche Huldigung dieser dadurch erwiderte, dass er vom Balkone des Schlosses aus ein Hoch auf den König ausbrachte, in welches die Menge begeistert einstimmte.

Am folgenden Tage ruhten in Luxemburg alle Geschäfte, die ganze Stadt hatte sich gerüstet, dem Herzog das Geleite auf den Bahnhof zu geben. In langsamem Schritte bewegte sich der Wagen desselben dem Bahnhofe zu, Blumensträuße regneten aus allen Fenstern auf ihn, und unausgesetzt erscholl aus all den tausend Kehlen der Ruf: „Es lebe Herzog Adolf, es lebe Prinz Wilhelm, auf baldiges Wiedersehen!" Der Enthusiasmus des Volkes war unbeschreiblich.

Achtzehn Monate waren verstrichen, seit König Wilhelm III. die Regierung des Luxemburger Landes wieder übernommen hatte, als sich sein Leiden auf's neue einstellte. Abermals musste eine Regentschaft eingesetzt werden, und bereits am 5. November 1890 traf Herzog Adolf wieder in Luxemburg ein. Der Empfang am Bahnhofe wiederholte die Scenen jubelnder Begeisterung des Volkes wie bei der Abreise im vorigen Jahre, die Straßen waren wieder aufs herrlichste geschmückt. Am folgenden Tage fand die Vereidigung des Regenten in der Deputiertenkammer statt.

Schon am 8. November jedoch verließ der Herzog neuerdings das Land mit der Absicht, in Frankfurt Aufenthalt zu nehmen und sich von dort aus nur zu den Conferenzen mit der Regierung nach Luxemburg zu begeben.

Am 23. November erlag König Wilhelm III. seinem schweren Leiden. Von dieser Stunde an war Herzog Adolf Großherzog von Luxemburg, während in Holland Königin Wilhelmine, die einzige Tochter des dahingeschiedenen Königs, unter Vormundschaft ihrer Mutter, Königin Emma, die Regierung antrat. Großherzog Adolf hatte sowohl den Leichenfeierlichkeiten im Haag, als der Beisetzung des letzten Oraniers in Delft am 4. December beigewohnt. Am 8. December 1890 hielt er als souveräner Landesherr in Begleitung der Großherzogin und des Erbgroßherzogs Wilhelm, von der Bevölkerung stürmisch acclamiert, seinen Einzug in Luxemburg. Am 9. December fand die feierliche Eidesleistung des Großherzogs vor der Kammer statt, welcher auch die Großherzogin beiwohnte.

Nach Ablauf der officiellen Landestrauer um den verblichenen König hatte sich Stadt und Land Luxemburg gerüstet, dem neuen Landesherrn den eigentlichen festlichen Empfang zu bereiten. Sinnigerweise hatte man hiezu den 24. Juli, den Geburtstag des Großherzogs, gewählt. Bereits am 22. Juli begannen die Feierlichkeiten mit der Eröffnung einer internationalen Acker- und Gartenbau-Ausstellung. Der 23. Juli, als der Einzugstag, war ausschließlich den äußeren und öffentlichen Festlichkeiten gewidmet. Ein solenner Festball auf dem Paradeplatze, welcher bis tief in die Nacht dauerte, beschloss den Tag. Das Geburtsfest des Großherzogs wurde in der Frühe des folgenden Tages durch Glockengeläute und Kanonendonner eingeleitet, um 11 Uhr fand in der Kathedrale ein feierlicher Gottesdienst statt, welchem sämmtliche Behörden und Körperschaften anwohnten. Nach demselben wurden die Gesandten, Behörden etc. etc. im großherzoglichen Palais zur Gratulationscour empfangen. Abends 9 Uhr begann eine glänzende Illumination der Stadt und ein Volksball bildete wie tags vorher den Schluss.

Bei allen diesen Veranstaltungen hatte es sich deutlich gezeigt, wie glücklich die braven Luxemburger waren, ihren Landesvater in ihrer Mitte zu wissen und wie schnell die großherzogliche Familie Aller Herzen erobert hatte.

Freudentage für die großherzogliche Familie brachte auch das Jahr 1893, als im Monate März die Verlobung des Erbprinzen Wilhelm mit Prinzessin Maria Anna von Bragança bekannt wurde. Schon am 21. Juni desselben Jahres fand in dem fürstlich Liechtenstein'schen Schlosse Fischhorn bei Zell am See die feierliche Vermählung des hohen Brautpaares statt. Den Trauungsact vollzog der Fürsterzbischof von Salzburg Dr. Haller und der evangelische Pfarrer Formey aus Wien. Ganz Luxemburg nahm herzlichen Antheil an diesem freudigen Ereignisse im Hause Nassau.

Nun noch einen Blick auf Luxemburg, die zweite Heimat des allverehrten Großherzogs Adolf. Seit 1841 besitzt das Land seine eigene Constitution wie Regierung, und nach Auflösung des Deutschen Bundes 1866 wurde Luxemburg durch den Londoner Vertrag vom 11. Mai 1867 als neutrales Land unter den Schutz der Großmächte gestellt. Es schied aus jedem Verbande mit Deutschland aus, blieb aber mit Holland in der Person des Königs-Großherzogs vereinigt. Dem älteren Hause Nassau aber wurden durch denselben Vertrag seine Ansprüche bestätigt und trat daher mit Ableben des Königs der Niederlande der Erbvertrag vom 13. Juni 1783 in Kraft.

Die erste Folge der Neutralisierung Luxemburgs war, neben der im Londoner Vertrage stipulierten Schleifung der Festungswerke, die Abschaffung jeder obligatorischen Militärdienstpflicht. Eine aus Freiwilligen gebildete Jäger-Compagnie bildet die gesammte Militärmacht dieses kleinen Staates und gleichzeitig die Schule und Ersatztruppe für die Gendarmerie, welche ebenfalls in der Stärke einer Compagnie formiert ist.

Verwaltung und Regierung waren stets unabhängig von Holland. Gegenwärtig besteht letztere aus dem Staats-Minister als Präsidenten und drei General-Directoren. Die Kammer setzt sich aus 45 gewählten Abgeordneten der 12 Cantone mit 6jähriger Mandatsdauer zusammen.

Durch seine verbürgte Neutralität ist Luxemburg auch in der glücklichen Lage, unabhängig von europäischen Verwickelungen, sich ausschließlich der Pflege seiner inneren Angelegenheiten widmen zu können. Seine Bevölkerung ist mit der ihr durch den Londoner Vertrag geschaffenen Situation äußerst zufrieden und sich der daraus erstehenden großen Vortheile sehr wohl bewusst. Die Verfassung ist eine höchst liberale, die Steuerabgabe bei der glänzenden Finanzlage des Staates sehr gering — das Land prosperiert zusehends.

In vielen Richtungen wurde durch Großherzog Adolf ein weiteres Aufblühen angebahnt und hat derselbe den Wunsch der Bevölkerung, die liebgewordenen Institutionen fortbestehen zu lassen, glänzend erfüllt.

Auch die Stadt Luxemburg erfreut sich steten Aufblühens; nunmehr beträgt deren Einwohnerzahl über 20.000 und befinden sich daselbst sämmtliche Behörden und höheren Anstalten. Das Palais für die großherzogliche Familie erwies sich als unzureichend und musste ein theilweiser Umbau desselben durchgeführt werden. Großherzog Adolf hatte in seiner generösen und großmüthigen

Weise auf den Bau eines neuen Schlosses ebenso wie auf die angebotene Erhöhung der äußerst geringen Civilliste verzichtet, um dem Lande die Kosten, für welche überdies reichlichste Mittel vorhanden wären, zu ersparen.

Wie einstens Nassau, so gedeiht heute Luxemburg zusehends unter der segensreichen Regierung Großherzog **Adolfs**, welcher den größten Theil seiner Zeit den Regierungsgeschäften widmet und mit rührender Sorgfalt bemüht ist, das Aufblühen jenes Landes zu fördern, welches seine zweite Heimat geworden. Die göttliche Vorsehung, welche nicht zugelassen, dass der ritterliche **Fürst** im Exil und ohne Heimat bleiben sollte, möge sie diesem edlen Spross des Hauses Nassau noch viele Jahre ungestörter Thätigkeit und ungetrübten Glückes verleihen!

14. September 1846.

Michael Großfürst von Russland,

Großmeister der kaiserlich russischen Artillerie, **Oberst und Inhaber des k. k. Infanterie-Regimentes Nr. 37 (vom 14. September 1846 bis 9. September 1849)**, Ritter des kaiserl. russischen St. Andreas-Ordens, **Großkreuz des königl. ungarischen St. Stephan-Ordens** etc. etc.

Michael Nikolajowitsch, das zehnte und jüngste Kind, mit welchem Großfürstin Maria Feodorowna, eine geborene Prinzessin von Württemberg, ihren Gemahl Großfürst Paul Petrowitsch am 8. Februar (28. Januar 1798) beschenkte, wuchs in Gemeinschaft mit seinem nur wenig älteren Bruder Nikolaus unter der sorgfältigen Aufsicht seiner hochausgezeichneten Mutter auf. Die Erziehung der beiden Prinzen leitete General Graf Lambsdorf, als Lehrer fungierten die Staatsräthe Storch und Adelung, sowie Professor Dupuget. Schon im Knabenalter war Großfürst Michael der einzige, sowie beste Spielgefährte und Jugendfreund seines Bruders Nikolaus, der später als Kaiser Nikolaus I. das weite und große Czarenreich beherrschte und sich um Russland unvergängliche Verdienste erwarb. Und Freunde im schönsten Sinne des Wortes sind sich beide Brüder bis an ihr Lebensende geblieben. Im Jahre 1816 machten beide Großfürsten gemeinschaftlich ihre erste große Reise, wobei sie Deutschland, Frankreich und England besuchten.

Rührende Beweise der Bruderliebe, welche die Großfürsten Michael und Nikolaus umschlungen hielt, brachte der December 1825, als Nikolaus nach dem Tode seines ältesten Bruders Alexander und nach Verzichtleistung des zweitältesten Bruders Constantin den Thron seiner Väter bestieg.

Der erste Ruf des jungen Kaisers auf die plötzliche und unerwartete Meldung des Gouverneurs der Hauptstadt, des heldenmüthigen Generals Miloradowitsch, dass infolge einer Militärverschwörung die ganze Garnison unter Waffen sei, war: „Mein Bruder Michael!" Und als Czar Nikolaus darauf, nur von Miloradowitsch und einigen Adjutanten begleitet, über den Admiralitätsplatz den

Meuterern entgegenjagte, die vor dem Senatsgebäude in dichten Colonnen standen und noch fortwährend Zuzüge erhielten, da war es wieder der getreue Bruder, Großfürst Michael, der den Degen in der Faust, an der Spitze der Preobraschensky'schen Grenadiere in vollem Laufe herankam. Er hatte die Colonne aus der Kaserne geholt, und ein donnerndes „Hurrah!" brauste über den Platz.

Das Soldatenblut seines Großvaters Kaiser Peter III. in den Adern, widmete sich Großfürst Michael schon frühzeitig dem Kriegerstande. Vorzüglich war es die Artillerie, der er großes Interesse entgegenbrachte; rasch die militärische Stufenleiter erklimmend, erreichte der Großfürst die Charge eines Großmeisters der Artillerie.

Großfürst Michael, der leider nur zu früh, am 9. September/28. August 1849, aus dem Leben schied, war seit 20./8. Februar 1824 mit Großfürstin Helene Pawlowna (vorher Charlotte), einer Tochter des Prinzen Paul von Württemberg, vermählt. Eine Tochter, Großfürstin Katharina, die spätere Gemahlin des Herzogs Georg von Mecklenburg-Strelitz, entstammte der Ehe des verstorbenen Großfürsten.

14. September 1846.

Gustav Prinz von Sachsen-Weimar-Eisenach.

Herzog zu Sachsen, k. k. Feldmarschall-Lieutenant, Ritter des kaiserl. österreichischen Leopold-Ordens, Besitzer des Militär-Verdienstkreuzes mit der Kriegsdecoration, Großkreuz des Sachsen-Weimar'schen Ordens vom weißen Falken, des herzogl. Sachsen-Ernestinischen Hausordens, Großkreuz des königl. preuß. Rothen Adler-Ordens, des großherzogl. baden'schen Hausordens der Treue, des großherzogl. hessischen Ludwig-Ordens, des Ordens der königl. württembergischen Krone, des königl. niederländischen Ordens der Eichenkrone, sowie Ritter des königl. niederländischen Militär-Wilhelm-Ordens etc. etc.

Prinz Gustav erblickte als dritter Sohn des königlich niederländischen Generals der Infanterie Herzog Karl Bernhard zu Sachsen-Weimar-Eisenach und dessen Gemahlin Ida, einer geborenen Herzogin zu Sachsen-Meiningen, am 28. Juni 1827 zu Zeewerghem bei Gent das Licht der Welt. Für den Kriegerstand erzogen, wurde Prinz Gustav am 14. September 1846 zum Unterlieutenant 2. Classe im k. k. Infanterie-Regimente Nr. 1 ernannt. Seiner Neigung für das technische Fach entsprechend mit 1. Juni 1848 zum Ingenieur-Corps transferiert, wurde er am 22. Juli desselben Jahres Oberlieutenant und am 1. November 1849 Hauptmann 2. Classe. Zuerst bei der Feld-Genie-Direction in Italien und dann bei der Genie-Direction in Prag in Verwendung, erfolgte am 16. Mai 1851 seine Ernennung zum Hauptmann 1. Classe, wie gleichzeitig seine Übersetzung zum 60. Infanterie-Regimente. Am 14. Juni 1854 avancierte Prinz Gustav zum Major im 33. Infanterie-Regimente, mit 25. April 1858 wurde er Oberstlieutenant bei gleichzeitiger Transferierung zum 21. Infanterie-Regimente.

Mit 6. Juli 1859 zum 2. Oberst vorgerückt, wurde Prinz Gustav am 15. August desselben Jahres in Anerkennung seiner hervorragenden Leistungen in der Schlacht bei Solferino und den letzten vorhergegangenen Gefechten durch die Verleihung des Ritterkreuzes des Leopold-Ordens ausgezeichnet. Am 11. October 1864 übernahm er das Commando seines Regimentes und wurde mit

15. Februar 1866 in gleicher Eigenschaft zum 28. Infanterie-Regimente übersetzt. Am 4. Februar 1867 wurde der Prinz zum General-Major und Brigadier bei der 9. Truppen-Division in Prag befördert, doch trat er bereits am 1. November 1867 einen längeren Urlaub an, nach dessen Ablauf er (mit 1. Februar 1870) in den definitiven Ruhestand übernommen wurde. Mit 1. Januar 1889 erhielt er den Feldmarschall-Lieutenants-Charakter verliehen. Prinz Gustav hatte sich am 14. Februar 1870 morganatisch mit Freiin Pierina von Neupurg, geborenen Marcochia Edlen von Marcaini vermählt, welche Ehe jedoch kinderlos blieb.

Seit seinem Übertritte in den Ruhestand zumeist in Wien lebend, verschied Herzog Gustav, welcher ein Alter von 65 Jahren erreichte, ebendaselbst am 5. Januar 1892.

2. April 1847.

Ernst August König von Hannover,

königl. Prinz von Großbritannien und Irland, Herzog von Cumberland, Herzog zu Braunschweig und Lüneburg etc. etc., **k. k. General der Cavallerie, Oberst-Inhaber des k. k. Husaren-Regimentes Nr. 2 (vom 2. April 1847 bis 18. November 1851), Großkreuz des königl. ungarischen St. Stephan-Ordens** etc. etc.

Ernst August, der fünfte Sohn König Georg III. von Großbritannien und dessen Gemahlin Prinzessin Sophie Charlotte von Mecklenburg-Strelitz, wurde am 5. Juni 1771 zu London geboren.

Den ersten Unterricht des lebhaften, reich begabten Prinzen leitete Dr. Hughes. Das schöne Beispiel, welches Ernst August durch das innige, harmonische Zusammenleben seiner Eltern stets vor Augen hatte, weckte in ihm schon frühzeitig wahrhaft frommen Sinn, reinste Sitten und Einfachheit.

Er zeigte schon in früher Jugend großes Verlangen, in den Dienst des Vaterlandes zu treten, musste jedoch auf Wunsch seines Vaters früher die höheren Studien auf der Universität in Göttingen vollenden. Der Unterricht war hier sehr bedeutenden Männern anvertraut. Less lehrte Religion, Pütter und Martens trugen deutsche Geschichte, allgemeines Staats- und Völkerrecht vor, Blumenbach naturhistorische Wissenschaften, Feder Moral und die allgemeinen philosophischen Fächer, Lichtenberg Physik und Mathematik, Spittler Geschichte und Statistik und Meyer gab Unterricht in der deutschen Sprache. Der berühmte Stallmeister Ayrer ertheilte den Reitunterricht.

Im Sommer 1786 sollten nun die drei jüngsten Prinzen: Ernst August, August Friedrich und Adolf Friedrich nach Göttingen gehen. Am 28. Juni verließen sie London und kamen über Gravesend,

Stade und Hannover am 6. Juli nach Göttingen. Überall wurden sie feierlich und mit großer Sympathie empfangen; am 10. Juli ließen sie sich als akademische Bürger immatriculieren.

In ihrer Begleitung waren Oberst von Malortie, Rittmeister von Linsingen vom Leibregimente, Lieutenant von Uslar vom Regimente des Feldmarschalls von Baden, die Lieutenants von Hanstein der Garde zu Fuß und von Jonquiéres vom Leibregimente und als Instructor und Repetent der Candidatus juris Tatter.

Der Hofstaat, dem Oberst von Malortie vorstand, wurde auf ausdrücklichen Befehl König Georgs einfach und anspruchslos geführt; die Prinzen mussten sich in allem den Sitten und Gewohnheiten des Ortes fügen.

Im Anfange fiel es dem Prinzen Ernst August sehr schwer, sich an den regelmäßigen strengen Unterricht zu gewöhnen; er war oft geneigt, die Ermahnungen der Lehrer und des Obersten von Malortie ins Lächerliche zu ziehen, was sein Verhältnis besonders zu letzterem oft trübte. Immer sah er aber sein Unrecht ein und war bemüht es, wieder gut zu machen. Sein Charakter festigte sich überdies auch von Jahr zu Jahr, waren doch die Grundzüge seines Wesens tiefe Religiosität, Offenheit und Liebenswürdigkeit, so dass er aller Herzen gewann.

Im Januar 1790 verließ Prinz Ernst August die Universität und trat bald darauf, am 17. März 1790, 18 Jahre alt, als Rittmeister in den activen Dienst des 9. leichten Dragoner-Regimentes „Königin", welches damals im Dorfe Isernhagen bei Hannover stand.

Obwohl er besondere Vorliebe für die Cavallerie hatte, bildete er sich doch auch für den Dienst der Infanterie aus, so dass er bald nicht nur ein ausgezeichneter Reiter, sondern auch mit allen Kenntnissen des künftigen Heerführers ausgestattet war.

Im Mai 1792 wurde der Prinz zum Oberst und Commandanten der Leibcompagnie des 9. leichten Dragoner-Regimentes ernannt und zog als solcher am 18. März 1793 nach den Niederlanden, um im Vereine mit der hannover'schen Armee an dem Kriege Deutschlands gegen die französische Republik theilzunehmen. Als erbitterter Gegner der französischen Revolution war es ihm eine besondere Genugthuung, gegen Frankreich zu kämpfen.

Er scheute keine Gefahr und zeigte stets das Verlangen, sich mit dem Feinde zu messen. In den Schlachten bei Valenciennes und Villers en couchée (6. August) war seine Freiheit und sein Leben bereits in äußerster Gefahr und nur seinem und seiner Schar

Heldenmuth hatte er seine Befreiung zu danken; doch trug er einen sehr gefährlichen Säbelhieb an der rechten Kopfseite davon.

1794 wurde der Feldzug wieder eröffnet. Am 24. April und 10. Mai war das Regiment, welches der Prinz befehligte, heftigen feindlichen Angriffen ausgesetzt, welche viele Verluste im Gefolge hatten; auch der Prinz erhielt in diesem Kampfe zwei Wunden und verlor bei Cayghem ein Auge, wodurch er gezwungen war, nach England zurückzukehren.

Am 18. August wurde der Prinz zum General-Major und Commandeur des 2. schweren Dragoner-Regimentes befördert.

Kaum genesen, kehrte er auf den Kriegsschauplatz zurück und führte sein Regiment persönlich in dem Gefechte bei Nymwegen, wo er sich abermals durch große Tapferkeit hervorthat.

Später wurden ihm noch größere Commandos übertragen, z. B. die Führung der Arrière-Garde der hannover'schen Armee, als deren Führer er häufig Gefechte zu bestehen hatte.

Am 29. November 1795 kehrte der Prinz mit dem 2. Cavallerie-Regimente nach Hannover zurück, begab sich aber schon am 2. Februar 1796 nach London.

1799 wurde er zum Herzog von Cumberland und Teviotdale und Earl of Armagh ernannt und bekam eine Apanage von 12.000 Pfd. Sterling. Am 17. Mai 1803 erklärte König Georg III. Frankreich neuerdings den Krieg.

Obwohl er ausdrücklich betonte, dass er als König von England, nicht als Kurfürst von Hannover den Krieg führe, wurde dennoch eine französische Armee unter Marschall Mortier gegen Hannover gesandt.

Durch die Capitulationen von Sulingen (3. Juni) und Artlemburg (5. Juli 1803) wurde die hannover'sche Armee entwaffnet und nach zweihundertjährigem Bestande aufgelöst. Ein großer Theil derselben trat in die in England gebildete deutsche Legion, an der auch Herzog Ernst lebhaften Antheil nahm; er hätte gerne persönlich an den Feldzügen der Legion theilgenommen, doch ließ sich dies mit seiner wichtigen Stellung als Districts-Commandeur nicht vereinbaren.

Herzog Ernst August erwarb sich durch Edelmuth, Gerechtigkeit und Güte gegen seine Untergebenen die größte Liebe und Anhänglichkeit bei hoch und niedrig. Stets war er bereit, den Bedrängten mit Rath und That beizustehen. Umso befremdlicher musste es erscheinen, dass am 1. Juni 1810 ein Mordanschlag sein Leben bedrohte.

Als Führer der Hochtory-Partei im englischen Parlamente verlor er nämlich, als an Stelle der Torys ein Whigministerium getreten war, nicht nur die Gunst des Volkes, sondern war auch vielen Gehässigkeiten und Schmähungen ausgesetzt. Dies mag nun den grausigen Racheact hervorgerufen haben. Von einem seiner Diener nachts im Schlafe überfallen, wurde er durch gegen ihn geführte Säbelhiebe mehrfach schwer verwundet. Großen Blutverlustes wegen schwebte Ernst August wochenlang in Lebensgefahr, erholte sich jedoch wieder vollkommen. Infolge Selbstmordes des Dieners konnte die Ursache dieser schrecklichen That nicht ergründet werden.

Im Jahre 1813, als die Völker gegen die Fremdherrschaft kämpften, begab sich auch Prinz Ernst August auf den Kampfplatz Deutschlands und schloss sich in Prag König Friedrich Wilhelm III. von Preußen an.

Am 28. August nahm der Prinz theil an den Gefechten bei Pleißig und Pirna, insbesondere zeichnete er sich jedoch am 30. August durch seinen Heldenmuth in der großen Schlacht bei Kulm aus.

Nach der Schlacht bei Leipzig kehrte er nach Hannover zurück, wo er enthusiastisch empfangen wurde. 1814 errichtete Ernst August ein freiwilliges Husaren-Regiment, welches sich 1815 an den Kämpfen betheiligte.

Am 29. Mai 1815 vermählte sich der Prinz zu Berlin mit der Schwester der verstorbenen Königin Louise von Preußen, Friederike Herzogin von Meklenburg-Strelitz, welche bereits zweimal Witwe gewesen; ihr erster Gemahl, Prinz Louis von Preußen, Bruder des Königs Friedrich Wilhelm III., war 1796, der zweite, Prinz Friedrich Wilhelm von Solms-Braunfels 1814 gestorben. Nicht nur die Familie Ernst Augusts war gegen seine Verbindung mit Friederike, sondern auch die Königin von England äußerte auf jede Weise ihre Unzufriedenheit; sie verweigerte der Herzogin sogar den Zutritt bei Hofe.

Alles dies verleidete dem Prinzen den Aufenthalt in London.

Nach mehrmaligen vergeblichen Versuchen gelang es ihm, vom Parlamente eine Erhöhung seiner Apanage auf 21.000 Pfd. St. zu erreichen, welche er auch nach seiner Thronbesteigung noch fortbezog.

Mit unendlich großer Freude erfüllte es ihn, als ihm am 27. Mai 1819 in Berlin ein Sohn (Georg) geboren wurde; war es doch damals schon höchst wahrscheinlich, dass die Regierung in den deutschen Stammlanden seiner Linie zufallen würde.

In Berlin, wo sich der Herzog sehr wohl fühlte, wurde er 1823 vom Könige von Preußen zum General und Chef des preußischen 3. Husaren-Regimentes ernannt.

Ungeachtet seines Aufenthaltes in Berlin verlor er keineswegs das Interesse an seinem Vaterlande; er war in England zum Feldmarschall, sowie zum Kanzler der Universität erhoben worden, auch war er ein eifriger Beschützer der anglicanischen Kirche. Sehr viel beschäftigte er sich überdies mit politischen Fragen.

Bei jeder Gelegenheit zeigte sich sein fester Charakter und seine eiserne Consequenz; er war unerschütterlich in seinen Ansichten und wusste stets, was er wollte.

Häufig weilte er auch in Hannover, wo er den Manövern und Jagden beiwohnte.

Im Februar 1827 musste er sich daselbst einer nicht ungefährlichen Operation unterziehen; es hatte sich nämlich an dem ihm verbliebenen Auge der graue Star gebildet, wodurch seine Sehkraft immer mehr abnahm. Doctor Gräfe vollzog die Operation, die gelang.

Als am 20. Juni 1837 König Wilhelm IV. im 72. Lebensjahre zu Windsor starb und die Krone Englands auf die weibliche Linie übergieng, bestieg der Herzog als König Ernst August den nun von England getrennten hannover'schen Thron, der ihm durch die bestehende Thronfolgeordnung gebürte.

Der neue König wurde überall mit größtem Jubel empfangen; besonders in Hannover, wo er doch als Herzog so oft geweilt hatte, gab der überaus herzliche, begeisterte Empfang Zeugnis von der Liebe und Anhänglichkeit des Volkes.

Da die hannover'sche Verfassung seiner autokratischen Gesinnung nicht entsprach, vertagte er am 29. Juni die versammelten Stände und ernannte den Geheimen Rath von Scheele zum Staats- und Cabinetsminister.

Am 15. Juli traf die Königin mit dem Kronprinzen aus Berlin in Hannover ein, wo ihr ein ebenso warmer und glänzender Empfang zutheil wurde, wie ihrem königlichen Gemahle. Im Juli begaben sich beide Majestäten zum Curgebrauche nach Karlsbad.

Von dort zurückgekehrt, reiste der König nach Göttingen, wo er dem hundertjährigen Stiftungsfeste der Universität beiwohnte.

Am 30. October erklärte König Ernst August, nach Vernehmung der von ihm eingesetzten Commission die allgemeine Ständeversammlung für aufgelöst und entließ die bisherigen Cabinetsminister, die jedoch wieder Departementsminister wurden.

Durch das Patent vom 1. November hob der König das Staatsgrundgesetz auf und die Staatsdiener wurden des auf die Verfassung geleisteten Eides entbunden; die Verfassung von 1819 wurde wieder als giltig erklärt, doch sollten die von der Ständeversammlung seit 1833 gegebenen Gesetze in Wirksamkeit bleiben, die Stände aber nur alle drei Jahre einberufen werden.

Später verkündete die Regierung einen jährlichen Steuererlass von 100.000 Thalern vom Jahre 1838 an.

Alle diejenigen, welche mit den neuen Reformen nicht einverstanden waren und den Huldigungseid verweigerten, wurden ihres Amtes entlassen.

Anfangs herrschte große Unzufriedenheit über diese Zustände, doch später, als man erkannte, dass die neuen Reformen nur dem hohen Rechtsgefühle des Königs entsprangen, legte sich die allgemeine Bewegung.

Ernst August gewann immer mehr an Popularität, auch verstand es das Königspaar meisterhaft die Würde und das Ansehen des Hofes zu wahren. Es reihten sich Feste an Feste. Im Herbste wurden großartige Jagden veranstaltet, an welchen viele fremde Fürstlichkeiten theilnahmen.

Im Juni 1838 besuchte der König die bedeutendsten Städte seines Landes und wurde überall mit Enthusiasmus empfangen.

Ernst August hatte seit seiner Thronbesteigung stets das hohe Ziel vor Augen, sein Land in jeder Richtung zu heben und zu fördern. Er ließ Eisenbahnen bauen, wodurch der Handel mit den Nachbarstaaten wesentlich erleichtert wurde und es zu hoher Blüte brachte; auch ließ er, um den Arbeitern Verdienst zu geben, sehr viele große Bauten aufführen. Auf diese Weise entstand ein ganz neuer Stadttheil, der nach ihm benannt wurde.

Sehr viel that der König auch zur Hebung der Kunst und Wissenschaft, sowie er nicht minder bestrebt war, den Armen und Bedürftigen nach Möglichkeit zu helfen, für welche er in allen Theilen seines Landes Wohlthätigkeitsanstalten gründete. Dadurch gelang es ihm, die Zufriedenheit des Volkes in vollstem Maße zu gewinnen. Am 17. März 1840 waren 50 Jahre seit dem Eintritte des Königs in die hannover'sche Armee verflossen. Anlässlich dieser Jubelfeier wurden großartige Festlichkeiten veranstaltet, welche drei Tage währten und dem Könige neue Beweise von der Verehrung seines Volkes brachten.

In den folgenden Jahren wendete Ernst August seine volle Aufmerksamkeit der Armee zu, schuf manch zweckmäßige Neuerung und Verbesserung, ließ ein neues Strafgesetzbuch herausgeben und verbesserte die Officiers-Pensionen.

Am 5. Juni 1841, anlässlich seines 70. Geburtstages, stiftete der König eine Denkmünze für die im Jahre 1813 vor dem Feinde gestandenen Krieger; auch wurde unter seiner Regierung am 1. Mai 1843 die erste hannover'sche Cadettenanstalt errichtet.

Infolge der Gemüthsbewegungen und körperlichen Anstrengungen, welche der König bei seinem Jubiläum zu bestehen hatte, erkrankte er am 21. März 1840 sehr ernstlich. Sein Zustand gab wochenlang zu großer Besorgnis Anlass; doch siegte endlich die kräftige Natur des hohen Kranken. Am 29. Mai war er so weit hergestellt, dass er das Fest seiner silbernen Hochzeit im Familienkreise feiern konnte.

Am 29. Juni des folgenden Jahres zerriss der Tod das schönste Band häuslichen Glückes. Königin Friederike starb nach längerer Krankheit im 64. Lebensjahre. Ihr Gemahl und sieben Kinder standen, vom herben Schmerze tief gebeugt, an der Bahre der für immer Verlorenen. Das ganze Volk, welches die hohe Verblichene über alles verehrte, nahm rührenden Antheil an dem schmerzlichen Verluste, der das Königshaus betroffen. Der König, dem der Tod seiner Gemahlin sehr zu Herzen gieng, musste auf dringendes Anrathen der Ärzte einen längeren Aufenthalt in Ems nehmen, um seine zerrüttete Gesundheit wieder herzustellen.

Im Frühjahr 1842 hielt er sich längere Zeit in Berlin auf, wo er wieder ein bewegteres geselliges Leben führte.

Im August erkrankte Ernst August abermals sehr heftig. Er befand sich gerade in Düsseldorf, wohin er einer Einladung des Königs von Preußen zu den Manövern gefolgt war. Erst Ende September war er im Stande, nach Hannover zurückzukehren.

Am 18. Februar 1843 fand daselbst die feierliche Vermählung des Kronprinzen mit der Prinzessin Marie von Sachsen-Altenburg statt.

Im Mai unternahm der König eine Reise nach England; schon lange hatte er den lebhaften Wunsch, sein Vaterland wiederzusehen und war hoch beglückt über die lebhaften Beweise von Anhänglichkeit und Sympathie, welche ihm während seines Aufenthaltes in London zutheil wurden. Erst im September kehrte er nach Hannover zurück.

Am 21. September 1845 wurde dem Kronprinzen ein Sohn geboren. König Ernst August und mit ihm ganz Hannover war voll Jubel über dieses freudige Ereignis. Großartige Festlichkeiten, welche zu Ehren des ersehnten hohen Neugeborenen veranstaltet wurden, sowie aus dem ganzen Lande zur Gratulation erschienene Deputationen gaben Zeugnis, wie Hannover mit seinem Herrscher fühlte.

Leider gab der Gesundheitszustand des Königs immer häufiger Anlass zu ernsten Besorgnissen. Dennoch nahm derselbe regen Antheil an den Regierungsgeschäften und der Politik, besuchte und gab nach wie vor viele Feste.

Im verhängnisvollen Jahre 1848 blieb zwar auch Hannover nicht ganz von den Regungen des Zeitgeistes verschont, doch bewiesen die Hannoveraner ihrem Monarchen stets ihre Anhänglichkeit und ihr Vertrauen.

Am 14. März erliess der König eine Proclamation an das Volk, in welcher er seine Zufriedenheit über dessen Verhalten aussprach und auch zugleich die vielen ihm überreichten Petitionen beantwortete. Er ordnete auch verschiedene Änderungen in der Geschäftsordnung der obersten Landes-Verwaltung an und erklärte das bisherige Cabinet für aufgelöst.

Am 17. März 1850 wurde bei Hofe ein grosses Fest abgehalten, an welchem sich das ganze Officiers-Corps betheiligte; es waren nämlich 60 Jahre verflossen, seit der König dem vaterländischen Heere angehörte. Auch eine Deputation des k. k. Husaren-Regimentes, dessen Oberst-Inhaber der König seit 2. April 1847 war, traf am Festtage in Hannover ein.

Die Popularität des Königs war seit 1848 stets im Steigen begriffen; sie erreichte aber 1851 ihren Höhepunkt durch die Vollziehung des Gesetzes über die Reorganisation der Pronvinzial-Landschaften, durch welche eine Gleichheit in der Regierung der hannover'schen Landestheile bewirkt und die Vorrechte der Ritterschaften sehr geschmälert wurden.

Zur selben Zeit wurde auch der Zoll- und Handelsvertrag mit Preussen abgeschlossen.

Anlässlich seines 80. Geburtstages, am 5. Juni 1851, waren es nicht nur hoch und niedrig aus dem ganzen Lande, welche sich beeiferten, dem über alles verehrten Herrscher Verehrung und Anhänglichkeit zu zeigen, sondern auch viele Allerhöchste und Höchste Herrschaften fremder Höfe waren erschienen, um dem ältesten Monarchen Europas ihre Glückwünsche darzubringen. Festgottesdienste, eine Festvorstellung im Hoftheater, Illumination der Residenzstadt, Beschenkung der Armen und der Hofbediensteten und vieles andere war zur feierlichen Begehung des seltenen Tages veranstaltet worden. Leider sollte derselbe nicht wiederkehren.

Als am 15. August der König von Preußen auf der Reise nach Hohenzollern in Hannover eintraf, war König Ernst August bereits recht leidend gewesen. Dennoch verbarg er mit eisernem Willen seinen Zustand und nahmen beide Majestäten in Gemeinschaft mit dem auch mittlerweile eingetroffenen Erzherzoge Albrecht von Österreich im Georgengarten das Diner. Ja sogar zur Bahn noch begleitete der König seinen hohen Gast.

Im Monate September verschlechterte sich sein Befinden jedoch sichtlich, außerdem kam ein quälender Husten hinzu.

Den October über verließ Ernst August sein Zimmer gar nicht; den Abendthee nahm er aber immer noch in Gesellschaft einiger geladener Gäste. Wenngleich oft schon bedenkliche Schwächezustände eintraten, war doch immer noch der starke Geist des Monarchen bemüht, das Sinken der Körperkräfte zu bannen. Das Alter trat jedoch unerbittlich in seine Rechte und nichts konnte die zunehmende Schwäche mehr bannen, umsomehr als die im Laufe der Krankheit überhand genommene Appetitlosigkeit eine erschreckende Abmagerung im Gefolge hatte. Am 17. November gab das Befinden des Königs bereits zu den ernstesten Besorgnissen Anlass, am 18., 6 Uhr 45 Minuten morgens, that König Ernst August den letzten Athemzug. Tieferschüttert umstanden der Kronprinz, die Kronprinzessin, sowie einige andere dem Monarchen nahestehende Personen das Sterbebett. Ganz Hannover war im Schmerze mit dem königlichen Hause vereint. Die Trauer um den geliebten Herrscher war eine tiefe und allgemeine.

Am 25. November wurden die Leiche des verblichenen Königs, sowie der bis dahin vorläufig in der Schlosskirche beigesetzt gewesene Leichnam der Königin Friederike gemeinsam im Mausoleum zu Herrenhausen feierlichst beigesetzt.

1861 wurde ihm in Hannover ein Denkmal gesetzt.

6. October 1848.

Wilhelm Herzog von Württemberg,

k. und k. **Feldzeugmeister**, königl. württembergischer General der Infanterie, Oberst-Inhaber des k. und k. **Infanterie-Regimentes Nr. 73** (vom 16. Mai 1865 bis 6. November 1896), 2. Chef des 5. württembergischen Grenadier-Regimentes „König Karl" Nr. 123, des königl. preußischen Infanterie-Regimentes „Herwarth von Bittenfeld" (1. westfälisches) Nr. 13, **Großkreuz des kaiserl. österreichischen Leopold-Ordens (mit der Kriegsdecoration des Commandeurkreuzes), Ritter des Ordens der Eisernen Krone I. Classe mit der Kriegsdecoration, des Militär-Maria-Theresien-Ordens, Besitzer der Kriegsmedaille, der Erinnerungsmedaille 1864 und des Officiers-Dienstzeichens I. Classe,** Großkreuz des königl. preußischen Rothen Adler-Ordens, Rechtsritter des königl. preußischen Johanniter-Ordens, wie Ritter des königl. preußischen Ordens pour le mérite, Großkreuz des königl. württembergischen Militär-Verdienst-Ordens, wie des Verdienstordens der Krone, Besitzer der württembergischen goldenen Erinnerungsmedaille, Großkreuz des königl. bayrischen St. Hubertus-Ordens, des herzoglich Sachsen-Ernestinischen-Hausordens, des herzoglich braunschweigischen Ordens Heinrich des Löwen, Ritter des großherzoglich badischen Hausordens der Treue, Besitzer des großherzoglich Mecklenburg-Schwerinschen Militär-Verdienstkreuzes, der fürstl. Schaumburg-Lippe'schen Militär-Verdienstmedaille, des fürstl. Schaumburg-Lippe'schen Ehrenkreuzes mit den Schwertern, Ritter des kaiserl. russischen St. Alexander-Newskij-Ordens, Großkreuz des königl. belgischen Leopold-Ordens mit den Schwertern, des königl. sicilianischen Ordens Franz I., Großcordon des kaiserl. ottomanischen Osmanié-Ordens, Ritter des fürstl. montenegrinischen Danilo-Ordens I. Classe
etc. etc. etc.

Prinz Wilhelm war der älteste Sohn des aus den Befreiungskriegen rühmlichst bekannten russischen Heerführers Herzogs Eugen von Württemberg und dessen zweiter Gemahlin Prinzessin Helene von Hohenlohe-Langenburg.

Am 20. Juli 1828 zu Karlsruhe in Schlesien geboren, verlebte der Prinz seine ersten Jugendjahre unter der liebevollen Pflege seiner Eltern und der sicheren Führung seines ausgezeichneten Erziehers Dr. Mertens auf dem väterlichen Schlosse. Als erster deutscher Prinz, welcher ein öffentliches Gymnasium bezog, erhielt er während seiner Studien an der Prima zu Breslau auch schon seine erste militärische Ausbildung durch die preußischen Lieutenants von Heintz und Gellhorn. Im September 1846 legte er die preußische Officiersprüfung mit sehr gutem Erfolge ab und hörte dann noch Vorlesungen an der Universität zu Bonn.

Obwohl ihm Kaiser Nikolaus als Taufgeschenk ein Lieutenants-Patent in die Wiege gelegt hatte, schwor Prinz Wilhelm, dem Beispiele so vieler seiner erlauchten Vorfahren folgend, zu Österreichs Fahnen, welche in Italien eben ihren vollen Glanz entfalteten. Am 6. October 1848, kurz vor dem tragischen Ende des k. k. Kriegsministers Grafen Latour, von diesem noch zum Lieutenant im Infanterie-Regimente Nr. 1 ernannt, erhielt Prinz Wilhelm von dieser Verfügung keine Kenntnis, sondern eilte nach Italien, wo ihn Feldmarschall Graf Radetzky mit 16. October die Oberlieutenants-Charge in diesem Regimente verlieh. Am selben Tage trat er seinen Dienst in Mailand an und bezog einige Tage darauf die Vorposten am Ticino. Im Feldzuge des Jahres 1849 kämpfte Prinz Wilhelm bei Überschreitung des Gravellone am 20., in den Schlachten bei Mortara am 21. und bei Novara am 23. März, wurde jedoch in letzterer durch einen Schuss in das Kniegelenk schwer verwundet. Feldmarschall Graf Radetzky ernannte ihn in Anerkennung seiner besonders bei Mortara an den Tag gelegten Tapferkeit am 17. Mai 1849 zum Hauptmann 2. Classe im Infanterie-Regimente Erzherzog Sigismund Nr. 45, wie Se. Majestät am 24. April 1850 die Verdienste des Prinzen durch das Ritterkreuz des Leopold-Ordens belohnte.

Am 1. December 1850 zum Hauptmann 1. Classe im Regimente vorgerückt, erfolgte am 23. November 1853 seine Ernennung zum Major im Infanterie-Regimente Graf Leiningen Nr. 21, am 16. April 1857 zum Oberstlieutenant im 1. Infanterie-Regimente, endlich mit 28. April 1859 zum Oberst und Commandanten des 27. Infanterie-Regimentes, mit welchem er Gelegenheit finden sollte, im Kriege gegen Frankreich und Piemont 1859 seine hervorragende Tapferkeit und Umsicht zu bethätigen.

Als am 4. Juni 1859 die Truppen des Feldmarschall-Lieutenants Grafen Clam, sowie die des II. Corps und die Division Reischach das westliche und nördliche Vorfeld Magentas hatten räumen müssen, und auch dieses letztere nur mehr mit Noth gehalten wurde, disponierte Generalmajor Freiherr von Ramming behufs Rettung dieses für die Armee so wichtigen Punktes zwei Bataillone des 27. Infanterie-Regimentes unter dem Commando des Herzogs Wilhelm zu einem energischen Angriffe auf die rechte Flanke des von Marcallo gegen Magenta vordringenden Feindes.

Der Prinz rückte vom Friedhofe von Magenta längs der Westfront des Ortes rasch vor, warf die feindlichen Truppen trotz ihrer Übermacht hinter den Eisenbahndamm zurück, gelangte so über die Bahnstation Magenta nordwestlich des Ortes hinaus und degagierte damit Magenta. Sollte aber für die in Magenta befindlichen Truppen Zeit zum Sammeln und Ordnen gewonnen werden, so musste der Ort gegen weitere unmittelbare Angriffe geschützt werden. Herzog von Württemberg trug dieser Nothwendigkeit durch treffliche Disposition seiner Streitmacht Rechnung. Thatsächlich griffen die Truppen der französischen Division Monterouge seinen linken Flügel an, zugleich aber auch einen Theil seiner Front. Nachdem der Herzog seine linke Flanke gedeckt hatte, leistete er mit den übrigen drei Divisionen Widerstand im freien Felde. Doch wurde der linke Flügel vom Feinde hart bedrängt. Nach kurzer Überlegung machte der Herzog zur Hinhaltung des Feindes mit seinen drei in der Front übriggebliebenen Divisionen einen Bajonettangriff. Die Franzosen wurden mit gefällten Bajonetten bis C. Nuova zurückgeworfen und das Gefecht auf diese Weise durch Herzog Wilhelm zum zweitenmale zum Stehen gebracht. Aber nochmals sollte der Herzog einen heftigen Anprall des Feindes abzuschlagen haben. Durch frische Truppen verstärkt, erneuerten die Franzosen abermals den Angriff; trotzdem der Feind an Stärke überlegen, wurde er von den tapferen Belgiern, die durch eine schwache Division Grenadiere des Regimentes Kaiser Nr. 1 verstärkt wurden, für kurze Zeit zum Weichen gebracht. Immer wieder wurden die geworfenen Abtheilungen durch frische Truppen in wachsender Zahl ersetzt, während die Belgier zu Tode erschöpft, sich kaum mehr zu halten vermochten. Um Zeit zu gewinnen und sich Luft zu einem geordneten Rückzuge zu schaffen, beschloss der Herzog nochmals einen kräftigen Gegenstoß auszuführen. Er lässt auf der ganzen Linie das Sturmsignal blasen und seine Divisionen werfen sich dem ungestüm vordringenden Feinde mit gefälltem Bajonette entgegen. Unwiderstehlich, mit donnerndem Hurrah dringt die Truppe auf den Feind ein. Württemberg mit seinen Belgiern und dem Detachement von Kaiser-Infanterie hat gesiegt. Die Halbbrigade hat Luft bekommen und für die Truppen in Magenta Zeit gewonnen. Während das Centrum des Feindes weicht, wurde sein linker Flügel zum Stehen gebracht. Es tritt eine Pause in den Operationen ein, die Württemberg zum Rückzuge seiner Divisionen ausnützen will. Aber aufs neue drängt der Feind heftig von C. Nuova nach. Die außerordentliche

Energie des Herzogs, welcher den Rückmarsch der einzelnen Abtheilungen mit Kaltblütigkeit und Umsicht leitet, bewahrt die Truppe vor gänzlicher Zersplitterung. Württemberg selbst wich mit der den Rückzug deckenden Plänklerkette nur Schritt für Schritt zurück; aber schon drangen Feindesmassen von Norden aus Marcallo gegen den Bahnhof von Magenta vor. Die Belgier wurden in den Rückzug der bis nun den Bahnhof vertheidigenden Truppen hineingezogen. Württemberg besetzte, um dem Feinde das Eindringen in Magenta zu verwehren, mit einer Division des Regimentes, welche seinen Rückmarsch deckte, und mit einer kleinen Abtheilung des 14. Jäger-Bataillons die dem Bahnhofe zunächst liegende Nord-Lisière von Magenta und stellte die Grenadier-Division von Kaiser-Infanterie dahinter als Reserve auf. Das 1. Bataillon Belgier deckte, im Orte selbst gesammelt, die Rückzugslinie.

In dieser Aufstellung hielt Württemberg Magenta länger als eine halbe Stunde. Auch den Bahnhof säuberte er für kurze Zeit vom Feinde und besetzte denselben zeitweise. Die im Rückzuge befindlichen Infanterie-Abtheilungen waren erschöpft, litten an Munitionsmangel und besaßen daher nur mehr geringe Widerstandskraft. In diesem kritischen Momente ergriff Herzog Württemberg das Commando und traf, so gut es gieng, alle Vorbereitungen zur Vertheidigung Magentas. Er griff bei derselben überall persönlich ein, feuerte die eigenen sowie fremde Abtheilungen zum Widerstande an und hielt auf diese Weise das Eindringen des Feindes von Westen her so lange als möglich auf. Da der Gegner inzwischen in den Südtheil des Ortes eingedrungen war, wodurch die Rückzugslinie Württembergs ernstlich bedroht schien, und überdies seitens des Brigadiers GM. Freiherrn von Ramming um 8½ Uhr abends der Befehl, nach Robecco zurückzugehen, eingetroffen war, gab der Herzog den Widerstand in Magenta auf und gieng dorthin zurück.

Vor Robecco traf er General Freiherrn von Ramming, welcher mittlerweile den successiven Rückzug der ganzen Brigade angeordnet hatte. An den mit Tagesanbruch des 5. Juni durch einen feindlichen Angriff auf Robecco herbeigeführten Kämpfen nahm Oberst Herzog von Württemberg neuerdings theil. Den heldenmüthigen Leistungen des Herzogs, sowie den hiedurch erzielten Erfolgen wurde nicht nur von seinen Vorgesetzten, sondern auch von allen Kampfgenossen das rühmlichste Zeugnis. Selbst feindliche Schlachtberichte ergehen sich über den heftigen und nachhaltigen Widerstand am Nord- und Westeingange von Magenta in rühmlichster Weise.

Die für den unentschiedenen Ausgang der Schlacht ebenso wichtige als glänzend durchgeführte Vertheidigung Magentas hatte dem Regimente König der Belgier namhafte Opfer an Officieren und Mannschaften gekostet, aber auch viele Auszeichnungen gebracht. Herzog Wilhelm von Württemberg erhielt als Oberst und Regiments-Commandant für seine tapfere und umsichtige Führung in der Schlacht bei Magenta am 27. Juni 1859 den Orden der Eisernen Krone II. Classe und wurde in der Folge über Votum des Ordenscapitels durch Seine Majestät Kaiser Franz Josef I. als Erhabenen Grossmeister kraft Promotion CLIX vom 21. Mai 1861 mit dem Kleinkreuze des Maria-Theresien-Ordens ausgezeichnet.

Im weiteren Verlaufe des Feldzuges machte Oberst Herzog von Württemberg die Schlacht von Solferino mit. Ein neuerlicher schwerer Verlust an Officieren und Mannschaft spricht am deutlichsten für die Tapferkeit des braven Regimentes Nr. 27 und seines Führers.

Nach dem Kriege in die Garnison Wien versetzt, ließ der Herzog seinem braven Regimente alle Förderung widerfahren und brachte es auf eine hohe Stufe der Vollendung. Im Kriege gegen Dänemark machte er mit demselben die Gefechte bei Ober-Selk am 3. und die Kanonade vor Schleswig am 4. Februar mit. In dem Gefechte bei Översee am 6. Februar war es Herzog von Württemberg wieder vergönnt, sich mit seinem Regimente glänzend hervorzuthun und zum Erfolge des Tages beizutragen. Der Herzog wurde bei dieser Gelegenheit durch einen Schuss in den Fuß schwer verwundet. Von Sr. Majestät dem Kaiser zum Generalmajor befördert, schied der Prinz am 8. Februar von seinem Regimente, dem er durch fünf Jahre mit Leib und Seele angehört und dessen rückhaltloses Vertrauen und vollste Anhänglichkeit er gewonnen hatte.

Am 10. März 1864 wurde Herzog Wilhelm in Anerkennung seiner besonderen Tapferkeit und hervorragenden Leistungen mit dem Commandeurkreuze des Leopold-Ordens ausgezeichnet.

König Wilhelm von Preußen verlieh ihm am 22. März die höchste preußische Militärdecoration, den Orden pour le mérite.

Am 16. Mai 1865 erfolgte seine Ernennung zum Oberst-Inhaber des Infanterie-Regimentes Nr. 73.

Im Kriege gegen Preußen und Italien, im Jahre 1866, machte Generalmajor Herzog von Württemberg den Feldzug gegen

Preußen mit, und zwar als Brigadier im II. Armeecorps unter Feldmarschall-Lieutenant Grafen Thun. Er wohnte der Kanonade von Kukus am 30. Juni an und führte in der Schlacht bei Königgrätz am 3. Juli, fernerhin in den Treffen bei Blumenau und Pressburg am 22. Juli seine Brigade mit gewohnter Bravour. Für die Leistungen in diesem Kriege wurde dem Prinzen am 3. October 1866 die Allerhöchste belobende Anerkennung ausgesprochen. Nach dem Feldzuge kam er mit seiner Brigade nach Triest, wurde am 23. April 1869 zum Commandanten der IX. Infanterie-Truppendivision in Prag ernannt und am 24. October 1869 zum Feldmarschall-Lieutenant befördert. Am 28. Jannar 1874 erfolgte seine Ernennung zum Commandanten der VII. Infanterie-Truppendivision und zum Militär-Commandanten in Triest.

An der Spitze dieser Truppendivision machte der Herzog im Jahre 1878 die Occupation Bosniens im XIII. Armeecorps unter Feldzeugmeister Freiherrn von Philippović mit. Feldmarschall-Lieutenant Herzog von Württemberg betheiligte sich mit seiner Division an den Gefechten bei Rogelje am 5. August und Jaice am 7. August und brachte in diesen den Insurgenten eine vollständige Niederlage bei. Am 11. August besetzte der Herzog das Marschziel Travnik, womit seine erste Aufgabe gelöst war. Bei der zur Verstärkung der Occupations-Truppen erfolgten zweiten Mobilisierung und Aufstellung der II. Armee unter Feldzeugmeister Freiherrn von Philippović geruhte Seine Majestät der Kaiser mit Allerhöchster Entschließung vom 21. August 1878 den Prinzen in Anerkennung seiner ausgezeichneten Leistungen bei Durchführung der bis dahin der VII. Infanterie-Truppendivision übertragenen schwierigen Aufgaben außer der Rangstour zum Feldzeugmeister zu befördern und zum Commandanten des XIII. Armeecorps zu ernennen. Hiemit fiel Herzog Wilhelm die Aufgabe der vollständigen Pacificierung des westlichen Bosniens zu.

Am 6. September nahm der Herzog die unterbrochenen Operationen wieder auf, und zwar gegen Kljuć. Durch persönliches Eingreifen in das Gefecht bei Kljuć am 7. und 8. September gelang es ihm, die Insurgenten von dort zu vertreiben und die Hauptverbindungslinie dauernd zu sichern. Weiterhin schritt der Herzog zu der von langer Hand und planmäßig vorbereiteten Operation gegen Livno, welches cerniert und beschossen wurde. Binnen drei Tagen, am 28. September, ergab sich die Stadt. Dieser für die Bewältigung der Insurrection in Westbosnien entscheidende Erfolg wurde hauptsächlich durch die concentrierte Operation gegen Livno, sowie die überwältigende Verwendung der Artillerie (38 Geschütze) erzielt.

Am 19. October 1878 geruhte Seine Majestät der Kaiser den tapferen Prinz-General zum Stellvertreter des Commandanten der II. Armee zu ernennen und am 20. October demselben in Anerkennung seiner hervorragenden Leistungen bei den stattgehabten Gefechten und Operationen den Orden der Eisernen Krone L Classe mit der Kriegsdecoration zu verleihen. Mit Allerhöchster Entschließung vom 18. November 1878 wurde Herzog Wilhelm zum Commandierenden General und Chef der Landesregierung in Bosnien und der Hercegovina ernannt.

Dem verantwortungsvollen Posten als militärischer und politischer Chef des Occupations-Gebietes, welcher bei den schwierigen und chaotischen Zuständen dieser Länder die größten Anforderungen an die Geistesarbeit, Thatkraft und Ausdauer des Herzogs stellte, widmete sich derselbe mit vollster Hingebung. Er baute nach wohldurchdachtem Plane zahlreiche Verkehrswege, wodurch eine solide Grundlage für das spätere Communicationsnetz in Bosnien geschaffen wurde. Das Schulwesen, wie nicht minder alle anderen Zweige der Verwaltung und Justiz entwickelten sich in der kürzesten Zeit. Sein offenes, leutseliges Wesen, die vielen Bereisungen des Landes, andererseits seine sprichwörtlich gewordene Tapferkeit, welche die orientalischen Völker so hoch anschlagen, trugen wesentlich zur Hebung des Vertrauens der Bevölkerung und zur Consolidierung der Verhältnisse im Occupationsgebiete bei. Als Commandierender General belebte er durch persönliches Beispiel die Truppen, schuf für dieselben bessere Unterkünfte, rottete das Räuberunwesen aus und widmete sich mit Vorliebe der Ausbildung der ihm unterstehenden Truppenkörper. Im Herbste des Jahres 1879 war Württemberg berufen, einen Theil des Sandschaks Novibazar zu besetzen. Dies Unternehmen gelang trotz vieler Schwierigkeiten ohne weitere Verwicklungen und ohne Blutvergießen. Ein kaiserliches Handschreiben voll Huld und Anerkennung war der Dank für diese hervorragende politisch-militärische Leistung.

Nach nahezu zweieinhalbjähriger rastloser militärischer und administrativer Thätigkeit in den occupierten Gebieten stellte Feldzeugmeister Herzog von Württemberg die Bitte um Enthebung von diesem Posten. Seine Majestät willfahrte derselben am 6. April 1881 mittelst eines huldvollst gehaltenen Handschreibens bei Verleihung des Großkreuzes des Leopold-Ordens und gleichzeitiger Ernennung des Herzogs zum Commandierenden General in Lemberg. Am 1. Januar 1883 wurde er bei Einführung des Territorialsystems zum Commandanten des XI. Corps und Commandierenden General in Lemberg ernannt. Nach achteinhalbjähriger Dienstleistung auf diesem Posten wurde Herzog Wilhelm mittelst Allerhöchster Entschließung vom 13. September 1889 zum Commandanten des III. Corps und Commandierenden General in Graz ernannt.

Außer seiner dienstlichen Thätigkeit hat Feldzeugmeister Herzog von Württemberg vielfach größere Reisen zum Zwecke militärischer und geographischer Studien im Oriente, auf der Balkan-Halbinsel, in Italien, Spanien, Nord-Afrika, Frankreich, England und Amerika unternommen und sich lebhaft an allen militär-wissenschaftlichen Bestrebungen betheiligt.

Mit 18. October 1891 auf seine Bitte in den überzähligen Stand versetzt, starb Herzog Wilhelm unvermählt am 5. November 1896 zu Meran.

19. December 1848.

Karl Prinz von Preußen,

Herrenmeister der Ballei Brandenburg des königl. preußischen Johanniter-Ordens, General-Feldzeugmeister und Chef der Artillerie, Chef des königl. preußischen Grenadier-Regimentes „Prinz Karl von Preußen" (2. brandenburg.) Nr. 12 und des Schleswig-Holstein'schen Uhlanen-Regimentes Nr. 15, zweiter Chef des 3. Garde-Grenadier-Landwehr-Regimentes, à la suite des 1. Garde-Regimentes zu Fuß, **Oberst-Inhaber des k. k. Kürassier-, seit 1. October 1867 Dragoner-Regimentes Nr. 8 (vom 19. December 1848 bis 21. Januar 1863),** kaiserl. russischer General-Feldmarschall, Chef des kaiserl. russischen Infanterie-Regimentes Nr. 6 und der kaiserl. russischen 1. Grenadier-Artillerie-Brigade, Ritter des königl. preußischen Schwarzen-Adler-Ordens, des Ordens pour le mérite, des Eisernen Kreuzes I. und II. Classe, Großkreuz und Ritter III. Classe des Rothen Adler-Ordens mit den Schwertern, Besitzer des fürstl. Hohenzollern'schen Ehrenkreuzes mit den Schwertern, des Düppeler Sturmkreuzes, der Kriegsdenkmünze für 1864, des Erinnerungskreuzes für 1866, der Kriegsdenkmünze für 1870/71, Großkreuz des königl. bayerischen- wie des königl. württemberg'schen Militär-Verdienst-Ordens, Ritter des königl. sächsischen Verdienst-Ordens I. Classe mit den Schwertern, des großherzogl. sächsischen Falken-Ordens I. Classe mit den Schwertern, Großkreuz des großherzogl. badischen Militär-Karl-Friedrich-Verdienst-Ordens, Besitzer des großherzogl. mecklenburg'schen Militär-Verdienstkreuzes I. und II. Classe, des großherzogl. Mecklenburg-Strelitz'schen Verdienstkreuzes für Auszeichnung im Kriege, des großherzogl. hessischen Militär-Verdienstkreuzes, der fürstl. Schaumburg-Lippe'schen Militär-Verdienst-Medaille mit den Schwertern, **Großkreuz des königl. ungarischen St. Stephan-Ordens, Besitzer des k. k. Militär-Verdienstkreuzes mit der Kriegs-Decoration, Besitzer der k. k. Kriegs-Medaille,** Ritter des kaiserl. russischen St. Georg-Ordens III. und IV. Classe, Besitzer der kaiserl. russischen Krim-Medaille etc. etc.

Prinz Karl erblickte als dritter Sohn König Friedrich Wilhelm III. und dessen Gemahlin, der im ganzen Reiche hochverehrten und gefeierten Königin Luise, am 29. Juni 1801 das Licht der Welt. In Gemeinschaft mit seinen Brüdern erhielt er eine ausgezeichnete Erziehung, bei welcher auf die militärische Ausbildung des Prinzen besondere Rücksicht genommen wurde.

Nachdem Prinz Karl seine akademischen Studien vorzüglich absolviert hatte, widmete er sich vollkommen dem Kriegerstande. Einer alten Tradition des Hohenzollernhauses gemäß bereits seit seinem 10. Lebensjahre dem 1. Garde-Regimente zu Fuß angehörend, wurde er am 23. März 1816 Premier-Lieutenant, am 2. März 1818 Capitän, am 29. Juni 1819 Mitglied des Staatsrathes und am 24. November d. J. mit der Führung der Leibcompagnie des 1. Garde-Regimentes zu Fuß beauftragt. Bereits mit 12. April 1820 in die Majorscharge vorgerückt, wurde Prinz Karl zum 1. Commandeur des 2. Bataillons des 1. Garde-Landwehr-Regimentes, sowie zum Chef der schlesischen Escadron des Garde-Landwehr-Cavallerie-Regimentes, späteren 1. Garde-Uhlanen-Regimentes, ernannt. Seit 23. Mai 1822 Oberst, commandierte der Prinz die 2. Garde-Infanterie-Brigade bis zum 17. Januar 1830, an welchem Tage er, inzwischen zum Generalmajor befördert, das Commando der zweiten Division des Garde- und Grenadier-Corps übernahm. Am 30. März 1832 avancierte Prinz Karl zum Generallieutenant, wurde mit 30. März 1836 Commandierender General des IV. Armeecorps und am 23. September 1844 General der Infanterie. Im Jahre 1853 erfolgte die feierliche Investitur des Prinzen als Herrenmeister des Johanniter-Ordens. Frühzeitig schon hatte Prinz Karl besondere Vorliebe für die Artillerie, welcher er sein regstes Interesse entgegenbrachte; er verfolgte alle Neuerungen auf diesem Gebiete und eignete sich eine derartige Fachkenntnis an, dass er bald als anerkannte Autorität im Artilleriewesen galt. Am 2. März 1854 zum General-Feldzeugmeister mit dem Range eines General-Feldmarschalls befördert, wurde der Prinz denn auch Chef der Artillerie.

Im Feldzuge 1864 gegen Dänemark machte Prinz Karl die Belagerung und Erstürmung der Düppeler Schanzen mit und wurde am 17. October desselben Jahres Gouverneur von Mainz. Im Jahre 1866 finden wir den Prinzen bei Königgrätz, 1870/71 auf den französischen Schlachtfeldern von Gravelotte und St. Privat (18. August), von Beaumont (30. August), von Sedan (1. September), von Malmaison (21. October) und in der Schlacht am Mont Valérien (19. Januar 1871). Zahlreiche hohe Ordensdecorationen zierten nach der Heimkehr die Brust des greisen Prinz-Generals.

Seine Stellung am preußischen Hofe war stets eine sehr angesehene, und war er auch bei der Regierung nicht ohne Einfluss.

Ein feinsinniger Kunstkenner, hatte der Prinz in seinen Schlössern zu Berlin und Glienicke bei Potsdam kostbare Kunstwerke gesammelt; das bedeutendste von allen war eine äußerst reichhaltige und kostbare Waffensammlung, welche nach seinem Tode der Ruhmeshalle zu Berlin einverleibt wurde.

Seit 26. Mai 1827 war Prinz Karl mit der am 3. Februar 1808 geborenen Prinzessin Marie Luise Alexandrine von Sachsen-Weimar-Eisenach vermählt, welcher Ehe Prinz Friedrich Karl, der ruhmreiche Heerführer in den Feldzugsjahren 1864, 1866 und 1870/71, Prinzessin Marie Luise Anna, geboren 1. März 1829, und Prinzessin Marie Anna Friederike, geboren 17. Mai 1836, entsprossen.

Prinz Karl, welcher ziemlich zurückgezogen lebte und nur mit wenigen, den höchsten Kreisen der Aristokratie angehörigen Persönlichkeiten verkehrte, starb am 21. Januar 1883.

30. December 1848.

Constantin Großfürst von Russland,

kaiserl. russischer Admiral, Präsident des Alexander-Comités für Verwundete, Chef des finnländischen Garde-Regimentes der Garde-Equipage, des Kargapol'schen Dragoner-Regimentes Nr. 5, des Wolhynischen Uhlanen-Regimentes Nr. 6, des Narwa'schen Husaren-Regimentes Nr. 13, des Grusischen Grenadier-Regimentes Nr. 14, des Murom'schen Infanterie-Regimentes Nr. 21, der 1. und 29. Flotten-Equipage, der Marineschule, **Oberst-Inhaber des k. k. Infanterie-Regimentes Nr. 18 (vom 30. December 1848 bis 24. Januar 1892)**, Chef des königl. preußischen (2. rheinischen) Husaren-Regimentes Nr. 9, Inhaber des königl. bayerischen 6. Chevauxlégers-Regimentes, Ritter des kaiserl. russischen St. Andreas-Ordens, **Großkreuz des königl. ungarischen St. Stephan-Ordens, Ritter des Militär-Maria-Theresien-Ordens** etc. etc.

Großfürst Constantin Nikolajewitsch wurde als zweiter Sohn des Kaisers Nikolaus I. und der Kaiserin Alexandra Feodorowna am 9./21. September 1827 zu St. Petersburg geboren. Admiral von Lütke, der 1882 starb, leitete seine Erziehung. Durch eine kräftige Gesundheit unterstützt, entwickelte der Großfürst frühzeitig einen lebhaften und begabten Geist und wandte sich mit Vorliebe dem Seewesen zu, in welchem er sich namentlich durch Seefahrten und Besichtigung der wichtigsten Marine-Etablissements im Auslande ausbildete. So bereiste er 1845—1846 ganz Europa und Klein-Asien. 1849 machte Großfürst Constantin im Gefolge des Feldmarschalls Fürsten Paskiewitsch-Eriwanski freiwillig den Feldzug in Ungarn mit und bestand hiebei mehrfach glänzende Proben von Entschlossenheit und Tapferkeit; insbesonders an der Theiß am 26. Juli und bei Debreczin am 2. August 1849. Seine Majestät Kaiser Franz Josef I. belohnte diese hohen militärischen Tugenden des Prinzen durch die Verleihung des Ritterkreuzes des Militär-Maria-Theresien-Ordens (22. August 1849).

Am 11. September (30. August 1848) vermählte sich Großfürst Constantin mit der Tochter des Herzogs Josef von Sachsen-Altenburg, Prinzessin Alexandra Josephowna, welche ihren hohen Gemahl mit vier Söhnen, den Prinzen: Nikolaus, Constantin,

Dimitri und Wjatscheslaw, sowie zwei Töchtern: Prinzessin Olga, seit 27. October 1867 mit König Georg von Griechenland vermählt, und Prinzessin Wera, seit 27. Januar 1877 Witwe des Herzogs Eugen von Württemberg, beschenkte.

Bereits 1853 wurde Großfürst Constantin Groß-Admiral und Vorsitzender des Marine-Ministeriums. Ein Gönner und Förderer der Kunst und Musik, spielte der Großfürst selbst eifrig Violoncell, verkehrte gerne und viel mit Gelehrten, Literaten und Kunstverständigen, war Mitglied vieler gelehrter Vereinigungen und Präsident der geographischen Gesellschaft.

Während des Krimkrieges führte Großfürst Constantin den Oberbefehl in der Ostsee und erkannte bei dieser Gelegenheit die Nothwendigkeit, das Seewesen von Grund auf zu reorganisieren. 1856 und 1857 machte er denn auch Studienreisen nach Deutschland, Frankreich und England. Nach der Thronbesteigung seines Bruders, Kaiser Alexander II., wurde der Großfürst Präsident des Reichsrathes und wirkte eifrig für die liberalen Reformen.

Am 8. Juni 1862 zum kaiserlichen Statthalter in Polen ernannt, übernahm er auch den Oberbefehl über die dortigen Truppen, um zugleich mit dem neuen Chef der Civilregierung, Marquis Wielopolski, die im Jahre zuvor begonnenen, aber durch die November-Unruhen in Warschau ins Stocken gerathenen Reformen in der Verwaltung von neuem aufzunehmen. Allein schon am Tage nach seiner Ankunft in Warschau (3. Juli) wurde von dem Schneidergesellen Jaroszynski ein Mordanschlag auf ihn versucht, der indes misslang. Trotz aller Güte und Zugeständnisse erreichte Großfürst Constantin keine Versöhnung und während er mit Wielopolski das Beste berieth, stürzten sich die Polen in eine neue Revolution.

Am 25. August 1863 bereits kehrte er nach St. Petersburg zurück und wurde am 31. October durch General Berg ersetzt. Seit der Thronbesteigung Kaiser Alexander III. lebte Großfürst Constantin meist auf seiner herrlichen Besitzung Orianda in der Krim oder im Schlosse Pawlowsk, wo ihn auch im Juli 1889 der Schlag rührte, der ihm einige Zeit lang die Sprache raubte und eine geistige Lähmung zurückließ.

Großfürst Constantin verschied in völliger Umnachtung am 24. Januar 1892 zu Pawlowsk.

16. Februar 1850.

Nikolaus Wilhelm Prinz zu Nassau.

königl. preußischer General der Infanterie à la suite der Armee, Großkreuz des königl. preußischen Rothen-Adler-Ordens, Ritter des Eisernen Kreuzes II. Classe, des herzogl. nassauischen Hausordens vom goldenen Löwen, Großkreuz des herzogl. nassauischen Verdienst-Ordens Adolfs von Nassau, des herzogl. braunschweig'schen Ordens Heinrichs des Löwen, des großherzogl. hessischen Ludwig-Ordens, des herzogl. Sachsen-Ernestinischen Haus-Ordens, des königl. württemberg'schen Kronen-Ordens, des großherzogl. luxemburg'schen Ordens der Eichenkrone, **des kaiserl. österreichischen Leopold-Ordens**, Ritter des kaiserl. russischen St. Andreas-Ordens, Großkreuz des königl. niederländischen Löwen-Ordens etc. etc.

Prinz Nikolaus entstammt der zweiten Ehe des 1839 verstorbenen Herzogs Wilhelm von Nassau mit Prinzessin Pauline von Württemberg. Er wurde am 20. September 1832 in dem herrlichen Schlosse zu Biebrich geboren. Schon als siebenjähriger Knabe seines Vaters beraubt, wurde Prinz Nikolaus nun unter der fürsorglichen Aufsicht seiner Mutter auf das sorgfältigste erzogen.

Das Sturmjahr 1848 machte der Prinz an der Seite seines Stiefbruders, des Herzogs Adolf, heutigen Großherzogs von Luxemburg, mit und lernte so frühzeitig schon den Ernst des Lebens kennen. Im Jahre 1850 eilte er dem Beispiele seines leider so früh verstorbenen Stiefbruders, Prinz Moriz, folgend, unter Habsburgs Fahnen und wurde am 16. Februar als Oberlieutenant in das 18. Feldjäger-Bataillon eingetheilt, dem er bis zu seiner im Juni 1858 erbetenen Quittierung angehörte. Bereits ein Jahr später wurde der Prinz von Seiner Majestät Kaiser Franz Josef I. durch die Verleihung des Großkreuzes des Leopold-Ordens ausgezeichnet. Im Jahre 1866 schloss Prinz Nikolaus am 30. August zu Berlin den Vertrag über die Modalitäten ab, unter denen die nassau'schen

Truppen in ihre Heimat zurückkehren sollten. Gegenwärtig ist Prinz Nikolaus königl. preußischer General-Lieutenant à la suite der Armee und lebt zu Wiesbaden.

Seit 1. Juli 1867 ist der Prinz morganatisch mit Natalie Gräfin von Merenberg, geborenen von Puschkin, vermählt. Ein Sohn, Graf Georg, wie zwei Töchter, die Gräfinnen: Sophie, vermählt seit 26. Februar 1891 mit Großfürst Michael Michaelowitsch von Russland, und Alexandra entstammen diesem Herzensbündnisse.

11. Juli 1850.

Nikolaus Herzog von Württemberg,

k. und k. Feldmarschall-Lieutenant, königl. württembergischer General der Infanterie à la suite des Infanterie-Regimentes Alt-Württemberg (9. württembergisches) Nr. 21, **Großkreuz des königlich ungarischen St. Stephan-Ordens, Besitzer der Kriegs- sowie der Erinnerungs-Medaille für Schleswig-Holstein, des Officiers - Dienstzeichens III. Classe,** Großkreuz des königl. württemberg'schen Friedrich-Ordens und des Verdienst-Ordens der Krone, Besitzer der königl. württemberg'schen goldenen Erinnerungs-Medaille, Ritter des königlich bayerischen St. Hubertus-Ordens, Rechtsritter des königl. preußischen Johanniter-Ordens, Besitzer des fürstl. Schaumburg-Lippe'schen Ehrenkreuzes mit den Schwertern etc. etc.

Herzog Nikolaus wurde als Sohn des Herzogs Eugen und dessen zweiter Gemahlin, Prinzessin Helene von Hohenlohe-Langenburg, am 1. März 1833 im herzoglichen Residenzschlosse zu Karlsruhe in Schlesien geboren.

Kaum 13 Jahre alt, trat der Prinz im Jahre 1846 als Zögling in die Erziehungsanstalt zu Schnepfenthal bei Gotha, wo er bis 1848 verblieb, absolvierte in diesem Jahre die Secunda im Magdalenen-Gymnasium zu Breslau, studierte 1849—1850 auf dem Polytechnikum zu Hannover und wurde am 11. Juli 1850 als provisorischer Cadet in die k. und k. Kriegsmarine eingetheilt. Im Jahre 1851 erst zum wirklichen Marine-Cadeten, dann zum Fregatten-Fähnrich befördert, wurde der Herzog 1854 Linienschiffs-Fähnrich und am 28. November 1856 zum Linienschiffs-Lieutenant und Commandanten eines Quersegelschiffes ernannt. Mit 23. Juni 1859 rückte er zum Corvetten-Capitän vor und übertrat 1860 in die Landarmee. Während seiner Dienstzeit in der Kriegsmarine war Herzog Nikolaus vielfach eingeschifft, und zwar als Cadet und Subaltern-Officier auf der Corvette „Titania" und dem Raddampfer „Custozza" im Adriatischen Meere, auf der Fregatte „Venus" in Westindien und den dalmatinischen Gewässern, auf der Dampffregatte „Volta" und dem Raddampfer „Custozza" in Constantinopel, im Schwarzen Meere, sowie im Griechischen Archipel, auf der Dampffregatte. „Elisabeth" in den dalmatinischen Gewässern, in der Levante, an der westitalienischen und südfranzösischen Küste, weiters als Commandant der „Saïda" im Adriatischen Meere und im Griechischen Archipel, mit der Brigg „Pola" bei der Kreuzung gegen eine Landung von Freischaren an der ostitalienischen Küste, endlich mit dem Schraubenschooner „Möve" in demselben Dienste vor Venedig.

Mit 3. Februar 1860 als überzähliger Major zum 3. Feldjäger-Bataillon übersetzt, wurde Herzog Nikolaus am 12. December 1861 zum Commandanten des Feldjäger-Bataillons Nr. 26 ernannt und am 2. März 1863 zum Tiroler Kaiserjäger-Regiment transferiert, wo er das Commando des 5. Bataillons übernahm. Am 27. December 1864 rückte der Herzog in die Oberstlieutenants-Charge vor, wurde mit 29. März 1866 zum Infanterie-Regimente Nr. 22 übersetzt und quittierte am 17. October 1866 mit Beibehalt des Militär-Charakters, wobei ihm der Oberstensrang ad honores allergnädigst verliehen wurde. 1870 folgte bei Beförderung des Herzogs zum wirklichen Obersten dessen Übersetzung in die nichtactive Landwehr.

Mit Allerhöchster Entschließung vom 3. Mai 1875 wurde Herzog Nikolaus vom nichtactiven Stande des Innsbruck-Wippthaler Landesschützen-Bataillons Nr. 2, bei Übersetzung in den Activstand und unter Aufrechthaltung der Allerhöchst angeordneten fallweisen Verwendung als Landwehr-Brigadier zum Commandanten des mährischen Landwehr-Infanterie-Bataillons Znaim Nr. 18 ernannt.

Am 16. October 1877 als übercomplet zum Infanterie-Regimente Nr. 20 transferiert, erfolgte gleichzeitig seine Ernennung zum Commandanten der 54. Infanterie-Brigade zu Krakau; mit 1. November desselben Jahres wurde Herzog Nikolaus Generalmajor. Im April 1882 übernahm er das Commando der 33. Infanterie-Truppen-Division in Komorn und avancierte am 29. April desselben Jahres zum Feldmarschall-Lieutenant.

Herzog Nikolaus ist seit 8. Mai 1868 mit Herzogin Wilhelmine von Württemberg vermählt, welche Ehe kinderlos blieb.

Seit 5. October 1883 lebt der Herzog mit Wartegebür beurlaubt auf Schloss Karlsruhe in Schlesien.

19. October 1850.

Maximilian II. König von Bayern,

Oberst und Inhaber des k. k. Kürassier-Regimentes Nr. 2 (vom 19. October 1850 bis 10. März 1864), des kaiserl. russischen St. Petersburger Uhlanen-Regimentes, sowie Chef des königl. preußischen 8. Husaren-Regimentes, oberster Ordensmeister des Hausritter-Ordens vom heiligen Hubertus, sowie Ordensgroßmeister des Hausritter-Ordens vom heiligen Georg, **Ritter des österreichischen Ordens vom Goldenen Vliese, Großkreuz des königl. ungarischen St. Stephan-Ordens,** Ritter des königl. preußischen Schwarzen Adler-Ordens etc. etc.

„Soll ich gut regieren, so muss ich die Wahrheit wissen." Dies war einer der ersten Aussprüche, die König Max nach seiner Thronbesteigung, welche unter trüben Aussichten stattfand, gethan. Wahrheit war seinem Herzen Bedürfnis, war der Ausdruck seines innersten Wesens. Nach Wahrheit strebend und den Forderungen der Zeit wie den billigen Wünschen seines Volkes Rechnung tragend, hatte König Max während seiner segensreichen Regierung Zustände in Bayern geschaffen, die am besten mit den wenigen Worten charakterisiert werden, welche in der Festrede bei der Grundsteinlegung zum Maximilianeum an den edlen Monarchen gerichtet wurden: „Inmitten heftiger politischer Erschütterungen und einseitiger Bestrebungen auf den Thron berufen, haben Euere königliche Majestät mit Festigkeit und Milde dem Lande den Frieden gegeben und mit klarem Blicke und sicherer Hand allen Lebensinteressen des Volkes gleiche Pflege zugewendet. Landwirtschaft und Gewerbe, Handel und Industrie gedeihen und haben vielfach einen neuen Aufschwung genommen. Dem Verkehre sind lang ersehnte Wege geöffnet. Die Künste finden die denselben schon früher bereitete Heimat mit ererbter Liebe beschützt und gepflegt. An ihrer Seite erblüht, durch Geist und Herz Eurer königlichen Majestät getragen, die deutsche Wissenschaft. All diesen Bestrebungen, Gütern und Genüssen soll aber nach dem Wunsche Euerer Majestät christlicher Glaube, Liebe und Gesittung den rechten Grund und die höhere Weihe geben."

Als ältester Sohn König Ludwig I. am 28. November 1811 zu München geboren, entwickelten sich die geistigen Anlagen des jungen Prinzen schon frühzeitig in selbständiger Weise. Unter den Augen seines Vaters und der Sorgfalt seiner Mutter, Königin Therese, einer geborenen Prinzessin von Sachsen-Altenburg, von bedeutenden Lehrern unterrichtet, wurde hauptsächlich die Geschichte sein Lieblingsstudium; nicht zum Vergnügen, sondern zur Belehrung, zu ihr kehrte er immer wieder zurück. In allen ritterlichen Künsten geübt und mit den erforderlichen Vorkenntnissen auf das Beste ausgestattet, bezog Prinz Maximilian im Herbste 1829 die Universität Göttingen. Unter anderen Vorlesungen hörte hier der Prinz mit besonderem Interesse die der Professoren Heeren und Mitscherlich und oblag mit großem Eifer auch dem Studium der Rechte.

Von Göttingen begab sich Prinz Maximilian nach Berlin, wo er am königlichen Hofe auf das liebenswürdigste aufgenommen wurde. Nicht selten erschien er als Gast bei den Abendgesellschaften, die Prinz Friedrich Wilhelm Karl und dessen geistreiche, hochgebildete und tief religiös gesinnte Gemahlin Maria Anna, geborene Prinzessin von Hessen-Homburg, während des Winters in ihrem Palais veranstalteten. Hier war es auch, wo er, noch unbewusst, den Grund zu seinem künftigen Eheglücke legte, als er das erst sechsjährige bildschöne Töchterchen Marie des Prinzenpaares zu unterhalten wusste und dadurch deren ganze kindliche Zuneigung gewann.

Mit gewohntem Eifer widmete er sich den Tag über seinen Studien und auch hier wieder vorzugsweise der Geschichte bei Ranke, welchen er bald seines besonderen Vertrauens würdigte.

Nach München zurückgekehrt, setzte der Prinz während des Winters seine Studien fort und benützte die schönen Jahreszeiten zu verschiedenen Reisen durch Deutschland, Frankreich, England und Italien. Im Januar 1839 begab er sich seiner angegriffenen Gesundheit wegen nach Neapel und hielt sich auf dem Rückwege beinahe zwei Monate in Rom auf. Gegen Ende des Jahres 1840 besuchte Prinz Maximilian Griechenland und wurde dortselbst von seinem Bruder, dem Könige Otto, und dessen Gemahlin Amalie auf das liebevollste aufgenommen. Während seines mehrmonatlichen Aufenthaltes bereiste er alle wichtigen Orte und Punkte des Landes und gieng gründlich in das Studium des griechischen Alterthums ein. Gelegentlich eines Besuches in Constantinopel wurde er vom Sultan mit den höchsten Ehren empfangen.

Am 14. Juli 1841 in sein Vaterland zurückgekehrt, widmete sich Prinz Maximilian mit Vorliebe der Pflege der Wissenschaften und förderte das Studium der altdeutschen Literatur, sowie die Erforschung und Herausgabe altdeutscher Schriftwerke durch reichliche Unterstützung. Als er jedoch Schelling kennen gelernt, wandte er seine ganze Neigung der Philosophie zu, der königlichen Wissenschaft, wie sie von den Alten genannt wurde. Er trat bald mit Schelling selbst in den innigsten persönlichen Verkehr und wurde ein eifriger Schüler und Freund desselben. Am 6. Januar 1842 besuchte er abermals den königlichen Hof zu Berlin, diesmal um sich mit Prinzessin Marie zu verloben, der er schon seit seinem ersten Aufenthalte von Herzen zugethan war. Schon am 5. October desselben Jahres erfolgte zu Berlin die Trauung, bei welcher der Prinz von Preußen die Stelle des Kronprinzen Maximilian vertrat. Wenige Tage später trat die Prinzessin in Begleitung ihrer Eltern die Reise in ihre neue Heimat an und hielt am 11. nachmittags unter großartigen Festlichkeiten und allgemeinem Jubel der Bevölkerung ihren feierlichen Einzug in die königliche Residenz zu München. Tags darauf, 12 Uhr, erhielt der innige Herzensbund in der Allerheiligen-Hofkirche den Segen.

Am 18. October wurde die Walhalla bei Regensburg in Gegenwart des Königs, des Kronprinzen und der Kronprinzessin, sowie der übrigen Prinzen des königlichen Hauses mit großen Feierlichkeiten eröffnet und am folgenden Tage der Grundstein zur Befreiungshalle bei Kelheim gelegt. Nach dem am 25. October von der Bürgerschaft den hohen Neuvermählten im Odeon gegebenen Festballe führte der Kronprinz seine Gemahlin nach Hohenschwangau.

Diese Burg, an welche sich so viele großartige, geschichtliche Erinnerungen knüpfen, in welcher der herrliche Kaisersprosse des glänzenden Geschlechtes der Hohenstaufen, Konradin, den letzten Abschied von seiner Mutter Elisabeth nahm, bevor er nach Italien zog, um Neapel und Sicilien, das Erbe seiner Väter zu erobern, wurde jetzt der Wohnsitz eines wahrhaft glücklichen Paares, welches die ersten Wochen nach seiner Vermählung, wie später alljährlich längere Zeit dortselbst zubrachte. In den folgenden Jahren nahm das hohe Paar auch zeitweisen Aufenthalt in Bamberg und Würzburg, und wurde am 25. August 1854 durch die Geburt eines Sohnes — nach seinem Großvater in der Taufe Ludwig genannt — erfreut.

Gegen Ende des Jahres 1846 unternahm der Kronprinz abermals eine Reise über Rom und Neapel nach Palermo. Nach längerem Aufenthalte schiffte er sich von dort nach Griechenland ein und landete am 14. März in Patras, von der ganzen Bevölkerung mit Jubel empfangen; nach orientalischer Sitte war der Weg mit Lorbeer- und Oleanderzweigen bestreut. Von Patras wandte er sich nach Athen, weilte dort bei seinem Bruder und kehrte im Mai 1847 über Neapel nach München zurück, wo er am Abende des 11. Juli anlangte. Mit wachsamem Auge verfolgte er den Gang der Ereignisse in Bayern und Deutschland. Dieselben klar zu erkennen, war sein Geist durch vielfache Erfahrung und tiefes Studium genug gereift, selbst um wirksam in dieselben einzugreifen; doch schien dies noch einer ferneren Zukunft vorbehalten, als ihn die März-ereignisse nach München auf den Thron beriefen.

König Ludwig I., der bereits zweiundzwanzig Jahre über Bayern friedlich gewaltet, hatte am 20. März 1848 unvermuthet die Krone zu Gunsten seines Sohnes niedergelegt. Die Februar-Revolution in Paris, die Flucht des Königs Ludwig Philipp nach England, wie die Umgestaltung Frankreichs in eine Republik hatten zuerst betäubend, dann fieberhaft aufregend auf alle Völker Deutschlands gewirkt. Alle seit langer Zeit gehegten Wünsche und Hoffnungen, deren Erfüllung von den Fürsten oft verheißen und immer verzögert worden waren, wurden jetzt laut und traten mit einer Übereinstimmung und Entschiedenheit auf, wie niemals vorher. Man forderte allgemein die Umgestaltung der politischen Verhältnisse, Theilnahme des Volkes bei den Berathungen am Bundestage, die endliche Herstellung einer alle deutschen Stämme umfassenden Einheit in Maß und Gewicht, Gesetz und Verkehrsmitteln u. a. m.

Das deutsche Volk schien entschlossen, die Durchführung der gemachten Verheißungen diesmal zu erzwingen. Die Bewegung, zumal in den Residenzen und größeren Städten, wurde immer heftiger, schon erregte der Pöbel Unruhen und Ausschweifungen fielen vor, die man früher kaum für möglich gehalten hätte. Als dies auch in München geschah und größere Gefahr drohte, da gaben die Bürger dieser Stadt den gerechten Wünschen des bayerischen wie des gesammten deutschen Volkes in besonnener Weise Ausdruck.

In einer ehrerbietigen Adresse an den König verlangten sie: Abschaffung der Censur, unverweilte Einführung der Öffentlichkeit und Mündlichkeit der Rechtspflege mit Geschworenen-Gerichten, ein zeitgemäßes Polizeigesetz, Änderung der Wahlordnung, Verantwortlichkeit der Minister und Beeidigung des stehenden Heeres auf die Vorfassung. Diesem fügten sie noch die Bitte um unverzügliche Einberufung der Stände des Reiches bei. König Ludwig willfahrte dem Verlangen der Bürger, die Kammer der Abgeordneten wurde aufgelöst und die Stände auf den 31. Mai einberufen. Doch waren damit manche nicht zufrieden; die unteren Classen des Volkes wurden aufgeregt, das bürgerliche Zeughaus erbrochen und die Haufen bewaffneten sich. Da erschien, als die Bürger nach einer auf dem Rathhause abgehaltenen Berathung König Ludwig um die schleunige Einberufung der Stände gebeten hatten, Prinz Karl und verkündete, dass der König die Einberufung der Kammern für den 16. März angeordnet habe. Auf das freundliche Zureden des Prinzen giengen die bewaffneten Haufen auseinander, die Waffen wurden bis auf wenige zurückgegeben.

Aber auch von außen her kamen beunruhigende Nachrichten über das gewaltsame Vorgehen der Massen, sowohl in den Städten als auf dem Lande.

All diese Ereignisse, die mit unwiderstehlicher Gewalt hereinbrachen und jeden unwillkürlich in eine neue Richtung zu drängen suchten, die zahllosen oft stürmisch vor den Thron gebrachten und schnelle Gewährung verlangenden Wünsche, die König Ludwig nicht befriedigen zu dürfen glaubte, reiften allmählich seinen Entschluss, der Krone zu entsagen. Am Abend des 20. März unterzeichnete er die Erklärung, dass er die Regierung niederlege, und bereits am nächsten Morgen wurde diese königliche Entschließung durch öffentliche Anschläge bekannt. Schon vor 9 Uhr am Morgen des 21. März versammelten sich der Staatsrath und Abgeordnete der schnell zusammenberufenen Kammern der Ständeversammlung in der Residenz zu München. König Maximilian II. erschien begleitet von seinen Brüdern, den Prinzen Luitpold und Adalbert. Freiherr K. von Schrenk brachte im Namen des ganzen Staatsrathes die Huldigung dar, der neue König leistete den in der Verfassungsurkunde vorgeschriebenen Eid. Öffentliche Anschläge verkündeten die königlichen Worte:

„Bayern!

Mein vielgeliebter Vater und König hat geruht, Mir die Krone zu übertragen. Tief ergriffen fühle Ich das ganze Gewicht der Verpflichtungen, das er Mir auferlegt.

In einer Zeit besteige Ich den Thron, die mit ihren großen Anforderungen das In- und Ausland mächtig bewegt. Auf Gottes allmächtigen Schutz vertraue Ich und auf Meinen redlichen Willen, dieser Zeit Gebot zu verstehen und zu vollbringen. Wahrheit will Ich in allem — Recht und gesetzmäßige Freiheit im Gebiete der Kirche und des Staates.

Auf der Bayern Treue hoffe Ich, auf die seit Jahrhunderten bewährte Liebe zu ihrem Fürsten.

Bayern, steht Mir bei in Meinem festen Vorhaben Euch auf die Stufe zu erheben, zu der Ihr als ein freies Volk berufen seid, ein Achtung gebietender Staat im einigen deutschen Vaterlande."

Aller Erwartung war nun zunächst auf die Eröffnung der Stände-Versammlung gerichtet. Am Morgen des 22. März wohnte der König mit den Mitgliedern der ersten und zweiten Kammer dem feierlichen Gottesdienste bei, nachmittags fuhr er nach dem Ständehause. Hier bestieg er den Thron und sprach laut und größtentheils frei, aber oft mit bewegter Stimme:

„Meine lieben getreuen Stände des Reiches!

Nach dem Willen Meines vielgeliebten Vaters Majestät, eines Fürsten von hohen Regententugenden, besteige Ich den Thron. Großes hat derselbe in seiner dreiundzwanzigjährigen Regierung vollbracht: nicht bloß in Stein und Erz, auch in unserem Herzen wird dankbar dessen Gedächtnis fortleben.

Die Grundsätze Meiner Regierung habe Ich in meiner Proclamation von gestern und in der vom 6. März ausgesprochen.

Treu und gewissenhaft werde Ich ihre Verheißungen erfüllen und Ich bin stolz, Mich einen constitutionellen König zu nennen.

Damit jede Erinnerung an frühere Verwirrungen schwinde, habe Ich beschlossen, eine Amnestie für alle politischen Verbrechen und Vergehen zu erlassen.

Ich habe Veranstaltung getroffen, dass den Ständen des Reiches ohne Verzug Gesetzesvorlagen gemacht werden: Über Verantwortlichkeit der Minister, über Pressfreiheit, über die Wahlen zur Kammer der Abgeordneten, über alsbaldige Vervollständigung der Vertretung der Pfalz, über Ablösung der Grundlasten und über die Berathung neuer Gesetzbücher.

Außerdem sollen vorgelegt werden: Die Grundlagen der Gesetzgebung über die Gerichtsorganisation, über das Strafrecht, an welches sich die Abfassung eines Polizei-Strafgesetzbuches anreihen wird, die in Leipzig berathene Wechselordnung und ein Gesetz über die Organisation der obersten Kirchenbehörde der Israeliten.

Späterer Vorlage behalte Ich vor: die bereits zugesagte Gesetzgebung in der Rechtspflege mit Öffentlichkeit, Mündlichkeit und Schwurgerichten, ferner ein Gesetz über die in der IX. Verfassungsbeilage angedeutete umfassendere Fürsorge für die Staatsdiener und deren Hinterbliebene, dann deren Ausdehnung auf die übrigen Angestellten des Staates, endlich ein Gesetz über die Verbesserung der Verhältnisse der Israeliten.

Ich beabsichtige, die Abschaffung des Lotto ins Werk zu setzen, sobald der Stand der Staatseinnahmen im Hinblicke auf die Bedürfnisse der bewegten Zeit es gestattet. Jedenfalls wird im nächsten Budget, so weit nöthig, die Ersetzung dieser Einnahme durch eine andere eintreten. Auch habe Ich zum Zwecke einer zeitgemäßen Volksbewaffnung eine umfassende Umarbeitung der Landwehrordnung anbefohlen.

Lassen Sie uns diese Gesetzes-Vorlagen mit Ruhe und Gründlichkeit prüfen.

Die Bewegung der Zeit und die großen Interessen des Vaterlandes erheischen eine innigere Vereinigung aller deutschen Stämme. Auch Ich habe für die Vertretung des Volkes am Bunde ungesäumt Einleitungen getroffen.

In einen neuen Abschnitt unseres öffentlichen Lebens sind wir eingetreten. Der Geist, der Europa durchdringt, gebietet es.

Nicht bloß Bayern, sondern Deutschland richtet das Auge auf die Berathungen, die bevorstehen. Männlicher Freimuth möge sie bezeichnen, aber auch weise Mäßigung und Fernhalten von auflösenden und zerstörenden Tendenzen.

Das Ergebnis dieses Landtages bestimmt Bayerns Stellung in Deutschland.

Lassen Sie uns voranleuchten allen seinen Stämmen! Unser Wahlspruch sei Freiheit und Gesetzmäßigkeit."

Die im Saale und auf den Gallerien dicht gedrängte Menge brach am Schlusse der Rede in einen wahren Sturm des Beifalles aus. Der König bot mehr, als die kühnste Hoffnung erwartet hatte. Tausendstimmiges Lebehochrufen begleitete den in die Residenz Zurückkehrenden. Er hatte sich die Herzen seines Volkes gewonnen, und das ganze Land nahm, als die Rede bekannt wurde an dem Jubel der Hauptstadt theil. Das sprachen auch die Dankadressen der beiden Kammern aus.

Auch dem Heere, auf welches während der langen Friedenszeit wie überall so auch in Bayern weniger Sorgfalt verwendet worden war, schenkte König Maximilian gleich anfangs seine Aufmerksamkeit. Alte verdiente Generale schieden mit Ehren aus, jüngere Männer rückten durch alle Stufen nach.

Im Gegensatze zu anderen deutschen Staaten hatten sich in Bayern die Gemüther sehr bald beruhigt und herrschte daselbst nur eine Bewegung friedlicherer Natur vor. Der Ruf des Vorparlamentes in Frankfurt, auf je 50.000 Einwohner einen Vertreter in das deutsche Parlament zu entsenden, hatte überall freudigen Wiederhall gefunden. König Max erließ am 14. April einen diesbezüglichen Aufruf, in welchem er seine Bayern aufforderte, nach Pflicht und Gewissen, frei von Leidenschaft und niedrigen Parteizwecken zu wählen.

Während in allen deutschen Gauen Männer des Vertrauens im Volke gesucht, von den Fürsten empfohlen und je nach vorherrschender Richtung gewählt wurden, lenkte ein Ereignis die Aufmerksamkeit auf einen deutschen Bruderstamm im Norden, nach Schleswig-Holstein. König Friedrich VII. von Dänemark hatte nämlich am 28. Januar, nachdem sein Vorgänger Christian VIII.

schon 1846 in einem offenen Briefe erklärt hatte, die Fürstenthümer Schleswig und Holstein mit Dänemark ganz vereinigen zu wollen, ein Manifest über eine Gesammtverfassung des Königreiches erlassen. Die Einverleibung des Herzogthums Schleswig in den dänischen Gesammtstaat sollte alsbald vollzogen werden, die des Herzogthums Holstein wurde in nahe Aussicht gestellt. Da sich jedoch deren Stände wie die gesammte Einwohnerschaft dagegen erklärten, giengen Abgeordnete zu dem Könige, ihn zur Zurücknahme seines Manifestes zu vermögen; die Volkspartei in Kopenhagen dagegen drängte ihn, Schleswig von Holstein zu trennen und nöthigenfalls mit Waffengewalt zu unterwerfen; Holstein sollte bei dem Deutschen Bunde verbleiben. In diesem Sinne erfolgte auch die Antwort Friedrich VII. Die beiden Herzogthümer errichteten nun zur Aufrechthaltung der Rechte des Landes, wie der des angestammten Herzogs eine provisorische Regierung, welcher auch Prinz Friedrich von Augustenburg angehörte. Diese nahm Besitz von den wichtigsten Städten, die Einwohner erklärten sich für sie, wie bald auch das Heer der Fürstenthümer. Der Krieg war erklärt und begann denn auch bald. Als die Dänen siegreich vorrückten und den Ländern das Äußerste drohte, strömten aus ganz Deutschland Freischaren zum Kampfe für Schleswig-Holstein herbei; in Bayern veranlasste der Wunsch des Königs und die eigene Begeisterung sieben Officiere den Bedrängten im Norden zuhilfe zu eilen. Die deutschen Hilfsscharen drangen stürmend gegen die Dänen vor und schlugen sie zurück; alles schien gewonnen, als die Großmächte sich der Dänen annahmen und dadurch eine Wendung der Dinge herbeiführten.

Indessen war auch in Oberitalien der heftigste Kampf entbrannt. Das ganze südwestliche Europa schien unrettbar der Revolution verfallen und alle Bande drohten sich zu lösen. Im eigentlichen Bayern wurde die Ruhe zwar nur wenig gestört; die Bürgerwehr in München und mit ihr die Studenten und Künstler hielten durch ihr festes einmüthiges Zusammenwirken die tollkühnen Empörungsversuche nieder; doch je näher dem Rheine und Frankreich, desto häufiger und furchtbarer zeigten sich die Schrecken der Revolution, die Volk wie Soldaten verführten. Um weiteren Fortschritten derselben zu begegnen, richtete sich König Max am 6. März mit herzlichen, innigen Worten an sein Volk. Die Stände stimmten diesen mit aufrichtigem Sinne bei und beriethen mitten in der stürmischen Bewegung, die durch ganz Deutschland gieng, schnell die Mittel, die für Bayerns Wohl nöthig schienen. Da es zunächst galt, die für alle Fälle nöthigen Gelder zu schaffen, bewilligten sie der

Regierung die Aufbringung eines freiwilligen Anlehens von 7,000.000 Gulden. Ja, das Vertrauen zu dem Könige und auf die Erhaltung des Friedens war so groß, dass das Anlehen innerhalb weniger Tage schon vollständig zustande gebracht war.

Indessen nahte auch das Ende des Landtages und am 4. Juni erfolgte der feierliche Schluss, der Abschied für die Ständeversammlung — die letzte in ihrer bisherigen Zusammensetzung. Mit ungemeinem Eifer und seltener Einigkeit hatten die Kammern innerhalb weniger Monate die Gesetzesvorlagen erledigt und der König ihre Beschlüsse genehmigt. Die wichtigsten von den 28 Gesetzen, welche der Abschied für die Ständeversammlung aufführte, sind: Das Gesetz, die ständische Initiative betreffend, nach welchem beiden Kammern fortan das Recht der Initiative für solche Gesetze zusteht, die nicht Verfassungsgesetze sind, wie das über die Verantwortlichkeit der Minister. Wahrhaft umgestaltend und tief eingreifend in das Staatsleben wirkte das Gesetz über die Wahl der Landtagsabgeordneten. Diese sollten nun nicht mehr nach Ständen gewählt, sondern aus der freien Wahl des ganzen Volkes hervorgehen. Auch die Freiheit der Presse und des Buchhandels wurde aufs neue bestätigt, sowie die noch bestehenden, nothwendig erscheinenden Beschränkungen ermäßigt.

Durch die Einführung dieser Gesetze, die auch baldigst ins Leben traten, wurde Bayern wahrhaft ein Rechtsstaat. Dabei wurde dies ohne Gewalt, ohne Blutvergießen, nur durch den hochherzigen Entschluss des Königs erreicht. Wenige Wochen später regelte der Monarch, auch ebenso großmüthig als gerecht, die Verhältnisse der unmittelbaren Staatsdiener und so ist es denn auch selbstverständlich, wenn die treuen Bayern mit inniger Liebe und Verehrung zu ihrem Könige aufblickten.

Die Nationalversammlung in Frankfurt war inzwischen bedacht, vor allem eine Executivgewalt, eine vollziehende Reichsgewalt an Stelle des Bundestages zu setzen. Nach mancherlei verworfenen Anträgen wurde derjenige des Präsidenten Heinrich von Gagern angenommen und am 9. Juni Erzherzog Johann als Reichsverweser mit verantwortlichen Ministern gewählt. Am 11. Juli kam der gewählte kaiserliche Prinz in Frankfurt an und der Bundestag legte noch an demselben Tage sein Amt in die Hände der neuen Reichsgewalt. Und wie durch Deutschland im allgemeinen, so gieng auch durch Bayern ein freudiger Ruf über den glücklichen Anfang einer Einigung Deutschlands.

Anfangs Januar 1849 eröffnete König Max den ersten nach dem neuen Wahlgesetze zustande gekommenen Landtag. Eine große Anzahl von Abgeordneten hatte nur unter Vorbehalt den Eid auf die Verfassung geleistet, schied sich von den übrigen ab und bildete die sogenannte Linke. Die Absicht dieser Partei zeigte sich immer deutlicher; sie verlangte unbedingte Annahme der Beschlüsse der Nationalversammlung, welche von Bayern einstimmig abgelehnt worden waren. Da nun die Linke von ihrem einmal gefassten Plane nicht abwich und jede Wirksamkeit der Regierung zu lähmen suchte, vertagte der König am 8. März den Landtag, um in der Zwischenzeit ein neues Cabinet zu bilden.

Er berief nun von der Pfordten zur Leitung des Ministeriums des königlichen Hauses und des Äußeren wie des erst vor 5 Monaten gebildeten, des Handels. Mit ihm wirkten die Minister: Ringelmann, Zwehl, Kleinschrod, Aschenbrenner und Lüder. Letzterer verfuhr zuerst als Stadtcommandant, dann als Kriegsminister mit wahrhaft soldatischer Strenge und hielt die Ruhe auch nach Auflösung der Studenten- und Künstlerwehr aufrecht.

Die bayerische Regierung erklärte nun in einem Erlasse, dass sie die alten politischen Zustände in Deutschland und Bayern, wie sie vor dem März 1848 gewesen, nimmermehr zurückzuführen gewillt sei, sondern vielmehr alle Verheißungen des Königs erfüllen werde; sie wolle bei der Ausbildung der inneren Zustände nur den Weg der Verfassung und der Gesetze des Landes gehen, die Herrschaft dieser aber mit allen Mitteln aufrecht erhalten. Da aber die Mehrheit der Kammer allen Anträgen der Regierung hartnäckig widerstrebte und die Berufung eines anderen Ministeriums forderte, löste der König am 10. Juni die Kammer der Abgeordneten auf.

Bald darauf beschloss König Max eine Rundreise durch Bayern zu machen, um sich seinem Volke zu zeigen, sich von der Lage der Dinge in den verschiedenen Gegenden selbst zu überzeugen und den gerechten Wünschen sobald als möglich Erfüllung zu gewähren. Zunächst wollte er die fränkischen Provinzen besuchen, die nach der Pfalz am meisten durchwühlt und noch in voller Aufregung waren. Da kam ihm in Nördlingen von einem Geistlichen ein Brief zu, der mittheilte: „in der Beichte sei ihm anvertraut worden, man beabsichtige in Franken einen Mordanfall auf den König": er beschwöre ihn daher, seine Reise nicht fortzusetzen.

Doch König Max, als echter Wittelsbacher, gewohnt stets offen dem Tode ins Antlitz zu schauen, ließ sich dadurch nicht abhalten; nur die Königin, welche ihn begleitete, suchte er auf irgend eine Weise zurückzuhalten. Diese blieb, als sie den Grund erfuhr, an der Seite ihres hohen Gemahls und beide Majestäten setzten, auf Gottes Schutz und Hilfe bauend, ihre Reise nach Nürnberg fort. So wurde die Absicht des Schreibers und der ihm Gleichgesinnten durch den Muth des königlichen Paares vereitelt, das überall auf dem Wege von dem Volke mit lauten Zurufen ehrerbietig begrüßt wurde und durch seine Leutseligkeit und Theilnahme sich die Herzen aller im Sturme eroberte.

Am 21. Juni zog das Königspaar unter Kanonendonner und dem Geläute aller Glocken in Nürnberg ein, wo glänzende Festlichkeiten zu Ehren desselben stattfanden.

Von hier begab es sich nach Bamberg, Kulmbach, Bayreuth und Würzburg und traf am 26. Juni abends wieder in München ein. Diese Königsfahrt durch die fränkischen Gauen war ein wahrer Triumphzug gewesen und der begeisterte Jubelruf von Stadt zu Stadt, von Dorf zu Dorf war die treffendste Antwort auf die Versuche jener Partei, die das innere Band der Liebe und Treue, welches alle Stämme Bayerns an sein mehr als 1000jähriges Herrscherhaus knüpft, so leicht zerreißen zu können glaubte.

Am 4. Juli erfolgte das Ausschreiben zur neuen Wahl der Landtagsabgeordneten. Tags darauf trat König Max mit seiner hohen Gemahlin die Reise nach der Oberpfalz und Niederbayern über Donauwörth und Regensburg an; hier weilte das königliche Paar unter der freudig erregten Bürgerschaft und dem Zuströmen der Bevölkerung aus den umliegenden Märkten und Dörfern nahezu zwei Tage, wandte sich dann nach Amberg, Straubing, später nach dem Schlosse Egg unfern Metten und langte am 12. in Passau an.

Am 16. kehrten die Majestäten über Dingolfing und Landshut wieder nach der Residenz zurück. Nach einer Ruhepause von nur wenigen Tagen traten sie die Reise nach Schwaben an und verweilten in Augsburg, Kempten und Lindau, womit die Reise abgeschlossen war.

Sämmtliche Eisenbahn-Haltestellen, Bahnhöfe und Wächterhäuschen, an welchen das Königspaar vorüberfuhr, waren festlich geschmückt und überall standen dicht gedrängt zahlreiche Landwehrmänner und das Volk; beim Einbruche der Nacht leuchteten fast aus allen Dörfern am Wege rothe und grüne Freudenfeuer. Gerade das Volk wetteiferte, dem Könige und seiner hohen Gemahlin die unzweifelhaftesten Beweise treuer Anhänglichkeit zu geben. Höchst erfreut über den Erfolg seiner Reisen konnte sich König Max, nach München zurückgekehrt, nun wieder mit vollster

Hingebung den Regierungsgeschäften widmen und den neuen Wahlen in die Kammer der Abgeordneten vertrauensvoll entgegensehen.

Am bestimmten Tage hatte die Wahl stattgefunden und obgleich die Partei der Linken alles aufgeboten hatte, wieder gewählt zu werden, war es ihr doch nicht überall gelungen; das Volk hatte seine wahren Freunde kennen gelernt und verlangte mit Sehnsucht nach Ruhe. Am 10. September eröffnete der König den Landtag und bald zeigte sich in der Kammer der Umschwung der Anschauungen; die Mehrheit der Abgeordneten stand offen und fest zu dem neuen Ministerium und begann mit ebenso regem als nachhaltigem Eifer die Berathungen der Gesetzentwürfe.

Inzwischen war auch in der Pfalz und in Franken die Ruhe und Ordnung wieder hergestellt worden. König Max erließ am 9. October einen Armeebefehl, in welchem er den Officieren und Truppen seinen königlichen Dank für ihre Leistungen in den aufgewühlten Provinzen, sowie in dem nun beendeten Kriege gegen Dänemark kundgab; denn auch die Angelegenheit Schleswig-Holstein hatte die bayerischen Truppen in Anspruch genommen. Da die Friedensunterhandlungen während des Waffenstillstandes durch die Forderungen Dänemarks unmöglich zum Frieden führen konnten, hatte die deutsche Centralgewalt schon am 3. März 1849 den Befehl erlassen, einen Theil des Reichsheeres nach den Herzogthümern zu senden. Am 26. März standen in denselben bereits 30 Bataillone mit 100 Geschützen; die Bayern bei Schleswig. Der Waffenstillstand wurde von den Dänen am 1. April gekündet, am 3. rückten sie über die jütische Grenze.

Am 13. April erstürmten die Bayern und Sachsen die Düppeler Schanzen und alles deutete auf einen für die Herzogthümer glücklichen Ausgang; schon war Jütlands Grenze überschritten. Da folgte neuerdings ein Waffenstillstand und die Bayern kehrten in ihre Heimat zurück.

Nachdem die gesetzliche Ordnung im Innern des Landes wieder hergestellt war, galt es nun die Gemüther zu beruhigen, zu versöhnen, und dabei zeigte sich die wahrhaft väterliche Gesinnung des Monarchen. Schon am 7. Juni 1848 hatte er eine weit ausgedehnte Amnestie erlassen, welcher in den Jahren 1849 und 1851 weitere folgten. Verzeihen und Vergessen des gegen ihn und die Gesetze des Staates Verübten war ihm eigen und er brachte dies schöne königliche Vorrecht oft und glänzend zur Geltung.

Den Officieren und Soldaten wie den Beamten sprach er für ihre Thätigkeit zur Herstellung der Ruhe seine Anerkennung aus.

Jetzt, nachdem der Friede nach innen und nach außen wieder gefestigt war, gieng König Max daran, seinen schon seit langem im Stillen genährten Plan ins Leben zu rufen, nämlich der Wissenschaft in Bayern eine Freistätte zu bereiten. Besonders die Universität in München wollte er zu einem glänzenden Mittelpunkte der gesammten deutschen Gelehrtenwelt erheben und für sie nicht bloß gute Lehrer, sondern auch schöpferische Meister der Wissenschaft gewinnen. Alle mit dieser Hochschule verbundenen oder ihr ganz angehörigen Sammlungen und Anstalten wurden durch seine Großmuth vermehrt und den Forderungen der Wissenschaft gemäß mit allem Nothwendigen versehen.

Zunächst und zumeist richtete er sein Augenmerk auf die Förderung der Naturwissenschaften und der Geschichte, zu deren Pflege er nach und nach mehrere berühmte Männer berief; er trachtete stets, die Lehrstühle sämmtlicher bayerischen Universitäten mit den tüchtigsten Vertretern der einzelnen Fächer zu besetzen. Wo die Staatsmittel zur Erreichung dieses Zweckes nicht genügten, verwendete der König hiezu alljährlich eine große Summe aus seiner Cabinetscasse. Die gleich anfangs unter seiner Regierung erlassenen Satzungen für die Universitäten hoben den Schulzwang auf, setzten an dessen Stelle den Grundsatz der akademischen Freiheit und beseitigten alle Hindernisse, die sich der freien Entfaltung der geistigen und sittlichen Kräfte entgegengestellt hatten.

In demselben Maße, in welchem er für die Universitäten sorgte, unterstützte er fähige Studierende und gewährte vielen die Mittel, ihre Fachstudien zu vollenden.

Doch nicht bloß der Hochschule wandte König Max seine Gunst und Fürsorge zu, sondern er betrachtete alle Lehranstalten als die wichtigsten Mithelfer zur Bildung und Erhebung seines Volkes und gewährte den Gewerbeschulen, Gymnasien und Lateinschulen die nöthigen Hilfsmittel. Besondere Theilnahme widmete er den Schulen auf dem Lande; diese zu vermehren und zu verbessern war stets seine Sorge.

Mit regem Interesse verfolgte der Monarch auch die Entwickelung der Gewerbe; schon 1848 hatte er das Ministerium des Handels gebildet und wies demselben einen vielumfassenden Wirkungskreis in der Sorge für Förderung aller Interessen der Landwirtschaft, des Ackerbaues und Fabrikswesens, sowie für die Hebung des Handels im In- und Auslande zu. Zur Erleichterung des inneren Verkehres wurden Eisenbahnen, Postcurse und Postomnibusse vermehrt, die Straßen in fahrbarem Zustande erhalten und das Telegraphennetz über einen großen Theil Bayerns ausgedehnt.

Die Sorgfalt und Unterstützung, welche der König den Gewerben widmete, sollte selbst für die Zukunft nachhaltig bleiben und dauernde Früchte tragen. In dieser Absicht gründete er eine Zeichenschule in Berchtesgaden, um die dort eingeführte Holzwarenschnitzerei zu heben und errichtete in Amberg eine Berg- und Steigerschule zur Förderung des Bergbaues.

Dasselbe Interesse aber brachte der König auch dem Gedeihen der Landwirtschaft entgegen; schon als Kronprinz hatte er für den Obst- und Gemüsebau in Bayern zu wirken gesucht und bereits 1844 einen Verein zur Verbreitung nützlicher Kenntnisse auf dem Gebiete der Naturwissenschaften und der Wirtschaftslehre gegründet.

Doch auch die Kunst fand in ihm einen ebenso einsichtsvollen Kenner als großmüthigen Beschützer; es war sein Plan, dem Dreibund der Künste: der Baukunst, Malerei und Bildhauerei gleichmäßige Gelegenheit zur Entfaltung neuer Werke in stetem Fortschreiten zu geben.

Bei den Bauten sollten nebst Künstlern aber auch alle Gewerbe Anwendung und Beschäftigung finden; besonders traf dies bei dem Baue des Regierungsgebäudes, des neuen Anbaues des Münzgebäudes und des prachtvollen National-Museums ein. Die Krone alle Bauwerke des Königs aber sollte eine Kirche werden; schon war der Plan hiezu genehmigt, da hemmte eine höhere Hand die Ausführung.

Auch der Malerei eröffnete der König ein weites, neues Feld zur Auszeichnung. Die Ölmalerei, welche seit Jahrzehnten vernachlässigt worden war, wollte er wieder zu frischer Blüte bringen und gab in diesem Genre zahlreiche Aufträge.

Aber ebenso erfreute sich die Ton- und Schauspielkunst der königlichen Pflege. In die Hofkapelle wurden viele junge, aufstrebende Kräfte und hervorragende Künstler aufgenommen und dem Hof- und Nationaltheater gewährte der Monarch alljährlich bedeutende Summen.

Im Sommer 1854 sollte die allgemeine deutsche Kunst- und Industrie-Ausstellung in München zeigen, was deutscher Geist und Fleiß zu schaffen vermochten. Am 15. Juli erfolgte die feierliche Eröffnung derselben; Freiherr von der Pfordten begrüßte den König und die Königin, deren Augen mit sichtbarer Befriedigung das Ganze überblickten, mit einer kurzen Ansprache. Nach einer

Erwiderung des Monarchen durchwandelte dieser mit seiner erlauchten Gemahlin die Ausstellung und gaben beide Majestäten zu wiederholtenmalen ihrer vollsten Befriedigung und Anerkennung Ausdruck. Drei Tage darauf wurde die allgemeine deutsche Kunstausstellung in dem von König Ludwig I. für solche Zwecke gegründeten Gebäude in feierlicher Weise eröffnet.

Nach diesen Tagen der Freude rückten leider nur zu bald Tage der Trauer für Bayern heran, denn ein gar unheimlicher Gast, die Cholera, hatte in München ihren Einzug gehalten und bereits am 29. Juli ihr erstes Opfer gefordert. Seit diesem Tage mehrte sich die Zahl der Todten täglich. Die königliche Familie begab sich jedoch trotzdem erst in der zweiten Hälfte August nach Berchtesgaden, nachdem König Max vorher noch den infolge der Krankheit in Noth Gerathenen namhafte Unterstützungen hatte zukommen lassen.

Im October kehrte der König und mit ihm die ganze königliche Familie nach München zurück. Leider sollte auch diese von der furchtbaren Krankheit nicht verschont bleiben. Königin Therese, die erlauchte Mutter des Königs Max, wurde von derselben ergriffen und verschied am 26. October. Auch König Ludwig, welcher nun am darmstädtischen Hofe bei seiner Tochter, Großherzogin Mathilde, Trost und Linderung für seinen Schmerz suchte, erkrankte dortselbst sehr schwer. Das Königspaar eilte sogleich dahin und verließ ihn erst, als sein Leben außer Gefahr war.

Im folgenden Jahre unternahm König Max ausgedehnte Reisen in Bayern; überall mit lautem Jubel und freudigen Zurufen begrüßt und bei dem Volke ein gesegnetes Andenken hinterlassend.

Während des Winters 1856—1857 weilte der Monarch in Italien und nahm Mitte Mai den Rückweg über Frankreich; auch hier wurde er nicht nur vom Kaiserpaare, sondern auch vom Volke auf das wärmste begrüßt. Die Bürgerschaft von Paris gab ihm zu Ehren einen glänzenden Ball, dem er auch einige Stunden lang anwohnte. Wo immer er öffentlich erschien, in Versailles oder Paris, begrüßte ihn das bald sich dicht ansammelnde Volk mit lebhafter Theilnahme.

Am 6. October desselben Jahres legte König Max in feierlicher Weise den Grundstein zu einem großartigen Gebäude für höheren Unterricht, welches ihm zu Ehren „Maximilianum" genannt wurde.

Im Sommer 1858 wurde die allgemeine deutsche Kunstausstellung in München durch den König eröffnet; bald darauf rüstete die schöne Isarstadt zu einem seltenen Feste. Es waren siebenhundert Jahre verflossen, dass der Name München zum erstenmale deutlich in einer Urkunde vom Jahre 1158 genannt wurde. Der von hervorragenden Persönlichkeiten angeregte Gedanke, anlässlich dieser Säcularfeier ein Erinnerungs- und Dankfest zu veranstalten, fand lebhaften Anklang. Rasch bildete sich ein Verein, der den Einheimischen und Fremden ein umfassendes lebendiges Culturbild Münchens von dessen erstem geschichtlichen Auftreten bis zur Gegenwart in der Darstellung der wichtigsten Momente vom zwölften bis zum Ende des achtzehnten Jahrhunderts vorzuführen beschloss. Anschließend sollte das neunzehnte Jahrhundert die Regierungsepochen der Könige Max L, Ludwig I. und Max II. bezeichnen, und von der Huld und Fürsorge dieser Monarchen für München insbesondere, wie für ganz Bayern als den Pflegern der Kunst- und Wissenschaft, den Förderern der Industrie und Gewerbe Zeugnis geben.

Die Festtage begannen am 26. September mit einem Gottesdienste, worauf König Max den Grundstein zu jener Brücke legte, welche seine Schöpfungen — die Maximilianstraße mit seinen Bauten und Anlagen auf dem Gasteigberge — verbinden sollte.

Am darauffolgenden Tage fand der große Festzug statt. Im Zuge des 19. Jahrhunderts wurde die Zeit Max II. durch die festlich geschmückten Zünfte und Gewerbe mit ihren Abzeichen dargestellt; auf dem von acht Rossen gezogenen Festwagen, in einem aus Blumen gestalteten Tempel stand die Büste des Königs, umgeben von den allegorischen Figuren der Kunst und Wissenschaft, des Handels und der Industrie. Den Wagen umgaben festlich geschmückte Mädchen mit Blumengewinden, ihm folgten dann sämmtliche Gesangvereine Münchens, Vertreter der Münchener Künstlerschaft, die Hauptschützengesellschaft und sämmtliche Mitglieder des Jubiläumsvereines.

Als der Zug vor der Residenz anlangte, erschienen die Majestäten mit den Prinzen im Erdgeschosse an einem Fenster der Nibelungensäle und empfiengen durch Abgeordnete die Huldigung und den Dank der Stadt.

Mit 15. Januar 1859 wurde neuerdings der Landtag einberufen, dessen Schluss jedoch bereits am 26. März erfolgte. Obwohl diesmal wenig Einigkeit unter den Abgeordneten geherrscht, waren doch mehrere wichtige Gesetze zustande gebracht worden. Am 27. bat der Minister-Präsident, der in den letzten Sitzungen noch einige namentlich gegen ihn gerichtete Anklagen siegreich widerlegt hatte, den König um Enthebung von den ihm anvertrauten Ministerien. Dasselbe thaten bald darauf auch die Minister des Innern und der Justiz. An ihre Stellen berief König Max den Bundestags-Gesandten Freiherrn von Schrenk als Minister des königlichen Hauses und des Äußeren, Freiherrn von Mulzer als Minister der Justiz und von Neumayer, bisher Gesandten in Stuttgart, als Minister des Innern. Dieses Cabinet nun zeigte sich eifrig bemüht, die noch fehlenden, seit langer Zeit berathenen und verbesserten Gesetzbücher vor die am 3. Januar 1861 eröffneten Kammern zu bringen, denn der König hatte wiederholt ausgesprochen, er wolle seinem Volke die Wohlthat einer einheitlichen Gesetzgebung im Gebiete des Rechtslebens nicht länger vorenthalten. Die beiden Minister der Justiz und des Innern, wie der Vertreter der Staatsregierung hatten den Anschauungen der Gesetzgebungs-Ausschüsse der beiden Kammern überall, wo sich eine wirkliche Berechtigung zeigte, zugestimmt. Die Berathung in den Kammern darüber zeigte auch bald eine wohlthuende Übereinstimmung in der Billigung des Geleisteten. Und so wurden nun die drei Gesetzentwürfe des Strafgesetzbuches, des Polizei-Strafgesetzbuches und des Einführungsgesetzes für das ganze Königreich von den beiden Kammern beinahe mit Stimmeneinhelligkeit angenommen und vom König genehmigt, was im ganzen Lande große Befriedigung hervorrief.

Inzwischen hatten aber auch die auswärtigen Ereignisse das regste Interesse des Monarchen in Anspruch genommen. Der 1859 zwischen Österreich und Sardinien ausgebrochene Krieg, welchen König Max, so lange nur die geringste Hoffnung auf Erfolg vorhanden war, zu verhindern suchte, hatte durch die Haltung Preußens dieses mit Österreich entzweit. Die beiden Großmächte im Deutschen Bunde standen sich von nun an feindlich gegenüber.

König Max, den die Entzweiung der deutschen Fürsten sehr beunruhigt hatte, machte es sich nun zur Aufgabe, dieselben wieder zu versöhnen. Er wollte dieses Werk noch 1860 während seines Cur-Aufenthaltes zu Gräfenberg in Schlesien vollbringen.

Während er siebzehn Tage lang daselbst nur der Pflege seiner schwankenden Gesundheit zu achten und ein einsames Stillleben zu führen schien, war er unermüdlich thätig, und was noch vor wenigen Wochen unmöglich schien, das geschah jetzt. Zwischen Wien und Berlin wurden Friedens-Unterhandlungen angeknüpft und eine Verständigung erzielt. Ganz Deutschland freute sich, als sich die Kunde von dem gelungenen Werke verbreitete.

Als König Max nach Bayern zurückkehrte, empfiengen ihn am Bahnhofe zu München alle Mitglieder des Magistrates und der Gemeinde, sowie eine große Menschenmenge mit hellem Jubel und brachten ihm den Dank dar für sein mit so glücklichem Erfolge gekröntes Bemühen.

Am 29. Juli 1863 begab sich König Max nach Regensburg, um dort die Kaiserin von Österreich, welche in Kissingen geweilt hatte, zu begrüßen. Bei dieser Gelegenheit hatte der Monarch auch eine Unterredung mit Kaiser Franz Josef I., welcher gekommen war, seine hohe Gemahlin nach Wien zu begleiten.

Kurze Zeit darauf schien es, als sollte nun die vom Könige schon so lange mit unermüdlichem Eifer angestrebte Bundesreform doch zustande kommen, und zwar durch Se. Majestät Kaiser Franz Josef I. von Österreich. Dieser hatte nämlich alle Bundesfürsten für den 16. August nach Frankfurt am Main eingeladen, um gemeinsame Berathungen über die Frage zu eröffnen, wie die Bundesverfassung unter Beibehaltung der politischen Bedürfnisse der Gegenwart neu befestigt und ausgebildet werden könne. Fast alle deutschen Monarchen hatten der Einladung Folge geleistet.

Die Fürsten fassten in den Sitzungen mehrfache Beschlüsse; ein sechsgliederiges Directorium mit einem Bundesrathe an der Seite, die Fürstenversammlung und Versammlung der Bundesabgeordneten, dazu ein Bundesgericht sollten alsbald eingesetzt werden.

Am 1. September fand die letzte Sitzung statt, wobei König Max im Namen aller Anwesenden Sr. Majestät dem Kaiser für die Berufung zu diesem schönen Zwecke dankte.

König Max wurde bei seiner Rückkehr überall mit begeistertem Ausdrucke des Dankes für seine Wirksamkeit am Fürstentage bewillkommt. Seine Fahrt nach München glich einem Triumphzuge und die Hauptstadt selbst überbot bei seinem Einzuge am Abende des 4. September alles, was sie bisher dem geliebten Monarchen zu Ehren und Dank veranstaltet hatte. Die ganze Stadt war in einen Blumengarten verwandelt, über dem unzählige Fahnen in den bayerischen und deutschen Farben wehten und welchen bei Eintritt der Dunkelheit Tausende von Lichtern beleuchteten. Der König unternahm mit seiner hohen Gemahlin noch spät eine Rundfahrt durch die Stadt, freudig gerührt und bewegt über die Freude des Volkes, welches von der nahen Zukunft die Einigung Deutschlands erwartete. Er aber verhehlte sich nicht, dass auch diesmal die Bemühungen vergebliche gewesen.

Und was er vorausgesehen, traf ein. Baden, Schwerin und Weimar hatten sich bereits am Ende der Berathungen gegen die Beschlüsse des Fürstentages erklärt, dasselbe that Preußen; so blieben die Verhandlungen ohne Erfolg und Deutschland in seinen Fürsten gespalten.

Um seine angegriffene Gesundheit zu stärken, trat König Max am Morgen des 2. October eine Reise durch Frankreich nach Italien an, die vom Wetter nicht begünstigt wurde. Nach einigen durch Witterungsunbilden verursachten Verzögerungen traf er am 13. October in Rom ein.

Hier verbrachte der Monarch nun mehrere Wochen in ungestörter Ruhe und seine Gesundheit schien sich in der milderen Luft allmählich zu kräftigen, als in Deutschland ein Ereignis eintrat, welches sein Gemüth tief ergreifen musste. Am 15. November war König Friedrich VII. von Dänemark gestorben, nachdem er noch kurz vorher ein Staatsgrundgesetz veröffentlicht hatte, durch welches Schleswig-Holstein ganz dem dänischen Staate einverleibt werden sollte. Obwohl nun diese Herzogthümer kraft unbezweifelten Rechtes an Herzog Friedrich aus der Linie Augustenburg fallen sollten, unterschrieb König Christian IX. von Dänemark am 18. November jenes Staatsgrundgesetz. Das ganze deutsche Volk gerieth in Bewegung; insbesonders in den constitutionell herangebildeten Staaten mehrten und kräftigten sich die Vereine, um das Volk in Schleswig-Holstein zu unterstützen und man rief nach einem Fürsten, der Ansehen und Macht genug habe, dem rechtmäßigen Erben zu seinem Rechte zu verhelfen. Aller Augen und Wünsche richteten sich auf König Max, welcher sich stets entschieden für die Rechte der Herzogthümer erklärt hatte. Von ihm hoffte man, dass er nach seiner Rückkehr aus Italien die allgemeine Bewegung in ruhige Bahnen leiten und durch sein gewichtiges Wort den Deutschen Bund zum Handeln bestimmen und dem Rechte den Sieg verschaffen werde. Diesem allgemeinen, von ganz Dentschland genährten Verlangen lieh München Ausdruck und richtete am ersten December an den in Rom weilenden Monarchen die Bitte; noch am selben Tage langte die Adresse in Rom an. König Max kehrte, trotzdem er sich noch sehr angegriffen fühlte, nach München zurück.

Die Freude über diesen Entschluss des Königs war nicht bloß in der Residenz, sondern in ganz Bayern und einem großen Theile Deutschlands eine wahrhaft innige. Am 15. December kam der Monarch unter allgemeinem Jubel in München an und erwartungsvoll harrte das Volk auf die königliche Entschließung in der verhängnisvollen Angelegenheit. Schon in wenigen Tagen wurde ein Handschreiben des Königs an den Staatsminister Freiherrn von Schrenk veröffentlicht, in welchem der Monarch dessen bisherige Politik gut hieß und erklärte, dass er die Erbansprüche der herzoglich Schleswig-Holstein-Sonderburg-Augustenburgischen Linie für rechtlich begründet erachte, so wie bereit sei, mit allen Kräften für die Durchführung der hiedurch bedingten Politik, für die Rechte der Herzogthümer und Deutschlands einzustehen. Weiter hieß es dann: „Aber getreu Meinen Pflichten als deutscher Bundesfürst und wohlerwägend die Lage der Dinge, hoffe Ich der Zustimmung aller Besonnenen sicher zu sein, wenn Ich das vorgesteckte Ziel bei dem Bunde und durch den Bund zu erreichen strebe."

Am 16. December kam der Prinz von Augustenburg selbst nach München, um dem Könige seine Achtung und seinen Dank zu bezeugen.

Die Stimmung des bayerischen Volkes, die durch des Königs offenes Benehmen noch gehoben wurde, war für das übrige Deutschland von mächtigem Einflusse. Endlich sollte nun der Bundesbeschluss ausgeführt und Holstein durch Bundestruppen besetzt werden, Schleswig schien man jedoch in der alten Abhängigkeit von Dänemark belassen zu wollen. Hannover'sche und sächsische Truppen rückten am Ende des Jahres 1863 in Holstein ein, die dänischen Soldaten räumten das Land und die Bundes-Civil-Commissäre trafen die nöthigen Einrichtungen zur Verwaltung des Landes. Als aber darauf beim Bunde der weitere Antrag erfolgte, auch Schleswig zu besetzen, erklärten Österreich und Preußen am 14. Januar 1864, dass der Bund hiezu nicht berechtigt sei, dass sie selbst aber mit Rücksicht auf ihre außerbundliche Großmachtstellung die Sache in ihre eigene Hand nehmen und durch ihre Heere Dänemark zur Erfüllung des Londoner Protokolles zwingen werden.

Die Truppen der beiden deutschen Großmächte rückten denn auch bald durch Holstein gegen Schleswig vor, doch vergebens hatten sie gehofft, Dänemark werde, durch den Ernst der nahen Gefahr eingeschüchtert, ihre gerechten Forderungen erfüllen.

Da nahmen die Österreicher Dänemark wie im Sturme, es floss das erste deutsche Blut in furchtbarem Kampfe.

So war die Lage der Dinge, als am 6. März abends Erzherzog Albrecht in München eintraf und, der königlichen Einladung folgend, in der Residenz Wohnung nahm. Es war allgemein bekannt, dass er im Auftrage Sr. Majestät des Kaisers von Österreich gekommen, um König Max für die Anschauungen und Pläne Österreichs in der Schleswig-Holsteinischen Sache zu gewinnen.

Am 6. und 7. besprach sich der Monarch mehrmals mit dem Erzherzog, obwohl er sich etwas unwohl fühlte. An der linken Seite der Brust hatte sich eine Geschwulst gebildet, doch unternahm er, da selbe keinerlei Schmerzen verursachte, am 7. einen Spaziergang. Am Abende des folgenden Tages jedoch fühlte er sich sehr unbehaglich; es hatte sich Rothlauf gebildet, der sich nun auch auf die rechte Brusthälfte ausdehnte.

Am 9. verblieb der König im Bette; da ihm aber die Schleswig-Holsteinische Sache sehr am Herzen lag, übernahm die Königin die Vermittlung des Ideenaustausches zwischen ihm und Erzherzog Albrecht.

Nach 1 Uhr hatte dieser selbst noch eine Unterredung mit dem Monarchen, die jedoch erfolglos blieb. Der König rief nun seinen Secretär Hofrath von Pfistermeister und übertrug ihm die Sendung an Minister Freiherrn von Schrenk, er möge eine vermittelnde Antwort für den Erzherzog finden, damit dieser nicht ohne Aussicht einer Verständigung scheide. Pfistermeister kehrte sehr bald mit einer dem Könige erwünschten Antwort zurück.

Von nun ab verschlechterte sich der Zustand des Königs zusehends und kurz nach Mitternacht war jede Hoffnung auf Rettung geschwunden. Um 4 Uhr morgens des 10. März deutete der Leibarzt dem Monarchen die große Gefahr an, in der er schwebe. Ungemein gefasst vernahm König Max die verhängnisvollen Worte und sagte: „Ist's soweit? Nun, unser Herrgott wird es schon recht machen mit mir. Ich habe immer das Beste gewollt."

Er blieb nun einige Zeit mit seinem Beichtvater, dem Domdechanten Reindl, allein und empfieng die hl. Sterbesacramente. Später kamen die Prinzen; die Königin stand an seiner Seite, seine Hand in der ihrigen; auf sie war der letzte Blick, an sie die letzten Worte: „Liebe Marie!" gerichtet. Während der Erzbischof tröstende, erhebende Worte zu ihm sprach, auf welche er noch ein leises „Ja" lispelte, entschlummerte er zwei Minuten vor ¾ 12 Uhr sanft und ruhig.

Auf dem Antlitze spiegelte sich noch der Friede, der die Seele des Lebenden erfüllt hatte.

Die ganze Stadt, das ganze Land wurde von dem Tode des geliebten Königs aufs tiefste erschüttert, umsomehr, als der Nachricht von der Erkrankung unmittelbar die seines Todes folgte. Allen schien der Verlust unermesslich. Die Trauer, welche sich über ganz Bayern lagerte, lässt sich nicht schildern. Jeder fühlte, der gemeinsame Vater sei gestorben, der alle seine Bayern mit gleicher Liebe umfasste.

Zu seinem Leichenbegängnisse strömten aus allen Gegenden Bayerns die getreuen Unterthanen herbei; sein Sohn und Nachfolger, der junge König Ludwig II., folgte ganz in Schmerz aufgelöst an der Seite seines Bruders Otto und der übrigen Prinzen dem Sarge; von allen auswärtigen Staaten waren Vertreter ihrer Souveräne zu den Trauerfeierlichkeiten in München eingetroffen.

Seine letzte Ruhestätte hatte sich König Max II. in der Theatinerkirche (St. Cajetan) erwählt, wo eine Kapelle für die Aufnahme des Sarges eingerichtet werden sollte; dorthin bewegte sich nun auch der düstere Trauerzug.

Kein Auge blieb thränenleer, als vier Monate später das königliche Herz in einer silbernen Urne von München nach Alt-Ötting gebracht wurde, das Herz, welches so warm für Bayern und sein Volk geschlagen. Welch eine große Anzahl von Wohlthätigkeits-Anstalten und Vereinen hatte der gütige Monarch gegründet und unterstützt, welch riesige Summen hatte er Armen und Verunglückten zugewendet! Mit welcher Liebe König Max an seinem Volke gehangen, zeigen am deutlichsten die in seiner letzten, am 16. December niedergeschriebenen Willenserklärung, ganz Bayern betreffenden Worte:

„Ich sage allen, die Mir Anhänglichkeit, Liebe und Treue bewiesen haben, Meinen innigsten, wärmsten Dank. Ich vergebe vom Grunde Meiner Seele allen denjenigen, bei welchen dies nicht der Fall war, die Mich wissentlich oder unwissentlich gekränkt. Mögen aber alle Mir vergeben, die sich über Mich zu beklagen haben. Ich bitte sie vom Herzen um Verzeihung. Möge der Allmächtige Mein theueres, braves, herrliches Bayern-Volk auch ferner und in alle Zukunft in seinen heiligen Schutz nehmen, seinen reichsten, besten Segen ihm verleihen; Ich habe es von Jugend auf treu im Herzen getragen, es war der Gegenstand Meiner Arbeiten, Meiner Sorge, Meiner Leiden und Freuden! Sein Glück war das Meine, Mein ernstes, eifriges Streben ist es und wird es immer sein, Meines Landes materielle und geistige Wohlfahrt nach allen Kräften zu fördern und ihm denjenigen Rang unter den Nationen einzuräumen, auf welchen es durch seine Stellung und seine alte ruhmreiche Geschichte Anspruch hat. Meine Liebe zu ihm wird Mein Leben überdauern. Für Mein Volk werde Ich wirken und beten, so lange Ich wirken und beten kann.

24. December 1850.

Karl Prinz von Bayern,

königl. bayerischer Feldmarschall und General-Inspector der Armee, Inhaber des königl. bayerischen Infanterie-Regimentes Nr. 3, des Kürassier-Regimentes Nr. 1, **Oberst und Inhaber des k. k. Husaren-Regimentes Nr. 3 (vom 24. December 1850 bis 11. November 1866)**, Chef des königl. preußischen (2. schlesischen) Husaren-Regimentes Nr. 6, sowie des kaiserl. russischen Infanterie-Regimentes Orenburg, Großkreuz des königl. bayerischen Militär-Max-Josef-Ordens, **Ritter des kaiserl. österreichischen Ordens vom Goldenen Vliese, Großkreuz des königl. ungarischen St. Stephan-Ordens, Ritter des Militär-Maria-Theresien-Ordens**, Ritter des kaiserl. russischen St. Georg-Ordens IV. Cl. etc. etc.

Prinz Karl wurde als zweiter Sohn des Herzogs Maximilian Josef, nachherigen Kurfürsten von Pfalzbayern und seit 1806 König von Bayern, am 7. Juli 1795 zu Mannheim geboren.

Frühzeitig für die Armee bestimmt, wurde der Prinz schon im fünften Lebensjahre zum Oberstinhaber des zweiten Füsilier-Regimentes, im Juni 1813 zum Generalmajor und Brigadier der Infanterie, sowie einige Monate darnach zum Divisions-General ernannt.

In diesen beiden Chargen commandirte der Prinz in den Feldzügen 1813 bis 1815 an der Seite des Generals Wrede, wurde wegen ausgezeichneter Leistungen in den Gefechten bei Brienne an den entscheidenden Tagen des 1. und 2. Februar 1814 von weiland Sr. Majestät Kaiser Franz I. mit dem Ritterkreuze des Maria Theresien-Ordens geschmückt und für sein Wohlverhalten in der Schlacht bei Arcis-sur-Aube am 20. März, wobei er seinen Truppen stets das schönste Beispiel von Muth und Beharrlichkeit gegeben hatte, rühmlichst belobt.

Nach dem ersten Pariser Frieden in die Heimat zurückgekehrt, begleitete Prinz Karl seinen Vater zum Wiener Congresse. Bei der nach Napoleons Rückkehr von Elba ins Feld rückenden bayerischen Armee commandirte der Prinz die erste leichte Cavallerie-Division; später übernahm er das General-Commando in München.

Schon 1822 trat jedoch Prinz Karl mit dem Range eines Cavallerie-Generals von diesem Posten zurück und lebte seinen Studien, bis ihn Wredes Tod an die Spitze der bayerischen Armee rief. Im Januar 1841 zum Feldmarschall befördert, erhielt der um die königlich bayerische Armee so hochverdiente Prinz im März 1848 infolge Beschlusses der deutschen Bundesversammlung den Oberbefehl über das VII. und VIII. Armeecorps des Bundes und im November desselben Jahres das General-Inspectorat über das königliche Heer; ebenso ward er im März 1855 zum Höchstcommandierenden des nach Bundesbeschluss vom 8. Februar 1855 bereitzustellenden königlich bayrischen Armeecorps ernannt.

Während des Feldzuges 1866 war Feldmarschall Prinz Karl Oberbefehlshaber derjenigen Streitkräfte, welche die mit Österreich verbundenen deutschen Bundesstaaten gegen Preußen ins Feld stellten und die unter der Bezeichnung „Westdeutsche Bundes-Armee" gegen die preußische „Main-Armee" unter dem General der Infanterie Vogel von Falkenstein zu operieren hatten. Die westdeutsche Bundesarmee bestand aus dem VII. deutschen Bundes-Armeecorps unter dem speciellen Befehle des Feldmarschall Prinzen Karl von Bayern und aus dem VIII. deutschen Bundes-Armeecorps unter Commando des großherzoglich hessischen Generals der Infanterie Prinzen Alexander von Hessen. Außerdem sollte sich mit diesen beiden Corps auch die hannoveran'sche Armee vereinigen. Während der auf die Vereinigung abzielenden, leider zusammenhanglosen und allzu langsamen Operationen dieser drei Armeekörper sah sich jedoch die hannoveran'sche Armee, trotz ihres bei Langensalza am 27. Juni über eine der preußischen Colonnen erfochtenen Sieges, infolge allseitiger Umzingelung durch andere überlegene preußische Streitkräfte gezwungen, am 28. Juni zu capitulieren. Prinz Karl machte daraufhin die auf Vereinigung der Westdeutschen Bundesarmee abzielenden Operationen rückgängig. Nach dem unglücklichen Ausgange des Krieges legte der Prinz alle militärischen Würden nieder (darunter auch mit 11. November 1866 die des Oberst-Inhabers des k. k. Husaren-Regimentes Nr. 3) und zog sich ganz vom öffentlichen Leben nach Tegernsee zurück, wo er am 16. August 1875 verschied.

Seit 1857 war Prinz Karl morganatisch mit der Gräfin von Tegernsee vermählt.

16. Mai 1851.

Ludwig III. Großherzog von Hessen und bei Rhein,

Oberst-Inhaber des k. k. Infanterie-Regimentes Nr. 14 (vom 16. Mai 1851 bis 13. Juni 1877), Chef des königl. preußischen, 4. westfälischen Infanterie-Regimentes Nr. 17, des königl. bayerischen 5. Infanterie-Regimentes, sowie des kaiserl. russischen Infanterie-Regimentes Livland, **Großkreuz des königl. ungarischen St. Stephan-Ordens** etc. etc.

Großherzog Ludwig III. war einer der sogenannten Märzfürsten, das heißt einer von denjenigen deutschen Regenten, die infolge der stürmischen Ereignisse im März 1848 zum Throne gelangten. Als ältester Sohn des Großherzogs Ludwig II. und dessen Gemahlin Wilhelmine Luise, einer Prinzessin von Baden, am 9. Juni 1806 geboren, genoss Prinz Ludwig im Elternhause eine treffliche Erziehung. Schon im jugendlichen Alter von 15 Jahren trat er am 26. April 1821 in den vaterländischen Militärdienst und wurde dem großherzoglichen Leibgarde-Regimente, heute großherzoglich hessisches Infanterie-(Leibgarde-)Regiment Nr. 115, einem der ältesten und ausgezeichnetsten Regimenter des Reichsheeres, als Capitän zugetheilt. Bereits an seinem 16. Geburtstage, am 9. Juni 1822, wurde Prinz Ludwig zum Major, am 15. September 1824 zum Oberstlieutenant und am 31. October 1825 zum Obersten befördert. Stets blieb der Prinz, der um diese Zeit die Universität Leipzig besuchte, im Verbande des Leibgarde-Regimentes, dessen zweiter Inhaber er auch bei gleichzeitiger Ernennung zum Generalmajor am 30. April 1830 wurde.

Am 26. December 1833 vermählte sich Prinz Ludwig mit der am 30. August 1813 geborenen Tochter König Ludwig I. von Bayern, Prinzessin Mathilde. An diesem Tage erfolgte auch seine Beförderung zum Generallieutenant und Inspector der Infanterie. Als solcher wohnte er dem berühmten Lager russischer und preußischer Truppen bei, das Kaiser Nikolaus im Jahre 1835 bei Kalisch abhalten ließ, und zu dessen Erinnerung, sechs Jahre später, ein Denkmal dortselbst errichtet wurde. Prinz Ludwig hatte über dieses interessante militärische Übungslager zahlreiche Notizen gesammelt, sowie eigenhändige Aufzeichnungen gemacht. Am 26. December 1843 wurde der Prinz zum General der Infanterie befördert.

Die stürmischen Ereignisse des Jahres 1848 fanden in Hessen-Darmstadt Großherzog Ludwig II. am Throne, einen einundsiebzigjährigen Greis, der sehr absolutistisch gesinnt war und einem sehr unbeliebten, weil jeder nothwendigen Reform abholden Ministerium sein Vertrauen schenkte. Selbst unter den entschieden constitutionell und monarchisch Gesinnten hatte sich eine Opposition gegen die damalige Regierung gebildet. Erbgroßherzog Ludwig galt schon zu jener Zeit als liberal und für einen entschiedenen Gegner der Richtung, welche sich in der Regierung seines Vaters verkörperte, hatte aber thatsächlich bis zu den Februartagen auf die Regierungsangelegenheiten gar keinen Einfluss. Er weilte zu dieser verhängnisvollen Zeit, da auch in seinem Vaterlande die Unzufriedenheit zu allgemeinem und lautem Ausdrucke kam, mit seiner Gemahlin gerade zu Besuch am Hofe in München. Die erregte Stimmung, und die infolgedessen in der Abgeordnetenkammer eingebrachten Anträge und Angriffe zeigten dem greisen Regenten, dass er das Vertrauen und die Liebe des Volkes in bedeutendem Maße verloren habe. Stürmischer Jubel, namentlich seitens der freisinnigen Partei, begrüßte den Prinzen Ludwig am 3. März bei seiner Heimkehr von München. Da selbst die am 4. März erlassenen Verordnungen, welche dem Volke ein Pressgesetz, Volksbewaffnung durch Bürgerwehren und öffentliches Gerichtsverfahren mit Schwurgericht zusagten, nicht mehr genügen wollten, berief nun Großherzog Ludwig II. seinen Sohn zum Mitregenten. Erst diese Ernennung, sowie die Entlassung des verhassten bisherigen Ministeriums Du Thil, welches durch ein entschieden freisinniges unter Heinrich von Gagern ersetzt wurde, beschwor den Sturm. Eine Reihe zeitgemäßer Verfügungen bekundeten nun zur Genüge, dass es der neuen Regierung mit den freiheitlichen Zugeständnissen Ernst war. Allein die Maßlosigkeit der damaligen Bewegungspartei, die Ausschreitungen der Bauern im Vogelsgebirge und Odenwalde, die verschiedenen Unruhen in Mainz und alle jene so bedauerlichen Missbräuche der neuerlangten Freiheit, die in der Luft der Jahre 1848 und 1849 lagen, brachten den nunmehrigen Großherzog, der am 16. Juni nach dem Ableben seines Vaters als Ludwig III. den Thron bestiegen hatte, eine andere Ansicht von seinem Volke und von dem Segen der Volksfreiheit bei. Namentlich mochten die Ereignisse des Jahres 1849 in Baden und der Pfalz, welche auch auf Hessen diesseits und jenseits des Rheines nicht ohne Einfluss blieben, Ludwig III. bewogen haben, anno 1850 seine Politik zu ändern und mit dem Ministerium Dalwigk der Reaction zu huldigen.

Am 25. Mai 1862 verlor Großherzog Ludwig nach fast 29jähriger sehr glücklicher, aber kinderloser Ehe seine Gemahlin, Großherzogin Mathilde, durch den Tod. Lange noch lebte das Andenken dieser edlen Fürstin, welche sich durch hohe Geistesgaben und Herzensgüte ausgezeichnet, unvergessen im Hessenlande fort.

Im Jahre 1866 stand Hessen an der Seite der Bundesarmee gegen Preußen und ließ sein Contingent zum VIII. Bundescorps stoßen, dessen Oberbefehl der hessische Prinz Alexander führte. Die hessischen Truppen erlitten jedoch am 13. Juli bei Laufach eine blutige Niederlage. Nach dem Gefecht bei Aschaffenburg wurde fast das ganze Land von den Preußen besetzt. Da die nahe Verwandtschaft des hessischen Fürstenhauses mit Russland und England dem Sieger einige Rücksichten auferlegte, so fielen die Bestimmungen des am 3. September abgeschlossenen Friedens für Hessen ziemlich glimpflich aus; es musste 3 Millionen Thaler Kriegskosten bezahlen, und die erst im März 1866 an Darmstadt gefallene Landgrafschaft Homburg nebst Meisenheim, die Kreise Biedenkopf und Wehl, den nordwestlichen Theil des Kreises Gießen, den Ortsbezirk Rödelheim und den hessischen Antheil am Ortsbezirk Niederursel, im ganzen etwa 1100 Quadrat-Kilometer mit 74.000 Einwohnern, an Preußen abtreten, das dagegen Katzenberg, Nauheim, Reichelheim, Trais, Dortelweil und Haarheim, 83 Quadrat-Kilometer mit 12.000 Einwohnern, an Hessen überließ. Ferner musste der Großherzog für Oberhessen dem Norddeutschen Bunde beitreten, das Post- und Telegraphenwesen an Preußen überlassen, diesem das Besetzungsrecht in Mainz einräumen und in die Aufhebung der Rheinschiffahrtsacte willigen.

Bei Ausbruch des Krieges 1870 rückte die hessische 25. Division, zum IX. Corps gehörig, unter dem präsumtiven Thronfolger Prinz Ludwig ins Feld und nahm ruhmreichen Antheil an den Kämpfen von Gravelotte-St. Privat, an der Cernierung von Metz, an der Schlacht von Orléans und anderen Unternehmungen.

Großherzog Ludwig III. nahm auch an dem Vertrage vom 18. November 1870, durch welchen das neue Deutsche Reich gegründet wurde, theil, und schloss am 2. Juni 1871 mit Preußen eine Militär-Convention ab, nachdem Minister Dalwigk am 6. August 1871 seine Entlassung genommen hatte. Nach 1¹/₂jährigem Übergangsstadium übernahm am 13. September 1872 der bisherige Vertreter Hessens im Bundesrathe, Hoffmann, die Leitung des Ministeriums, welche derselbe auch fast die ganze Regierungszeit Ludwigs III. beibehielt.

Wenn wir die Regierungszeit des Großherzogs, welche die an großen Ereignissen reiche Zeit von 1848 bis 1877 umfasst, überblicken, ist dieselbe für das Großherzogthum Hessen eine segensreiche gewesen. Der Landesherr, welcher unter den schwierigsten Verhältnissen den Thron bestiegen, hat sich während seines ganzen Lebens durch angeborene Herzensgüte und großes Wohlwollen für seine Unterthanen ausgezeichnet. Großherzog Ludwig war vor allem ein pflichtgetreuer Regent und handelte stets als solcher, selbst dann, wenn seine Pflichten mit seinen individuellen Neigungen nicht durchaus im Einklange standen. Gewiss nimmt der Großherzog für alle Zeiten unter der großen Anzahl hessischer Landesherren, welche gar manchen bedeutenden Regenten aufzuweisen hat, einen höchst ehrenvollen Platz ein. Mit unverbrüchlicher Treue hielt er stets die Verträge, welche das Jahr 1866 im Gefolge hatte, und ebenso wie sein Herz bei den schweren Verlusten blutete, welche die großherzoglich hessische Division besonders in dem Gefechte bei Laufach (13. Juli 1866) erlitten, ebenso fühlte sich dieses Herz 1870/71 durch den Gedanken gehoben, dass dieselbe Division durch ihre opfermuthige Hingebung und Tapferkeit zu den herrlichen Erfolgen des deutsch-französischen Krieges wesentlich mit beigetragen hat.

Wenn Ludwig III. während der Feldzüge, die in seine Regierung fielen, auch nicht persönlich seine Truppen vor den Feind führte, so hat er doch durch unausgesetzte Fürsorge dazu beigetragen, dass seine Soldaten dem altbewährten Rufe hessischer Tüchtigkeit und Tapferkeit niemals untreu wurden.

Am 26. April 1871 feierte der Großherzog sein 25jähriges Militär-Dienstjubiläum und wurde dazu von Kaiser Wilhelm durch ein Handschreiben und das Großkreuz des hohenzollern'schen Hausordens mit der Kette erfreut.

Auch ein Freund von Kunst und Wissenschaft war Großherzog Ludwig III. Insbesondere die dramatische Kunst hatte in ihm einen treuen Gönner und ein nicht unbedeutender Theil seines fürstlichen Jahreseinkommens floss dem großherzoglichen Hoftheater in Darmstadt als Subvention zu. Auch für die Baukunst zeigte der

Fürst hohes Interesse. Das Hoftheatergebäude zu Darmstadt, welches nach dem Brande im Herbst 1871 neu und großartiger aufgebaut wurde, vollendet zu erblicken, sollte ihm nicht gegönnt sein.

In den zahlreichen Audienzen, die Großherzog Ludwig III. seinen Unterthanen zu gewähren pflegte, gieng er gerne auf deren Privatverhältnisse, für welche er ein seltenes Gedächtnis besaß, ein und erwarb sich dadurch auch die volle Anhänglichkeit und Liebe des hessischen Volkes.

Tiefbetrauert vom ganzen Lande beschloss der edle Fürst nach kurzer Krankheit im 71. Lebensjahre am 13. Juni 1877 auf dem Landsitze Seeheim seine irdische Laufbahn.

8. August 1851.

Karl Prinz von Baden,

königl. preußischer General der Cavallerie, Chef des 3. badischen Dragoner-Regimentes Nr. 22 Prinz Karl, Ritter des königl. preußischen Schwarzen Adler-Ordens mit der Kette, des Eisernen Kreuzes II. Classe am weißen Bande, des großherzogl. badischen Ordens der Treue, des großherzogl. badischen Militär-Karl-Friedrich-Verdienst-Ordens, des großherzogl. badischen Ordens Berthold I. von Zähringen, Großkreuz des großherzogl. badischen Ordens vom Zähringer Löwen mit den Schwertern, Besitzer des königl. bayerischen Militär-Verdienstkreuzes, Großkreuz des königl. württembergischen Kronen-Ordens, des großherzogl. hessischen Ludwig-Ordens, des großherzogl. mecklenburg'schen Ordens der Wendischen Krone, des herzogl. Sachsen-Ernestinischen Hausordens, Ehren-Großkreuz des großherzogl. oldenburgischen Haus- und Verdienstordens, **Großkreuz des königl. ungarischen St. Stephan-Ordens, Besitzer des k. k. Militär-Verdienstkreuzes mit der Kriegsdecoration**, Ritter des kaiserl. russischen St. Andreas-Ordens etc. etc.

Prinz Karl, der vierte Sohn des im Jahre 1852 verstorbenen Großherzogs Leopold von Baden und dessen Gemahlin Sophie, einer Tochter des Königs Gustav IV. Adolf von Schweden, wurde am 9. März 1832 zu Karlsruhe geboren.

Frühzeitig sich schon dem Kriegsdienste widmend, schwor der Prinz zu Österreichs Fahnen und wurde am 8. August 1851 in das k. k. 10. Jäger-Bataillon als Unterlieutenant zweiter Classe eingetheilt. Anfangs supernumerär geführt, wurde Prinz Karl am 16. Februar 1852 bei gleichzeitiger Beförderung zum Unterlieutenant erster Classe in die Wirklichkeit eingebracht und zum 21. Feldjäger-Bataillone transferiert. Am 23. März desselben Jahres noch avancierte er zum Oberlieutenant im Tiroler Kaiser-Jäger-Regimente. 1853 zur Cavallerie übersetzt, diente Prinz Karl seit 11. Juni d. J. als zweiter, später als erster Rittmeister im Husaren-Regimente Graf Radetzky Nr. 5, dann bei dem Graf Hardegg 7. Kürassier-Regimente, zu welchem er mit 1. April 1854 transferiert worden war. Am 23. September 1856 bereits rückte Prinz Karl in seinem Regimente in die Majors-Charge vor, wurde am 16. April 1857 zu

Savoyen-Dragonern und am 5. Mai 1859 bei gleichzeitiger Ernennung zum Oberstlieutenant zum Graf Horváth 6. Dragoner-Regimente übersetzt. Noch im selben Jahre, am 4. November, erfolgte die Beförderung des **Prinzen** zum Obersten im Dragoner-Regimente Graf Stadion Nr. 1. Am 5. December 1861 quittierte Prinz **Karl** mit Beibehalt des Militär-Charakters und lebte nun, seit 15. August 1859, in Anerkennung seiner hervorragenden Leistungen bei Solferino mit dem Militär-Verdienstkreuze decoriert, zu Wien. Mit 18. Februar 1865 wieder angestellt, diente der **Prinz** als zweiter Oberst im Graf Trani-Uhlanen-Regimente Nr. 13, dann im Dragoner-Regimente Fürst zu Windisch-Graetz Nr. 2, schied jedoch bereits am 12. Mai 1866 bei seinem Übertritte in großherzoglich badische Kriegsdienste aus der k. k. Armee. Prinz **Karl**, der nun seit 22. März 1883 die Charge eines königlich preußischen Generals der Cavallerie bekleidet, ist seit 17. Mai 1871 morganatisch mit Gräfin Rosalia von Rhena, einer gebornen Freiin von Beust, vermählt, welcher Ehe ein Sohn Friedrich entspross, der den Namen Graf von Rhena führt.

27. November 1851.

Friedrich Wilhelm I. Kurfürst von Hessen-Kassel,

Oberst und Inhaber des k. k. Husaren-Regimentes Nr. 8 (vom 27. November 1851 bis 6. Januar 1875), sowie Chef des königl preußischen 11. Infanterie-Regimentes, Großkreuz des königl. ungarischen St. Stephan-Ordens etc. etc.

Friedrich Wilhelm, der einzige Sohn des Kurfürsten Wilhelm II., wurde am 20. August 1802 zu Hanau geboren. Nach Absolvierung seiner Studien zu Marburg und Leipzig nahm er, Differenzen mit seinem Vater halber, mit seiner Mutter, der im ganzen Lande über alles verehrten Prinzessin Auguste, der Tochter Friedrich Wilhelm II. von Preußen, abwechselnd in Berlin, Bonn und Fulda Aufenthalt. Diese traurigen Familienverhältnisse blieben leider nicht ohne Nachhall im Fürstenthume und gar bald kam die herrschende Unzufriedenheit, gesteigert durch die Julirevolution 1830, durch Excesse in Kassel, Hanau und Fulda zum Ausbruche. Den Bemühungen des Kurprinzen, seinem persönlichen, wohlwollenden Auftreten war es größtentheils zu danken, dass die Ruhe wieder hergestellt wurde.

Sein Vater war um diese Zeit in Karlsbad ans Krankenlager gefesselt. Gelegentlich eines Besuches daselbst kam endlich die Aussöhnung zwischen Vater und Sohn zustande. Als sich der Zustand des Kurfürsten gebessert hatte, kehrte er für kurze Zeit nach Kassel zurück und begab sich sodann nach Hanau. Da alle an den Kurfürsten gerichteten Bitten, seinen Wohnsitz wieder nach Kassel zu verlegen, vergeblich waren, sprach am 30. August 1831 eine Deputation der Stände und des Rathes bei ihm vor, um ihn aufmerksam zu machen, welche Gefahren dem Lande durch seine Entfernung vom Centrum der Regierung bevorstünden, und dass die Verfassungsurkunde für den Fall einer längeren Abwesenheit des Landesfürsten die Einsetzung eines Regentschaftsrathes vorschreibe.

Der Kurfürst entschloss sich nun, den Kurprinzen Friedrich Wilhelm zum Mitregenten zu berufen und ihm bis zu seiner eigenen Rückkehr in die Hauptstadt die alleinige Regierung zu übertragen, welcher Entschluss am 30. September 1831 veröffentlicht wurde.

Seinen Einzug in Kassel hielt der Kurprinz-Mitregent am 7. October.

Durch vielfache Einschränkungen im Hofhaushalte und Einführung praktischer Maßregeln gelangte Friedrich Wilhelm bald zu großer Popularität. Starke Einbuße erlitt diese indes durch seine morganatische Ehe mit Gertrude Falkenstein, der geschiedenen Gattin des preußischen Lieutenants Lehmann, welche er 1831 zur Gräfin von Schaumburg und 1833 zur Fürstin von Hanau erhob.

Seine Mutter, Kurfürstin Auguste, welche inzwischen auch wieder nach Kassel zurückgekehrt war, verweigerte der Ehe des Kurprinzen ihre Anerkennung; dieser Umstand, sowie neue Gesetze bezüglich der Bürgergarden und das auf 900.000 Thaler erhöhte Kriegsbudget erregten die Gemüther aufs neue und bald kam es abermals zu ernsten Unruhen.

Der Kurprinz leistete nun, um die Ruhe wieder herzustellen, dem Drängen der Stände Folge und machte einige Zugeständnisse; doch wurden dieselben durch Minister Hassenpflug und auch nach dessen Entlassung, welche 1837 erfolgte, wesentlich geschmälert, wie sich überhaupt die Regierung in fortwährender Fehde mit der Landesvertretung befand, welch letztere schließlich gar keinen Einfluss mehr besaß. Nachdem am 20. November 1847 der Kurfürst in Frankfurt am Main vom Tode ereilt wurde, trat nun der Kurprinz-Mitregent die Regierung als Kurfürst Friedrich Wilhelm I. an. Der neue Kurfürst wollte bei der Huldigung den Eid auf die Verfassung umgehen, doch misslang dieser Versuch bei der Armee. Die Ereignisse des Jahres 1848 warfen ihre Schatten auch in das Kurfürstenthum Hessen und Friedrich Wilhelm I. konnte seine Unterthanen nur dadurch beruhigen, dass er ihren Forderungen willfahrte und das aus Mitgliedern der constitutionellen Opposition gebildete Ministerium Eberhard berief.

Die in freisinnigem Geiste geführte Thätigkeit dieses Cabinettes befriedigte die Bevölkerung vollkommen; als jedoch die allgemeine Reaction in Deutschland eintrat, machte dieselbe sich auch in Hessen bemerkbar und 1850 trat Hassenpflug abermals an die Spitze des Ministeriums. Ein Antrag an die am 22. August eröffnete Ständeversammlung, welcher von der letzteren verlangte, dass sie auch weiters die Einhebung der Steuern bewillige, ohne dass man ein Budget vorlege, erweckte die größte Verstimmung. Der innere Conflict kam abermals zum Ausbruche. Auf die Weigerung der Versammlung, diesem Antrage zuzustimmen, wurde dieselbe aufgelöst und die Forteinhebung der directen Steuern befohlen.

Diese Anordnung hatte die größte Erbitterung im Gefolge; da man die ernstlichsten Unruhen befürchtete, wurde am 7. September 1850 über das ganze Land der Kriegszustand verhängt und dem General Bauer als militärischem Oberbefehlshaber unumschränkte Gewalt eingeräumt. Diese Verfügung stieß aber auf derartigen Widerstand, dass sich der Kurfürst gezwungen sah, am 13. September in Begleitung seines Sohnes und dreier Minister Kassel zu verlassen.

Vorerst gieng er nach Hannover, von dort traf er am 15. im Schlosse Philippsruhe bei Hanau ein. Der Sitz der Regierung wurde laut Verordnung vom 17. September bis auf weiteres in das Schloss Wilhelmsbad bei Hanau verlegt, woselbst auch die Minister amtierten. Hassenpflug hatte gleichzeitig mit dem Kurfürsten die Hauptstadt verlassen, trennte sich aber vor Göttingen von demselben und begab sich nach Frankfurt am Main.

Hier bat er den seit 1. September zusammengetretenen engeren Rath des Bundestages um Hilfe gegen die traurigen Zustände seines Vaterlandes. Infolge dieses Ansuchens ließ dieser am 21. September an die kurhessische Regierung die Aufforderung ergehen, sie möge alle einer Bundesregierung zustehenden Mittel in Anwendung bringen, um die ernstlich bedrohte landesherrliche Autorität wieder herzustellen. Der Ständeausschuss setzte aber der Einmengung des Bundestages in die inneren Angelegenheiten des Staates lebhaften Widerstand entgegen und versuchte durch eine dem Kurfürsten überreichte Adresse diese Einmischung zu vereiteln.

Als Friedrich Wilhelm ihre Bitte nicht erfüllte, hoffte die constitutionelle Partei indes noch, dass Preußen seine Einwilligung zur Vollziehung des Bundesbeschlusses nicht geben werde. Thatsächlich wurde diese ihre Hoffnung durch die Zusammenziehung preußischer Truppen bei Wetzlar, Paderborn und in Thüringen bestärkt. Durch die Erklärung der oberen Gerichte, dass die Verordnungen vom 4. und 7. September gegen die Verfassung und daher undurchführbar seien, so dass die Beamten selbst ihr Wirken im Sinne dieser Verordnung verweigerten, sah sich das Ministerium, um seinen Willen geltend machen zu können, gezwungen, seine Zuflucht zur Einsetzung der reinen Militärgewalt, mit Beseitigung der ordentlichen Gerichte, zu nehmen.

Anfangs October wurde der greise Generallieutenant von Haynau an Stelle des verfassungstreuen Generals Bauer zum Oberbefehlshaber der hessischen Armee ernannt. Generallieutenant von Haynau löste sofort die Bürgerwehr auf, ließ eine Anzahl Verhaftungen vornehmen und unterdrückte die Presse.

Da nun in den ersten Octobertagen die Officiere, sich auf ihren, auf die Verfassung geleisteten Eid berufend, den Gehorsam verweigerten und ihren Abschied verlangten, erbat sich Hassenpflug am 15. die Hilfe des Bundestages. Seine Majestät Kaiser Franz Josef I. von Österreich und die Könige von Bayern und Württemberg hatten indes bereits am 11. October zu Bregenz den Entschluss zur Intervention gefasst. Am 1. November rückte ein österreichisch-bayerisches Corps von 25.000 Mann in Hessen ein, wovon 6600 Hanau besetzten. Wie vorauszusehen war, gab Preußen die Intervention des Bundestages nicht zu, und marschierten unter Commando des preußischen Generallieutenants von der Gröben zwei Divisionen nach Fulda vor, während Generallieutenant von Tietzen 6000 Preußen nach Kassel dirigierte. Am 8. November stießen die Bundestruppen unter dem Commando des Fürsten Thurn und Taxis bei Bronnzell mit den Preußen unter von der Gröben zusammen.

König Friedrich Wilhelm IV., in dessen Intentionen jedoch der Krieg nicht gelegen war, ließ nun an von der Gröben den Befehl ergehen, Fulda zu räumen und überließ das Schicksal Hessens vollständig dem Bundestage. Nachdem die Preußen abmarschiert waren, brachen die Bundestruppen jeden Widerstand, verabschiedeten die kurhessische Armee, trieben die Steuern durch Bundesexecution ein, entließen alle den Gehorsam verweigernden Beamten, sowie Bundescommissär Graf Leiningen den in stetem Protest verharrenden Stände-Ausschuss suspendierte. Nach all diesen Ereignissen traf der Kurfürst am 27. December 1850 wieder in Kassel ein. Als 1851 im ganzen Lande Friede herrschte, wurden die Bundestruppen zurückgezogen.

Im März des nächsten Jahres wurde vom Bundestage die Constitution von 1831 außer Kraft gesetzt, sowie die neue von der Regierung vorgelegte Verfassung genehmigt, welche zwei Kammern festsetzte, und die Rechte derselben, besonders in budgetärer Hinsicht, sehr beschränkte; dem Kurfürsten wurde der größte Theil der Domänen als Privateigenthum zugesprochen.

Als Hassenpflug 1855 seine Entlassung erhielt, trat allgemeine Ruhe ein, welche aber, als 1859 Ötker an die Spitze jener Parteien trat, welche die Verfassung von 1831 zurückverlangten, wieder gestört wurde. Kurfürst Friedrich Wilhelm I. gab, um diese politischen Umtriebe erfolgreich zu bekämpfen, am 30. Mai 1860 dem Lande eine neue Verfassung, sowie ein neues Wahlgesetz für die Kammern. Doch gelang ihm dies nicht vollständig, denn diese wurden dreimal nacheinander gewählt und wieder aufgelöst.

Diese Vorgänge veranlassten Preußen, beim Bundestage zu beantragen, dass die kurhessische Regierung aufzufordern sei, die Constitution von 1831 wieder herzustellen. Um zu beweisen, wie sehr Preußen auf die Ausführung dieses Antrages bestehe, ordnete es gleichzeitig die Mobilmachung des IV. und VI. Armee-Corps an. Da der Kurfürst endlich zur Einsicht kam, dass es unter solchen Verhältnissen geradezu unmöglich sei, sich länger zu widersetzen, willfahrte er, wenn auch ungerne, dem am 24. Mai 1862 erfolgten Bundesbeschlusse, entließ das bisherige Ministerium, setzte die Verfassung von 1831 wieder ein und ordnete die Wahlen nach dem 1859 erschienenen Gesetzentwurfe an.

Während des österreichisch-preußischen Conflictes 1866 verhielt sich der Kurfürst sehr lange neutral, bis er am 13. Juni die Mobilisierung anordnete, im Bundestage seine Stimme gegen Preußen abgab und schließlich am 15. desselben Monates das von demselben an ihn, gleich den Königen von Hannover und Sachsen gerichtete Ultimatum zurückwies, in welchem ihm unter der Voraussetzung vollkommener Neutralität, Abrüstung seiner Truppen auf den Friedensstand vom 1. März dieses Jahres, wie seines Eintrittes in den zu bildenden neuen Bund, sein Land und seine Souveränitäts-Rechte zugesichert wurden. In größter Hast wurden nun die hessischen Truppen gegen Fulda und Hanau geschickt, während der preußische General von Beyer mit einer Division am 16. Juni von Wetzlar aus die hessische Grenze überschritt und am 20. Juni Kassel besetzte. An den Kurfürsten, welcher sich auf Schloss Wilhelmshöhe befand, ergieng am 22. durch General von Röder nochmals die Aufforderung, bedingungslos in den neuen Bund einzutreten. Friedrich Wilhelm hielt jedoch an seinem ersten Entschlusse fest und wurde infolgedessen am 23. Juni als Staatsgefangener nach Stettin gebracht.

Kurhessen wurde nun von Preußen gänzlich annectiert. Zwischen Friedrich Wilhelm I. und Preußen kam ein Vertrag zustande, in welchem ersterer gegen finanzielle Entschädigung seine Unterthanen jedweder Pflichten ihm gegenüber enthob, ohne jedoch auf seine Hoheitsrechte Verzicht zu leisten. Da aber der Kurfürst später durch zahlreiche Denkschriften gegen die preußische Herrschaft in Hessen Unzufriedenheit zu verbreiten suchte, sah sich Preußen veranlasst, über das dem Kurfürsten zur Nutznießung überlassene Fideïcommissvermögen die Sequestration zu verhängen. Ohne die Hoffnung auf ein neues Erstehen seiner Macht aufgegeben zu haben, und mit Preußen unausgesöhnt, starb Friedrich Wilhelm I. am 6. Januar 1875 zu Prag.

Die letzten Jahre seines Lebens hatte der Kurfürst auf seinen Gütern zu Hořowic in Böhmen verlebt. An seinem Sarge trauerten seine Witwe, die Fürstin von Hanau sowie sechs Söhne und drei Töchter, auf welche der Titel ihrer Mutter und das beträchtliche Privatvermögen des Kurfürsten übergieng.

14. März 1852.

Nikolaus Großfürst von Russland,

General-Adjutant, General-Feldmarschall, General-Inspector des Genie-Corps und der gesammten Cavallerie, Chef des Garde-Uhlanen-Regimentes, des Astrachanischen Dragoner-Regimentes Nr. 8. des Alexandria'schen Husaren-Regimentes Nr. 5. des Twer'schen Dragoner-Regimentes Nr. 15, des sibirischen Grenadier-Regimentes Nr. 9, des Wolhynischen Infanterie-Regimentes Nr. 53, des 1. kaukasischen und des 6. Sappeur-Bataillons, **Oberst-Inhaber des k. und k. Husaren-Regimentes Nr. 2 (vom 14. März 1852 bis 25. April 1891),** und Chef des königl. preuß. (westpreußischen) Kürassier-Regimentes Nr. 5, **Großkreuz des königl. ungarischen St. Stephan-Ordens** etc. etc.

Am 8. August (27. Juli) 1831 als dritter Sohn aus der Ehe Kaiser Nikolaus I. von Russland mit der ältesten Tochter König Friedrich Wilhelms III. von Preußen, Charlotte (Alexandra) entsprossen, zeigte Großfürst Nikolaus schon früh besondere Vorliebe für mathematische Fächer. In zartester Jugend schon in das Genie-Corps eingereiht, widmete er sich mit großem Fleiße seinen militärischen Obliegenheiten, wurde 1856 bereits General-Inspector dieses Corps und 1860 Ingenieur-General.

Am 6. Februar 1856 vermählte sich der Großfürst zu St. Petersburg mit Prinzessin Alexandra, der Tochter des Prinzen Constantin Friedrich Peter von Oldenburg. Im Jahre 1865 zum General-Inspector der Cavallerie ernannt, war er auch Obercommandeur sämmtlicher Garden und des Petersburger Militär-Bezirkes, sowie Präsident des obersten Comités für Organisation und Ausbildung der Truppen.

Obwohl nur im Frieden erprobt, galt der Großfürst allgemein als das Muster eines Berufs-Soldaten und Befehlshabers. — Am 13. November 1876 zum Obercommandanten der Donauarmee ernannt, führte er den Krieg nach Überschreitung der Donau anfangs mit Glück, zersplitterte jedoch später seine Streitkräfte derart, dass er nach Vertreibung der Russen aus Rumelien und nach vergeblichen Angriffen auf Plewna im Juli und August, in große Bedräugnis gerieth. Als das Kriegsglück sich wieder geändert hatte, kam der Waffenstillstand von Adrianopel und der Friede von St. Stefano zustande, worauf Großfürst Nikolaus zum General-Feldmarschall ernannt wurde.

1890 von einer schweren Geisteskrankheit heimgesucht, starb der Großfürst nach langem Leiden am 13./25. April 1891 auf seiner prachtvollen Besitzung Alupka in der Krim, außer seiner Witwe zwei Söhne, die Großfürsten Nikolaus und Peter, zurücklassend.

14. März 1852.

Michael Großfürst von Russland.

General-Adjutant, General-Feldmarschall, Präses des R.-Rathes, Chef der 2. Leibgarde-Artillerie-Brigade, der 2. Batterie der reitenden Garde-Artillerie-Brigade, des Garde-Grenadier-Regimentes zu Pferde, des 19. Dragoner-Regimentes Kinburn, des 21. Dragoner-Regimentes Weißrussland, des 88. Dragoner-Regimentes Wladimir, des 6. Grenadier-Regimentes Tauris, des 64. Infanterie-Regimentes Kasan, des 149. Infanterie-Regimentes vom Schwarzen Meere, des 1. Kaukasischen Schützen-Bataillons, der kaukasischen Grenadier-Artillerie-Brigade, der 10. Artillerie-Brigade und der 2. Konstantinow'schen Militär-Schule, Präses des Alexander-Comités für Verwundete, **Oberst-Inhaber des k. und k. Infanterie-Regimentes Nr. 26 (seit 14. März 1852)** und Chef des königl. preußischen Husaren-Regimentes von Schill (1. schlesisches) Nr. 4, à la suite des königl. preußischen 1. Garde-Feld-Artillerie-Regimentes, **Großkreuz des königl. ungarischen St. Stephan-Ordens**, Ritter des Schwarzen Adler-Ordens, etc. etc.

Als vierter Sohn Kaiser Nikolaus I. von Russland und der Kaiserin Alexandra Feodorowna zu St. Petersburg am 13./25. October 1832 geboren, widmete sich Großfürst Michael frühzeitig dem Kriegerstande und trat in die Artillerie ein. Rasch die höchsten militärischen Chargen erreichend, wurde der kaiserliche Prinz General der Artillerie, dann General-Feldzeugmeister, später Statthalter im Kaukasus. Am 16./28. August 1857 vermählte sich Großfürst Michael zu Peterhof mit Prinzessin Olga Feodorowna (vorher Cäcilie) von Baden.

Im Kriege 1877 erhielt er den Oberbefehl über die in Armenien eindringende Armee und wurde nach Abschluss des Friedens General-Feldmarschall und Statthalter Kaukasiens. 1881 dieses Postens enthoben, wurde er zum Präsidenten des Reichsrathes ernannt. Seiner Ehe mit der seit 1./13. April 1891 verstorbenen Großfürstin Olga entstammen Großfürst Nikolaus, geboren zu Zarskoje-Selo am 14./26. April 1859, Großfürstin Anastasia, geboren zu Peterhof 16./28. Juli 1860, vermählt seit 12./24. Januar 1879 mit dem Erbgroßherzog, späteren Großherzog Friedrich Franz III. von

Mecklenburg-Schwerin, Großfürst Michael, geboren zu Peterhof am 4./16. October 1861, seit 1891 vermählt mit der Gräfin Sophie von Merenburg, (jetzigen Gräfin Torby), Großfürst Georg, geboren zu Tiflis den 11./23. August 1863, Großfürst Alexander, geboren zu Tiflis am 1./13. April 1866, vermählt seit 25. Juli/6. August 1894 mit Großfürstin Xenia Alexandrowna, der Schwester Kaiser Nikolaus II. von Russland, Großfürst Sergius, geboren zu Borschom am 25. September/7. October 1869 und Großfürst Alexis, geboren am 16./28. December 1875, gestorben am 3. März 1895 in S. Remo.

29. December 1852.

Georg V. König von Hannover,

königl. Prinz von Großbritannien und Irland, Herzog von Cumberland, Herzog zu Braunschweig und Lüneburg etc. etc., **Oberst-Inhaber des k. k. Infanterie-Regimentes Nr. 42 (vom 29. December 1852 bis 12. Juni 1878)**, Chef des königl. preußischen Brandenburg'schen Husaren-Regimentes (Ziethen'sche Husaren) Nr. 3, **Großkreuz des königl. ungarischen St. Stephan-Ordens, Commandeur des Militär-Maria-Theresien-Ordens, Besitzer der k. k. Kriegsmedaille wie des k. k. Officiers-Dienstzeichens III. Cl. etc. etc.**

Am 27. Mai 1819 wurde in Berlin dem damaligen Herzog von Cumberland, Braunschweig und Lüneburg Ernst August ein Prinz, der nachmalige König Georg V. von Hannover, geboren. Wäre der Prinz nur um vier Tage früher zur Welt gekommen, hätte er die Anwartschaft auf die englische Königskrone gehabt, welche später seiner um drei Tage älteren Cousine Prinzessin Victoria, der Tochter des älteren Bruders seines Vaters, zufiel, da nach englischem Gesetze die nähere weibliche der entfernteren männlichen Linie vorangeht. In den deutschen Erbstaaten des Hauses Hannover jedoch war Prinz Georg nach seinem Vater erbberechtigt.

Seine Erziehung, welche seine Mutter Herzogin Friederike, eine geborene Prinzessin von Mecklenburg-Strelitz und Schwester der allverehrten Königin Luise von Preußen, persönlich beaufsichtigte, war eine ganz ausgezeichnete und machte der mit seltenen Geistesgaben ausgestattete Prinz in seinen Studien namhafte Fortschritte. Doch schien über das ganze Leben des Thronerben ein böses Geschick zu walten, welches damit begann, dass er in seiner zartesten Jugend das kostbarste Kleinod des Menschen, das Augenlicht, verlor. Durch einen mit einem Geldbeutel sich zugefügten Schlag büßte er das rechte, infolge einer tückischen Krankheit das linke Auge ein. Alle Heilungsversuche scheiterten an der Hartnäckigkeit des Leidens; selbst ein im Jahre 1840 von Professor Dieffenbach unternommener operativer Eingriff blieb ohne Erfolg. Auch der anfänglich gebliebene Lichtschimmer gieng nun gänzlich verloren. Seine einzige Erheiterung war die Musik, welcher er sich in seiner freien Zeit, die er bei seinen Studien erübrigte, mit ganzem Herzen widmete; er leistete darin sowohl in eigenen Compositionen, als auch in seinen Meditationen über die Wirkung der Musik Bedeutendes. Um jede Möglichkeit auszuschließen, dass gegen die Erbfolge des Prinzen Georg seines Leidens wegen, trotzdem dasselbe nicht angeboren war, Protest erhoben werde, erließ sein Vater am 3. Juli 1841 ein Patent, in welchem die Art und Weise der Beglaubigung der Unterschrift von Regierungsacten festgestellt wurde. Es ward bestimmt, dass ein Comité von zwölf eidlich verpflichteten Männern, deren Wahl dem künftigen Könige selbst vorbehalten blieb, zusammengesetzt werde; zwei derselben hätten bei der Unterzeichnung von Acten stets anwesend zu sein, der Inhalt der Stücke sei dem blinden Regenten vorher laut und deutlich vorzulesen. In dieser Art und Weise leitete Prinz Georg bereits im Jahre 1843 während einer längeren Reise seines Vaters die Regierungsgeschäfte und wohnte auch den Sitzungen des Staatsrathes und der ersten Kammer bei.

Am 18. Februar 1843 vermählte sich der jugendliche Prinz, dem Zuge seines Herzens folgend, mit Herzogin Maria, der ältesten Tochter des Herzogs Josef von Sachsen-Altenburg; dieser Ehe, welche man eine der glücklichsten nennen kann, entstammen Erbprinz Ernst August und zwei Prinzessinnen.

Durch den am 18. November 1851 eingetretenen Tod seines Vaters wurde Prinz Georg auf den Thron berufen. Von einem überaus mächtigen Gerechtigkeitsgefühle durchdrungen, leitete er die Regierung; und wie dieser hochherzige Monarch seiner Umgebung und seinem Volke stets das Recht der Persönlichkeit und der freien Selbstbestimmung gewährte, so forderte er auch dasselbe für sich und seinen Thron. König Georg betrachtete es als seine heilige Pflicht, sein Königreich vor jedem fremden Eingriff sowie vor jeder Einschränkung zu schützen, und verlangte daher infolge dieser Anschauung auch die baldigste Beseitigung jener Verordnungen, welche sich als Folgen des Sturmjahres 1848 in die hannover'sche Verfassung eingeschlichen hatten. Seine feudalen Neigungen traten in der Folge immer deutlicher hervor und eine Einmischung des Bundestages zu Gunsten der alten Stände befürchtend, verwarf er am 1. August 1855 die Verfassung von 1848.

Eine im Januar 1857 einberufene Ständeversammlung acceptierte hierauf die neue Constitution. Besondere Aufmerksamkeit widmete der König der völligen Sicherung des Welfenthums für alle Zeiten. In seiner äußeren Politik verhehlte er niemals seine Aversion gegen Preußen und bezeugte dieselbe besonders in seiner Haltung gegenüber der Bundesreformfrage, in der Angelegenheit des Küstenschutzes und in der Zollvereinskrisis. Dieser Abneigung gesellte sich später Misstrauen hinzu, hervorgerufen durch den Verlauf der schleswig-holstein'schen Angelegenheit und der Discussionen über die herzoglich-braunschweig'sche Erbfolge.

Als im Frühjahre 1866 die zwischen Österreich und Preußen wegen Schleswig-Holstein obwaltende Differenz immer ernstere Formen annahm, gab der König in der am 11. Juni einberufenen außerordentlichen Bundestagssitzung seine Stimme für den Antrag Österreichs ab.

Die Ablehnung des ihm seitens der preußischen Regierung am 15. Juni zugekommenen Ultimatums beantwortete genannter Staat noch am Abende desselben Tages mit der Kriegserklärung, welcher sofort auch der Einmarsch preußischen Truppen in Hannover folgte.

Um jeden Glauben Preußens an eine Provocation seinerseits hintanzuhalten, war König Georg früher stets neutral geblieben und hatte weder seine Truppen vermehrt, noch Vorkehrungen für eine rasche Mobilisierung derselben getroffen.

Jetzt zeigten sich leider die Schattenseiten dieses Verhaltens und war es unmöglich, in den wenigen Stunden, welche noch vor Ausbruch der Feindseligkeiten zur Verfügung standen, die hannoverschen Truppen mobil zu machen.

Schon drang eine preußische Division unter Commando des Generalmajors von Manteuffel von Altona, eine zweite unter Generalmajor Goeben von Minden aus in Hannover ein. Die Avantgarde Manteuffels (Brigade Generalmajor Flies) besetzte Harburg, der Rest der Division, circa 10.000 Mann, übersetzte am 16. die Elbe, die Avantgarde bis Lüneburg vorschiebend. Der von Generalmajor von Manteuffel auf die kleine Festung Stade am 17. Juni angeordnete Überfall hatte die Capitulation derselben zur Folge, da die preußischen Truppen die Festungsthore bereits eingeschlagen hatten, bevor noch die geringe Besatzung sich sammeln konnte. Der größere Theil von Manteuffels Truppen marschierte in zwei Colonnen vorwärts und erreichte am 18. Juni Lüneburg und Heber. Eine der beiden Colonnen wurde hierauf von Lüneburg per Bahn nach Hannover gebracht, wo sie am 20. Rasttag hielt, während die zweite am 19. bis Bergen und am 20. bis Celle vorrückte. Die Division Goeben war am Abend des 17. Juni bereits in die Hauptstadt eingedrungen.

An die hannover'sche Armee war noch am 15. der Befehl ergangen, sich ehestens bei Göttingen zu sammeln, wohin sich auch der König mit dem Kronprinzen am 16. früh begab. Drei Tage währte es immerhin, bis sich dieselbe vollzählig daselbst concentrirt hatte.

Den Oberbefehl über die gesammte Armee, welche aus beiläufig 15.000 Mann Infanterie, 2200 Pferden und 42 Feldgeschützen bestand, übergab König Georg dem Generallieutenant von Arentsschildt.

Formiert war die Armee in vier Infanterie-Brigaden, in eine Reserve-Cavallerie-Brigade und in die Reserve-Artillerie.

Der Plan des Königs, in dieser Situation jedenfalls der beste, war, von Göttingen aus möglichst rasch befreundete Bundestruppen zu suchen und sich mit diesen zu vereinigen. Doch wurde die Ausführung dieser Idee durch die verschiedenen Ansichten, welche im Hauptquartiere herrschten, leider zu lange hinausgeschoben.

Die Stellung der hannover'schen Armee bei Göttingen am 18. war eine derartige, dass sie in der Lage war, ebensowohl gegen einen Angriff von Norden, als gegen einen solchen von Süden her Front zu machen.

Auf der Straße gegen Nordheim hatte man die Brigade de Vaux, auf der gegen Minden die Brigade Bothmer, endlich auf der gegen Witzenhausen führenden die Brigade Bülow postiert. Zwischen den beiden letzteren hatte die Reserve-Cavallerie ihr Lager aufgeschlagen, während Sicherheitstruppen die Armee in weitem Bogen umschlossen.

Durch die im Hauptquartiere herrschende Unschlüssigkeit war die Armee gezwungen, drei ganze Tage in dieser Stellung unthätig zu verbringen.

Im Hauptquartiere wurden drei Fragen erwogen: 1. Ob der Angriff des Feindes bei Göttingen abzuwarten sei, 2. ob es nicht besser wäre, behufs Möglichkeit einer längeren Vertheidigung sich in den Harz zurückzuziehen und 3. ob man den Vormarsch gegen Süden beginnen solle, um baldigsten Anschluss an die Bundestruppen zu finden.

Als man sich endlich für letzteres entschlossen hatte, wurde am 20. nachmittags der Befehl zum Abmarsch der Armee ertheilt.

Dieselbe sollte nächsten Tag nach Heiligenstadt und dann in zwei Colonnen getheilt nach Eisenach marschieren.

Am 21. früh erfolgte der Abmarsch nach Heiligenstadt. Unter dem Commando des Obersten van der Decken blieb die neu aufgestellte Arrièregarde bei Geismar stehen, während die Brigade Bülow an der Straße nach Mühlhausen bis Helmsdorf vorgeschoben wurde. Die Ordre für den 22. war dahin gegeben worden, dass der Marsch in zwei Colonnen nach Wanfried und Mühlhausen fortzusetzen sei.

Auf die Meldung jedoch, dass sich preußische Abtheilungen auf dem Wege nach Eschwege befänden und man daher auch Wanfried bereits von den Preußen besetzt vermuthete, wurde die eine Colonne statt über Wanfried über Eigenrieden dirigiert.

Die Avantgarde meldete am 22. nachmittags, dass sich morgens preußische Abtheilungen in Langula befunden, derzeit sich aber schon zurückgezogen hätten.

Durch neuerliche Änderung des Marschplanes der hannover'schen Armee wurde dieselbe nun gegen Langensalza dirigiert; dahin wurde auch das Hauptquartier verlegt. Die Arrièregarde kam in die Nähe von Mühlhausen; die Brigade Bothmer marschierte gegen Groß-Gottern.

Die Taktik der preußischen Commandanten, welchen wohl die Zusammenziehung der Truppen König Georg V. bei Göttingen, nicht aber deren Vormarsch bekannt war, gipfelte in dem Bestreben, die hannover'sche Armee allein, ehe sie noch Anschluss an andere Bundestruppen gefunden, anzugreifen.

Georg V. verfolgte abermals die Idee, ungeachtet der bei Gotha und Eisenach versammelten preußischen Truppen, nach Süden durchzubrechen; und in der That wären letztere viel zu schwach gewesen, um die Hannoveraner aufhalten oder gar zurückwerfen zu können.

Am 25. Juni war es aber zur Unmöglichkeit geworden, ohne Kampf nach dem Süden zu gelangen. König Georg setzte nun seine ganze Hoffnung auf die in der Nähe befindlichen süddeutschen Truppen in der beiläufigen Stärke von 100.000 Mann.

Prinz Alexander von Hessen und Prinz Karl von Bayern versuchten zwar thatsächlich, mit ihren Corps den gefährdeten hannover'schen Truppen zuhilfe zu eilen, doch leider zu spät.

Von der Annahme ausgehend, dass sie bereits stark genug seien, griffen die Preußen am 27. Juni die bei Langensalza stehende hannoveranische Armee an.

Die Hannoveraner leisteten Großartiges an Muth und Tapferkeit, so dass die preußischen Truppen eine völlige Niederlage erlitten und sich nachmittags zum gänzlichen Rückzuge gezwungen sahen.

Heldenmüthig und edel benahm sich König Georg während dieses Gefechtes. Durch sein Augenübel verhindert, selbst das Commando über die Armee zu führen, wollte er während des Gefechtes durch die Reihen seiner Soldaten reiten, um ihren Muth zu stärken und ihnen mit edlem Beispiele voranzugehen, die Ehre des Vaterlandes höher als alles andere zu halten. Welch selten edlen, starken, bewunderungswürdigen Charakter beweist dieser Entschluss! Nur mit großer Mühe gelang es seiner Umgebung, ihn von der Ausführung desselben abzubringen.

Hätte man doch diesen vollauf errungenen Sieg ausnützen können! Obwohl die Truppen ganz intact geblieben, waren sie doch durch die in nächster Nähe stehende preußische Armee daran verhindert und bereits am 28. von dem mächtigeren Gegner eingeschlossen, so dass ihnen nur mehr der Ausweg einer ehrenvollen Capitulation übrig blieb.

Dieselbe wurde am 29. im hannover'schen Hauptquartiere mit Generalmajor von Manteuffel abgeschlossen; die Armee wurde zur Auslieferung sämmtlicher Waffen und des Kriegsmaterials verpflichtet. Ein gewiss recht trauriges Los, welches die tapferen hannover'schen Truppen getroffen.

Nach seiner Rückkehr nach Hannover verabschiedete General-Lieutenant von Arentsschildt sein Hauptquartier und am 5. Juli war die hannover'sche Armee gänzlich aufgelöst.

König Georg hatte mit dem Kronprinzen in seinem Schlosse „fröhliche Wiederkunft" einige Tage Aufenthalt genommen; die Königin mit den Prinzessinnen aber blieb in Hannover.

Als Georg V. von der Niederlage, welche Österreich bei Königgrätz erlitten hatte, erfahren hatte, begab er sich sofort nach Wien, wo ihm Kaiser Franz Josef I. am 3. Juli das Commandeurkreuz des Militär-Maria-Theresien-Ordens verlieh.

Gewöhnt, den Hochsommer in einem Seebade zu verbringen, musste der König den Sommer des für ihn so unheilvollen Jahres 1866 über in Wien weilen, gerade damals, wo ihm nach den Strapazen des Feldzuges und nach den erlebten Bitternissen und Kränkungen eine Erholung doppelt nothwendig gewesen wäre.

Im August 1866 zog König Georg in die in Hietzing nächst Wien gelegene „Villa Braunschweig", woselbst er einige Jahre verlebte und die größten seelischen Leiden ertrug, in welchen sein edler Charakter sich erst in seiner ganzen bewunderungswürdigen Größe manifestierte.

Von hier aus ergieng auch in den ersten Tagen des October (nach der erfolgten Annexion Hannovers durch Preußen) an die Hannoveraner eine Proclamation, in welcher ebenso deutlich der unerschütterliche Entschluss des Königs, nicht von seinem Rechte zu lassen, wie dessen Hoffnung auf eine Wiedervereinigung mit seinem Volke ausgesprochen wurde.

Voraussehend, dass diese in so schroffem Gegensatze zu dem am 3. October von der preußischen Regierung erlassenen Patente stehende Proclamation die Hannoveraner in eine Zwangslage versetzen würde, hatte er zuvor schon die Minister bevollmächtigt, alle Unterthanen von ihren Eiden zu entbinden, jedoch mit der Bedingung, dass dieselben mit dem Momente, wo er oder einer seiner erbberechtigten Nachfolger auf den hannover'schen Thron gelangen sollte, wieder in Kraft zu treten hätten.

Neue Unannehmlichkeiten erwuchsen dem ohnehin schon so tief gekränkten König aus der Vermögensangelegenheit des königlichen Hauses.

Nach der erfolgten Kriegserklärung Preußens ließ Georg V. am 15. Juni im Einverständnisse mit sämmtlichen Kronräthen Wertpapiere in der Höhe von 19 Millionen zu deren Sicherung nach England bringen.

Nachdem er selbst infolge der Eile, in welcher damals die Fortschaffung der Gelder betrieben wurde, unmöglich genau über die wahre Natur derselben orientiert sein konnte, so berührte ihn eine Äußerung, welche ihm gegenüber im Juli gemacht wurde, sehr unangenehm; es wurde nämlich bemerkt, dass die geretteten Werte Staatsgelder seien, dass Preußen dieselben verlange und im Falle einer Weigerung dieselben auszuliefern, gewillt sei, die laufenden Einnahmen der Kroncassa mit Beschlag zu belegen.

Der König, dessen ausgeprägter Gerechtigkeitssinn sich hier wieder in seinem schönsten Lichte zeigte, gab am 13. Juli, nachdem ihm auf seine Antwort, dass er nicht einmal den Schein, als ob er dem Staate gehörige Gelder für sich beanspruche, auf sich laden wolle, neuerliche Versicherungen von der Richtigkeit der oberwähnten Bemerkung zugekommen waren, die schriftliche Erklärung ab, dass er bis zum Friedensschlusse die geretteten Gelder unberührt lassen werde.

Da infolge der Einverleibung Hannovers in Preußen auch sämmtliche Vermögensobjecte Georg V. in die Hände Preußens übergegangen waren und die königliche Cassa für die Länge der Zeit den an sie gestellten Ansprüchen nicht mehr gewachsen war, musste sich der König, wenn auch noch so ungern, entschließen, mit Preußen in Verhandlungen zu treten.

Nach monatelangen Verhandlungen wurde der im April 1867 gemachte erste preußische Vorschlag, vor allem die Einverleibung Hannovers in die preußische Monarchie anzuerkennen, von Georg V. verworfen.

Die ihm im September 1867 zugekommene zweite Proposition, welche in fast gänzlich gegentheiligem Sinne zur ersten gehalten war und unter anderen auch folgende Bedingung enthielt: „Die Vermögensobjecte bleiben so lange in preußischer Verwaltung, bis Seine Majestät auf die hannover'sche Königskrone für sich und seine Erben verzichtet," unterfertigte Georg V.

Nachdem am 2. März 1868 die Beschlagnahme des Eigenthums König Georg V. erfolgt und die Frage des Sequesters anfangs 1869 vor den preußischen Landtag gekommen war, dessen Majorität dieselbe billigte und die Revenuen des Vermögens der Regierung zur Verfügung stellte, protestierte Georg V. in einem vom 30. März 1869 datierten Schreiben an König Wilhelm gegen die Verordnung vom 2. März 1868, die Beschlagnahme seines Hausvermögens betreffend, und gegen das Gesetz vom 15. Februar 1869, durch welches die Aufhebung obiger Verordnung von der Zustimmung des preußischen Landtages abhängig gemacht wird. Der König von Preußen nahm dieses Schreiben jedoch gar nicht an.

Da sich die Villa „Braunschweig" für die ganze königliche Familie als zu klein erwies, bezog dieselbe Ende 1867 das von Seiner Majestät Kaiser Franz Josef I. zur Verfügung gestellte sogenannte „Kaiserstöckel", ein unmittelbar am Schönbrunner Parke gelegenes kleines Palais. Hier begieng auch das königliche Paar am 18. Februar 1868 das Fest seiner silbernen Hochzeit.

1870 übersiedelte der König mit seiner Familie in seine eigene Residenz, zu welcher er sich das Lothringerhaus in Penzing bei Wien, welches Kaiserin Maria Theresia seinerzeit für den Bruder ihres Gemahls erbaute, gewählt und dementsprechend adaptieren hatte lassen.

Die Sommerszeit verbrachte die königliche Familie alljährlich in der Villa Redtenbacher in dem so herrlich am Traunsee gelegenen Gmunden, welcher Aufenthalt in der stärkenden Gebirgsluft dem König stets sehr wohl bekam.

Für den Winter kehrte er jedoch immer nach Wien zurück, wo ihm die vielen Concerte, welche diese kunstsinnige und sangesfrohe Stadt in der Saison in großer Anzahl zu veranstalten pflegt, vielfache Anregung boten; es gab wenige musikalische Veranstaltungen, bei denen König Georg V. gefehlt hätte.

Durch seine Herzensgüte und seinen Wohlthätigkeitssinn hatte sich der unglückliche Monarch die Herzen aller erobert.

Als der Gesundheitszustand des Königs im Sommer 1873 schwankend zu werden begann, begab er sich nach Biarritz. Da er dort wohl etwas Erholung, aber keine Heilung gefunden, berief er nach seiner Rückkehr Professor Mosetig von Moorhof zu sich, welcher erklärte, dass eine Operation unerlässlich sei. Der König unterzog sich derselben, welche außerordentlich schmerzhaft war, ohne nur einen Ton der Klage von sich zu geben; er bewies wieder seinen großen, in Leiden gestärkten Charakter. Glücklicherweise trat sehr bald eine entschiedene Wendung zum Besseren ein.

Den Herbst 1873 verbrachte Georg V. in Begleitung der Prinzessin Friederike in Biarritz, begab sich aber von dort nicht wie sonst nach Wien, sondern des viel milderen Klimas wegen nach Paris; überhaupt nahm der König vom Herbst 1874 an ständigen Aufenthalt in Frankreich.

Den Winter brachte er stets in Paris, den Sommer in Barreges in den Pyrenäen, dessen berühmte Heilquellen immer eine Erleichterung seines Leidens brachten, und den Herbst in Biarritz zu.

Eine in Begleitung seiner ganzen Familie im Mai 1876 unternommene Reise nach England hatte die erfreulichste Wirkung auf den Zustand des leidenden Königs zur Folge. Ein Besuch bei der Königin Victoria im Schlosse Windsor, ein solcher bei der Herzogin von Cambridge, mit welcher er besonders befreundet war, noch mehr aber all die tausend kleinen Erinnerungen an die glücklich verlebte Kindheit beglückten und erheiterten den König derart, dass sich sein Befinden merklich besserte.

Bevor sich König Georg 1877 nach Barreges begab, nahm er vier Wochen Aufenthalt in Gmunden, um sich vor dem Curgebrauche zu kräftigen; wie früher, so that ihm auch diesmal der Aufenthalt in der würzigen Luft der oberösterreichischen Berge sehr wohl. Schon in Biarritz verschlimmerte sich jedoch der Zustand des Königs wieder und im Februar 1878 war er abermals vor die Nothwendigkeit einer Operation gestellt.

Dieselbe wurde auch vollzogen, und als im März die Königin von Hannover und Prinzessin Mary zu ihm nach Paris gekommen waren, fanden sie seinen Zustand viel besser, als sie erwartet hatten. Der König war wieder so weit hergestellt, dass er täglich einen Spaziergang oder eine Ausfahrt unternehmen konnte.

Tiefergriffen wurde Georg V. von dem Hinscheiden Seiner kaiserlichen Hoheit des Erzherzogs Franz Karl, welchem er sowie seine Familie in inniger Verehrung zugethan war. Nachdem sich der Zustand des Königs durch Hustenanfälle, Appetit- und Schlaflosigkeit zusehends verschlimmerte, empfieng er fast keine Besuche mehr.

Einige glückliche angenehme Stunden brachte dem kranken Souverän der Geburtstag der Königin, welcher auf den 14. April fiel. Zusammen mit derselben wohnte er bei dieser Gelegenheit zum letztenmale einem öffentlichen Gottesdienste bei. Zu seiner größten Freude hatte sich auch der Kronprinz am 21. Mai in Paris eingefunden, mit ihm viele Hannoveraner, deren treue Herzen in unveränderter Anhänglichkeit für das angestammte Herrscherhaus schlugen; sie wollten das Geburtsfest des Königs feierlichst begehen.

König Georg, welcher sich wieder bedeutend wohler fühlte, nahm am 27. Mai vormittags zuerst die Gratulationen seiner Familie und hierauf die vieler anderer Persönlichkeiten entgegen. Ein so guter war der Zustand des Königs, dass er sich sogar an der Tafel betheiligte und bis Mitternacht aufblieb. Da sich aber bald darauf seine Magenbeschwerden wieder fühlbar machten, entschloss er sich, bereits Ende Juni nach Barreges zu reisen, von welchem Aufenthalte er sich eine namhafte Besserung erhoffte. In der Meinung, bald abreisen zu können, nahm der König gemeinsam mit seiner Familie am 4. Juni das heilige Abendmahl.

Am 10. Juni befiel den König gegen Abend heftiges Fieber und war das Bewusstsein zeitweise getrübt; da aber die Nacht ziemlich ruhig verlief und er sich des morgens auch wieder kräftiger fühlte, unternahm er mit der Königin eine Spazierfahrt. Während derselben zu phantasieren beginnend, war er jedoch bald darauf, ehe die bestürzte Königin noch Worte finden konnte, selbst wieder bei klarem Bewusstsein und befahl dem Kutscher mit kräftiger Stimme: „Nach Haus".

Doctor Berger, welcher sofort gerufen worden, constatierte eine bedenkliche Schwäche und musste der König sofort zu Bett gebracht werden.

Der Kräfteverfall gieng nun sehr rasch vor sich, und obgleich der König zuweilen phantasierte, erkannte er seine Umgebung und nannte alle bei Namen bis zu dem Momente, wo er das Bewusstsein gänzlich verlor.

Die gesammte königliche Familie weilte an seinem Krankenlager, und in ihrer Gegenwart gab Georg V. am 12. Juni 1878, um 6 Uhr 10 Minuten morgens, seinen Geist auf. Ein Herz, das treu seinen Gesinnungen bis zum letzten Momente geblieben war und wahrhaft innig und aufrichtig an der Familie und dem Volke gehangen hatte, hatte zu schlagen aufgehört.

Ein Herzleiden hatte den jähen Tod des Königs herbeigeführt.

In einem Salon des Palais wurde die Leiche aufgebahrt; man hatte dieselbe in die Campagne-Uniform des Garde-Jäger-Bataillons gekleidet und mit dem Sterne des königlichen St. Georg-Ordens, dem Commandeurkreuze des k. und k. Militär-Maria-Theresien-Ordens, welches der hohe Verblichene derart hochhielt, dass er schon bei dessen Empfange sofort den Wunsch aussprach, dasselbe einstens mit ins Grab zu nehmen, den kleinen Kreuzen des königlichen Guelfen- und Ernst August-Ordens, der Langensalza-Medaille, der k. und k. österreichischen Kriegs-Medaille und dem österreichischen Officiers-Dienstzeichen geschmückt.

Nachdem der Leichnam im Beisein sämmtlicher Familienmitglieder am 17. Juni in den Sarg gebettet worden, erfolgte am 18. nach vorangegangenem Gottesdienste dessen provisorische Beisetzung in der protestantischen Kirche de la Rédemption, in welchem Gotteshause der nun verblichene König stets seine Andacht zu verrichten pflegte. Seine Majestät Kaiser Franz Josef I. ließ sich bei den Trauerfeierlichkeiten durch den Oberstkämmerer Grafen Crenneville vertreten. Der Leichenzug gestaltete sich zu einem überaus imposanten. Vor dem Sterbehause hatte eine französische Division unter dem Commando des Gouverneurs von Paris Aufstellung genommen, welche den hohen Todten, als er aus dem Hause getragen wurde, mit dumpfem Trommelwirbel empfieng, während die Truppen die Ehrenbezeigung leisteten. In der Kirche hatten sich zahlreiche Vertreter fremder Höfe und viele Hannoveraner, welche ihrem allverehrten Könige die letzte Ehre erweisen wollten, eingefunden.

Als die Nachricht eintraf, dass Königin Victoria von England den 24. Juni für die Beisetzung der irdischen Hülle Georgs V. in der königlichen Gruft zu Windsor festgesetzt habe, schiffte sich die königliche Familie am 22. ein, während die königliche Leiche am 23. in Windsor einlangte, wo sie mit allen militärischen Ehren empfangen und in die Vorhalle der St. Georgs-Capelle gebracht wurde.

Die Ehrenwache am Sarge wurde abwechselnd von englischen und ehemaligen hannover'schen Officieren gehalten. Einen prachtvollen Kranz mit einer eigenhändig geschriebenen deutschen Widmung legte am Nachmittage des 23. Königin Victoria persönlich am Sarge ihres dahingegangenen Vetters nieder. Mit dem weihevollen, würdigen Gepränge, welches solchen Trauerfeierlichkeiten eigen, zog am 24. Juni, 11 Uhr vormittags, König Georg V., tiefbetrauert von seiner Familie und seinem Volke, in die Gruft seiner Ahnen ein.

5. Januar 1853.

Karl III. Herzog von Parma,

Prinz von Bourbon, Infant von Spanien, Herzog von Piacenza etc. etc., k. k. Oberst im Husaren-Regimente Kaiser Franz Josef Nr. 1 etc. etc.

Herzog Ferdinand Karl wurde als Sohn des Herzogs Karl II. von Parma und dessen Gemahlin, Herzogin Maria Theresia, einer Prinzessin von Sardinien am 14. Januar 1823 geboren.

Als sein Vater am 14. März 1849 die Regierung niederlegte, hielt sich Herzog Ferdinand Karl in London auf. Im Auftrage des abgehenden Landesfürsten übernahm die oberste Civil- und Militärverwaltung Parmas der k. k. Feldzeugmeister Baron d'Aspre, wiewohl der neue Herzog bereits am 24. März von London aus in einem Manifeste die Übernahme der Regierung seinerseits angekündigt und dabei bestimmt hatte, dass das Land bis zu seiner Rückkehr eine Commission verwalten solle. Laut Proclamation vom 27. August 1849 trat Herzog Karl III., der inzwischen nach Parma gekommen war, die Regierung in Person an. Sein nächstes Bestreben war, das Regierungssystem, wie es vor 1848 war, zu restituieren. Schwer Gravierte wurden nach kurzem Verfahren hingerichtet, dem Lande verblieb eine strenge Polizei wie eine österreichische Besatzung. Die Citadelle von Parma wurde zur Festung umgewandelt. Im September 1852 schloss Herzog Ferdinand Karl mit Österreich einen Zollvertrag ab, welcher am 11. Februar 1853 in Kraft trat.

Am 26. März 1854 wurde Herzog Karl von einem Meuchelmörder so schwer verwundet, dass er tags darauf verschied.

Vermählt war Herzog Karl III. seit 10. November 1845 mit der Herzogin Louise von Bourbon, einer Tochter des Prinzen Ferdinand von Artois, welcher Ehe Prinzessin Margareta, Erbprinz Robert, Prinzessin Alice (seit 11. Januar 1868 Gemahlin des Großherzogs Ferdinand IV. von Toscana, Erzherzogs von Österreich) und Prinz Heinrich entsprossen.

Nach einer Originalaufnahme von Otto Mayer, Königl. sächs. und Kaiserl. u. Königl. Hof-Photograph, Dresden

6. März 1853.

Albert König von Sachsen,

königl. preußischer, sowie kaiserl. russischer General-Feldmarschall, Chef des 1. königl. sächsischen (Leib-) Grenadier-Regimentes Nr. 100, des Garde-Reiter-Regimentes, des 1. Königs-Husaren-Regimentes Nr. 18 und des 1. Feldartillerie-Regimentes Nr. 12, des königl. preußischen Dragoner-Regimentes König Albert von Sachsen (ostpreußisch) Nr. 10 und des 2. Garde-Uhlanen-Regimentes, des königl. bayerischen 15. Infanterie-Regimentes König Albert von Sachsen, des königl. württembergischen Infanterie-Regimentes Alt-Württemberg Nr. 120 und des kaiserl. russischen 4. Infanterie-Regimentes Kopor, **Oberst-Inhaber des k. und k. Dragoner-Regimentes Nr. 3 (seit 18. December 1873), Oberst und Inhaber des k. und k. Infanterie-Regimentes Nr. 11 (vom 6. März 1853 bis 18. December 1873)**, Ritter des königl. großbritannischen Hosenband-Ordens, des königl. preußischen Schwarzen Adler-Ordens, **des kaiserl. österreichischen Ordens vom Goldenen Vliese, des Militär-Maria-Theresien-Ordens, Großkreuz des königl. ungarischen St. Stephan-Ordens** etc. etc.

Wie das sächsische Volk in König Albert, dem erlauchten Wettiner, seinen Herrscher, so verehrt das gesammte deutsche Volk in ihm den einzigen General-Feldmarschall, dessen Ernennung noch in die große Kriegszeit fällt, dessen Name unauflöslich verbunden ist mit der Erinnerung an die Riesenschlacht bei Gravelotte und an die weltgeschichtliche Entscheidung bei Sedan.

Auch wir in Österreich haben allen Grund, zu dem treuesten Freunde unseres Kaisers und Staates, dem Verbündeten von 1866, dem Theresien-Ritter, der für das geltende Bundesrecht an unserer Seite gestritten, mit Ehrfurcht und Dankbarkeit aufzublicken. Abwechslungsreich sind die Schicksale der siebzig Jahre dieses immer noch blühenden, kraftvollen Lebens, wie die Lose des Landes, das dieser Monarch seit einem Vierteljahrhunderte mit Weisheit regiert. Die Raute, die schon Konrad der Große, der erste Graf von Wettin, als Kranz um seinen schwarz und roth gestreiften Schild geschlungen, ist ein inhaltsschweres Symbol: „Die Raute ist ein bitter Kraut vor den, so es essen muss, hält aber Leib und Leben gesund."

Die Geburt des Prinzen Albert wurde am 23. April 1828 mit hohem Jubel begrüßt; sie war das erste Hoffnungszeichen eines neuen Aufblühens des alten Stammes zu längerer, kräftiger Dauer. Der hochbetagte König Anton stand schon im 73. Lebensjahre und hatte vier Kinder begraben, der nächste Erbe, des Königs Bruder Max, hatte bereits das 69. Jahr überschritten; die Ehe des Prinzen Friedrich August — nachmaligen Königs — war kinderlos und aus des Prinzen Johann Ehe war bisher nur eine kränkelnde Tochter entsprossen. Da war es denn eine Freudenbotschaft sondergleichen, als in der Nacht des 23. April 1828 Kanonenschüsse den Dresdenern verkündeten, dass dem Prinzen Johann im sechsten Jahre seiner Ehe mit der bayerischen Königstochter ein Sohn geschenkt worden sei. Seit länger als einem Vierteljahrhundert war der eben geborene Prinz der erste männliche Sprosse, den die Vorsehung dem alten Fürstenstamme des Albertinischen Hauses schenkte. Die Nachrichten jener patriarchalischen Zeit vermelden, wie die Leute auf die Straße stürzten und sich umarmten, Freudenrufe vernehmen ließen, und eine improvisierte Beleuchtung den aufgegangenen Stern feierte. Der glückliche Vater widmete der Freude des Tages eine mit feinsinnigem Gefühle der classischen Dichtungsform nachgebildete Ode: „Die Geburt der Sonne."

Den Schauplatz der ersten Kinderjahre des Prinzen Albert bildete zunächst das alte Palais am Taschenberge, wo er das Licht der Welt erblickt hatte, dann das Lustschloss in Pillnitz, in welchem der Monarch mit sämmtlichen Prinzen und Prinzessinnen des königlichen Hauses alljährlich gewöhnlich die Zeit von Anfang Mai bis gegen Mitte October zuzubringen pflegte. Die Erziehung des Prinzen war anfangs einer französischen Gouvernante, Demoiselle Zoë de Royer, später einer Dame aus altem reichsritterlichen Geschlechte, Fräulein Sophie von Sturmfeder, anvertraut. Mit dem sechsten Lebensjahre bereits erhielt Prinz Albert in Dr. Friedrich Albert von Langenn einen Lehrer von hervorragend wissenschaftlicher Bildung, namentlich auf dem Gebiete der Rechtskunde. Prinz Johann hatte mit der ihm eigenen systematischen Gründlichkeit eigenhändig eine sehr ausführliche, mehr als 50 Paragraphe umfassende Instruction für die Erziehung seines Sohnes entworfen, in welcher er nicht nur die äußere Lebensweise des jungen Prinzen, sondern auch dessen körperliche wie geistige Ausbildung festsetzte. So verlebte denn Prinz Albert die nächsten Jahre als fleißiger Schüler Langenns die freien Stunden des Tages in heiteren Spielen mit seinen Geschwistern, an denen er mit rührender Liebe hieng, zubringend. Zwölf Jahre alt, lenkte er bereits mit Sicherheit einen Pony, den er als Geburtstagsgeschenk erhalten hatte, wie er auch schon Reitstunden unter Leitung des Rittmeisters Adolf Kurt von Prenzel genoss. Auch mit Exercierübungen wurde bereits begonnen; am 10. October 1840 stand der jugendliche Prinz zum erstenmale mit der gleichalterigen Classe der Cadetten der vierten Section in Reih und Glied und machte mit diesen von nun an die Übungen in dem großen Saale des Corps, wie auf dem alten Exercierplatze der Dresdener Garnison mit. Nachdem Prinz Albert in den Jahren 1841 und 1842 noch den ersten praktischen Artillerieunterricht genossen, war er im Sommer des nächsten Jahres bereits soweit instruiert, dass er als Lieutenant, allerdings noch ohne Patent, in die Front des Leib-Regimentes eintreten und im Herbste mit in das Cantonnement ausrücken konnte.

Obwohl Prinz Albert seinen militärischen Beschäftigungen mit allem Eifer oblag, vernachlässigte er dennoch dabei nicht die wissenschaftlichen Studien unter Langenns Leitung, um ein Abgangszeugnis für die Universität zu erlangen. Der Vormittag gehörte dem Dienste in der Kaserne, die übrige Zeit des Tages den Wissenschaften.

So legte der Prinz denn am 13. März 1845 in Gegenwart seines königlichen Oheims das Abiturientenexamen ab, nachdem er wenige Tage zuvor (am 3. März) zum Oberlieutenant ernannt worden war.

Es kam nun die Zeit heran, den jungen Fürstensohn nach vollendeter häuslicher Erziehung für einige Zeit aus dem Hause zu schicken. Eine Zeitlang schwankte man in Dresden, ob man Prinz Albert nach Mailand in die Schule Radetzkys oder an die Universität Bonn senden solle. Der Ministerrath entschied, trotzdem der Prinz in Dr. Langenn und in Ober-Appellrath von Schneider ausgezeichnete Lehrer besessen, für den Besuch der rheinischen jungen, aber blühenden Universität, auf welcher damals Prinz Friedrich Karl von Preußen, Erbprinz Friedrich von Baden, wie andere deutsche Fürsensöhne studierten. „Es war so besser," schrieb später König Johann, „indem das militärische Wesen sich in meinem Sohne von selbst Bahn gebrochen hat." Prinz Albert studierte nun fleißig mit Ernst und Eifer bei Dahlmann und Perthes, Loebell, Brandis und Mendelssohn Geschichte, Jurisprudenz und National-Ökonomie, bis die Bewegung von 1848 ihn aus der friedlichen Thätigkeit heimrief. Am 17. September 1847 wurde der Prinz Hauptmann der Artillerie und Batterie-Chef der 7. Compagnie des

Fußartillerie-Regimentes, in welcher Charge er den dänischen Krieg mitmachte.

Er zog nach Schleswig-Holstein zur Befreiung der meerumschlungenen Elbherzogthümer von dänischer Herrschaft, kämpfte unter den Reichstruppen und stürmte die Düppeler Höhen. Graf Moltke spricht in der Geschichte des dänischen Feldzuges von der ruhigen Besonnenheit und dem anspruchslosen Wesen des zwanzigjährigen Prinzen: „Er genoss schon damals die Liebe und Achtung aller und verkündete im voraus die Eigenschaften, welche ihn später als Feldherrn auszeichneten." General Prittwitz hatte alle Mühe, ihn aus dem Feuer zu bringen. Mit dieser Feuertaufe war sein militärischer Beruf entschieden; der Drang zu ernster Arbeit im Frieden erlangte Bethätigung.

Für seine That bei Düppel erhielt Prinz Albert den Heinrich-Orden, wurde am 19. Juni 1849 Major der Infanterie, am 16. Mai 1850 Oberstlieutenant, im August desselben Jahres schon Oberst und Commandant der 3. Infanterie-Brigade, den 10. October 1851 Generalmajor, am 21. October 1852 Generallieutenant und Commandant der 1. Infanterie-Division, im selben Jahre noch Commandant der gesammten sächsischen Infanterie und am 15. October 1857 endlich General der Infanterie. Se. Majestät der Kaiser von Österreich verlieh ihm sein 11. Infanterie-, später sein 3. Dragoner-Regiment, der Czar sein 2. Jäger-Regiment und Preußens König später das ostpreußische Dragoner-Regiment Nr. 10.

Deutschlands Einheit dachte man sich auch am Dresdener Hofe nicht anders als mit Österreich, mit den Erblanden der deutschen Kaiser aus dem Habsburger Geschlechte und unter deren Krone. Die Beziehungen des österreichischen, bayerischen und sächsischen Hofes waren durch das Zusammenhalten der drei bayerischen Prinzessinnen, der Erzherzogin Sophie mit ihren Schwestern, auf das innigste gestaltet worden. Familienzusammenkünfte befestigten das Band stets von neuem. In Tegernsee fand eine solche 1837 zu dem Zwecke statt, die gleichalterigen Prinzen zusammenzuführen. Erzherzog Franz Josef und seine Brüder befreundeten sich bei dieser Gelegenheit mit Prinz Albert. Zehn Jahre später erschienen die Erzherzoge Franz Josef, Ferdinand Max und Karl Ludwig in Pillnitz zu Besuch, wobei Prinz Albert den Führer durch die Dresdener Sammlungen machte, sowie Ausflüge in die Umgebung arrangierte. Ein Jahr später stattete Prinz Albert in Olmütz seinen Gegenbesuch ab und erfüllte dabei den Auftrag, seinen achtzehnjährigen Vetter und Freund als Kaiser zu beglückwünschen! Was bei dem

Besuche Alberts zu Olmütz im December 1848 als unsichere Hoffnung erschien, die Befestigung der gelockerten Staatsverfassung Österreichs, war anderthalb Jahre später in Erfüllung gegangen. Radetzkys Siege hatten Italien wieder unter Österreichs Herrschaft gebracht, Österreich gebot wieder unmittelbar und mittelbar bis an die Südspitze Italiens; die aufständische Bewegung in Ungarn war mit Hilfe Russlands niedergeworfen worden.

Sachsen näherte sich nun Österreich immer mehr und mehr, und das brüderliche Verhältnis des Prinzen Albert zu Kaiser Franz Josef kam dieser Politik sehr zustatten. Im Juni 1850 war Prinz Albert auf der Donau in Nussdorf eingetroffen, feierlich eingeholt und nach Schönbrunn geleitet worden. Ein weites Feld der großen Politik eröffnete sich vor seinen Augen. Sein Hauptinteresse widmete er dem Studium der militärischen Verhältnisse Österreichs, dessen Armee damals wegen ihrer Leistungen in Italien und Ungarn vielgerühmt war. Die Truppenschau auf dem Glacis, ein Manöver auf der Schmelz, Schießübungen bei Wiener-Neustadt, der Besuch der Akademie daselbst füllten die Stunden des Prinzen aus. In jenen Tagen wurde zwischen dem Monarchen und dem Prinzen Albert ein Bund fürs Leben geschlossen, der alle Wechsel der Zeit und der Verhältnisse überdauern sollte. In Schönbrunns Laubengängen sah das Publicum das Freundespaar Arm in Arm einherschreiten. Im September desselben Jahres fanden sich die Freunde wieder bei den Manövern in Bilin in Böhmen. Dort hatte Prinz Albert das Missgeschick, vom Pferde, welches Erzherzog Albrecht ritt, am Beine verletzt zu werden. Von Tribliz, wo man ihm die erste Hilfe leistete, wurde der Verwundete auf der Elbe nach Pillnitz gebracht; nach einigen Wochen war Prinz Albert wieder dienstfähig und konnte ein Brigade-Commando übernehmen. Wenige Wochen später wurde die Bahnverbindung zwischen Dresden und Prag eröffnet, wobei die Prinzen Albert und Georg in Prag erschienen, das Ereignis festlich zu begehen. Sie wurden von Erzherzog Albrecht, der sie zu den Truppenübungen nach Ungarn einlud und dem Prinzen Albert das Versprechen abnahm, im Herbste 1852 zur Jagd nach Mähren zu kommen, nach Dresden zurückgeleitet.

Dieser Besuch in Seelowitz sollte für das Leben des jugendlichen Prinzen von hoher Bedeutung werden. Er lernte auf Schloss Moravec Prinzessin Louise von Wasa kennen, welche mit ihrer einzigen Tochter Carola daselbst ihren Wohnsitz hatte. Die Herzensneigung des jungen Paares erblühte bei der ersten Begegnung. Prinz Gustav Wasa, Sohn Gustavs IV. Adolf, der im Kampfe gegen Napoleon seinen Thron verloren, lebte in Österreich. Hier, im Schlosse von Schönbrunn, war ihm seine einzige Tochter Carola am 5. August 1833 geboren worden; sie hatte einen Theil ihrer Erziehung am Hofe ihrer Großmutter Stephanie (Beauharnais) von Baden genossen und daselbst manche geistige und künstlerische Anregung empfangen. Nach der Trennung der Ehe ihrer Eltern 1844 lebte Prinzessin Carola auf der mährischen Herrschaft Moravec. Dort gestand ihr Prinz Albert seine Liebe, dort schlossen seine Eltern sie in ihre Arme, von dort holte sie der Prinz am 18. Juni 1853 in die Königsburg von Sachsen, in welcher sie nun seit 45 Jahren in innigstem Herzensbunde mit ihrem Gemahl, vom ganzen Volke hochgeehrt und geliebt, thront. Wie König Johann in seinen handschriftlichen Aufzeichnungen erzählt und General Fleury in den „Souvenirs" bestätigt, war Louis Napoleon, damals Präsident, entschlossen, um die Hand der Prinzessin Carola, deren Erscheinung ihn bei einem Besuche in Baden-Baden gefesselt hatte, anzuhalten.

In jenen beglückenden Frieden des Brautstandes in Moravec kam die Schreckensnachricht von dem Attentate Libényis auf Kaiser Franz Joseph auf der Löwelbastei am 18. Februar 1853. Prinz Albert riss sich aus den Armen der Braut los, eilte nach Wien und verweilte am Krankenlager des Freundes. An des Prinzen Arme machte der Kaiser, genesen, am 6. März seinen ersten Spaziergang im Kaisergarten, an seiner Seite zeigte sich der Monarch bei dem Tedeum in der Stephanskirche wieder dem Volke. Seither wiederholte sich die Begegnung der beiden Freunde fast alljährlich; bei den Entrevuen mit dem preußischen Könige in Pillnitz, in Berlin, auf dem Thun'schen Schlosse in Tetschen, bei den zwanglosen Besuchen der Folgezeit in Ischl, Gödöllö, auf den jährlichen Hochwildjagden in Steiermark, wie bei den großen Manövern in Österreich und Ungarn ist König Albert von Sachsen an der Seite seines kaiserlichen Freundes stets in vertraulichem Verkehre mit demselben zu sehen, ein lieber, allgemein verehrter Gast. Die Doppelheirat der beiden Häuser, die Verbindung des Erzherzogs Karl Ludwig und des Erbgroßherzogs Ferdinand von Toscana mit zwei Schwestern des Prinzen Albert, wie die jüngsten Verbindungen der Dynastien konnten das Verhältnis der Höfe kaum noch inniger gestalten.

Mit der Thronbesteigung seines Vaters Johann nach dem Unfalle des Königs Friedrich August bei Brennbichl unweit Imst in Tirol, rückte Prinz Albert am 9. August 1854 in die erste Linie. Der König ließ den Kronprinzen von nun ab an allen

Berathungen der obersten Behörden theilnehmen, der diplomatische Schriftwechsel wurde ihm vorgelegt, er erhielt mit einem Worte den vollen Einblick in den Gang der Staatsgeschäfte. Er leitete die Verhandlungen des Staatsrathes und nahm theil an den Berathungen über die Gewerbe-Ordnungen; als Mitglied der ersten Kammer ergriff er zu öfternmalen das Wort, zumeist in militärischen Fragen. Sehr bemerkenswert erschien seine Rede im Frühjahre 1866, in welcher Kronprinz Albert sagte:

„Es können Zeiten eintreten, wo die Geltung unseres Vaterlandes von unserer Armee abhängen kann, wo man weniger fragen wird nach unserer ausgezeichneten Industrie, nach unserem vortrefflichen Ackerbau, nach unseren gelehrten Anstalten, sondern: Wie haben sich unsere Sachsen geschlagen?"

Rasch folgten die Ereignisse, die zum Kriege führten, vier Wochen nach jener Rede hatte Preußen an Sachsen seine Kriegserklärung gesendet. Dem Standpunkte des Bundes-Staatsrechtes gemäß, wollte König Johann ursprünglich die Neutralität zwischen Österreich und Preußen wahren, seine kleine Armee aus dem Lande schicken und sie an die Streitkräfte der Mittelstaaten, zumal Bayerns, anschließen. Aber Bayern zögerte, seinen kriegsbereiten Kern an der sächsischen Grenze aufzustellen, schon marschierten drei preußische Divisionen in der Flanke auf — da zog nun auch Kronprinz Albert mit 31.000 Mann nach Böhmen. Auch in diesem unglücklichen Feldzuge zeigte er seine natürliche große Begabung und systematische Erziehung zum Heerführer, militärischen Blick, Sicherheit, Gewandtheit und Kaltblütigkeit. Die österreichische Armeeleitung ließ ihm keinerlei Selbständigkeit, er empfand dies auch schwer. Er war für eine rasche und energische Offensive gegen Turnau, gedachte den Feind im letzten Augenblicke noch aufzuhalten, in das Gebirge zurückzuwerfen und die Iser-Linie zu behaupten. Dem energischen Plane war das Gelingen versagt. Die österreichische Brigade fand die Preußen bereits im Besitze der Iserbrücke, im nächtlichen Ringen konnte sie sich bei Podol nicht behaupten. Aus österreichischen Darstellungen ist zu ersehen, wie fest der Kronprinz auf dem Entschlusse beharrte, die Position bei Jičin hartnäckig zu vertheidigen. Inmitten des Treffens bekam er den Befehl, zur Nordarmee den Rückmarsch fortzusetzen, und unter den schwierigsten Verhältnissen bewirkte er seinen Anschluss an die österreichische Armee. Sein Rückzugsgefecht war rühmlich. Bei Königgrätz bildete seine Iser-Armee den linken österreichischen Flügel. Das österreichische wie das preußische Generalstabswerk würdigen in gleicher Weise die Initiative des Kronprinzen und sein Ausharren bis zur Grenze der Möglichkeit. Kaiser Franz Josef verlieh ihm den Militär-Maria-Theresien-Orden.

Glücklich erwehrte er sich des preußischen Überfalles bei Zwittau und brachte das Corps heil in die Nähe von Wien, wo es drei Monate in Cantonierung zwischen Wien und Baden zubrachte. Der Kronprinz hatte im Gartenschlosse zu Hetzendorf sein Hauptquartier. Im Theresianum, in Laxenburg, auf dem Nordbahnhofe, in Heiligenkreuz, Guntramsdorf und in Mitterndorf an der Raaber-Bahn lagen sächsische Verwundete und Kranke. Nonnen pflegten die Lutheraner, katholische Geistliche gaben den Todten das Geleite. Cardinal Rauscher gab sein Schloss Kranichberg bei Gloggnitz zum Reconvalescenten-Hospital, auf der Kanzel und an dem Altare des Cardinals hielt der lutherische Feldprobst evangelische Predigten und spendete das evangelische Abendmahl. So hatte die gemeinsame Noth die Menschen friedlich und demüthig gemacht. Von 44 Tagen hatten die braven Sachsen 38 Marschtage ohne Rast und Ruhe zugebracht; ihre Kriegstüchtigkeit und ihre Manneszucht flößten jedermann hohe Achtung ein. Man sah sie zu Tausenden unter Gottes freiem Himmel zum Feldgottesdienste versammelt; Professor Pastor Fricke aus Leipzig hielt ihnen die Predigt, die Gemüther tröstend und aufrichtend an dem Beispiele der Liebe und Freundschaft, das ihnen im österreichischen Lande geboten wurde.

Die Friedensverhandlungen zogen sich durch Wochen hin. Wer in das Geheimnis des Schmerzes, der in jenen Sommerwochen die Herzen des Königs Johann und seines Sohnes Albert durchwühlte, hätte dringen können! Welche Bürgschaft gab es dafür, dass sie die Grenze des Landes wieder als König und Kronprinz betreten werden? Wie nahe war Sachsen daran, von der Landkarte zu verschwinden! König Wilhelm, der so schwer zu bewegen war, den Krieg zu beginnen, der so lange gegen die Blut- und Eisenpolitik Bismarcks gerungen, wollte nur mehr die Annexion als Lohn seiner Siege gelten lassen. Die Briefe Bismarcks und Roons an ihre Gemahlinnen bezeugen es deutlich. König Wilhelm bestand darauf, in Wien einzuziehen, ein Stück Böhmen, Sachsen, zum mindesten die Kreise von Leipzig und Bautzen zu nehmen. In langen Auseinandersetzungen konnte Bismarck den König überzeugen, Österreich sei zu fürchten und zu schonen, doch von Sachsen ließ der König dies nicht gelten. Für Sachsen trat nun ritterlich Se. Majestät der Kaiser von Österreich ein. Er wollte nur unter der Bedingung das Schwert niederlegen, dass Sachsens Integrität gewahrt bleibe. Frankreichs Intervention drohte, die Cholera decimierte das preußische Heer; doch immer noch wollte König Wilhelm von einem anderen Frieden als er ihn sich dachte, nichts wissen; er begnügte sich ja gerne mit der Bundes-Feldherrnschaft, verzichtete auch auf deutsche Einheit, aber nicht auf Länderzuwachs. Erst als Kronprinz Friedrich aus dem Hauptquartiere kam und Bismarck und Roon verstärkte, fügte sich König Wilhelm nach einem leidenschaftlichen Auftritte, sowie einem Appell an die Nachwelt.

Sachsens Schild war spiegelblank; es hatte ein kriegstüchtiges Heer, nicht entwaffnet wie Hannover und Hessen, sondern im Felde stehend. Die letzten Sachsen verließen am 12. November 1866 den österreichischen Boden. Kronprinz Albert schied in den Octobertagen von Wien; es war ein ergreifender Abschied von seinem kaiserlichen Freunde. Erzherzog Albrecht richtete an den Kronprinzen ein Schreiben, worin er den scheidenden Waffenbrüdern seine hohe Achtung aussprach, ihre Tapferkeit und Disciplin mit den höchsten Ausdrücken des Lobes ehrte. Mit diesem trefflichen Heere, das sich durch die allgemeine Wehrpflicht noch numerisch so außerordentlich vermehrte, trat Sachsen in den Norddeutschen Bund. Im Jahre 1867 wurde Kronprinz Albert Commandierender General des XII. norddeutschen Bundesarmee-Corps Sachsen.

Dieses, das sich bald großen Siegesruhm erwerben sollte, war in seiner Organisation auf ganz neuen Grundlagen aufgebaut, und ganz das Werk des Kronprinzen Albert. Der Umwandlungsprocess des Heeres war vollständig in Verfassung, Verwaltung, Ergänzung und taktischen Übungen durchgeführt worden. Kronprinz Albert suchte die Erfahrungen des Krieges zu verwerten. Er machte den Krieg in Böhmen zum Gegenstande des Studiums für den Generalstab, besuchte die böhmischen Schlachtfelder in den Julitagen 1868, gieng den Spuren der Sieger Schritt für Schritt nach, und stellte die Officiere des Generalstabes unter Moltkes Führung; er selbst trat mit diesem hervorragenden Geiste in ein von Jahr zu Jahr intimeres Verhältnis, das auf gegenseitiger Hochachtung beruhte. Unter allen Generalen des großen Krieges, äußerte Moltke, ist der Kronprinz von Sachsen am meisten ein „geborener Soldat". Dann rühmt er den unbedingten, doch verständnisvollen Gehorsam gegenüber der Heeresleitung und die Energie in der Ausführung.

Die Aufgabe des sächsischen Armee-Corps war zu Anfang des deutsch-französischen Krieges 1870 eine höchst bescheidene.

Lange war es dem Kronprinzen nicht vergönnt, an den Feind zu kommen. Erst am 28. August betheiligte er sich an der Schlacht von Gravelotte. Nach weit ausholender Umgehung ermöglichte er es durch sein Eingreifen der preußischen Garde, die starke französische Stellung von St. Privat und Marie-aux-Chênes zu erstürmen. Die sächsische Artillerie unterhielt ein infernalisches Feuer von Roncourt aus. Es war schon abends, doch noch hell, alle Dörfer von St. Privat bis weit über Gravelotte hinaus standen in Flammen. Da war es, wo Albert von Sachsen auf eigene Verantwortung auf dem äußersten linken Flügel die Umfassung Bazaines vollendete und die mörderische Falle von Metz schloss. Sein Generalstabschef, mit dem er in vollständigem Einverständnisse handelte, war Freiherr von Schlotheim, derselbe, der vier Jahre vorher bei Königgrätz ihm direct gegenüber gestanden. Beide ergänzten sich in selten glücklicher Weise, und eine große Aufgabe bindet auch leicht die Herzen.

Kronprinz Albert erhielt nach Gravelotte das Eiserne Kreuz zweiter, nach Sedan das erster Classe und im September den russischen St. Georgs-Orden zweiter Classe. Mitte August 1870 übernahm er nun den Oberbefehl der neugebildeten Maas-Armee und übergab den Befehl über das sächsische Corps seinem Bruder, dem Prinzen Georg. Mit Moltke hatte er in Clermont-en-Argonne die folgenreichste Begegnung. Moltke, unter Karten und Papieren ganz vergraben, in der allereinfachsten Haustoilette, erklärte dem Kronprinzen seinen strategischen Gedanken, welcher die Entscheidung bringen sollte — die berühmte Rechtsschwenkung nach dem Norden. Es folgte die Schlacht bei Beaumont, der Antheil an Sedan, der große Ehrentag. In Sedan besuchte Kronprinz Albert den verwundeten Mac Mahon; beide erinnerten sich ihres ersten Zusammentreffens bei König Wilhelms Krönung in Königsberg.

Kronprinz Albert zog nun mit der Maas-Armee vor die Nord- und Ostfront von Paris, nahm Antheil an den blutigen Kämpfen an der Marne, wodurch Ducrots Durchbruch zurückgewiesen wurde, und Ende December an der Beschießung des Mont Avron. Nach der Kaiserproclamation zog er in St. Denis ein, befehligte nach der Ratification des Friedens alle Occupationstruppen und ordnete den allmählichen Abzug je nach Zahlung der Kriegsschuld an. Im Juni 1871 zog er an der Seite Kaiser Wilhelm I. in Berlin, einen Monat später als General-Feldmarschall des Reiches in Dresden ein. Als Abzeichen dieser Würde überreichte ihm sein Vater, König Johann, den Marschallstab, welchen Johann Sobieski beim Einzuge in das befreite Wien getragen. Kronprinz Albert wurde General-Inspecteur der 1. Armee-Inspection, erhielt das Großkreuz des Eisernen Kreuzes und wurde russischer Feldmarschall. Die Verleihung der letzteren Würde wurde dem Kronprinzen durch das folgende, am 12. Juli eingelangte Telegramm notificiert:

„Nachdem der Kaiser und König Wilhelm Ihnen die Würde eines General-Feldmarschalls verliehen hat, bitte ich Sie, sich als in Meiner Armee mit demselben Range bekleidet ansehen zu wollen, welche die Ehre hat, Sie seit 19 Jahren in ihren Reihen zu führen und welche vornehmlich seit dem letzten Kriege darauf stolz ist, in welchem Sie sich an der Spitze derjenigen Armee mit Ruhm bedeckten, die unter Ihren Befehlen gestanden."
Alexander II.

Zwei Jahre später, am 29. October 1873, bestieg Kronprinz Albert den Thron. In den seither verflossenen 25 Jahren hat er in seinem Lande große Reformen durchgeführt auf allen Gebieten der Verwaltung, des Verkehrswesens, des Bergbaues, der Gewerbegesetzgebung, des Unterrichtes, der Künste und des Kunstgewerbes. Was sein Vater von ihm gerühmt, das „ausgezeichnete Judicium", zeigt sich als eindringendes Verständnis und rege Theilnahme für die vielseitigsten Interessen. Der Wissenschaft und den Künsten hat König Albert in Dresden und Leipzig die herrlichsten Paläste gebaut, Chemnitz steht zuoberst unter den Industrie-Städten des Reiches; unermüdlich verfolgt der König alle Fortschritte des nie rastenden Gewerbefleißes, wie er alljährlich als Rector magnificentissimus die Landes-Universität besucht und gleich seinem Vater in den Vorlesungen hospitiert. Das alte Schloss in Dresden ist dank der Freigebigkeit der Landstände würdig ausgebaut, die Albrechtsburg in Meissen, ein Juwel spätgothischer Baukunst, in stilvoll gelungenster Weise wiederhergestellt, die Universität Leipzig umgebaut und vergrößert. Ein gewaltiges Denkmal der Fürsorge des Königs für die Armee ist die „Albertstadt", jene Reihe großartiger Militärbauten, wie Kasernen, Zeughäuser, Erziehungsanstalten, welche die Neustadt Dresden im Nordosten überragen und umgürten, eine Anlage, die ihresgleichen kaum in der Welt hat.

König Albert besitzt viele herrliche Schlösser, dazu erbte er 1884 vom Herzog von Braunschweig noch Sibyllenort in Schlesien, ein Schloss von riesenhafter Ausdehnung und einem Grundbesitze von 90.000 preußischen Morgen. Den größten Theil des Jahres aber lebt der Monarch jedoch stets in der einfachen Villa Strehlen, eine halbe Stunde außer Dresden, einem nach Bauart und innerer Einrichtung einfachen Hause. Im sächsischen Erzgebirge steht ein schlichtes Jagdhaus, Rehefeld, von der Königin während des Krieges für ihren hohen Gemahl gebaut. Dort weilt der unermüdliche Weidmann, welcher im Jahre 1892 schon seinen tausendsten Hirsch zur Strecke gebracht, ebenso gern, als in dem jeden Jagdfreund bezaubernden Wermsdorf. Dazu kommen noch die Jagden in Steiermark, in Mürzsteg, Radmer, Eisenerz, welche der König alljährlich als Jagdgast seines Freundes, des Kaisers Franz Josef I., besucht. So athmet alles an dem erlauchten Herrn soldatische Tüchtigkeit, Einfachheit und schlichte Wahrheit. Wie hat doch der deutsche Kaiser ihm gedankt, als er sich, nach des sterbenden Kaisers Friedrichs Wunsch, seiner angenommen und ihm als väterlicher Berather zur Seite stand.

So prangt denn herrlicher denn je die königliche Raute, seitdem König Albert dem allerwärts geachteten Streben der Sachsen auf allen Gebieten der Cultur den Waffenruhm hinzugefügt und ganz Deutschland dankbar zu dem siegreichen Sachsenkönige aufblickt.

14. Mai 1853.

Leopold I. König der Belgier,

Herzog zu Sachsen, Prinz von Sachsen-Coburg und Gotha, Oberst und Inhaber des k. k. Infanterie-Regimentes Nr. 27 (vom 14. Mai 1853 bis 10. December 1865), Großkreuz des königl. ungarischen St. Stephan-Ordens, Ritter des Militär-Maria-Theresien-Ordens etc. etc.

Leopold war das achte Kind des Herzogs Franz von Sachsen-Coburg-Saalfeld und dessen Gemahlin Prinzessin Auguste Karolina von Reuß-Ebersdorf.

Zu Coburg am 16. December 1790 geboren, zeigte der Prinz schon in frühester Jugend reges Interesse für ernstere Studien. Seine Erziehung war in die Hände des Chefs der geistlichen Administration des Landes Coburg und ersten Professors am Collegium Casimirianum Ch. Theodor Hoflender gelegt. Dieser selbst unterrichtete ihn in der Biblischen Geschichte und christlichen Lehre; auch bereitete er ihn zur Confirmation vor, welche am 12. September 1805 stattfand. Doch auch in der lateinischen und russischen Sprache, in der Logik und Moral gab Hoflender dem jungen Prinzen Unterricht. Mit großem Eifer betrieb Leopold überdies das Studium der französischen, englischen und italienischen Sprache und zeigte besonderes Interesse für Geschichte, Rechtswissenschaft, Botanik, Musik und die militärischen Studien.

Als Napoleon im Jahre 1805 gegen die dritte Coalition ins Feld zog, trat Prinz Leopold in die russische Armee ein. Die Schlacht bei Austerlitz am 2. December beendete den Krieg, in welchem Napoleon Sieger blieb. Während des im nächsten Jahre folgenden Krieges zwischen Frankreich und Preußen zog sich Herzog Franz mit seiner Gemahlin und seinem Sohne Leopold auf die Festung Saalfeld zurück; doch auch diese wurde von den Franzosen eingenommen und die herzogliche Familie musste nach Coburg zurückkehren, wo Herzog Franz am 9. December 1806 starb.

Da sein Sohn Ernst in russischen Kriegsdiensten stand, kam nach seinem Tode auch Coburg unter französische Herrschaft. Ein

Militär-Intendant übernahm die Verwaltung des Landes, was für Leopold und seine Mutter ungemein bedrückend war.

Erst nach dem Tilsiter Frieden, am 7. Juli 1807, gelangte Herzog Ernst, der älteste Bruder Leopolds, wieder in den Besitz seines Erbes. Beide Prinzen reisten nun, um Napoleon ihren Dank auszusprechen, nach Paris, wo sie aufs herzlichste empfangen wurden.

Mit Eifer betheiligte sich Prinz Leopold an den Regierungsgeschäften seines Bruders und begleitete im Jahre 1808 Kaiser Alexander I. auf den Congress nach Erfurt. 1810 legte er aus Rücksicht für Kaiser Napoleon seine militärischen Würden im russischen Heere nieder; er widmete sich die darauffolgenden Jahre nur den Angelegenheiten seines Hauses, wie den schönen Künsten und Wissenschaften. Schon Februar 1813 begab er sich aber zu Kaiser Alexander nach Kalisch, um neuerdings russische Kriegsdienste zu nehmen.

Im folgenden Feldzuge brachte er nicht nur sein Führertalent zu glänzender Entfaltung, sondern war seinen Truppen auch ein leuchtendes Beispiel der Tapferkeit. Bei Lützen (2. Mai) und Bautzen (20. Mai) commandierte er ein Corps russischer Cavallerie und focht stets an der Spitze der Leibkürassiere; bei Bautzen hatte er unter sehr schwierigen Verhältnissen mit seinem Corps den Rückzug der Truppen zu decken. Am 26. August befreite er mit seinen Kürassieren den Prinzen Eugen von Württemberg aus bedrängter Lage vor der Feste Königstein. Drei Tage später hatte Prinz Leopold bei Peterswald einen heftigen Zusammenstoß mit einem Detachement französischer Cavallerie zu bestehen. Von großer Übermacht angegriffen, zog er sich zurück, ohne jedoch in feindliche Gefangenschaft zu gerathen, wie man in Paris bereits lärmend verbreitet hatte. Am selben Tage focht er noch bei Prezen und erhielt für seine bei so vielen Gelegenheiten bewiesene außerordentliche Tapferkeit den russischen St. Georg-Orden III. Classe. Hervorragenden Antheil nahm Prinz Leopold auch an der großen Völkerschlacht bei Leipzig, wo er am 16. October in der Mitte der Schlachtordnung die Hauptbatterie zu decken hatte. Am 1. Februar 1814 machte er das Gefecht bei Brienne mit, am 20. März befehligte er bei Arcis-sur-Aube den rechten Flügel. Neuerliche Proben seiner Tapferkeit legte er am 25. Mai in dem blutigen Treffen von Fere-Champenoise ab und marschierte an der Spitze der russischen Garde-Kürassiere mit den verbündeten Truppen am 31. März durch St. Martin in Paris ein. In besonderer Würdigung seiner Verdienste während der beiden letzten Kriegsjahre zeichnete Seine Majestät

Kaiser Franz I. den erst 24jährigen Prinzen mit Allerhöchstem Befehlschreiben vom 30. Mai durch das Ritterkreuz des Militär-Maria-Theresien-Ordens aus, nachdem ihm schon am 18. Mai das Commandeurkreuz des Leopold-Ordens verliehen worden war. Seitens des preußischen Monarchen wurde ihm durch das Eiserne Kreuz sein kriegerischer Lohn.

Nachdem Prinz Leopold Zeuge von Napoleons Sturz gewesen, begleitete er als russischer Generallieutenant den Kaiser Alexander nach England, wo er auch noch nach der Abreise seines obersten Kriegsherrn verblieb.

Im September 1815 begab sich der Prinz zum Congresse nach Wien und erwirkte seinem Hause im Fürstenthume Lichtenberg jenseits des Rheins einen Länderzuwachs von 20.000 Einwohnern.

Als Napoleon I. von Elba zurückkehrte, eilte Prinz Leopold zur Rheinarmee, hielt sich nach der zweiten Einnahme von Paris noch einige Zeit dortselbst auf und begab sich 1816 nach Berlin. Im Februar folgte er einer Einladung nach London, wo er sich mit der am 7. Januar 1796 geborenen britischen Thronerbin Charlotte Auguste verlobte.

Prinz Leopold wurde nun durch die Parlamentsacte vom 27. März 1816 in England naturalisirt, erhielt eine Apanage von 50.000 Pfund Sterling, den Rang vor allen britischen Herzogen und Großbeamten, sowie die Würde eines britischen Feldmarschalls; auch trat er als Mitglied in den Geheimen Rath ein.

Die feierliche Vermählung fand am 2. Mai 1816 statt. Nur zu bald aber zerstörte der Tod das innige Herzensbündnis und damit auch die Hoffnungen, welche England auf den Prinzen gesetzt hatte.

Prinzessin Charlotte verschied am 6. November 1817 zu Claremont, wo sie seit der Vermählung an der Seite ihres geliebten Gatten in glücklichster Ehe gelebt hatte.

In vollständiger Zurückgezogenheit verbrachte Prinz Leopold nun die nächsten Jahre, theils auf Reisen, theils in London und auf seinem Landgute Claremont.

Am 3. Februar 1830 wurde ihm von den drei zur Pacification Griechenlands verbündeten Mächten der Thron Griechenlands angeboten, dem er aber, nachdem er ihn am 11. Februar mit Vorbehalt angenommen hatte, am 21. Mai wieder entsagte.

Am 4. Juni 1831 vom belgischen Nationalcongress über Empfehlung Englands zum König der Belgier erwählt, nahm er diese Krone bedingungsweise, am 12. Juli aber bereits definitiv an, hielt seinen Einzug in Brüssel und leistete am 31. Juli den Eid auf die Verfassung. Bei dieser Gelegenheit verzichtete er, solange er Souverän von Belgien sei, auf den ferneren Bezug seiner englischen Apanage.

Schon am 9. August 1832 vermählte sich König Leopold in zweiter Ehe mit der ältesten Tochter des Königs Ludwig Philipp von Frankreich, Prinzessin Louise. Sein erstgeborener Sohn starb zwar in zartem Kindesalter, doch die spätere Geburt zweier Prinzen (Prinz Leopold, geboren am 9. April 1835, und Prinz Philipp, geboren am 24. März 1837) sicherte der coburgischen Dynastie die Erbfolge auf dem belgischen Throne. Auch eine Tochter entspross der glücklichen Ehe, Prinzessin Charlotte, die nachmalige unglückliche Gemahlin des Kaisers Maximilian von Mexico.

König Leopold hielt fest an den Principien, welche die Constituierung der belgischen Nation begründeten, sowohl in Bezug auf die innere Verfassung als auf die gegen die europäischen Mächte übernommenen Verpflichtungen, und war eifrig bemüht, die sittliche wie materielle Entwicklung seines Landes zu fördern.

Durch sein bei jeder Gelegenheit hoheitsvolles, besonnenes Verhalten erwarb sich der edle Monarch gar bald die ungetheilte Achtung und Sympathie des In- und Auslandes. Besonders 1838, als es sich um die Aufgebung des deutschen Luxemburg handelte, sodann im Jahre 1848, wo er die edle Erklärung erließ, dass er zurücktreten wolle, wenn die Nation in ihm ein Hindernis zu ihrer Wohlfahrt fände, hatte er sich eine Popularität gegründet, wie sie wohl selten einem Fürsten zutheil wurde.

Der Hofhalt des Königs beschränkte sich auf das Unentbehrlichste. Seine Civilliste belief sich, ohne die dem Kronprinzen im Jahre 1853 zuerkannte Dotierung von 500.000 Francs, auf 2,751.322 Francs. Den größten Theil dieser Summe verwendete der hochherzige Monarch jedoch zur Förderung gemeinnütziger und wohlthätiger Zwecke, sowie zur Hebung der Kunst und Wissenschaft. Die königliche Familie lebte meist in stiller Häuslichkeit auf dem Landsitze Laeken oder auf der umfangreichen Privat-Domäne Ardenne in der Nähe von Dinant.

Das Privatvermögen der Königin wurde durch die, die Güter der Familie Orléans betreffenden Decrete des französischen Präsidenten vom Januar 1852 wesentlich geschmälert.

Große Standhaftigkeit zeigte König Leopold in der Durchführung der als unabweisbar erkannten Maßnahmen, beispielsweise in Hinsicht des neuen Vertheidigungsgesetzes und der Befestigung von Antwerpen.

Der am 11. October 1850 eingetretene Tod der hochverdienten Königin Louise ließ in ihrer Familie wie im Lande lange eine empfindliche Lücke zurück.

Nachdem am 9. April 1853 die politische Volljährigkeit des Kronprinzen Leopold im ganzen Lande durch glänzende Feste gefeiert worden war, unternahm der König mit seinem Sohne eine Reise durch Deutschland und stellte ihn an den Höfen von Wien und Berlin vor.

Am 21. Juli 1856 feierte König Leopold sein 25jähriges Regierungs-Jubiläum. Die bei dieser Gelegenheit dargebrachten vielfachen Huldigungen gaben ihm den besten Beweis, mit welcher Liebe und Begeisterung sein Volk ihm zugethan war.

Als am 14. December 1861 sein Neffe, Prinz Albert, Gemahl der Königin Victoria von England, starb, ließ er sich durch den Herzog von Brabant und den Grafen von Flandern bei der Leichenfeier vertreten. Er selbst begab sich erst am 26. December nach Osborne zur Königin Victoria, wo er bis zum 10. Februar 1862 verblieb. Krank kehrte er heim, war wochenlang ans Zimmer gefesselt und musste sich schmerzhaften Operationen unterziehen. Vier Monate konnte der König das Schloss Laeken nicht verlassen, sein Befinden schwankte fortwährend und gab oft zu den schlimmsten Befürchtungen Anlass. Endlich stellte sich dauernde Besserung ein und am 24. September konnte er nach Brüssel zurückkehren, wo seine unerwartete Genesung Anlass zu Ovationen gab, wie sie wohl herzlicher nicht gedacht werden können.

Schon am 21. hatte sich das Gerücht von der Rückkehr des Königs in die Hauptstadt verbreitet und sofort that die Bevölkerung die nöthigen Schritte zum Empfange des genesenen, geliebten Monarchen. Um 1 Uhr nachmittags verließ der königliche Zug die Laekener Residenz und langte nach zweistündiger Fahrt auf demselben Wege, welchen der König sonst in 20 Minuten zurücklegte, im Stadtschlosse an. Die Bürgergarde bildete Spalier.

Durch eine Menschenmasse, welche nach geringer Schätzung auf 200.000 angeschlagen wurde, hielt König Leopold einen Triumphzug, wie ihn wohl selten ein Fürst erlebt hat. Es war eine ungeheuere Tonwelle: „Es lebe der König!" die sich von Laeken bis zum Schlosse unaufhörlich erneuerte; es war das jubelnde „Hallelujah" einer ganzen Nation. Die Pferde konnten nur im langsamsten Schritte vorwärts, denn das Volk umgab den Wagen von allen Seiten und hob wie trug ihn mit seinen Schultern weit mehr, als die Rosse ihn zogen.

Leider sollte sich der edle Monarch nicht mehr lange der wiedererlangten Gesundheit erfreuen, denn tiefbetrauert von der königlichen Familie und seinem Volke schloss König Leopold am 10. December 1865 für immer die Augen. Einer der populärsten Monarchen war mit ihm dahingegangen.

Er hatte nur einen Eid geschworen und hat ihn gehalten, nur eine Verfassung zu beobachten, und hat sie gewahrt, nur eine Sorge, sein Volk zu schützen vor inneren und äußeren Feinden und hat sie erfüllt, er hatte keine Provinzen erobert, aber das Herz einer ganzen Nation.

Seine sterblichen Reste wurden am 12. vom Schlosse Laeken zur feierlichen Aufbahrung ins Palais nach Brüssel überführt, von wo dieselben am 16. December in die Kapelle Sainte Barbe zur feierlichen Beisetzung neben der im Jahre 1850 verschiedenen Königin Louise gebracht wurden.

13. August 1853.

Alexander Prinz von Hessen und bei Rhein,

k. u. k. General der Cavallerie, großherzogl. hessischer General der Cavallerie, **Oberst-Inhaber des k. k. Infanterie-Regimentes Nr. 46** (vom 27. Mai 1859 bis 30. April 1862) **und des k. und k. Dragoner-Regimentes Nr. 6** (vom 30. April 1862 bis 15. December 1888), zweiter Inhaber des großherzogl. hessischen Infanterie-Regimentes (Großherzog) Nr. 116, Chef des königl. preußischen (schleswig-holstein'schen) Dragoner-Regimentes Nr. 13, sowie Chef des kaiserl. russischen Uhlanen-Regimentes Nr. 8, **Großkreuz des königl. ungarischen St. Stephan-Ordens und des kaiserl. österreichischen Leopold-Ordens, Ritter des Militär-Maria-Theresien-Ordens**, des kaiserl. russischen St. Georg-Ordens II. und IV. Classe, des königl. preußischen Schwarzen Adler-Ordens etc. etc.

Als dritter Sohn des Großherzogs Ludwig II. von Hessen-Darmstadt und der Prinzessin Wilhelmine von Baden am 15. Juli 1823 zu Darmstadt geboren, wurde Prinz Alexander mit seiner um ein Jahr jüngeren Schwester, der späteren Kaiserin Marie Alexandrowna, unter der liebevollen Fürsorge seiner Mutter vorzüglich erzogen. Sein Onkel, Kaiser Alexander I. von Russland, hatte ihm als Pathe ein russisches Lieutenants-Patent in die Wiege gelegt. Durch ausgezeichnete Lehrer in den Wissenschaften, Künsten und Militärfächern bestens vorbereitet, begann der Prinz seine militärische Laufbahn 1833 als Second-Lieutenant im großherzoglich hessischen Leibgarde-Regimente, wurde 1836 Premier-Lieutenant, 1839 Hauptmann, 1840 Oberst und 1842 Inhaber des Infanterie-Regimentes Nr. 2. Nach der Vermählung seiner Schwester mit dem damaligen Thronfolger Alexander von Russland, trat Prinz Alexander im Jahre 1840 als Oberst in kaiserlich russische Dienste, rückte 1843 zum Generalmajor vor und wurde 1844 Chef des Uhlanen-Regimentes Nr. 17.

Im März 1845 zur Armee des Kaukasus versetzt, nahm der Prinz als Commandant der Cavallerie an dem blutigen dreimonatlichen Feldzuge des Feldmarschalls Fürsten Woronzow gegen die Bergvölker unter dem berüchtigten Iman Schamyl theil. Er zeichnete sich namentlich am 14. Juni bei der Erstürmung von Andy, dann am 6. Juli bei dem Sturme auf die Bergfeste Dargo an der Spitze der freiwilligen Colonne hervorragend aus. Der Lohn für die bei diesen Gelegenheiten bewiesene außerordentliche Tapferkeit und Umsicht war das Ritterkreuz des Militär-St. Georg-Ordens, das Kaiser Alexander II. nach der Schlacht von Solferino für den vom Prinzen an den Tag gelegten Heldenmuth mit dem Commandeurkreuze vertauschte, welches er selbst seit Jahren auf der Brust getragen hatte.

Im Jahre 1846 zum Commandeur der 1. Garde-Kürassier-Brigade ernannt, führte er dieselbe 1849 nach Lithauen, erhielt 1850 das Commando der Garde-Kürassier-Division, und verließ 1851 die kaiserlich russische Armee. Am 16. October 1851 vermählte sich Prinz Alexander zu Brüssel mit Julie Gräfin von Battenberg, der Tochter des verstorbenen polnischen Kriegs-Ministers Grafen Moriz von Hauke. Dieser Ehe entstammen drei Söhne und eine Tochter. 1858 wurde die Gemahlin des Prinzen und ihre Kinder vom Großherzog Ludwig III. von Hessen zu Fürstinnen und Fürsten von Battenberg erhoben. Der zweitgeborene Sohn bestieg 1879 als Alexander I. den bulgarischen Thron.

Mit 13. August 1853 als Generalmajor in die Reihen des k. k. Heeres eingetheilt, wurde Prinz Alexander am 29. September desselben Jahres zum Brigadier im 3. Corps ernannt, 1854 zum siebenten, dann zum neunten Corps nach Mailand versetzt und am 1. October 1857 mit dem Großkreuze des österreichischen Leopold-Ordens ausgezeichnet. In demselben Jahre war der Prinz auch mit einer diplomatischen Mission betraut, indem er die Zusammenkunft seines Schwagers, des Kaisers Alexanders II. von Russland, mit Sr. Majestät Kaiser Franz Josef I. in Weimar vermittelte.

Der Feldzug 1859 in Italien bot dem Prinzen reichlich Gelegenheit, seine Umsicht und Tapferkeit hervorragend zu bethätigen. Am 20. Mai auf dem Kampfplatze angelangt, als eben die Gegner aus Montebello vordrangen, führte er die Abtheilungen seiner Brigade persönlich ins Feuer, rückte bis auf den Eisenbahndamm vor, degagirte dadurch eine argbedrängte Abtheilung und brachte durch diesen überraschenden Angriff den Feind zum Stehen. Nach einem längeren Feuergefechte, in welchem die Position standhaft behauptet wurde, zogen sich die Gegner auf allen Punkten zurück. Für die bei dieser Affaire bewiesene Tapferkeit wurde ihm im Armee-Befehle Nr. 31 vom 2. Juni die Zufriedenheit Sr. Majestät des Kaisers ausgesprochen.

Inzwischen war Prinz Alexander am 27. Mai zum Feldmarschall-Lieutenant und Divisionär beim VII. Corps und zum Oberst-Inhaber des Infanterie-Regimentes Nr. 46 ernannt worden.

In der Schlacht bei Solferino, am 24. Juni, besetzte er, nach der Vorrückung des Feindes im Centrum gegen Cavriana den Monte Fontana und hielt sich hier mit wahrhaft bewunderungswürdiger Tapferkeit so lange, bis er den Befehl zur Deckung des Rückzuges der Armee nach Volta erhielt.

Nun unternahm der Prinz, der stets an der Spitze seiner Truppen kämpfte, auf den, infolge des eingetretenen allgemeinen Rückzuges heftig nachdrängenden Gegner noch vier Bajonettangriffe und leistete überhaupt solch heldenmüthigen Widerstand, dass der Rückzug der k. k. Armee ohne Störung und in guter Ordnung ausgeführt werden konnte. Für diese heldenmüthige Aufopferung und glänzende Tapferkeit wurde dem Prinzen von Sr. Majestät dem Kaiser mit Armee-Befehl Nr. 45 vom 17. October das Ritterkreuz des Militär-Maria-Theresien-Ordens verliehen. Nach der Schlacht leitete Prinz Alexander im Auftrage Sr. Majestät des Kaisers die Verhandlungen mit Kaiser Napoleon III. ein, die zum Frieden von Villafranca führten, und erhielt das Commando des auf dem Kriegstande verbliebenen VII. Armee-Corps mit dem Hauptquartiere Treviso, welches später nach Padua verlegt wurde. Am 30. April 1862 verlieh Se. Majestät als besonderen Beweis der Allerhöchsten Huld dem Prinzen statt des Infanterie-Regimentes Nr. 46 das Kürassier-(seit 1. October 1867 Dragoner-)Regiment Nr. 6, welches im Jahre 1701 sein Vorfahr, der kaiserliche Feldmarschall Philipp Prinz zu Hessen-Darmstadt, errichtet hatte.

Aus Familienrücksichten im Jahre 1863 in Disponibilität getreten, lebte Prinz Alexander meist in Darmstadt oder Heiligenberg bei Jungenheim, seiner Besitzung im Odenwalde, wo er sich vornehmlich mit der Ordnung seines großen Münzcabinettes beschäftigte, das er in drei Bänden selbst beschrieb.

Im Feldzuge gegen Preußen 1866 übernahm er am 18. Juni auf Wunsch Sr. Majestät des Kaisers, durch den König von Württemberg mit Decret vom 16. Juni dazu ernannt, das Commando über das VIII. Bundes-Armee-Corps bei der unter dem Oberbefehle des Prinzen Karl von Bayern aufgestellten Südarmee. Am 11. October 1868 zum General der Cavallerie befördert, wurde er am 5. März 1874 mit dem Großkreuze des St. Stephan-Ordens ausgezeichnet.

Prinz Alexander, ein eifriger Förderer und Beschützer der Künste, liebte besonders die Musik und war selbst ein brillanter

Clavierspieler. Ebenso war er von wahrem Wohlthätigkeitssinn durchdrungen und zeigte das regste Interesse für alle gemeinnützigen Bestrebungen. Der mit so seltenen, glänzenden Charaktereigenschaften begabte und von edlem Heldenmuthe beseelte Prinz verschied am 15. December 1888. Einige Monate vorher wohnte er noch als Ritter des Maria Theresien-Ordens der Enthüllung des Monumentes der großen Kaiserin in Wien bei, doch war er schon damals leidend. Eine Deputation seines k. und k. Dragoner-Regimentes begab sich zu den Leichenfeierlichkeiten nach Darmstadt.

2. October 1853.

Friedrich III. deutscher Kaiser und König von Preußen,

Markgraf zu Brandenburg, Burggraf zu Nürnberg, Graf zu Hohenzollern, souveräner Herzog von Schlesien, wie auf der Grafschaft Glatz, Großherzog von Niederrhein und Posen, Herzog zu Sachsen, Westfalen und Engern, zu Pommern, Lüneburg, Holstein und Schleswig etc. etc., Oberster Kriegsherr des deutschen Reichsheeres und Chef der Marine, Chef des 1. Garde-Regimentes zu Fuß, des Regimentes der Gardes du Corps, des Leibgarde-Husaren-Regimentes, des Königs-Uhlanen-Regimentes (1. hannover'sches) Nr. 13, des 1. Garde-Feldartillerie-Regimentes, des 1. Garde-Artillerie-Regimentes, des Königs-Infanterie-Regimentes Nr. 145, des Grenadier-Regimentes (1. ostpreußisches) Nr. 1, des 2. schlesischen Dragoner-Regimentes Nr. 8, des 6. badischen Infanterie-Regimentes Nr. 117, des königl. sächsischen 2. Husaren-Regimentes, des königl. bayerischen Uhlanen-Regimentes Nr. 1, **Oberst-Inhaber des k. und k. Infanterie-Regimentes Nr. 20 (vom 2. October 1853 bis 15. Juni 1888), sowie des k. und k. Husaren-Regimentes Nr. 10 (vom 9. März 1888 bis 15. Juni 1888)**, kaiserl. russischer Feldmarschall und Chef des kaiserl. russischen Husaren-Regimentes Isum Nr. 11, Rector magnificentissimus der Albertus-Universität zu Königsberg, Ehrendoctor der Universitäten Bonn und Oxford, Souverän und Meister des Ordens vom Schwarzen Adler, Protector des Johanniter-Ordens, Großkreuz sowie Ritter I. und II. Classe des Eisernen Kreuzes, Großkreuz mit Eichenlaub und dem goldenen Sterne mit dem Bildnis König Friedrichs des Großen zum Orden pour le mérite, Besitzer des Düppeler Sturmkreuzes, der Kriegsdenkmünze für 1864 und 1870/71, sowie des Erinnerungskreuzes für 1866, Großkreuz des königl. bayerischen Militär-Max-Josef-Ordens, des königl. sächsischen militärischen St. Heinrich-Ordens, des königl. württembergischen Militär-Verdienst-Ordens, des großherzoglich sächsischen Falken-Ordens mit den Schwertern, des herzoglich anhaltischen Ordens Albrecht des Bären mit den Schwertern, Besitzer des großherzoglich mecklenburgischen Militär-Verdienstkreuzes I. Classe, des großherzoglich hessischen Militär-Verdienstkreuzes, der fürstlich schaumburgischen Militär-Verdienstmedaille, **Ritter des Militär-Maria-Theresien-Ordens, Besitzer der k. k. Kriegsmedaille vom December 1873** etc. etc.

Eine ungemein edle Fürstengestalt tritt uns in der Person Kaiser Friedrich III., dem Sohne und Nachfolger Kaiser Wilhelm I., vor Augen, ein Fürst, der es in hohem Maße verstanden, sich die Herzen seiner Zeitgenossen zu gewinnen und sich die Liebe und Verehrung zuzuwenden, die seinen heimgegangenen kaiserlichen Herrn und Vater umfiengen. Auf dem Schlachtfelde die preußischen Heeressäulen zu glänzenden Erfolgen führend, hat Kaiser Friedrich III. seinem Namen auch den Glanz eines hochherzigen Förderers aller idealen Bestrebungen und aller Institutionen gemeinnütziger Werkthätigkeit geliehen. Den Künsten des Friedens, der Wissenschaft, dem Gewerbefleiße, allen Functionen des staatlichen und socialen Lebens mit Ernst und Eifer ergeben, hat Kaiser Friedrich III. auf allen Ehrenfeldern friedlichen Ringens die Führung übernommen, hielt er den Blick unablässig auf die Pflege der sittlichen und geistigen Güter gerichtet. Und was vor allem den Monarchen dem Empfinden des Volkes näherrückte und das Band der Zuneigung zu ihm festigte, das war der Zug inniger Zusammengehörigkeit und Warmherzigkeit, welcher das Familienleben Allerhöchstdesselben verklärte und veredelte. In alle Schichten der Gesellschaft hinein leuchtete das hohe an dieser Stelle gegebene Vorbild und wirkte erhebend und anspornend auf die heranwachsenden Geschlechter.

Alle diese mächtigen Impulse, aus denen die Liebe zum angestammten Herrscherhause immer wieder neue Nahrung empfängt, sie traten in dem Augenblicke, da der Erbe der Kaiserkrone den Purpur um seine Schultern legte, in ganz besonders eindringlicher und lebendiger Weise hervor.

Die Stätte, an welcher Kaiser Friedrich III. am 18. October 1831, dem Jahrestage der Schlacht bei Leipzig, das Licht der Welt erblickte, ist das neue Palais bei Potsdam, ein von König Friedrich dem Großen aufgeführter Bau, um dessen Mauern und Gärten die Sage vielfach ihren luftigen Schleier gewoben. Die Geburt eines Prinzen war ein glückliches Ereignis in der Dynastie, in welcher die Thronfolge nun für zwei Generationen gesichert erschien; demgemäß wurde auch das Fest der Taufe, in welcher der Neugeborene die Namen Friedrich Wilhelm Nikolaus Karl erhielt, am 13. November glänzend gefeiert.

Unter den Taufzeugen bemerkte man den König und sämmtliche Prinzen und Prinzessinnen des königlichen Hauses; die Mehrzahl der abwesenden Pathen war durch deren Botschafter vertreten, so Kaiser Franz von Österreich, Kaiser Nikolaus von Russland, die Königin der Niederlande, der Großherzog und die Großherzogin von Sachsen-Weimar und der Großherzog von Mecklenburg.

Wie gewöhnlich, so verlief auch die Kindheit des jungen Prinzen unter weiblicher Aufsicht und unter den Augen seiner hohen, geistvollen und vielseitig gebildeten Mutter, der Prinzessin Augusta. Die Gouvernante des jungen Prinzen war Frau von Clausewitz, Witwe des berühmten Generals und Militär-Schriftstellers; unter ihrer Aufsicht functionierte als Lehrerin noch Madame Godet, eine Schweizerin aus Neuchâtel, deren Sohn einige Jahre später Erzieher des Prinzen wurde.

Mit dem Jahre 1840 verschwand die weibliche Umgebung und an ihre Stelle traten Männer. Ein militärischer Erzieher wurde dem Prinzen in der Person des Obersten, späteren Generals von Unruh beigegeben. Denn wie alle Prinzen des Hauses Hohenzollern war auch er bestimmt, sich auf seinen Beruf als Soldat vorzubereiten. War es seines Vaters, des Prinzen Wilhelm von Preußen, Wunsch, aus ihm einen guten Officier zu machen, so strebte die Prinzessin darnach, ihn zu einem Manne zu erziehen, der fähig sein würde, die geistige Bildung seines Volkes zu leiten. Sie war es denn auch, welche seine Erzieher und Lehrer wählte. So erhielt der Prinz, außer dem ersten Exercierunterrichte, durch seinen Lehrer, den Pastor Godet aus Neuchâtel, in dieser Epoche auch Unterricht im Schönschreiben, Rechnen, Deutsch, Lateinisch und Zeichnen.

Zu dieser Zeit, am 7. Juni 1840, erfolgte der Tod seines Großvaters, des Königs Friedrich Wilhelm III.; sein Onkel bestieg als Friedrich Wilhelm IV. den Thron, während sein Vater, den Traditionen der Dynastie gemäß, den Titel eines Prinzen von Preußen annahm, der ihm als präsumtiven Erben der Krone zukam. Am 18. October 1841, an seinem zehnten Geburtstage, erhielt er von König Friedrich Wilhelm IV. das Patent als Second-Lieutenant im 1. Garde-Regimente zu Fuß und à la suite des 2. Bataillons (Stettin) des 1. Garde-Landwehr-Regimentes.

Im Jahre 1844, als Prinz Friedrich Wilhelm dreizehn Jahre alt geworden war, folgte dem Pastor Godet der berühmte Hellenist Dr. Ernst Curtius in dessen Eigenschaft als Präceptor und die Spitzen der Wissenschaft wurden berufen, um den jungen Prinzen in Religion, Geschichte, Geographie, Mathematik, Französisch, Englisch, Musik und Gesang zu unterrichten. Man vergaß dabei nicht die körperlichen Übungen der Fechtkunst, der Gymnastik, des Tanzes und der Reitkunst, ja, man trug sogar einer alten Familientradition Rechnung, nach welcher die Prinzen ein Handwerk lernen müssen, um dasselbe zu ehren. Prinz Friedrich Wilhelm erlernte die Tischlerei und die Buchbinderei.

In Begleitung seines Gouverneurs, des Obersten von Unruh, oder in der des Dr. Curtius begann der Prinz kurze Reisen in die benachbarten Provinzen und Staaten zu unternehmen. So besuchte er die Städte und Inseln der Ostsee, machte Fußreisen durch den Harz, Thüringen, die sächsische Schweiz und das Riesengebirge, bekam Geschmack am Reisen, den er sich auch im späteren Leben bewahrte und lernte dabei durch eigene Beobachtung Land und Leute kennen. Der Gesichtskreis des Prinzen erweiterte sich; tief und verständnisvoll berührten ihn die Ereignisse der Jahre 1848/49. Die zweite Hälfte des Jahres 1848 verlief für den jungen Prinzen in geistiger Sammlung, denn er bereitete sich auf seine Confirmation vor, welche am 29. September 1848 in der Charlottenburger Schlosskapelle erfolgte. Gegen Weihnachten besuchte er seine Großeltern zu Weimar, wo er zum erstenmale mit der Herzogin von Orléans zusammentraf, die sich mit ihren beiden Söhnen, dem Grafen von Paris und dem Herzog von Chartres, dort befand.

Mit dem Jahre 1849 war der Moment gekommen, da der Eintritt in den praktischen Militärdienst erfolgte. Am 2. Mai desselben Jahres trat Prinz Friedrich Wilhelm in den activen Dienst bei der Leib-Compagnie des 1. Garde-Regimentes zu Fuß. Der Prinz von Preußen führte ihn bei dem versammelten Officiers-Corps mit einer kurzen Ansprache ein, in der er sich mit warmer Empfindung über die bewunderungswerte Disciplin äußerte, welche die Armee bei den Unruhen der jüngsten Vergangenheit bewahrt hatte und die Zuneigung und Treue, die seine Kameraden ihm selbst bewiesen. „Mein Sohn," sagte er bei dieser Gelegenheit, „tritt jetzt in Ihren Kreis, um den vorgeschriebenen Dienst zu thun. Ich hoffe, er wird seinem Namen und seinen Vorfahren Ehre machen. Was mir dafür bürgt, ist der Geist, mit dem Gott, nicht wir, ihn dafür erfüllt hat. Was Dich betrifft, mein Sohn, so wünsche ich, dass Du finden möchtest, was Dein Vater einst in der Mitte seiner Kameraden gefunden hat. Meine Herren, was mir die größte Freude meines Lebens verursacht hat, ist das Bewusstsein, dass die Treue und die Sympathien meiner Untergebenen sich während der schmerzlichsten Tage nie verleugnete. Das wünsche ich auch Dir. Und nun geh und thue Deine Pflicht." Wie mit Flammenschrift drangen diese Worte in die Seele des nun bald achtzehnjährigen jungen Fürsten, der in so frühen Jahren die schweren Prüfungen seines Vaters durchleben und mitempfinden musste. Einen Monat später, am 3. Juni 1849, avancierte er zum Premier-Lieutenant. Bald darauf reiste der Prinz von Preußen nach Süddeutschland ab, um im Großherzogthume Baden die Revolution zu unterdrücken. Sein Sohn begleitete ihn nicht; man wollte an höchster Stelle den jungen Prinzen nicht an der blutigen Arbeit des Bürgerkrieges theilnehmen lassen.

So verblieb er in Potsdam. Im October, bei Vollendung seines achtzehnten Lebensjahres, erlangte nach dem Familiengesetze des königlich preußischen Hauses Prinz Friedrich Wilhelm die Großjährigkeit, welches Fest in Potsdam am 18. October 1849 festlich begangen wurde; seine Investitur als Ritter des Schwarzen Adler-Ordens fand im neuen Palais statt. König Friedrich Wilhelm IV. präsidierte dieser Ceremonie. Nachdem der König den Prinzen mit Mantel und Kette des Ordens bekleidet hatte, hielt er an ihn folgende Ansprache:

„Mit achtzehn Jahren bist Du dazu berufen, das höchste Ehrenzeichen Preußens zu empfangen. Bedenke, was das bedeutet. Wir fühlen alle, und ich hoffe, dass auch Du es fühlst, dass darin eine große Gefahr für ein junges Gemüth liegt, welches die höhere Bedeutung des Ordens noch nicht verstanden hat und leicht nur eitle Ehrenbezeugungen daraus erstrebt. Unsere Vorfahren wollten ihn aber anders erfasst haben. Betrachte diesen Saal. Du stehst auf der Stelle, wo Du für nichts das Sacrament der heiligen Taufe, dies Unterpfand des höchsten Heils, empfangen hast. Ja, für nichts — dies Wort muss alle edlen Herzen demüthig machen. Und für nichts empfängst Du auch jetzt die Ehrenbezeugungen dieses Ordens. Dieser Gedanke wird Dir die würdige und passende Art und Weise eingeben, mit welcher Du auch jetzt die Ehrenbezeugungen entgegenzunehmen hast, aber er ermuthige Dich auch, besonders in dieser Epoche, welche, wie kaum eine frühere, sich dem Cultus der Eitelkeit, der Schlechtigkeit und der Treulosigkeit widmet, zu ritterlicher Tapferkeit, erhabenen Gedanken, vor allem zur Treue. Unter diesen Bedingungen wirst Du allein eine Zier unserer Ritterschaft werden, eine Zierde unseres Namens. Und so werde Dir diese Feier zum Troste in dem dornenreichen Leben, das gewissenhafte Monarchen zu durchlaufen haben, zu allen Zeiten, besonders aber heute. Gott stärke Dich dazu."

Weniger feierlich gestaltete sich die Cour im Schlosse von Babelsberg, der Sommerresidenz des Prinzen von Preußen. Dort war es, wo die Eltern als die ersten an den Ehren des Tages theilnahmen. Zum erstenmale empfing der junge Prinz öffentlich, denn von allen Seiten erschienen Deputationen, um ihm ihre Huldigung darzubringen. Unter ihnen befand sich auch der

Magistrat von Potsdam, seiner Geburtsstadt, und der Prinz erwiderte dessen Ansprache voll Bescheidenheit, wie folgt:

„Ich bin noch sehr jung, aber ich will mich mit Liebe und Hingebung auf meinen hohen Beruf vorbereiten und versuchen, eines Tages die großen Anforderungen zu erfüllen, die meine mir von Gott verliehenen Pflichten an mich stellen werden."

Seine Lehrjahre waren indes noch nicht beendet. Der Prinz sollte, so wünschten es seine Eltern, während einer bestimmten Zeit an dem geistigen Leben der deutschen Jugend theilnehmen. Dies war eine Abweichung von alten Gebräuchen, denn zum erstenmale wurde ein Prinz von königlichem Geblüte an eine öffentliche Bildungsanstalt gesendet, um dort seine Studien zu machen. Die Wahl fiel auf die Universität zu Bonn am Rhein; dort sollte der Prinz die Rechte studieren. Nach einigen Monaten des Dienstes im Regimente bezog denn auch Prinz Friedrich im Jahre 1850, von Oberst Fischer und einem Adjutanten begleitet, die genannte Hochschule. Sein Studienplan unterschied sich in nichts von dem allgemein gebräuchlichen und obgleich er in dem alten kurfürstlichen Palaste residierte, war sein Verkehr mit den anderen Studenten ein ganz ungezwungener; er hörte die Vorlesungen von Dahlmann, Arndt und Perthes, und vollendete seine Bildung in der Geschichte, Rechtswissenschaft und Literatur. Französische und englische Literatur vervollständigten das Lehrprogramm. Während der ersten Zeit wurden seine Studien noch von Dr. Curtius geleitet, welcher dann nach Berlin zurückkehrte, um dort sein Amt an der Universität wieder aufzunehmen. Aber die Vorliebe für das classische Alterthum, welche dieser Gelehrte dem Prinzen eingepflanzt hatte, vermehrte und stärkte sich im Laufe der Jahre, und hörte nicht auf, ein geistiges Band zwischen Schüler und Lehrer zu bleiben.

Inzwischen wurde dem Prinzen das väterliche Haus nicht fremd. Der Prinz von Preußen hatte als Generalgouverneur der Rheinprovinz seine Residenz im Schlosse zu Koblenz aufgeschlagen, mithin konnte Prinz Friedrich Wilhelm des öfteren im Elternhause verweilen. Seine häufigen Besuche in Koblenz führten zu vielen Bekanntschaften und Gesprächen über sociale und politische Fragen mit dem hervorragenden Kreise bedeutender Männer, den die Prinzessin von Preußen an ihrem Hofe versammelte. Während seiner Universitätslaufbahn dehnten sich seine Reisen, die bis dahin auf deutsches Gebiet beschränkt waren, erheblich aus. So besuchte er im Jahre 1850 die Schweiz, Nord-Italien und den

Süden Frankreichs. Im April des folgenden Jahres begleitete er seine Eltern nach England, um der Eröffnung der Weltausstellung beizuwohnen. Der junge Prinz, welcher auch Liverpool und die Insel Wight im Fluge besuchte, nahm von dem Reichthume und der Volkskraft Englands, von dem freien und gesunden Menschenverstande, der in seinen Institutionen waltete, einen tiefen Eindruck nach Deutschland mit; vor allem aber entzückte ihn das reizende Bild häuslichen Lebens am englischen Hofe und eine kleine Prinzessin, die damals gerade zehn Jahre alt war.

Später im Jahre begleitete er seinen Vater auf einer Reise nach Russland, wo er Oberst à la suite des 11. Husaren-Regimentes wurde, welches seinen Namen erhielt. Er kam zeitig genug zu seinem Regimente in Potsdam, um an den Herbstmanövern theilzunehmen, avancierte am 15. October 1851 zum Hauptmann und kehrte dann bald nach Bonn zurück, um seine Universitätsstudien zu beschließen.

Auf der Universität legte Prinz Friedrich Wilhelm den Grund zu der allgemeinen Beliebtheit, die charakteristisch für seine ganze spätere Laufbahn ist. Es gelang ihm, den Prinzen so ganz in den Studenten aufgehen zu lassen, dass er sich mit Leib und Seele in den Geist des Universitätslebens versenken konnte. Es war eine Quelle allgemeinen Bedauerns in Bonn, als mit Ostern 1852 die kurze Spanne Zeit, die aus dem thatenvollen Leben eines Prinzen abgespart werden konnte, zu Ende gieng, und Stadt und Universität wetteiferten in Huldigungen bei seinem Abschiede.

Der Prinz kehrte zu seinem Regimente zurück und widmete sich seinen militärischen Pflichten. Er war nun Hauptmann und wurde am 5. Juni 1852 mit der Führung der 6. Compagnie des 1. Garde-Regimentes zu Fuß beauftragt. Das persönliche Interesse, das er an jedem Manne seiner Compagnie nahm, erwarb ihm eine sprichwörtliche Popularität. Am 4. Juni 1853 zum Chef der 6. Compagnie ernannt, übte er während der Herbstmanöver 1853, bei denen er am 16. September 1853 zum Major à la suite des 1. Garde-Regimentes zu Fuß befördert wurde, die Pflichten eines Adjutanten aus, indem er am 20. August 1853 dem Stabe des Grafen von der Groeben, des damaligen Commandeurs des Garde-Corps, zugetheilt wurde. Der Prinz führte ein Leben rastloser Thätigkeit; denn einerseits trat zu dem Regimentsdienste noch die Einführung in die Arbeiten des großen Generalstabes durch General von Reyher, anderseits suchte er sich gründliche Kenntnisse in der Organisation der verschiedenen Zweige des Civildienstes zu erwerben, da man es nicht aus den Augen verlor, dass Prinz Friedrich Wilhelm eines Tages dazu berufen sein würde, nicht nur die Armee zu befehligen, sondern auch den Staat zu regieren. Dem Studium der inneren Verwaltung widmete sich der Prinz unter der Leitung des Oberpräsidenten der Mark Brandenburg.

Während des Sommers 1853 hatte er seinen Vater zu den Manövern der österreichischen Armee begleitet und wurde ihm bei dieser Gelegenheit von Sr. Majestät Kaiser Franz Josef I. das k. k. Infanterie-Regiment Nr. 20 verliehen. Im Herbst dieses Jahres wurde Prinz Friedrich Wilhelm als Mitglied in die große Berliner Freimaurerloge aufgenommen. Der Prinz von Preußen, welcher selbst Freimaurer war, hatte 1840 die Würde eines Protectors sämmtlicher preußischer Logen übernommen und er war es auch, welcher seinen Sohn am 5. November 1853 in Gegenwart des Großmeisters der drei Berliner Logen feierlich als Mitglied aufnahm. Er benützte diese Gelegenheit, um in seiner Rede gegen den Versuch einer Verdächtigung der Freimaurer, der von gewisser Seite gemacht worden war, zu protestieren. Die Aufnahme des Prinzen in den Freimaurer-Orden war von umso größerer Bedeutung, als die Freimaurerei in Deutschland, unabhängig von allen Confessionen und politischen Parteien, im allgemeinen humanistische Zwecke verfolgt, im Gegensatze zur Freimaurerei in den meisten lateinischen Ländern, wo sie den Mitgliedern nur zu oft als Deckmantel für politische Umtriebe dient.

Im December erkrankte Prinz Friedrich Wilhelm an Lungenentzündung und man hielt es nach seiner Genesung für gerathen, ihn einen Winter im Süden zubringen zu lassen; so erfüllte sich der lange gehegte Wunsch einer italienischen Reise. Ende December des Jahres 1853 trat der Prinz in Begleitung mehrerer Officiere die Reise an. Ein österreichisches Kriegsschiff führte ihn von Triest nach Ancona, von wo er sich direct nach Rom begab. Die vorzüglichen Beziehungen, in welchen Papst Pius IX. zum Könige Friedrich Wilhelm IV. stand, sowie die eminent sympathische Persönlichkeit des jungen Prinzen sicherten ihm seitens des Papstes einen ungemein herzlichen Empfang. Rom weckte und läuterte mit seinen Kunstschätzen, seinen historischen Reminiscenzen, seinen glänzenden, ihm zu Ehren veranstalteten Festen den Kunstsinn des Prinzen und gab seinem ästhetischen Empfinden die Richtung auf das Ideale. Auch ganz Unter-Italien wurde besucht und der Zauber, mit dem Natur und Kunst, Antike und Romantik das Land wie mit einem frischen Blütenkranz geschmückt haben, in reichem Maße genossen. Zum Osterfeste kehrte der Prinz nach Rom zurück, um Ende April 1854 nach viermonatlicher Abwesenheit in Berlin einzutreffen, wo er seinen Dienst in der Armee von neuem aufnahm.

Nach sechsmonatlicher Dienstleistung bei der Garde-Artillerie wurde der Prinz zum Garde-Dragoner-Regimente versetzt. Die Garde-Dragoner, damals nur ein Regiment, standen in Berlin; der Commandeur desselben war Oberst von Griesheim, dessen Führung der Prinz unterstellt wurde. Der Oberst führte auf das gewissenhafteste seinen ehrenvollen Auftrag aus und der Prinz übernahm die täglichen Obliegenheiten eines Rittmeisters. Er lebte sich so schnell und praktisch in die Pflichten eines Cavallerieofficiers ein, dass er am 31. August 1855 den Befehl über das Regiment bekam. Um jene Zeit trat ein Mann in nähere Beziehungen zu dem Prinzen, dessen vielseitige Bildung und dessen reichhaltiges militärisches Wissen ihn zu einer Zierde der Armee machte. Es war Oberst Hellmuth von Moltke, damals Generalstabschef des IV. Armeecorps, der mit seinem weiten Schatze von Kenntnissen, welche er sich auf Reisen und Kriegszügen erworben, und der Genialität seiner Anschauungen belebend und anregend auf den Geist des zukünftigen Thronerben, an dessen Seite er als Adjutant gestellt worden, einwirkte. Mit ihm machte der Prinz eine mehrwöchentliche Reise durch Ost-Preußen, welcher eine andere folgte, die entscheidend für sein Leben werden sollte.

Neben der militärischen Thätigkeit fieng der Prinz an, auch den Fragen der inneren Politik mit zunehmendem Interesse zu folgen. Die Handhabe dazu bot der preußische Staatsrath, in welchen ihn der König eingeführt hatte, um ihm damit die Anregung zur Theilnahme an den wichtigsten Problemen des inneren Staatslebens zu geben.

Während des Sommers 1855 gieng der Prinz zum zweitenmale nach England. Vielleicht hatte schon gelegentlich seines früheren Besuches, vier Jahre vorher, ein Entschluss in ihm gekeimt, den er nun entschlossen war, zur Reife zu bringen, — den, um die Hand der Prinzess Royal zu werben. Jedenfalls bat er jetzt die Königin und den Prinz-Gemahl besuchen zu dürfen, welche ihn auch einluden, in Balmoral, der schottischen Hochlandresidenz, wo gerade der englische Hof sich aufhielt, zu wohnen. Hier wurden die ersten Fäden zu jener Verbindung geknüpft, über welche sich der Prinz auf der Rückreise seinem ehemaligen Lehrer der englischen Literatur, Mr. Perry, den er von jeher mit dem größten Vertrauen behandelte, gegenüber aussprach, indem er sagte: „Es war nicht Politik, es war nicht Ehrgeiz, es war mein Herz."

Von seiner Werbung um die englische Königstochter zurückgekehrt, übernahm Prinz Friedrich Wilhelm am 3. Juli 1856 die Führung des 1. Garde-Regimentes zu Fuß und etwas später, am 3. October, die des 11. Infanterie-Regimentes in Breslau, in welcher Stellung er bis zum October 1857 blieb.

Kurze Zeit vorher hatte der „preußische Staatsanzeiger" endlich die längst erwartete Kunde von der Verlobung des Prinzen mit Prinzessin Victoria Adelheid Marie Louise von Großbritannien und Irland gebracht. Wohl durfte der junge fürstliche Regiments-Chef die bei seiner Rückkehr nach Berlin am 3. October 1857 erfolgte Ernennung zum Commandeur der 1. Garde-Infanterie-Brigade, unter Stellung à la suite des 1. Garde-Regimentes zu Fuß, als ein Zeichen der Zufriedenheit mit der Regimentsführung betrachten; es war die letzte Auszeichnung, welche König Friedrich Wilhelm IV. seinem Neffen zutheil werden ließ.

Inzwischen war Prinz Friedrich Wilhelm im Mai 1856 wieder nach England gereist, wo er mit seinem künftigen Schwager, dem damaligen Prinz-Regenten von Baden, zusammentraf. Im August desselben Jahres wurde der Prinz zum erstenmale mit einer öffentlichen Mission betraut und in Vertretung des Königs zu den Krönungsfeierlichkeiten Kaiser Alexanders II., welcher im vorigen Jahre seinem Vater in der Regierung gefolgt war, nach Moskau geschickt. Auf allen diesen Reisen begleitete ihn sein neuer Adjutant von Moltke, welcher um diese Zeit zum General-Major befördert wurde. Dieser hat in seinen Briefen Zeugnis abgelegt für den merkwürdigen natürlichen Takt des Prinzen und dessen glückliche Schlagfertigkeit, die er stets entfaltete, wenn es galt, mit einer Unmasse von Notabilitäten umzugehen und sich zu unterhalten, wie solche ihm hier zum erstenmale vorgestellt wurden.

Kaum hatte sich der Prinz nach Breslau zur Führung des 11. Infanterie-Regimentes begeben, als eine neue Reise nach England beschlossen wurde. Diese, deren offenkundiger Zweck war, der Prinzessin zu ihrem Geburtstage Glück zu wünschen, dehnte sich über einen Monat aus. Auf der Rückreise berührte er Paris, wo ihn Kaiser Napoleon III., sowie Kaiserin Eugenie warm empfiengen. Der Prinz kehrte zu seinem Regimente in Schlesien zurück, fand aber im Laufe des Sommers 1857 Zeit, einen abermaligen Besuch in England abzustatten. Es war ursprünglich geplant worden, dass die Vermählung in diesem Jahre stattfinden sollte; da jedoch der

Gesundheitszustand König Friedrich Wilhelms IV., welcher seit einiger Zeit nicht befriedigend gewesen war, jetzt Anlass zu ernstlicher Besorgnis gab, beschloss man die Heirat noch aufzuschieben. Endlich wurde die Krankheit, welche sich auf das Gehirn geworfen hatte, für unheilbar erklärt und am 23. October wurde der Prinz von Preußen auf drei Monate zum Regenten ernannt. Diese Zeit wurde in der Folge immer verlängert und als der König im nächsten Jahre nach Italien gieng, übernahm der Prinz-Regent die volle Verantwortlichkeit der Regierung, welche er auch bis zum Tode des Monarchen behielt. Die Hochzeit wurde nun endgiltig auf den 25. Januar 1858 festgesetzt, an welchem Tage auch die Beförderung des Prinzen zum Generalmajor unter Belassung à la suite des 1. Garde-Regimentes zu Fuß bereits durch den Prinz-Regenten erfolgte.

Lange also währte es noch, bis der Thronerbe Preußens seine Braut zum Altare der Kapelle des St. James-Palastes führen und, umgeben von einer glänzenden Versammlung fürstlicher Gäste, seine Verbindung feiern konnte. Spiegelte sich die frohe und warmempfundene Theilnahme des englischen Volkes an dem Glücke der Königstochter in unzweideutigen Kundgebungen, so gestaltete sich die Rückkehr in die Heimat zu einem Triumphzuge. Es war im eigentlichen Sinne ein wahres Familienfest, welches das Herrscherhaus und die Nation zusammen begiengen. Mit dem Eintritte in die Ehe begann ein neuer Lebensabschnitt. Mit Vorliebe knüpften die Huldigungen, die den Neuvermählten in jenen Tagen dargebracht wurden, an den historischen Gedenktag von Bellealliance im Jahre 1815 an und feierten mit beziehungsreichen Hinweisen und in patriotischer Begeisterung die Wiederbelebung der in dem Nationalbewusstsein fest wurzelnden Traditionen. Und diesen geschichtlichen Traditionen entsprach der neugeschlossene Bund auch in dem idealen Empfinden des Volkes. Wie Friedrich Wilhelm das hohe Gut seelischer Vereinigung im Schoße ungetrübten Familienglückes kennen lernte, so gewann er durch sie auch die Neigung zu den Künsten des Friedens, das rege Interesse für Gewerbefleiß, Handel, wirtschaftliches Gedeihen und die Vertiefung in jene Schätze, welche das Leben schmücken und eine Nation erhalten und erhöhen.

Indes trat in der Geschichte Preußens ein Wandel ein. Da das schwere Leiden König Friedrich Wilhelms IV. keine Wiederherstellung hoffen ließ, war die Einsetzung der Regentschaft nach der Verfassung geboten. Diese erfolgte auch thatsächlich durch den

Erlass vom 7. October 1858, in welchem der König seinen dem Throne zunächst stehenden Bruder aufforderte, die königliche Gewalt in der alleinigen Verantwortlichkeit gegen Gott nach bestem Gewissen als Regent zu üben. Dadurch erhielt auch Prinz Friedrich Wilhelm directe Beziehungen zur Leitung der Staatsgeschäfte Regelmäßig wohnte er von nun an den Sitzungen des Staatsministeriums bei und seine Stimme erhielt zunehmend Geltung in dem Rathe der Krone. In dieser Zeit voll ernster Anregungen verkündete am 27. Januar 1859 der Donner der Kanonen die Geburt des ersten Sohnes, des Prinzen Wilhelm.

Als während des österreichisch-italienischen Krieges im Jahre 1859 die Mobilmachung eines Theiles der preußischen Armee beschlossen worden war, wurde Prinz Friedrich Wilhelm am 14. Juni 1859 für die Dauer des mobilen Verhältnisses zum Commandeur der 1. Garde-Infanterie-Division ausersehen und am 25. Juli dazu definitiv ernannt. Der Friede von Villafranca brachte den Krieg zu einem schnellen Ende, bevor die preußische Mobilmachung vollendet war; diese hatte aber so bedenkliche Mängel in dem Zustande der Armee ans Licht gebracht, dass sofort eine Commission eingesetzt wurde, die eine vollständige Neuordnung der ganzen Heeres-Organisation berathen sollte. Prinz Friedrich Wilhelm wurde am 28. October zum Mitgliede dieser Commission ernannt, deren Sitzungen er stets beiwohnte. Am 4. Juni 1860 wurde der Prinz nach einer Besichtigung bei Königsberg zum Chef des 1. ostpreußischen Grenadier-Regimentes, des ältesten der preußischen Armee, ernannt. In Anerkennung seiner soldatischen Tüchtigkeit wie seiner militärischen Leistungen ernannte ihn der Prinz-Regent bei der Reorganisation der Armee am 1. Juli 1860 zum Generallieutenant. Doch war ihm bald darauf das Vorrücken in eine höhere Stellung beschieden. Nach dem Tode König Friedrich Wilhelms IV. bestieg der Prinz-Regent als König Wilhelm I. den Thron seiner Väter und Prinz Friedrich Wilhelm war fortan Kronprinz von Preußen.

Die Krönung König Wilhelms I. wurde am 18. October 1861, dem Geburtstage des Kronprinzen, mit großer Pracht in Königsberg vollzogen. Bei dieser Gelegenheit übernahm der Kronprinz in herkömmlicher Weise das Rectorat der alten Universität in Königsberg, welche Würde vor ihm der verstorbene König innehatte; wenige Monate später ließ er sich als Rector magnificentissimus der Universität in feierlicher Weise den akademischen Purpur anlegen. In Befolgung eines alten Brauches wurde der Kronprinz auch zum Statthalter von Pommern ernannt; die Bekanntmachung erschien indessen erst im nächsten Jahre am Geburtstage des Prinzen Wilhelm, des jetzt regierenden Kaisers, in folgender Form: „Ich habe Euere königliche Hoheit zum Statthalter von Pommern ernannt und wünsche auf diese Weise den Tag, an dem ein so glückliches Ereignis in unserer Familie sich zugetragen hat, durch einen besonderen Beweis meiner väterlichen Huld zu bezeichnen. Wilhelm."

Es liegt nicht im Plane dieser Lebensskizze, von den Beziehungen des Kronprinzen zur Politik zu sprechen; aber daran darf erinnert werden, dass er während der jetzt folgenden 25 Jahre nie von dem Grundsatze abwich: keine Meinung öffentlich auszusprechen und keinen thätigen Antheil an der Politik zu suchen. Aber wie immer die Ansichten des Kronprinzen gewesen sein mögen, er unterzog sich freudig und gewissenhaft den schweren Pflichten, die ihm zu erfüllen oblagen. Und als er in einem späteren Augenblicke zuweilen die Regentschaft zu übernehmen hatte, hielt er sich an die ihm vorgezeichnete Verhaltungslinie. Es zeugt von nicht geringer Charakterstärke und hohem Pflichtgefühle, so gewissenhaft die Schwierigkeiten seiner Lage erkannt und überwunden zu haben.

Die Wintermonate dieses Jahres brachten der Kronprinz und die Kronprinzessin auf einer langen Reise durch Italien zu; auch ein improvisierter Abstecher nach Tunis und Malta wurde gemacht. Bei dieser Gelegenheit traf das hohe Paar den Prinzen von Wales auf der königlichen Yacht „Osborne", feierte in Neapel an Bord dessen Mündigkeitserklärung und kehrte dann nach Rom zurück.

Der Anfang zur thatkräftigen Politik wurde mit dem Kriege gegen Dänemark im Jahre 1864 gemacht. Kronprinz Friedrich Wilhelm nahm an demselben nur als Zuschauer theil und wohnte der Beschießung von Fridericia sowie dem Sturme auf die Düppeler-Schanzen im Stabe des Feldmarschalls von Wrangel bei. Ohne selbst ein Commando zu führen, hatte der Thronerbe vielfach Gelegenheit, manche Gegensätze persönlicher Art zu mildern und auszugleichen und das einigende und verknüpfende Band zwischen widerstrebenden Anschauungen, die auf politischem und militärischem Gebiete hervortraten, zu bilden.

Zum erstenmale breiteten sich vor dem Auge des jungen Fürsten die Schrecken und Leiden des Krieges aus. Durchdrungen von Bewunderung für die vielen Züge der Tapferkeit und

Hingebung und innerlich stolz und gehoben über die unter seinen Augen errungenen Siege, sah er auch die Schattenseiten des glänzenden Bildes. Es war ein schönes Zeichen seiner edlen Menschenfreundlichkeit, dass er angesichts des Feindes am Geburtstage seines königlichen Vaters durch Überweisung einer namhaften Spende in seinem und der Kronprinzessin Namen an die Verwundeten und Kranken den Grund zu einer milden Stiftung legte, welche alsbald den Namen der Kronprinzenstiftung erhielt. Am 23. Februar 1864 erhielt der Kronprinz die Schwerter zum Rothen Adler-Orden, und wurde aus Anlass der Erstürmung der Düppeler Schanzen, bei welcher Gelegenheit er zum erstenmale ins Feuer kam, am 18. April 1864 von Sr. Majestät Kaiser Franz Josef I. mit dem Ritterkreuze des Militär-Maria-Theresien-Ordens ausgezeichnet. Bei der Rückkehr aus dem Felde erwartete ihn eine weitere militärische Auszeichnung, die am 18. Mai 1864 erfolgte Ernennung zum Commandierenden General des II. (pommer'schen) Armeecorps, zu welchem er bereits in seiner Eigenschaft als Statthalter der Provinz in einer gewissen Beziehung stand.

Seit dem italienischen Kriege von 1859 waren die Beziehungen zwischen Österreich und Preußen gespannt geblieben; der dänische Feldzug hatte die Kluft nur noch erweitert. Solange eine blutige Austragung nicht unvermeidlich erschien, setzte der Kronprinz seinen ganzen Einfluss ein, eine solche zu verhindern. Als die letzte Hoffnung jedoch schwand, war er wie immer bereit, seine Pflicht zu thun. Am 17. Mai 1866 wurde er zum Oberbefehlshaber der II. Armee ernannt, mit dem Befehle, die Provinz Schlesien, deren Militär-Gouverneur er während der Mobilisierung war, zu decken. General von Blumenthal wurde ihm als Generalstabs-Chef zur Seite gegeben. In die kurze Spanne Zeit zwischen dem dänischen und dem bald darauf folgenden österreichischen Feldzuge von 1866 fiel ein Trauerfall, welcher in das Familienleben des kronprinzlichen Paares schwere Trübsal brachte. Es war der Tod des jugendlichen Prinzen Sigmund, der als dritter Sohn am 18. Juni 1866 im Alter von ein und dreiviertel Jahren wieder aus dem Leben schied. Nur aus der Ferne, vom Feldlager aus, konnte der Kronprinz dem heimgegangenen Sohne den Scheidegruss senden, denn die preußischen Heeressäulen bereiteten sich zum Einmarsche in Böhmen vor, bis an dessen Gebirgspässe sie bereits vorgedrungen waren. Am 26. Juni überschritt der Kronprinz die Grenze, erzwang sich durch die glücklichen Gefechte von Nachod und Trautenau am 27. Juni, von Skalic am

28. Juni, von Schweinschädel und Königinhof am 29. und von Graslitz am 30. Juni den Einmarsch in Böhmen und entschied am 3. Juli 1866 durch sein rechtzeitiges Eintreffen bei Chlum den Sieg von Königgrätz, wofür er am Schlachtfelde aus der Hand seines königlichen Vaters, welcher seit dem 2. Juli den Oberbefehl führte, den Orden pour le mérite empfieng. Am 17. September von dem Ober-Commando der II. Armee bei Demobilisierung derselben enthoben, desgleichen von der Stellung als Militär-Gouverneur von Schlesien, nahm er die Functionen als Commandierender General des II. Armeecorps wieder auf.

In die Heimat zurückgekehrt, schmückte seine Brust das Großkreuz und der goldene Stern mit dem Bildnisse Friedrichs des Großen zum Orden pour le mérite, eine Auszeichnung, die besonders für ihn gestiftet worden war. Aber die Erlebnisse der letzten Wochen hatten doch einen düsteren Schatten auf sein Gemüth geworfen, seine sanfte Natur und die feinfühlige Seele schwer ergriffen. Kein Ruhmesglanz konnte diese Eindrücke verwischen; er hatte gesehen, an wie leichten Fäden das Glück der Schlachten hieng. Viel rauhe Kriegsarbeit stand ihm noch bevor. Seine innersten Empfindungen verrathen wenige Worte, welche er bald darauf während eines Gespräches äußerte, als die Luxemburger Frage die Welt in Athem hielt und den Ausbruch neuer Feindseligkeiten in gefährliche Nähe rückte: „Sie haben nie einen Krieg mitgemacht," sagte er zu jemand, der leichthin solche Möglichkeit erwähnt hatte, „sonst würden Sie das Wort nicht so ruhig aussprechen. Ich habe den Krieg kennen gelernt, und ich muss Ihnen sagen, dass es die heiligste Pflicht ist, ihn, wenn irgend möglich, zu vermeiden. Man übernimmt eine furchtbare Verantwortung, wenn man den Krieg erkärt. Selbst wenn ein Staatsmann die Nothwendigkeit desselben einsieht, darf er ihn nicht künstlich heraufbeschwören, außer, wenn er ein Genie und seines Erfolges sicher ist. Sonst versucht er Gott! Anderseits ist es freilich die Pflicht jedes Mannes, den unvermeidlichen Krieg mit Fassung zu erwarten und ihn nicht zu scheuen, wenn er uns aufgezwungen wird. Handeln wir so, dann werden wir die allgemeine Stimme und den Segen Gottes für uns haben."

Nach dem Kriege von 1866 begab sich der Kronprinz zu seiner Gemahlin nach Heringsdorf an der Ostsee, wohin sich die Kronprinzessin mit ihren Kindern der Cholera wegen, die damals heftig in Potsdam auftrat, zurückgezogen hatte. In den Armen der noch um den Sohn trauernden Gattin und im Schoße der

Familie entschwanden dem edlen Fürstensohne, der sich durch seinen menschenfreundlichen Sinn überall die Herzen der Soldaten zu gewinnen wusste, allmählich die Schreckensbilder des Krieges. Von hier gieng das Kronprinzenpaar nach Erdmannsdorf in Schlesien nahe der böhmischen Grenze, wo sich die Kronprinzessin der Pflege der verwundeten Österreicher und Preußen unterschiedslos widmete.

Dem Kronprinzen fiel jetzt abermals die Aufgabe zu, das Werk der Versöhnung zu unternehmen und die Liebe der neuen Provinzen zu erwerben. Während seiner Reisen von einer zur anderen, bei den Truppeninspectionen und Städtebesuchen war er stets beflissen, in Vergessenheit zu bringen, dass die Unterwerfung keine freiwillige gewesen; durch den Zauber seiner Person wie seines einnehmenden Wesens gewann er die Gemüther für Preußen, das als Freund und nicht als Eroberer angesehen sein wollte. Mit seinem von Natur für jedermann offenem Herzen, mit seiner aufrichtigen wahren Liebe für alle Deutschen, mochten sie einem oder dem anderen Staate angehören, war ihm diese Aufgabe so willkommen, als möglich. Noch mehr: Da er, trotz seiner Überzeugung von der Nothwendigkeit des Krieges, nur schweren Herzens in denselben gegangen war, so setzte er später alles rastlos an die Aufgabe, das natürliche Band zwischen Österreich und Preußen wieder anzuknüpfen und die Spuren der vorübergehenden Entfremdung zu verwischen.

Trotz der unheildrohenden Entwickelung der Luxemburger-Frage und der Spannung mit Frankreich, welche seit dem Prager Frieden nie ganz nachließ, vergiengen die nächsten Jahre ganz ruhig. Gegen Ende des Jahres 1866 gieng der Kronprinz abermals nach Russland zu den Vermählungsfeierlichkeiten des Großfürsten-Thronfolgers, im folgenden Jahre besuchte er mit der Kronprinzessin die Pariser Ausstellung. Da zu gleicher Zeit auch König Wilhelm I. nach Paris kam, schien es eine Zeit lang wirklich, als ob diese Besuche dazu beigetragen hätten, das Misstrauen zwischen den beiden Nationen zu zerstreuen. Im Jahre 1868 reiste der Kronprinz nach Turin zu den Vermählungsfeierlichkeiten des Prinzen Humbert. Derselbe war das Jahr vorher in Berlin gewesen und hatte bei diesem Besuche die Beziehungen zu dem Thronerben Preußens, welche einige Jahre vorher in Mailand angeknüpft worden waren, erneuert; hier befestigte sich das Freundschaftsverhältnis zwischen den künftigen Herrschern von Deutschland und Italien, welches bis zuletzt unerschüttert blieb.

In demselben Jahre wurde dem Kronprinzenpaare ein vierter Sohn, Prinz Waldemar, geboren, dessen Taufe am 71. Geburtstage König Wilhelms I. zu Berlin gefeiert wurde. Er war ein Kind von ungewöhnlichen Gaben und hatte die ganze sonnige Heiterkeit seines Vaters, verbunden mit großer Schönheit, als Erbtheil erhalten. In seinem kurzen Leben gewann er die Herzen Aller, die ihm nahekamen, und sein früher Tod — im elften Jahre — hinterließ eine nie auszufüllende Lücke. An der Seite dieses heißgeliebten Kindes wünschte der Vater einst bestattet zu werden.

Im October des Jahres 1869 rief die Eröffnung des Suez-Canals den Kronprinzen in den Orient, wohin dieser, von einem zahlreichen Gefolge von Officieren und Gelehrten begleitet, abreiste. Es war der erste Einblick in die Welt des Morgenlandes, mit dem geheimnisvollen Zauber, den Sage und Poesie, Natur und Kunst, Romantik und Geschichte wie einen duftigen Schleier über die Stätten ausgebreitet, an denen einst die Wiege menschlicher Gesittung und Cultur gestanden. Nächst Ägypten, wo der Kronprinz mit der schönen und anmuthigen Kaiserin der Franzosen und dem Monarchen von Österreich zusammentraf, wurden auch Griechenland und die Türkei besucht und unter der Leitung und in Begleitung hervorragender Gelehrter und Landeskundiger den Schätzen und Erinnerungen, welche eine der denkwürdigsten Perioden in der geschichtlichen Entwickelung der Menschheit hinterlassen hat, Aufmerksamkeit und Interesse zugewendet. Auch Syrien und Palästina wurden auf der Reise berührt und von Jaffa aus der Stadt Jerusalem ein Besuch abgestattet, welchen ein hervorragender Meister unserer Zeit, Wilhelm Gentz, lebensvoll und treu im Bilde festgehalten und der Nachwelt überliefert hat. Am 4. November 1869 erblickte der hohe Reisende die geheiligte Stätte. Eine Stunde vor den Thoren derselben empfiengen die dortigen Deutschen unter Führung des evangelischen Pfarrers ihren Kronprinzen mit freudigen Zurufen. „Diesen ersten Abend in Jerusalem," so schrieb der Kronprinz in das von ihm über diese Reise geführte Tagebuch, „an welchem ich vom Ölberg aus den Sonnenuntergang betrachtete, indem gleichzeitig jene großartige Stille in der Natur eintrat, welche schon an jedem anderen Orte etwas Feierliches hat, werde ich mein Lebenlang nicht vergessen." Nach den Eröffnungsfesten machte der Kronprinz noch eine Excursion auf dem Nil bis zu dessen erstem Katarakte, drang sogar ein Stück in Nubien vor und schiffte sich am 9. December nach Neapel und von da nach Cannes ein, um dort die Kronprinzessin und seine Familie zum Christfeste aufzusuchen.

Die letzten Tage des Jahres verlebte das h o h e Paar in Paris, wo es Kaiser Napoleon III. besuchte. Sie fanden ihn gealtert, übel aussehend und sehr niedergeschlagen. Von da kehrte der Kronprinz am Neujahrstage 1870 nach Berlin zurück, nicht ahnend, welch inhaltsschwere Tage das neue Jahr bringen würde. Ehe es zu Ende gieng, sah er Kaiser Napoleon wieder — am Morgen nach der Capitulation von Sedan.

Das Jahr 1870 begann für ganz Europa unter dem Drucke der Befürchtungen, welche die Umgestaltung der inneren Regierung in Frankreich nicht zerstreut hatte. Die officiellen Beziehungen zwischen Frankreich und Preußen ließen zwar nichts zu wünschen übrig, aber jedermann fühlte, dass die geringste Veranlassung genügen würde, um den großen Brand zu entzünden, welcher seit 1866 drohte. Frühling und Vorsommer des Jahres 1870 vergiengen thatsächlich ohne besondere Vorfälle. König Wilhelm I. war, wie alljährlich, nach Ems gegangen, als plötzlich die Krisis einbrach, welche am 19. Juli 1870 die französische Kriegserklärung zur Folge hatte. Die gesammten Streitkräfte Deutschlands strömten bereits kriegsbereit dem Rheine zu. König Wilhelm übernahm den Oberbefehl über die deutsche Armee, und dem Kronprinzen wurde in dem beginnenden blutigen Drama eine der wichtigsten und einflussreichsten Rollen zugetheilt. Er erhielt den Oberbefehl über die III. Armee, denn sein Charakter und sein Rang befähigten ihn vorzüglich zu der schweren Aufgabe, die verschiedenartigen Elemente, aus denen die III. Armee bestand, zu führen und zusammenzuschweißen. Sie bestand aus zwei bayerischen Armee-Corps, aus dem combinierten baden'schen und Württemberger-Corps und aus dem 5., 6. und 11. preußischen Armeecorps, nebst der 2. und 4. Cavallerie-Division. Der geniale Stratege von Blumenthal war, wie 1866, sein Generalstabs-Chef. Unter seiner Leitung erfochten die vereinigten nord- und süddeutschen Krieger gleich zu Anfang die blutigen, aber glänzenden Siege bei Weißenburg am 4. und Wörth am 6. August. Für den ersten wurde der Kronprinz mit dem Eisernen Kreuze II. Classe, für den bei Wörth mit demselben I. Classe decoriert. Unvergessen lebt das Andenken an diese Siege in der heutigen Generation, durch welche bei Beginn des Krieges der Eingang in den Elsass erzwungen und der Feind bis hinter die Vogesen zurückgedrängt wurde. Der Nimbus, welcher die französische Heeresmacht umgab, war gebrochen, ja er war nach den folgenden Schlägen bei Metz und Straßburg sehr bald gewichen. Später kamen die erinnerungs- und gedenkreichen Tage von Sedan, Beaumont und endlich von Paris. Den unaufhaltsamen Siegeszug des Kronprinzen begleiteten Süd und Nord mit bewundernder Theilnahme; eine gewiss unzweideutige Kundgebung, wie tief dieselbe empfunden wurde, war das vom Volksmunde und den Soldaten dem Thronfolger beigelegte Epitheton „Unser Fritz".

„Welches Glück dieser neue große Sieg durch Fritz! Preise Gott für seine Gnade! Es soll Victoria geschossen werden," telegraphirte der König am 6. August 1870 an seine hohe Gemahlin. Mit dem Siege von Wörth waren die drohendsten Wolken von den Grenzen Deutschlands verscheucht.

Wie die darstellende Kunst, bemächtigte sich auch die heitere Poesie der Nation der Heldengestalt des Kronprinzen und verklärte dieselbe sowohl in schwungsvollem Epos wie in derb humoristischem Reimlied. Angesichts der seltenen Erfolge, die der erlauchte Heerführer so schnell hintereinander errungen, hielt sein königlicher Vater eine Art der Auszeichnung für berechtigt, welche bisher ohne Vorgang in der Geschichte des Hauses Hohenzollern gewesen war. Es war dies die Ernennung der beiden fürstlichen Feldherrn, des Kronprinzen Friedrich Wilhelm und des Prinzen Friedrich Karl, zu General-Feldmarschällen. Das die Ernennung verkündende Handschreiben trug das Datum des 28. October 1870, des Tages der Übergabe von Metz. Am Schlusse des Handschreibens, das seinem Sohne diese Verleihung mittheilte, hieß es, nach eingehender Würdigung der glänzenden Thaten der III. Armee:

„Dir gebürt daher die höchste Stufe des militärischen Ranges, und somit ernenne Ich Dich zum General-Feldmarschall. Es ist das erstemal, dass diese Auszeichnung, die Ich auch Friedrich Karl verleihe, Prinzen Unseres Hauses zutheil wird. Aber die Erfolge, die bisher in diesem Feldzuge errungen sind, erreichen auch eine Höhe und eine folgenreiche Wichtigkeit, wie wohl nichts Ähnliches zuvor. Und darum bin Ich berechtigt, von dem Herkommen in Unserem Hause abzusehen."

„Was Mein Vaterherz dabei empfindet, dass Ich Dir auf solche Art Meinen und des Vaterlandes Dank aussprechen kann und muss, bedarf keiner Worte."

„Dein Dich herzlich liebender dankbarer Vater
Wilhelm."

Die Worte, mit denen König Wilhelm diese Ernennung begleitete, gaben den Empfindungen des Vaterherzens ebenso wie dem Danke des obersten Kriegsherrn in beredter Weise Ausdruck. Sie waren dem auf die höchste Stufe der militärischen Rangordnung gestellten fürstlichen Heerführer eine Mahnung und ein Antrieb, auch in den nachfolgenden schweren Tagen der Belagerung von Paris als ein Vorbild strenger Pflichttreue, soldatischer Hingebung und thatkräftigen Handelns seinen Untergebenen voranzuleuchten. Aber was ihm vor allem die Herzen seiner Officiere und Soldaten in jener denkwürdigen Epoche der vaterländischen Geschichte zuwendete, das war wiederum jener oft schon bethätigte Zug edler Menschenfreundlichkeit, welcher seinem innersten Wesen so tief eingeprägt war und der auf der blutigen Walstatt so oft Ausdruck erhalten hatte.

Als die Kaiserproclamation das Werk der nationalen Einheit gekrönt hatte und der Kriegslärm endlich verstummt war, da folgten die Tage der Heimkehr, des Wiedersehens und des begeisterten Empfanges in der Heimat. Der 18. März 1871 war wohl der schönste Frühlingstag in dem Leben des kronprinzlichen Paares, der höchste Familienfesttag im engeren Kreise des Hohenzollernhauses, vielleicht nur übertroffen von dem 16. Juni 1871, dem Tage des Einzuges der siegreichen Truppen in die Hauptstadt.

In seiner militärischen Berufsthätigkeit trat der Thronerbe nunmehr an die Spitze der Armee-Abtheilung, welcher die Contingente Bayerns und Württembergs zugetheilt waren; als eine leicht und gern zu erfüllende Pflicht auf diesem Posten hatte er seit jener Zeit die Aufgabe angesehen, das einst auf dem Schlachtfelde geknüpfte Band und die zu den süddeutschen Stämmen gewonnenen Beziehungen auch im Frieden warm und lebendig zu erhalten. Auch die Stellung als Vorsitzender der Landesvertheidigung fiel dem Thronerben seit jener Zeit zu, sowie ihn sein hoher militärischer Rang zur Theilnahme an allen die Organisation und Verwaltung des Heeres betreffenden Angelegenheiten berief.

Wie ein düsterer Schatten ruht auf dem Jahre 1878 die Erinnerung an die durch die schwere Verwundung Kaiser Wilhelms nothwendig gewordene Vertretung desselben in der Regierung; eine Vertretung, die umso schwerer wog, als sie in die Zeit des in Berlin zusammengetretenen Orient-Congresses mit seinen verwickelten und schwierigen Fragen fiel.

Neben den Obliegenheiten und Geschäften des Kronprinzen, welche die Leitung der inneren und äußeren Staatsangelegenheiten nach sich zogen und zu denen auch in hervorragendem Maße der ihm im Jahre 1884 übertragene Vorsitz im Staatsrath, als einem organischen Factor der Legislative, zu zählen ist, war es nicht minder das weite Gebiet freier Geistesthätigkeit und idealen Schaffens, welchem Kronprinz Friedrich Wilhelm und seine hohe Gemahlin ihre fördernde und anregende Theilnahme zuwendeten. Unablässig blieb der Blick des hohen fürstlichen Paares auf die Hebung und Veredlung der sittlichen Kräfte der Nation, auf die Erweckung und Befestigung jener seelischen Triebe, denen die besten Tugenden des Staatsbürgers, die Achtung vor dem Rechte, das Gefühl für die Pflicht, die Liebe zum Vaterlande entsprießen, gerichtet. In wie vielen Fällen und unter wie mannigfaltiger Form diese Impulse hervortraten, das zeigten beispielsweise die ebenso würdigen wie sinnigen Theilnahms-Kundgebungen beider Ehegatten gelegentlich der Gründung der Straßburger Universität und der Enthüllung des Stein-Denkmals 1872, bei der 200jährigen Erinnerungsfeier auf dem Schlachtfelde von Fehrbellin 1875, den Jubiläumsfestlichkeiten zu Ehren des Berliner Museums, der Vollendung des Kölner Dombaues 1880, der Einweihung des Kunstgewerbe-Museums im Jahre 1881. Überall fanden die Worte, welche das Fürstenpaar bei einem solchen Anlasse wählte und der Ton, den es anschlug, lauten Widerhall im Herzen des Volkes. Wie warm und aufrichtig diese Empfindungen im nationalen Bewusstsein lebten, das zeigte sich so recht gelegentlich der am 25. Januar 1883 stattgehabten silbernen Hochzeitsfeier des Kronprinzenpaares, welcher der helle und frohe Jubelruf, mit dem Tausende und Abertausende das hohe Paar begrüßten, die schönste Weihe verlieh.

Das Ende des Jahres 1883 brachte dem Kronprinzen in Vertretung des Kaisers die Mission, König Alfons von Spanien, der in jenem Jahre an den Manövern bei Homburg und Frankfurt a. M. theilgenommen, in Madrid zu besuchen. Eine ganz neue Welt öffnete sich hier dem Kronprinzen, der jeden freien Augenblick in den Gemäldegallerien zubrachte. Nach vierzehntägigem Aufenthalte in Madrid widmete er eine Woche der Besichtigung classischer Städte.

Die Reise des deutschen Kronprinzen nach der Pyrenäenhalbinsel war eine Sendung, eingegeben von den Gefühlen courtoisievoller Rücksicht und herzlicher persönlicher Zuneigung. Der Thronerbe in Reich und Staat gieng als erster Prinz seines Hauses nach Spanien, zunächst aus persönlichen Gründen, dann aber auch als Träger einer politischen Idee und als Vertreter einer Politik, deren Endziel die Erhaltung des europäischen Friedens bedeutete.

An den Besuch in Spanien knüpfte sich noch ein kurzer Besuch bei König Humbert von Italien, dem der Kronprinz für die gastfreie Aufnahme, welcher er auf der Fahrt nach Spanien in Genua genossen, seinen Dank persönlich aussprechen wollte.

In diesen Tagen knüpfte sich das enge Band persönlicher Freundschaft zwischen Kronprinz Friedrich Wilhelm und König Humbert, das beide Fürsten längst miteinander vereinte, noch inniger und fester und die Art und Weise, wie der junge Herrscher Italiens und seine schöne, anmuthige Gemahlin dem deutschen Gaste ihr Haus öffneten und ein Heim in demselben boten, war der beredteste Ausdruck der Empfindungen, welche der Monarch und mit ihm die ganze italienische Nation dem Kaisersohne entgegenbrachten. Der Kronprinz fühlte die Wärme, mit der die Herzen für ihn schlugen, sehr wohl durch und gab seinem Danke dafür in einem Telegramme Ausdruck, das er von der Grenzstation Ala aus an seinen königlichen Gastfreund richtete und das durch die Schlichtheit und Innigkeit, mit der es abgefasst war, lauten Jubel in ganz Italien erregte.

Seit dieser Zeit ist Kronprinz Friedrich Wilhelm unablässig bemüht gewesen, den Schöpfungen der bildenden wie der darstellenden Kunst aufmerksam zu folgen und den Arbeiten wissenschaftlicher Forschung, den Leistungen des Gewerbefleißes, den Werken productiver Lebensthätigkeit und den verschiedenen Zweigen des nationalen Erwerbslebens sein Interesse und seine Unterstützung zuzuwenden. Dadurch haben sich zwischen ihm und jenen Kreisen mannigfaltige Beziehungen ergeben, die der hochsinnige Fürst theils mit seiner Person, theils mit seinem Einflusse gefördert und durch deren Pflege er Fühlung mit den verschiedensten Elementen des bürgerlichen Berufslebens und der ihnen verwandten und nahestehenden Sphären gewonnen hat. Selten wohl hat das Geschick einem deutschen Souverän eine so bevorzugte und nach allen Seiten hin anerkannte Stellung eingeräumt, wie dem Nachfolger Kaiser Wilhelms I. Eine fürstliche Erscheinung von heroischem Gepräge, hatte er die Verehrung und das Vertrauen aller gewonnen. Wohin immer ihn sein kaiserlicher Vater gestellt, überall hat er sich als Mann und jeder Lage gewachsen bewährt.

Im Sommer 1886 war Friedrich Wilhelm abermals Stellvertreter des Kaisers bei der Feier des 500jährigen Bestehens der Universität Heidelberg. Seine bei dieser Gelegenheit gehaltene Rede ist von besonders schmerzlichem Interesse, da es das letztemal war, wo man seine klare, volltönende und allen vertraute Stimme öffentlich gehört.

Im nächstfolgenden Winter wurde der Kronprinz infolge einer heftigen Erkältung heiser; man legte der Sache anfangs keine große Wichtigkeit bei, er selbst achtete des Leidens nicht. Als aber

Woche auf Woche vergieng, ohne Besserung zu bringen, fieng man an ängstlich zu werden. Am 22. März 1887, dem 90. Geburtstage des Kaisers, fanden große Festlichkeiten statt; gleichzeitig feierte Prinz Heinrich seine Verlobung mit der Prinzessin Irene von Hessen. Der Kronprinz hatte den greisen Kaiser vielfach zu vertreten und strengte sich hiebei über Gebür an. Die Ärzte verordneten eine Cur in Ems, welche jedoch keinen Erfolg hatte. Nach seiner Rückkehr von dort begannen die ersten ungünstigen Gerüchte zu circuliren; nicht nur in Deutschland, sondern in ganz Europa, ja in den entferntesten Erdtheilen regte sich das allgemeinste und herzlichste Mitgefühl.

Immerhin erlaubte der Gesundheitszustand des Kronprinzen demselben noch, sich an den Jubiläumsfestlichkeiten der englischen Königin zu betheiligen. Von London aus begab er sich für kurze Zeit allein nach Schottland; die frische Bergluft schien ihm sehr wohl zu thun. In die Heimat zurückgekehrt, reiste er mit seiner hohen Gemahlin und den drei jüngsten Töchtern der milden Herbstluft wegen nach Toblach in Tirol, später nach Venedig und Baveno. Schließlich wurde die Villa Zirio in San-Remo als Winteraufenthalt gewählt. Nach mehrfachen Schwankungen im Gesundheitszustande des hohen Kranken trat fast plötzlich eine Verschlechterung ein; die Ärzte erklärten nun übereinstimmend, das Leiden sei ein krebsartiges und riethen zur theilweisen Ausschneidung des Kehlkopfes; der Kronprinz lehnte jedoch die Operation ab. Noch vergieng ihm sein letztes heiteres Weihnachtsfest in guter Stimmung, doch schon im Laufe des Januar 1888 stellte sich steigende Athemnoth ein. Am 9. Februar war man genöthigt, den Luftröhrenschnitt zu machen, welcher freilich nur die Erstickungsgefahr abwandte, dem Fortschreiten des unheimlichen Leidens jedoch nicht Einhalt that; überdies beraubte er den hohen Kranken völlig der Stimme.

Genau einen Monat später hatte der greise Kaiser Wilhelm I. die Augen zum ewigen Schlummer geschlossen. Dem Kronprinzen wurde von dem Geschehenen sofort die amtliche Mittheilung gemacht, und nachdem die Antwort darauf eingelaufen war, begab sich Fürst Bismarck in den Reichstag, um diesem die gleiche Mittheilung zu bringen. Er eröffnete dem Reichstage, dass die preußische Krone und damit nach Artikel 11 der Reichsverfassung die deutsche Kaiserwürde auf Se. Majestät Friedrich III., König von Preußen, übergegangen sei. Nach den dem Kanzler zugegangenen telegraphischen Nachrichten dürfe er annehmen, dass der regierende Kaiser und König am 10. März von San-Remo abreisen und in der gegebenen Zeit in Berlin eintreffen werde. Das dem Reichskanzler zugegangene Telegramm des Kaisers lautete: „In dem Augenblicke tiefster Trauer um den Heimgang Sr. Majestät des Kaisers und Königs, Meines geliebten Herrn Vaters, spreche Ich Ihnen, wie dem Staatsministerium Meinen Dank für die Hingebung und Treue aus, mit welcher Sie alle demselben dienten, und rechne auf Ihrer aller Beistand bei der schweren Aufgabe, die Mir wird. Ich reise am 10. morgens nach Berlin ab." Ein zweiter Erlass an das Staatsministerium lautete: „Hinsichtlich der bisher üblich gewesenen Landestrauer wollen Wir keine Bestimmungen treffen, vielmehr einem jeden Deutschen überlassen, wie er angesichts des Heimganges eines solchen Monarchen seiner Betrübnis Ausdruck geben, auch die Dauer der Einschränkung öffentlicher Unterhaltung für sachgemäß erachten will."

In der Nacht des 11. März langte Kaiser Friedrich III. in wildem Schneesturme aus dem sonnigen Süden in der Heimat ein. Am folgenden Tage wurde seine Proclamation an das deutsche Volk, wie sein Erlass an den Reichskanzler gleichzeitig veröffentlicht. Diese zwei denkwürdigen Actenstücke sind vom Monarchen durchwegs eigenhändig niedergeschrieben; sie würden allein schon hinreichen, seine kurze und tragische Regierung zu kennzeichnen. Es sind unvergängliche Grundsätze darin enthalten. Endlich, nach langen Jahren der Zurückhaltung, konnte er aussprechen, was ihm das Herz erfüllte, und als er jetzt die Macht in Händen hatte, seine Ideale zu verwirklichen — da war es zu spät.

Es folgte nun ein Kaiserthum von 99 Tagen, welches nur ein einziges großes, mit heldenmüthiger Fassung und christlicher Ergebung getragenes Martyrium war. Wohl flackerte zuweilen das erlöschende Leben wieder auf, doch fraß das furchtbare Leiden unaufhaltsam weiter und verzehrte die letzten Kräfte des kranken Monarchen. Drei Lichtpunkte hat es in den wenigen Monaten seiner Regierung gegeben. Der erste war der Besuch der Königin von England, während dessen er sich merklich erholte, der zweite die Hochzeit seines Sohnes, des Prinzen Heinrich, mit der Prinzessin Irene von Hessen, der er beizuwohnen vermochte, der dritte die Übersiedlung von Charlottenburg nach dem alten Heim in Potsdam, welchem er nun den Namen „Friedrichskron" gab; das Schloss, wo er geboren, wo er die glücklichsten Tage seines Ehelebens zugebracht und wo er nun allzubald sein schönes und edles Leben beschließen sollte. Die letzte Krisis trat sehr bald nach seiner

Ankunft in Friedrichskron ein, sein Zustand wurde hoffnungslos. Tapfer und geduldig, wie er seine lange und furchtbare Krankheit von Anfang an und durch alle Qual der häufigen Krisen hindurch ertragen hatte, tapfer, wie er sein Todesurtheil vernommen, fasste er sein Ende ins Auge: „Lerne leiden, ohne zu klagen," das war die letzte Mahnung, welche er dem Kronprinzen Wilhelm hinterließ. Bis zum Ende hatte er seine Pflicht gethan, gelitten ohne Klage, sein ganzes Leben lang hatte er seinen Schild fleckenlos und glänzend erhalten. Kurz vor Mittag am 15. Juni 1888 entschlief er, umgeben von seiner ganzen Familie; sanft und ohne Todeskampf gieng seine große Seele hinüber; er starb wie ein stiller Held, im Tode noch ein hohes Vorbild. So endete ein in jeder Richtung ersprießliches und noch viel mehr versprechendes Leben. Angesichts eines solch tragischen Geschickes verhüllt schmerzbewegt der Genius der Menschheit sein Antlitz! — — —

Nach dem Tode wurde Kaiser Friedrich III. — es war sein ausdrücklicher Wunsch gewesen — in seinen Militärmantel gehüllt, und die Kaiserin legte ihm das Schwert, welches er in allen seinen Feldzügen getragen, in den Arm; um den Hals hieng sie ihm das Großkreuz des Ordens pour le mérite, und den Kranz von Eichenblättern, welchen sie ihm bei seiner Rückkehr aus dem Kriege 1870 gegeben, legte sie auf seine Brust.

Die Beisetzungsfeierlichkeit fand am Tage von Waterloo statt. Seine Gruft wurde ihm in einem Anbau an der Friedenskirche bereitet, der getreuen Nachbildung eines kleinen romanischen Rundbaues zu Innichen in Südtirol, für den er sich bei seinem letzten Aufenthalte daselbst besonders interessiert hatte.

Die Frage, ob sich erfüllen würde, was die einen von seiner Regierung gefürchtet, die anderen gehofft hatten, blieb ungelöst; aber unvergesslich steht in der Erinnerung der Nachwelt auch in der neuen Zeit, welche mit Kaiser Wilhelm II. für Deutschland begann, das herrliche Bild des heldenhaften und so menschenfreundlichen Siegers von Wörth!

28. Februar 1854.

Ferdinand II. König Beider Sicilien,

König von Jerusalem, Herzog von Parma, Pincenza, Castro, Erbgroßherzog von Toscana; Oberst-Inhaber des k. k. Uhlanen-Regimentes Nr. 12 (vom 28. Februar 1854 bis 22. Mai 1859), Großkreuz des königl. ungarischen St. Stephan-Ordens etc. etc.

Prinz Ferdinand, der älteste Sohn, dem die zweite Gemahlin des Königs Franz I. Beider Sicilien, die Infantin Isabella Maria von Spanien, das Leben schenkte, wurde am 12. Januar 1810 geboren.

Zwanzig Jahre alt, folgte er seinem am 8. November 1830 verstorbenen Vater in der Regierung eines Landes, welches infolge der früheren Kriegsjahre und der Verarmung der Bevölkerung sich in einer höchst traurigen Lage befand. Groß war daher der Jubel, als der junge König, auf den das Volk alle Hoffnungen gesetzt, mit seinem Regierungsantritte das Los der politisch Compromittierten linderte, den Verbannten die Rückkehr in die Heimat in Aussicht stellte, dem Volke missliebige Beamte entfernte, die drückenden Jagdprivilegien aufhob, die Getreideausfuhr freigab, das Heerwesen verbesserte und vieles andere zur Hebung des Vaterlandes verfügte. Wie krankhaft jedoch die Zustände im Lande noch waren, bewiesen die Vorgänge bei dem Ausbruche der Cholera, die 1836 in Neapel und Sicilien zahllose Opfer forderte. Zeigte sich in Neapel das Volk bloß unruhig, so wurde Sicilien, wo allein in Palermo binnen sechs Wochen 26.000 Menschen starben, der Schauplatz einer furchtbaren Krisis. Das Volk, welches in seinem Argwohne gegen alles, was vom Festlande kam, glaubte, die Kranken seien durch die Ärzte vergiftet, bemächtigte sich der Gewalt; ein furchtbarer Aufstand, in welchem viele schuldlose Opfer fielen, ergriff die Stadt. In Catania nahm unter Marquis San-Giuliano der Aufruhr einen politischen Charakter an und hatte die Unabhängigkeit der Insel als Losungswort. Auch in Syrakus und an anderen Orten kam es zu blutigen Excessen.

Die Regierung sandte zur Herstellung geordneter Zustände 3000 Mann Schweizertruppen unter dem Commando des Generals Sonnenberg und den Polizeiminister del Carotto nach der Insel, denen sie unumschränkte Macht einräumte. Mit der Wuth der Seuche hatte auch die des Volkes nachgelassen, und ohne Widerstand zogen die Truppen in allen Städten ein. König **Ferdinand** selbst begab sich nach der Insel und benützte diesen Anlass, den Rest der Unabhängigkeit zu beseitigen. Decreto vom 31. October 1837 hoben die selbständige Verwaltung der Insel auf, erklärten dieselbe zur neapolitanischen Provinz, setzten eine gemeinsame Regierung für beide Länder fest und bestimmten, dass künftig in diesen die öffentlichen Ämter ohne Rücksicht auf Nationalitäten vergeben werden sollten. Ungemein thätig zeigte sich König **Ferdinand** in der materiellen Verbesserung des Landes, wie die Eisenbahnbauten nach Caserta und Nocera, die bessere Einrichtung des Finanzwesens, die Herabsetzung der Zölle, sowie die Förderung der Verkehrsanstalten bewiesen.

Leider brachte das Jahr 1847, wie überall so auch in Sicilien ein Gährung der Gemüther hervor, verstärkt durch die Theuerung des Jahres, die Tausende von Armen, zumal in den beiden Calabrien, brotlos gemacht hatte. Trotzdem die Regierung durch materielle Concessionen, namentlich Steuererleichterungen, die Aufregung zu beschwichtigen suchte, brach sich die Bewegung Bahn. Eine Erhebung in Palermo wurde vor dem Ausbruche entdeckt, in Reggio kam es Ende August zu offenem Aufstande, der sich zu Anfang September hinüber nach Messina verpflanzte. Desgleichen kam es in demselben Monate in Calabrien und den Abruzzen, im December in Neapel und im Januar 1848 in Palermo zu Unruhen. Ein Decret König **Ferdinands** vom 29. Januar, welches eine constitutionelle Regierung mit zwei Kammern, Freiheit der Presse und eine allgemeine Organisation der Nationalgarde festsetzte, wie die Bildung eines neuen Ministeriums unter dem Vorsitze des Herzogs von Serracapriola verfügte, stellte die Ruhe in Neapel wieder her und erregte stürmischen Jubel und Enthusiasmus. Anders in Sicilien, wo sich das Bestreben einer vollständigen Trennung von der bourbonischen Herrschaft immer bestimmter aussprach. Ein Beschluss des neu zusammengetretenen Parlamentes in Palermo erklärte denn auch am 13. April 1848 **Ferdinand** von Bourbon und seine Dynastie der sicilianischen Krone für immer verlustig und wählte am 10. Juli den Herzog von Genua, einen Sohn Karl Alberts von Sardinien, zum Könige, eine Wahl, die von dem Prinzen abgelehnt wurde.

König Ferdinand hatte indes eine Expedition nach Sicilien gerüstet, welche sich zuerst gegen Messina wandte, das nach mehrtägigem, heftigem Kampfe im September eingenommen wurde. Nach einem Waffenstillstande, der den Kampf bis in den März 1849 unterbrach, zog König Ferdinand mit überlegener Macht ins Feld und unterwarf binnen wenigen Monaten die Insel. Erst nach heftigem Widerstande fiel Catania, dann wurde Syrakus besetzt; am 23. April unterwarf sich auch Palermo. Die staatlichen Verhältnisse der Insel erhielten ihre frühere Form, wie auch in Neapel allmählich alles zu den alten Zuständen zurückkehrte.

Die Reaction, welche der Erhebung in Neapel und Sicilien folgte, war schlimmer als anderswo. Im August 1851 trat der Finanzminister zurück, da er mit den Einnahmen die Staatsausgaben nicht mehr decken und auch keine neuen Einnahmsquellen eröffnen zu können erklärte. Obwohl ein Deficit von fünf bis sechs Millionen Ducaten vorhanden war, konnte sich König Ferdinand nicht dazu entschließen, den Stand des Heeres, der sich zu Ende 1851 auf 40.000 Mann belief, zu vermindern. Die Geldnoth des Landes wurde überdies 1851 noch durch den Schaden erhöht, welchen mehrmalige Eruptionen des Vesuvs, sowie Erdbeben verursachten. Das bedeutendste war das vom 14. August 1851, von welchem über 50 Dörfer und mehrere Städte betroffen wurden. Ebenso wurde Sicilien im Jahre 1853 durch eine Missernte hart mitgenommen, während im Sommer des folgenden Jahres die Cholera diesseits und jenseits des Faro zahlreiche Opfer forderte.

Auch später, im December 1857, wurde das Land durch schwere Erdbeben heimgesucht, die sich im Frühjahre 1858 wiederholten.

All diese Ereignisse, welche Sicilien so herb verfolgten und die dadurch nothleidende Bevölkerung stets in Athem hielten, verursachten König Ferdinand, der 1858 das Schloss Caserta bezog, manch bittere Stunden.

Seit 21. November 1832 war König Ferdinand mit der Prinzessin Marie Christine von Sardinien vermählt, die ihn mit dem Kronprinzen und späteren König Franz II. beschenkte. Nach dem frühen Tode der Königin erkor sich Ferdinand II. eine Tochter des heldenmüthigen, österreichischen Heerführers Erzherzog Karl zur Gemahlin, welche Ehe mit acht Kindern gesegnet war. Tiefbetrauert von seiner Familie verschied König Ferdinand am 22. Mai 1859, die Regierung des schwergeprüften Landes in die Hände seines Sohnes Franz legend.

29. Juni 1854.

Wilhelm Herzog von Braunschweig und Lüneburg,

königl. hannover'scher Feldmarschall, königl. preußischer General der Cavallerie, **Oberst-Inhaber des k. k. Kürassier-, seit 1. October 1867 Dragoner-Regimentes Nr. 7 (vom 29. Juni 1854 bis 18. October 1884)**, Chef des königl. preußischen magdeburg'schen Husaren-Regimentes Nr. 10, **Großkreuz des** königl. ungarischen St. Stephan-Ordens etc. etc.

Herzog Wilhelm von Braunschweig war der letzte seines Stammes gewesen, mit ihm starb die ältere, braunschweigische Linie des uralten Welfengeschlechtes aus. Ein hochedler Charakter, dessen herzensgute Grundzüge sich mit Sarkasmus paarten, erfreute sich der Herzog während seiner durch 53 Jahre friedlich und pflichtgetreu geführten Regierung allgemeiner Verehrung seiner Unterthanen.

Am 26. April 1806 als zweiter Sohn des Herzogs Friedrich Wilhelm von Braunschweig und der Herzogin Marie Elisabeth Wilhelmine, Tochter des verstorbenen Erbprinzen Karl Ludwig von Baden, geboren, erhielt er in der Taufe die Namen August Ludwig Wilhelm Maximilian Friedrich.

Seine ersten Kinderjahre verbrachte er unter höchst traurigen, bedauernswerten Verhältnissen.

Der Großvater des Prinzen, welcher als Generalissimus in preußischen Diensten stand, war wenige Monate nach dessen Geburt seinen in der Schlacht von Auerstädt erlittenen tödlichen Verletzungen erlegen und einen Monat später war es der gewaltige Kaiser Napoleon I., welcher auch in Braunschweig seine Macht zur Geltung brachte, indem er dem Herzog Friedrich Wilhelm sein Land entzog und dasselbe dem Königreiche Westfalen einverleibte.

Herzog Friedrich Wilhelm war ein außerordentlich tapferer und mit ungewöhnlichem Talente begabter Heerführer. Seine Heldenthaten, welche er im Jahre 1809 an der Spitze seines Freicorps vollbrachte, indem er sich mit dieser kleinen Schar mitten durch das ganze, von Napoleons Heeren überflutete Deutschland durchschlug, sind in vielen Liedern deutscher Dichter verherrlicht worden. Der Herzog setzte selbstredend den Kampf gegen Napoleon fort, doch seine Gemahlin sah sich gezwungen, mit Prinz Wilhelm und dessen älterem Bruder Prinz Karl die Heimat zu verlassen. Zuerst wandte sich Herzogin Marie nach Stockholm, dann nach Karlsruhe und später nach Bruchsal. Hier wurde sie am 20. April 1808 vom Tode dahingerafft. Die beiden verwaisten kleinen Prinzen wurden nach Öls, später nach Nachod, Kolberg und schließlich nach Schweden gebracht. Deren erste Erziehung hatte, seit dem Tode der Herzogin ihre Großmutter, die verwitwete Herzogin Auguste, geleitet. Bange Sorge, dass Napoleon seine Rache auch auf die Kinder seines Gegners übertragen könne, war der Grund des häufigen Wechsels der Aufenthaltsorte der beiden Prinzen. Die Rückkehr Herzog Friedrich Wilhelms und seiner beiden Söhne nach Braunschweig war erst 1813 möglich geworden. Doch nicht lange sollten die Prinzen nach all den traurigen Tagen, deren sie trotz ihrer Jugend schon so viele hinter sich hatten, das Glück genießen, an der Seite des hochverehrten Vaters ihren Studien zu obliegen.

Der 16. Juli 1815, an welchem Tage Herzog Friedrich Wilhelm in der Schlacht von Quatrebras seinen Heldentod fand, beraubte sie ihrer Stütze.

Gänzlich verwaist, wurde die Erziehung der Prinzen unter der Vormundschaft des Prinz-Regenten von England (seit 1820 König Georg IV. von England) nun den Händen des Hofrathes Eigner, wie des Obersten Pürnberg anvertraut. 1822 studierte Prinz Wilhelm in Göttingen, bereits ein Jahr später trat er als Major in die Reihen eines preußischen Kürassier-Regimentes ein.

Ebenso wie sein verstorbener Vater, war auch Prinz Wilhelm ein ganz vorzüglicher Reiter, wie überhaupt Meister in allen ritterlichen Künsten.

Sein Bruder, der nunmehrige Herzog von Braunschweig, trat ihm 1826 durch fürstbrüderlichen Vergleich das Herzogthum Öls in Schlesien ab.

Herzog Karl, welcher sich seiner unglücklichen Charakteranlagen halber nicht nur keiner Sympathien seiner Unterthanen rühmen konnte, sondern sich sogar deren Hass zugezogen hatte, war durch den am 7. September 1830 zum Ausbruch gekommenen Aufstand bemüssigt, zu fliehen.

Ein unstetes Wanderleben, der strengen Aufsicht des herzoglichen Vaters entzogen und des sorgsamen Mutterauges beraubt, war wohl die Jugend Herzog Karls keine glückliche gewesen und vielleicht ist hierin der Grund zu suchen, dass die in der Seele des Kindes schlummernden bösen Eigenschaften nicht im Keime erstickt wurden, sondern leider zu trauriger Entfaltung gelangten.

Doch Herzog Wilhelm hatte die gleiche Jugend verlebt, dieselbe Erziehung genossen und wie so ganz anders entwickelte sich sein Charakter! In ihm sehen wir das Bild eines friedliebenden, sich seiner Pflichten bewussten Herrschers vor uns, der sich die innigsten Sympathien seines Volkes erwarb.

Nachdem Herzog Karl der Gewalt gewichen und in den braunschweigischen Landen Ruhe und Ordnung wieder hergestellt waren, trat ein Comité aus den hervorragendsten Ständemitgliedern zusammen, welches dem Prinzen Wilhelm, der noch in Berlin als Major Dienste that, die Bitte um Übernahme der Regierung unterbreitete. Im Einverständnisse mit den Mächten willfahrte der Prinz diesem Wunsche und zog unter nicht endenwollendem Jubel der Bevölkerung am 10. September 1830 in Braunschweig ein.

In einer am 28. September erlassenen Proclamation gab der neue Landesfürst seinem Volke die Versicherung, dass es sein eifrigstes Bestreben sein werde, die glücklich wieder hergestellte Ruhe und Ordnung zu erhalten und die Wohlfahrt des Landes nach Möglichkeit zu fördern.

Getreulich diesem Versprechen that Herzog Wilhelm alles, um das Gedeihen und Emporblühen seines Landes zu fördern, wofür ihm auch die innigste Liebe, Verehrung und Anhänglichkeit der Braunschweiger in vollstem Maße zutheil wurde. Niemals kam es dem Herzog in den Sinn, die Ständeversammlungen zu beeinflussen oder die verfassungsmäßigen Rechte zu schmälern.

Durch den Beschluss der Bundesversammlung vom 30. December 1830 erhielt er seine Bestätigung als regierender Herzog und nachdem durch eine Familienacte des Gesammthauses Braunschweig Herzog Karl für regierungsunfähig erklärt worden war, nahm Herzog Wilhelm am 25. April 1831 die Huldigung des Landes entgegen.

Das erste bemerkenswerte Resultat seiner Regierung war die Vereinbarung einer Verfassung mit den Ständen, welche 1832 in Wirksamkeit trat. Diese nun und von ihm mit Geschick ausgeübte Sparsamkeit halfen den Wohlstand des Landes wieder allmählich zu heben. Durch strenge Überwachung der Gesetzausübung verhalf Herzog Wilhelm auch dem Justizwesen zu seinem früheren Ansehen.

Ein eifriger Förderer der Kunst und Wissenschaft, war es namentlich das Braunschweiger Hoftheater, welchem er seine besondere Gunst und Sorgfalt zuwandte, so dass dieses Kunstinstitut im Anfange der Vierziger-Jahre zu allgemeiner Berühmtheit gelangte und über ausgezeichnete Vertreter der Schauspiel- wie der Sangeskunst verfügte.

Die Bevölkerung Braunschweigs, zufrieden mit seiner Verfassung und den Zuständen des Landes, wurde nur wenig bewegt durch die Wogen der Sturmflut des Jahres 1848. Daher gab es daselbst auch nicht wie in anderen deutschen Landen die in den kommenden Jahren der Revolution folgende Reaction und Herzog Wilhelm hielt getreulich die von ihm mit den Ständen 1851 vereinbarte, gemäßigte, liberale Verfassung aufrecht.

1854 wurde Herzog Wilhelm von Sr. Majestät Kaiser Franz Josef I. durch die Verleihung der Inhaberschaft des k. k. Kürassier-Regimentes Nr. 7 (seit 1. October 1867 Dragoner-Regiment Nr. 7) ausgezeichnet.

Herzliche Sympathie für Österreich empfindend, weilte der Herzog beinahe jedes Jahr mehrere Wochen in Wien und kaufte sich schließlich in Hietzing bei Wien an. Auch noch durch einen anderen Umstand documentirte Herzog Wilhelm seine Anhänglichkeit an den Kaiserstaat; man sah ihn nämlich am häufigsten, viel öfter als in der Uniform seines eigenen Heeres, in der seines österreichischen Dragoner-Regimentes.

1866 trat Herzog Wilhelm dem Norddeutschen Bunde bei, darin wohl nicht seiner Überzeugung, sondern vielmehr den zwingenden Umständen folgend. Er weigerte sich auch beharrlich eine Militär-Convention mit Preußen zu schließen, ebenso wie er auf einer eigenen Uniformirung seines Heeres bestand. Dem preußischen Hofe hielt er sich gänzlich ferne, weil man daselbst dem Herzog von Cumberland die Anerkennung als seinem Erben versagte.

Zum größten Bedauern des Volkes war Herzog Wilhelm unvermählt geblieben; gar manchmal hatte man es ihm nahegelegt, sich zu vermählen, um dem Lande einen Thronerben zu geben. Auch die Stände hatten wiederholt ehrfurchtsvolle Promemorien verfasst, in welchen sie den Herzog baten, unter den deutschen Prinzessinnen zu wählen; doch stets vergebens.

Das fünfzigjährige Regierungsjubiläum des Herzogs wurde unter allgemeiner Antheilnahme der Bevölkerung, welche mit aufrichtiger Verehrung und Dankbarkeit zu ihrem Herrscher emporblickte, feierlichst begangen; Fest reihte sich an Fest und zahllose Adressen wurden dem Herzog zu Füßen gelegt.

Ein Lieblingsaufenthalt des Herzogs war sein Jagdschloss „Sibyllenort" im Herzogthume Öls, woselbst er stets einen großen Theil des Jahres verlebte. Hier gab er auch nach langem schmerzvollen Leiden am 18. October 1884 seinen Geist auf.

Aufrichtige Trauer um den dahingegangenen Herzog herrschte im ganzen Lande. Die Beisetzung seiner irdischen Hülle im Dome zu Braunschweig fand unter großer Betheiligung der trauernden Bevölkerung statt.

Zum Erben seines Privatvermögens hatte er den Herzog von Cumberland designiert, seine Allodialgüter dem Könige von Sachsen vermacht, während die Lehensdomäne Öls an Preußen zurückfiel.

Da Herzog Wilhelm ohne Leibeserben starb, wäre Herzog Ernst August von Cumberland der nächste erbberechtigte Verwandte gewesen. Da dieser jedoch, im Falle er die Erbschaft angetreten, seinen Protest als hannover'scher Kronprätendent hätte zurückziehen müssen, verzichtete er auf dieselbe.

Derzeit ist Prinz Albrecht von Preußen Regent von Braunschweig.

8. September 1854.

Luitpold Prinz-Regent von Bayern,

Inhaber des königl. bayrischen 1. Feld-Artillerie-Regimentes Prinz-Regent Luitpold, Chef des königl. preußischen Feld-Artillerie-Regimentes Prinz Luitpold von Bayern (magdeburgisches) Nr. 4, des königl. sächsischen 3. Infanterie-Regimentes Nr. 102, sowie des königl. württembergischen 2. Feld-Artillerie-Regimentes Nr. 29, **Oberst-Inhaber des k. u. k. Corps-Artillerie-Regimentes Nr. 10 (seit 8. September 1854)**, stellvertretender oberster Ordensmeister des Haus-Ritterordens vom heiligen Hubertus und stellvertretender Ordens-Großmeister des Haus-Ritterordens vom heiligen Georg, Ritter das Schwarzen Adler-Ordens, **des österreichischen Ordens vom Goldenen Vliese, sowie Großkreuz des königl. ungarischen St. Stephan-Ordens** etc. etc.

Prinz Luitpold wurde am 12. März 1821 zu Würzburg geboren, als der dritte Sohn des damaligen Kronprinzen, späteren Königs Ludwig I., des hochsinnigen und kunstbegeisterten Monarchen, der sich in der Geschichte Bayerns einen ruhmvollen Namen erworben hat, und dessen Gemahlin Therese, einer geborenen Prinzessin von Sachsen-Hildburghausen.

Gleich seinen älteren Brüdern Maximilian und Otto, den späteren Königen von Bayern und von Griechenland, erhielt Prinz Luitpold inmitten des glücklichsten Familienlebens eine treffliche Erziehung, welche seine vielseitigen Anlagen zu harmonischer Entwickelung brachte. Durch eifriges Studium, dem sich bildende Reisen im In- und Auslande anschlossen, legte er den Grund zu jener gehaltvollen Tüchtigkeit, die ihn den Aufgaben seines späteren Lebens so vollkommen gewachsen sein ließ.

Mit Vorliebe wandte sich Prinz Luitpold militärischen Studien, namentlich der Artilleriewaffe zu, in welcher er auch den Officiersdienst durchmachte. Kaum vierzehnjährig, wurde er am **12. März 1835** von seinem königlichen Vater zum Hauptmann im 1. Artillerie-Regimente ernannt und am 1. November 1839 zum Obersten und Inhaber desselben Regimentes befördert, mit der Befugnis, dasselbe zu commandieren. Noch eine weitere Auszeichnung wurde dem Prinzen 1839 zutheil: am 8. December erhielt er den Ritterschlag

als Ritter des Hausordens vom heiligen Georg und wurde als dritter Großprior des Ordens aufgenommen. Nachdem er vier Jahre lang die Stellung als Oberst seines Regimentes innegehabt hatte, wurde er am 15. December 1843 zum Generalmajor und Commandanten der 1. Infanterie-Brigade befördert. In dieser Charge war der Prinz vom 8. October 1844 an als Mitglied und Abtheilungschef im Kriegsministerium thätig, bis er nach dem Regierungsantritte seines Bruders Maximilian II. am 31. März 1848 zum Generallieutenant und Artillerie-Corps-Commandanten avancierte.

Inzwischen hatte sich Prinz Luitpold schon im Alter von 23 Jahren am 16. April 1844 mit der am 1. April 1825 geborenen Erzherzogin Auguste von Österreich, Tochter des Großherzogs Leopold II. von Toscana, vermählt. Zwei Jahrzehnte hindurch, bis zu dem frühen Hinscheiden der Prinzessin (26. April 1864), war dieses Herzensbündnis die Basis reinsten Familienglückes, welches den reichsten Segen auf die hohen Gatten, sowie allmählich auch auf die der fürstlichen Ehe entsprossenen Kinder ausströmte.

Als im Herbst 1850 anlässlich des bundes- und verfassungsrechtlichen Streites in der kurhessischen Angelegenheit die Mobilmachung in Bayern erfolgte, wurde Prinz Luitpold am 20. November mit dem Commando der 2. Division der mobilen Armee betraut, konnte jedoch schon im nächsten Monate, am 16. December, in das frühere Verhältnis zurückkehren, in welchem er nun weitere sechs Jahre verblieb. Am 4. August 1856 übernahm der Prinz das Commando der 1. Armee-Division, wurde am 6. Juni 1861 zum Feldzeugmeister bei der General-Inspection der Armee und am 12. August zum Vorstand der Infanterie-Berathungs-Commission ernannt. Bei der Mobilmachung im Jahre 1866 wurde Prinz Luitpold am 27. Juni zur Führung der 5. (Reserve-)Division berufen, schließlich aber, am 13. Juli, an Stelle des gefallenen Generals Freiherrn von Zollern mit dem Commando der 3. Division betraut, welche er auch am 25. und 26. Juli in den Gefechten bei Helmstedt befehligte. Nach dem Friedensschlusse trat Prinz Luitpold, geziert mit dem Großkreuze des Militär-Verdienstordens, schon am 2. September in das Verhältnis, in welchem er sich vor dem Kriege befunden, zurück.

Am 15. Juni des folgenden Jahres übernahm der Prinz das Commando des Übungs-Armeecorps, welches zwischen Iller und Lech zusammengezogen war. Seit 8. Januar auf dem hohen Posten eines General-Inspecteurs der königlich bayerischen Armee stehend, wurde Prinz Luitpold bei dem Anschlusse Bayerns an die preußisch-norddeutsche Kriegserklärung gegen Frankreich am 20. Juli 1870 zur Vertretung der Feldarmee als militärischer Bevollmächtigter König Ludwigs II. dem großen Hauptquartiere der verbündeten deutschen Armee zugetheilt. In dieser Stellung war der Prinz in der Lage, den ruhmvollen Antheil der beiden bayerischen, von den Generalen von der Tann und von Hartmann commandierten Armeecorps an dem allgemeinen Kriegs- und Siegeszuge gegen Frankreich beobachten und an einer Anzahl größerer Actionen theilnehmen zu können: so am 18. August an der Schlacht von Gravelotte und St. Privat, am 30. August an der Schlacht bei Beaumont, am 1. September an dem Entscheidungskampfe bei Sedan, dann vom 5. October 1870 an bis zum 28. Januar 1871 an der Einschließung und Belagerung von Paris und während derselben am 13. October an dem Ausfalle bei Bapaume und Chatillon, am 21. October an dem Ausfallgefechte bei Malmaison und am 19. Januar 1871 an der Schlacht am Mont Valérien. Während dieses Feldzuges verkehrte Prinz Luitpold täglich mit dem höchsten Befehlshaber der Bundesarmee, König Wilhelm von Preußen; insbesonders waren es die Abendstunden, die beide erlauchte Fürsten regelmäßig vereinigten. Hier wurde die innige Freundschaft geschlossen, die Geister und Herzen beiderseits fortan verbunden hielt. Zugleich trat der Prinz mit Feldmarschall Graf Moltke, Fürst Bismarck und dem ganzen großen, führenden, militärisch-politischen Verbande des deutschen Hauptquartiers in nähere Beziehungen.

Nach dem ruhmreichen Abschlusse des großen Feldzuges war auch die ehrenvolle Mission des Prinzen Luitpold im Feldlager des nunmehr als deutscher Kaiser in das neue Reich zurückkehrenden Bundesfeldherrn Wilhelm I. beendigt; am 5. März 1871 nahm er seine frühere Stellung als General-Inspector der bayerischen Armee wieder ein. Das Eiserne Kreuz II. Classe, sowie der kaiserlich russische St. Georgs-Orden IV. Classe schmückten die Brust des heimkehrenden Prinzen. Bald folgte noch ein Zeugnis der geschlossenen innigen Beziehungen zum norddeutschen Führerstaate, indem Prinz Luitpold am 16. Juni 1871 zum Chef des königlich preußischen, magdeburgischen Feld-Artillerie-Regimentes Nr. 4 ernannt wurde. Auf dieselbe Weise war er schon früher vom österreichischen Monarchen ausgezeichnet worden, indem ihm am 8. September 1854 das k. k. Feld-Artillerie-Regiment Nr. 7 (seit 1. Januar 1894 Corps-Artillerie-Regiment Nr. 10) verliehen worden war. In der bayerischen Armee erhielt der Prinz am 30. März 1876 noch den General-Feldzeugmeister-Charakter, sowie ihm am 7. Juli desselben Jahres auch die Inspection der beiden Divisionen des I. Armee-Corps übertragen wurde.

Die militärische Berufsarbeit hinderte jedoch den Prinzen keineswegs, auch den politischen Angelegenheiten der Staatsverwaltung, sowie insbesonders der bayerischen Volksvertretung seine Aufmerksamkeit und, soweit er dazu berufen war, seine Mitwirkung zuzuwenden. So betheiligte er sich namentlich als Mitglied der Kammer der Reichsräthe an den gesetzgeberischen Arbeiten derselben. Unter der Regierung König Maximilian II. wurde er oftmals mit der Vertretung seines königlichen Bruders im Staatsrathe, sowie bei landesfürstlichen Repräsentationen betraut und unter dessem Sohne und Nachfolger König Ludwig II., der schon bald nach den ersten Jahren seiner Regierung die persönliche Betheiligung an den Regierungsgeschäften auf den schriftlichen Weg beschränkte, wurde jene Vertretung zur Regel.

So war denn Prinz Luitpold durch harmonische und glücklich entwickelte Begabung, wie durch reiche und vielseitige Erfahrung in vorzüglichem Maße zur Erfüllung der hohen und schweren Aufgaben befähigt, welche an ihn noch im höheren Mannesalter herantraten. Wie in Preußen der glänzend begabte König Friedrich Wilhelm IV. allmählich der geistigen Ohnmacht verfiel, infolgedoren sein jüngerer Bruder auf den Thron gelangte, so war es in Bayern der hochsinnige, jugendlich schöne Ludwig II., dessen blendenden Geist in unseligem Verhängnisse die Nacht des Wahnsinns verdunkelte und zu dessen Ersatz — da der einzige Bruder schon demselben entsetzlichen Geschicke verfallen war — der bereits im siebenten Jahrzehnt des Lebens stehende, aber noch jugendlich frische und vollkräftige Oheim zur stellvertretenden Übernahme der Regierung des Königreiches auf Grund der Verfassung berufen werden musste.

Durch die außerordentlichen, wahrhaft tragischen Ereignisse, welche diesen Übergang der Herrschaft von Ludwig II. auf Prinz Luitpold herbeiführten und begleiteten, wird dieser Zeitraum zu dem weitaus wichtigsten und denkwürdigsten in der Lebensgeschichte des erlauchten Prinz-Regenten. Es war eine furchtbare Erschütterung, welche damals das Haus Wittelsbach und das bayerische Volk durchzumachen hatte; indessen war gerade die Persönlichkeit des Prinzen, welcher als der dem Throne nächststehende Agnat die Zügel der Regierung zu ergreifen hatte, unter der Mitwirkung treubewährter Berather, insbesonders des damals leitenden

Ministers Freiherrn von Lutz ganz besonders geeignet, die durch den Umschwung der Verhältnisse hervorgerufene Aufregung zu beruhigen und die Wiederherstellung jenes Gleichmaßes der verschiedenen politisch berechtigten Elemente durchzuführen, welches zur dauernden Wohlfahrt und zum festen Bestande des bayerischen Staates in so hohem Grade erforderlich ist.

Um die Mitte der Achtziger-Jahre waren die Anzeichen und Beweise der geistigen Umnachtung des unglücklichen Königs Ludwig II. zum tiefen Schmerze seines Hauses wie seines Volkes so zahlreich und bedenklich geworden, dass die verantwortlichen Räthe der Krone dem Prinzen Luitpold die Frage nahelegen mussten, ob der König nicht als regierungsunfähig zu erklären sei und ob der Prinz nicht im Hinblicke auf das Wohl des Königshauses, wie des Staates und Landes es als Pflicht erachten müsse, von seinem durch die Verfassung vorgeschriebenen Rechte Gebrauch zu machen. Im Frühjahre 1886 wurde in aller Stille von sachverständigen irrenärztlichen Autoritäten ein Gutachten über den geistigen Gesundheitszustand des Königs verlangt. Als diese „Paranoia" als Krankheit constatierten, wurden die zur Entmündigung des Königs und zur Übernahme der Regentschaft seitens des Prinzen Luitpold erforderlichen Maßnahmen getroffen.

Äußerlich war bis kurz vor der letzten Entscheidung kein Anzeichen bemerkbar, dass sich in der Regierung eine Änderung vorbereite. So wirkte es denn ziemlich überraschend, als am 10. Juni eine außerordentliche Ausgabe des „Gesetz- und Verordnungsblattes" erschien, welche den nunmehr eintretenden Umschwung mit folgendem Erlasse zur Anzeige brachte:

„Im Namen Seiner Majestät des Königs!

Unser Königliches Haus und Bayerns treubewährtes Volk ist nach Gottes unerforschlichem Rathschlusse von dem erschütternden Ereignisse betroffen worden, dass Unser vielgeliebter Neffe, der Allerdurchlauchtigste, Großmächtigste König und Herr, Seine Majestät König Ludwig II., an einem schweren Leiden erkrankt sind, welches Allerhöchstdenselben an der Ausübung der Regierung auf längere Zeit im Sinne des Titels II. § 11 der Verfassungsurkunde hindert.

Da Seine Majestät der König für diesen Fall Allerhöchstselbst weder Vorsehung getroffen haben, noch werden treffen können, und da ferner über Unseren vielgeliebten Neffen, Seine königliche Hoheit den Prinzen Otto von Bayern, ein schon länger andauerndes Leiden verhängt ist, welches ihm die Übernahme der Regentschaft unmöglich macht, so legen Uns die Bestimmungen der Verfassungsurkunde als nächstberufenem Agnaten die traurige Pflicht auf, die Reichsverwesung zu übernehmen.

Indem Wir dieses, von dem tiefsten Schmerze ergriffen, öffentlich kund und zu wissen thun, verfügen Wir hiermit in Gemäßheit des Titels II. §§ 11 und 16 der Verfassungsurkunde die Einberufung des Landtages auf Dienstag, den 15. Juni laufenden Jahres.

München, den 10. Juni 1886.

Luitpold
Prinz von Bayern.

Dr. Freiherr von Lutz, Dr. von Fäustle, Dr. von Riedel, Freiherr von Crailsheim, Freiherr von Feilitzsch, von Heinleth."

Am Tage vorher, den 9. Juni, hatte Prinz Luitpold den Minister des königlichen Hauses, Freiherrn von Crailsheim, zwei weitere hohe Würdenträger und den Director der Münchener Irrenanstalt, Professor Dr. von Gudden, als Delegirte nach Hohenschwangau entsandt, welche dem auf seinem neuen Schlosse in Neuschwanstein residierenden königlichen Neffen ein Handschreiben überreichen sollten, worin der Prinz dem erlauchten Kranken mit aller schonenden Rücksicht mittheilte, dass er ihn unter den obwaltenden tiefbetrübenden Verhältnissen bitten müsse, sich der nöthig befundenen ärztlichen Pflege anvertrauen und der Übertragung der Regierung an ihn, den Oheim, fügen zu wollen.

Prinz Luitpold hatte als des Königreiches Verweser zunächst noch weitere, tiefernste und erschütternde Tage durchzumachen. Am 12. Juni ließ er zur Vorberathung der Vorlagen für den auf den 15. einberufenen Landtag eine Staatsrathsitzung abhalten. Am 13. erfolgte unter den allbekannten, ewig beklagenswerten Umständen der Tod des Königs Ludwig II. Der tiefschmerzlichen Trauerkunde entsprachen die allseitigen Beileidsbezeigungen an den Prinz-Regenten. Am 14. früh erschien die Botschaft des Prinzen über die Thronbesteigung König Ottos und die Übernahme der Regentschaft für denselben, sowie gleichzeitig ein Armeebefehl, worin die Armeetrauer angeordnet wurde. Am 15. Juni empfing der Prinz-Regent die Vertretung der Stadt München, deren Beileids- und Ergebenheitsversicherungen er mit kurzen, aber warmgefühlten Worten erwiderte.

Hatte Prinz-Regent Luitpold in jenen Tagen der Trauer den vielseitigen ceremoniellen Pflichten mit musterhafter Hingebung und Courtoisie genügt, so mussten jetzt die Vorgänge im bayerischen Staatsleben, welche sich auf die an der höchsten Stelle eingetretene Veränderung bezogen und von weittragender politischer Bedeutung werden konnten, seine Prüfung und Entscheidung in strengen Anspruch nehmen.

Am 28. Juni fand die feierliche Eidesleistung des **Prinz-Regenten** im Thronsaale der Residenz in Gegenwart der Mitglieder des königlichen Hauses, des Hofes, der beiden Kammern, des Landtages, der höheren Beamten, der Geistlichkeit u. s. w. statt. Justizminister Dr. von Fäustle verlas den Eid, Prinz Luitpold leistete den Schwur als Reichsverweser. Auf die folgende Ansprache des Präsidenten der Reichsräthe Freiherrn von Frankenstein, erwiderte der **Prinz** tiefergriffen, indem er betonte: Die alte Königstreue der Bayern habe sich wieder glänzend bewährt bei den schweren Ereignissen, welche das ganze königliche Haus und das Königreich in denselben Gefühlen tiefster Trauer vereinigt haben.

> „Am Abend Meines Lebens legt Mir die Vorsehung die schwere Pflicht auf, im Namen Seiner Majestät unseres allergnädigsten Königs die Zügel der Regierung zu ergreifen. Möge es Mir vergönnt sein, zum Wohle des treuen und von Mir treu geliebten Landes wirken zu können. Das ist Mein sehnlichster Wunsch. Walte es Gott!"

Hiermit war die Regentschaft des **Prinzen** in allen Formen rechtsgiltig und bestätigt. Die finanzielle Frage war in der Weise geordnet worden, dass der **Prinz-Regent** aus der Staatscasse für seinen Unterhalt keine Forderungen erheben zu wollen erklärte. Die Repräsentationskosten sollten aus der Civilliste bestritten werden.

In seiner nunmehrigen Stellung verfolgte Prinz Luitpold stets dieselben Grundsätze, die er mit treffendem Verständnis und richtigem Gefühle schon längst sich zu eigen gemacht und seit 40 Jahren als Mitglied der Kammer, der Reichsräthe, seit der Regierung seines Neffen als Vorsitzender des Staatsrathes bewährt hatte. In der letzten Zeit vor dem Thronwechsel hatte der Prinz noch dazu bei den Vorbereitungen über die Regentschaft die beste Gelegenheit gehabt, die Minister kennen zu lernen und sich zu überzeugen, dass dieselben als hochbegabte, charaktertüchtige und geschäftsgewandte Männer seines Vertrauens würdig und zur Führung der Verwaltung in hohem Grade geeignet seien. So wurde denn auch das am 5. Juli eingebrachte Rücktrittsgesuch des bisherigen Cabinettes schon am nächsten Morgen ablehnend beschieden und das Ministerium von Lutz in seinem Amte bestätigt. Der Personenwechsel, welcher im königlichen Staatsministerium durch den Tod des Justizministers Dr. von Fäustle und durch den Rücktritt des Kriegsministers General Heinleth herbeigeführt wurde, brachte keine wesentlichen Änderungen in den betreffenden Verwaltungszweigen hervor. Von größerer Bedeutung war die Veränderung, welche eintreten musste, als der bisherige Cultusminister und Vorsitzende im Ministerrathe Dr. Freiherr Johann von Lutz am 31. Mai 1890 nach längerer, schwerer Krankheit von seinem besonders verantwortungsvollen Posten zurücktrat; hatte derselbe ja doch seit dem Ende der Sechziger-Jahre in entscheidungsreicher Zeit am Steuer des bayerischen Staatsschiffes gestanden und dasselbe mit Weisheit und Kraft erfolgreich durch Klippen und Stürme geleitet. An seiner Stelle wurde nun dem Minister des königlichen Hauses und des Auswärtigen, Freiherrn von Crailsheim, der Vorsitz im Ministerium übertragen.

Den formellen Gang der Regierungsgeschäfte hat Prinz-Regent Luitpold in der Weise ordnen lassen, dass, unter Aufhebung des unter König Ludwig II. bestandenen, vielberufenen Cabinets-Secretariates, eine Geheimkanzlei errichtet wurde, von welcher die zur Allerhöchsten Entscheidung bestimmten Angelegenheiten dem Regenten unterbreitet werden.

Am 4. September 1886 reiste der Prinz-Regent nach dem Lechfelde, um den Kronprinzen Friedrich Wilhelm als Bundesinspecteur der bayerischen Armee zu bewillkommnen. Gleichzeitig gieng sein ältester Sohn, Prinz Ludwig, in Vertretung des Vaters nach dem Elsass, um an den Kaisermanövern theilzunehmen.

In demselben Monate eröffnete der Prinz-Regent die Reihe der größeren Rundreisen im Königreiche, die dann in den Jahren 1887 und 1888 fortgesetzt und zum Abschlusse gebracht wurden. Schon vorher hatte der Regent kleinere Ausflüge ins Allgäu, nach Berchtesgaden u. s. w. entweder zu Jagden, oder zum Besuch seiner geliebten Schwester, der verwitweten Herzogin von Modena, unternommen, wobei ihm seine Leutseligkeit stets rasch die Herzen der Bevölkerung gewann. Auch den Monarchen der Nachbarländer Württemberg und Baden, wie dem ersten der Bundesfürsten, dem Kaiser und dessen erhabener Gemahlin stattete Prinz Luitpold seinen persönlichen Besuch ab.

Eine herrliche Festfeier zu Ehren des Prinzen war am 5. Januar 1887 der ihm dargebrachte Fackelzug der Mitglieder der Kunstakademie, der Künstlergenossenschaft und des Kunstgewerbevereines, wobei das Bild des „Luitpoldus artium protector" von Lorbeer und Palmen umrauscht, in hellstem Glanze erstrahlte. Geradezu wundervoll aber war die schon vor dem Ableben des Königs Ludwigs II. geplante, durch vielbeklagte Trauerfälle bis Ende Juli 1888 verzögerte Centennarfeier zu Ehren König Ludwigs I., bei welcher der Regent, des Gefeierten so sehr geliebter und in

Geistes- und Herzensrichtung ihm ähnlicher Sohn, dem Erzbilde des Vaters gegenüber, als Haupt der Regierung, an der Spitze des Hofes die dem unvergesslichen Kunstmäcen und Landesvater erwiesenen Huldigungen in dessen Vertretung entgegenzunehmen hatte.

Die Kunst ist es aber auch, welcher Prinz Luitpold nach den politischen, militärischen und repräsentativen Pflichten seine Neigung am lebhaftesten zuwendet. Namentlich den bildenden Künsten wird unter seiner Regierung nicht allein von staatswegen die längst erwünschte, reichlicher bemessene Fürsorge bewiesen, auch persönlich widmet der Regent der Malerei und Bildhauerei sehr eingehende Aufmerksamkeit und opferwillige Unterstützung mit freigebiger Hand.

Drei Söhne, die Prinzen Ludwig, vermählt mit Erzherzogin Maria Theresia von Österreich, Leopold, der die älteste Tochter des österreichischen Herrscherpaares, Erzherzogin Gisela, heimführte, und Arnulf, vermählt mit Prinzessin Therese von und zu Liechtenstein, sowie eine zahlreiche Enkelschar blicken in inniger Liebe und Verehrung zu Prinz Luitpold empor. Prinzessin Therese, die unvermählt gebliebene, geistreiche und literarisch thätige Tochter des Prinzen, sucht der Häuslichkeit des Vaters das fehlende Walten der leider so früh heimgegangenen Gattin zu ersetzen.

Besonders gerne obliegt Prinz Luitpold dem edlen Vergnügen des Weidwerkes und nimmt nicht nur an den gewöhnlichen Hof- und Cabinetsjagden in der Umgebung der Hauptstadt, sondern auch mit Vorliebe an den anstrengenden Gemsjagden im Hochgebirge, besonders im Allgäu und im Berchtesgadener Ländchen, theil. Auch der grüne Spessart mit seinen Wildschweinen hatte den fürstlichen Jagdhorn so oft zu seinem Besuche eingeladen, dass er sich in Rohrbrunn in den letzten Jahren ein eigenes Jagdschloss bauen liess.

Möge Prinz Luitpold, welchen die in Arbeit und Genuss wohlgeregelte, geistige und körperliche Arbeit trefflich verbindende Lebensweise so ungemein frisch und kräftig erhält, noch bis in das äußerste Lebensalter seinem Volke vorausleuchten, das ihn als Muster eines Familienhauptes, wie als sorgsamen Verwalter und Förderer der Wohlfahrt des Staates und der bürgerlichen Gesellschaft hochverehrt.

1. März 1856.

Johann König von Sachsen,

Oberst-Inhaber des k. k. Kürassier-, seit 1. October 1867 Dragoner-Regimentes Nr. 3 (vom 1. März 1856 bis 29. October 1873), Großkreuz des königl. ungarischen St. Stephan-Ordens etc. etc.

König Johann wurde als dritter Sohn des Prinzen Maximilian von Sachsen und seiner Gemahlin Karoline, Prinzessin von Parma, am 12. December 1801 geboren. Frühzeitig schon wurde er des liebevollen, sorgsamen Mutterauges beraubt, denn Prinzessin Karoline erlag bereits am 1. März 1804 den Folgen einer Erkältung. Nach ihr übernahm Oberhofmeisterin verwitwete Marquise Piatti die oberste Leitung der weiblichen Pflege bei den Kindern des Prinzen Max und bewohnte mit denselben die dritte Etage des sogenannten „Prinzen-Palais".

Größeren Einfluss auf das empfindsame Gemüth des aufgeweckten Prinzen übte vielleicht noch Gräfin Karoline von Lamberg, welcher eigentlich die Erziehung der beiden Schwestern des Prinzen, der Prinzessinnen Maria und Maria Anna, anvertraut war, die sich aber auch des Prinzen Johann, ehe seine Erziehung in männliche Hände übergieng, mit ganz besonderer Zärtlichkeit annahm. Im Vereine mit ihr wirkte Oberhofmeister Jurkowski. Das Verhältnis des Prinzen Max zu seinen Kindern, wie das der prinzlichen Geschwister unter sich war ein äußerst herzliches und inniges. Prinz Max nahm sich ihrer Erziehung mit großer Sorgfalt an und gab ihnen selbst den ersten Unterricht im Lesen, Rechnen, Schreiben, sowie Religion.

Mit vorzüglichem Talente und einem erstaunlichen Gedächtnisse ausgestattet, machte Prinz Johann trotz der häufigen Unterbrechungen, welche seine Ausbildung infolge des öfteren, durch die kriegerischen Verhältnisse der damaligen Zeit bedingten Aufenthaltswechsels der königlichen Familie erfuhr, namhafte Fortschritte.

Bis 1809 war der Prinz weiblicher Pflege anvertraut gewesen, wie überhaupt die äußeren Lebensverhältnisse desselben sehr einfach und fern von allem Luxus waren. Infolge des Krieges und des dadurch bedingten Aufenthaltes der königlichen Familie in Leipzig und Frankfurt gestalteten sich die Verhältnisse anders, und bald wurde nun dem Prinzen männliche Begleitung zugetheilt. In Leipzig, wo der gesammte Hof das sogenannte Thomä'sche Haus am Markte bewohnte, wurde ein angenehmes, von aller ängstlichen Etikette freies Leben geführt und noch in späterer Zeit erinnerte sich der Prinz gerne der mannigfachen Eindrücke aus jener Zeit; er hatte dort viele frohe Stunden verlebt.

Nach der Rückkehr in die Heimat begann für Prinz Johann ein neues Leben; stolz darauf, nun unter männliche Obhut gestellt zu werden, nahm er tiefgerührt von seinen bisherigen treuen Pflegerinnen Abschied, denn schon seit frühester Jugend war in ihm das Gefühl der Dankbarkeit ein sehr reges.

Die oberste Leitung der Erziehung des Prinzen und seiner beiden Brüder erhielt vorläufig General von Forell. Neben diesem und gewissermaßen als Studiendirector war Domherr Alois Freiherr von Wessenberg thätig. Dieser übte unstreitig den größten Einfluss auf den Prinzen aus, sowie er sich ein großes Verdienst dadurch erwarb, dass er auf ernstes Studieren und strenge Zeitbenützung drang; er gab seinem fürstlichen Schüler vorzugsweise geschichtlichen und geographischen Unterricht. Als besonderer Religionslehrer fungierte Abbé de Silvestre, welcher auch französische und lateinische Sprache vortrug. Religionsunterricht gab späterhin Pater Löffler, Mathematik und Kriegswissenschaft lehrte Oberstlieutenant Fleischer und Major Eppendorf; außerdem erhielt Prinz Johann Zeichen- und Musikunterricht.

Sehr vergnügte ihn damals eine kleine Erholungsreise nach Teplitz und Dux, für welche Gegend er seitdem eine ganz besondere Vorliebe hegte. Lebhafter noch war die Freude über einen Pony, mit welchem er im Jahre 1810 überrascht wurde. Schon als kleiner Knabe hatte er große Neigung zum Reiten, welche ihm sein ganzes Leben hindurch geblieben ist; selbst mitten in den schweren Leiden der letzten Zeit seines Daseins ritt er, wenn es seine Kräfte halbwegs gestatteten, täglich aus.

1813 begab sich die prinzliche Familie zu längerem Aufenthalte nach Prag, wodurch die Studien des Prinzen wieder eine längere Unterbrechung erfuhren.

Großen Eindruck machte auf Prinz Johann der 7. Juni 1815, an welchem Tage König Friedrich August I. nach mancherlei Unbilden in sein Land zurückkehrte und mit wahrer Innigkeit und Freude von seinem Volke empfangen wurde. Einen Monat später, am 7. Juli, wurde Prinz Johann zum Chef des königlich sächsischen Regimentes „Prinz Johann-Husaren" ernannt.

Nach Silvestres und Löfflers Tode trat Ignaz Mauermann als Religionslehrer ein und als sich General von Forell 1816 in die Schweiz zurückzog, kam General von Watzdorf an seine Stelle, welchem später noch Major von Cerrini zur Vervollständigung beigegeben wurde. Besonderes Interesse brachte Prinz Johann dem nun beginnenden Unterrichte der Rechtswissenschaften durch Hofrath Stübel entgegen.

Auch für das Theater, Oper wie Schauspielkunst, zeigte Prinz Johann hohes Verständniss, gleichwie er viel Geschmack an der Lectüre der Classiker fand. Die häufige Besichtigung der Dresdner Kunstschätze, besonders der Gallerie des Antiken-Cabinettes und der Bibliothek unter Leitung des bekannten Archäologen Böttiger förderte nach allen Seiten hin die Bildung des jugendlichen Prinzen, der keine Gelegenheit versäumte, seine Kenntnisse zu erweitern und zu festigen. Von Zeit zu Zeit betheiligte er sich auch an militärischen Übungen und versuchte die Resultate seiner militärischen Studien hiebei in Anwendung zu bringen. Im Lateinischen machte er unter Mauermanns Leitung große Fortschritte; letzterer führte ihn aus der Grammatik ins eigentliche Leben der Classiker ein und bestärkte ihn in seiner Sehnsucht, selbständig recht viele derselben zu studiren. Auch hatte Mauermann ihm Unterricht in der Poesie gegeben, und zwar mit solchem Erfolge, dass der Prinz bereits 1817 zum Namenstage seines Bruders Friedrich August sein erstes größeres Gedicht verfassen konnte.

Im Herbste 1817 empfieng Prinz Johann gleichzeitig mit seiner Schwester Prinzessin Maria das heilige Sacrament der Firmung.

Große Freude hatte König Friedrich August dem Prinzen bereitet, als er ihn durch Decret vom 23. December 1816, ohne dass er zuvor eine militärische Charge bekleidete, „in Anbetracht seines in Militär-Wissenschaften seither angewandten Fleißes und der darin erlangten besonderen Geschicklichkeit" zum Obersten der Cavallerie bei der königlichen Armee, zugleich mit der Anciennetät vom 27. Juni 1804 ernannte.

Zu jener Zeit empfand der Prinz tiefe Sehnsucht nach der schönen Schweiz und dem noch schöneren Italien; am 2. October

1821 trat er denn auch in Gesellschaft seines Bruders, des Prinzen Clemens, begleitet von General von Watzdorf und den beiden Adjutanten Rittmeister von Lützerode und von Könneritz, die Reise dahin an. Zunächst gieng es nach Constanz, dann nach Zürich, Luzern, Lausanne, Genf und über den Simplonpass nach Italien. Der Eintritt in das herrliche Land, durch das romantische Thal der Doveria mit den prächtigen Wasserfällen entzückte den Prinzen ungemein. Mailand war die erste italienische Stadt, wo längerer Aufenthalt genommen wurde, dann folgte Turin, Genua, Parma und Venedig. In der reizenden Lagunenstadt dauerte der Aufenthalt über eine Woche und feierte Prinz Johann auch hier seinen 20. Geburtstag.

Bis hieher war die Reise glücklich vor sich gegangen und die beiden Prinzen genossen in vollen Zügen den herrlichen Anblick dieses gottbegnadeten Landes. Doch auf dem Wege von Bologna nach Florenz zog sich Prinz Johann eine derartige Erkältung zu, dass er in letztgenannter Stadt zurückbleiben musste, während sich Prinz Clemens mit seinem Adjutanten von Könneritz nach Pisa begab. Nach wenigen Tagen hatte sich jedoch der Zustand des Prinzen soweit gebessert, dass er seinem Bruder nach Pisa, wo am toscanischen Hofe nun eine große Anzahl fürstlicher Verwandter weilte, folgen konnte. Einige Tage ungetrübter Freude und Fröhlichkeit vergiengen, da mit einemmale fühlte sich Prinz Clemens sehr unwohl. Dem großen Balle, welcher am toscanischen Hofe stets am Neujahrstage gegeben wurde, konnte er nicht mehr beiwohnen. Am nächsten Morgen schon lag Prinz Clemens im Delirium; eine Gehirnentzündung war eingetreten und ohne das Bewusstsein wieder erlangt zu haben, verschied er, fern von der Heimat, am 4. Januar 1822. Prinz Johann, durch den plötzlichen Verlust seines Bruders auf das Tiefste erschüttert, gab nun die früher projectierte Ausdehnung der Reise nach Rom und Neapel auf. Der Rückweg aber sollte, wie die Vorschriften aus Dresden lauteten, über München gehen und dort ein längerer Aufenthalt genommen werden. Der Aufenthalt in Florenz und die Reise nach München wurde zur Besichtigung von Kunstsachen aller Art noch möglichst benützt und allmählich heiterte sich auch das tief betrübte Gemüth des Prinzen wieder auf. Aber wie genussreich auch die in Italien verlebten Tage gewesen, so pochte doch freudig sein Herz, als er auf der Brennerstraße der deutschen Heimat zufuhr.

Am 13. März 1822 langte Prinz Johann in München an; wenn er sich auch bei seinem Eintritte ins bayerische Hofleben nicht gleich heimisch fühlte, so empfand er dennoch beim ersten Anblicke der Prinzessin Amalia eine innige Zuneigung für dieselbe und legte damit den Grund zu seiner so überaus glücklichen Ehe. Durch seine Genialität wie die Offenheit seines ganzen Wesens hatte sich der Prinz bald alle Herzen erobert, und als er, in die Heimat zurückgekehrt, um die Hand der Prinzessin Amalia förmlich warb, ließ die günstige Antwort auf seine Werbung nicht lange auf sich warten; bereits am 10. November 1822 fand die Trauung durch Procuration zu München statt, bei welcher Prinz Karl von Bayern den glücklichen Bräutigam vertrat. Voll der Liebe und des Glückes eilte dieser seiner hohen Braut an die Landesgrenze entgegen. An allen Orten, welche der Brautzug passieren musste, wurde das hohe Brautpaar festlich und mit hellem Jubel empfangen. Die kirchliche Weihe erhielt dieser innige Herzensbund am Abende des 21. November zu Dresden.

Herzlichste Freude herrschte im ganzen Lande, als Prinzessin Amalia am 22. Januar 1827 einer Prinzessin das Leben schenkte und lauter Jubel durchzog Sachsens Gaue, als am 23. April 1828 die Geburt eines männlichen Sprossens des alten Hauses Wettin, des heutigen allverehrten Königs Albert, verkündet wurde. Noch zwei Prinzen und fünf Prinzessinnen entstammen diesem glücklichen Bunde, und zwar: Prinzessin Elisabeth, geb. 4. Februar 1830, vermählt mit Herzog Ferdinand von Genua; Prinz Ernst, geb. 5. April 1831; Prinz Georg, geb. 8. August 1832, vermählt mit Donna Maria von Bragança-Bourbon; Prinzessin Sidonia, geb. 16. August 1834; Prinzessin Anna, geb. 4. Januar 1836, vermählt mit dem damaligen Erbgroßherzog von Toscana; Prinzessin Margareta, geb. 24. Mai 1840, vermählt mit Erzherzog Karl Ludwig von Österreich, und Prinzessin Sophie, geb. 15. März 1845, vermählt mit Herzog Karl Theodor in Bayern.

Prinz Johann schwankte auch nach seiner Rückkehr von der italienischen Reise noch immer hinsichtlich der Frage, welchen Beruf er sich wählen solle; ob er im strengsten Sinne des Wortes sich zum Militärdienst ausbilden oder ob er, was seiner Neigung jedenfalls mehr entsprach, sich für das eigentliche Geschäftsleben vorbereiten und nebenbei gelehrten Studien und poetischen Arbeiten sich hingeben sollte. Erschwert wurde ihm diese Entscheidung noch wesentlich dadurch, dass es zunächst in der Absicht des Königs lag, den Prinzen, dessen Fähigkeiten aller Art dieser sehr gut erkannt hatte, für das Militär ausgebildet zu sehen. Zunächst besuchte nun Prinz Johann die Sitzungen verschiedener Landescollegien, mehr um zu hören, als mitzuarbeiten. Der Besuch derselben, namentlich die Sitzungen der Kriegsverwaltungskammer und des Appellations-Gerichtes, wo der Prinz sah und hörte, wie man das Erlernte auf das Leben anzuwenden habe, wo er den scharf ausgeprägten Rechtssinn und das Festhalten am Gesetze bei den Behörden kennen und schätzen lernte, war von ganz entschiedenem Einflusse für sein ganzes Leben. Seiner jugendlichen, idealistischen Gesinnung imponirte der Ernst, mit welchem alle Geschäfte betrieben wurden; die Berathungen, an denen er sich lebhaft betheiligte, zeigten ihm recht deutlich, wie wichtig auch scheinbare Kleinigkeiten für das praktische Leben seien.

Wie ernst aber der innere Kampf in dem Prinzen darüber gewesen, welchem Berufe er sich definitiv widmen solle, geht daraus hervor, dass er noch 1822 eine Gelegenheit ergriff, sich für die militärische Carrière weiter auszubilden. Um diese Zeit fand nämlich eine Zusammenziehung der damaligen gesammten drei Cavallerie-Regimenter bei Großenhain statt, wobei der Prinz das Commando seines Regimentes übernahm.

Trotzdem bildete sich jedoch der Gedanke des Prinzen, zwar stets au courant mit den Militärangelegenheiten zu bleiben, dabei sich in der Hauptsache aber dem bürgerlichen Geschäftsleben zu widmen, zu immer größerer Klarheit aus. Er erinnerte sich hiebei an seine mannigfachen Unterhaltungen über diesen Gegenstand mit Erzherzog Karl, auf dessen Urtheil er mit Recht hohen Wert legte; er beherzigte die Äußerungen seines erfahrenen Bruders Friedrich August und ließ sich auch durch die besondere Gnade des Königs, durch die er noch im October 1822 Generalmajor der Cavallerie wurde, in seinen Ansichten, dass er seiner eigenen Natur nach mehr für das Civilfach als für den Militärdienst bestimmt sei, nicht beirren. Man würde aber, wie es leider hie und da geschehen ist, Prinz Johann ganz falsch beurtheilen, wenn man ihm deshalb Indifferentismus gegen das Militär zuschreiben wollte; nicht nur, dass er das militärische Reiten fort und fort mit großem Eifer betrieb, studierte er auch alle bedeutenden militärischen Schriften und war sehr empfindlich, wenn jemand an dem eigentlichen militärischen Geiste im sächsischen Königshause zweifeln wollte.

Ganz glücklich war Prinz Johann, als König Friedrich August ihm nach langem Zaudern den Vorschlag machte, als wirkliches Mitglied in das Finanzcollegium einzutreten.

Am 2. December 1822 wurden denn auch schon folgende Bestimmungen getroffen:

1. Seine Königliche Hoheit erhalten Sitz und Stimme im Geheimen Finanzcollegium.
2. Sie werden die Concepte, so über die in Ihrer Gegenwart vorgetragenen Sachen ausgefertigt werden, neben dem Director signieren.
3. Die schriftlichen Vorträge etc. mit unterzeichnen.
4. Nach Befinden auch mündliche oder schriftliche Vorträge übernehmen.
5. Bei förmlichen Abstimmungen werden Seine Königliche Hoheit Ihre Stimme zuerst abgeben, oder auch nach Ihrem Ermessen sich nachträglich äußern.

Dem allen wurde pünktlich nachgekommen; allein schon im September 1823 wollte dieser mehr oder weniger beschränkte Arbeitskreis dem eifrig weiterstrebenden Prinzen nicht mehr völlig genügen. Er wünschte auch commissarische Aufträge übernehmen zu dürfen, um dadurch Localkenntnisse zu erlangen, wie seine Erfahrung vermehren zu können und erbat sich Manteuffels Ansicht darüber. Letzterer versuchte wohl den Prinzen in einem Schreiben zu überzeugen, dass dergleichen Expeditionen nicht geeignet seien, sich zur künftigen Führung von Staatsgeschäften auszubilden und dass auch die Verlegenheiten, in welche dabei ein Prinz kommen könne, nicht zu unterschätzen seien. Da sich aber Manteuffel immer mehr von dem großen Ernste und Eifer überzeugte, mit welchem Prinz Johann alle Geschäfte ergriff, so veranlasste er im Stillen, dass dieser von allen wichtigen Arbeiten der verschiedenen Abtheilungen des Geheimen Finanzcollegiums Kenntnis erhalte und überraschte den Prinzen damit, dass ihm das Referat in der sogenannten Domänenabtheilung und im Bergfache zugetheilt wurde.

Mit staunenswertem Fleiße arbeitete sich der Prinz nach und nach in diese neuen Geschäftszweige ein, denn er erkannte gar wohl die Wahrheit des Satzes: „Auch das Genie muss lernen." Die Acten geben Zeugnis davon, dass ihm manch wichtige Arbeit, manch zweckmäßige Änderung veralteter Einrichtungen zu danken ist.

Aber eben deshalb, weil er sich rasch mit allen in jeden Verwaltungszweig einschlagenden Arbeiten vertraut gemacht hatte, genügte ihm dieser immerhin noch eng gezogene Kreis schon im Jahre 1825 nicht mehr vollständig und er äußerte Manteuffel gegenüber den Wunsch, „die Direction eines Departements des Finanzcollegiums übertragen zu erhalten". Gelegenheit zur Erfüllung dieser Bitte gab die Ernennung des Präsidenten des Finanzcollegiums von Gutschmid zum Conferenz-Minister, worauf am 15. April 1825 Manteuffel zum Präsidenten und Prinz Johann zum Vice-Präsidenten ernannt wurde und letzterer überdies ein Directorium erhielt.

Kurz vor dieser Ernennung hatte der Prinz eine sehr ernste Lungenentzündung überstanden und benützte nun die Reconvalescenz, um sich in die ihm zum Theile ganz fremden Fächer, denen er fortan vorstehen sollte, einzuarbeiten.

Trotz der ernsten Thätigkeit des Prinzen fehlte es in diesen Jahren aber auch nicht an Zerstreuungen durch Reisen, sowie durch Besuche am Hofe, aber auch nicht an ernsten wissenschaftlichen Beschäftigungen und Übungen in der Poesie. Wir finden den Prinzen in München, Tegernsee, Wien und Gastein unter recht angenehmen Verhältnissen.

An Stelle des Generals Watzdorf nahm sich Prinz Johann Karl von Miltitz zum Oberhofmeister. Der Verkehr mit diesem geistreichen, interessanten und vielgebildeten Manne veranlasste es, dass der Prinz von Zeit zu Zeit eine Anzahl gelehrter, geistvoller und liebenswürdiger Männer in seinem Hause vereinigte, welche bei einer Tasse Kaffee oder einem Glase Punsch zusammenkamen, um in freiester Unterhaltung die verschiedensten Gegenstände zu besprechen.

Wie sonach einerseits der Verkehr mit solch vielseitig gebildeten, geistreichen Männern von erprießlichem Einflusse auf die literarische und wissenschaftliche Durchbildung des Prinzen war, so hatte anderseits der Ankauf des Rittergutes Jahnishausen große Bedeutung für sein künftiges Leben, nicht nur insofern, als er sich durch diesen Besitz veranlasst sah, das Studium der Landwirtschaft zu beginnen, sondern auch hauptsächlich darum, weil der Besitz eines solchen Gutes dazu beitrug, auf die hohe Bedeutung des Grundbesitzes im Staate überhaupt aufmerksam zu machen.

Prinz Johann, von edlem Wissensdurste durchdrungen, war auch bemüht, sich mit der lateinischen, wie insbesondern mit der griechischen Sprache vertraut zu machen. Anfangs versuchte er es sich ohne fremde Hilfe, nur mittels Grammatik und Lexikons zu unterrichten. Da er mit diesen Hilfsmitteln jedoch zu wenig Fortschritte machte, nahm er später bei Hofrath Böttiger, dem bewährten Archäologen und gründlichen Kenner der griechischen Sprache, Unterricht und gelangte bei seinem unverkennbar großen Sprachentalente sehr bald dahin, leichtere Schriftsteller zu verstehen. Er suchte sich auch im Übersetzen zu üben und hat eine Menge Oden des Horaz ins Deutsche übertragen.

Das wichtigste Erzeugnis der literarischen Thätigkeit des Prinzen ist die Übersetzung und Bearbeitung Dantes. Anfangs hatte er nicht die entfernteste Absicht, mit seiner Arbeit vor die Öffentlichkeit zu treten; erst der Beifall, den dieselbe unter mehreren ihm näher Stehenden fand, hatte ihn auf die Idee der Veröffentlichung gebracht und erst 1827 war es, dass der Prinz in Verfolgung dieser Idee die ersten zehn fertigen Gesänge an den Geheimen Cabinetsrath Breuer zur Beurtheilung sandte. Da die Antwort desselben beifällig gewesen, entschloss sich Prinz Johann die ersten zehn Gesänge in Druck zu geben.

1828 erschienen diese denn auch unter Breuers Leitung und des Prinzen stets reger Mitwirkung bei der Correctur, wie in gleicher Weise fünf Jahre später die übrigen 24 Gesänge der Hölle in Druck, womit vorläufig die Dante-Publication als abgeschlossen betrachtet wurde.

Alexander von Humboldt und andere ausgezeichnete Männer brachten dem Prinzen ihre Huldigungen dar; der Beifall wuchs. Von allen Seiten wurde zur Fortsetzung gedrängt, und so entschloss sich endlich Prinz Johann weiter zu arbeiten und dadurch auch denen, die bisher Dantes „göttliche Komödie" kaum dem Namen nach gekannt hatten, den Genuss derselben zugänglich zu machen.

Im Jahre 1839 erschien die Hölle in vermehrter, namentlich mit einem ausführlichen Commentare bereicherter Auflage; in ähnlicher Bearbeitung folgten 1840 das Fegefeuer und 1849 das Paradies. Die Gesammtausgabe bildete drei stattliche Quartbände und war trotz ihres hohen Preises sehr bald vergriffen; 1865 erschien eine zweite Ausgabe, welcher später noch einige folgten.

Mit welchem Ernste der Prinz die Arbeit unternommen, davon geben die zahlreichen Erläuterungen Zeugnis; übersieht man den ganzen Apparat, den sich der Prinz zur Bearbeitung beschafft hatte, so staunt man über den Fleiß, die Umsicht und Ausdauer, die er darauf verwendet hat, Kirchengeschichte, Astronomie, Mathematik u. s. w., so weit in den Bereich seiner Studien zu ziehen, als es ihm nöthig erschien, um seinen Dante zu verstehen und anderen verständlich zu machen.

Ein weiterer Beleg seiner großen Verehrung für diesen Dichter und das dauernde Interesse, welches er diesem entgegenbrachte, ist wohl der Umstand, dass er eine reichhaltige Dante-Bibliothek und mit dieser ein prächtiges Dante-Album angelegt hat, in welchem sich eine sehr bedeutende Anzahl von Zeichnungen aus der Hand erster Künstler vereinigt finden.

Tiefen Schmerz verursachte dem Prinzen der Tod seines geliebten und verehrten Onkels, des Königs Friedrich August I., welcher am 5. Mai 1827 verschied.

In demselben Jahre noch machte Prinz Johann mit seiner Gemahlin einen Besuch am königlich preußischen Hofe, wo 1823 die Schwester der Prinzessin als Gemahlin des Kronprinzen Friedrich Wilhelm eingezogen war. Die Aufnahme von Seite des Königs Friedrich Wilhelm III. war äußerst herzlich und wohlwollend; das prinzliche Paar verweilte mehrere Wochen im Hause des Schwagers und kehrte hierauf in die Heimat zurück.

Im November 1829 wurde dem Prinzen seitens Frankreichs, welches damals die Regelung der griechischen Angelegenheiten in die Hand genommen hatte, die Krone Griechenlands angetragen. Der französische Gesandte bemühte sich in einer Audienz die Gründe auseinanderzusetzen, welche seine Regierung zu diesem Antrage bestimmt hätten. Prinz Johann lehnte jedoch sowohl diesen, wie den ein Jahr später gestellten ab, obwohl Frankreich um all seine Bedenken zu beseitigen, ihm Soldaten wie Geldmittel zur Genüge zur Verfügung stellen wollte.

Denkt man sich einen jungen Prinzen, der zunächst wenigstens keine bestimmte Anwartschaft auf den vaterländischen Thron hatte und für welchen die Aussicht auf eine so ruhmvolle Aufgabe jedenfalls sehr verlockend gewesen sein mochte, so muss man den klaren Blick wie die Selbstbeherrschung bewundern, die Prinz Johann sofort das Richtige erkennen ließen.

So brach das verhängnisvolle Jahr 1830 an; nach dem Siege der Revolution über das französische Königthum war das politische Stilleben zu Ende. Die Einwirkungen der Juli-Revolution auf die vaterländischen Verhältnisse gaben dem Prinzen mehr oder weniger Gelegenheit, an der politischen Entwicklung Sachsens theilzunehmen. Die genaue Kenntnis der Verhältnisse, welche der Prinz durch seine Theilnahme an den verschiedenartigsten Geschäften erlangt hatte und das fortgesetzte Studium der Rechts- und Staatswissenschaften befähigten ihn zu einer solchen in hohem Grade und seine Genialität ließ es nicht zu, dass er sich den Regungen der Zeit verschloss.

Nach der Ernennung seines Bruders Friedrich August durch den nunmehrigen König Anton zum Mitregenten schied Prinz Johann aus dem Geheimen Finanz-Collegium und wurde zum Mitgliede des Geheimen Rathes ernannt. Weiters folgte seine Ernennung zum General-Commandanten aller Communalgarden des Landes, zum Generallieutenant der königlich sächsischen Cavallerie und zum Vorsitzenden der zur Wiederherstellung der Ruhe eingesetzten Commission. Außer dem Prinz-Mitregenten, trug auch Prinz Johann ungemein viel dazu bei, dass sich die Wogen der Revolution bald wieder glätteten, und Sachsen verdankt nicht wenig seinem Eifer, seiner Umsicht und klaren Anschauung in der damals so bewegten Zeit.

Wichtig für den Prinzen war der ihm gewährte Beisitz im Geheimen Rathe; denn eben jetzt sollten die bedeutendsten Angelegenheiten für den schleunig zusammenzuberufenden Landtag vorbereitet werden, unter denen natürlich der Entwurf einer neuen Landesverfassung obenan stand. Durch seine vielseitigen historischen und staatswissenschaftlichen Studien hatte Prinz Johann die Überzeugung gewonnen, dass es immerhin bedenklich sei, in aufgeregten Zeiten eine Versammlung zu berufen, die etwas ganz Neues auf politischem Gebiete schaffen sollte. Er wies dabei hauptsächlich auf die Erfahrungen des Jahres 1789 hin. Bei den finanziellen Fragen namentlich war das Urtheil des Prinzen von ganz besonderer Wichtigkeit, denn er hatte ja die gesammte Staatsverwaltung praktisch kennen gelernt. Aber auch bezüglich des überaus schwierigen Punktes, die Zusammensetzung der Kammern betreffend, drang Prinz Johann mit seinem Principe, an das historisch Hergebrachte sich möglichst anzuschließen, im wesentlichen durch.

Nach Feststellung der Verfassung und Errichtung der Ministerien musste natürlich die Wirksamkeit des Geheimen Rathes, respective der Commission, welcher auch der Prinz angehörte und der er vorgestanden hatte, ihr Ende finden. Dem Prinzen wurde bei der neuen Einrichtung gestattet, freilich ohne Stimmrecht, an den Gesammt-Ministerial-Sitzungen, die nun gewissermaßen an Stelle des Geheimen Rathes traten, theilzunehmen; überdies wurde ihm auch der Vorsitz im Staatsrathe übertragen, einer Behörde, die dazu bestimmt war, wichtige Gesetzgebungsgegenstände für die Stände vorzubereiten.

Bald begann nun der erste constitutionelle Landtag, an welchem nach der Bestimmung der Verfassungsurkunde Prinz Johann als Mitglied der ersten Kammer theilnehmen sollte.

In diesem und den folgenden Landtagen war das Wirken des Prinzen für Sachsen ein segenvolles und zeugte stets ebenso für seine Wahrheitsliebe, wie für die Klarheit der Gedanken und Entschiedenheit in seinem Wollen; auch wo er nicht Referent war, griff er lebendig in die Verhandlungen ein und that sein Möglichstes zum Wohle des geliebten Vaterlandes und dessen Bevölkerung.

Wieder nahte sich der Tod dem sächsischen Königshause, um ein geliebtes Mitglied desselben hinzuraffen. Schon im December 1837 begannen die Lebenskräfte des Prinzen Maximilian, des allverehrten Vaters des Prinzen Johann, zu schwinden; am 12. December, dem Geburtstage des Prinzen, konnte er nicht mehr bei Tische erscheinen. Mit treuer Sorgfalt von seiner zweiten Gemahlin und seinen Kindern gepflegt, nahmen dennoch seine Kräfte stetig ab und nachdem er noch in Gegenwart der ganzen Familie die letzte Ölung empfangen, entschlummerte er sanft am 3. Januar 1838.

An diesem Sterbebette zeigte sich der echt christliche Sinn des Prinzen in seiner ganzen Herrlichkeit und schlichten Natürlichkeit.

Infolge des Todes seines Vaters trat nun Prinz Johann in den Besitz der Secundogenitur und nahm gleichzeitig das Rittergut Weesenstein, jedoch als reines Privateigenthum in Besitz.

Um sich von dem herben Schlage, der ihn getroffen, zu erholen und zu zerstreuen, unternahm der Prinz eine für drei Monate anberaumte Reise nach Italien. In Begleitung des Adjutanten Major von Oppel, des Professors Dr. Choulant und Dr. Klemms verließ er am 21. März 1838 Dresden. Der erste längere Aufenthalt wurde in Venedig genommen, dann gieng es weiter nach Padua, Bologna und Ravenna, wo das Grab Dantes besucht wurde. In Pisa traf Prinz Johann mit dem Großherzog Leopold von Toscana zusammen und setzte mit diesem nun die Fahrt nach der ewigen Stadt fort.

Sehr glücklich war der Prinz, dass er gemeinsam mit seinem geliebten Freunde, Großherzog Leopold, die Blüten der römischen Eindrücke genießen konnte: die Peterskirche, das Colosseum, das Pantheon u. s. w. Nachdem der Großherzog den Prinzen verlassen hatte, besichtigte letzterer noch genauer die vielen Sehenswürdigkeiten und begab sich dann, begeistert und entzückt von den vielen Herrlichkeiten, die er in Rom gesehen, nach Salerno, Palermo, Siena, Arezzo u. s. w.

Kaum in die Heimat zurückgekehrt, finden wir ihn alsbald inmitten seiner literarischen Arbeiten und bei militärischen Übungen.

Als nach dem im Jahre 1840 erfolgten Tode König Friedrich Wilhelm III. von Preußen die europäische Lage eine unsichere geworden war, wurde dem Prinzen für den Fall eines bevorstehenden Krieges das Commando des IX. Bundescorps zugedacht. Es gab dies dem pflichtgetreuen Prinzen Anlass, die militärischen Studien wieder umso eifriger aufzunehmen.

1841 wurde Prinz Johann zum Bundes-Militär-Inspector für Österreich ernannt; er reiste bereits im September dieses Jahres nach Wien zur Inspicierung des kaiserlich österreichischen Bundescontingentes.

Am 15. Juni 1843 erfolgte die Ernennung des Prinzen zum General der königlich sächsischen Reiterei und am 18. Juli 1846 zum Chef des königlich bayerischen Infanterie-Regimentes Prinz, seit 1854 König Johann von Sachsen.

Ein schwerer Schlag traf den Prinzen am 12. Mai 1847, an welchem Tage er seinen zweiten Sohn Ernst im Alter von 16 Jahren verlor.

Seine Thätigkeit war auch im Sturmjahre 1848 von bestem Erfolge gekrönt. Viele geeignete Maßregeln, welche die Regierung ergriff, die Überlegung, Klarheit und Consequenz, welche König Friedrich August II. bei so vielen Gelegenheiten, namentlich bei der Frage über die Annahme der sogenannten Reichsverfassung zeigte, waren nicht zum geringen Theile dem Einflusse zu danken, welchen Prinz Johann auf seinen königlichen Bruder übte.

Bei dem in diesem Jahre einberufenen außerordentlichen Landtage, von dem vorauszusehen war, dass man darauf sinnen werde, im sogenannten Geiste der Zeit die Verfassungsurkunde abzuändern, hatte der Prinz die Absicht, sich von den Verhandlungen gänzlich ferne zu halten, vermochte es aber leider nicht, sich den Wünschen einzelner zu entziehen. Nachdem die Auflösung der Kammern beschlossen worden war, hielt Prinz Johann in der Schlusssitzung der ersten Kammer eine wahrhaft ergreifende Rede.

In der Zwischenzeit und bis zur Wiederherstellung der alten Kammern beschäftigte sich der Prinz eingehend mit classischen Studien. Nebenbei betrieb er sehr eifrig die bereits ein paar Jahre zuvor begonnenen chemischen Studien, die ihn besonders in Beziehung auf die Landwirtschaft sehr interessierten und mit denen er thatsächlich sehr erhebliche Resultate erzielte. Seine Güter Jahnishausen und Wesenstein, sowie die ihm später gegen eine Rente überlassene Domäne Pillnitz, gaben ihm immer mehr Gelegenheit, die erworbenen chemischen Kenntnisse auch praktisch zu verwerten.

Infolge des Dresdener Aufstandes im Mai 1849 sah sich die gesammte königliche Familie gezwungen, auf die Festung Königstein zu übersiedeln, von wo sie am 5. Juli nach Pillnitz zurückkehrte.

Im Herbste 1851 begab sich Prinz Johann mit seiner erlauchten Gemahlin zum Besuche seiner Tochter Elisabeth, welche ein Jahr zuvor dem Herzog Ferdinand von Genua die Hand zum ewigen Bunde gereicht hatte, nach Turin.

Nicht lange nach der Rückkehr von dort beschäftigten den Prinzen hauptsächlich ständische Fragen, namentlich die Arbeiten der Zwischen-Deputation, welche auf dem Landtage 1851—1852 zur Vorberathung der Entwürfe zu einem neuen bürgerlichen Gesetzbuche, einem Gesetze über das Verfahren in bürgerlichen Streitigkeiten, einem revidierten Criminalgesetzbuche mit Criminalverfahren u. s. w. eingesetzt worden war. Die Deputation trat im Frühjahr 1853 zusammen. Bei seiner Liebe zur Sache und seiner Gewissenhaftigkeit unterzog sich Prinz Johann mit großem Eifer dieser Aufgabe, welche ihn während eines großen Theiles des Sommers 1853 und des darauf folgenden Winters in Anspruch nahm.

Glücklicherweise wurde ihm aber Leben und Arbeit versüßt durch die inzwischen erfolgte Verlobung seines Sohnes Albert, des nunmehrigen Königs mit Prinzessin Carolina von Wasa und die bald darauf erfolgende Vermählung des hohen Brautpaares.

Mitten unter den ständischen Arbeiten traf ihn im Herbste 1853 eine Einladung zur Theilnahme an der Versammlung des Gesammtvereines der deutschen Geschichts- und Alterthumsvereine in Nürnberg. Der Prinz folgte derselben umso lieber, da er nicht nur sozusagen der Mitstifter dieses Gesammtvereines im Jahre zuvor gewesen war, sondern auch gerade für die vaterländische Alterthumsforschung ganz besonderes Interesse hatte.

Dieses war es auch gewesen, welches den Prinzen bestimmt hatte, in dem 1825 zusammengetretenen sächsischen Vereine zur Erforschung und Erhaltung vaterländischer Alterthümer das Directorium anfangs mit seinem Bruder und nach dessen Thronbesteigung allein zu übernehmen und zu führen, sowie an den Vereinsverhandlungen sich stets lebhaft zu betheiligen.

Ein Fürst, der sich mit solchem Interesse und solcher Kenntnis der Sache des Alterthumsvereines angenommen hatte, wurde natürlich auch in Nürnberg auf das Sympathischeste und Herzlichste empfangen; mit großem Interesse besichtigte er bei seinem dortigen

Aufenthalte die Alterthümer und Kunstschätze dieser Stadt. Es war dies für lange Zeit eine der letzten heiteren, glücklichen Stunden im Leben des Prinzen, denn das Jahr 1854 war verhängnisvoll und änderte durch den plötzlichen Tod des Königs Friedrich August II. seine ganze Lage.

Der Namenstag des Königs, es sollte leider sein letzter sein, am 5. März 1854, wurde feierlich begangen. Prinz Johann hatte ein Gesangstück verfasst, dessen Rollen die Prinzessinnen Karoline, Sidonia und Anna übernommen hatten.

König Friedrich August II. verließ am 1. August 1854 Dresden und begab sich zuerst nach München, dann nach Tirol, wo ihn infolge eines Sturzes aus dem Wagen der Tod ereilte. Es war der 9. August gewesen; am selben Abende noch traf die Trauerbotschaft in Dresden ein. Prinz Johann, welcher zu dieser Zeit auf seiner Besitzung Wesenstein weilte, kam die schreckliche Nachricht am 10. August um 3 Uhr morgens zu. Tiefster Schmerz bemächtigte sich des nunmehrigen Königs um den auf so tragische Art aus dem Leben geschiedenen, inniggeliebten Bruder. Doch verfügte er trotz seines Grames gleich mit großer Gewissenhaftigkeit die nöthigen Maßregeln und sagte dann zu seinem Obersthofmeister: „Sorgen Sie, dass alles, was zur Secundogenitur gehört, meinem Sohne Georg überwiesen werde, denn das verlangt die Verfassung." Ein neuer Beweis, wie ernst und genau er alles nahm.

Am 10. übernahm König Johann die Regierung und außer der officiellen Bekanntmachung, durch welche das Ableben des Königs Friedrich August zur Kenntnis des Landes gebracht wurde, erließ König Johann nachstehenden, von ihm selbst verfassten Aufruf:

„An meine Sachsen!

Eine unerwartete schwere Prüfung hat uns der Allerhöchste auferlegt. Trauernd stehen wir gemeinschaftlich an dem Grabe des besten Fürsten. Mit tiefbewegtem Herzen, aber im Vertrauen auf die Hilfe des Allmächtigen und mit dem festen Vorsatz ergreife Ich die Zügel der Regierung, in seinem Sinne und Geiste fort zu walten, in dem Geiste der Gerechtigkeit und Milde, jener Umsicht und Festigkeit, jener treuen Liebe zu seinem Volke, die sein Andenken stets in Segen erhalten werden. Kommt auch ihr Mir mit Vertrauen und Liebe entgegen, so wird das alte Band, das die Sachsen und ihre Fürsten seit Jahrhunderten umschlingt, auch uns innig vereinen."

Und in der That, dieser Wunsch, diese Hoffnung ist in herrlicher Weise in Erfüllung gegangen, die wahrste Liebe und innigstes Vertrauen wurde dem Könige sofort von allen Seiten entgegengebracht.

Die erste Gelegenheit, die sich dem Könige darbot, sich öffentlich auszusprechen, war die anlässlich der Eröffnung des außerordentlichen Landtages am 5. October 1854 gehaltene Thronrede, die er, wie alle späteren selbst verfasst und nur den Ministerien zur Prüfung vorgelegt hatte.

Es ist wohl selbstverständlich, dass nun, seit der Prinz den Königsthron bestiegen hatte, eine so unmittelbare und nach außen hin erkennbare Wirksamkeit desselben in einzelnen Dingen nicht mehr stattfinden konnte. Mit seltener Pflichttreue und Gewissenhaftigkeit erledigte er alle an ihn herantretenden Aufgaben. Um sein geliebtes Volk und dessen Verhältnisse besser kennen zu lernen, unternahm der König zahlreiche Reisen in seinem Lande. Während seiner Wirksamkeit im Finanzcollegium, im Geheimen Rathe und in den Stände-Versammlungen hatte er sich wohl schon mit den Lebensverhältnissen, Volksanschauungen und Eigenthümlichkeiten der verschiedenen Gegenden des Landes bekannt gemacht, aber auf diesen Reisen that er Blicke in die eigentliche Praxis des Lebens in allen Classen der Gesellschaft. So konnte er manchen theoretischen Anschauungen seiner Räthe vom praktischen Gesichtspunkte aus mit Erfolg entgegentreten, oder doch auf diese oder jene Übelstände und Irrthümer, welche ihm bei seinen Reisen aufgefallen waren, in den Berichten der Behörden aber nicht erwähnt oder unrichtig beurtheilt worden waren, aufmerksam machen.

Er besuchte Bildungsanstalten jeder Art, Gerichtsämter und Bezirksgerichte, Gefängnisse, die vereinigten Landes-Heil- und -Versorgungs- sowie die -Irren-Anstalten, gewerbliche Etablissements und Fabriken, überall alles genau besprechend und besichtigend.

Unter den Angelegenheiten, mit welchen König Johann sich nach seiner Thronbesteigung zunächst zu beschäftigen genöthigt sah, nimmt zweifelsohne die so folgenreiche Schleswig-Holstein'sche Frage den ersten Rang ein, eine Angelegenheit, die, abgesehen von ihrer Lösung, den König ebenso von ihrer politischen wie von ihrer juristischen und rechtlichen Seite interessierte. Sein ganzes Streben gieng darnach, diese Angelegenheit auf friedlichem Wege zu schlichten und auch bei dem 1863 in Frankfurt zusammengetretenen Fürstencongresse scheute König Johann keine Anstrengung und Mühe, um in diesem Sinne einen günstigen Erfolg herbeizuführen, trotzdem sich ihm vielfache Hindernisse entgegenstellten. Mit Recht konnte er am Schlusse sagen: „Ich habe meine Pflicht gethan und muss nun dem Allmächtigen das Weitere anheimstellen, aber meine Bundestreue will ich halten."

Als der König nach der am 15. Juni 1866 erfolgten Kriegserklärung Preußens an Sachsen sich genöthigt sah, an die Spitze seiner Armee zu treten, sorgte er dafür, dass das Land während seiner Abwesenheit nicht ohne Regierung bleiben möge. Es war nicht leicht, die mancherlei Bedenken zu beseitigen, die sich theils aus der Verfassungsurkunde, theils aus den Verhältnissen der einzelnen Ministerien herleiten ließen, als es sich um die Einsetzung einer den Monarchen repräsentierenden und daher mit der erforderlichen Autorität ausgestatteten Behörde, die gleichwohl in die Rechte und in die Verantwortlichkeit der Ministerien der einzelnen Ressorts nicht hemmend eingreifen sollte, handelte. Der Weisheit des Königs gelang dies jedoch durch Einsetzung einer Landescommission, der er bestimmte Instructionen ertheilte.

König Johann begab sich am 16. zur Armee und überschritt mit derselben die sächsisch-böhmische Grenze. In der Nacht zum 16. schon waren preußische Truppen bei Strehla in Sachsen eingedrungen, besetzten am 17. Meißen und Bautzen, am 18. Leipzig und Dresden und rückten am 23. Juni von da auf dem rechten Elbufer in Böhmen ein. Die sächsischen Truppen waren an den Gefechten bei Münchengrätz und Jičin, sowie an der Schlacht bei Königgrätz betheiligt und kämpften ungemein tapfer. König Johann hatte sich schon zuvor nach Prag begeben, von dort nach Besetzung dieser Stadt durch die Preußen nach Wien; die Schätze des Hofes waren nach Ungarn gebracht worden.

In Dresden hatte der König von Preußen inzwischen einen Militärgouverneur eingesetzt, welcher mit den preußischen Truppen bis zum Friedensschlusse in Sachsen verblieb. Dieser wurde zu Berlin am 21. October 1866 unterzeichnet. Sachsen trat dem Norddeutschen Bunde bei, von dessen Heere die sächsische Armee einen Theil bilden sollte. Indem sich König Johann den neuen Verhältnissen entschlossen fügte und seine Pflichten auf das loyalste erfüllte, sicherte er seinem Lande im Norddeutschen Bunde wie später im Deutschen Reiche eine geachtete, einflussreiche Stellung.

Am 26. October kehrte der Monarch nach Sachsen zurück; überwältigend war die Freude des Volkes, als es wieder seinen geliebten Landesfürsten erblickte, ebenso aber auch der Dank, welchen der König denen aussprach, die ihn in schwerer Zeit vertreten hatten. Mit gewohnter Kraft, betrübt zwar durch die mannigfachen bitteren Erfahrungen, aber nicht entmuthigt, eröffnete er am 15. November den Landtag mit einer Thronrede, in welcher er seinen festen Entschluss, mit der gleichen Treue wie zu dem früheren, so auch zu dem jetzt zu bildenden neuen Bunde zu halten, betonte.

Die Ehrlichkeit, mit der das Königshaus, die Regierung und der Landtag diesen Entschluss ausführten und die von Preußen durch vertrauensvolles Entgegenkommen ebenso erwidert wurde, sowie die Besuche, die sich die Monarchen beider Länder gegenseitig abstatteten, erleichterten und beschleunigten die Versöhnung.

Der französische Krieg hatte den König mächtig ergriffen, die ganze politische Lage der Dinge und die persönlichen Interessen an dem Feldzuge erfüllten ihn durch und durch; nahmen doch seine tapferen Truppen unter der genialen Führung des Kronprinzen Albert und nach dessen Ernennung zum Commandanten der Maas-Armee unter der des Prinzen Georg an den Kämpfen theil und thaten sich besonders ruhmreich in den Tagen von St. Privat, Sedan und Villiers hervor.

Die Kaiserproclamation zu Versailles bereitete König Johann innigste Freude. Sein persönliches, dem Kaiser gewidmetes Dankgefühl brachte er damit zum Ausdrucke, dass er denselben ersuchte, das Großkreuz des sächsischen Militär-St. Heinrichs-Ordens anzunehmen, welches nach des Königs eigener Bestimmung „Zur Erinnerung an Allerhöchstdesselben (des Kaisers) ruhmreiche Führung der deutschen Armee im Jahre 1870" mit einem Lorbeerkranze um das Mittelschild geschmückt war mit der Bemerkung „dass nur gedachte Ordensdecoration ausschließlich für Seine Majestät gestiftet sei und außer von Allerhöchstdemselben von niemanden getragen werden solle".

Das goldene Hochzeitsfest des innig verehrten Königspaares war vom ganzen Lande in den Tagen vom 7. bis 12. November 1872 in feierlichster Weise begangen worden. Das treue Sachsenvolk suchte in jeder erdenklichen Art dem geliebten Herrscherpaare seine Antheilnahme an dem Freudenfeste, sowie seine Anhänglichkeit und Liebe zu beweisen. Des Königs edles Herz war von all der Liebe tief ergriffen, die ihm hoch und niedrig aus nah und fern gezeigt hatten und die Stiftungen, die er in Gemeinschaft mit seiner hohen Gemahlin zum Andenken an dieses Jubelfest gemacht hat, sind vom Geiste der Frömmigkeit und Liebe durchdrungen.

Doch wie überall, so sollte sich auch hier der alte Satz, dass der größten Freude der größte Schmerz zunächst steht, bewahrheiten. Der Gesundheitszustand des Königs gerieth von nun ab in ernstes Schwanken; schon im Frühjahre 1872 war er gezwungen gewesen, für sein Leiden in dem milderen Klima Rivas Linderung zu suchen, doch kehrte er damals bedeutend gekräftigt in die Heimat zurück.

Wohl hatten sich seine Geisteskräfte in gleicher Frische erhalten, ja er beschäftigte sich sogar, wenn die heftigen Beklemmungen es zuließen, bis in seine letzten Tage mit Regierungsangelegenheiten; doch seine Elasticität, Ausdauer und Energie nahmen stetig ab. Wenn auch die alte Lebendigkeit und die geistvolle Auffassung sich zuweilen wieder zeigte, so folgte doch bald eine Abspannung und Mattigkeit, die man sonst an ihm nicht wahrgenommen hatte.

Die fürsorglichste Pflege seitens der königlichen Familie konnte es nicht hindern, dass seine körperlichen Kräfte sich zusehends verminderten. Seine geistige Thätigkeit endete damit, dass er mit vollem Bewusstsein dem nahen Tode ins Auge schauend von seiner Umgebung Abschied nahm; er hatte gefühlt, dass sein Ende nahe und noch die Kraft gefunden, die Umstehenden zu trösten und zu beruhigen. Am Mittwoch, den 29. October 1873, fünf Uhr früh, hatte der edle Monarch ausgerungen. Am nächsten Tage wurde die hohe Leiche von Pillnitz nach Dresden überführt und am 30. October unter dem üblichen Ceremoniell in der katholischen Hofkirche beigesetzt.

Tiefste Trauer herrschte im ganzen Sachsenlande um den vielgeliebten, edlen Herrscher, dessen ganze Regierungszeit eine Reihe schwerer Prüfungen gewesen war, in denen sich wohl seine sittliche Kraft, sein hoher, rechtlicher Sinn, seine großartige Vaterlandsliebe und sein treues Festhalten an gegebenen Zusagen, mit einem Worte der in dem Könige verkörperte sächsische Geist der Treue, Ehrlichkeit und Wahrheitsliebe unwiderleglich kundgaben.

30. Januar 1857.

Friedrich Großherzog von Baden,

Herzog von Zähringen, königl. preußischer General-Oberst der Cavallerie mit dem Range eines General-Feldmarschalls, General-Inspecteur der 5. Armee-Inspection, Chef des 1. badischen Leib-Grenadier-Regimentes Nr. 109, des 1. badischen Leib-Dragoner-Regimentes Nr. 20, des 1. badischen Feld-Artillerie-Regimentes Nr. 14, des königl. preußischen Uhlanen-Regimentes Großherzog Friedrich von Baden (rhein.) Nr. 7, des königl. württemberg'schen 8. Infanterie Regimentes Großherzog Friedrich von Baden Nr. 126, **Oberst-Inhaber des k. und k. Infanterie-Regimentes Nr. 50 (seit 30. Januar 1857)** und Inhaber des königl. bayerischen Infanterie-Regimentes Prankh, Ehren-General der königl. schwedischen Armee, Ritter des königl. preußischen Schwarzen Adler-Ordens, **Großkreuz des königl. ungarischen St. Stephan-Ordens**, Ritter des spanischen Ordens vom Goldenen Vliese etc. etc.

Friedrich, der von seinem Volke über alles geliebte, jetzt regierende Großherzog Badens, ist ein Sohn des 1852 verstorbenen Großherzogs Leopold und dessen Gemahlin Sophie Wilhelmine von Schweden.

Am 9. September 1826 zu Karlsruhe geboren, erhielt Prinz Friedrich gemeinsam mit seinem um zwei Jahre älteren Bruder, dem Erbgroßherzog Ludwig, im Elternhause eine vorzügliche Erziehung. Mit ausgezeichneten Geistes- und Charakteranlagen ausgestattet, bezogen beide Prinzen die Universität zu Heidelberg, wo sie vorzugsweise staatswirtschaftliche Collegien hörten, hielten sich behufs diplomatischer Ausbildung längere Zeit in Wien auf und vollendeten ihren Bildungsgang durch die übliche große Tour über halb Europa.

Bald nach ihrer Rückkehr in die Heimat zeigten sich jedoch bei Erbgroßherzog Ludwig Spuren einer Gemüthskrankheit, die sich so rasch entwickelte, dass es unthunlich erschien, demselben nach dem am 24. April 1852 erfolgten Ableben Großherzog Leopolds die Führung der Regierungsgeschäfte zu überlassen. Formell und

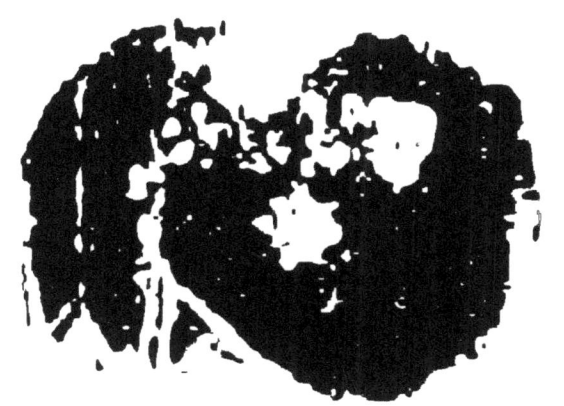

nominell führte Prinz Ludwig zwar von nun ab den großherzoglichen Titel, die Regentschaft dagegen übernahm für ihn mit Zustimmung der Agnaten Prinz Friedrich, dessen Energie, Takt, Einsicht und redlicher Wille ihn zur Übernahme dieser Aufgabe voll und ganz befähigten. Eine ausgedehnte politische Amnestie, welche Prinz-Regent Friedrich am 20. September 1856 anlässlich seiner Vermählung mit Prinzessin Luise von Preußen, einer Tochter des späteren Kaisers Wilhelm I., erließ, trug wesentlich dazu bei, die Herzen des Volkes zu gewinnen. Als Großherzog Ludwig am 22. Januar 1858 starb, wurde Friedrich, den seine Gemahlin schon am 9. Juli 1857 mit einem Erben, dem Erbgroßherzog Friedrich Wilhelm, beschenkt hatte, alleiniger Großherzog.

Wiewohl durch seine Heirat mit dem preußischen Königshofe in naher verwandtschaftlicher Beziehung stehend, neigte die Politik des Großherzogs anfangs mehr zu Österreich hin. Seine Geneigtheit, sich der Volksstimmung zu accomodieren, bewies die Zurücknahme des am 28. Juni 1859 mit dem päpstlichen Stuhle geschlossenen Concordates.

Als jedoch 1861 Roggenbach die Leitung der auswärtigen Angelegenheiten übernahm, trat auch in der äußeren Politik Badens ein Umschwung ein, indem sich dieses nun wieder mehr Preußen näherte und eine engere nationale Einigung Deutschlands unter dessen Führung begünstigte. Der Verfassungsconflict in Preußen und dessen Haltung in der Schleswig-holstein'schen Frage 1863—1864 bewirkten allerdings, dass die Mehrzahl der Minister, sowie die Liberalen in Baden, welche entschieden für das Recht des Augustenburgers eintraten, sich mehr und mehr von Preußen abwandten. Der preußenfreundliche Roggenbach wurde daher auch im October 1865 durch Edelsheim ersetzt, der sich 1866 ganz an die übrigen Mittelstaaten anschloss und den Plan Österreichs, die schleswig-holsteinsche Sache durch den Bund entscheiden zu lassen, unterstützte. Die Kammern stimmten ihm bei, und bewilligten die im Mai und Juni für Ausrüstung und Mobilmachung des badischen Contingentes geforderten Gelder. Großherzog Friedrich gab nur ungerne seine Zustimmung, da nach dem Scheitern aller Versöhnungsversuche Neutralität unmöglich war. Der Abstimmung über den seitens Österreich in der am 11. Juni einberufenen Bundestagssitzung eingebrachten Antrages auf Mobilmachung des I., II., III., VII., VIII., IX. und X. Bundes-Armeecorps enthielt sich denn auch Baden.

Erst nach einem anfangs Juni vom Großherzoge am sächsischen Hofe abgestatteten Besuche wurde Badens Haltung eine decidierte. Großherzog Friedrich gab noch von Pillnitz die ersten Befehle zur Vorbereitung der Mobilisierung und es schien nun, dass weder verwandtschaftliche, noch anderweitige Rücksichten ihn mehr abhalten würden, sich gegen Preußen zu erklären. Am 17. Juni wurde mit der Einberufung der Urlauber begonnen, am 25. Juni die erste Brigade nach Darmstadt befördert, der dann die anderen Colonnen in der Zeit vom 1. bis 8. Juli nachrückten, so dass am 9. Juli die letzte badische Abtheilung in den Verband des VIII. Bundescorps trat. Nach den Gefechten bei Hundheim (23. Juli) und Werbach (24. Juni) schloss Großherzog Friedrich jedoch einen Waffenstillstand mit Preußen (28. Juli), worauf die badische Division in ihre Heimat zurückkehrte. Schon vorher, am 22. Juli, hatte die zweite Kammer den Großherzog gebeten, den Kampf aufzugeben und den Anschluss an Preußen herbeizuführen, wofür sich auch zahlreiche Gemeindebehörden und Volksversammlungen ausgesprochen hatten. Zwei Tage darauf nahm Edelsheim seine Entlassung, am 27. Juli folgten die übrigen Minister seinem Beispiele. An Mathy ergieng der Auftrag, ein neues Cabinet unter seinem Präsidium zu bilden; von Freydorf übernahm die auswärtigen Angelegenheiten, Jolly das Innere und die Justiz. Sofort erklärte nun Baden seinen Austritt aus dem Deutschen Bunde und schloss am 17. mit Preußen Frieden, sowie ein Schutz- und Trutzbündnis. Dem am 24. October von den Kammern ausgedrückten Wunsche gemäß, dass Baden sich Preußen möglichst nähern möge, gab die Regierung unter Mitwirkung des preußischen Militärbevollmächtigten, General von Beyer, der badischen Armee preußische Bewaffnung und Organisation und führte ein dem preußischen nachgebildetes Wehrgesetz ein (Anfang 1868); von Beyer übernahm selbst das Kriegsministerium.

Als 1870 der Krieg gegen Frankreich zum Ausbruche kam, war Baden militärisch vortrefflich vorbereitet und stellte seine Division mit 13 Bataillonen, 12 Escadronen, 9 Batterien und einer Pionnier-Compagnie, welche erst General von Beyer, dann von Glümer commandierte, unter preußischen Befehl. Sie wurde der vom Kronprinzen von Preußen geführten III. Armee zugetheilt, nach der Schlacht bei Wörth mit der Belagerung von Straßburg beauftragt, und bildete sodann den Haupttheil des XIV. Armeecorps unter General von Werder. Die Namen der Gefechte bei La Bourgonce (6. October), am Oignon (22. October), am Vingeanne-Bach (27. October), bei Dijon (30. October), bei Nuits (30. November), Belfort etc. etc. erinnern an ebenso blutige Zusammenstöße, wie sieggekrönte Erfolge in der Lösung schwerer Aufgaben.

Inzwischen hatten sich in Versailles Ereignisse vollzogen, an denen Großherzog Friedrich hervorragenden Antheil hatte und die gerade an dem Tage (18. Januar 1871) ihre wirkliche Krönung erhielten, da der Bruder des Großherzogs in heißem Kampfe schwer verwundet wurde und General Bourbaki sich den Schlägen des XIV. Armeecorps an der Lisaine entzog.

Als Deutschland sich zum Kampfe erhob, war es niemandem zweifelhaft, dass mit dem Siege die Stunde dauernder nationaler Vereinigung kommen werde, und wie die Nation, so waren auch die Fürsten von der Überzeugung und dem Wunsche erfüllt, dass das auf den Schlachtfeldern vergossene Blut der aus dem Norden und Süden vereinigten Kämpfer die politische Einheit des deutschen Volkes besiegeln müsse. Um die Erfüllung dieser Wünsche hat sich Großherzog Friedrich große Verdienste erworben.

Bereits am 2. October beantragte Baden seinen Eintritt in den Norddeutschen Bund ohne Anspruch auf Sonderrechte, und nachdem die Minister Jolly und von Freydorf am 20. October in Versailles eingetroffen waren, erfolgte am 25. November der Abschluss der Militär-Convention mit Preußen. Am 18. Januar 1871, dem Tage, an welchem 170 Jahre früher Kurfürst Friedrich III. von Brandenburg die Königskrone sich aufs Haupt gesetzt hatte, nahm auch König Wilhelm I. von Preußen in Gegenwart der Fürsten, sowie der Paladine seiner Krone die erbliche deutsche Kaiserwürde an. Als die Verlesung der königlichen Proclamation an das deutsche Volk beendet war, rief Großherzog Friedrich mit lauter Stimme: „Es lebe Seine kaiserliche Majestät Kaiser Wilhelm!"

Am 3. April 1871 fand der feierliche Einzug der von den Schlachtfeldern Frankreichs heimkehrenden Truppen in Karlsruhe statt und schon am 1. Juni desselben Jahres vollzog sich der Übergang der badischen Division in die deutsche Armee; gleichzeitig erfolgte die Auflösung des Ministeriums für auswärtige Angelegenheiten. Am 24. October wurden alle Gesandtschaften aufgehoben, welche Baden bisher noch erhalten hatte: in Wien, München, Stuttgart, Darmstadt und im Haag; ebenso wurde am 27. December das Kriegsministerium aufgelöst.

Kaiser Wilhelm brachte dem Großherzog für die geleistete thatkräftige Unterstützung seinen Dank in erhebender Weise zum Ausdruck. Am 12. September 1871 besuchte der greise Monarch mit der großherzoglichen Familie die für Preußens Herrscherhaus so erinnerungsreiche und bedeutsame Stadt Constanz. Als der Jubelsturm, der den kaiserlichen Herrn umbrauste, sich gelegt hatte und das Hoch auf den Herrscher, verklungen war, sagte derselbe: „und es lebe Ihr Großherzog, der eben das gethan hat, was Sie gesagt haben!" Eine herzliche Umarmung besiegelte den Dank.

Auch Kaiser Wilhelm II., den ein lebhaftes Gefühl der Dankbarkeit gegen die Helden jener großen Zeit auszeichnet, begrüßte ein Jahr nach seiner Thronbesteigung den Großherzog als denjenigen Fürsten, der die Verkörperung des Reichsgedankens sei. Er ernannte ihn zum General-Oberst der Cavallerie mit dem Range eines Feldmarschalls und bezeugte dabei den tiefen Eindruck, den die Verdienste des Großherzogs auf sein Herz gemacht hatten. Das 25jährige Regierungs-Jubiläum Großherzog Friedrichs wurde im April 1877 unter großartigen Ovationen des ganzen Landes gefeiert. Ebenso gab das Jahr 1896 der Bevölkerung zur Verherrlichung ihres geliebten Landesherrn Anlass, galt es ja, den 5. September, den Tag, an welchem Großherzog Friedrich 40 Jahre zuvor den großherzoglichen Titel annahm, zu feiern, ferner am 20. September die vierzigjährige Wiederkehr des Vermählungstages und am 9. September das 70jährige Geburtsfest des Großherzogs festlich zu begehen. — Ein Sohn, Erbgroßherzog Friedrich Wilhelm, der bereits königlich preußischer General der Infanterie und Commandierender General des VIII. Armeecorps und seit 20. September 1885 mit Prinzessin Hilda von Nassau vermählt ist, eine Tochter, Prinzessin Victoria, seit 20. September 1881 Gemahlin des Kronprinzen Gustav von Schweden und Norwegen, sowie drei Enkel blicken in dankbarer Verehrung zu dem großherzoglichen Paare empor.

22. November 1857.

Friedrich Franz II. Großherzog von Mecklenburg-Schwerin,

Fürst zu Wenden, Schwerin und Ratzeburg. auch Graf zu Schwerin, der Lande Rostock und Stargard Herr, königl. preußischer General-Oberst der Infanterie mit dem Range eines General-Feldmarschalls, General-Inspecteur der II. Armee-Inspection des deutschen Reichsheeres, kaiserl. russischer General-Feldmarschall, **Oberst-Inhaber des k. und k. Infanterie-Regimentes Nr. 57 (vom 22. November 1857 bis 15. April 1883)**, Chef des kaiserl. russischen 8. Grenadier-Regimentes „Moskau", des königl. preußischen 4. brandenburg'schen Infanterie-Regimentes Nr. 24, des königl. preußischen hannover'schen Husaren-Regimentes Nr. 15, Ritter des königl. preußischen Schwarzen Adler-Ordens, des Ordens pour le mérite, Großkreuz, sowie Ritter I. und II. Classe des Eisernen Kreuzes, **Großkreuz des königl. ungarischen St. Stephan-Ordens, Besitzer des k. k. Militär-Verdienstkreuzes**, Ritter des russischen St. Georg-Ordens etc. etc.

Friedrich Franz II. erblickte als ältester Sohn des damaligen Erbgroßherzogs Paul Friedrich von Mecklenburg und dessen Gemahlin Alexandrine, einer Tochter des Königs Friedrich Wilhelm III. von Preußen, am 28. Februar 1823 zu Ludwigslust das Licht der Welt. Bei dem feierlichen Taufacte am 11. April, welchem nebst dem Urgroßvater des hohen Täuflings, dem regierenden Großherzog Friedrich Franz I., auch der König von Preußen und das Czarenpaar beiwohnte, war einer der beiden, die Schleppe des fürstlichen Kindes tragenden Kammerjunker Kanzleiauditor von Lützow, derselbe, welcher 19 Jahre später dem jugendlichen Regenten mit seinem Rathe hilfreich zur Seite stand.

Bis 1830 hatte, nachdem der Prinz seiner Kinderfrau entwachsen war, Mademoiselle Garnier seine erste Erziehung geleitet; in diesem Jahre erhielt er den königlich preußischen Hauptmann von Sell als militärischen Gouverneur und cand. theolog. Willebrand als Instructor in allen Hauptfächern zugetheilt. Seinen Studien oblag der Prinz mit Fleiß und Gewissenhaftigkeit, Eigenschaften, die auch an dem späteren Herrscher nicht genug gerühmt werden konnten. Ebenso wurde auf alle Leibesübungen und den Exercierunterricht viel Gewicht gelegt.

Bei einer Parade, die 1835 anlässlich des fünfzigjährigen Regierungsjubiläums des Großherzogs nebst vielen anderen Festlichkeiten abgehalten wurde, führte Prinz Friedrich zum erstenmal als Officier des Grenadier-Gardebataillons seinen Zug an dem fürstlichen Urgroßvater, welcher von einem Fenster des Ludwigsluster-Schlosses dieses militärische Schauspiel verfolgte, vorüber.

Der erste traurige Schlag, von dem Friedrich Franz betroffen wurde, war der Tod des schon seit längerer Zeit kränkelnden Großherzogs, welcher am 1. Februar 1837 erfolgte; tiefbetrübt folgte er an der Seite seines Vaters dem Sarge. Da der Sohn des eben verschiedenen Großherzogs schon 1819 gestorben war, trat Fürst Paul Friedrich die Regierung an. Dadurch erhielt Prinz Friedrich Franz Rang und Titel eines Erbgroßherzogs mit dem Prädicate „königliche Hoheit"; doch sollte diese Rangserhöhung erst nach der Confirmation des Prinzen öffentlichen Ausdruck erlangen.

Durch die Übersiedlung nach Schwerin, wohin der neue Großherzog die Residenz verlegt hatte, wurde an der Lebensweise und dem Studium des Erbgroßherzogs nichts geändert. Hauptmann von Sell hatte schon seit längerer Zeit auf die Zweckmäßigkeit der weiteren Ausbildung des Prinzen an einer auswärtigen, öffentlichen Bildungsanstalt aufmerksam gemacht. Großherzog Friedrich Paul willigte denn auch in den Vorschlag ein, worauf Friedrich Franz am 1. November 1837 nach Dresden übersiedelte, in welcher Stadt sich eine von Director Blochmann geleitete Privatanstalt befand, die über ausgezeichnete Lehrkräfte verfügte; der Prinz erhielt den Unterricht von den Lehrern dieses Institutes in seiner Wohnung privatim. Der zu dieser Zeit regierende König Friedrich August von Sachsen stand durch seine Gemahlin, welche die Schwester der Kronprinzessin von Preußen war, in verwandtschaftlichen Beziehungen zu der großherzogl. mecklenburg'schen Familie und nahm sich daher des jungen Prinzen wärmstens an. Soweit es ohne Störung des Unterrichtes thunlich war, folgte er auch den Einladungen der Königsfamilie. Außerdem verkehrte er in einigen Privathäusern, unter anderen auch bei Oberstallmeister General von Fabrice; in diesem Hause war es, wo er Prinzessin Auguste von Reuß kennen lernte und wo der Keim zu jener tiefen Neigung entstand, welche dereinst seinen glücklichen Ehebund begründen sollte.

Die Ferien 1838 benützte der Prinz zu einer Reise nach Oberbayern und Tirol. Nach Beginn des neuen Schuljahres überraschten ihn seine Eltern mit ihrem Besuche, verblieben einige Tage in Dresden und kehrten dann über Leipzig zurück, bis wohin sie der Prinz begleitete. Im Spätsommer 1839 unternahm er, mit den Herren von Sell und Klieforth, dann seinem Freunde, dem jungen Grafen von Kanitz im Gefolge, eine Tour in die Schweiz.

Zurückgekehrt, wurden die Studien, welche nur durch die am 10. December 1839 durch Oberhofprediger Walter in der Schweriner Schlosskirche erfolgte Confirmation eine kurze Unterbrechung erfahren hatten, wieder auf das Eifrigste fortgesetzt.

Mit diesem Tage wurde Friedrich Franz auch zum Premier-Lieutenant ernannt. Gelegentlich eines Besuches Mitte Januar am Hofe zu Berlin verlieh ihm sein Großvater König Wilhelm III. von Preußen den Schwarzen Adler-Orden. Der junge Prinz war hochbeglückt; war doch diese höchste preußische Decoration auch seine erste, die ihm an die Brust geheftet wurde. Leider sollte dies jedoch sein letzter Besuch bei seinem königlichen Großvater sein, da derselbe bereits am 7. Juni 1840 vom Tode ereilt wurde. Der Prinz begab sich zu den Trauerfeierlichkeiten nach Berlin. Von dort nach Dresden zurückgekehrt, bereitete er sich gründlich für die bevorstehende Abgangsprüfung an eine Hochschule vor, welche er auch glänzend bestand.

Am 5. November fand die Immatriculation an der Universität zu Bonn statt; auch hier wurden dem Prinzen in seiner Wohnung Privatvorträge gehalten.

Begleitet von Herren von Sell und Bernhard von Lützow, mit welch letzteren den Prinzen ein inniges Freundschaftsband verknüpfte, bereiste er nach Schluss des Sommersemesters Oberitalien; am Rückwege traf er mit seinen Eltern und Geschwistern zusammen und begab sich mit denselben auf einige Wochen nach Schwerin. Nach Bonn zurückgekehrt, oblag er mit gewohntem Eifer dem Studium, als ihn am 1. März 1841 eine Depesche an das Krankenlager seines Vaters berief. Tiefbetrübt trat der Prinz die Reise in die Heimat an; obwohl nach seiner Ankunft der Zustand des Großherzogs sich etwas gebessert hatte, raffte ihn der Tod am Morgen des 7. März dahin. Er war bis zum letzten Augenblicke bei vollem Bewusstsein und richtete tiefergreifende, herzinnige Abschiedsworte an den untröstlichen Prinzen. Tieferschüttert kniete Friedrich Franz lange Zeit an der Leiche des so inniggeliebten Vaters. Die irdische Hülle des hohen Verblichenen wurde, nachdem sie noch in der Schlosskirche ausgestellt war, am 19. März in der Domkirche zu Schwerin beigesetzt.

Unvorhergesehen und plötzlich war der Tod an Großherzog Friedrich Paul herangetreten und ebenso unerwartet sah sich Friedrich Franz der schwierigen und verantwortungsvollen Aufgabe, die Regierung zu übernehmen, gegenübergestellt. Doch mit seinem unerschütterlichen Vertrauen auf Gottes Hilfe und Beistand, welches Zeit seines Lebens in den schwierigsten Lagen sein Trost und seine Stütze gewesen, machte er sich an die Erfüllung seiner ihm nun auferlegten Pflichten. In kürzester Zeit hatte er sich durch sein bescheidenes, aber dennoch sicheres Auftreten und seine ernste Haltung die aufrichtigsten Sympathien seines Volkes erworben. Am 7. März fand die Eidesleistung der Truppen und der Empfang des Officierscorps der Garnison statt. Der Großherzog, mit welchem in Schwerin nur seine Mutter und Schwester lebten, da sich sein Bruder Herzog Wilhelm mit seinem Gouverneur in Dresden befand, wo ihm Lehrer des Blochmann'schen Institutes Unterricht ertheilten, änderte an dem Hofstaate seines Vaters nichts; er ernannte nur seinen bisherigen Gouverneur Major von Sell zum Reisemarschall. Die Minister Ludwig von Lützow und Theodor Diederich von Levetzow waren seine ersten Berather, welchen beiden er sein vollstes Vertrauen entgegenbrachte.

Der Huldigungsact des neuen Landesherrn, welchem ein feierlicher Gottesdienst vorangegangen, vollzog sich am 18. April in solenner Weise; der Landtag war durch 65 Mitglieder vertreten. Der Erblandmarschall von Lützow hielt die Ansprache. Der Großherzog bedeutete in seiner, in einem schlichten und dennoch so zum Herzen gehenden Tone gehaltenen Antwort, dass es sein stetes Bestreben sein werde, die Bande zwischen Fürsten und Ständen, sowie zwischen Landesherrn und Unterthanen noch fester zu knüpfen und dass ihm hiebei die getreue Ritter- und Landschaft helfend zur Seite stehen möge. Nicht allein die Uneinigkeit im mecklenburgischen Landtage machten den Regierungsantritt Friedrich Franz' II. zu einem besonders schwierigen, sondern auch die unheilverkündende Situation in ganz Deutschland, besonders auf politischem und kirchlichem Gebiete; die ersten traurigen Anzeichen für das Sturmjahr 1848 machten sich bemerkbar. Mit so jungen Jahren auf den Thron berufen, mitten aus den Studien herausgerissen, konnte der Großherzog weder schon in die Verhältnisse seines Vaterlandes, noch in das heimische Staatsrecht eingeweiht sein; so nahm er denn zu dem in einem solchen Falle einzig richtigen Mittel, desjenigen der Praxis, seine Zuflucht. Hier waren es die Minister von Lützow und von Levetzow, welche ihm an der Hand der einzelnen Vorlagen die staatsrechtlichen und nationalökonomischen Fragen erörtern mussten; doch nahm er gleich von allem Anfange jedwede Verantwortung auf sich und beharrte fest auf einem einmal gefassten Entschlusse.

Vor allem richtete er sein Augenmerk darauf, die Gruppen des Landtages zu versöhnen. Die Ritterschaft desselben bestand theils aus dem eingeborenen Adel, theils aus Bürgern, welche durch den Besitz großer Güter ebenfalls einen Sitz im Landtage hatten. Da aber nur der eingeborene Adel für den engeren Ausschuss des Bundestages wahlberechtigt war, so befanden sich die beiden Theile der Ritterschaft in steter Fehde. Was der eine bei den Sitzungen beantragte, verwarf der andere und umgekehrt; dies der Grund der oberwähnten Uneinigkeit des Landtages. Alle Versuche, die ständischen Differenzen durch gütigen Ausgleich zu beseitigen, scheiterten, und trotzdem später der Adel den observanzmäßigen Anspruch auf alleinige Wahlberechtigung zum engeren Ausschuss fallen ließ, nahmen die stürmischen Scenen im Landtage 1847 bereits einen bedrohlichen Charakter an. Weiters beschäftigte Friedrich Franz auch sehr die Eisenbahnfrage; die vielen Hindernisse, die sich ihm hiebei in den Weg stellten, beseitigte er alle und hauptsächlich sein Verdienst war es, dass bereits am 15. December 1846 die erste Eisenbahnlinie in Mecklenburg eröffnet wurde. Theils einem Wunsche seines sterbenden Vaters, theils seiner eigenen Neigung folgend, unternahm der Großherzog in den nächsten Jahren mehrere große Reisen. Die erste führte ihn 1842 an die nächstverwandten deutschen Höfe und 1843 nach Russland, wo er bei Kaiser Nikolaus seinen Besuch machte. Zurückgekehrt begab er sich zu den bei Lüneburg stattfindenden Manövern des combinierten X. Armeecorps; es war dies die erste Zusammenziehung dieses Bundescorps. Das mecklenburg'sche Contingent zeichnete sich besonders durch seine Strammheit aus und wurde demselben auch die Anerkennung König Friedrich Wilhelms IV. zutheil. 1844 bereiste Friedrich Franz II. Österreich, Italien und den Orient; die vom Sultan zu Ehren des Großherzogs arrangierten Festlichkeiten mit all dem nur dem Orient eigenen Zauber, erweckten das lebhafteste Interesse des hohen Gastes; die üblichen, ihm dort zugekommenen Festgeschenke erwiderte er durch Übersendung prachtvoller mecklenburg'scher Pferde. 1845 finden wir den Großherzog in Dänemark und 1847 an den italienischen Seen; er reiste meist nur mit kleinem Gefolge, worunter aber Major von Sell niemals fehlte. Dass, bei der ihm eigenen Pflichttreue und Gewissenhaftigkeit, der Großherzog zwischen und selbst während dieser Reisen seinen Regierungsgeschäften auf das eifrigste nachkam, ist selbstredend; das Jahr 1848 kam ihm daher nicht unerwartet. An seinem 25. Geburtstage wurde ihm früh morgens die Kunde von der Abdankung und Flucht Ludwig Philipps. Dies erschütterte ihn umsomehr, als mit dieser Nachricht zugleich die Sorge um die Herzogin Helene, die Witwe des Herzogs von Orléans, am mecklenburgschen Hofe einzog. Doch wie man später erfuhr, hatte sich Herzogin Helene, die einzige Schwester des verstorbenen Großherzogs Friedrich Paul, mit ihren beiden Kindern in strengstem Incognito nach Ems geflüchtet. Am 8. März reiste Friedrich Franz nach Berlin, um mit dem Könige und den Ministern Besprechungen zu pflegen; beruhigter kehrte er zurück. Doch bald darauf sprach Deputation auf Deputation bei dem Großherzoge vor, deren Forderungen so weit giengen, dass sie die allgemeine Umgestaltung der Verfassung beantragten. Großherzog Friedrich Franz, welcher sich in allem ablehnend verhielt, war nicht mehr gewillt, noch weitere Deputationen zu empfangen und gab dies in einer vom 14. März datierten Publication bekannt.

Durch diese etwas schroff gehaltene Abweisung erbittert, noch mehr aber durch die von auswärts kommenden Nachrichten vom Siege der Revolution am 18. März in Berlin ermuthigt, stiegen die an die Regierung gestellten Forderungen immer höher und wurde die Zurücknahme des Erlasses vom 14. verlangt; es gelang auch dem Senator Zastrow und dem Bürgermeister von Rostok Bencard eine mildere Auslegung desselben zu erreichen, sowie man durch Gewährung der Pressfreiheit die erhitzten Gemüther zu beruhigen suchte.

Nachdem die Regierung dem allseitigen Drängen um Einberufung eines außerordentlichen Landtages nicht länger mehr Stand halten konnte, stellte sie dieselbe für den Monat Mai in Aussicht. Der Großherzog war inzwischen zur Gewissheit gelangt, dass die Ausführung seines bisher gehegten Planes, eine Reform auf ständischer Basis durchzuführen, ein Ding der Unmöglichkeit geworden und so entschloss er sich, wenn auch schweren Herzens für das Repräsentativsystem. In diesem Sinne erließ er auch am 23. März eine „An meine Mecklenburger" gerichtete Proclamation. Wie schwer ihm dieser Entschluss geworden, zeigt am deutlichsten der Umstand, dass er sich sogar mit dem Gedanken vertraut gemacht hatte, abzudanken. Doch waren es wieder sein festes Gottvertrauen und sein Pflichtgefühl, welche ihn in seiner so schwierigen Lage ausharren ließen. Der Würfel war gefallen und frenetischer Jubel der liberalen Partei folgte dieser Publication; am 26. März wurden dem Großherzog zahlreiche Ovationen vor dem Neustädtischen Palais in Schwerin dargebracht.

Am 26. April fand die Eröffnung des vereinigten Landtages der beiden Großherzogthümer durch einen Festgottesdienst in der Schweriner Domkirche statt. Das hauptsächlichste Resultat der Sitzungen dieses am 17. Mai geschlossenen Landtages war die Bestimmung, dass die Auflösung der alten Stände erst in dem Augenblicke eintreten sollte, wenn infolge einer im Wege der neuen Verfassung erfolgten Vereinbarung die Landesherren, die Ritterschaft und Landschaft als politisch berechtigte Corporation diese als aufgelöst erklären. Diese Bestimmung wurde getroffen, um zu verhindern, dass das Zwischenstadium einer absoluten Regierungsgewalt eintrete, falls die alten Stände vor Vollendung des Verfassungswerkes aufgelöst werden sollten. Die Monate August und September vergiengen unter fortwährendem Drängen der Reformvereine um ein neues Ministerium.

Der Großherzog gab diesen Forderungen anfangs nicht nach, doch als Minister von Levetzow selbst immer dringlicher um seinen Abschied bat, leistete Friedrich Franz diesem Ansuchen Folge und betonte in einem am 14. October verfassten Handschreiben ausdrücklich, dass er nur sehr ungern den Minister verabschiede; von Lützow verblieb auf seinem Posten.

Durch die Verheißung einer constitutionellen Verfassung für sein Land, deren Verwirklichung sein fester Vorsatz war, legte der Großherzog unbewusst den ersten Grund zu Meinungsdifferenzen zwischen dem Schweriner und Strelitzer Hofe. Großherzog Georg, durch keinerlei Zusicherungen gebunden und als treuer Anhänger des ständischen Principes, welches ihm wert und erwünscht gewesen, war Friedrich Franz nur widerwillig gefolgt. Auch die leitenden Minister standen sich schroff gegenüber und so kam das Zerwürfnis in den ersten Tagen des Jahres 1849 dadurch zum Ausbruche, dass Friedrich Franz II. sowie von Lützow den Beschluss der Kammer vom 13. December, die Auflösung der alten

Stände betreffend, billigten. Alle Versuche, eine Verständigung hierüber zwischen den beiden Regierungen zu erzielen, blieben erfolglos. In Berlin schloss Herr Stever als Specialbevollmächtigter nach kurzen Verhandlungen mit Minister Canitz am 27. Juni 1849 den Beitritt des Großherzogthums zu dem Drei-Königbündnisse ab; wenn auch hiemit der großherzoglichen Politik eine bestimmte Richtung gegeben war, so blieb dennoch die schwierige Frage betreffs der Auflösung der alten Stände ungeregelt. Mehrere durch von Lützow angeknüpfte Verbindungen blieben ohne Resultat; schließlich gab Großherzog Georg seinen Rücktritt von dem Verfassungswerke kund. Friedrich Franz, dem ein Zusammengehen der beiden Regierungen sehr erwünscht gewesen, war von dieser Absage schmerzlich berührt. Nachdem die Strelitzer Regierung auch dem Antrage des Ministers von Lützow auf Aufhebung der Union seine Einwilligung versagte, schienen die Differenzen unentwirrbar. Am 5. September erhielt von Lützow ein Schreiben des Strelitzer Ministers Bernstorff, welches bedeutete, dass es zweckmäßig wäre, die Vermittlung des in Berlin tagenden Verwaltungsrathes oder Bundesschiedsgerichtes anzurufen, dessen Ausspruch sich Großherzog Georg unterwerfen würde. Die decidierte Antwort Lützows, dass er sich von einer solchen Vermittlung nichts verspreche und nur auf der raschesten Lösung des Unionverhältnisses bestehe, fand in Strelitz keine Zustimmung. Großherzog Georg berief auch seinen Bevollmächtigten, Herrn von Rieben, welcher behufs der Unterhandlungen nach Schwerin beordert war, mit der Zusicherung, dass nach Wunsch die Verhandlungen wieder aufgenommen werden würden, ab.

In diese bewegte Zeit fielen aber auch die ersten Sonnenstrahlen wahren Glückes auf den jungen Großherzog; die tiefe und innige Neigung, die er schon in seiner frühesten Jugend der Prinzessin Auguste von Reuß-Schleiz-Köstritz (geboren 26. Mai 1822) entgegengebracht, fasste immer tiefere Wurzeln und er folgte einem aufrichtigen Herzenszuge, als er sich am 25. Juli mit der Prinzessin verlobte. Eifriger Briefwechsel verkürzte die Zeit der Trennung und am 3. November 1849 erhielt dieser innige Herzensbund in der Schlosskapelle zu Ludwigslust die kirchliche Weihe.

Auf den Protest der altständischen Partei, der ritterschaftlichen Amtsconvente und der Landräthe gegen die neue Verfassung, mit der Bemerkung, dass sie dieselbe, da sie ohne Zustimmung Strelitzs zustande gekommen, für ungültig erklären, kam den Landräthen die schriftliche Antwort des Inhaltes zu, dass die Regierung von ihrem Vorsatze, die neue Verfassung einzuführen und baldigst zu verkünden, nicht abstehen werde. Die ständische Partei der Ritterschaft wandte sich nun an den engeren Ausschuss mit der Aufforderung, einen allgemeinen Convent einzuberufen.

Dieser kam auch zustande und tagte am 5. und 6. October in Rostock. In demselben wurde die Einreichung einer Rechtsverwahrung bei dem Großherzoge durch drei Deputierte beschlossen; auch wurden dieselben zur Beantragung eines Ausgleiches auf Grund der Patentverordnung vom 28. November 1817, eventuell zum Betreten des Rechtsweges unter Anrufung des Trägers der Bundesgewalt bevollmächtigt. Nachdem der Großherzog den Abgesandten eine Audienz verweigerte, überreichten sie am 9. October dem Generaladjutanten die Rechtsverwahrung mit dem Antrage auf eventuelle Beschreitung der Compromissinstanz. Die Folge davon war, dass am 10. die gesetzliche Aufhebung der Stände erfolgte und der Großherzog den Antragstellern bedeuten ließ, dass er sie als Deputierte der Ritterschaft nicht anerkenne und daher auch keine Erledigung ertheilt werden könne. Friedrich Franz beharrte, da er 1848 die Verfassungsänderung versprochen und damals die Zustimmung aller wegen Auflösung der alten Stände erhalten hatte, auf seinem Entschlusse, die neue Verfassung einzuführen.

Nach einigen Besprechungen mit seinen Ministern wurde am 10. October die Publication der vereinbarten Verfassung und des Gesetzes wegen Auflösung der Ritterschaft und Landschaft beschlossen. Gleichzeitig damit erfolgte die Verkündigung des Wahlgesetzes, der Vereinbarung über das Domanium, die Civilliste und die Apanagen.

Der Großherzog konnte all der Ovationen, die man ihm hierauf brachte, nicht froh werden. In Berlin war man mit seinem Schritte nicht einverstanden, und Großherzog Georg, welchen man von der Publication und gleichzeitig von der Bereitwilligkeit, die Unterhandlungen mit Herrn von Rieben wieder aufzunehmen, verständigte, antwortete darauf, dass er die Ansichten der Schweriner Regierung nicht theile und kein anderes Mittel kenne, die schwebende Frage beizulegen, als dieselbe zur richterlichen Entscheidung des provisorischen Bundesgerichtes in Erfurt zu unterbreiten und diesbezügliche Einleitungen schon getroffen seien. Auch die nächsten Verwandten des Großherzogs Friedrich Franz nahmen Stellung gegen ihn, so sein Bruder Herzog Wilhelm und Herzog Gustav, sein Großoheim; dessenungeachtet blieben aber die persönlichen Beziehungen mit allen nach wie vor die besten. Inzwischen hatte die Regierung das Staatsgrundgesetz durchgeführt und waren die Mitglieder des engeren Ausschusses zur Übergabe am 20. December aufgefordert worden.

Widerwillig nur leisteten dieselben dieser Aufforderung Folge und um zu beweisen, dass sie der Auflösung ihre Anerkennung verweigern, traten sie am 4. Januar in Neu-Brandenburg zu einer, selbstredend wirkungslosen Sitzung zusammen.

Die Wahlen fanden hierauf in aller Ruhe statt und am 27. Februar 1850 trat die erste Abgeordnetenversammlung der Schweriner Landestheile zusammen. Anfangs Januar kamen dem Großherzog noch viele Zustimmungskundgebungen zu, doch nach und nach brach sich das Verlangen nach der Rückkehr zur alten Verfassung immer mehr Bahn, und als von dem in Freienwalde a./d. Oder tagenden Schiedsgerichte am 11. September die Publication vom 10. October 1849 für nichtig erklärt wurde, zog allgemeine Zufriedenheit in Mecklenburg wieder ein. Die Wiedereinsetzung des engeren Ausschusses erfolgte am 28. September und die Landräthe wurden ebenfalls reactiviert. Gleichzeitig mit der Herstellung der alten Verfassung trat auch vollkommene Aussöhnung mit Strelitz und eine Befestigung der Union ein. Infolge von Meinungsverschiedenheiten zwischen **Friedrich Franz II.** und seinem Minister v. Lützow, welche noch vor der Sitzung des Schiedsgerichtes eintraten, demissionierte derselbe und wurde Graf von Bülow mit der Bildung des neuen Cabinettes betraut. Dieser vertrat Schwerin 1851 bei den Dresdener Conferenzen. Nach der Reactivierung des alten Bundestages war auch für Großherzog **Friedrich Franz** eine Reihe ruhiger und glücklicher Jahre angebrochen.

Als im Jahre 1859 drohende Kriegswolken den politischen Horizont verdüsterten und der Bundestag die Mobilisierung anordnete, verfügte der Großherzog auch die Einberufung der beurlaubten Mannschaft der mecklenburg'schen Truppen, welch letztere dem X. Armeecorps zugetheilt waren. Im Kriegsfalle sollte **Friedrich Franz II.**, welcher bei seiner Thronbesteigung zum Chef des preußischen Regimentes Nr. 24 und zum Generalmajor ernannt, am 5. September 1848 zum Generallieutenant und am 12. Juli 1855 zum General der Infanterie befördert wurde, das Commando der 2. Division übernehmen. Der Friede von Villafranca führte indes bald wieder die Demobilisierung herbei. In Gemeinschaft mit dem Prinz-

Regenten Wilhelm von Preußen, nachmaligem Kaiser Wilhelm I., mit welchem den Großherzog innige Freundschaft verband, weilte er im October 1860 einige Tage zu Besuch des Kaisers Alexander II. in Warschau.

Bei einem Jagdausfluge, den der Großherzog am 2. October 1861 in einem Reviere in der Umgebung Schwerins unternahm, stieß demselben ein bedauerlicher Unfall zu. Es war nur eine kleine Jagdgesellschaft anwesend und Friedrich Franz hatte auf einen Hirsch einen Schuss abgegeben, ohne denselben tödlich zu treffen. Er verfolgte ihn und als er sich eben anschickte, das Thier mit einem zweiten wohlgezielten Schusse niederzustrecken, traf ihn selbst ein Schuss in den Oberschenkel. Mit seltener Überwindung erlegte er noch früher das Wild, ließ sich dann erst verbinden und stellte in seinem bewunderungswürdigen Edelmuthe nicht eine einzige Frage, wer wohl an diesem Unfalle der Schuldtragende sei; er wollte es nicht wissen. Die Großherzogin, welche früher leidend gewesen war, sich aber jetzt ganz wohl fühlte, pflegte ihren hohen Gemahl mit rührender Aufopferung. Die Verwundung war glücklicherweise keine gefährliche und war der Großerzog bald wieder hergestellt.

Leider sollte er das Familienglück, das ihm in vollstem Maße zutheil gewesen, nicht mehr lange genießen. Die Großherzogin, die immer schwächlich gewesen, erkrankte am 20. Februar 1862 an einer Lungenentzündung und erlag trotz aller Versuche, sie zu retten, derselben am 3. März. Ihrer Ehe waren entsprossen: Erbgroßherzog Friedrich Franz Paul Nikolaus Ernst, geboren am 19. März 1851, vermählt am 24. Januar 1879 mit der Großfürstin Anastasia, Tochter des Großfürsten Michael Nikolajowitsch von Russland, und gestorben am 10. April 1897; Herzogin Marie, und noch vier Herzoge, wovon zwei jedoch noch in zartestem Alter starben.

Tiefunglücklich über den Tod seiner inniggeliebten Gemahlin, war der Großherzog anfangs untröstlich und fand nur im eifrigsten Arbeiten einige Linderung seines tiefen Schmerzes. Um etwas Zerstreuung und Erholung zu genießen, bereiste er England und Schottland und nahm auf der Rückfahrt in Paris einen achttägigen Aufenthalt.

Anlässlich seiner Anwesenheit in Frankfurt, bei dem von Seiner Majestät Kaiser Franz Josef I. im August 1863 einberufenen Fürsten-Congresse, machte er wiederholte Besuche an den benachbarten Höfen, unter anderen auch in Darmstadt, wo er Prinzessin

Anna (geboren 25. Mai 1843), die Tochter des Prinzen Karl, eines Bruders des Großherzogs von Hessen, kennen lernte. Viele Ähnlichkeiten der Charakterzüge zwischen der Prinzessin und seiner ersten Gemahlin bewogen ihn sich näher anzuschließen und nachdem ihm auch die Prinzessin ihre vollste Sympathie entgegenbrachte, reifte in dem Monarchen der Entschluss, sich wieder zu vermählen. Bundestags-Gesandter von Bülow vermittelte die Werbung, und am 10. December fand zu Darmstadt die officielle Verlobung statt.

Das Jahr 1864 war kaum begonnen, als man zur Gewissheit gelangte, dass ein dänischer Krieg unausbleiblich; für diesen Fall erbat sich Friedrich Franz beim Könige von Preußen seine Zutheilung in das preußische Hauptquartier. König Wilhelm gewährte diesen Wunsch sehr gerne, und nach Feststellung der Ordre de bataille wurde der Großherzog dem Stabe des Feldmarschalls Wrangel zugetheilt. Großherzog Friedrich Franz, welcher zu dieser Zeit in Darmstadt bei seiner Braut weilte und die Nachricht hievon am 1. Februar erhielt, trat sofort die Reise über Berlin und Hamburg in Begleitung der Flügeladjutanten von Hertzberg und von Vietinghoff an. Er erreichte das Hauptquartier am 3. Februar und wohnte noch am selben Tage einer Besprechung des Feldmarschalls Wrangel mit den Generalen des III. Corps bei, in welcher die Dispositionen für den kommenden Tag festgesetzt und für die Nacht vom 5. auf den 6. der Übergang über die Schlei bei Arnis angeordnet wurde. Nachdem der Großherzog den 5. zu seiner Orientirung über die Aufstellung der Truppen und zur Besichtigung des Königsberger Schlachtfeldes verwendet hatte, schloss er sich am Abend dieses Tages dem Stabe des Prinzen Friedrich Karl an und machte dessen Umgehungsmarsch mit. Am 10. nahm er an einer Recognoscierung theil, welche von der Avantgarde der Garde-Division ausgesandt war, um zu sehen, ob der Feind die Düppeler Schanzen geräumt habe. Dieselbe nahm ihren Weg über Sartrup nach Rackebüll und bestand aus drei Compagnien des 3. Garde-Regimentes zu Fuß, zwei Geschützen und einigen Husaren. Bei dieser Gelegenheit erhielt Großherzog Friedrich Franz die Feuertaufe, da das Detachement bei Sartrup auf feindliche Infanterie gestoßen und es zu einem Gefechte gekommen war, wobei die Dänen auf Sartrup zurückgeworfen wurden. Behufs Besichtigung der Danewerker-Schanzen machte der Großherzog mit dem Kronprinzen von Preußen am 12. einen Ausflug nach Schleswig und besuchte auch das im Schlosse Gottorp eingerichtete Kriegslazareth, den

Verwundeten mit liebreichen Worten Trost zusprechend. Auf der Rückfahrt wurden die Prinzen von einem derartigen Schneesturme überrascht, dass die Locomotive wegen der angehäuften Schneemassen nicht mehr vorwärts konnte. Da ein Verbleiben in den ungeheizten Coupés, um die Freimachung der Strecke abzuwarten, unmöglich war, mussten sich die Herrschaften entschließen, den zwei Kilometer langen beschwerlichen Weg bis zum nächsten Dorfe zu Fuße zurückzulegen; am nächsten Tage wurde die Reise nach Flensburg fortgesetzt. Zu seinem größten Bedauern musste Friedrich Franz nun den Kriegsschauplatz verlassen, da ihn dringende Regierungsgeschäfte in die Heimat beriefen; auch musste er infolgedessen das Anerbieten des Königs von Preußen, ihm ein selbständiges Commando zu übertragen, ablehnen.

Er wohnte mit König Wilhelm noch der Parade bei Azbüll, welche am 21. April nach dem Sturme auf die Düppeler Schanzen abgehalten wurde, bei und kehrte dann endgiltig am 25. nach Schwerin zurück.

Nach seiner am 12. Mai in Darmstadt vollzogenen Vermählung mit Prinzessin Anna folgten nun glückliche und zufriedene Stunden für Friedrich Franz; er hatte das seit dem Tode seiner ersten Gemahlin so schwer vermisste Familienglück wiedergefunden.

Am Tage seiner Vermählung trug er zum erstenmale die Insignien des von ihm und dem Großherzoge von Mecklenburg-Strelitz gestifteten Hausordens der Wendischen Krone. Bisher hatte das Haus Mecklenburg keinen eigenen Orden.

Bei der Eröffnung der Eisenbahnlinie Güstrow-Neubrandenburg am 14. November machte das großherzogliche Paar die Eröffnungsfahrt mit und kam in Neubrandenburg mit den Strelitzer Herrschaften zusammen. Am 6. December wohnte Friedrich Franz in Berlin dem Einzuge der aus Schleswig-Holstein zurückkehrenden Truppen bei.

Tage der Trauer und des Schmerzes brachte das Frühjahr 1865. Am 7. April schenkte Großherzogin Anna einer Prinzessin das Leben, erkrankte aber einige Tage darauf ernstlich und starb am 16. April. Namenlos war der Schmerz, der sich des Großherzogs bemächtigte und suchte er desselben durch reges Schaffen und Arbeiten Herr zu werden. Die neugeborene Prinzessin erhielt bei der Taufe den Namen Anna. Auch ihr war kein langes Leben beschieden, denn bereits am 8. Februar 1882 erlag sie einer Lungenentzündung.

Im Hochsommer begab sich der Großherzog zu Besuch seiner Kinder nach Bagnères de Bigorre, woselbst die beiden älteren Prinzen wegen Kränklichkeit des Erbgroßherzogs mit ihren Erziehern seit Herbst 1864, und die beiden jüngeren Geschwister erst seit einigen Wochen weilten. Vier Wochen verbrachte der Großherzog im Familienkreise, begab sich hierauf zu dem in Biarritz weilenden französischen Kaiserpaare und trat dann eine längere Reise durch Spanien an. Bei dieser Gelegenheit stattete er am spanischen und portugiesischen Hofe Besuche ab und kehrte am 29. October nach Schwerin zurück.

Im österreichisch-preußischen Conflicte des Jahres 1866 stellte sich Mecklenburg-Schwerin an die Seite Preußens, indem es gegen den am 11. Juni von Österreich am Bundestage gestellten Antrag auf Mobilmachung sämmtlicher, nicht der preußischen Armee angehörigen Bundes-Armeecorps stimmte. Die preußische Regierung richtete nun an den Großherzog das Anerbieten eines Bündnisses mit der Aufforderung, seine Truppen sofort auf Kriegsfuß zu setzen und dieselben dem Könige zur Verfügung zu stellen. Zugleich sollte sich Friedrich Franz zur Theilnahme an der Berufung eines Parlamentes nach den von Preußen in der Bundestagssitzung vom 14. vorgelegten Grundzügen bereit erklären. Für den Fall der Zusage wurde ihm die Unabhängigkeit und Integrität seines Gebietes zugesagt. Wie infolge einer Unterredung des Großherzogs mit König Wilhelm bezüglich der militärischen Haltung Mecklenburg-Schwerins kein Zweifel mehr war, so wurde auch bezüglich der Einberufung des Parlamentes im Principe ein Einvernehmen zwischen den beiden Höfen erzielt. Am 21. Juni befahl der Großherzog die Mobilmachung seiner Truppen, welche Maßregel, obwohl seit Beginn der offenen Feindseligkeiten täglich erwartet, im Lande begreifliche Aufregung hervorrief.

Der Aufforderung König Wilhelms folgend, sich im königlichen Hauptquartier in Böhmen einzufinden, theils um dem dort erwarteten Waffengange beizuwohnen, theils um nähere Dispositionen bezüglich Übernahme einer führenden Stellung in der Armee entgegenzunehmen, nahm Friedrich Franz am 1. Juli von seiner Familie in Rebensteinfeld Abschied und traf am zweiten Abende in Reichenberg ein. Dortselbst erreichte ihn die Nachricht, dass für den nächsten Tag ein Angriff auf die österreichische Stellung geplant sei.

Zeitlich früh brach er daher wieder auf und erreichte nach Zurücklegung eines neun Meilen langen Rittes um 9 Uhr vormittags die Höhe von Dub, gerade noch zeitig genug, um der Schlacht bei Königgrätz im Gefolge des Königs beiwohnen zu können. Die nächsten Tage verblieb der Großherzog im königlichen Hauptquartier. Zur Verstärkung des Centrums der von Mähren bis zum Rheine sich hinziehenden preußischen Aufstellung, und um andererseits einem allfälligen Vorstoße der vom südlichen Kriegsschauplatze heimkehrenden österreichischen Truppen im Vereine mit den süddeutschen vorzubeugen, befahl König Wilhelm die Zusammenziehung eines zweiten Reserve-Armeecorps bei Leipzig unter Commando des Großherzogs Friedrich Franz. Dasselbe sollte nebst preußischen Truppen die Contingente von Mecklenburg, Braunschweig, Anhalt und Altenburg vereinen.

Unter Commando des Generalmajors von Bilgner begann am 14. der Ausmarsch der mecklenburg'schen Division, welche mittelst Eisenbahn nach Leipzig befördert wurde und in der Stadt selbst, wie in den umliegenden Ortschaften Cantonnements bezog. Großherzog Friedrich Franz traf am 18. Juli in Leipzig ein und befahl am 20. den Vormarsch auf Werdau und Zwickau, da er zur Überzeugung gelangt war, dass ein Verzögern des Vormarsches, um die vollständige Vereinigung des Corps abzuwarten, nur Schaden bringen könne. Nach einem anstrengenden Marsche über beschwerliche Gebirgswege traf die Avantgarde (die mecklenburg'schen Truppen und ein Bataillon des 4. Garde-Regimentes) am 23. früh in Hof ein, welches ebenso wie Münchberg am 24. und Bayreuth am 28. ohne den geringsten Widerstand besetzt wurde; es waren überhaupt im ganzen oberfränkischen Gebiete nur sehr schwache Streitkräfte versammelt.

Da der Großherzog so schnell als möglich vordringen sollte, sandte er am Morgen des 29. eine Colonne behufs Recognoscierung aus, welche in der Nähe von Seybothenreuth auf das 4. Bataillon des bayerischen Infanterie-Leibregimentes stieß. Bei dem daraufhin stattgefundenen Gefechte wurde dasselbe fast gänzlich aufgelöst; die zersprengten Theile sammelten sich und wurden per Bahn nach Weiden gebracht. Der Großherzog, der am Morgen des 29. in Bayreuth eingetroffen war, ließ ungeachtet der Erschöpfung der Truppen den Vormarsch auf Nürnberg fortsetzen, wo die Avantgarde am 31. eintraf.

Bereits am Wege dahin war der Bürgermeister den mecklenburgischen Truppen entgegengekommen mit der Erklärung, dass die Stadt offen sei und keinen Widerstand entgegensetzen werde. Am 31. kam Friedrich Franz die Nachricht von dem am 28. zu

Nikolsburg zwischen Preußen und Bayern vereinbarten, am 2. August beginnenden dreiwöchentlichen Waffenstillstande zu, am 1. August schlug er sein Hauptquartier in Nürnberg auf. Diese Zeit der Ruhe wurde zu Übungen benützt. Am 8. hielt der Großherzog eine Parade ab, wobei er an einige Officiere, Unterofficiere und Soldaten das Militär-Verdienstkreuz vertheilte.

Da den Großherzog wichtige Entscheidungen in Sachen des neuen politischen Bundesverhältnisses nach Schwerin beriefen, reiste er am 10. dahin ab. Am 4. August bereits hatte die preußische Regierung an ihre militärischen Bundesgenossen ein Rundschreiben ergehen lassen mit der Aufforderung, die Voraussetzungen und Zusicherungen der identischen Note vom 16. Juni in die vertragsmäßige Form zu erheben und zu diesem Behufe um die Entsendung von Bevollmächtigten gebeten. Am 18. bereits erfolgte in Berlin der Abschluss der Verträge mit den beiden Großherzogthümern, da Graf Bismarck den Bedenken, welche man in Schwerin trug, die Grundzüge, wie Preußen es verlangte, en bloc anzunehmen, mit einer etwas schärferen Note begegnet war. Nachdem die beiden Minister von Örtzen und von Bülow bei Graf Bismarck die Einfügung eines Artikels erreicht hatten, nach welchem den beiden Großherzogthümern noch eine definitive Erklärung hinsichtlich der Artikel 2 und 5, welche nicht ohne Zustimmung der mecklenburg'schen Landstände gesetzlich geregelt werden konnten, vorbehalten blieb, wurden die beiden Verträge am 21. August abgeschlossen; die Ratification seitens des Großherzogs erfolgte am 10. December.

Während seines letzten, vom 22. bis 31. August währenden Aufenthaltes in Nürnberg, bewegte sich Friedrich Franz sehr viel unter der dortigen Bevölkerung und eroberte sich hier, wie überall, wo er hinkam, durch sein wohlwollendes Auftreten die Herzen aller im Sturme. Am 9. September rückten auch die mecklenburg'schen Truppen wieder in ihre Garnisonen ein.

In dem am 29. September eröffneten außerordentlichen Landtage in Schwerin, in welchem über die Artikel 2 und 5 des Vertrages vom 21. August verhandelt wurde, welche die Einführung und Beschickung des norddeutschen Parlamentes betrafen, ertheilte derselbe nach längeren Debatten seine Zustimmung der Vorlage beider Regierungen, jedoch mit der Bedingung, dass der aus der Berathung des Parlamentes hervorgehende Verfassungsentwurf den Ständen zur Abgabe ihrer verfassungsmäßigen Erklärung vorgelegt werde.

Fünfundzwanzig Jahre waren am 7. März 1867 seit der Thronbesteigung des Großherzogs verstrichen, doch hatte er sich jedwede Festlichkeit verboten, da dieser Tag doch auch mit dem Todestage seines so hochverehrten Vaters zusammenfiel.

Auf der Reise zur Pariser Weltausstellung im Juni 1867 hielt er sich einige Tage bei seinem Jugendfreunde, dem Herzog Leopold in Detmold auf, wo er die Nichte desselben, Prinzessin Marie von Schwarzburg-Rudolstadt (geboren am 29. Januar 1850), Tochter des k. k. Feldmarschall-Lieutenants Prinzen Adolf von Schwarzburg-Rudolstadt, kennen lernte. Durch das herzliche und liebenswürdige Wesen der Prinzessin angezogen, verlobte er sich anlässlich eines Besuches in Rudolstadt am 4. März 1868 mit derselben. Die Vermählung fand bereits am 4. Juli in der Schlosskirche zu Rudolstadt und der feierliche Einzug in Schwerin am 13. statt. Dieser Ehe entstammen: Herzogin Elisabeth, geboren 10. August 1869, Herzog Friedrich Wilhelm, geboren 5. April 1871, gestorben 22. September 1897, Herzog Adolf Friedrich, geboren 10. October 1873, und Herzog Heinrich, geboren 19. April 1876.

Im März 1870 unternahm der Großherzog mit seiner Gemahlin eine längere Reise nach Italien. Einer Einladung Seiner Majestät des Kaisers Franz Josef I. folgend, nahmen die Herrschaften zuerst in Wien einige Tage Aufenthalt und reisten dann über Triest nach Venedig, Rom, Neapel, Sicilien und Malta. Überall wurden die bedeutendsten Sehenswürdigkeiten und besonders in Rom die herrlichen Kunstsammlungen besichtigt. Der Rückweg führte über Florenz, Mailand, Venedig, München und am 15. Juni erfolgte die Ankunft in Schwerin.

Einen Monat später verfügte das Bundespräsidium die Mobilisierung des gesammten norddeutschen Bundesheeres. Dem Großherzog, welcher seit 1866 sich mehr denn je den militärischen Angelegenheiten zugewendet hatte, wurde der Oberbefehl über die zum Schutze der Nord- und Ostseeküsten bestimmten Truppen übertragen. Es handelte sich nicht nur darum, eine französische Landung zu verhindern, sondern auch einer eventuellen Theilnahme Dänemarks am Kriege durch eine Defensivstellung zu begegnen. Friedrich Franz begab sich behufs mündlicher Einholung von Instructionen nach Berlin. Die Mobilmachung der mecklenburg'schen Truppen, welche ebenfalls zu diesem Corps gehörten, gieng jetzt viel rascher als 1866 vonstatten und am 26. und 27. verließen dieselben bereits ihre Garnisonen, um in und bei Hamburg Quartiere zu beziehen.

Die Unthätigkeit, zu der diese Truppen anfangs verurtheilt waren, erfüllte den von heißem Thatendrange beseelten Großherzog ebenso sehr mit Ungeduld, wie seine Officiere und Soldaten. Sehnlichst wurde daher in Hamburg die Nachricht von dem Vormarsche der in Frankreich eindringenden Armee erwartet. Endlich am 21. August traf der Befehl ein, sich zum Abmarsche bereit zu halten, welcher auch am 24. begann. Früher noch war Friedrich Franz die Ordre zugekommen, mit der 17. Division und zwei Landwehr-Divisionen zur I. Armee unter Commando des Generals von Steinmetz zu stoßen, um die Einschließungstruppen von Metz zu verstärken. Das neu gebildete Armeecorps traf am 1. September unweit Metz mit seinen Hauptkräften hinter dem im Gefechte stehenden General von Manteuffel ein. Obwohl die Mecklenburger noch den Donner der französischen Geschütze vernahmen, fanden sie keine Gelegenheit mehr activ einzugreifen und wurden während der nächsten Tage zur Verstärkung der Einschließungslinie verwendet.

Vom 10. September ab hatte ein Theil der Truppen des Großherzogs Toul zu belagern, der andere den zwischen Metz und den vorrückenden Armeen liegenden Landstrich zu besetzen, um die rückwärtigen Verbindungen zu sichern. Der Großherzog, der zunächst nach Toul gieng, übertrug die Leitung der Belagerung an General von Schimmelmann und begab sich am 13. ins königl. Hauptquartier zu Château Thierry, um nähere Instructionen betreffs seiner Ernennung zum Generalgouverneur eines Theiles der eroberten Provinzen entgegenzunehmen. Am 16. schlug er sein Hauptquartier in Reims auf, um seine Verwaltungsthätigkeit als Generalgouverneur aufzunehmen. In diese Zeit fielen auch zwei militärische Erfolge des Großherzogs; am 23. September capitulirte Toul, am 15. October Soissons. Beidemale zog Friedrich Franz an der Spitze seiner Truppen in die übergebenen Festungen ein. Für die Capitulation von Toul wurde der Großherzog durch die Verleihung des Eisernen Kreuzes ausgezeichnet.

Für die Zeit vom 18. bis 23. October nach Reims zurückgekehrt, erledigte er in diesen Tagen auch seine eigenen Regierungsangelegenheiten, für welche Herr Örtzen als Referent während der ganzen Dauer der Campagne im großherzoglichen Hauptquartiere anwesend war. Da inzwischen das XIII. Armeecorps Befehl erhalten hatte, in Verbindung mit der württemberg'schen Division sich am 9. October in Coulommiers zu sammeln, übergab der Großherzog die Gouvernementsgeschäfte an Generallieutenant Rosenberg und trat am 23. October die Reise nach Ferrière an, wo er am 24. sein Hauptquartier aufschlug und das Commando über die württemberg'sche Division übernahm. Vom 28. October bis 8. November befand sich das Hauptquartier des Großherzogs in Le Piple Château, von wo er sich dreimal nach Versailles begab, um Instructionen über seine neue Aufgabe, die ihm selbständige Operationen zuwies, entgegenzunehmen.

Da sich in den ersten Novembertagen starke feindliche Truppenabtheilungen bei Orléans gezeigt hatten, von denen man mit Recht einen erfolgreichen Vorstoß zum Entsatze von Paris vermuthen konnte, bestimmte am 7. November die oberste Heeresleitung, dass aus dem bei Orléans unter General von der Tanns Befehl stehenden I. bayerischen Corps, der 17. und 22. Infanterie- und der bei Chartreuse cantonierenden 2., 4. und 6. Cavallerie-Division eine neue Armee-Abtheilung unter dem Oberbefehle des Großherzogs von Mecklenburg-Schwerin gebildet werden solle, um etwaigen Entsatzversuchen des Feindes in südwestlicher Richtung entgegenzutreten.

Als die Nachricht vom Ausgange des Treffens bei Coulommiers am 10. November im Hauptquartiere eintraf, befahl das Obercommando der dritten Armee, dem der Großherzog unterstellt war, diesem, seine Armee-Abtheilung enger zusammenzuziehen und sich für seine Person nach Angerville zu begeben, um daselbst die Klärung der Verhältnisse zu erwarten. Da von Westen her das Anrücken feindlicher Truppen gemeldet wurde, erfolgte, um den dort vordringenden Gegner aufzuhalten und zu werfen, eine Rechtsschiebung der Armee nach Nordwesten. Die Armee-Abtheilung des Großherzogs stand nun am 15. November zwischen Chartreuse und Rambouillet bereit, die am linken Seine-Ufer gegen Dreux vorgeschobenen schwachen Streitkräfte zu unterstützen. Doch fiel derselben gleichzeitig die Aufgabe zu, den Schutz der Einschließung von Paris gegen Westen bis an die Straße von Châteaudun zu übernehmen. Am 16. hatte der Großherzog bereits sein Hauptquartier nach Nogent le Roi verlegt; das Commando der dort befindlichen 17. Division hatte an Stelle des erkrankten Generallieutenants von Schimmelmann Generallieutenant von Treskow übernommen. Am 17. November, 2 Uhr nachmittags, stieß die 17. Infanterie-Division am Vormarsche auf Dreux bei Louray auf den Feind, warf denselben nach kurzem Gefechte und besetzte Dreux. Die Vortruppen der 22. Division waren nachmittags auf den nördlich von Châteauneuf befindlichen Gegner gestoßen, ohne jedoch erheblichen Widerstand zu finden. Weiter rechts hatte das I. bayerische Corps die ihm zugewiesenen Stellungen auf der Straße von Chartres nach Dreux erreicht. Von den beiden Brigaden der 6. Cavallerie-Division war an diesem Tage die 14. bei Châteauneuf, die 15. bei Landelles mit dem Feinde in Berührung gekommen. Am 18. marschierte der Großherzog mit der 5. Cavallerie-Division nach Dreux und Nonancourt, mit der 17. Division nach Larus, mit der 22., dem bayerischen Corps und der 6. Cavallerie-Division nach Châteauneuf, Degny und Pontgouin, mit der 4. Cavallerie-Division bis gegen Bonneval, wobei sich nur im Walde westlich von Châteauneuf ein hitziges Gefecht abspielte. Am 21. November kämpften am Marsche auf Nogent le Rotrou sowohl die 22. als auch die 17. Division, sowie jede der beiden bayerischen Divisionen mit Erfolg.

Am 23. November erhielt der Großherzog in Le Theil vom großen Hauptquartier den Befehl, am 24. gegen die Loire in der Richtung auf Beaugency abzubiegen, um mit der Armee des Prinzen Friedrich Karl gemeinschaftlich gegen Orléans zu operieren. Am 28. traf er in Bonneval ein, vereinigte sich mit Friedrich Karl, unter dessen Befehl er sich nun zum vereinten Wirken gegen die Loire-Armee stellte. Am 28. ruhten die Truppen der Armee-Abtheilung in ihren Quartieren zwischen Bonneval und Châteaudun.

Tags zuvor war im Hauptquartier des Großherzogs Generallieutenant von Stosch eingetroffen, um auf Befehl Seiner Majestät des Königs bis auf weiteres die Geschäfte als Chef des Stabes der Armee-Abtheilung zu übernehmen. Am 2. December hatte das I. bayerische Corps die blutige Schlacht bei Loigny, die 17. und 22. Division siegreiche Kämpfe bei Lumeau und Anneux bestanden, am 3. wurde die Armee-Abtheilung am Marsche nach Orléans bei Chevilly in einen heftigen Artilleriekampf verwickelt. Der Großherzog übernachtete in einem kleinen Gehöfte des Dorfes Beaugency. Am 4. wurde der Vormarsch auf Orléans trotz der empfindlichen Kälte in gehobener Stimmung fortgesetzt. Der Großherzog befand sich beim Gros der 17. Division. Da der in Orléans commandirende französische General nach vergeblichem Widerstande die Unmöglichkeit einer erfolgreichen Vertheidigung Orléans einsah, vereinbarte er mit General von Treskow um 10 Uhr abends, dass zwei Stunden später die Deutschen die Stadt besetzen sollten. Demzufolge zog der Großherzog mit klingendem Spiele an der Spitze der 17. Division um $12^{1}/_{2}$ Uhr nachts in Orléans ein, nachdem er bereits in den Abendstunden das Vorrücken der Armee-Abtheilung dorthin angeordnet hatte.

Friedrich Franz nahm mit seinem Stabe im Hotel d'Orléans Quartier, wo die noch gedeckten Tafeln und unberührten Speisen darauf hindeuteten, dass die französischen Officiere ihre Abendmahlzeit rasch abbrechen mussten.

Am 5. stimmte der Großherzog dem von König Ludwig von Bayern ausgehenden Antrage betreffs Annahme der Kaiserwürde seitens König Wilhelms bei und ließ am 6. durch ein Schreiben Bülow beauftragen, bei der Abstimmung über die Verträge im Bundesrathe sich zustimmend zu erklären.

General Chauzy, dem an Stelle d'Aurellés' der Oberbefehl der nördlichen Loire-Armee übertragen war, hatte wenige Meilen von Orléans seine weichenden Truppen wieder gesammelt und rüstete zu einem neuen Vorstoß. Am 7. December verlegte der Großherzog sein Hauptquartier nach Meung, da er Befehl erhalten hatte, am rechten Loire-Ufer vorzugehen; er hatte jedoch nur 30.000 Mann dem mindestens 80.000 Mann starken Gegner entgegen zu stellen. Am 8., 9. und 10. fanden hitzige Gefechte statt, am 11. traf Prinz Friedrich Karl mit seiner Armee zur Unterstützung ein und übernahm das Commando. Die Verluste der Armee-Abtheilung waren in der Zeit vom 8. bis 10. December sehr beträchtlich.

Am 23. December traf Herzog Wilhelm und Prinz Albrecht von Preußen in Chartres zum Besuch ein, wo der Großherzog sein Quartier aufgeschlagen hatte. Abends ließ dieser einen Christbaum anzünden und beschenkte die Officiere seines Stabes. Tags darauf verließ der fürstliche Befehlshaber um 1/29 Uhr früh Chartres und langte nach achtstündiger Fahrt in Versailles an, wohin er vom König Wilhelm eingeladen war, die Weihnachten zu feiern. Am 27. früh nach Chartres zurückgekehrt, fand sich der Großherzog am 1. Januar wieder in Versailles zur Beglückwünschung des Königs ein. Der Verband der Armee-Abtheilung wurde nun aufgelöst und Friedrich Franz behielt wie zuvor die 17. und 22. Division als XIII. Armeecorps unter seinem Befehle. Als Chef des Stabes wurde dem Großherzog nun statt General von Stosch, der wieder zur Heeresleitung nach Versailles zurückkehrte, Oberstlieutenant Graf Waldersee zugetheilt. Am 25. besetzte er Rouen, nachdem er vom 5. bis 25. Januar fast täglich andere Quartiere innehatte; 13 Gefechte und die dreitägige Schlacht von Mans fielen in diesen Zeitraum.

Der Großherzog hatte die Märsche stets zu Pferde zurückgelegt. Er verkehrte in der wohlwollendsten Weise mit den Herren seines Stabes, theilte alle Entbehrungen und war, wenn auch manchmal für Scherze empfänglich, doch meist ernster Natur. Er war eine wahre Soldatennatur, die zu befehlen, aber auch schweigend zu gehorchen verstand. Am 31. Januar, dem Tage, an dem der Waffenstillstand beginnen sollte, kam aus dem großen Hauptquartier der Befehl zur Auflösung des XIII. Armeecorps. Der Kaiser bewilligte dem Großherzog gerne den erbetenen Urlaub, den dieser zur Erledigung mannigfacher Regierungsgeschäfte in der Heimat zubringen wollte. Vor seiner Abreise nahm er in einem Corpsbefehle mit Worten des Dankes und der Anerkennung von seinen Truppen Abschied, die auch mit Stolz auf ihre Leistungen zurückblicken konnten. Die Ankunft des Großherzogs in Schwerin am 7. Februar 1871 wurde durch einen Fackelzug gefeiert. Bald darauf erhielt er vom Könige von Preußen die Nachricht, dass dieser entschlossen sei, die deutsche Kaiserwürde anzunehmen. Nachdem Friedrich Franz sich schon am 16. Februar nach Versailles zurückbegeben hatte, erreichte ihn dort die Kunde vom Abschlusse der Friedenspräliminarien; am 1. März ritt er an der Seite des Kronprinzen Friedrich in Paris ein.

Nachdem der am 17. März begonnene Rückmarsch der mecklenburg'schen Truppen durch den Pariser Aufstand eine längere Unterbrechung erfahren hatte und erst nach Niederwerfung desselben fortgesetzt werden konnte, langten die Mecklenburger am 11. Juni in Schwerin ein. Am 14. hielt Großherzog Friedrich Franz auf dem Exercierplatze am Haselholz eine Parade ab, wobei fürstliche Damen die Fahnen und Standarten mit Bändern und dem Kreuze des militärischen Verdienstordens schmückten. Unter nicht endenwollendem Jubel der Bevölkerung hielt hierauf der fürstliche Heerführer an der Spitze der Truppen seinen Einzug in die Stadt.

Den Herbst dieses Jahres benützte das großherzogliche Paar zu einer höchst interessanten Reise nach dem Orient, bei welcher Gelegenheit dieses Besuche bei König Victor Emanuel, Kaiser Franz Josef I., dem Könige von Griechenland, beim Sultan, sowie beim Vicekönig von Ägypten machte und am 2. Mai 1872 nach Schwerin zurückkehrte,

Anfangs 1874 trat Friedrich Franz mit einem neuen, die Verfassung betreffenden Reformplane hervor, welcher jedoch in beiden Ständen des außerordentlichen Landtages zu Schwerin nicht angenommen wurde. Im Laufe der weiteren Jahre bis 1881 war es sein stetes Bemühen, die Umgestaltung der alten Verfassung in verschiedener Form ins Leben zu rufen; doch leider stets vergebens. Keiner der zahlreichen Misserfolge hinderte ihn indes daran, es immer wieder mit neuen Reformplänen zu versuchen, dem Lande eine Verfassungsänderung zu geben. Am 2. September 1873 wurde er durch ein kaiserliches Handschreiben zum General-Oberst der Infanterie mit dem Range eines General-Feldmarschalls ernannt.

In den folgenden Jahren hatte der Großherzog noch mehrere Reisen an die befreundeten europäischen Höfe unternommen und auch einigemal zum Curgebrauche in Karlsbad und Gräfenberg geweilt. Im Februar 1883 begab sich das erbgroßherzogliche Paar zu einem längeren Aufenthalte nach Mentone, wo der Erbgroßherzog nach einem kürzlich überstandenen Lungenkatarrh völlige Genesung finden sollte. Friedrich Franz II. beabsichtigte seinen Sohn in Mentone zu besuchen und setzte seine Abreise für den 9. April fest. Ein unglücklicher Zufall wollte es, dass am Tage zuvor ein großer Brand in der Centralhalle zu Schwerin zum Ausbruche kam. Obwohl der Großherzog ohnehin an einer kleinen Erkältung, welche er sich tags vorher bei der Besichtigung eines Dragoner-Regimentes zugezogen, litt, ließ er es sich nicht nehmen, wie bisher, auch diesmal am Brandplatze zu erscheinen. Nach Hause zurückgekehrt befiel ihn starkes Fieber, und er verschob daher seine Abreise um einen Tag; am 11. jedoch wurde bereits eine heftige Lungenentzündung constatiert. Der sofort herbeigerufene Gräfenberger Arzt Dr. Schindler konnte krankheitshalber diesem Rufe nicht Folge leisten, worauf man Dr. Winternitz aus Wien kommen ließ. Dessen Eintreffen verzögerte sich indes leider etwas zu lange; er fand den entzündlichen Process schon so weit vorgeschritten, dass eine Rettung ausgeschlossen schien. Ein warmes Bad, welches dem hohen Patienten verordnet wurde, brachte demselben einige Erleichterung. Der Großherzogin Marie, welche mit rührender Liebe und Sorgfalt ununterbrochen am Krankenlager ihres hohen Gemahles weilte, theilte Dr. Winternitz die vollständige Hoffnungslosigkeit des Zustandes mit, und diese übernahm es, dem Großherzoge diese traurige Nachricht schonungsvoll beizubringen. Es war dies in der Nacht vom 14. zum 15.

Für Friedrich Franz, welchen keine Minute seines Lebens hindurch die Zuversicht und Hoffnung auf Gott verlassen hatte, war der Tod nichts Schreckliches. Mit ruhiger Stimme fragte er, wie viele Stunden Leben ihm voraussichtlich noch gegeben seien, ließ seine Kinder, Minister und alle Personen des Hofstaates um sich versammeln, fand für jeden einzelnen liebreiche und tröstende Abschiedsworte und nahm, nachdem er ernste Worte mit Oberhofprediger Jahn gewechselt hatte, in Gegenwart aller Familienmitglieder um ½3 Uhr morgens das heilige Sacrament.

Nachdem sich alle zurückgezogen hatten, las die Großherzogin dem Kranken, welcher bis zum letzten Momente beim Bewusstsein geblieben war, aus der Bibel vor. Um 9¼ Uhr vormittags verlangte der Großherzog Musik. Großherzogin Marie ließ den Schlosschor, welcher ohnehin des Sonntags halber versammelt war, im Nebenzimmer Aufstellung nehmen, und bei den getragenen Klängen eines Chorales verschied sanft der im ganzen Lande hochverehrte Großherzog Friedrich Franz II. Ein Fürst, ausgestattet mit den besten Vorzügen des Herzens und des Geistes, der stets das Glück seiner Familie und das Wohl seines Volkes im Auge hatte, war dahingegangen. Am 21. erfolgte die Beisetzung der Leiche in der Schweriner Domkirche.

16. Mai 1859.

Wilhelm Prinz zu Schaumburg-Lippe,

k. u. k. Feldmarschall-Lieutenant und erbliches Herrenhaus-Mitglied des österreichischen Reichsrathes, Ritter des Ordens der Eisernen Krone I. Classe, Besitzer des Militär-Verdienstkreuzes mit der Kriegsdecoration, der Militär-Verdienstmedaille am rothen Bande, der Kriegsmedaille, sowie des Officiersdienstzeichens I. Classe, Großkreuz des königl. preußischen Rothen Adler-Ordens, des königl. württemberg'schen Kronen-Ordens, des großherzogl. badischen Hausordens der Treue, des herzogl. Sachsen-Ernestinischen Hausordens, des großherzogl. Oldenburg'schen Haus- und Verdienst-Ordens (mit der goldenen Krone), des großherzogl. Mecklenburg-Strelitz'schen Hausordens der Wendischen Krone und des herzogl. Nassau'schen Hausordens vom Goldenen Löwen, Ehrenkreuz I. Classe des fürstl. Lipp'schen Gesammthauses mit den Schwertern, sowie der mit dem Ehrenkreuze verbundenen silbernen Medaille, Besitzer des fürstl. Reuß'schen Ehrenkreuzes 1. Classe, der fürstl. Schaumburg-Lippe'schen Militär-Verdienstmedaille, der französischen Decoration eines „Chevalier du Mérito agricole", der herzogl. Anhalt'schen Jubiläums-Medaille, Ritter I. Classe des fürstl. Waldeck'schen Militär-Verdienst-Ordens etc. etc.

Prinz Wilhelm, der zweite Sohn des Fürsten Georg von Schaumburg-Lippe aus dessen Ehe mit Prinzessin Ida zu Waldeck und Pyrmont, wurde am 12. December 1834 zu Bückeburg geboren.

Nach Vollendung seiner Studien widmete sich der Prinz hauptsächlich der Landwirtschaft und administrirte selbst die Güter seines Fideïcommiss-Besitzes in Böhmen. Mit Allerhöchstem Handschreiben vom 16. Mai 1859 zum Rittmeister zweiter Classe im damaligen 7. (heute 14.) Dragoner-Regimente Fürst Windisch-Grätz ernannt, that Prinz Wilhelm als Ordonnanz-Officier Dienste in Allerhöchsten Hauptquartier, trat aber schon am 28. September 1860 einen Urlaub auf unbestimmte Zeit an und quittierte am 31. Januar 1861 mit Beibehalt des Officiers-Charakters. Die Kriegsereignisse des Jahres 1866 machte Prinz Wilhelm, seit 10. Juli desselben Jahres wieder eingetheilt, als Ordonnanz-Officier mit, wobei ihm einen Monat später, am 30. Juli, der Majors-Charakter verliehen wurde. Für seine verdienstlichen Leistungen während des Feldzuges mit dem Militär-Verdienstkreuze ausgezeichnet, trat der Prinz nach dem Friedensschlusse mit 21. September 1866 wieder in das Urlauber-Verhältnis zurück. Am 1. April 1867 zum erblichen Herrenhaus-Mitgliede erhoben, wurde Prinz Wilhelm mit 4. März 1870 bei gleichzeitiger Beförderung zum wirklichen Major in die Reserve des 14. Dragoner-Regimentes übersetzt. 1874 und 1876 machte der Prinz, als Ordonnanz-Officier Sr. kaiserlichen Hoheit dem Feldmarschall Erzherzog Albrecht zugetheilt, die Schlussmanöver und später alljährlich die Herbstmanöver der 10. Truppen-Division in Josefstadt freiwillig mit.

Am 24. November 1875 durch die Verleihung des Ordens der Eisernen Krone I. Classe ausgezeichnet, avancierte er am 1. Mai 1876 zum Oberstlieutenant, mit 1. Mai 1879 zum Oberst im Reservestande seines Regimentes, mit 1. Mai 1885 zum Generalmajor und mit 1. Mai 1890 endlich zum Feldmarschall-Lieutenant in seinem Urlaubsverhältnisse.

Am 30. Mai 1862 vermählte sich Prinz Wilhelm mit Prinzessin Bathildis von Anhalt, einer Schwester der Großherzogin Adelheid von Luxemburg. Acht Kinder entsprossen dieser glücklichen Ehe, und zwar: Prinzessin Charlotte, die heutige Königin von Württemberg, Prinz Franz Josef, geboren 8. October 1865, jedoch bereits am 4. September 1881 verstorben, Prinz Friedrich, k. u. k. Rittmeister im 9. Husaren-Regimente, vermählt seit 5. Mai 1896 mit Prinzessin Luise von Dänemark, Prinz Albrecht, k. u. k. Oberlieutenant im 6. Dragoner-Regimente, seit 6. Mai 1897 mit Herzogin Elsa zu Württemberg vermählt, Prinz Maximilian, Premier-Lieutenant im 2. württemberg'schen Uhlanen-Regimente Nr. 20, Prinzessin Bathildis, Gemahlin des Fürsten Friedrich zu Waldeck und Pyrmont, Prinzessin Adelheid, verlobt mit dem Prinzen Ernst von Sachsen-Altenburg, und Prinzessin Alexandra.

Prinz Wilhelm lebt zumeist auf seinen Gütern in Náchod oder Ratiboric bei Böhmisch-Skalic.

13. November 1859.

Franz II. König Beider Sicilien,

König von Jerusalem, Herzog von Parma, Piacenza, Castro, Erbgroßherzog von Toscana, Oberst-Inhaber des k. und k. Uhlanen-Regimentes Nr. 12 (vom 13. November 1859 bis 27. December 1894), Großkreuz des königl. ungarischen St. Stephan-Ordens, Ritter des Militär-Maria-Theresien-Ordens, Besitzer der k. und k. Kriegs-Medaille, wie des Officiers-Dienstzeichens, Ritter des königl. spanischen Ordens vom Goldenen Vliese, des kaiserl. russischen St. Georg-Ordens IV. Classe etc. etc.

Franz II. entspross am 16. Januar 1836 als einziger Sohn der ersten Ehe König Ferdinands II. mit der Prinzessin Christine von Savoyen.

Herangewachsen blieb er allen Staatsgeschäften ferne. Am 3. Februar 1859 vermählte er sich mit Prinzessin Marie, einer Tochter des Herzogs Maximilian in Bayern und Schwester der Kaiserin Elisabeth von Österreich. In kritischer Zeit, am 22. Mai 1859, starb König Ferdinand II. und hinterließ die Krone seinem durchaus unvorbereiteten Sohne. So blieb denn auch die alte Camarilla am Ruder und führte, zumal nach dem Ausbruche des Krieges Österreichs mit Sardinien, ein Schreckensregiment, welches dazu beitrug, den Ausbruch der nationalen Erhebung in Süditalien zu beschleunigen. Am 4. April 1860 begann der Aufstand, der sich schnell über das ganze Land verbreitete, zumal Garibaldi, der am 11. Mai mit seiner Freischar in Marsala gelandet war, auf das Festland übersetzte und sich gegen Neapel selbst wandte. Zu spät entließ Franz II. seine Minister. Am 25. Juni 1860 berief er ein liberales Ministerium unter dem Grafen Spinelli, verkündete eine volle Amnestie für alle politischen Vergehen, ließ die dreifarbige Fahne aufziehen und sagte die Ausarbeitung einer Verfassung zu. Die Versprechungen, welche so oft nicht gehalten worden waren, fanden keinen Glauben mehr. Im Heere wie in der Flotte und selbst in der Umgebung des Königs griff der Abfall um sich und Franz II. blieb nichts weiter übrig, als sich mit dem Reste des ihm treu gebliebenen Theiles der Armee vom 6. September bis 1. November 1860 auf das freie Feld am Volturno und am Garigliano, sodann bis 13. Februar 1861 nach Gaëta zurückzuziehen, welch letztere Festung unter seiner Oberleitung durch 101 Tage der Belagerung durch die Piemontesen heldenmüthigen Widerstand leistete. Der Monarch versah nicht nur die Functionen eines Festungs-Commandanten, sondern kam auch inmitten der Kämpfe allen Herrscherpflichten mit unerschütterlicher Pflichttreue nach. Gegenüber allen Aufforderungen zur Einstellung des Kampfes beharrte er dabei, dass er sich vertheidigen werde, so lange ihm ein Schimmer von Hoffnung auf Behauptung seiner legitimen Rechte bleibe. Für den mit einem Theile des neapolitanischen Heeres sowohl den Freischaren Garibaldis, als den piemontesischen Truppen unter General Cialdini geleisteten äußersten Widerstand wurde Franz II., König Beider Sicilien, von Sr. Majestät Kaiser Franz Josef I. das Ritterkreuz des Militär-Marin-Theresien-Ordens verliehen. Seit 22. Mai 1859 war Franz II. Oberst-Inhaber des k. und k. Uhlanen-Regimentes Nr. 12.

Nach der am 13. Februar 1861 erfolgten Capitulation Gaëtas begab sich König Franz II. mit der Königin nach Rom, wo er einige Jahre lebte, später nach Bayern. Vergeblich protestierte er gegen die Annexion seiner Länder durch das Königreich Italien.

König Franz, der sich zum Schlusse zumeist in Paris aufhielt, starb zu Arco am 27. December 1894.

4. December 1859.

Nikolaus Cesarewitsch Großfürst und Thronfolger von Russland,

Chef des kaiserl. russischen Leibgarde-Uhlanen- wie des Kosaken-Regimentes Sr. kaiserl. Hoheit des Thronfolgers, des Leib-Ataman-Regimentes, Ataman sämmtlicher Kosaken-Truppen. **Oberst und Inhaber des k. k. Infanterie-Regimentes Nr. 61 (vom 4. December 1859 bis 24. April 1864)** etc. etc.

Nikolaus Cesarewitsch, Großfürst und Thronfolger von Russland, wurde am 20. September 1843 als ältester Sohn Kaiser Alexanders II. von Russland aus dessen Ehe mit Kaiserin Maria Alexandrowna, vorher Wilhelmine Auguste Sophie Marie Prinzessin von Hessen, geboren.

In Gemeinschaft mit seinem um 17 Monate jüngeren Bruder Alexander genoss er unter der Oberaufsicht des Grafen S. Stroganow die sorgfältigste Erziehung. Im Herbste 1858 wurde an Stelle des Geheimrathes Titow, der bis zu dieser Zeit der eigentliche Erzieher war, Staatsrath von Grimm berufen, der 20 Jahre früher, im Vereine mit Admiral Lütke, Erzieher des Großfürsten Constantin Nikolajewitsch gewesen war. Dieser überwachte jedoch im ganzen nur die Erziehung des Großfürst-Thronfolgers und legte die einzelnen Zweige derselben in die Hände ausgesuchter Fachlehrer, meist Deutscher aus der Petersburger Gelehrtenwelt. Die militärische Ausbildung leitete der im Winterpalaste wohnhafte Generaladjutant, der Religionsunterricht wurde einem Popen anvertraut; Staatssecretär Baron Korff führte den Prinzen in das russische Staatsrecht ein. Großfürst-Thronfolger Nikolaus, welcher mit der späteren Gemahlin seines Bruders Kaiser Alexander III. verlobt war, starb am 24. April 1864 zu Nizza im jugendlichen Alter von 21 Jahren.

12. Januar 1860.

Wilhelm III. König der Niederlande,

Großherzog von Luxemburg, Prinz von Oranien-Nassau, **Oberst-Inhaber des k. und k. Infanterie-Regimentes Nr. 63 (vom 12. Januar 1860 bis 23. November 1890)**, Chef des kaiserl. russischen Kijew'schen Grenadier-Regimentes Nr. 5 sowie des königl. preußischen Husaren-Regimentes Nr. 11. **Großkreuz des königl. ungarischen St. Stephan-Ordens** etc. etc.

Prinz Wilhelm wurde als der älteste Sohn des niederländischen Kronprinzen Wilhelm Friedrich Georg, der am 7. October 1840 seinem Vater als König Wilhelm II. der Niederlande succedierte, und dessen Gemahlin Anna Pawlowna, einer Tochter des Kaisers Paul von Russland, am 19. Februar 1817 zu Brüssel geboren.

Sein Vater hatte in britischen Militärdiensten gestanden, den Krieg auf der pyrenäischen Halbinsel als Adjutant mitgemacht und sich zumeist in England aufgehalten. Dortselbst wurde denn auch Prinz Wilhelm zugleich mit seinem Bruder Heinrich erzogen. Nachdem er seine Studien an der Universität zu Leyden vollendet hatte, vermählte er sich am 18. Juni 1839 mit seiner Cousine, der bildschönen und geistreichen Prinzessin Sophie von Württemberg, und lebte die ersten Jahre seiner Ehe ziemlich zurückgezogen und den Staatsgeschäften sich ferne haltend bald im Haag, bald auf seinen Schlössern.

König Wilhelm II., ein sehr energischer Mann, der die besten Absichten hatte, sein Land gut zu regieren, sich dabei aber jeder freiheitlichen Entwickelung ablehnend verhielt, starb bald nachdem der Sturm des Jahres 1848 auch in Holland wilde Wellen aufgeworfen, am 17. März 1849. Prinz Wilhelm trat das Erbe seines Vaters, die vereinigte königliche, großherzogliche und herzogliche Krone als König Wilhelm III. an, und leistete am 12. Mai 1849 zu Amsterdam den Eid auf die Verfassung. Bei seinem Regierungsantritte waren die politischen Verhältnisse der Niederlande im großen und ganzen befriedigend.

Als alte Colonialmacht verfügte Holland über einen großen ererbten Reichthum; Schiffahrt und Fischerei blühten seit Jahrhunderten. Unter der Regierung König Wilhelms III. jedoch wurde seine Finanzlage so günstig, dass es 1849 bis 1859 etwa 122 Millionen Gulden Staatsschulden tilgen konnte. Dazu sicherte die Verfassung vom 3. November 1848 dem Volke eine sehr freie Bewegung, den General- und Provinzialstaaten einen weitgehenden Antheil am Staatsleben.

Das erste Ministerium König Wilhelms III. war dementsprechend ein liberales Cabinet mit Rudolf Thorbecke an der Spitze, der auch nachher mehrmals ans Ruder kam und erst 1872 starb. Diese vorwiegend liberale Verwaltung förderte besonders seit 1858 den bisher vernachlässigten Eisenbahnbau, führte 1857 die confessionslose Volksschule ein, hob vom 1. Juli 1863 an die Sclaverei in Surinam und Westindien auf, gewährte 1865 der Colonie Surinam eine freie parlamentarische Verfassung und legte seit 1864 das Colonialbudget den General-Staaten vor, räumte ihnen also ein Aufsichtsrecht ein. Dagegen scheiterten alle Versuche die Landesvertheidigung auf einen besseren Fuß zu bringen. Ein Kriegsminister nach dem anderen trat ab, weil die Kammer sich weigerte, das System der allgemeinen Dienstpflicht anzunehmen; auch über die Organisation des Festungssystems konnte man sich vorderhand nicht einigen.

Das Cabinet van Zuylen hatte die luxemburg'sche Frage zu lösen. Während des Feldzuges 1866 zwischen Österreich und Preußen hatten sich die Niederlande neutral verhalten, obwohl die Sympathien des Hofes und der höheren Kreise auf der Seite Österreichs waren. Bei der Neuordnung der deutschen Angelegenheiten kam es der niederländischen Regierung hauptsächlich darauf an, Limburg von der Verbindung mit Deutschland loszulösen; um Luxemburg kümmerte sie sich weniger, auch nicht als 1867 die Luxemburg'sche Frage zwischen Frankreich und Preußen ins Rollen kam. Dank dem immer bereiten Schutze Englands kam es darüber jedoch zu einem für die Niederlande noch günstigerem Vertrage, denn auf dem Congresse zu London wurde Luxemburg am 11. Mai 1867 zu einem neutralen Staate erklärt und die Hauptstadt hörte auf, deutsche Bundesfeste zu sein. Die preußische Garnison musste die Stadt verlassen und die Festung, der beständige Zankapfel zwischen Frankreich und Deutschland, wurde geschleift. Infolgedessen brauste auch der Sturm von 1870 dicht an den Grenzen Luxemburgs vorüber und die holländischen Soldaten, Gewehr bei

Fuß sahen nur den verheerenden Kämpfen bei Metz und Sedan zu. Das Herzogthum Limburg war schon ein Jahr zuvor nach Auflösung des deutschen Bundesstautes von Deutschland abgelöst und den Niederlanden einverleibt worden.

Das liberale Ministerium Fransen van de Putte scheiterte an der Colonialpolitik.

Im December 1871 hatten die Niederlande ihre Besitzungen in Guinea an England verkauft und dafür freie Hand auf Sumatra erlangt. Die Regierung hatte darauf vom Sultan von Atschin Unterwerfung unter gewisse Bedingungen gefordert und war, als er dies ablehnte, 1873 gegen ihn ins Feld gezogen. Die erste Campagne scheiterte aber gänzlich und auch als General van Swieten im Januar 1874 den Kraton, die Hauptstadt der Atschinesen, erobert hatte, war damit wenig gewonnen, da das mörderische Klima ungeheuere Opfer an Menschenleben forderte und die Rüstungen große Ausgaben verursachten.

Das Cabinet machte daher im Juli 1874 einem conservativen Ministerium Heemskerk Platz, welches sich durch geschicktes Lavieren bis zum September 1877 behauptete.

Am 1. April 1872 wurde unter großer Begeisterung des Volkes das dreihundertjährige Erinnerungsfest an den Beginn des Unabhängigkeitskampfes gegen Spanien festlich begangen. Am 11. Mai 1874 feierte der König unter dem allgemeinen Jubel des Volkes sein 25jähriges Regierungs-Jubiläum; das ihm aus einer dazu veranstalteten Geldsammlung überreichte Ehrengeschenk überwies er einem Invalidenfonds. Im Jahre 1875, am 8. Februar, begieng die Universität Leyden das 300jährige Jubiläum ihrer Gründung, wozu Deputationen von allen europäischen Universitäten erschienen. Ein wesentliches Verdienst Heemskerks war es, dass im Jahre 1876 das höhere Unterrichtsgesetz zustande kam, das länger als ein halbes Jahrhundert auf seine Erledigung hatte warten müssen. Zu den drei bestehenden Universitäten Leyden, Utrecht, Gromingen kam noch eine vierte, indem das Athenäum in Amsterdam ebenfalls zur Universität erhoben wurde und das jus promovendi erhielt, während die Ernennung der Professoren durch den Gemeinderath von der königlichen Bestätigung abhieng. An Stelle der alten theologischen Facultäten traten, dem Grundsatze der Trennung von Staat und Kirche entsprechend, Facultäten der Religionswissenschaft, während die rein dogmatischen Fächer von besonderen Professoren, welche die Synode ernennen durfte, gelehrt wurden. Gegen Ende des Jahres 1876 legte die Regierung der Kammer einen Gesetzentwurf über eine Neuorganisation des Elementarunterrichtes vor, wobei der confessionslose Charakter der Volksschule grundsätzlich aufrecht erhalten werden sollte. Aber die confessionslose Schule fand unter den strengen Reformierten und den Katholiken so scharfe Gegner, dass sich beide näherten und somit eine Verschiebung der Parteien eintrat. Die Verfassung wurde auch hier im Sinne einer mäßigen Erweiterung des Wahlrechtes revidiert, die Übelstände in den Fabriken durch eine starke Beschränkung der Frauen- und Kinderarbeit vermindert.

Am 3. Juni 1877 schied die Gemahlin Wilhelms III., Königin Sophie, aus dem Leben. Der Tod ihres hoffnungsvollen Sohnes Moriz, gestorben am 4. Juni 1850, das freiwillige Exil ihres Ältesten, des Kronprinzen und Prinzen von Oranien Wilhelm, der im Jahre 1879 am 11. Juni in Paris starb und das Leiden ihres jüngsten Sohnes Alexander vergifteten ihr Leben. Ihr Volk liebte sie warm. Hohen Genuss fand sie an Kunst und Wissenschaft; mancher Gelehrter erfreute sich ihrer Freundschaft.

Am 7. Januar 1879 vermählte sich König Wilhelm III. mit Prinzessin Emma Adelheid Wilhelmine Therese, der Tochter Georg Victors, Fürsten zu Waldeck und Pyrmont, welche im Haag am 31. August 1880 einer Tochter, Prinzessin Wilhelmine Helene Pauline Maria, das Leben schenkte.

Inzwischen war 1887 die Thronfolgeordnung, da der Kronprinz, Prinz von Oranien Alexander, im Haag am 21. Juni 1884, des Königs Bruder Heinrich, Statthalter von Luxemburg, 1879 ohne Erben gestorben war, derart neu geordnet worden, dass die Krone nach dem Tode König Wilhelms III. an die Tochter seiner zweiten Gemahlin Emma, an Prinzess Wilhelmine übergehen sollte. Als König Wilhelm III. schwer erkrankte, vertrat ihn eine Regentschaft vom 3. April bis 2. Mai 1889 in den Niederlanden und Herzog Adolf von Nassau vom 9. April bis 3. Mai in Luxemburg. Am 23. November 1890 starb König Wilhelm III., der letzte vom Mannesstamme der Oranier, und die Krone übergieng infolge der neu geordneten Thronfolgeordnung vom Jahre 1887 an die Tochter seiner zweiten Gemahlin, Prinzess Wilhelmine. Die Regierung für die jugendliche Fürstin übernahm Königin-Witwe Emma, das Großherzogthum Luxemburg aber, wo nur die männliche Erbfolge galt, gieng an Herzog Adolf von Nassau über, der am 9. December die Verfassung beschwor und am 23. Juli 1891 in seine neue Hauptstadt einzog.

12. Januar 1860.

Karl Alexander Großherzog von Sachsen-Weimar-Eisenach,

Landgraf in Thüringen, Markgraf zu Meißen, gef. Graf zu Henneberg, Herr zu Blankenhain, Neustadt und Tautenburg etc. etc., königl. preußischer General-Oberst der Cavallerie mit dem Range eines General-Feldmarschalls, königl. sächsischer und kaiserl. russischer General der Cavallerie, Chef des 5. thüring'schen Infanterie - Regimentes Nr. 94, des königl. preußischen Kürassier-Regimentes Graf Gessler Nr. 8, des königl. sächsischen Carabinier-Regimentes, **Oberst-Inhaber des k. und k. Infanterie-Regimentes Nr. 64 (seit 12. Januar 1860)**, Chef des kaiserl. russischen 30. Dragoner-Regimentes Ingermanland, Dr. honoris causa, Rector der großherzogl. und herzogl. sächsischen Gesammt-Universität zu Jena seit 26. August 1853, Ritter des königl. preußischen Schwarzen Adler-Ordens, **Großkreuz des königl. ungarischen St. Stephan-Ordens**, Ritter des königl. spanischen Ordens vom Goldenen Vliese etc. etc.

Karl Alexander wurde als Sohn des Erbprinzen Karl Friedrich und seiner Gemahlin Maria Pawlowna am 24. Juni 1818 zu Weimar geboren. Die Erziehung, welche der junge Prinz genoss, war getreu den Überlieferungen seines Hauses, das eine Culturmission in der Weltgeschichte übernommen hat, eine sehr sorgfältige. Es war daher naturgemäß, dass der Prinz unter dem Einflusse, oder wenigstens unter der Nachwirkung der Goethe'schen Zeit aufwuchs und dass seine Erziehung mit den hohen literarischen und künstlerischen Aufgaben, denen seine kunstsinnige Mutter das lobhafteste und feinste Verständnis entgegenbrachte, in innigstem Zusammenhange stand. Schon in den ersten Jugendjahren hieng er mit Liebe an den schönen Wissenschaften und Künsten, umsomehr, als er für dieselben auch ganz besonderes Talent zeigte. Als es sich darum handelte, dem jungen Prinzen eine geregelte Erziehung zu geben, wandte sich seine Mutter an Goethe. Ihr erstes Augenmerk richtete sie darauf, ihrem Sohne neben seiner Muttersprache die Kenntnis fremder Sprachen zu ermöglichen, besonders des Französischen. Nach längerem Suchen fiel Goethes Wahl auf den Schweizer Soret. Dieser begann im Frühjahre 1822, als Karl

Alexander noch nicht vier Jahre alt war, seine Lehrthätigkeit und verblieb vierzehn Jahre in seiner Stellung. Fast regelmäßig wohnte Maria Pawlowna den Unterrichtsstunden bei und überzeugte sich von den Fortschritten ihres Sohnes. Zwei Jahre später gesellte sich zu Soret ein zweiter Erzieher und Lehrer, dessen Aufgabe es war, den jugendlichen Prinzen in pädagogischer Form in den ersten Elementarfächern zu unterrichten. Wieder war es Goethe, der von der Großfürstin-Mutter um Rath angegangen wurde und die richtige Wahl traf. Lehrer Schmidt übernahm die Stellung, die er zehn Jahre bekleidete. Goethe nahm lebhaften Antheil an der Entwickelung des Prinzen und wiederholte Besuche, die der junge Karl Alexander Goethe machte, führten zu einem herzlichen Verhältnis.

Während seiner Erziehungsperiode unternahm der Prinz verschiedene Reisen; so besuchte er die Schweiz, Ober-Italien, Göttingen, den Harz und die Nordsee-Inseln. Neben der Ausbildung von Geist und Herz wurde aber auch die Pflege des Körpers nicht vernachlässigt; seine militärische Ausbildung erhielt der Prinz mit einigen Kameraden. So fand der jugendliche Fürstensohn eine allseitige Erziehung, die in der ersten Jugend gleichzeitig auch der Entwickelung seines kindlichen Gemüthes in weitem Maße gerecht wurde, indem der Prinz auch mit den Kindern des Volkes verkehrte. Waren die Schulstunden vorüber, so genossen die prinzlichen Kinder die Freiheit des Verkehres.

Schmerzlich empfand es der junge Prinz, als ihn seine beiden Schwestern, an denen er mit gleichinniger Liebe und Verehrung hieng, für immer verließen. Im November des Jahres 1826 hatte sich seine älteste Schwester Maria mit dem Prinzen Karl von Preußen verlobt, im Mai 1827 vermählt; am 21. August desselben Jahres wurde seine zweite Schwester Augusta confirmiert. Ehe diese aber noch ihrem Herzenswunsche folgen und sich mit dem Prinzen Wilhelm von Preußen verloben konnte, kam Trauer über das großherzogliche Haus. Karl August hatte der Taufe seines ersten Urenkels, des Prinzen Friedrich Karl von Preußen beigewohnt und war auf der Rückreise von Berlin am 14. Juni 1828 in Gradlitz bei Torgau plötzlich gestorben. Im römischen Hause empfieng der zehnjährige Prinz mit seiner Schwester und seiner Großmutter in Abwesenheit seiner Eltern, die in Petersburg weilten, die sterbliche Hülle Karl Augusts. Am 16. Februar 1829 erfolgte die Verlobung seiner Schwester Augusta und am 7. Juni ihre Abreise nach Berlin.

In gleichem Schritte giengen die Lehrjahre Karl Alexanders dahin. Der 14. Februar 1830, an welchem Tage die Großmutter des erst zwölf Jahre alten Prinzen, Großherzogin Luise, zur Ewigkeit abberufen ward, wurde ein trüber Gedenktag in dessen Leben. Zwei Jahre später starb Goethe, dessen erhabene Gestalt erst jetzt im Tode das ewige Leben des Geistes lebt, nicht ohne Zuthun dessen, der damals ein junger Prinz war, Jahrzehnte später aber gemeinsam mit seiner hohen Gemahlin durch Errichtung des Goethe-Archives dem gewaltigen Geiste seinen Tribut zollte.

Am 14. November 1834 vollzog in Gegenwart des versammelten Hofes der Geheime Consistorialrath Dr. Horn im großen Saale des Residenzschlosses zu Weimar die Einsegnung des Prinzen Karl Alexander. An diesem Tage fand auch seine Ernennung zum Secondlieutenant im großherzoglichen Truppencontingent statt. Zum Abschluss seiner Bildung bezog der junge Erbgroßherzog zunächst die Universität zu Leipzig, wo er am 8. November 1835 inscribiert wurde; später, im Herbste 1836, wurde er noch auf der Landes-Universität Jena für das Wintersemester immatrikuliert. Hier wie in Leipzig wurden von dem hohen Studierenden lediglich Vorlesungen auf Grund privater Verabredungen besucht.

Mit dem Jahre 1837 trat eine Umgestaltung in dem Leben des Erbgroßherzogs ein, indem er in der Person des Lieutenants Hermann Grafen von Beust einen eigenen Adjutanten erhielt. Dieser junge Officier wurde bald ein belebendes Element in dem kleinen Wilhelmsthaler Hofkreise. Prächtige Tage verlebte Karl Alexander in dem idyllischen Wilhelmsthal. Abwechslung in dieses heitere Leben brachten verschiedene kleinere und größere Reisen. In der ersten Hälfte des Jahres 1839 unternahm der Erbgroßherzog zunächst eine Reise nach Österreich-Ungarn. Hier befreundete er sich mit Erzherzog Stephan, der später oft Gast des Weimarer Hofes war. Nach seiner Rückkehr begab sich der Prinz nach England und Schottland. Außer seinem Adjutanten von Beust begleitete ihn diesmal auch der Kammerherr von Wegner. Eine Fülle neuer Eindrücke gesellschaftlicher, künstlerischer und landschaftlicher Art wirkten hier auf den jungen Fürsten ein. Die Rückreise von den britannischen Inseln erfolgte über Holland, dessen Hofe er aus Rücksicht auf seine nahen verwandtschaftlichen Beziehungen einen Besuch abstattete.

Im Herbste desselben Jahres begann ein neuer Zeitabschnitt: der Erbgroßherzog trat in die preußische Armee ein, und zwar in das in Breslau garnisonierende 1. Kürassier-Regiment „Großer

Kurfürst". Voller Hingebung für den Dienst, führte der junge, 21 Jahre alte Rittmeister, wozu ihn König Friedrich Wilhelm III. schon im December befördert hatte, zur vollsten Zufriedenheit seiner Vorgesetzten seine Schwadron mit Geschick und Umsicht. Abhold allen materiellen Genüssen, suchte der Erbgroßherzog im Kreise befreundeter Familien Erholung vom Dienste. Ein Jahr lang hatte der junge Fürstensohn mit kurzen Urlaubsunterbrechungen so Frontdienst gethan, als er von Breslau aus eine längere Reise nach Petersburg unternahm, um der Vermählungsfeier des damaligen Großfürsten-Thronfolgers, des späteren Kaisers Alexander II., mit der Prinzessin Maria von Hessen-Darmstadt beizuwohnen. Zur Winterszeit, am 5. December 1840, brach Erbgroßherzog Karl Alexander von Breslau auf, vorerst über Kalisch nach Warschau; von dort aus wurde die Reise zu Schiff auf der Weichsel über Nowo Georgiewsk, Suwalki, Dünaburg fortgesetzt, bis am 8. April 1841 die Ankunft in Petersburg erfolgte. Der Empfang am russischen Kaiserhofe war ein überaus herzlicher und liebenswürdiger. Gewaltige Eindrücke stürmten in Petersburg auf Karl Alexander ein. Die Rückreise erfolgte über Narwa, Dorpat, Riga und Warschau. In Breslau betheiligte sich der Erbgroßherzog noch an den Herbstmanövern und trat nach deren Beendigung eine Reise nach Holland an. Nach seiner Rückkehr, auf der er dem Prinzen Bernhard von Sachsen-Weimar in Mannheim und dem württemberg'schen Königshofe in Stuttgart Besuche abgestattet hatte, unternahm er Reisen in Deutschland und hielt sich auch längere Zeit zum Besuche seiner Geschwister am Berliner Hofe auf.

Das Jahr 1842 wurde für Erbgroßherzog Karl Alexander, sein Haus und sein Land von Bedeutung. Schon bei seinen beiden früheren Reisen nach dem Haag hatte Karl Alexander seiner Base Sophie die innigste Neigung entgegengebracht, der neu projectierte Besuch war bestimmt, die Bande des Herzens fester zu schließen. Am 5. April 1842 hatte die Verlobung stattgefunden, der am 8. October die mit königlichem Glanze gefeierte Vermählung folgte. Überall im weimarischen Lande wurde das junge Paar mit aufrichtigem Jubel begrüßt und unter sinnigen Festlichkeiten empfangen.

Die ersten Jahre der jungen Ehe verliefen in reicher Abwechslung. Der Frühling des Jahres 1846 brachte dem Erbgroßherzog die Ernennung zum Chef des 8. preußischen Kürassier-Regimentes, das damals in Langensalza lag. Häufigere militärische

Besuche daselbst von Ettersburg aus, wo das erbgroßherzogliche Paar residirte, wechselten mit kleineren und größeren Reisen ab, während sonst das Leben in dem reizend gelegenen Rococoschlosse ein geistig anregendes war. Ein Kreis hochgebildeter Menschen versammelte sich um die Erbgroßherzogin Sophie und die ehemalige Wilhelmsthaler Sitte kam wieder zur Aufnahme. Die Pflege der bildenden Künste, namentlich der holländischen Malerei, für die der Erbgroßherzog eine besondere Zuneigung besaß, die persönliche Bekanntschaft mit den bedeutendsten Künstlern, die geistigen Anregungen, welche er im Haag fand, veranlassten ihn zu wiederholten Reisen dorthin. Einer Reise im Jahre 1843 folgte 1845 abermals eine solche, an die sich ein längerer Aufenthalt in Frankreich anschloss. Feste und Ehrungen aller Art wurden hier dem Enkel Karl Augusts namentlich von gelehrten Kreisen veranstaltet. Mit reichen Eindrücken kehrte Karl Alexander nach Weimar heim.

Das Jahr 1847 führte den Erbgroßherzog mit Gemahlin nach England, wo die Installation des Prinz-Gemahles eine große Feier der Universität Cambridge veranlasste. Alte Bekanntschaften wurden bei dieser Gelegenheit erneuert, neue gemacht.

Das Jahr 1848 brachte auch über Weimar heftige Stürme und dem regierenden Hause manch schwere Kränkung. Bald jedoch verlief sich die Bewegung, die Gemüther beruhigten sich, und Weimar begann sich wieder seiner großen Vergangenheit zu erfreuen. Die um diese Zeit schwebende Schleswig-holstein'sche Frage führte zum Kriege mit Dänemark. Das 2. weimar'sche Bataillon stieß zum sächsischen Contingent und nahm an dem Feldzuge theil. Erbgroßherzog Karl Alexander, in seiner Eigenschaft als preußischer Generalmajor, schloss sich seinem Truppencontingent an und folgte demselben in das Feldlager bei Sundewitt. Am 3. Mai wurde Karl Alexander Gelegenheit gegeben, die Feuertaufe zu erhalten. Nach achtstündigem, blutigem Kampfe endete das Gefecht bei Viuf. Das tapfere Verhalten des jungen Fürsten wurde vom Könige von Preußen in besonderem Maße geehrt; Friedrich Wilhelm IV. beförderte ihn zum Generallieutenant. Mit Ruhm beladen, kehrte der Erbgroßherzog am 4. Juni nach Weimar zurück, um am 28. August an der Goethefeier theilzunehmen; ein Jahr später, am 25. August 1850, fand eine ähnliche Feier zum Gedächtnis Herders statt.

Am 27. März 1851 begab sich der Prinz zum Besuche seiner Schwester, der Prinzessin von Preußen, nach Koblenz. Der Juni dieses Jahres führte Karl Alexander nach Stuttgart zur Vermählung seines Vetters, des Prinzen Hermann von Sachsen-Weimar, mit der Prinzessin Augusta von Württemberg. Nachdem Karl Alexander das junge Paar nach Weimar zur Vorstellung gebracht hatte, unternahm er mit seiner hohen Gemahlin eine Reise nach Moskau und Petersburg.

Als am 8. Juli 1853 Großherzog Karl Friedrich starb, übernahm Karl Alexander an demselben Tage die Regierung. Mit dem Regierungsantritt des nunmehrigen Großherzogs entstand nach allen Richtungen hin ein neues, frisches Leben; namentlich fanden die idealen Bestrebungen der Kunst und Wissenschaft bei ihm eine warme Förderung. Von Kindheit an war die Wartburg ein Gegenstand seiner großen Fürsorge und Liebe gewesen. Es war ein Lieblingsgedanke von ihm, sie in der Weise herzustellen, wie sie zur Zeit des Sängerkrieges das Wunder Deutschlands war: ein Gedanke, in dessen Ausführung sein historisches und künstlerisches Interesse gleiche Befriedigung fand. Die Munificenz der Frau Großfürstin gestattete ihrem strebsamen Sohne, seine Pläne zum Ausbau und zur Ergänzung des scheinbar Unerreichbaren zu verwirklichen. Eisenach, die zweite Residenzstadt des Großherzogthums, ist dem Landesherrn zu größtem Danke verpflichtet, dass die neu erstandene Wartburg der an und für sich zwar schönen Gegend doch eigentlich erst die Weihe gegeben, Eisenachs Umgebungen gekrönt hat.

Mehr noch als Eisenach gewann die erste Residenz Weimar durch die künstlerischen Bestrebungen des Großherzogs. Auf seine Veranlassung entstand die Weimarer Malerschule. Mit freudiger Genugthuung erfüllte es den Beschützer der Künste, wenn er talentvollen Männern Gelegenheit geben konnte, sich auszubilden. Und wie Weimar nach dieser Richtung hin glänzte, so trug es auch seinen Namen hinaus als Pflegstätte der neueren Musik. Seit der Ernennung Franz Liszts zum großherzoglichen Kapellmeister war ein neuer Geist über die musikalische Welt Weimars gekommen. Und wie auf dem Gebiete der Kunst, führte Großherzog Karl Alexander auch eine Wiederbelebung der Wissenschaften ein, indem er, wenn auch in anderer Form, eine neue Epoche in Goethe'schem Sinne einziehen ließ.

Neben der Pflege der idealen Güter suchte aber der Landesfürst und seine erhabene Gemahlin auch den Herrscherpflichten in jeglicher Weise gerecht zu werden. Durch persönliche Besuche im Lande suchten sie sich zu unterrichten und den so herzlichen Verkehr zwischen Fürst und Volk zu stärken. Am 28. August gab

Karl Alexander dem Landtage die landesherrliche Versicherung wegen Aufrechthaltung der Verfassung, nachdem ihm am 26. bereits die Landtagsabgeordneten den Erbhuldigungseid geleistet hatten. Militärische Pflichten führten den Großherzog dann wieder zu den Manövern der preußischen Truppen in der Nähe von Merseburg. Im December nahm er für einige Zeit in Eisenach Aufenthalt, um dem Ausbau der Wartburg möglichst nahe sein zu können. Am 26. August des Jahres seines Regierungsantrittes hatte Karl Alexander auch das Ehrenamt und die Würde eines Rector magnificentissimus der Universität Jena angenommen und eigenhändig die von der Universität ausgefertigten Immatrikulations-Diplome für die Söhne des englischen Prinz-Gemahles, sowie für die Prinzen von Meiningen und den Prinzen von Altenburg vollzogen. Anfangs October hatte er auch das Protectorat über die Freimaurerloge in Weimar übernommen. Im Jahre 1855 erkrankte Großherzog Karl Alexander, doch nahm das Leiden einen günstigen Verlauf. Am 7. Juni desselben Jahres fand die Einweihung der Wartburgkapelle statt, der kleinere und ausgedehntere Reisen durch die verschiedensten Theile des Landes folgten. Zeitgemäße Einrichtungen wurden zunächst auf dem Gebiete des Kirchen- und Schulwesens getroffen; für Gesundheitspflege wurde das Karl Friedrich-Hospital in Blankenhain eingerichtet. Auch das Verkehrsleben, wie die Entwickelung des Straßenbaues wurden gefördert; in die Jahre 1856 bis 1858 fällt der schwierige Bau der Werrabahn.

Herrliche Feste und denkwürdige Tage fallen in die nächsten Jahre, so die Grundsteinlegung zu einem Denkmale für Karl August, die Enthüllung des großartigen Doppeldenkmales von Goethe-Schiller und die 300jährige Jubelfeier der Universität Jena. Der Freude folgte leider zu bald tiefe Trauer. Am 23. Juni 1859 schied unerwartet die Mutter Karl Alexanders, Maria Pawlowna, aus dem Leben. Das ganze Land trauerte um die gütige, vielgeliebte Fürstin. Nach den Beisetzungsfeierlichkeiten reiste der Großherzog zur Cur nach Helgoland.

Die politischen Wogen, die nie ruhten, giengen nun wieder höher. Das Jahr 1863 entrollte die Polnische Frage, die Neubesetzung des griechischen Königsthrones und die Schleswig-Holstein'sche Frage war ganz geeignet zu kriegerischer Begeisterung zu entfachen. Der dänische Feldzug endete ohne dass die großherzogliche Regierung Anlass gehabt hätte, sich in den Gang der Dinge einzumischen. Der Friede im Jahre 1866, nach dem Kriege zwischen Österreich und Preußen, brachte dem Großherzogthume den Anschluss an den Norddeutschen Bund. Inzwischen war Großherzog Karl Alexander nach Frankreich gereist; nach seiner Rückkehr feierte am 28. August 1867 die Wartburg, welche in ihrer neuen Gestalt vollendet war, das 800jährige Erinnerungsfest ihrer Gründung. Der glänzenden Feier aus diesem Anlasse folgte im Herbste ein zweites Jubiläum. Das großherzogliche Paar begieng am 8. October 1867 unter der lebhaftesten Theilnahme des ganzen Landes das Fest der silbernen Hochzeit.

1870 waren in Weimar eben die Veranstaltungen der großen Musikfeste unter Liszts Leitung beendet worden, der Hof hatte sich zum Sommeraufenthalte nach Wilhelmsthal begeben, da kam überraschend die Kunde der französischen Kriegserklärung. Am 2. August 1870 folgte Großherzog Karl Alexander dem Heere nach. Im Hauptquartier des Königs Wilhelm folgte er den Operationen der Armee und da er nicht direct in den Kampf eingreifen konnte, stellte er sich als Samariter in den Dienst der Verwundeten. Sein Regiment nahm während des deutsch-französischen Feldzuges an 27 Schlachten und Gefechten theil; am 10. August 1871 kehrte Karl Alexander nach Weimar zurück. Von hervorragender Bedeutung war der 2. September 1875, der Tag der Enthüllung des Denkmals Karl Augusts, der Weimars Ruhm begründet hatte. Ein schönes und ernstes Fest brachte das Jahr 1878, in welchem am 9. Juni Großherzog Karl Alexander die Feier seines 25jährigen Regierungsjubiläums begieng. Tiefes Leid zog 1888 im großherzoglichen Hause ein, denn in kurzer Zeit waren die Kaiser Wilhelm I. und Friedrich III. aus dem Leben geschieden. Vier Jahre später, am 8. October 1892, begieng das großherzogliche Paar das Jubelfest der goldenen Hochzeit, welche das ganze Land in tiefer Bewegung mitfeierte. Doch bald senkten sich auf des Herrscherpaares Lebensabend dunkle Schatten. Am 20. November 1894 erfolgte das Hinscheiden des Erbgroßherzogs Karl August, der einem tückischen Leiden erlegen war, dessen Spuren erst wenige Monate zuvor hervorgetreten waren. Wenn den Herzen der Eltern in ihrem tiefen Schmerze über den Verlust des Sohnes etwas wohlthat, so war es die innige Theilnahme ihrer Landeskinder.

Noch waren die Wunden nicht geheilt, da drang mitten in die Festesfreude der Jahrhundertfeier zum Gedächtnis Kaiser Wilhelms I. erneuert eine Trauerkunde, die Klage über das plötzliche Ableben der Großherzogin Sophie, zu deren 73. Geburtstage Land und Volk sich im April zu rüsten gedachten. Am 23. März 1897, abends 8 Uhr, beendete ein Herzschlag ein Leben, das in seiner ganzen Dauer bis zum letzten Tage der schönsten und selbstlosesten Pflichterfüllung gewidmet war für ihr Haus, wie für die Bevölkerung des Landes, das sie über 50 Jahre als ihre Heimat geliebt und für dessen Wohlfahrt sie mit allen ihren Kräften zu sorgen bestrebt war. Der schwerste Schicksalsschlag war es, der Großherzog Karl Alexander und sein Haus ereilen konnte, unermesslich groß der Verlust.

So wurde es einsamer und stiller um den verwaisten Gatten, der in seinem Leide einen Trost fand in dem Bewusstsein, dass die Verklärte fortleben wird für alle Zeiten in den zahllosen Spuren ihres reichgesegneten Wirkens. Ohne äußere Feierlichkeiten, in stiller Zurückgezogenheit, begieng Großherzog Karl Alexander am 24. Juni 1898 seinen 80. Geburtstag. Unter den vielen Adressen, die aus diesem Anlasse dem Großherzog überreicht wurden, befand sich auch die der Goethe-Gesellschaft, welche am 21. Juni 1885 über Wunsch der geisteshohen, pietätvollen Fürstin, der Großherzogin Sophie, der hohen Gemahlin Karl Alexanders, ins Leben trat. Der geistvolle Fürst hat unter dem 4. Juli 1898 diese Adresse mit einem Dankschreiben beantwortet, in welchem es unter anderem heißt:

> „Wie an dem Hinscheiden meiner heißgeliebten Gemahlin im vergangenen Jahre, hat die Goethe-Gesellschaft auch an der Feier meines 80. Geburtstages einen sehr herzlichen Antheil genommen. Noch unter den Eindrücken des goldenen Zeitalters deutscher Dichtung herangewachsen, habe ich bereits in früher Jugend die segenspendende Kraft erlauchter Geister an mir empfinden dürfen; ihr Vorbild ist es, dass meinem Leben und Handeln die entscheidende Richtung gegeben, das mir in schwerer Zeit die Kraft verliehen hat, deren ich bedurfte, um den von meinen Vorfahren überkommenen Pflichten zu genügen. Das Verständnis, das die Goethe-Gesellschaft meinem, ich darf wohl sagen, idealen Streben entgegenbringt, thut mir ebenso wie ihre Zuneigung zu Weimar und ihre vertrauensvolle Hingebung an mich und mein Haus in innerster Seele wohl und kann mich nur ermuthigen, mich auch fernerhin freudig dem Dienste ihrer Interessen zu widmen. Ihre treuen Gefühle vermag ich nicht besser zu erwidern als durch den Wunsch, dass die göttliche Vorsehung die Arbeit der Goethe-Gesellschaft auch in Zukunft segnen möge, dem deutschen Namen zu Ehren, den Gebildeten der ganzen Welt zu Nutz und Frommen."

15. Mai 1861.

Ludwig Graf von Trani,

Prinz Beider Sicilien, Oberst-Inhaber des k. k. Freiwilligen-Uhlanen-, seit 1862 Uhlanen-Regimentes Nr. 13 (vom 15. Mai 1861 bis 8. Juni 1886), Großkreuz des königl. ungarischen St. Stephan-Ordens, Ritter des k. und k. Militär-Maria-Theresien-Ordens etc. etc.

Prinz Ludwig, ein Stiefbruder und Waffengefährte des letzten Königs Beider Sicilien Franz II., wurde am 1. August 1838 geboren.

Von seinen hohen Eltern, König Ferdinand II. und Erzherzogin Theresia, einer Tochter des unvergesslichen österreichischen Heldenmarschalls Erzherzog Karl, sorgfältigst erzogen, sollte der Prinz nur zu bald den Ernst des Lebens kennen lernen. Todesmuthig focht er an der Seite seines königlichen Bruders am Volturno wie in dem Gefechte von Cajazzo am 21. September 1860. Bei der Vertheidigung von Gaëta leitete Prinz Ludwig in den ihm unterstellten Batterien das Feuer, richtete in entscheidenden Momenten des Kampfes persönlich die Geschütze und feuerte die Besatzung durch seine Tapferkeit zur äußersten Ausdauer an. Seine Majestät Kaiser Franz Joseph I. ehrte die hervorragenden militärischen Tugenden des Prinzen durch die Verleihung des Militär-Maria-Theresien-Ordens, wie durch dessen Ernennung zum Oberst-Inhaber des Freiwilligen-Uhlanen-Regimentes.

Prinz Ludwig, der am 8. Juni 1886 starb, war seit 5. Juni 1861 mit Herzogin Mathilde von Bayern vermählt. Eine Tochter, Prinzessin Maria Theresia, seit 27. Juni 1889 Gemahlin des Erbprinzen Wilhelm von Hohenzollern, betrauerte neben Prinzessin Mathilde den Heimgang des hohen Verblichenen.

10. October 1861.

August Prinz zu Sachsen-Coburg-Gotha,

Herzog zu Sachsen, k. u. k. Contre-Admiral a. D., Großkreuz des herzogl. Sachsen-Ernestinischen Hausordens etc. etc.

Prinz August erblickte zu Eu in Frankreich am 9. August 1845 das Licht der Welt. Unter der Aufsicht seiner hohen Eltern, des Prinzen August von Sachsen-Coburg-Gotha und dessen Gemahlin, Prinzessin Clementine von Bourbon-Orléans, sorgfältigst erzogen, leitete Hofrath Seitz die weitere Ausbildung des Prinzen. Für höhere Studien gründlich vorbereitet, trat Prinz August am 10. October 1861 als See-Eleve I. Classe in die k. k. Kriegsmarine ein und wurde, nachdem er die Officiersprüfung mit gutem Erfolge abgelegt, bereits am 4. April 1862 zum See-Cadetten ernannt. Am 11. Februar 1864 zum Linienschiffs-Fähnrich befördert, quittierte er jedoch schon am 21. April des folgenden Jahres ohne Beibehalt des Militär-Charakters und schiffte sich nach Brasilien ein.

Dortselbst vermählte sich Prinz August zu Rio de Janeiro am 15. December 1864 mit Prinzessin Leopoldine von Brasilien, einer Tochter des Kaisers Dom Pedro II.

In die brasilianische Marine eingetreten, erreichte der Prinz die Charge eines Groß-Admirals und nahm an den Kriegen Brasiliens gegen Uruguay und Paraguay (1864—1870) thatkräftigsten Antheil. Nach dem Sturze Kaiser Pedros II. (15. November 1889) kehrte auch er nach Europa zurück.

Schon 1871 entriss der Tod dem Prinzen die geliebte Gemahlin, welche ihm drei Söhne hinterließ: Prinz Peter, geboren zu Rio de Janeiro am 19. März 1866, Prinz August Leopold, geb. ebendaselbst am 6. December 1867, vermählt seit 30. Mai 1894 mit Erzherzogin Karoline Maria Immaculata von Österreich, und Prinz Ludwig, geb. zu Ebenthal am 15. September 1870.

Mit 28. April 1894 verlieh Seine Majestät Kaiser Franz Joseph I. dem Prinzen die Contre-Admiralscharge in der k. und k. Kriegsmarine.

16. April 1862.

Philipp Herzog von Württemberg,

königl. württembergischer General der Cavallerie, à la suite des Uhlanen-Regimentes König Karl (1. württembergisches) Nr. 19. **Oberst-Inhaber des k. und k. Infanterie-Regimentes Nr. 77 (seit 17. December 1892)**, Großkreuz des Ordens der württembergischen Krone, des Friedrich-Ordens, Besitzer des Dienst-Ehrenzeichens I. Classe und der goldenen Jubiläums-Medaille, Ritter des königl. bayerischen St. Hubertus-Ordens, Großkreuz des herzogl. braunschweigischen Ordens Heinrich des Löwen, Ritter des königl. sächsischen Hausordens der Rautenkrone, Großkreuz des herzogl. Sachsen-Ernestinischen Hausordens, **Ritter des kaiserl. österreichischen Ordens vom Goldenen Vliese**, Großkreuz des königl. belgischen Leopold-Ordens etc. etc.

Zu Neuilly in Frankreich am 30. Juli 1838 als ältester Sohn des Herzogs Alexander und dessen Gemahlin Prinzessin Maria von Orléans geboren, trat Prinz Philipp nach vorzüglich absolvierten Vorstudien in die k. k. österreichische Armee ein und wurde mit 16. April 1862 zum Major im Kürassier-Regimente Graf Stadion Nr. 9 ernannt. Bereits am 10. Juli desselben Jahres erfolgte die Transferierung des Herzogs zum Kürassier-Regimente Herzog Wilhelm von Braunschweig, am 9. Jänner 1865 wurde demselben die erbetene Chargequittierung bewilligt und gleichzeitig der Obersten-Charakter ad honores verliehen.

Durch seine Vermählung mit Erzherzogin Maria Theresia von Österreich, einer Tochter des heldenmüthigen Heerführers Feldmarschall Erzherzog Albrecht, trat Herzog Philipp mit dem österreichischen Herrscherhause in nähere verwandtschaftliche Beziehung, welche Bande noch enger sich knüpften, als dessen ältester Sohn Herzog Albrecht, dem Zuge seines Herzens folgend, sich mit Erzherzogin Margareta Sophie, einer Tochter des unvergesslichen Erzherzogs Karl Ludwig, vermählte.

Außerdem am 23. December 1865 geborenen Herzog Albrecht entsprossen der glücklichen Ehe Herzog Philipps noch Herzogin Maria Isabella, geb. 30. August 1871, vermählt mit Prinz Johann von Sachsen, Herzog Robert, geb. 14. Januar 1873 und Herzog Ulrich, geb. 13. Juni 1877.

Die ersten Jahre nach seiner Vermählung verlebte Prinz Philipp in Wien, und nun ist Stuttgart der ständige Aufenthaltsort des Herzogs.

30. April 1862.

Bernhard Herzog von Sachsen-Meiningen,

königl. preußischer General der Infanterie, königl. sächsischer General der Reiterei, **Oberst-Inhaber des k. k Infanterie-Regimentes Nr. 46 (vom 30. April 1862 bis 3. December 1882), Großkreuz des königl. ungarischen St. Stephan-Ordens etc. etc.**

Herzog Bernhard, eine hohe, edle Gestalt aus dem uralten Geschlechte der Grafen von Wettin, wurde als einziger Sohn Georg I. von Meiningen und dessen Gemahlin Luise Eleonore am 17. December 1800 zu Meiningen geboren.

Zwei Schwestern erblickten vor ihm das Licht der Welt; Prinzessin Adelheid, geboren 1792, die spätere Gemahlin des Königs Georg von England, und Prinzessin Ida, geboren 1794, seit 30. Mai 1816 mit Herzog Bernhard von Sachsen-Weimar vermählt.

Als dreijähriger Knabe bereits, am 24. December 1803, verlor der Prinz seinen Vater und folgte demselben nun unter der Vormundschaft seiner Mutter, einer geborenen Prinzessin von Hohenlohe-Langenburg.

Nach einer sorgfältigen Erziehung und durch tüchtige Lehrer vorbereitet, erlangte er unter der Leitung des Oberconsistorialrathes Mosengeil an den Universitäten zu Jena und Heidelberg eine vorzügliche wissenschaftliche Ausbildung, welche er durch Reisen nach den Niederlanden, der Schweiz, Italien und England vervollständigte.

Im October 1820 in seine Residenz zurückgekehrt, übernahm er an seinem Geburtstage 1821 die selbständige Regierung des Landes.

Schon 1823 ließ er eine neue Organisation der Landesbehörden und am 4. September 1824 die unter die Garantie des Deutschen Bundes gestellte, verbesserte, landständische Verfassung ins Leben treten. Nach dem Aussterben der Sachsen-Gothaischen Linie

(11. Februar 1825) beanspruchte Herzog Bernhard als nächster nach dem Grade der Verwandtschaft die gesammten erledigten Lande. Auf den durch die Herzoge von Coburg und Hildburghausen erhobenen Einspruch jedoch kam am 12. November 1826 ein Theilungsvertrag zustande, nach welchem Herzog Bernhard bei Abtretung zweier im Coburgischen gelegenen Kammergüter (Kalenberg und Gauerstadt) außer seinem Erblande noch das Herzogthum Hildburghausen, das Fürstenthum Saalfeld, das Amt Themar, die Grafschaft Kamburg und die Herrschaft Kranichfeld erhielt. Nach Vereinigung dieser fünf Gebietstheile, welche ebensoviele verschiedene Verfassungen hatten, organisierte Herzog Bernhard das Ministerium, sowie die Behörden für Verwaltung und Rechtspflege bei strenger Trennung dieser beiden Zweige der Regierungsgewalt und gab den vereinigten Ländern am 23. August 1829 ein neues gemeinschaftliches Grundgesetz, welches längere Zeit als Muster gegolten hat.

Am 23. März 1825 vermählte sich der Herzog mit der am 6. September 1804 geborenen zweiten Tochter des Kurfürsten Wilhelm II. von Hessen, Prinzessin Marie Friederike, welcher ungemein glücklichen Ehe Erbprinz Georg und Prinzessin Auguste entstammen. Besonders der Erziehung und Ausbildung seines einzigen Sohnes widmete sich Herzog Bernhard mit aller Hingebung und war hochbeglückt, als ihn seine Schwiegertochter Prinzessin Charlotte von Preußen am 1. April 1851 mit dem ersten Enkelkinde beschenkte, welches nach ihm den Namen Bernhard erhielt. Seine Tochter Prinzessin Auguste, welche erst am 6. August 1843 zur Welt kam, vermählte sich im Jahre 1862 mit Prinz Moriz von Sachsen-Altenburg.

Am 11. Mai 1833 trat Herzog Bernhard dem deutschen Zollvereine bei und erneuerte am 26. December 1833 mit seinen Agnaten, den Herzogen von Sachsen-Altenburg und Sachsen-Coburg-Gotha, den 1690 von Herzog Friedrich I. von Gotha-Altenburg gestifteten Ernestinischen Hausorden der Treue. 1844 nahm er in Gemeinschaft mit jenen das Prädicat „Hoheit" an. Unter herzlichster Antheilnahme des ganzen Landes wurde am 17. December 1846 sein 25jähriges Regierungsjubiläum feierlich begangen.

Als edler Charakter und freisinniger Fürst längst bekannt, zögerte Herzog Bernhard bei Hereinbruch des Sturmjahres 1848, welches alles auf den Kopf zu stellen drohte, keinen Moment, seinem Volke die bekannten Forderungen als: Pressfreiheit, Parlament und Bürgerwehr zuzugestehen, sowie auch die Reichsverfassung des

Frankfurter Parlamentes anzunehmen. Später trat er der Union bei und gab stets seine Sympathien für die deutschen Einheitsbestrebungen kund.

Bei Beginn des österreichisch-preußischen Conflictes im Jahre 1866 gesellte sich Sachsen-Meiningen neben Reuß älterer Linie als einziger thüringischer Staat den Gegnern Preußens zu und stimmte in der zwölften (ernestinischen) Curie allein für den Mobilisierungsantrag Österreichs vom 14. Juli. An demselben Tage gieng auch über Weisung des Bundestages das meiningische Truppen-Contingent nach der Festung Mainz ab. Zu Ende des Monates rückten, um sich mit den von Norden kommenden Hannoveranern zu vereinen, etwa 15.000 Bayern im Lande ein; auf die Nachricht von der Capitulation bei Langensalza jedoch wendeten sich dieselben westwärts und wurden bei Dermbach von den Preußen zurückgedrängt. Letztere besetzten nun am 8. Juli die Sachsen-Meiningische Grafschaft Kamburg, wobei ein preußischer Militär-Gouverneur die Verwaltung derselben übernahm. Da am 19. September, um den Widerstand Herzog Bernhards, der dem Beitritte zum Norddeutschen Bunde abgeneigt war, zu brechen, preußische Truppen das ganze Land occupierten, legte dieser am 20. September die Regierung zu Gunsten seines Sohnes nieder.

Wie überhaupt in jeder Beziehung fürsorgend, widmete Herzog Bernhard während seiner 45jährigen Regierungszeit ganz besondere Aufmerksamkeit dem Volksschulwesen, welches unter ihm auch zu hoher Blüte und Ansehen kam. Eine nicht mindere Sorgfalt wandte er der Kunst und Wissenschaft zu. Das Lyceum in der Residenz wurde reorganisiert und zu einem seinen Namen tragenden Gymnasium erhoben, auch errichtete er zu Dreißigacker eine Realschule und vermehrte die von Herzog Bernhard I. gestiftete Bibliothek. Seinen Kunstsinn überliefert das auf schroffem Fels erbaute, hochromantische Schloss Landsberg mit seinem schönen, schattigen Parke, sowie das in edlem Stile gehaltene Theater der Nachwelt. Auch das unter seiner Regierung erbaute Landeskrankenhaus nimmt eine hervorragende Stelle ein. Bei dem großen Brandunglücke, welches Meiningen im Herbste 1874 heimsuchte, war Herzog Bernhard mit seinem Sohne einer der ersten, der auf dem Brandplatze erschien, überall Muth zusprechend und helfend. Wie er stets für Bedürftige und Unglückliche eine offene Hand hatte, nahm er auch diesmal nicht nur viele durch das große Unglück obdachlos Gewordene in sein Palais auf, sondern unterstützte auch die Hilfesuchenden mit Geld und Kleidung.

Im Jahre 1875 wurde ihm das seltene Glück zutheil, an der Seite seiner erlauchten Gemahlin und im Kreise seiner Lieben das Fest der goldenen Hochzeit zu begehen.

Bis ins hohe Alter sich einer seltenen Gesundheit erfreuend, schied in ihm am 3. December 1882 einer der edelsten deutschen Fürsten aus dem Leben, tief betrauert bis weit über die Grenzen seines Landes. Mit großen Feierlichkeiten und unter Antheilnahme der ganzen Bevölkerung fand am 8. December in Gegenwart vieler fremder Fürstlichkeiten die Beisetzung der irdischen Überreste des unvergesslichen Fürsten statt.

14. Juni 1863.

Gaëtano Graf von Girgenti,

Prinz Beider Sicilien, Major im k. k. Uhlanen-Regimente Kaiser Franz Joseph Nr 6, Großkreuz des königl. sicilianischen St. Januarius- und des St. Ferdinand-, sowie des Verdienst-Ordens, **Besitzer des k. k. Militär-Verdienstkreuzes mit der Kriegsdecoration** etc. etc.

Prinz Gaëtano war ein Sohn des Königs Ferdinand II. Beider Sicilien wie dessen zweiter Gemahlin Theresia, Erzherzogin von Österreich, und erblickte am 12. Januar 1846 das Licht der Welt.

Für den militärischen Beruf bestimmt und gründlich vorbereitet, trat der Prinz am 11. Mai 1866 als Rittmeister 2. Classe des Uhlanen-Regimentes Nr. 9 in das österreichische Heer ein. Im Feldzuge 1866 hatte sich Prinz Gaëtano durch hervorragende Tapferkeit das Militär-Verdienstkreuz erworben, wurde am 9. August desselben Jahres zum Rittmeister 1. Classe im selben Regimente befördert und darauf am 14. October zum Uhlanen-Regimente Nr. 6 transferiert.

Mit 14. Mai 1869 erhielt der Prinz den Majors-Charakter bei gleichzeitiger Eintheilung in die Evidenz seines Regimentes.

Der leider viel zu früh, am 26. November 1871, vom Tode dahingeraffte Prinz war seit 13. Mai 1868 mit Isabella Infantin von Spanien vermählt, welche Ehe kinderlos geblieben war.

21. Juni 1863.

Friedrich Wilhelm Großherzog von Mecklenburg-Strelitz,

Fürst zu Wenden, Schwerin und Ratzeburg, auch Graf zu Schwerin, der Lande Rostock und Stargard Herr, königl. preußischer General der Cavallerie, Chef des 2. Bataillons des großherzogl. mecklenburgischen Grenadier-Regimentes Nr. 89 und des königl. preußischen (2. pommerischen) Uhlanen-Regimentes Nr. 9. **Oberst-Inhaber des k. und k. Infanterie-Regimentes Nr. 31 (seit 21. Juni 1863)**, Dr. of civil law der Universität Oxford, Ritter des königl. preußischen Schwarzen Adler-Ordens, **Großkreuz des königl. ungarischen St. Stephan-Ordens**, des königl. großbritannischen Hosenband-Ordens etc. etc.

Friedrich Wilhelm erblickte als ältester Sohn des Großherzogs Georg von Mecklenburg-Strelitz und dessen Gemahlin Marie, einer gebornen Prinzessin von Hessen-Kassel, am 17. October 1819 zu Neustrelitz das Licht der Welt.

Die Taufe des neugebornen Erbgroßherzogs, welcher in derselben die Namen Friedrich Wilhelm Karl Georg Ernst Adolf Gustav erhielt, fand in feierlicher Weise am 2. November in Anwesenheit des ganzen Hofes, sowie vieler erlauchter Gäste statt; als erster unter den 19 Taufpathen fungierte der Kronprinz von Preußen.

Seine Kinderjahre verlebte der Erbgroßherzog unendlich glücklich im Kreise seiner hohen Eltern und Geschwister zumeist in Neustrelitz. Von Natur aus ungemein zart, musste sich Prinz Friedrich Wilhelm, als ihn im Herbste 1823 ein Scharlachfieber noch mehr schwächte, in Berlin einer längeren Cur unterziehen. Doch kehrte er vollkommen gesund wieder ins Elternhaus zurück und entwickelte sich nun zu einem kräftigen, heiteren Knaben. Die erste Erziehung des Prinzen, sowie seines Bruders Georg wurde von dem Gouverneur Hauptmann Grafen Finkenstein geleitet. Mit dem sechsten Lebensjahre begann für ihn die eigentliche ernste Studienzeit. Seine Ausbildung wurde einer Reihe berühmter Pro-

Nach einer Original-Aufnahme von Burchard & Lindner, Kiel.

fessoren anvertraut, welche es verstanden, das Interesse des jungen Prinzen für jeden Zweig der Wissenschaft zu wecken. Geistig ungewöhnlich begabt und von großem Fleiße, konnte er bereits im April 1837, ein halbes Jahr nach seiner Confirmation, die Universität Bonn behufs weiterer Ausbildung beziehen, wo er sich fast ausschließlich dem Studium der Geschichte und der Rechtswissenschaft widmete.

Durch sein liebenswürdiges, offenes Wesen gewann sich Prinz Friedrich Wilhelm bald viele Freunde und verkehrte sehr viel mit den zu jener Zeit ebenfalls in Bonn studierenden Fürsten Adolf von Schaumburg-Lippe, den Grafen von Erbach-Erbach, sowie den beiden Prinzen Ernst und Albert von Coburg. Häufig wurden gemeinsame Ausflüge und kleine Erholungsreisen unternommen, welche dem Prinzen, der die schöne Natur unendlich liebte, großen Genuss bereiteten. Einen großen Theil der Herbstferien verbrachte er in Schloss Rumpenheim bei Frankfurt am Main.

Nach zweijährigem Aufenthalte in Bonn und Vollendung seiner Studien in die Heimat zurückgekehrt, hielt sich Prinz Friedrich Wilhelm 1839 längere Zeit in Berlin am Hofe König Friedrich Wilhelms III. auf und unternahm im Sommer 1840 eine größere Reise nach Deutschland, der Schweiz und nach Italien. In Rom, wo er längere Zeit verblieb, lernte er die achtzehnjährige Prinzessin Augusta, Tochter des Herzog Adolf von Cambridge, kennen, deren liebes Wesen ihn derart anzog, dass er schon damals beschloss, sie zu seiner Gemahlin zu wählen.

Am 13. Mai 1841 kehrte der Prinz nach Neustrelitz zurück, um der Vermählung seiner Schwester, der Herzogin Karolina, mit dem Kronprinzen (späteren König) Friedrich von Dänemark beizuwohnen. Einen Monat später begleitete er das neuvermählte Paar auf dem dänischen Kriegsschiffe „Christian VIII." nach Kopenhagen. Den darauffolgenden Herbst verbrachte Prinz Friedrich Wilhelm im Seebade Doberan und begab sich im October nach Potsdam, den praktischen Militärdienst kennen zu lernen. Er trat als Rittmeister beim 1. Garde-Uhlanen-Regimente ein und widmete sich von nun ab mit größter Gewissenhaftigkeit und Eifer den strengen Dienstpflichten.

Mit Leib und Seele Soldat, verkehrte er kameradschaftlich mit den Officieren, in deren Gesellschaft er täglich im Casino zu Mittag speiste. Als besonders kühner und gewandter Reiter nahm er jedesmal an den bei Potsdam abgehaltenen Parforce-Jagden theil.

Die militärische Carrière des Erbgroßherzogs war eine ungemein rasche; schon im September 1842 avancierte er zum Major, April 1843 zum Oberst, 1845 zum Generalmajor und im Mai 1859 wurde er General der Cavallerie.

Im October 1842 unternahm Prinz Friedrich Wilhelm eine Reise nach England, wo er, seinen längst gehegten Herzenswunsch erfüllend, sich mit Prinzessin Augusta Karolina von Großbritannien verlobte. Die Kunde von diesem freudigen Ereignisse erfüllte ganz Mecklenburg mit großer Freude, umsomehr, da die junge Prinzessin durch ihre ausgezeichneten Charakter- und Herzenseigenschaften allgemein bekannt und beliebt war. Die Trauung des prinzlichen Paares fand unter großartigen Festlichkeiten am 28. Juni 1843 in der Kapelle des Buckingham-Palastes statt.

Die nun folgenden Jahre verlebte Erbgroßherzog Friedrich Wilhelm ungemein glücklich mit seiner hohen Gemahlin. Sehr oft wurden Reisen unternommen, so auch jedes Jahr nach London, wo das hohe Paar stets längere Zeit zubrachte.

Seitdem der Erbgroßherzog in Neustrelitz residierte, nahm er, um sich auf seinen künftigen verantwortungsvollen Herrscherberuf vorzubereiten, regen Antheil an den Regierungsgeschäften seines Vaters, dem er bald eine bewährte Hilfe und Stütze wurde, was sich besonders in den schwierigen Jahren 1848 und 1849 kundthat, in welchen Prinz Friedrich Wilhelm seinem hochbejahrten Vater mit Rath und That zur Seite stand.

Am 22. Juli 1848 wurde dem fürstlichen Paare zu Neustrelitz ein Sohn, der jetzige Erbgroßherzog, geboren. Leider wurde dieses Glück durch die plötzliche Erkrankung Friedrich Wilhelms getrübt. Durch einen unglücklichen Zufall hatte der Prinz im Frühjahre 1851 das linke Auge verloren. Am 20. April 1856 kam er infolge eines plötzlichen Blutergusses auch um das rechte. Trotz aller Anstrengungen der berühmtesten Ärzte und nach langen schmerzhaften Curen in Berlin und Paris trat doch allmählich völlige Erblindung ein, was auf seinen Gesundheitszustand einen tief niederdrückenden Einfluss übte. Erbgroßherzogin Auguste, von nun an doppelt um das Wohl ihres hohen Gemahls besorgt, war ihm eine liebevolle, aufopfernde Gehilfin und lebte nur ihrer Familie und ihren Pflichten.

Als Großherzog Georg auf dem Schweizerhause in den Serrahn'schen Bergen in hohem Alter gestorben war, trat Großherzog Friedrich Wilhelm am 6. September 1860 die Regierung an. Die Huldigung der Stände, der Rittergutsbesitzer und der Bürgermeister der Städte Neubrandenburg, Friedland, Waldegk, Stargard, Strelitz, Fürstenberg und Wesenberg fand am 17. October im Schlosse zu Neubrandenburg statt.

Gleich zu Beginn seiner Regierung hatte der neue Großherzog manche politische Schwierigkeiten zu bekämpfen. Als im Jahre 1866 nach Auflösung des alten Deutschen Bundes der „Norddeutsche Bund" gegründet wurde, trat auch Mecklenburg demselben bei, wodurch dem Großherzog die schwere Aufgabe wurde, die eigenartigen mecklenburgischen Verhältnisse den Anforderungen des neuen Bundesstaates anzupassen, eine Aufgabe, welche er mit großer Klugheit und politischem Geschicke löste.

Als im Jahre 1870 Deutschland und Frankreich sich zur blutigen Entscheidung rüsteten, eilten auch die Mecklenburger zu den Waffen und Großherzog Friedrich Wilhelm zögerte nicht, den Erbgroßherzog, seinen einzigen Sohn, ins Feld zu schicken. Mit beispielloser Tapferkeit fochten unter erprobter Führung die Deutschen aus allen Gauen des großen Vaterlandes, Nord und Süd stand treu vereint, Sieg auf Sieg heftete sich an ihre Fahnen. Im Jahre 1871 war der Krieg beendet und dem Könige Wilhelm I. von Preußen wurde einmüthig die Kaiserkrone des neuen Deutschen Reiches übertragen

Die nunmehrigen Friedensjahre benützte der Großherzog. zur Förderung des Wohlstandes seines Landes und zur Hebung des Verkehres, was ihm auch durch Anlegung von Eisenbahnen und neuen Straßen gelang. Auch auf das geistige Wohl seiner Unterthanen war Friedrich Wilhelm stets bedacht; er ließ eine große Anzahl von Kirchen und Schulen neu erbauen, sowie die bereits bestehenden bedeutend erweitern und verschönern. Ferner erstanden manch andere schöne Bauten unter seiner Regierung, so besonders der Ausbau des stadtwärts gelegenen Schlosshügels und das im Schlossgarten auf einem Hügel neu erbaute Mausoleum, welches dem Andenken der Königin Luise von Preußen gewidmet war. Sein Hauptaugenmerk richtete der Großherzog aber auf die Hebung der Finanzen und der Landwirtschaft, welch letztere bald einen besonders großen Aufschwung nahm. Am 30. März 1863 feierte der Großherzog Friedrich Wilhelm das erste große Fest mit seinem Lande; es war das fünfzigjährige Jubiläum des Aufrufes, welchen Herzog Karl von Mecklenburg-Strelitz zur Betheiligung am Kampfe für die Befreiung des Vaterlandes von der Franzosenherrschaft erlassen hatte. Zwei Denkmäler, das eine dem Großherzog Karl, das andere seinem Sohne, dem heldenmüthigen Herzog Karl gewidmet, erzählen der Nachwelt von der Bedeutung dieses Gedenktages.

Großherzog Friedrich Wilhelm war es im vollen Maße gelungen, sich die Liebe und Verehrung seines Volkes zu erringen, was sich bei jeder Gelegenheit kundgab. So auch bei seinem 25jährigen Regierungsjubiläum, welches am 6. September 1885 vom ganzen Lande unter großartigen Festlichkeiten gefeiert wurde.

Das Collegium des Staatsministeriums und der Landesregierung bestand zur Zeit des Regierungsantrittes Großherzog Friedrich Wilhelms aus dem Staatsminister Wilhelm von Bernstorff, sowie den Regierungsräthen Friedrich von Kardoff und Anton Piper. Staatsminister von Bernstorff blieb nur mehr einige Monate an leitender Stelle, da er bereits am 3. Mai 1861 infolge eines Schlaganfalles plötzlich aus dem Leben schied. Die anderen beiden Mitglieder führten die Regierungsgeschäfte einstweilen allein weiter, bis 1862 der königlich dänische geheime Conferenzrath und frühere Bundestagsgesandte für Holstein und Lauenburg, Ernst von Bülow, zum großherzoglichen Staatsminister und vorsitzenden Mitgliede der Landesregierung ernannt wurde. Später folgten in dieser verantwortungsreichen Stellung Konrad Freiherr von Hammerstein-Loseten, Geheimrath Piper, Regierungsrath Graf von Bernstorff, Geheimrath von Dewitz.

Von Jugend auf an Pünktlichkeit gewöhnt, hat Großherzog Friedrich Wilhelm sein tägliches Leben genau nach der Uhr geregelt. Jeden Tag nimmt er Audienzen entgegen, bei welcher Gelegenheit stets seine Güte und Leutseligkeit im Verkehre mit dem Volke zutage tritt. Nach Erledigung seiner vielen Geschäfte werden häufig größere Spaziergänge und Ausflüge, manchmal auch weitere Reisen, so nach London, Windsor und jedes Jahr im August nach dem Bade Homburg unternommen, wo der Großherzog die Cur zu gebrauchen pflegt. Den Winter verbringt Großherzog Friedrich Wilhelm immer in seiner Residenz.

Sein einziger Sohn, Erbgroßherzog Adolf Friedrich, vermählte sich am 17. April 1877 mit Prinzessin Elisabeth, der Tochter des regierenden Herzogs Friedrich von Anhalt und dessen Gemahlin, der Herzogin Antoinette, Prinzessin von Sachsen-Altenburg.

Am 28. Juni 1893 feierte Großherzog Friedrich Wilhelm und seine erlauchte Gemahlin das schöne, seltene Fest der goldenen Hochzeit und die Mecklenburger hoffen und beten zu Gott, dass ihnen das geliebte Herrscherpaar noch lange Jahre erhalten bleibe.

29. December 1863.

Philipp Prinz zu Sachsen-Coburg-Gotha,

Herzog zu Sachsen, **k. und k. Feldmarschall-Lieutenant, erbliches Magnatenhaus-Mitglied des ungarischen Reichstages,** Generallieutenant à la suite des 1. bulgarischen Reiter-Regimentes, **Ritter des kaiserl. österreichischen Ordens vom Goldenen Vliese,** Großkreuz des Sachsen-Ernestinischen-Hausordens, Ritter des königl. sächsischen Hausordens der Rautenkrone, Besitzer der herzoglich Sachsen-Coburg-Gothaischen Herzog Ernst-Medaille am grün-weißen Bande, Ritter des königl. bayerischen St. Hubertus-Ordens, Großkreuz des großherzogl. hessischen Ludwig-, des grossherzogl. Mecklenburg-Schwerinischen Hausordens der Wendischen Krone, des königl. großbritannischen Bath-Ordens wie Besitzer der goldenen Erinnerungs-Medaille an das fünfzigjährige Regierungs-Jubiläum Ihrer Majestät der Königin von Großbritannien und Irland, Großkreuz des königl. spanischen Ordens Karl III., der zwei königl. portugiesischen Militär-Orden: Christus und San Bento d'Aviz, des königl. portugiesischen Militär-Ordens vom Thurme und Schwerte, des kaiserl. brasilianischen Ordens vom südlichen Kreuze, des königl. hawaiischen Kapiolani-Ordens, des tunesischen Nisciam-Iftikhar-Ordens etc. etc.

Prinz Philipp wurde am 28. März 1844 zu Paris geboren. Die Bande innigster Liebe, die seine hohen Eltern, den Herzog August von Sachsen-Coburg-Gotha und Herzogin Clementine, der Tochter König Ludwig Philipps von Frankreich, umgaben, ließen den Prinzen eine ungemein glückliche Jugend verleben.

Die Erziehung Prinz Philipps leitete der nachmalige Director des Theresianums Hofrath Ritter von Pawlowski. Herzog August, ein der Kunst und Wissenschaft in hohem Maße huldigender Fürst, der die geistige Ausbildung seiner Kinder stets mit sorgsamem Auge überwachte, suchte schon frühzeitig dem jugendlichen Prinzen Geschmack und Neigung für irgend eine Wissenschaft einzuflößen. Gemeinsam mit den Erziehern und Lehrern forschte der Fürst, welchem Wissenszweige seine heranwachsenden Söhne etwa besondere Vorliebe entgegenbrächten. Auf das Sorgsamste wurde dann die ausgesprochene Neigung zu einem Fache gepflegt. So kam es, dass Prinz Philipp ein gründlicher Numismatiker und Besitzer einer der reichhaltigsten Sammlungen wurde.

19 Jahre alt, trat Prinz Philipp in die Reihen der österreichischen Armee und wurde mit Allerhöchster Entschließung Sr. Majestät des Kaisers vom 29. December 1863 zum überzähligen Oberlieutenant im Kürassier-Regimente Prinz Alexander von Hessen und bei Rhein ernannt. Mit 22. Juni 1865 zum überzähligen Rittmeister 2. Classe im Kürassier-Regimente (seit 1. October 1867 Dragoner-Regiment) Herzog von Braunschweig Nr. 7 befördert, wurde der Prinz mit 1. November 1868 Rittmeister 1. Classe in diesem Regimente. Am 18. April 1869 mit Majors-Charakter in die ungarische Landwehr übersetzt, rückte Prinz Philipp mit 29. October 1871 in die Oberstlieutenants- und mit 24. April 1876 in die Obersten-Charge vor. Mit Allerhöchster Entschließung vom 24. April 1881 wurde dem Prinzen der Generalmajors-Charakter ad honores im Stande der unangestellten Generale und am 2. Mai desselben Jahres der Orden vom Goldenen Vliese verliehen. Am 23. December 1888 avancierte er zum Feldmarschall-Lieutenant.

Prinz Philipp ist seit 4. Februar 1875 mit der ältesten Tochter des belgischen Königspaares, Prinzessin Luise, vermählt, welcher Ehe Prinz Leopold, derzeit Lieutenant im 9. Husaren-Regimente und Prinzessin Dorothea, vermählt mit Herzog Ernst Günther zu Schleswig-Holstein, entstammen.

19. April 1864.

Friedrich Karl Prinz von Preußen.

Ehren-Commandator des königl. preußischen Johanniter-Ordens, General-Feldmarschall, General-Inspecteur der III. Armee-Inspection des deutschen Reichsheeres und Inspecteur der Cavallerie, kaiserl. russischer Feldmarschall, Chef des 8. brandenburgischen Infanterie-Regimentes Nr. 64. „Prinz Friedrich Karl von Preußen", zweiter Chef des königl. preußischen 1. Leib-Husaren-Regimentes, des brandenburgischen Husaren-Regimentes „Zieten'sche Husaren Nr. 3", zweiter Chef des 1. Garde-Landwehr-Regimentes, **Oberst-Inhaber des k. und k. Husaren-Regimentes Nr. 7 (vom 19. April 1864 bis 15. Juni 1885)**, sowie Chef des kaiserl. russischen Achtyr'schen Husaren-Regimentes Nr. 12, Ritter des Schwarzen Adler-Ordens, Großkreuz, sowie Ritter der I. und II. Classe des Eisernen Kreuzes, Großkreuz des Ordens pour le mérite mit Eichenlaub, Kreuz und dem goldenen Sterne mit dem Bildnisse König Friedrichs II., Ritter des königl. Hohenzollern'schen Hausordens mit den Schwertern, **Commandeur des k. und k. Militär-Maria-Theresien-Ordens, sowie Großkreuz des königl. ungarischen St. Stephan-Ordens** etc. etc.

Friedrich Karl, am 20. März 1828 als Sohn des Prinzen Karl und der Prinzessin Marie von Sachsen-Weimar in Berlin geboren, trat schon als Knabe in die Armee ein. Seine militärische Erziehung leitete der damalige Major (nachherige Kriegsminister) von Roon, welcher den jugendlichen Prinzen im Jahre 1846 auch an die Universität nach Bonn begleitete. Nach Vollendung seiner Studien befand sich Friedrich Karl 1848 als Hauptmann in Begleitung des Generales von Wrangel bei Schleswig und Düppel. Im folgenden Jahre nahm er als Major im Generalstabe seines Oheims, des damaligen Prinzen Wilhelm, späteren Kaisers Wilhelm I., an dem Zuge nach Baden theil und wurde in dem Gefechte bei Philippsburg schwer verwundet.

In der nun folgenden Friedensepoche, während welcher er am 15. April 1852 Oberst, mit 13. Juli 1854 Generalmajor und mit 27. August 1856 Generallieutenant wurde, widmete er sich dem Studium militärischer Wissenschaften. Am 29. November 1854 vermählte sich Prinz Friedrich Karl mit Prinzessin Maria Anna, der

Tochter des verstorbenen Herzogs Leopold Friedrich von Anhalt. 1860 zum Commandeur des III. Armeecorps ernannt, erwarb er sich besonders durch Einführung der aufgelösten Gefechtsordnung ein hervorragendes Verdienst um die Entwickelung der preußischen Armee. Mit 15. December 1863 erhielt der Prinz den Oberbefehl über die preußischen Truppen in Schleswig-Holstein, die im Bunde mit den österreichischen, unter dem Ober-Commando des Feldmarschalls von Wrangel standen.

Nach dem missglückten Angriffe auf Missunde am 2. Februar 1864 hielt Prinz Friedrich Karl Arnis für den geeignetsten Punkt zum Übergange über die Schlei. Am Nachmittag des 5. brach er auf Befehl des Feldmarschalls unter Zurücklassung von Vorposten mit seinem Corps aus den Quartieren bei Eckernförde auf und marschirte nach Arnis, wo, nachdem der Feind die dortigen Schanzen schon am Abend zuvor geräumt hatte, um 7½ Uhr morgens mit dem Brückenschlage begonnen wurde. Um 11½ Uhr vormittags erhielt der Prinz, während seine Truppen die Brücke passirten, den Befehl, mit dem ganzen Corps nach Flensburg vorzugehen, wo die ersten drei Escadronen Friedrich Karls am Morgen des 7. bereits anrückten. Die letzten Dänen hatten, wie hier ermittelt wurde, schon um fünf Uhr morgens die Stadt verlassen und den Rückzug nach Norden fortgesetzt. Das preußische Armeecorps, von dem die drei nach Flensburg vorgeschickten Escadronen daselbst verblieben, bezog mit der Avantgarde in und um Glücksburg Quartiere. Am 8. und 9. hatte die Armee auf Befehl des Marschalls in den innehabenden Cantonnements Ruhetag. Die Hauptmacht der Dänen war in die Düppeler Schanzen und auf die Insel Alsen zurückgegangen. Das Hauptquartier des Prinzen Karl Friedrich befand sich am 11. in Gravenstein, von wo er sich zum Angriffe auf die Düppeler Höhen rüstete; am 18. April erstürmte er die Düppeler Schanzen. Nachdem von Wrangel im Mai sein Commando niedergelegt, wurde der Prinz am 18. Mai interimistisch und mit 24. Juni definitiv Oberbefehlshaber der alliierten Armee, eroberte Jütland und am 29. Juni Alsen. In Anerkennung seiner außerordentlichen Leistungen in Schleswig-Holstein wurde er bereits am 19. April durch Seine Majestät Kaiser Franz Joseph I. mit dem Commandeurkreuz des Militär-Maria-Theresien-Ordens, sowie durch Verleihung des k. k. 7. Husaren-Regimentes ausgezeichnet. Am 15. Januar 1865 traf Prinz Friedrich Karl zu Besuch am kaiserlichen Hofe in Wien ein, um für die ihm verliehenen Auszeichnungen seinen Dank abzustatten.

Zu Beginn des österreichisch-preußischen Conflictes mit 12. Mai 1866 zum Ober-Commandanten der I. Armee (II., III. und IV. Corps) ernannt, überschritt er am 23. Juni die böhmische Grenze und schlug am 26. desselben Monates nach dem Vorposten-Gefechte bei Sichrow im gleichnamigen Schlosse sein Hauptquartier auf. Am 26. und 27. Juni blieb er in den blutigen Treffen bei Liebenau und Podol, am 28. bei Münchengrätz, sowie am 29. bei Jičin Sieger über die österreichisch-sächsischen Truppen unter General der Cavallerie Clam-Gallas und gab am 30. seiner Armee den Befehl zum Vormarsche auf der Straße nach Königgrätz. Sein Hauptquartier schlug der Prinz am 1. Juli in Kamenić auf. Auf die Meldung vom 2. Juli, dass an der Bistritz ungefähr vier österreichische Armeecorps ständen, beschloss Prinz Friedrich Karl diese am nächsten Tage anzugreifen und gegen die Elbe zu drängen.

Am 3. Juli früh griff der Prinz die österreichische Stellung bei Königgrätz an und begann der Kampf ziemlich gleichzeitig an der ganzen Bistritzlinie. In hartnäckigem Kampfe gelang es ihm, die österreichisch-sächsischen Truppen in der Front so lange aufzuhalten, bis Kronprinz Friedrich Wilhelm von Preußen auf dem Schlachtfelde eintraf und in der rechten, General von Herwarth in der linken Flanke des Gegners eingriff.

Im deutsch-französischen Kriege 1870/71 mit dem Obercommando über die zweite deutsche Armee betraut, hielt er am 16. August durch die zwölfstündige, auf beiden Seiten mit ungeheuren Opfern verbundene Schlacht von Vionville die französische Rheinarmee unter Marschall Bazaine bei Metz zurück und brachte am 18. August bei Gravelotte durch den Sieg über den feindlichen rechten Flügel bei St. Privat die Entscheidung. Auf die am 19. August im Hauptquartiere Sr. Majestät des Königs zu Rezonville eingetroffenen Meldungen vom Rückzuge der Franzosen nach Metz wurde Prinz Friedrich Karl mit dem Commando der I. und II. Armee betraut, um die Einschließung von Metz durchzuführen. Er schlug alle Ausfälle Bazaines zurück und zwang denselben am 27. October zur Capitulation. Se. Majestät der König ernannte am 28. unter Worten vollster Anerkennung für sein siegreiches Heer den Kronprinzen wie den Prinzen Friedrich Karl zu General-Feldmarschällen.

Am 2. November zog der Prinz von Metz mit drei Armeecorps in Eilmärschen gegen die Loire, um die französische Loire-Armee am Vordringen gegen Versailles und Paris abzuhalten.

Nachdem er die Angriffe der Franzosen zurückgeschlagen, besetzte er am 4. December Orléans und trieb die feindliche Armee bis Bourges und Le Mans zurück. Als General Chauzy im Januar 1871 mit Übermacht von neuem vorrückte, schlug ihn der Prinz in mehreren Gefechten (6. bis 12. Januar) und zersprengte sein Heer so vollständig, dass jeder weitere Versuch, Paris von Westen her zu entsetzen, unmöglich gemacht wurde.

Nach dem Friedensschlusse wurde Prinz Friedrich Karl am 16. Juni 1871 zum General-Inspecteur der dritten Armee-Inspection des deutschen Reichsheeres und zum Inspecteur der preußischen Cavallerie ernannt, um deren Ausbildung er in Gemeinschaft mit General von Schmidt eine bahnbrechende und erfolgreiche Thätigkeit entfaltete. Der Prinz unternahm später noch mehrere Reisen nach dem Orient, die letzte im Jahre 1883 nach Ägypten und Syrien. Dem ruhmreichen Führer der preußischen Armee, der am 15. Juni 1885 in Klein-Glienicke bei Potsdam sein thatenreiches Leben beschloss, sind in Frankfurt a. d. Oder und in Görlitz Denkmäler errichtet worden.

14. August 1864.

Ludwig II. König von Bayern.

Pfalzgraf bei Rhein, Herzog von Bayern, Franken und in Schwaben, Inhaber des königl. bayerischen 1. Infanterie-, 4. Chevauxlégers-, 2. Uhlanen- und 4. Feld-Artillerie-Regimentes, **des k. k. Infanterie-Regimentes Nr. 5 (vom 14. August 1864 bis 13. Juni 1886)**, Chef des kaiserl. russischen St. Petersburger Uhlanen-Regimentes Nr. 1 und des königl. preußischen 1. westfälischen Husaren-Regimentes Nr. 8, Ordens-Großmeister des Haus-Ritter-Ordens vom heiligen Georg, **Ritter des kaiserl. österreichischen Ordens vom Goldenen Vliese**, des königl. preußischen Schwarzen Adler-Ordens etc. etc.

Am 25. August 1845, dem Geburts- und Namenstage König Ludwigs I. von Bayern, erblickte dessen Enkel, der nachmalige König Ludwig II., als erster Sohn des Kronprinzen Maximilian und der Kronprinzessin Marie, Tochter des Prinzen Wilhelm von Preußen und dessen Gemahlin Maria Anna, zu Nymphenburg das Licht der Welt.

Durch die am 20. März 1848 erfolgte Abdication König Ludwigs I. kam sein Vater als König Max II. auf den bayerischen Thron, er selbst wurde als dreijähriger Knabe bereits Thronfolger.

Dem Kronprinzen wurde eine außerordentlich sorgfältige aber auch ebenso strenge Erziehung zutheil. Die Leitung derselben wurde bis zu seinem siebenten Lebensjahre einem Fräulein von Mailhaus anvertraut und hierauf in die Hände des Obersten und königlichen Kämmerers Theodor Graf Larosee gelegt.

Der ungemein genial veranlagte Prinz machte, unterstützt durch emsigen Fleiß, in seinen Studien namhafte Fortschritte; gleichzeitig zeigten sich aber auch Anzeichen von Jähzorn, Starrsinn und Eigenwillen, welchen Eigenschaften besser gewesen wäre mit Milde und Güte zu begegnen, als mit jener Strenge, durch welche die Umgebung Ludwigs dieselben zu bannen suchte. Doch auch unendliche Herzensgüte war ein bemerkenswerter Zug seines Charakters.

Gänzlich abgeschlossen von der Welt, lebte der jugendliche Prinz nur der Arbeit; Erholung war ihm wenig gegönnt. Doch nicht nur die denkbar beste Geistesausbildung seiner Söhne hatte König Max vor Augen; auch allerlei Leibesübungen zur Kräftigung und körperlichen Entwickelung der jungen Prinzen wurden am königlichen Hofe betrieben.

Als der Kronprinz am 25. August 1863 sein 18. Lebensjahr und nach der Verfassung auch gleichzeitig seine Volljährigkeit erreichte, hatte er sich bereits ein in jeder Beziehung nennenswertes Wissen angeeignet. So lange sein Geist noch frei von Umnachtung gewesen, gab es wohl kaum einen Zweig der Kunst und Wissenschaft, welchen der später so unglückliche Monarch nicht wenigstens theilweise beherrscht hätte. Sein erster Unterricht war die Grundlage zu jenem vielseitigen Wissen gewesen. Die Absicht seines Vaters, dem nun großjährigen Kronprinzen mehr Freiheit zu gewähren und denselben an einer Hochschule die Studien vollenden zu lassen, sollte sich leider nicht mehr verwirklichen.

Der unerwartet eingetretene Tod des Königs am 10. März 1864 rief Ludwig nicht nur gramgebeugt an die Bahre seines Vaters, sondern machte ihn auch gänzlich unvorbereitet zum Herrscher seines Vaterlandes. Die Vorstellung der Minister und des Staatsrathes erfolgte bereits am 12. März und am selben Tage legte der junge König auch den Eid auf die Verfassung ab.

Ludwig II., der ein verständnisinniger Kenner der Musik war, berief den in der Schweiz lebenden allgefeierten Tonheros Richard Wagner an den Münchener Hof. Nicht allein die Musik der Werke desselben hatte ihn begeistert, sondern auch der zauberhaft phantastische Inhalt derselben. Richard Wagner, welcher bis Ende December 1865 am Hofe verblieb, wurde vom Könige mit Ehren und Auszeichnungen überhäuft.

Obwohl der König sich damals schon sehr gerne in den Schlössern zu Berg und Hohenschwangau sowie auf seinen Besitzungen am Starnberger- und Alp-See aufhielt, so verbrachte er doch den größeren Theil des Jahres in der Residenz zu München.

Ebendaselbst betheiligte er sich auch 1864 zum erstenmale an der Frohnleichnamsprocession und empfieng einige Tage später das österreichische Kaiserpaar, welches auf der Reise nach Kissingen begriffen, kurzen Aufenthalt in München nahm. Zwei Tage später begab sich König Ludwig ebenfalls nach Kissingen, woselbst auch Kaiser Alexander II. von Russland mit Gemahlin und das württembergische Kronprinzenpaar weilte. Heller Jubel seitens der Badegäste und Einwohner empfieng den jungen ideal schönen König bei seiner Ankunft.

Der Aufenthalt in diesem reizend gelegenen Weltbade, für welchen nur einige Tage in Aussicht genommen waren, dehnte sich indes bis 15. Juli aus, da sich der König im Verkehre mit den fremden Fürstlichkeiten glücklich fühlte und an der herrlichen Gegend Kissingens viel Gefallen fand.

Am 15. Juli in seine Heimat zurückgekehrt, verweilte er jedoch nur zwei Wochen in Schloss Berg. Ein Besuch bei der in Schwalbach zur Nachcur weilenden Kaiserin von Russland führte ihn bereits am 30. in dieses Bad, von wo aus er als Begleiter der Kaiserin zahlreiche Ausflüge in die herrliche Umgebung machte. Zwölf Tage später weilte König Ludwig II. bereits wieder in Hohenschwangau.

Am 27. empfieng er den Besuch König Wilhelms von Preußen, welcher mit Herrn von Bismarck in München eingetroffen war. Ersterer begab sich nach kurzem Aufenthalte nach Hohenschwangau; dass der Charakter dieses Besuches nicht nur ein freundschaftlicher war, sondern auch politischen Hintergrund hatte, ist bei den damals herrschenden Verhältnissen leicht erklärlich. Allgemein hoffte man, dass eine Verständigung der beiden Herrscher erfolgen werde, ebenso wie man von der Gesinnungsgleichheit der beiden leitenden Minister überzeugt war.

König Ludwig, welcher sich seit seiner Thronbesteigung mit aller Hingebung den Regierungsgeschäften gewidmet hatte, war jedoch auch als oberster Kriegsherr bestrebt, dem Heere seine Fürsorge angedeihen zu lassen. Wenngleich auch nicht, wie so viele andere Monarchen, mit Leib und Seele Soldat, hielt er dennoch am 17. September 1864 die erste Truppenrevue ab.

Eine Ministerkrisis, deren Anfang noch in die Regierungzeit Königs Max II. zurückreichte, brachte König Ludwig am 5. October durch die Annahme der Demission des Ministers des Äußern Baron Schrenk zum Abschlusse. Der bisherige Bundesgesandte Freiherr von der Pfordten wurde zum Minister des Äußern ernannt und an seine frühere Stelle trat Baron Schrenk.

Da die letzte Landtagssession im Jahre 1863 nicht geschlossen, sondern nur vertagt worden war, so konnte eine feierliche Eröffnung des für den 27. März einberufenen Landtages durch den jungen König nicht stattfinden. In der Sitzung vom 5. April wurde der Entwurf zu einer, von der zweiten Kammer beantragten

Adresse an den König einstimmig angenommen. Die Überreichung derselben fand am 7. April durch eine Deputation der Abgeordneten statt. Von dem Wunsche erfüllt, sämmtliche Abgeordnete zu empfangen, ließ der König dieselben für den 8. April zur Tafel laden. Durch die Einbringung zweier Gesetzentwürfe in den Landtag hatte sich König Ludwig bereits die herzlichsten Sympathien seines Volkes und der Abgeordneten erworben. In dem einen wurde die Herabsetzung der sechsjährigen Dauer der Finanzquoten auf eine zweijährige, in dem anderen volle Amnestie für die an dem Aufstande 1848—1849 Betheiligten verfügt.

Als im Herbst und Winter 1865 das Verhältnis zwischen Österreich und Preußen der Schleswig-holsteinischen Frage wegen immer gespannter wurde, war Ludwig II. ebenso sehr wie seine Minister bemüht, einen Krieg hintanzuhalten; doch leider vergebens, denn bereits am 10. Mai 1866 wurde von Preußen auch die Landwehr sämmtlicher preußischer Armeecorps einberufen.

Ein königlicher Erlass ordnete unmittelbar darauf die Mobilisierung der ganzen bayerischen Armee und den Zusammentritt des Landtages an.

König Ludwig, welcher denselben am 27. Mai persönlich eröffnete, betonte in der Thronrede besonders: „dass er eifrig auf die Erhaltung des Friedens im Bunde hinzuwirken bemüht gewesen sei und die Hoffnung noch nicht aufgebe, dass das Verderben eines Bruderkrieges von Deutschland abgewendet und die schleswig-holsteinische Frage eine friedliche Lösung erfahren werde."

Als ein österreichisch-preußischer Waffengang jedoch unausbleiblich schien, beantragte Österreich in der am 11. Juni einberufenen außerordentlichen Bundestagssitzung die rasche Mobilisierung des ganzen Bundesheeres, mit Ausnahme der zur preußischen Armee gehörigen Corps. In der am 14. tagenden Bundesversammlung wurde dieser Antrag angenommen und somit der Bundeskrieg gegen Preußen erklärt.

Der am 10. Juni von Ludwig II. nach Wien abgesandte Adjutant von der Tann schloss am 14. in Olmütz mit Österreich eine besondere Militärconvention ab.

Die Bundesversammlung vom 27. Juni übertrug dem Prinzen Karl von Bayern das Obercommando über sämmtliche dem VII. und VIII. Bundesarmeecorps angehörenden Truppen, mit Ausnahme der sächsischen, deren Führung Kronprinz Albert am 28. übernahm.

Der König hatte sich auch für den 25. Juni in das zu dieser Zeit in Bamberg gelegene Hauptquartier begeben.

Durch die Schlacht bei Königgrätz war der zwischen Österreich und Preußen entflammte Krieg sehr rasch beendet, während der Feldzug im Süden Deutschlands länger währte.

Infolge der zerstreuten Aufstellung der Contingente jener acht deutschen Staaten, welche am Bundestage für Österreich gestimmt hatten, sowie durch die unter denselben herrschende Uneinigkeit war Preußen die Möglichkeit gegeben, einen Angriff auf den überlegenen Gegner zu wagen. Trotzdem sich in letzter Stunde sechs Staaten vereinigt hatten, gieng Preußen siegreich aus dem Kampfe hervor.

Der Friedensabschluss vom 22. August zwischen Bayern und Preußen machte dem unheilvollen Feldzuge ein Ende.

Das Entgegenkommen, welches Preußen Bayern gegenüber an den Tag legte, begrüßte Ludwig freudigen Herzens, waren doch die Erfahrungen, die er in dem bloß kurze Zeit dauernden Kriege gemacht, nur traurige.

Durch die Friedensbedingungen wurde Bayern zur Leistung einer Kriegsentschädigung in der Höhe von 30 Millionen und zur Überlassung von Gersfeld, Orb und Kaulsdorf verhalten. Das außerdem noch zwischen Bayern und Preußen geschlossene Schutz- und Trutzbündnis wurde durch den Prager Frieden gegenstandslos. Nachdem die erste, sowie die zweite Kammer den Friedensvertrag mit Preußen und den Entwurf über die Kriegsentschädigung angenommen hatten, wurde der Landtag am 31. August vertagt; zwei Tage später erfolgte die Auflösung der mobilen Armee.

Enthusiastisch und mit nicht endenwollendem Jubel wurde das Verlangen des Königs begrüßt, seinen treuen Bayern zu zeigen, welchen Antheil er an ihrem traurigen Lose während des stattgehabten Kampfes nehme. Er dachte dies am besten dadurch zu documentieren, indem er eine Reise in die vom Feinde am ärgsten heimgesuchten Provinzen unternahm.

So besuchte er am Ende des Jahres Bayreuth, Hof, Bamberg, Schweinfurt, Kissingen, Aschaffenburg, Würzburg, Nürnberg, Fürth und Erlangen, überall voll Enthusiasmus und mit großartigen Festlichkeiten empfangen, überall durch seine persönliche Liebenswürdigkeit und Leutseligkeit alle Herzen fesselnd. Diese einem wahren Triumphzuge gleichende Reise war die erste, leider aber auch die letzte, welche Ludwig II. in seinem Reiche unternahm.

Nicht einem durch den Friedensabschluss auferlegten Zwange, sondern seiner eigenen Überzeugung folgend, setzte Ludwig II. sein Ministerium aus Männern zusammen, deren Gesinnungen der neuen Zeit entsprachen. Nach der am 29. December 1866 erfolgten Demission des Ministers von der Pfordten ernannte der König am 31. December Fürst Chlodwig von Hohenlohe zum Minister des Äußeren und des königlichen Hauses. Fürst Hohenlohe, dessen preußenfreundliche Gesinnungen allgemein bekannt waren, plante die Gründung eines „Verfassungsbündnisses" zwischen den süddeutschen Staaten und dem Norddeutschen Bunde unter preußischem Präsidium. Auch an Stelle des früheren Kriegsministers war schon am 1. August, noch während des Krieges, Generalmajor Freiherr von Pranckh getreten. Dieser leistete nicht nur durch die Reorganisation der ganzen bayerischen Wehrverfassung dem Reiche ausgezeichnete Dienste, sondern auch durch seine von wahrem Patriotismus beseelte Haltung während der schweren Prüfungszeit, welche über Bayern hereingebrochen war. Am 18. August war die Ernennung des bisherigen Cabinetsecretärs des Königs, Johann von Lutz, zum Justizminister erfolgt.

Dem vereinten Wirken dieser drei Staatsmänner hat Bayern seine Neugestaltung zu danken, sowie es nicht zum geringsten Theile ihr Verdienst war, dass die Vereinigung Deutschlands unter dem Kanonendonner von Paris zustande kam.

Allgemeine Freude herrschte im Lande, als am 22. Januar 1867 die Verlobung des jungen Monarchen mit Herzogin Sophie, der jüngsten am 22. Februar 1847 geborenen Tochter des Herzogs Maximilian von Bayern und Schwester der Kaiserin von Österreich, verlautbart wurde. Unerwartet und überraschend kam diese Nachricht, doch war es zweifelsohne, dass der König dem Zuge seines Herzens folgte, da ja dieser Verbindung jedweder politischer Hintergrund fehlte.

Der König und die Königin-Mutter hatten sich am Abend dieses Tages im Hoftheater eingefunden, woselbst auch die herzogliche Familie anwesend war. Nach Beendigung des ersten Actes der Vorstellung verfügten sich beide Majestäten in die herzogliche Loge und holten Herzogin Sophie in die Königsloge ab. Als die Verlobung officiell den beiden Kammern mitgetheilt wurde, überreichten dieselben eine Glückwunsch-Adresse.

Die gegenseitige Neigung schien eine tiefe und innige zu sein. Häufig zeigte sich das hohe Brautpaar bei festlichen Gelegenheiten zusammen, so am Hofball, auf einem großartigen Ball beim Fürsten Hohenlohe und im Theater. Auch während seines Aufenthaltes in Schloss Berg besuchte der König, welcher die zartesten Aufmerksamkeiten seiner jungen, reizend schönen Braut entgegenbrachte, oftmals dieselbe in Possenhofen, wo er dann den ganzen Abend über im Kreise der herzoglichen Familie weilte.

In der königlichen Residenz wurden schon die Appartements für die künftige Königin hergerichtet. Es waren die sogenannten „Hofgartenzimmer", welche König Max Josef I. bewohnt hatte, dazu bestimmt worden. Auch das Treppenhaus mit seinen Marmorstatuen und Säulen wurde restauriert. Alles war mit neuer Pracht und Herrlichkeit ausgestattet worden und bereit, die junge Königin zu empfangen. Die Vermählung sollte am 12. October stattfinden, an demselben Tage, an welchem auch König Ludwig I. 1810 und König Maximilian II. 1842 den Bund fürs Leben geschlossen hatten. Im Juni unternahm König Ludwig II. mit seinem Bruder Prinz Otto einen Ausflug nach Eisenach behufs Besichtigung der Wartburg.

Eine weitere Reise führte König Ludwig in Begleitung des Generals von der Tann, seines Flügeladjutanten Hauptmann von Sauer und seines Cabinetsecretärs nach Paris zur Weltausstellung.

Am 20. Juli erfolgte die Ankunft in der von Tausenden von Fremden besuchten französischen Metropole. Der König reiste im strengsten Incognito und nahm im Hotel du Rhin Wohnung. Kaiser Napoleon, welchem der König seinen Besuch in den Tuilerien machte, empfieng ihn auf das Herzlichste, und gemeinsam mit dem Könige von Portugal besuchten der französische und bayerische Monarch die Ausstellung.

Der 24. Juli wurde zu einem Ausfluge nach Compiègne und dem Schlosse Pierrefonds, welches im Jahre 1390 erbaut wurde, benützt. An demselben nahmen außer Ludwig II. und Kaiser Napoleon auch der König von Portugal, Fürst Anton von Hohenzollern, sowie dessen Sohn Erbprinz Leopold theil. Nachdem in Compiègne über das dortselbst garnisonierende Husaren-Regiment eine Parade abgenommen worden war, vereinigte eine Hoftafel die illustre Gesellschaft im Schlosse Pierrefonds.

Kaiserin Eugenie weilte zu dieser Zeit in England, doch wollte König Ludwig deren Rückkehr nach Paris abwarten. Durch die Kunde von dem Hinscheiden seines Onkels, des Königs Otto von Griechenland, aber plötzlich in die Heimat abberufen, trat König Ludwig sofort die Rückreise an und war schon am 30. Juli bei den Trauerfeierlichkeiten und der Beisetzung der Leiche in der königlichen Gruft zu St. Cajetan anwesend.

Kaiser Napoleon und Kaiserin Eugenie, welche behufs Begegnung mit dem österreichischen Herrscherpaare am 18. August 1867 auf der Durchreise nach Salzburg in Augsburg eintrafen, wurden daselbst von König Ludwig am Bahnhofe herzlichst begrüßt. Mit dem französischen Kaiserpaare begab sich derselbe nach München zurück, wo er seine Braut vorstellte.

Am 6. October bot sich König Ludwig auch die Gelegenheit, König Wilhelm von Preußen und dessen Gemahlin Auguste auf ihrer Reise von Hohenzollern nach Nürnberg in Augsburg willkommen zu heißen. Trotzdem es das erste Zusammentreffen nach dem Feldzuge 1866 gewesen, war es ein herzliches und freundschaftliches.

In der Residenz war man inzwischen eifrigst mit den Vorbereitungen zu dem rasch näher kommenden Vermählungstage beschäftigt. Die zuständigen Hofämter hatten bereits Bestimmungen für die Hochzeitsfeierlichkeiten und für die Wahl des Hofstaates der jungen Königin getroffen. Im königlichen Marstalle wurden die acht prächtigen Rappen, welche bestimmt waren, den herrlichen, goldstrotzenden Hochzeitswagen im Werte einer Million Gulden zu ziehen, eingefahren. Das königliche Münzamt endlich hatte die Prägung einer Erinnerungmedaille, das Bildnis des hohen Paares darstellend, nahezu vollendet. Da plötzlich kam in dies frohe Treiben wie ein Blitz aus heiterem Himmel die Nachricht von der im gegenseitigen Einverständnisse erfolgten Auflösung der Verlobung.

Nun waren es wieder die schon in der Jugendzeit geliebten, einzig schön gelegenen Schlösser Berg und Hohenschwangau, wohin sich Ludwig II. zurückzog, um Erholung und Zerstreuung nach den Aufregungen der letzten Zeit zu finden. Gänzlich wendete Ludwig sich wohl nicht von der königlichen Residenz zu München, sondern verlebte daselbst den ganzen ersten Theil des Jahres 1868. Nachdem er große Neujahrscour abgehalten und den Hofball besucht hatte, betheiligte er sich am 9. Februar an der Feier des vierhundertjährigen Säcularfestes der ehrwürdigen Frauenkirche zu München.

Gelenksschmerzen, verbunden mit andauernden, entzündlichen katarrhalischen Erscheinungen zwangen ihn nun, sich vom öffentlichen Leben zurückzuziehen. Nicht einmal der Beisetzung seines am 29. Februar zu Nizza verstorbenen Großvaters, König Ludwig I., in der Basilika, einer der schönsten Kirchen, welche der Dahingegangene erbaut hatte, konnte er beiwohnen.

Kronprinz Friedrich Wilhelm von Preußen berührte auf seiner Fahrt nach Italien, um daselbst an den Hochzeitsfeierlichkeiten des Kronprinzen Humbert mit Prinzessin Marguerite von Genua theilzunehmen, am 17. April München, bei welcher Gelegenheit er einen großen Theil seiner Zeit in Gesellschaft Ludwigs II. verbrachte.

Ein Feiertag im ganzen bayerischen Lande war der 26. Mai 1868, an welchem Tage das erste halbe Jahrhundert seit der Einführung der constitutionellen Verfassung in Bayern durch Max Josef I. vollendet war. Er war der erste deutsche Fürst gewesen, welcher seinem Lande die Constitution gab.

Eine an diesem Tage von Ludwig II. erlassene Proclamation bewies deutlich, dass er von denselben Gesinnungen beseelt war, wie sein Urgroßvater Max Josef I.

Als das Czarenpaar im Sommer wieder in Kissingen Aufenthalt genommen hatte, stattete König Ludwig in Gesellschaft seines Bruders demselben einen vom 2. bis 9. August währenden Besuch ab. Kaiserin Maria begab sich später nach Italien; dahin ihren Weg über München nehmend, leistete sie der an sie ergangenen Einladung Folge und besuchte Schloss Berg und die Roseninsel.

König Ludwig begleitete hierauf die Czarewna bis Innsbruck, an demselben Tage, an welchem Herzogin Sophie, seine einstige Braut, dem Herzoge von Alençon die Hand zum ewigen Bunde reichte.

Bis 14. November weilte der König nun in Hohenschwangau, dann fuhr er zur Begrüßung der zurückkehrenden russischen Kaiserin nach Kufstein, dieselbe nach München begleitend. Kaiserin Maria nahm in der königlichen Residenz Absteigequartier.

Im September 1869 hatte das Kriegsministerium Befehl zu einer größeren Truppen-Concentration bei Schweinfurt gegeben, der ersten seit der Einführung der neuen Wehrordnung. Das Lager bei Schweinfurt sollte das Centrum für größere, verzweigtere Manöver bilden. Am 11. September hielt der König eine Revue bei Grettstadt über das Westcorps unter dem Commando des Generals von Hartmann ab. Erfreut über die stramme und tadellose Haltung der Officiere, sowie der Mannschaft, sprach er denselben seine vollste Anerkennung aus. In Schweinfurt fand sodann eine Galatafel statt, worauf Ludwig nach Berg zurückreiste.

Das Jahr 1870 hatte ganz Europa wie ein Wetterstrahl aus seiner Ruhe aufgescheucht. Als man im Laufe des 15. Juli nicht mehr im Zweifel war, dass in Frankreich an die Reserven und Mobilgarden thatsächlich Einberufungsbefehle ergangen seien und auch in den Häfen die Kriegsflotte ausgerüstet wurde, erfolgte in der Nacht zum 16. die Mobilisierungsordre für das gesammte norddeutsche Heer. Die Gefahr, welche durch das Vorgehen des alten Erbfeindes für ganz Deutschland heraufbeschworen war, fand allseitig volle Würdigung und so standen denn Preußen und die mit ihm im Norddeutschen Bunde vereinten Staaten im bevorstehenden Kampfe nicht allein.

Obwohl eine nicht unbeträchtliche Minorität in den bayerischen Kammern am 18. Juli den vom Kriegsminister von Pranckh geforderten Credit von 21 Millionen für den Unterhalt des Heeres auf Kriegsfuß zunächst nur zur Aufrechterhaltung bewaffneter Neutralität bewilligen wollte, theilte die allgemeine Stimmung im Lande diesen particularistischen Standpunkt nicht. Die festeste Stütze fand der Anschluss an den Norden vor allem in der hochherzigen Gesinnung König Ludwigs und im Auftreten seiner Minister.

König Ludwig erkannte den Bündnisfall mit Preußen unumwunden als gegeben an; am 16. Juli bereits ergieng der Befehl zur Mobilisierung der bayerischen Armee und mit 19. wurde dieselbe unter den Befehl König Wilhelms gestellt.

Am 17. Juli kam König Ludwig selbst von Berg nach München, bei welcher Gelegenheit seine dankbare Hauptstadt ihm eine großartige Ovation vor der Residenz brachte.

Die bayerischen Truppen waren in die dritte Armee eingetheilt worden, welche unter dem Commando des Kronprinzen Friedrich Wilhelm von Preußen stand.

Dieser traf am 27. in München behufs persönlicher Übernahme des Commandos und Vorstellung bei König Ludwig ein. Als der Kronprinz in Hof bayerischen Boden betrat, wurde er jubelnd empfangen. König Ludwig, welcher bis Bamberg einen Extrazug zur Einholung des hohen Gastes geschickt hatte, fuhr demselben mit Prinz Otto bis Rohrmoos entgegen. Die hierauf folgende Begrüßung trug einen äußerst herzlichen Charakter. Der Kronprinz setzte dann mit Sr. Majestät und Prinz Otto im Hofzuge die Reise bis München fort, woselbst um 11 Uhr die Ankunft erfolgte. In dem aufs prachtvollste geschmückten Bahnhofe hatten sich sämmtliche königliche Prinzen, die Minister und die Generalität zur Begrüßung der hohen Herrschaften versammelt. Nicht endenwollender Jubel empfing die beiden Fürsten bei ihrer Abfahrt vom Bahnhofe und geleitete sie bis zur königlichen Residenz. In seinen Gemächern dortselbst nahm der Kronprinz die Meldungen des General-Quartiermeisters Grafen von Bothmer und der Commandierenden

Generäle, insbesonders aber die Berichte des Freiherrn von der Tann, Commandanten des I. Armeecorps, entgegen.

Am Abende wohnten die hohen Herrschaften der Vorstellung im Hoftheater bei. Kronprinz Friedrich wurde, nachdem er, die Königin-Mutter am Arme und gefolgt vom König Ludwig und Prinz Otto, in die Kaiserloge eingetreten war, mit stürmischen Hochs begrüßt. Nach dem vom königlichen Hofschauspieler Ernst Possart vorgetragenen Prologe, welcher Deutschlands Einigkeit verherrlichte, erbrausten neuerliche Jubelrufe. Beide Fürsten traten hierauf knapp an die Logenbrüstung und wechselten einen innigen Händedruck. Der Kronprinz reiste Tags darauf von München nach Stuttgart und Karlsruhe ab, um auch über die württembergischen und badischen Contingente den Oberbefehl zu übernehmen.

Um einen engeren Anschluss Bayerns an den Norddeutschen Bund zu erzielen, stellte das Gesammtministerium am 12. September an den König den Antrag, mit demselben zu diesem Zwecke in Verhandlungen treten zu dürfen. Nachdem der Präsident des Norddeutschen Bundeskanzleramtes von Delbrück einige Wochen in München geweilt hatte, während welcher Zeit er zahlreiche Besprechungen mit der Regierung betreffs der deutschen Verfassungsfrage hatte, begaben sich die Minister Grafen Bray von Pranckh und von Lutz in das Hauptquartier zu Versailles, um dortselbst mit dem Könige von Preußen diese Angelegenheit glücklich zum Abschlusse zu bringen. Infolge mancher Meinungsdifferenzen zog sich der Abschluss länger hinaus, als man vermuthet hatte.

Endlich kam die Kunde von dem am 23. November erfolgten Vollzuge des Beitrittes Bayerns zu einem neuen Deutschen Bunde. Bald folgte dieser Nachricht noch eine zweite, welche alle Bundesstaaten mit lautem Jubel erfüllte. In einem eigenhändigen Rundschreiben ließ nämlich König Ludwig an sämmtliche deutsche Fürsten die Einladung ergehen, sie mögen im Vereine mit ihm, um die deutsche Verfassung zu einem würdigen Abschlusse zu bringen, dem Könige von Preußen an Stelle seines bisherigen Titels eines Bundespräsidenten denjenigen eines „deutschen Kaisers" anbieten. Dieser allüberall mit Enthusiasmus aufgenommene Vorschlag fand mit der am 18. Januar 1871 zu Versailles erfolgten Kaiserproclamation seine vollste Annahme.

Kronprinz Friedrich von Preußen, welcher persönlich die bayerischen Truppen ihrem Obersten Kriegsherrn zurückgeben wollte, traf am 15. Juli 1871 in München ein. König Ludwig war ihm bis Röhrmoos entgegengefahren und unter lautem Jubel der

Bevölkerung legten die Fürsten den Weg in die Residenz zurück. München prangte in herrlichem Festschmucke, alle Straßen und Plätze, welche die einziehenden Truppen passieren mussten, waren geschmackvollst decoriert.

Die Truppen hatten vor München ein Lager bezogen, woselbst sich am Morgen des 16. Juli der König mit dem Kronprinzen einfanden und eine Parade über dieselben abhielten. Nach derselben verfügte sich König Ludwig und sein Gefolge in die Stadt zurück, nahm auf dem Odeonplatz vor dem Denkmale König Ludwigs I. Aufstellung, um hier den Einzug der Truppen unter der Führung ihres tapferen, heldenmüthigen Commandanten Kronprinz Friedrich Wilhelm zu erwarten.

Unter dem Geläute sämmtlicher Glocken der Stadt nahm der Einzug seinen Anfang. Allen voran waren die Uhlanen, welchen General-Feldzeugmeister der Armee Prinz Luitpold mit seinen Adjutanten folgte. Nach einer Abtheilung des zweiten Jäger-Bataillons erschien der ruhmreiche Sieger von Weißenburg und Wörth, unter dessen Führung sich die tapferen Bayern ihre Lorbeeren errungen. Aller Augen waren auf seine ritterliche Gestalt gerichtet, wie er, den Marschallstab in der Hand, mit liebenswürdigem Lächeln und mildem Blick für den enthusiastischen Empfang, welcher ihm bereitet wurde, dankte; ihm folgte sein Generalstabschef von Blumenthal, der General-Quartiermeister Graf Bothmer, sowie die Stabs- und Oberofficiere des Obercommandos der III. Armee. Bei König Ludwig angelangt, schwenkte der Kronprinz sammt seinem Gefolge ein, um an der Seite des Monarchen die Truppen unter Führung ihrer tapferen Generäle Hartmann und von der Tann vorüberziehen zu lassen. Während des beinahe zwei Stunden währenden Einzuges wurden die Heimkehrenden mit Lorbeerkränzen und Blumen überschüttet.

Am Abende erschienen beide Fürsten im Hoftheater, von demselben Jubel begrüßt wie vor einem Jahre, als der Kronprinz erschienen war, sein Commando zu übernehmen.

Als Kaiser Wilhelm, wie alljährlich, sich nach Gastein begab, begrüßte ihn König Ludwig am 10. August in Schwandorf und reiste mit ihm nach Regensburg, um sich nach kurzem Aufenthalte daselbst von dem Kaiser zu verabschieden. Am Rückwege in die Heimat erwiderte Kaiser Wilhelm diesen Besuch. Eine zweite Begegnung der Monarchen fand am 13. Juli 1874 gelegentlich der Durchreise des Deutschen Kaisers in München statt.

Wechselnde Launen und das Bestreben, jede momentane Eingebung auch zu verwirklichen, machten sich bei König Ludwig schon seit längerer Zeit bemerkbar. Ein solch rasch ausgeführter Entschluss war es auch, welcher den König im August 1873 nur in Begleitung zweier Herren und unter dem Incognito eines Grafen von Berg nach Paris führte. Er nahm im deutschen Botschaftshotel Absteigequartier und verweilte zehn Tage dortselbst, welche Zeit er zur Besichtigung der Bau- und Kunstdenkmäler von Paris, Versailles und Fontainebleau benützte.

Überraschender und befremdender als damals diese plötzliche Reise, wirkte zwei Jahre später ein anderes Ereignis auf die Völker Bayerns.

Zu den Herbst-Manövern war fast die ganze Garnison Münchens, sowie die Truppen vieler anderer Garnisonen ausgerückt und die Tage, an welchen der deutsche Kronprinz die Truppen inspicieren sollte, rückten immer näher. Da mit einemmale gab der König Befehl, dass er selbst eine Parade über seine Truppen abhalten wolle. Hartnäckig blieb er bei diesem Entschlusse und so mussten die Regimenter vom Manöverfelde nach München zurückkehren; am 22. August 1875 hielt der König über die 14.000 Mann starken, aus allen Waffengattungen zusammengesetzten Truppen eine Revue ab. Es war dies leider das letzte öffentliche Auftreten des Königs, denn schon an der am 12. October stattgehabten feierlichen Enthüllung des Denkmales König Maximilians II. in der Maximilianstraße nahm er nicht mehr theil. Die schon seit langem an dem Könige bemerkte Menschenscheu trat immer deutlicher zutage. Nur mehr in den Bergen weilte er gerne und fühlte sich wohl; hier war er auch noch im Verkehre mit den Einwohnern leutseliger und freundlicher.

Als im August 1876 zu Bayreuth die Aufführung der Nibelungen-Trilogie auf der eigens hiezu erbauten Bühne stattfand, wollte König Ludwig an den Freudentagen seines Lieblings Richard Wagner nicht fehlen und reiste ebenfalls dorthin. Mit größtem Interesse verfolgte er die Darstellungen, doch zeigte er sich sonst nirgend als im Theater, auch den Weg dahin nicht durch die Stadt, sondern über einen Feldweg nehmend. Bis zum Morgengrauen wanderte er dann nach Schluss der Vorstellung in dem herrlichen Parke der Eremitage umher.

Das 700jährige Jubiläum des Herrscherthums der Wittelsbacher wurde von dem Volke und seinem Könige im Jahre 1880 feierlich begangen; zahlreiche Huldigungsadressen wurden dem

Monarchen überreicht. Dieser hatte nur den einen Wunsch geäußert, dass von Veranstaltungen großer Feste abgesehen werden, die Beträge aber, welche hiezu nöthig gewesen wären, einer den Wittelsbacher Namen tragenden Landesstiftung zugewiesen werden mögen. An diesem Tage erließ der König auch eine Proclamation, seine letzte, an das Volk.

Der Verkehr mit dem Könige wurde von dieser Zeit an für seine Umgebung immer schwieriger, selbst die Minister-Vorträge wollte er nicht mehr entgegennehmen.

Einiges Interesse brachte er noch der Landes- und Gewerbe-Ausstellung in Nürnberg, sowie der elektro-technischen Ausstellung in München, welche beide im Jahre 1882 eröffnet wurden, entgegen, doch nahm dasselbe mit der Zeit für die Regierungsgeschäfte, sowie alles übrige, den König umgebende, sichtlich ab; er zog sich immer mehr von den Menschen zurück.

Nur schwer war er dazu zu bewegen, wenigstens im Frühjahre und Herbste einige Wochen in der königlichen Residenz zu München zu verbringen; während dieser Zeit unternahm er nur immer gegen Abend kurze Spazierfahrten in die einsamsten Partien des Englischen Gartens. Gegen Mitternacht begannen dann im hellerleuchteten Hoftheater die Separat-Vorstellungen, welchen der König ganz allein beiwohnte. Aber auch in dieser Beziehung hatte sich die Gesinnung des Königs gänzlich geändert: so sehr er früher für classische Werke eingenommen und von denselben begeistert war, so neigte jetzt sein Geschmack mehr zur äußeren, prunkvollen Ausstattung der vorzustellenden Stücke als auf deren inneren künstlerischen Gehalt hin. Sehr häufig wurden Stücke ganz unbedeutender Autoren aufgeführt, bei denen jedoch die Costüme und Scenerien von fabelhafter Pracht waren; dies aber regte den König an. Die Ausstattung solcher Stücke kostete manchmal Tausende und aber Tausende. Ebenso freigebig war auch der König bei Geschenken an die Darsteller, welche diesen entweder noch während, oder nach der Vorstellung von Lakaien überbracht wurden.

Nach Sistierung dieser Vorstellungen war dem Könige München unerträglich geworden; nur mehr in der stillen Abgeschlossenheit der Berge, weit entfernt von den Menschen wollte er seinen Gedanken und Phantasien leben, aus denen leider immer mehr die Schatten des den Geist umnachtenden Wahnsinns hervortraten. Er brachte die Jahre nur mehr abwechselnd in seinen Bergschlössern zu, kümmerte sich nahezu gar nicht mehr um die Regierungsgeschäfte, sondern drang nur mit aller Energie auf die Verwirklichung seiner Bauprojecte und so entstanden die durch ihre unermessliche Pracht berühmten Königsschlösser. Die Geisteskrankheit des bedauernswerten Königs machte immer größere Fortschritte, sie äußerte sich nun schon in ausgesprochenem Größenwahne, welchem ja auch die oberwähnte Baulust zuzuschreiben ist. Durch die Unsummen, welche diese Bauten verschlungen hatten, war eine Krisis der Cabinetscassa eingetreten. Bei den Verhandlungen, die über dieselbe mit dem Könige gepflogen werden mussten, zeigte sich deutlich, dass der Geisteszustand des Königs kein derartiger sei, um die Regierungsgeschäfte noch länger in seinen Händen zu lassen.

Ein am 8. Juni 1886 abgegebenes Gutachten der Irrenärzte Dr. von Gudden, Dr. Hagen, Dr. Grashey und Dr. Hubrich besagte: „1. Seine Majestät sind in sehr vorgeschrittenem Grade seelengestört und zwar leiden Allerhöchstdieselbe an jener Form von Geisteskrankheit, welche den Irrenärzten unter dem Namen Paranoia bekannt ist. 2. Bei dieser Form der Krankheit, ihrer allmählichen und fortschreitenden Entwickelung und schon sehr lange, über eine größere Reihe von Jahren sich erstreckenden Dauer ist Seine Majestät unheilbar zu erklären und ein noch weiterer Verfall der geistigen Kräfte mit Sicherheit in Aussicht. 3. Durch die Krankheit ist die freie Willensbestimmung Seiner Majestät vollständig ausgeschlossen, sind Allerhöchstdieselbe als verhindert an der Ausübung der Regierung zu betrachten und wird diese Verhinderung für die ganze Lebenszeit andauern.

In Titel II, § 11, der bayerischen Verfassung wird die Einsetzung einer Regentschaft bestimmt, im Falle der König für längere Zeit an der Ausübung der Regierung behindert sei."

Da bei Prinz Otto, dem einzigen Bruder Ludwigs, schon früher eine unheilbare geistige Erkrankung constatiert worden war, so trat nun an Prinz Luitpold, den Onkel König Ludwigs II., die Pflicht heran, die Regentschaft für seinen Neffen zu übernehmen. Eine am 10. Juni 1886 von Prinz Luitpold erlassene Proclamation brachte dies dem Lande zur Kenntnis; gleichzeitig wurde der Landtag für den 15. Juni einberufen.

Unter Führung des Ministers des Äußern und des königlichen Hauses, Freiherrn von Crailsheim, begab sich am 9. Juni eine aus den beiden Reichsräthen Graf von Holnstein und Graf Törring-Jettenbach, sowie dem geheimen Legationsrath Dr. Rumpler zusammengesetzte Staatscommission nach Neuschwanstein, woselbst der Monarch zu jener Zeit weilte. Aufgabe dieser Commission war, dem Könige noch vor Publicierung der Proclamation einen eigenhändigen Brief des Prinzen Luitpold zu übergeben und ihn auf die schonendste Art auf die Nothwendigkeit einer ärztlichen Behandlung aufmerksam zu machen.

Zu diesem Zwecke waren auch Dr. von Gudden und sein Assistenzarzt Dr. Müller, sowie einige bewährte Pfleger mitgekommen; außerdem war Oberstlieutenant Freiherr von Washington als Dienst-Officier für Se. Majestät beigegeben worden.

In Hohenschwangau nahm die Commission kurzen Aufenthalt, um die Art und Weise der Erledigung ihrer Mission zu berathen. Beschlossen wurde, dass zuerst die Staatsbeamten vor dem Könige erscheinen und ihn von der infolge seiner Erkrankung nothwendig gewordenen Übernahme der Regentschaft durch Prinz Luitpold Mittheilung zu machen hätten; hierauf sollten Dr. von Gudden und Müller vortreten und dem Könige anzeigen, dass sofort seine ärztliche Behandlung beginne. Nachdem die Herren kurze Zeit der Ruhe gepflegt, brachen sie am 10. um 3 Uhr morgens nach Neuschwanstein auf.

Dort waren jedoch die beabsichtigten Schritte der Deputation bereits bekannt und demgemäß Vorkehrungen getroffen worden. Alle Zugänge des Schlosses waren mit Gendarmen besetzt, welche strengen Befehl hatten, niemanden einzulassen.

Als die Commission vor den Thoren Neuschwansteins anlangte, wurde ihr der Eingang verwehrt und nach längerer nutzloser Unterhandlung musste sie unverrichteter Dinge abziehen. Kaum nach Hohenschwangau zurückgekehrt, erschien ein Gendarm, um Minister Crailsheim und die Grafen von Holnstein und Törring zu verhaften.

Die Genannten leisteten keinen Widerstand und wurden nach Neuschwanstein gebracht. Nicht lange und es gesellten sich zu den Gefangenen auch noch Freiherr von Washington und die beiden Irrenärzte. Im Schlosshofe hatten sich indessen Bauern und Feuerwehrleute zusammengefunden, welche, ihren König in Gefahr glaubend, eine drohende Haltung der Commission gegenüber annahmen.

Wäre dem Bezirkshauptmann von Füssen zeitgerecht aus der Residenz vom Eintreffen der Commission und deren Zweck Nachricht zugekommen, so wäre derselben diese unangenehme Situation erspart geblieben. So mussten die Gefangenen bis 1 Uhr nachmittags in Haft bleiben und wurden erst nach erfolgter Verlautbarung der Proclamation entlassen. Sie verließen einzeln Neuschwanstein, fanden sich in Hohenschwangau wieder zusammen und erreichten um 10 Uhr abends München. Der König hatte sich inzwischen wieder etwas beruhigt, da er die Commission in sicherem Gewahrsam, in den Kerkern vermuthete. Doch traten wieder seine schon früher hie und da geäußerten Selbstmordgedanken hervor. Nachdem ihm Gift verweigert worden war, wollte er den Schlüssel zum Thurme, um sich in die Pöllatschlucht zu stürzen.

Am 11. gegen Mitternacht trafen Dr. von Gudden und Dr. Müller wieder in Neuschwanstein ein. Nun übergab man dem Könige den verlangten Thurmschlüssel. Als er die Treppe hinansteigen wollte, traten ihm zwei Irrenpfleger und bei seiner Rückkehr an der Thür Dr. von Gudden entgegen. Dieser stellte sich dem Könige unterthänigst vor und theilte ihm, nachdem er von der Regentschaftsübernahme seitens des Prinzen Luitpold berichtet hatte, mit, dass er noch heute nachts nach Schloss Berg gebracht werde.

König Ludwig hatte für alles nur ein wehmüthiges „Ach". In seinen Gemächern angekommen, wurde er ganz ruhig und erkundigte sich genau um das Befinden seines Bruders. Um 4 Uhr morgens wurde die Fahrt nach Schloss Berg angetreten. Im ersten Wagen saß Dr. Müller, der Kammerdiener und zwei Pfleger, im zweiten der König allein, bewacht von einem neben dem Wagen reitenden Stallbediensteten und dem Oberpfleger am Bock, im dritten Wagen endlich Dr. von Gudden, ein Gendarmerie-Hauptmann und zwei Pfleger.

Der König verhielt sich während der ganzen Fahrt sehr ruhig; um $1/4$ nach 12 Uhr mittags traf der Zug in Berg ein.

Inzwischen hatte Dr. Grashey Schloss Berg zur Aufnahme des Kranken in Stand gesetzt. In den Thüren des Schlaf- und Wohnzimmers des Königs waren Gucklöcher angebracht, sowie die Klinken abgeschraubt worden, so dass dieselben nur mittelst eines eigenen Schlüssels geöffnet werden konnten.

Der König beklagte sich über diese Maßregeln, zeigte sich jedoch sonst ruhig, dinierte um $1/_22$ Uhr und gieng dann zu Bette. Am Morgen des 13. Juni, Pfingstsonntag, unternahm er in Begleitung Dr. von Guddens einen Spaziergang und ruhte auf einer Bank in unmittelbarer Nähe des Sees aus. Der König sprach ruhig und vernünftig mit dem Arzte und äußerte den Wunsch, dass er, nachdem es ihm hier so außerordentlich gut gefiele, am Abende wieder hieher zu kommen wünsche.

Um $1/_26$ Uhr nachmittags nahm er das Diner ein und ließ hierauf Dr. Gudden zu sich rufen, um den besprochenen Spaziergang zu machen. Dieser verließ nun um $^3/_47$ Uhr mit dem Könige das Schloss. So sicher fühlte sich Gudden seiner Macht dem hohen Patienten gegenüber, dass er den Pfleger, welcher folgen wollte, zurücksandte und als alleiniger Begleiter mitgieng. Leider sollten beide nicht wiederkehren. Dr. Gudden hatte die Rückkehr für 8 Uhr bestimmt. Als um diese Stunde weder der König, noch Dr. Gudden zurückgekommen war, ließ Dr. Müller den Park durchsuchen; zuerst fruchtlos, bis endlich um $1/_211$ Uhr nachts ein Schlossdiener am Seeufer des Königs Hut und seine beiden Röcke, die er wahrscheinlich im Kampfe mit Dr. Gudden verloren, fand. Der See wurde hierauf durchsucht und nahe beim Ufer unweit der Bank, wo vormittags der König gesessen, wurden, in geringer Entfernung voneinander, die beiden Leichen aufgefunden. Alle angestellten Wiederbelebungsversuche blieben erfolglos, und um Mitternacht wurde der Tod des Königs officiell durch Dr. Müller constatiert.

Die königliche Leiche wurde ins Schloss zurückgebracht und im sogenannten „König Max"-Zimmer aufgebahrt. Im Laufe des Pfingstmontags wurde der Leichnam zur Besichtigung ausgestellt und kein Auge blieb thränenleer beim Anblicke des geliebten, so tragisch aus dem Leben geschiedenen Monarchen.

Am Abend desselben Tages fand die Überführung nach der Residenz statt; ein endloser Zug trauernden Volkes folgte dem Leichenwagen, welcher um 2 Uhr nachts in München einlangte.

Am 15. Juni wurde die Section und Einbalsamierung vorgenommen und am Morgen des 16. begann der öffentliche Einlass in die Kapelle der Residenz, wo die sterbliche Hülle des Königs, in der Tracht der Hubertus-Ritter gekleidet, gebettet war. Herrlich schön und majestätisch lag der König im Sarge und wie im Schlosse Berg, so konnte auch hier niemand den Thränen wehren.

Zur Beisetzung der königlichen Leiche am 19. Juni in der St. Michaels-Hofkirche waren Vertreter der meisten auswärtigen Staaten erschienen. Nicht nur in Bayern, sondern allüberall fand das traurige Geschick des ideal veranlagten Königs, der schon in so frühen Jahren dem Wahnsinne verfallen war, die aufrichtigste Theilnahme.

Einer alten Sitte im Hause Wittelsbach entsprechend, wurde das Herz Ludwigs II. in einer prachtvollen Urne nach Altötting in die berühmte Wallfahrtskirche übertragen.

14. August 1864.

Karl I. König von Württemberg,

Chef des königl. württembergischen 5. Infanterie-Regimentes („Grenadier-Regiment König Karl") Nr. 123, des königl. württembergischen 1. Uhlanen-Regimentes Nr. 19, des königl. preußischen (1. rheinischen) Infanterie-Regimentes Nr. 25, **Oberst-Inhaber des k. u. k. Husaren-Regimentes Nr. 6 (vom 14. August 1864 bis 6. October 1891)**, Chef des kaiserl. russischen Dragoner-Regimentes „Nischnii-Nowgorod" Nr. 16; **Großkreuz des königl. ungarischen St. Stephan-Ordens** etc. etc.

König Karl I. von Württemberg wurde als einziger Sohn König Wilhelms I. und dessen dritter Gemahlin, Herzogin Pauline von Württemberg, am 6. März 1823 in Stuttgart geboren. Die feierliche Taufe des Kronprinzen, der dabei die Namen Karl Friedrich Alexander erhielt, fand am 21. März statt. Der Taufact selbst wurde vom Oberhofprediger, Prälaten und Feldpropste d'Autel in Gegenwart des Königs, der Mitglieder der königlichen Familie, des Hofes, des diplomatischen Corps, der Minister, des Geheimen Rathes und verschiedener Deputationen vollzogen. Unter der Leitung des Generals Hardegg erzogen, studierte Kronprinz Karl später in Tübingen und Berlin. Als der Lenz des Jahres 1846 die Kunde von der Verlobung des Kronprinzen mit der Lieblingstochter des Kaisers Nikolaus von Russland, Großfürstin Olga, brachte, durchdrang ein Gefühl freudigster Überraschung, herzlichster Theilnahme aller Herzen. Die Verlobung hatte im Januar 1846 in Palermo stattgefunden und im Sommer desselben Jahres begab sich der Kronprinz nach dem prächtigen Czarenschlosse Peterhof, wo am 13. Juli die Vermählung stattfand. Als das hohe Paar nach siebenwöchentlichem Aufenthalte in Peterhof endlich in Stuttgart eintraf, wurde es mit enthusiastischem Jubel begrüßt.

Kronprinz Karl succedierte seinem Vater am 25. Juni 1864. Er ersetzte das reactionäre Ministerium Linden durch den gemäßigten Varnbüler, behielt aber anfangs in der auswärtigen Politik die Grundsätze seines Vaters bei und schloss sich im Jahre 1866 Österreich an. Als die Würfel des Krieges zu Gunsten Preußens gefallen waren, passte sich König Karl bald den neuen Verhältnissen an und schloss noch im selben Jahre ein Schutz- und Trutzbündnis mit Preußen. Die schnelle Bereitschaft, mit welcher der Monarch im Jahre 1870 seine Truppen der gemeinsamen deutschen Sache zur Verfügung stellte, hat ebenso wie die treue Bundesgenossenschaft, welche König Karl seit jenen Tagen dem neuen Reiche hielt, dankbare Anerkennung gefunden.

Im Innern des Landes erfuhren das Wahlgesetz zur württembergischen Abgeordnetenkammer wie das Justizwesen Neuerungen, in denen ein freierer Geist wehte. Eines der ersten Gesetze, die unter König Karl erlassen wurden, befreite die Presse und das Vereinswesen von den Beengungen, unter denen dieselben seit 1855 gelitten hatten. Die Grundsätze religiöser Toleranz fanden allseitige Durchführung und in der That gehörte gerade auch die Erhaltung des confessionellen Friedens in Zeiten, da auch im Württembergerlande streitlustige Zungen vereinzelt zum Kampfe schürten, zu den glänzendsten, ganz persönlichen Verdiensten König Karls.

Auch dem geistigen Leben seines Volkes brachte König Karl hohes Interesse entgegen. Gleich am Anfange seiner Regierung begegnen wir einer an und für sich unscheinbaren, für den Sinn jedoch, in welchem der neue Monarch seine Pflichten auffasste, bedeutungsvollen Anordnung. Auf Veranlassung des Königs wurden vom Winter 1865 ab im großen Saale des Königsbaues von Stuttgarter und Tübinger Professoren öffentliche Vorträge gehalten, die jahrelang eifrige und zahlreiche Zuhörer fanden und einen nicht zu unterschätzenden Factor im geistigen Leben der Hauptstadt bildeten. Alle Anstalten und Einrichtungen des Landes, welche den Zwecken der geistigen Bildung dienen, von der Landesuniversität bis herab zur letzten Volksschule, hatten sich der eifrigen Förderung des Königs wie der Königin zu erfreuen. In gleichem Maße hatte das künstlerische Leben in dem Herrscherpaare fürstliche Gönner gefunden, insbesondere die Architektur; zwei der schönsten Bauten im Lande, die königliche Villa zu Berg und das Kloster Bebenhausen, sind in seinem persönlichen Auftrage erbaut, bezw. in ihren alten, reinen Formen wieder hergestellt worden. Hervorragende Werke der Bildhauerkunst und der Malerei, wie das Dannecker Denkmal von Curfass und die Statue Herzog Christophs verdanken die öffentlichen Plätze der Residenz und die Gallerien des Staates der unmittelbaren Freigebigkeit der königlichen Schatulle. Auch Handel und Gewerbe blieben nicht unbedacht; neben manchen anderen nützlichen Einrichtungen hatte insbesondere die unter dem Protectorate des Königs stehende Ausstellung im Jahre 1881 segensreich gewirkt. Das Gedeihen der Landwirtschaft und damit eines wichtigen Volkstheiles, des grundsässigen Kleinbürgerthums, ist unter König Karl regsam gefördert worden. Still und ohne Aufsehen gieng neben dem allem die Fürsorge für Noth, Armut und Elend her und auch hierin, in der Ausübung der erhabensten aller fürstlichen Pflichten, standen dem Monarchen außer seiner hohen Gemahlin auch die übrigen Mitglieder des königlichen Hauses in großherziger, werkthätiger Liebe zur Seite.

Die Beliebtheit, die König Karl seines Wohlwollens wegen im ganzen Lande genoss, kam sowohl im Jahre 1871, als der Monarch die Feier seiner silbernen Hochzeit begieng, als auch bei seinem 25jährigen Regierungsjubiläum im Jahre 1889 lebhaft zum Ausdrucke.

Leider erfreute sich König Karl nicht der besten Gesundheit und musste zur Stärkung derselben des öfteren unter südlichem Himmel weilen. Wie oft zuvor, weilte auch im Herbste des Jahres 1891 König Karl in den Hallen der ehemaligen Cistercienserabtei Bebenhausen, um hier an diesem stillen Waldsitze, fernab vom rauschenden Weltgetriebe, Tage der Ruhe zu verbringen. Doch konnte der würzige Duft dieses idyllischen Thales dem Monarchen diesmal nicht die erhoffte Stärkung bringen. Schwer krank musste König Karl am 3. October das traute Thal verlassen, um auf den Rath seiner Ärzte in die Residenz, nach Stuttgart, zurückzukehren. Am 6. October verkündete dumpfes Glockengeläute dem Volke, dass sein edler, greiser Monarch ausgelitten. An der Bahre des hohen Dahingeschiedenen, für den der Tod nur eine Erlösung von jahrelangen, in stiller Ergebenheit getragenen Leiden war, stand tief trauernd und bewegt sein Volk, dem er ein gütiger, edler und gerechter Fürst war, dessen Gedanken ganz dem Wohle seines Landes gewidmet waren. Den verwaisten Thron bestieg, da seine Ehe kinderlos blieb, sein Vetter als König Wilhelm II.

16. Mai 1865.

Alexander III. Kaiser von Russland,

Czar von Polen und Großfürst von Finnland etc. etc., Chef der Leibgarde-Regimenter Preobraschenski, Ssemjonow, Ismailow und Pawlow, des Leibgarde-Jäger-, des Leibgarde-Grenadier-Regimentes, des Leib-Regimentes zu Pferde, des Garde-Kosaken-Regimentes, des Uhlanen-Regimentes Nr. 3 von Smolensk, des Dragoner-Regimentes Nr. 18 von Perejaslaw, des Grenadier-Regimentes Nr. 12 von Astrachan, des Sofin'schen Infanterie-Regimentes Nr. 2 und des Infanterie-Regimentes von Nowo-Tscherkask Nr. 145 etc. etc., **Oberst-Inhaber des k. u. k. Infanterie-Regimentes Nr. 61 (vom 16. Mai 1865 bis 1. November 1894), sowie des k. u. k. Uhlanen-Regimentes Nr. 11 (vom 20. März 1881 bis 1. November 1894),** Chef des königl. preußischen (westpreußischen) Uhlanen-Regimentes Nr. 1 etc. etc., Großmeister sämmtlicher kaiserl. russischer Orden, **Großkreuz des königl. ungarischen St. Stephan-Ordens,** Ritter des königl. spanischen Ordens vom Goldenen Vliese, des königl. großbritannischen Hosenband-Ordens, des königl. preußischen Schwarzen Adler-Ordens etc. etc.

Alexander III., als Sohn Kaiser Alexanders II. und der Kaiserin Maria Alexandrowna am 10. März 1845 zu St. Petersburg geboren, war nicht zur Herrschaft erzogen worden. Erst der frühe Tod seines älteren Bruders Nikolaus im Jahre 1865 hatte ihn zur Thronfolge berufen. Wenig hatte er bis dahin von der Welt außerhalb Russlands gesehen. Am 9. November/28. October 1866 vermählte er sich mit der am 26./14. November 1847 geborenen Tochter König Christians IX. von Dänemark, Prinzessin Dagmar (früher Maria Feodorowna). Alexander III. war viel mehr Russe als jemals ein Kaiser aus dem Hause Gottorp und ähnelte in mancher Beziehung mehr den alten Czaren vor Peter dem Großen. Eine Hüne von Wuchs und von riesiger Körperkraft, war er doch im Grunde weichen Gemüthes und ein ausgezeichneter Gatte und Vater, in seinen Entschlüssen langsam, aber von zähem Willen, ein fester Freund und Feind, aber argwöhnisch und misstrauisch in der schrecklichen Erinnerung an die entsetzlichen Eindrücke bei seiner Thronbesteigung.

Am 23. März 1881 erließ das geheime nihilistische Executivcomité einen offenen Brief an Alexander III., welcher ihm Frieden anbot, wenn er die politischen Verbrecher begnadige und ein Parlament berufe, im anderen Falle mit dem Schicksale des Vaters drohte. Die Verblendeten ahnten nicht, dass das, was sie forderten, bereits so gut wie gewährt war, als sie den Czaren tödlich trafen. Jetzt war es damit vorbei. Alexander III., unter so grauenerregenden Umständen zur Nachfolge berufen, antwortete nach der feierlichen Beisetzung des Vaters in der Dreieinigkeitskirche der Festung am 15. April mit der Hinrichtung von fünf Kaisermördern und kündigte am 11. Mai in einem Manifeste den festen Entschluss an, an der ererbten selbstherrlichen Gewalt festzuhalten, ein Ergebnis langer, heftiger Kämpfe im Rathe des Kaisers. Loris-Melikow trat zurück, General Ignatjew, das Haupt der Panslavisten, übernahm das Ministerium des Innern. Es war die natürliche Reaction nach dem Kaisermorde.

Erst am 28. Mai 1883 empfieng Alexander III. die Krone in Moskau, umgeben von allem Pomp einer russischen Kaiserkrönung. Selten zeigte sich der Kaiser in der Öffentlichkeit; durchfuhr er sein Reich, so waren ganze Armeecorps zur Überwachung der Bahnlinie aufgeboten. Das Winterpalais, wo sein Vater so tragisch geendet hatte, mied er durchaus und benützte es nur bei großen Festen, er blieb im Anitschkow-Palais an der Fontanka, dessen Umgebung möglichst abgesperrt wurde. Im Sommer bewohnte er das Schloss Gatschina in einem weitläufigen Parke oder den Alexandria-Palast in Peterhof, dessen Park eine hohe Mauer umschließt; auch dort patrouillierten durch die ganze vornehme Villenstadt beständig stattliche Gardekosaken hoch zu Ross, wie in einem Kriegslager. Freier fühlte sich Czar Alexander nur, wenn er auf einer seiner prächtigen Jachten, der mächtigen „Derschawa" oder dem schnellen „Polarstern", durch die finnischen Schären oder nach Kopenhagen fuhr, wo er fast jeden Sommer wochenlang im Kreise seiner Verwandten weilte; dort sah man ihn oft ohne alle Begleitung, seine Kinder, die er zärtlich liebte, neben sich, in einer einfachen Droschke durch die Straßen der dänischen Hauptstadt fahren.

Kaiser Alexander wollte ohne Zweifel aufrichtig seines Volkes Glück und Größe. Stets trachtete er seinem Lande die Segnungen des Friedens zu erhalten und hat auch niemals Krieg geführt. Aber Russland zur ausschlaggebenden Macht in Europa zu erheben, in Asien seine Grenzen mit ruhigem Nachdrucke weiter vorzuschieben, alle Glieder der „großen russischen Familie" unter der unbeschränkten Selbstherrschaft des Czaren und womöglich unter der Herrschaft der nationalen Kirche immer enger aneinander zu schließen, ohne Rücksicht auf historische und nationale Sonderrechte, im Innern jede irgendwie gefährliche Regung niederzuhalten und den Wohlstand vor allem durch Entwickelung einer nationalen Industrie immer mehr zu fördern, diese Ziele hat er mit zäher Willenskraft verfolgt. Die liberalen Gedanken Kaiser Alexanders II. waren aufgegeben; Aksakows und Katkows Ideen lenkten jetzt das Steuer des weiten Reiches. Ganz persönlich war Alexanders III. Herrschaft; seine Minister, auch die des Auswärtigen, erst Fürst Gortschakow, dann nach dessen Rücktritte im Jahre 1883 Nikolaus von Giers, waren niemals mehr als Diener des kaiserlichen Willens.

Das Heer, das mächtigste Werkzeug dieses Willens, war von Anfang an der Gegenstand seiner eingehendsten Fürsorge. Sehr bald trat an die Stelle der bisherigen, der preußischen sehr ähnlichen Uniformierung bei der Infanterie der nationale dunkelgrüne Halbkaftan mit der schwarzen schirmlosen Lammfellmütze, welche bei der Generalität die weiße Farbe erhielt. Die Reiterei, abgesehen von den Kosaken, wurde durchwegs in Dragoner-Regimenter umgestaltet und erhielt die Lanze, verwandelte sich also in eine „Einheits-Cavallerie". Die allgemeine Wehrpflicht aber wurde seit 1887 auch im Kaukasus durchgeführt, so fest stand dort die russische Herrschaft. Daneben lief auf der „Baltischen Werft" in Petersburg ein schweres Schlachtschiff, ein schneller Kreuzer nach dem andern vom Stapel, in Libau begannen kostspielige Bauten, um einen eisfreien Kriegshafen außerhalb des engen, leicht zufrierenden finnischen Meerbusens zu schaffen, und Kronstadt wurde durch ganze Reihen moderner Forts verstärkt. Ganz neu beinahe schuf diese Regierung die Kriegsflotte des Schwarzen Meeres. Als ihr Haupthafen erstand Sebastopol aus seinen Trümmern und wurde im Januar 1893 ausschließlich Kriegshafen; auch das neuerworbene Batum gestaltete sich schon 1886 trotz des Friedens von 1878 zu einem solchen. Mehrmals kam der Kaiser selbst nach dem Süden, um die Erfolge dieser Anstrengungen zu besichtigen.

Der schwache Punkt dieser Regierung blieben bis fast an ihr Ende die Finanzen. Erforderte schon vor dem russisch-türkischen Kriege 1875 die Verzinsung der Staatsschuld ein volles Drittel sämmtlicher Ausgaben, so wollte nachher das Deficit nicht mehr verschwinden. Und doch machte die Volkswirtschaft in manchen

Zweigen ganz bedeutende Fortschritte. Die russische Baumwollindustrie gewann den zweiten Rang in Europa dicht hinter der englischen und bezog bald nach der Unterwerfung Turkestans ein Drittel ihres Rohstoffes dorther, besonders aus Ferganah. Lodz und Tomaszow in Polen wetteiferten mit den größten deutschen Fabrikstädten, und auch fremde Unternehmer errichteten fortwährend Fabriken in Russland. Der Bergbau im Ural, in Sibirien und den mittelasiatischen Gebirgen machte die russische Fabrication immer unabhängiger von europäischer Einfuhr; der Naphthahandel von Baku, dessen Bevölkerung trotz seiner trostlosen Lage auf der öden, baumlosen, sandigen Halbinsel Apscheron in zwanzig Jahren mit amerikanischer Schnelligkeit auf 125.000 Einwohner stieg, nahm den großartigsten Aufschwung, lieferte den russischen Eisenbahnen und Dampfschiffen einen großen Theil ihres Brennmaterials und begann dem nordamerikanischen Petroleum erfolgreich Concurrenz zu machen. Die Weine und Südfrüchte der Krim und des Kaukasus, die prächtigen orientalischen Teppiche, Shawls, Stickereien, Geräthe und Waffen drangen jetzt bis Petersburg vor, so dass die nordische Großstadt in mancher Beziehung als die Schwelle des Orients erschien. Denn unaufhaltsam verschob sich das wirtschaftliche Schwergewicht Russlands nach dem Süden, wohin die größten russischen Ströme weisen und wo der Russe als Träger einer überlegenen Cultur gegenüber dem Orientalen erscheint. Es liegen heute auch sämmtliche russische Großstädte mit über 75.000 Einwohnern, Petersburg und Riga ausgenommen, südlich von Moskau, und die Ostsee beginnt für Russland ihren Vorrang an das Schwarze Meer und den Caspi-See abzutreten.

Immer dichter flocht sich das Eisenbahnnetz, und 1891 geschah durch den Thronfolger, den Großfürsten Nikolaus, als er von seiner Weltreise nach Wladiwostok kam, der erste Spatenstich zu dem längsten Schienenwege der Welt, der sibirischen Eisenbahn, auf welcher man nach ihrer Vollendung die ungeheure Strecke von 10.000 Kilometern von Petersburg oder Moskau aus in 12 bis 13 Tagen wird zurücklegen und binnen vier Wochen eine Armee von 100.000 Mann an der Ostküste Asiens wird versammeln können. Schon im Mai 1885 wurde der Seecanal durch das flache Gewässer des finnischen Meerbusens zwischen Kronstadt und Petersburg eröffnet, welcher auch großen Schiffen gestattet, in die tiefe breite Newamündung einzulaufen. Auf dem Schwarzen Meere und der unteren Donau erlangte die russische Dampfschifffahrtsgesellschaft des Fürsten Gagarin immer größere Bedeutung und die mächtigen Dampfer der sogenannten „freiwilligen Flotte", einer vom Staate unterstützten Privatunternehmung, standen im Frieden als Truppentransportschiffe, im Kriege als Hilfskreuzer der Regierung zur Verfügung. Zum Schutze der einheimischen Industrie und zur Steigerung der Einkünfte begann der neue Finanzminister Wyschnegradsky die Zölle an der Westgrenze 1887 und 1890 ansehnlich zu erhöhen.

Manch anderes hemmte indes das Gedeihen der russischen Volkswirtschaft und die Gesundung der Finanzen. Der Bauernstand vor allem, nach Kutkow und Aksakow der eigentliche Träger der specifisch russischen Cultur, zeigte sich der ihm gewährten Selbstverwaltung und Freiheit so wenig gewachsen, dass 1889 wieder kaiserliche Bezirkshauptleute aus dem Adel ihre wichtigsten Functionen übernahmen.

So stieg die Noth aus den längst wirksamen Gründen von Jahr zu Jahr und führte zu einer rasch anschwellenden Auswanderung nach dem fruchtbaren südlichen Sibirien, dem Lande der Hoffnung für Hunderttausende, wie einst Nordamerika für die europamüden Deutschen.

Eine Missernte in den trockenen Gouvernements veranlasste 1891 eine weitverbreitete Theuerung und Hungersnoth. Die Regierung suchte mit Geldbeihilfe, zunächst mit 22 Millionen Rubeln, Ermäßigung der Eisenbahntarife für die Hilfssendungen, Getreideausfuhrverboten und dergleichen zu helfen, aber das alles erwies sich als unzureichend.

Als eine neue schreckliche Volksgeißel trat in demselben Jahre überdies die Cholera auf, die von Turkestan her sich zunächst nach dem Caspischen Meere, dann die Wolga aufwärts fast über das ganze europäische Russland und weiter nach dem Westen hin verbreitete. Die Vorkehrungen der Regierung stießen dabei vielfach auf den gewaltsamen Widerstand des abergläubischen Volkes. Umso lieber vertiefte es sich in religiöse Grübeleien der verschiedensten Art. Eine beständige Zunahme der Secten war hievon die Folge.

Die Nihilisten blieben unter der Hand nicht unthätig und die Furcht vor ihnen verschwand niemals, doch schien die unheimliche Bewegung rückläufig zu sein. Auch das schwere Unglück, welches am 29. October 1888 den kaiserlichen Hofzug auf der Rückfahrt von Sebastopol bei Borki in der Nähe von Charkow durch Entgleisung traf, aber die kaiserliche Familie unversehrt ließ, war nicht auf ein nihilistisches Verbrechen zurückzuführen.

Trotzdem beschränkte die Regierung im Jahre 1887 wieder die Freiheiten der Universitäten, da diese als Herd des Nihilismus verdächtig waren, wogegen sich nun wieder die üblichen Studententumulte erhoben.

All diese, wie noch manch andere Sorgen wirkten auf die Riesennatur des Czaren mit der Zeit ungünstig ein. Mehrere Anfälle von Influenza schwächten seine Kräfte, und der letzte im Januar 1894 ließ eine Nierenentzündung zurück, die sich, da der Monarch bei Erfüllung seiner Pflichten keine Schonung kannte, rasch verschlimmerte. Erst auf den dringenden Rath seiner Ärzte begab sich der Kaiser zu Anfang October nach seinem herrlichen Landsitze Livadia bei Jalta an der malerischen Felsenküste der Krim, der russischen Riviera, von wo er später nach Corfu übersiedeln sollte. Leider nahm jedoch das Leiden so rasch eine bedenkliche Wendung, dass fast alle Mitglieder der kaiserlichen Familie herbeieilten, auch die Braut seines Sohnes, des Thronfolgers Nikolaus, Prinzessin Alix von Hessen. Sein letzter Wunsch, die Vermählung des jungen Paares noch zu erleben, gieng nicht in Erfüllung. Bereits am 1. November 1894 verschied der edle Monarch, noch nicht 50 Jahre alt. Noch auf dem Sterbebette hatte er als den größten Stolz seiner Regierung hervorgehoben, dass der Friede des Reiches unter ihm niemals gebrochen worden sei. Die Trauer, die des Kaisers Leiche auf dem langen Wege von Livadia über Moskau zur Gruft in der Dreifaltigkeitskirche der Festung St. Petersburg begleitete, war eine ebenso allgemeine, wie aufrichtige und gab beredtes Zeugnis von der Liebe und Anhänglichkeit, mit der das russische Volk an seinem Herrscher hieng. War doch auch die Stellung, die Russland nun in der großen Politik innehatte, die es früher nur in der mächtigsten Zeit Kaiser Nikolaus I. behauptet hatte, zu nicht geringem Theile das persönliche Werk Kaiser Alexanders III.

13. December 1865.

Leopold II. König der Belgier,

Souverän des unabhängigen Congo-Staates, Herzog zu Sachsen, Prinz von Sachsen-Coburg und Gotha, **Oberst-Inhaber des k. u. k. Infanterie-Regimentes Leopold II. König der Belgier Nr. 27 (seit 13. December 1865)**, à la suite der kaiserl. deutschen Marine, königl. schwedischer General, Chef des königl. preußischen (kurmärkischen) Dragoner-Regimentes Nr. 14, **Ritter des kaiserl. österreichischen Ordens vom Goldenen Vliese, Großkreuz des königl. ungarischen St. Stephan-Ordens**, Ritter des königl. preußischen Schwarzen Adler-Ordens, des königl. großbritannischen Hosenband-Ordens etc. etc.

Als ältester Sohn König Leopolds I. und dessen zweiter Gemahlin, Prinzessin Luise von Bourbon-Orléans, einer Tochter des Königs Ludwig Philipp von Frankreich, erblickte Leopold am 9. April 1835 zu Brüssel das Licht der Welt. 1840 erhielt er von seinem Vater den Titel eines Herzogs von Brabant, den fortan der jeweilige belgische Thronfolger zu führen bestimmt ist. Durch gründliches Studium der Institutionen, der Sitten und Bedürfnisse seines Vaterlandes bereitete sich der Prinz schon frühzeitig für seine hohe Aufgabe vor. Er wollte alles genau und aus eigener Anschauung kennen lernen. Niemand hatte einen tieferen Einblick in die Verhältnisse Belgiens genommen als Prinz Leopold, welcher berufen war, dereinst den Thron seines Vaters einzunehmen. Hohe Intelligenz, feiner Takt und hervorragende Beredsamkeit zeichneten den jugendlichen Thronerben aus. Vor allem hatte er den Fortschritt in den schönen Künsten, in der Literatur, Industrie und im Handel vor Augen; über alles gieng ihm das Wohl seines Vaterlandes.

Im Jahre 1846 trat Prinz Leopold als Unterlieutenant des Grenadier-Regimentes in die Armee ein und durchlief sämmtliche Chargengrade, bis er 1865 zum Generallieutenant ernannt wurde. Lebhaftes Interesse brachte er den Verhandlungen des Senats entgegen, hielt sich vor seiner Thronbesteigung jedoch immer der eigentlichen Politik ferne.

Kurz nachdem Prinz Leopold am 9. April 1853 volljährig geworden war, nahm ihn sein königlicher Vater auf einer Reise durch Deutschland mit, um ihn am österreichischen und deutschen Hofe vorzustellen. Am 4. Mai d. J. trafen die Fürstlichkeiten in Begleitung des königlichen Generallieutenants de Liem und der beiden Oberste de Moekerke und Gvethals in Berlin, am 11. Mai in Wien ein. In Oderberg bereits wurden die hohen Herrschaften mit den vorgeschriebenen militärischen Ehren empfangen. Gelegentlich dieses Besuches in Wien legte Prinz Leopold auch den Grund zu seinem jetzigen, so glücklichen Heim. Er erkor sich die jugendlich schöne Tochter des bereits 1847 verstorbenen Erzherzogs Josef, Palatins von Ungarn, aus dessen Ehe mit der Prinzessin Maria Dorothea von Württemberg, Erzherzogin Maria Henriette, als künftige Gemahlin. Sehr bald darauf, am 22. August 1853 bereits, erhielt das Herzensbündnis des erst 18jährigen Prinzen die kirchliche Weihe. Mit besonderer Begeisterung begieng die Bevölkerung Belgiens diesen Festtag, lebt doch dortselbst bei dem Volke das Andenken an die österreichische Herrschaft noch in dankbarer Erinnerung fort.

Als am 10. December 1865 König Leopold, jener hochherzige und zartsinnige Monarch aus dem Hause Sachsen-Coburg, der sich die Liebe der Völker und die Freundschaft der Herrscher in so hohem Maße zu erwerben und zu erhalten verstanden hatte, nach langem Leiden vom Tode ereilt wurde, bestieg Prinz Leopold den Thron. Er hatte die Regierung eines Landes zu übernehmen, welches unter seinem Vater zum Sitze einer erstaunlichen materiellen Wohlfahrt, sowie zum Muster des Constitutionalismus geworden war. Ganz Belgien stand unter dem Drucke des herben Verlustes, den das Land durch den Hintritt des seltenen Monarchen erlitten.

Am 17. December hielt der bisherige Herzog von Brabant als König Leopold II. seinen feierlichen Einzug in Brüssel. Die Thronrede, mit welcher er an diesem Tage die Regierung antrat, nachdem er vorher vor der versammelten Kammer den Eid auf die Verfassung geleistet hatte, erweckte einen Sturm von Begeisterung in den gesetzgebenden Körperschaften wie im ganzen Lande.

Und in allen Punkten hielt Leopold, der zweite König der Belgier, auf das Gewissenhafteste an dem Programme fest, welches er in seiner ersten Thronrede dargelegt. Er hatte dem constitutionellen Staatsorganismus sowohl, wie den dem Lande durch seine Neutralität auferlegten Pflichten das richtige Verständnis entgegengebracht. So schwierig es oft auch war, stellte er sich, seiner constitutionellen Mission eingedenk, außerhalb der das Land spaltenden Meinungskämpfe, diesem selbst die Entscheidung überlassend.

Der im Sommer 1870 zwischen Deutschland und Frankreich ausgebrochene große Kampf drohte auch das kleine Belgien in furchtbare Mitleidenschaft zu ziehen. König Leopold concentrierte seine Armee in Antwerpen und ließ die Grenzen besetzen. Die Umwandlung Antwerpens zu einem großen Waffenplatze war in den letzten Regierungsjahren König Leopolds I. schon beschlossen und auch zum Theile durchgeführt worden, beendet wurde sie unter Leopold II. Antwerpen, welches durch die Befestigung seinen Handel bedroht glaubte, kam diese Verfügung nun sehr zustatten. Glücklicherweise gieng durch das energische Einschreiten Englands für die Neutralität Belgiens an dem Lande jede Gefahr vorüber. Belgien war seinen politischen und militärischen Pflichten mit aller Strenge nachgekommen, König Leopold bei dieser Gelegenheit trotz mannigfacher Sympathie-Kundgebungen eines Theiles der Bevölkerung für Frankreich, mit aller Festigkeit aufgetreten.

So hat denn König Leopold II. nicht nur in den inneren Kämpfen seines Vaterlandes, sondern auch bei Abwendung von außen drohender Gefahren jederzeit feste und correcte Haltung gepaart mit Weisheit an den Tag gelegt, mit einem Worte, sich ganz und voll als der Sohn seines unvergesslichen Vaters bewährt.

Seit jeher nahm das Bestreben, Belgiens Handel zu erweitern, das Interesse König Leopolds in Anspruch; auch betheiligte er sich lebhaft an den geographischen Studien und Entdeckungsreisen seiner Zeit. So berief er auch 1876 einen geographischen Congress nach Brüssel, um über die Nutzbarmachung der afrikanischen Entdeckungen zu berathen. Auf Grund von Reisen und Berichten Stanleys gründete er den Congostaat, dessen Souveränität ihm 1885 übertragen wurde und den er dem belgischen Staate als Erbe vermachte. Die Regelung der schwierigen Finanzlage des Congostaates nimmt fortwährend seine Sorge und seine Geldmittel in Anspruch.

Die im Sommer 1884 durch den Sturz der seit 1878 am Ruder befindlichen Liberalen und die vom clericalen Regimente eingeführte neue Organisierung des Volksschulwesens eingetretenen Ruhestörungen bereiteten dem Könige ernstliche Schwierigkeiten, denen gegenüber er aber an den von ihm stets vertretenen Grundsatze gewissenhafter Wahrung des belgischen Staatsrechtes festhielt.

Wenngleich von seinem Volke jederzeit hoch verehrt und geliebt, zeigten die, anlässlich des im Juli 1880 begangenen

50jährigen Jubiläums der Unabhängigkeit Belgiens vom ganzen Lande ihm entgegengebrachten, ganz ungewöhnlichen Sympathiebezeigungen, mit welcher Innigkeit die Bevölkerung an ihrem Herrscher hängt. Die erhebenden Festlichkeiten, welche aus diesem Anlasse stattfanden, Huldigungen der herzlichsten Art, wie sie Fürsten nur selten zutheil werden, zeigten König Leopold, wie reichlich die von ihm bei seinem Volke gesäete Liebe Früchte trug.

Wie König Leopold das Muster eines constitutionellen Königs, ist er auch das Vorbild eines Gatten und Vaters. Das innige Familienleben, welches alle Mitglieder der belgischen Königsfamilie umschließt, die schlichten Sitten derselben sind jedermann bekannt. Umso tiefer waren die Wunden, die das herbe Schicksal auch dem Hause König Leopolds nicht ersparte. Das Unglück, welches seine geliebte Schwester Charlotte durch den Tod ihres Gemahls Kaiser Max von Mexiko betroffen, der Tod seines einzigen Sohnes Leopold, seines Schwiegersohnes, des unvergesslichen Kronprinzen Rudolf von Österreich, waren wohl Schicksalsschläge, die ihn für eine Zeit überwältigten. Stets führte ihn jedoch bald sein strenges Pflichtgefühl wieder zu den ernsten Arbeiten zurück, die er für sein Volk übernommen, zu der Fürsorge für die Mitglieder seines Hauses, die mit warmer Hingebung an ihm hängen.

Im Jänner 1890 hatte König Leopold und sein Land die Genugthuung, dass sich in Brüssel ein gesammt-europäischer Antisclaverei-Congress vereinigte, welcher auf Antrag Belgiens die Einfuhr von Handfeuerwaffen nach Afrika beschränkte und besonders die Bestimmungen der Berliner Generalacte vom Jahre 1885, durch welche für das Congobecken vollständige Handelsfreiheit festgesetzt wurde, dahin abänderte, dass die Congostaaten Wertzölle für alle eingeführten Waren erheben durften. Diese Bestimmung, die hauptsächlich König Leopold zugute kam, da die Finanzen seines Congostaates ohne der Hilfe von Einfuhrzöllen zusammenbrechen mussten, wurde am 2. Juli 1890 von den Vertretern aller Mächte, mit Ausnahme desjenigen der Niederlande unterzeichnet, da letztere die Interessen der zahlreichen holländischen Importeure in das Congoland schützen wollten; erst zu Beginn des folgenden Jahres gaben auch die Niederlande nach. Trotzdem war König Leopold genöthigt, zur Erhaltung seiner Lieblingsschöpfung die Unterstützung des Landes in Anspruch zu nehmen, wobei das Ministerium seinen Wünschen auch auf das bereitwilligste entgegenkam.

Die Demonstrationen, die 1890 zu Gunsten des allgemeinen Stimmrechtes stattfanden, nahmen an dem am 10. August zu Brüssel abgehaltenen Arbeitertage bedrohliche Dimensionen an. Doch zogen sich die Berathungen, obwohl König Leopold selbst im Ministerrathe für eine Verfassungs-Revision eintrat, derart in die Länge, dass erst im April 1893, nachdem es zuvor zu blutigen Zusammenstößen zwischen dem Volke einerseits und den Truppen und der Polizei anderseits gekommen war, das neue Wahlrecht von den Abgeordneten und den Senatoren angenommen wurde. Dieses räumte allen Belgiern vom 25. Lebensjahre an das Wahlrecht, Familienvätern über 35 Lebensjahren, sowie Besitzern eines gewissen Vermögens das doppelte, respective dreifache Stimmrecht ein.

Der nächstberechtigte Thronerbe ist nun der Bruder König Leopolds, der am 24. März 1837 geborene Prinz Philipp, Graf von Flandern.

18. Februar 1868.

Ludwig Prinz von Bayern,

königl. bayerischer General der Infanterie, Inhaber des 10. Infanterie-Regimentes, à la suite des 2. Infanterie-Regimentes, Chef des königl. preußischen (2. niederschlesischen) Infanterie-Regimentes Nr 47, **Oberst-Inhaber des k. und k. Infanterie-Regimentes Nr. 62 (seit 18. Februar 1868)**, Ehrenmitglied der Akademie der Wissenschaften in München, Ritter des königl. bayerischen Hausordens vom heiligen Hubertus, Großprior des königl. bayerischen Hausordens vom heiligen Georg, Besitzer der St. Georg-Medaille, Ritter des königl. bayerischen Militär-Verdienst-Ordens IV. Classe mit den Schwertern, des großherzogl. badischen Ordens der Treue, des großherzogl. badischen Ordens Berthold I. von Zähringen, Großkreuz des großherzogl. hessischen Ludwig-Ordens, Besitzer der fürstl. Schaumburg-Lippe'schen Militär-Verdienst-Medaille, Großkreuz des großherzogl. oldenburgischen Haus- und Verdienst-Ordens, Ritter des königl. preußischen Schwarzen Adler-Ordens, des königl. sächsischen Ordens der Rautenkrone, Großkreuz des großherzogl. sächsischen Ordens vom Weißen Falken, des herzogl. sachsen-ernestinischen Hausordens, des königl. württembergischen Ordens der Württembergischen Krone, Besitzer der königl. württembergischen goldenen Regierungs-Jubiläums-Medaille, Besitzer des Armee-Denkzeichens für 1866, des Dienstauszeichnungskreuzes II. Classe, **Ritter des kaiserl. österreichischen Ordens vom Goldenen Vliese, Großkreuz des königl. ungarischen St. Stephan-Ordens**, des königl. griechischen Erlöser-Ordens, Besitzer der königl. großbritannischen goldenen Jubiläums-Medaille, Ritter des großherzogl. luxemburg'schen Hausordens vom Goldenen Löwen, des kaiserl. russischen St. Andreas-Ordens, Großkreuz des königl. spanischen Ordens Karls III., des großherzogl. toscanischen St. Josefs-Ordens etc. etc.

Am 7. Januar 1854 als ältester Sohn des Prinzen, jetzigen Prinz-Regenten Luitpold von Bayern und der Prinzessin Auguste zu München geboren, trat der Prinz frühzeitig in die Armee ein. Am 28. November 1861 zum Secondlieutenant ernannt, rückte Ludwig bereits mit 5. Juni 1864 zum Premierlieutenant und mit 1. August 1866 zum Hauptmann vor. Im Feldzuge 1866 hatte Prinz Ludwig am 25. Juli bei Rossbrunn eine schwere Verwundung erlitten, welche ihn zwang, aus dem activen Dienste zu scheiden.

Mit besonderem Fleiße oblag er von da ab dem Studium der Landwirtschaft und trug wesentlich zur Förderung derselben bei.

Bei öffentlichen Angelegenheiten, deren sich Prinz Ludwig annahm, bekundete er stets ein hervorragendes Rednertalent.

Mit 28. April 1867 in die Obersten-Charge befördert, wurde Prinz Ludwig am 1. Mai 1873 zum General, am 24. Juli 1878 zum Generallieutenant und am 21. August 1884 zum General der Infanterie ernannt.

Am 20. Februar 1868 vermählte er sich zu Wien mit Erzherzogin Maria Theresia, der Tochter der Herzogs Ferdinand Karl von Modena, Erzherzogs von Österreich, und der Erzherzogin Elisabeth.

Der Ehe des Prinzen entstammen: Prinz Ruprecht, Prinzessin Adelgunde, Prinzessin Marie, Prinz Karl, Prinz Franz und die Prinzessinnen Mathilde, Hildegarde, Wiltrud, Helmtrudis und Gundelinde.

23. November 1871.

Wilhelm Erbgroßherzog von Luxemburg,

k. und k. Generalmajor, Großkreuz des königl. ungarischen St. Stephan-Ordens, Ritter des königl. preußischen Schwarzen Adler- und des königl. bayerischen St. Hubertus-Ordens, Großkreuz des großherzogl. Sachsen-Weimarischen Ordens vom Weißen Falken, des großherzogl. hessischen Ludwig-Ordens, des großherzogl. mecklenburgischen Hausordens der wendischen Krone des großherzogl. badischen Hausordens der Treue, des herzogl. braunschweigischen Ordens Heinrich des Löwen, Besitzer des fürstl. waldeck'schen Militär-Verdienstkreuzes I. Classe, Ritter des kaiserl. russischen St. Andreas-Ordens, Großkreuz des königl. belgischen Leopold-Ordens, Ritter des königl. schwedischen Seraphinen- und des königl. dänischen Elephanten-Ordens, Großkreuz des königl. griechischen Erlöser-Ordens, Großkreuz des königl. rumänischen Ordens „Stern von Rumänien" etc. etc.

    Der erste Sohn des Herzogs Adolf von Nassau und dessen Gemahlin Prinzessin Adelheid von Anhalt wurde am 22. April 1852 zu Biebrich geboren. Bei dem feierlichen Taufacte, welchem Kaiserin Alexandra von Russland, der Urgroßvater Landgraf Wilhelm von Hessen und König Wilhelm III. der Niederlande als Pathen anwohnten, erhielt der Erbprinz die Namen Wilhelm Alexander. Zur Freude seiner hohen Eltern entwickelte er sich auf das vorzüglichste; er war stets an der Seite seiner fürstlichen Mutter und deren gewöhnlicher Begleiter auf ihren Spaziergängen.

    Im Jahre 1858 wurde mit dem regelmäßigen Schulunterrichte des Erbprinzen durch den Elementarlehrer Türk begonnen; 1860 wurde Dr. Müller mit der Leitung des Unterrichtes betraut, welchem nun der Lehrplan des Gymnasiums zugrunde gelegt wurde. Der aufgeweckte, höchst talentierte und eifrige Erbprinz studierte Lateinisch, Griechisch, Mathematik, Geschichte und Literatur und erhielt französischen und englischen Sprachunterricht. Mit rührender Liebe hieng er an seinem Religionslehrer Dilthey, welcher seinem hohen Schüler tiefes religiöses Empfinden in die Brust legte.

    Erbgroßherzog Wilhelm begleitete von nun an schon seine Eltern bei größeren Reisen; 1865 wurde es ihm zum erstenmale gestattet, den Jagdaufenthalt auf der Platte mitzumachen.

Am 7. Juli 1867 vollzog Kirchenrath Fr. W. Dietz aus Wiesbaden die feierliche Confirmation des Erbprinzen. Der höchst erhebenden Feier wohnten außer den hohen Eltern eine große Anzahl fürstlicher Verwandter bei.

Im Herbste 1867 bezog Prinz Wilhelm, begleitet von Major von Hadeln, die königlich sächsische Cadettenanstalt zu Dresden, um seine militärischen Studien zu beginnen. Nach vorzüglicher Absolvierung derselben bereitete er sich gründlich zum Officiersexamen vor. Dieses bestand er am 17. October 1871 zu Brünn mit dem Erfolge „vorzüglich gut" und wurde hierauf am 23. November zum Lieutenant im k. und k. Dragoner-Regimente Graf Neipperg Nr. 12 ernannt. Bereits am 29. October 1873 wurde er zum Oberlieutenant im selben Regimente, am 23. October 1875 zum Rittmeister I. Classe im Husaren-Regimente Fürst Franz von Liechtenstein Nr. 9 und am 15. September 1878 zum Major im Husaren-Regimente Karl I. König von Württemberg Nr. 6 befördert. Nachdem Erbprinz Wilhelm im Frühjahre 1881 zum Husaren-Regimente Nr. 10 übersetzt worden war, rückte er am 26. October 1881 zum Oberstlieutenant im Husaren-Regimente Großfürst Nikolaus von Russland Nr. 2, am 5. December 1883 zum zweiten Oberst im Husaren-Regimente Graf Radetzky Nr. 5 und am 15. Februar 1884 zum Commandanten des in Ung.-Weißkirchen garnisonierenden Husaren-Regimentes Kaiser Franz Joseph Nr. 1 vor. In dieser Stellung verblieb Erbprinz Wilhelm nun bis zum 16. December 1888, an welchem Tage er bei gleichzeitiger Ernennung zum Generalmajor ad honores aus dem österreichischen Heeresverbande trat. Nur ungern sah man den allverehrten Prinzen scheiden. Durch gewissenhafte Erfüllung der ihm auferlegten Pflichten, durch seine Ausdauer und Strebsamkeit, sowie durch sein wohlwollendes Entgegenkommen hatte er sich die Herzen aller seiner Vorgesetzten, Kameraden und Untergebenen gewonnen.

Durch den am 23. November 1890 erfolgten Tod König Wilhelms III. der Niederlande übernahm der Vater des Erbprinzen Herzog Adolf von Nassau die Regierung des Großherzogthums Luxemburg; Erbprinz Wilhelm fiel hiedurch der Titel eines Erbgroßherzogs von Luxemburg zu.

Große Freude herrschte in Luxemberg, als sich die frohe Kunde von der Verlobung des Erbgroßherzogs Wilhelm mit Prinzessin Maria Anna von Bragança, Tochter des Infanten Miguel von Portugal, Herzogs von Bragança, verbreitete. Die feierliche Vermählung fand am 21. Juni 1893 in dem fürstlich Liechtenstein'schen Schlosse Fischhorn bei Zell am See in Tirol statt. Am 22. Juli hielt das erbgroßherzogliche Paar, mit enthusiastischem Jubel empfangen, seinen Einzug in die festlich geschmückte Hauptstadt Luxemburgs. Als dauernden Wohnsitz wählte das hohe Paar von nun ab Schloss Berg. Der überaus glücklichen Ehe entstammen Prinzessin Marie, geboren 14. Juni 1894, Prinzessin Charlotte, geboren am 23. Januar 1896, und Prinzessin Hilda, geboren am 15. Februar 1897.

7. April 1872.

Leopold Prinz von Bayern,

königl. bayerischer General-Oberst der Cavallerie und General-Inspecteur der 4. Armee-Inspection des deutschen Reichsheeres, Inhaber des königl. bayerischen 7. Infanterie-Regimentes Prinz Leopold, des 1. schweren Reiter-Regimentes Prinz Karl von Bayern und des 3. Feld-Artillerie-Regimentes Königin-Mutter, Chef des königl. preußischen (westfälischen) Dragoner-Regimentes Nr. 7, **Oberst-Inhaber des k. und k. Corps-Artillerie-Regimentes Nr. 7 (seit 7. April 1872)**, Ritter des königl. preußischen Schwarzen Adler-Ordens, des Eisernen Kreuzes I. Classe, des fürstl. hohenzollern'schen Ehrenkreuzes I. Classe, des königl. bayerischen St. Hubertus-Ordens, Großprior des königl. bayerischen St. Georg-Ordens, Ritter des königl. bayerischen Militär Max-Josef-Ordens, Großkreuz und Ritter des königl. bayerischen Militär-Verdienst-Ordens (letzteren mit den Schwertern), Besitzer des Dienstauszeichnungskreuzes II. Classe, Großkreuz des großherzogl. hessischen Ludwig-Ordens, Besitzer des großherzogl. hessischen Militär-Verdienstkreuzes, sowie des großherzogl. mecklenburgischen Verdienstkreuzes in Silber, Ritter des königl. sächsischen Ordens der Rautenkrone, Großkreuz des großherzogl. sächsischen Falken-Ordens, des herzogl. sachsen-ernestinischen-Hausordens, Besitzer der fürstl. Schaumburg-Lippe'schen Militär-Verdienst-Medaille, Großkreuz des königl. württembergischen Kronen-Ordens, **Ritter des kaiserl. österreichischen Ordens vom Goldenen Vliese, sowie Großkreuz des königl. ungarischen St. Stephan-Ordens** etc. etc.

Prinz Leopold ist am 9. Februar 1846 zu München geboren und der zweitälteste Sohn des Prinz-Regenten Luitpold von Bayern und dessen Gemahlin Erzherzogin Auguste von Österreich-Toscana. Nachdem er eine vortreffliche theoretische Vorbildung genossen, trat er ziemlich jung in den vaterländischen Heeresdienst. Von 1861 bis 1864 diente der Prinz als Lieutenant in der Infanterie, von 1864 bis 1870 in der Artillerie, in welcher er gleich seinem Vater mit besonderer Vorliebe Frontdienst that. Den Feldzug des Jahres 1866 machte Prinz Leopold als Oberlieutenant des 3. reitenden Artillerie-Regimentes mit. Im Jahre 1870 zog er als Hauptmann und Batterie-Chef beim I. Armee-Corps unter General von der Tann über den Rhein und hatte mehreremale Gelegenheit, sich durch Tapferkeit und Umsicht besonders hervorzuthun, so hauptsächlich in der Schlacht bei Sedan am 1. September und im Gefechte bei Villepion am 1. December 1870. Dort war es hauptsächlich die sechspfündige Batterie, die nördlich von Bazeilles auf dem äußersten rechten Flügel der bayerischen Truppenstellung unter dem energischen Befehle des Prinzen Leopold trotz großer Verluste standhaft ausharrte und später südlich der Straße nach Balan sehr erfolgreich wirkte. Über das noch entscheidendere Auftreten des Prinzen bei Villepion berichtet das deutsche Generalstabswerk wörtlich: „Erheblicher Verluste ungeachtet, behaupteten sich die Bayern gegen wiederholte Angriffe des Feindes, doch scheiterte ein Versuch des 2. Bataillons des 2. Regimentes, sich des Gehöftes Chauvreux zu bemächtigen, am wirksamen Gewehrfeuer der Franzosen . . . . . Als sich beim Andringen des rechten Flügels der Brigade Deplanque auf Nonneville die 3. sechspfündige Batterie zum Abfahren genöthigt sah, brachte Prinz Leopold von Bayern mit den noch gefechtsfähigen vier Geschützen der 4. sechspfündigen Batterie durch Schnellfeuer mit Granatkartätschen die vorstürmende Infanterie zum Halten. Obgleich die zunächst stehenden zwei Compagnien des Leibregimentes bereits ihre Munition verschossen hatten, blieb doch ein Theil der 9. bei den feuernden Geschützen zurück, um dieselben erforderlichenfalls mit dem Bajonett zu vertheidigen."

Es war eine gefährliche Krisis des Gefechtes eingetreten, als es dem Prinzen vergönnt war, mit dem Reste seiner gefechtsfähigen Geschütze den Kampf nicht allein zum Stehen zu bringen, sondern auch den Sieg des Tages herbeiführen zu helfen. Das Ritterkreuz des Militär-Max-Josef-Ordens, sowie das Eiserne Kreuz I. Classe waren der Lohn für diese glänzende Waffenthat.

Nach Beendigung des Feldzuges 1871 in die Heimat zurückgekehrt, wurde Prinz Leopold zum Oberstlieutenant im 1. Kürassier-Regimente befördert, dessen Commandeur er 1873 wurde. 1875 wurde er zum Generalmajor und Commandeur der 1. Cavallerie-Brigade, 1881 zum Generallieutenant und Commandeur der 1. Division, 1887 zum General der Cavallerie und Commandierenden General des I. Armee-Corps (München) und am 27. Juni 1892 zum General-Inspecteur der 4. deutschen Armee-Inspection ernannt.

Vermählt ist Prinz Leopold seit 20. April 1873 mit Erzherzogin Gisela, der ältesten Tochter Sr. Majestät des Kaisers Franz Joseph I. von Österreich, welcher Ehe Prinzessin Elisabeth, vermählt mit Otto Freiherrn von Seefried auf Buttenheim, Prinzessin Auguste, Gemahlin des Erzherzogs Josef August von Österreich, sowie die Prinzen Georg und Konrad entsprossen.

29. Juli 1872.

Wladimir Großfürst von Russland,

kaiserl. russischer General der Infanterie, General-Adjutant, Commandeur des St. Petersburger Militär-Bezirkes, Chef des Leibgarde-Dragoner-Regimentes, des 7. Dragoner-Regimentes von Neurussland, des 17. Infanterie-Regimentes Archangel, des 47. Infanterie-Regimentes der Ukraine, des 83. Infanterie-Regimentes Ssamur und des 1. westsibirischen Linien-Bataillons, **Oberst-Inhaber des k. u. k. Husaren-Regimentes Nr. 14 (seit 29. Juli 1872)**, sowie Chef des königl. preußischen (thüringischen) Husaren-Regimentes Nr. 12, Ritter des kaiserl. russischen St. Andreas-Ordens, **Großkreuz des königl. ungarischen St. Stephan-Ordens**, Ritter des königl. preußischen Schwarzen Adler-Ordens. des königl. spanischen Ordens vom Goldenen Vliese etc. etc.

Großfürst Wladimir wurde als zweiter Sohn Kaiser Alexanders II. Nikolajewitsch und dessen Gemahlin erster Ehe Maria Alexandrowna, am 10./22. April 1847 geboren.

Hofmarschall Georg von Bock, ein Livländer von gediegener Bildung, leitete die Erziehung des jungen Großfürsten mit wahrhaft väterlicher Hingebung und war auch sein ständiger Begleiter.

Schon in jugendlichem Alter neigte er nicht nur dem militärischen Stande zu, welchem er mit vollster Hingebung angehört, sondern zeigte auch für alle schönen Künste besondere Vorliebe; letztere bewog ihn auch zur Übernahme der Präsidentenstelle der Akademie der schönen Künste, die er bis zum Jahre 1890 innehatte.

Sein angeborner Geschmack, Studien und weite Reisen hatten denn auch seinen feinen Kunstsinn derart geläutert, dass sein Palais zu St. Petersburg, sowie dessen innere Ausschmückung unter seiner Anleitung zu einem Juwel der Kunst wurde. Doch nicht nur als gediegener Kenner, sondern auch als eifriger Förderer künstlerischer Bestrebungen wird Großfürst Wladimir verehrt.

Frühzeitig auch in die Armee eingetreten, wurde er 1886 Commandeur des Garde-Corps, wie des St. Petersburger Militärbezirkes und im Jahre 1890 für einige Zeit Generalgouverneur des Kaukasus.

Am 16./28. August 1874 führte Großfürst Wladimir nach zweijähriger Verlobung, einer innigen Herzensneigung folgend, die älteste Tochter des Großherzogs Friedrich Franz II. von Mecklenburg-Schwerin und dessen erster Gemahlin Auguste, Prinzessin Marie, heim.

Der glücklichen Ehe entsprossen die Großfürsten Cyrill Wladimirowitsch, Boris Wladimirowitsch und Andreas Wladimirowitsch, sowie Großfürstin Helene Wladimirowna.

29. Juli 1872.

Alexis Großfürst von Russland,

kaiserl. russischer General-Admiral, General-Adjutant, Oberster Chef der Flotte und des Marine-Ressorts, Chef des Marine-Cadetten-Corps, der 5. Flottenequipage, der 1. finnischen Cadre-Equipage, des Leib-Garde-Regimentes Moskau, des 37. Infanterie-Regimentes Jekaterinenburg, des 77. Infanterie-Regimentes Tengin, des 1. ostsibirischen Linien-Bataillons, **Oberst-Inhaber des k. und k. Infanterie-Regimentes Nr. 39 (seit 29. Juli 1872)** Chef des königl. preußischen Husaren-Regimentes Graf Götzen (2. schlesischen) Nr. 6, à la suite der kaiserl. deutschen Marine, Ritter des kaiserl. russischen St. Andreas-Ordens, **Großkreuz des königl. ungarischen St. Stephan-Ordens,** Ritter des königl. preußischen Schwarzen Adler-Ordens etc. etc.

Als dritter Sohn Kaiser Alexanders II. und der Kaiserin Maria Alexandrowna, Tochter des Großherzogs Ludwig II. von Hessen, wurde Großfürst Alexis am 2./14. Januar 1850 zu St. Petersburg geboren.

Da er dazu ausersehen war, einstens der oberste Chef der russischen Flotte zu werden, wurde er auch in diesem Sinne erzogen und erhielt eine vorzügliche maritime Ausbildung.

Sich mit Feuereifer seinem Dienste widmend, erreichte Großfürst Alexis bald die höchsten Chargen in der kaiserl. russischen Marine. Er hält auf strenge und genaue Befolgung des Reglements und war stets bemüht, dem Vaterlande eine der Landarmee ebenbürtige Flotte zu geben. Unter seiner Oberaufsicht wurde denn auch in dem verhältnismäßig kurzen Zeitraume von zehn Jahren die Flotte des Schwarzen Meeres geschaffen und diejenige des Baltischen Meeres bedeutend vergrößert.

Großfürst Alexis, eine der beliebtesten Persönlichkeiten am russischen Hofe, ist unvermählt und weilt zumeist in St. Petersburg.

Am 29. Juli 1872 zeichnete Se. Majestät Kaiser Franz Joseph I. den Großfürsten durch die Verleihung des k. u. k. Infanterie-Regimentes Nr. 39 aus.

1. März 1873.

Ernst August Herzog von Cumberland, Herzog zu Braunschweig und Lüneburg.

königlicher Prinz von Großbritannien und Irland, Mitglied des englischen Oberhauses, **Oberst-Inhaber des k. und k. Infanterie-Regimentes Nr. 42 (seit 23. October 1879)**, Generallieutenant à la suite der königl. großbritannischen Armee, Ritter des königl. großbritannischen Hosenband-Ordens, **Großkreuz des königl. ungarischen St. Stephan-Ordens, Ritter des Militär-Maria-Theresien-Ordens** etc. etc.

Eines der drei letzten Mitglieder souveräner Fürstenhäuser, deren Brust unser höchster Militär-Orden, das nur auf dem Schlachtfelde zu erringende Maria-Theresien-Kreuz, schmückt, ist Herzog Ernst August von Cumberland. Am 21. September 1845 als einziger Sohn König Georgs V. von Hannover und der Königin Marie geboren, verlebte der Prinz im Hause seiner Eltern, in welchem das denkbar innigste Familienleben herrschte, eine ungemein glückliche Jugendzeit.

Kronprinz Ernst August genoss eine vorzügliche Ausbildung in allen wissenschaftlichen, sowie militärischen Fächern und wurde für seinen künftigen Beruf gründlich vorbereitet. Da nahte das für Hannover und die königliche Familie so verhängnisvolle Jahr 1866.

Nachdem König Georg V. dem am 14. Juni 1866 zu Frankfurt gestellten Antrage Österreichs auf Mobilmachung der Bundescontingente mit Ausnahme jener von Preußen beigestimmt hatte, erfolgte am Abende des 15. die Kriegserklärung Preußens an Hannover.

König Georg verfügte nun, dass sich die hannover'sche Armee bei Göttingen zu concentrieren habe, und fand sich bereits am nächsten Morgen selbst mit seinem Sohne, dem Kronprinzen Ernst August, dortselbst ein.

Außerordentliches an Muth und Tapferkeit leistete die hannover'sche Armee am 26. Juni in der ruhmreichen Schlacht von Langensalza. Der edle, seines Augenlichtes beraubte König mit dem Kronprinzen an seiner Seite erschien unter seinen Soldaten, sie zu wahren Heldenthaten anfeuernd.

Kronprinz Ernst August wurde für sein heldenmüthiges Verhalten in diesem heißen Kampfe von Sr. Majestät Kaiser Franz Joseph I. kraft Promotion vom 3. Juli 1866 mit dem Ritterkreuze des Militär-Maria-Theresien-Ordens ausgezeichnet.

Trotz dieses glänzend errungenen Sieges brach nun die Katastrophe über die tapfere hannover'sche Armee herein. Am Morgen des 28. rückten neue preußische Truppen gegen Langensalza vor. Angesichts dessen blieb wohl nichts als eine ehrenvolle Capitulation übrig.

Nach der erfolgten Annexion Hannovers durch Preußen nahm die hannover'sche Königsfamilie ständigen Aufenthalt in Wien. Einige Jahre später kaufte König Georg eine reizende Besitzung in dem so herrlich am Traunsee gelegenen Gmunden, woselbst die hohen Herrschaften stets die Sommermonate verbrachten.

Nach dem am 12. Juni 1878 erfolgten Tode des Königs Georg V. erklärte Kronprinz Ernst August in einem an die Mächte und Höfe gerichteten, vom 11. Juli 1878 aus Gmunden datierten Schreiben, dass er von nun an unter Wahrung aller seiner Rechte auf das Königreich Hannover einstweilen den Titel eines Herzogs von Cumberland und zu Braunschweig und Lüneburg mit dem Prädicate: „Königliche Hoheit" führen wolle.

Als im Jahre 1884 Herzog Wilhelm von Braunschweig ohne directen Erben verschieden, war wohl Herzog Ernst August kraft der gemeinsamen Abkunft des hannover'schen und braunschweigischen Welfenhauses der allein berechtigte Anwärter auf den Thron Braunschweigs; da Herzog Ernst August jedoch die von Preußen gestellte Bedingung, auf den hannover'schen Thron für sich und seine Nachkommen Verzicht zu leisten, nicht annehmen wollte, konnte er die Regierung in Braunschweig nicht antreten.

Im österreichischen Heere wurde Herzog Ernst August am 1. März 1873 zum Obersten des, den Namen seines erlauchten Vaters tragenden Infanterie-Regimentes Nr. 42 und nach dessen Tode mit 23. October 1879 zum Inhaber dieses Truppenkörpers ernannt.

Seit 21. December 1878 lebt Herzog Ernst August in glücklichster Ehe mit Herzogin Thyra, einer Tochter des Königs

Christian IX. von Dänemark. Diesem Bunde entstammen: Prinz Georg Wilhelm, geboren am 28. October 1880; Prinzessin Alexandra, geboren 29. September 1882; Prinzessin Olga, geboren 11. Juli 1884; Prinz Christian, geboren 4. Juli 1885, und Prinz Ernst August, geboren 17. November 1887.

Die herzogliche Familie verweilt abwechselnd in ihrem Palais zu Penzing bei Wien und auf der schon früher erwähnten Besitzung in Gmunden.

18. December 1873.

Georg Prinz zu Sachsen,

General-Feldmarschall des deutschen Reichsheeres, General-Inspecteur der 2. Armee-Inspection und Commandierender General des XII. (königl. sächsischen) Armee-Corps, Chef des königl. sächsischen 7. Infanterie-Regimentes Nr. 106, des königl. sächsischen Schützen-(Füsilier-)Regimentes Nr. 108, à la suite des königl. sächsischen Garde-Reiter-Regimentes und des königl. sächsischen 1. Feld-Artillerie-Regimentes Nr. 12, Chef des königl. preußischen Uhlanen-Regimentes Hennigs von Treffenfeld (altmärk.) Nr. 16, **Oberst-Inhaber des k. u. k. Infanterie-Regimentes Nr. 11 (seit 18. December 1873)**, Ritter des königl. sächsischen Hausordens der Rautenkrone, Commandeur I. Classe des königl. sächsischen Militär St. Heinrich-Ordens, Großkreuz des königl. sächsischen Albrecht-Ordens, Besitzer des Dienstauszeichnungskreuzes, Ritter des königl. preußischen Schwarzen Adler-Ordens, Großkreuz des königl. preußischen Rothen Adler-Ordens, Großcomthur des königl. preußischen Hausordens von Hohenzollern, Ritter des königl. preußischen Ordens pour le mérito mit Eichenlaub, Ritter des Eisernen Kreuzes I. Classe, Besitzer des königl. preußischen Dienstauszeichnungskreuzes, Ritter des großherzogl. badischen Ordens der Treue, Großkreuz des großherzogl. badischen Ordens vom Zähringer Löwen, Ritter des königl. bayerischen St. Hubertus-Ordens, Großkreuz des herzogl. braunschweigischen Ordens Heinrich des Löwen, des königl. hannover'schen Guelfen-Ordens, des kurfürstl. hessischen Wilhelm-Ordens, des großherzogl. hessischen Ludwig-Ordens, Besitzer des großherzogl. hessischen Militär-Verdienstkreuzes, Großkreuz des großherzogl. mecklenburgischen Hausordens der Wendischen Krone, Besitzer des großherzogl. mecklenburgischen Militär-Verdienstkreuzes I. und II. Classe, Ehrengroßkreuz des großherzogl. oldenburgischen Haus- und Verdienst-Ordens mit der Kette, Großkreuz des großherzogl. sachsen-weimar'schen Weißen Falken-Ordens, des herzogl. sachsen-ernestinischen Hausordens, Besitzer der fürstl. Schaumburg-Lippe'schen Militär-Verdienst-Medaille mit den Schwertern, Großkreuz des königl. württembergischen Militär-Verdienst-Ordens wie des Ordens der Krone, **Ritter des kaiserl. österreichischen Ordens vom Goldenen Vliese, Großkreuz des königl. ungarischen St. Stephan-Ordens, Besitzer des k. u. k. Militär-Verdienstkreuzes mit der Kriegsdecoration**, Großkreuz des königl. belgischen Leopold-Ordens, Ritter des königl. italienischen Annunciaten-Ordens, Großkreuz des königl. niederländischen Löwen-Ordens, Ritter des kaiserl. russischen St. Andreas-Ordens, des kaiserl. russischen St. Georg-Ordens III. Classe etc. etc.

Prinz Friedrich August Georg wurde dem König Johann von Sachsen von dessen Gemahlin, Königin Amalie, als zweiter

Sohn am 8. August 1832 zu Pillnitz geboren. Gleich wie sein Vater, wendete auch Prinz Georg in frühen Jahren seine Vorliebe in erster Linie Kunst und Wissenschaften, sowie sächsisch-vaterländischen Bestrebungen zu. Die Zeitläufte haben es jedoch mit sich gebracht, dass der Prinz während des größten Theiles seines Lebens seine besten Kräfte in den Dienst der Armee zu stellen hatte und er that dies in Gemäßheit seiner ernsten Auffassung der irdischen Laufbahn mit aller ihm in so hohem Grade innewohnenden Pflichttreue und Gewissenhaftigkeit.

Prinz Georg gehört der sächsischen Armee schon seit dem 9. Juni 1836 an. An diesem Tage wurde er zum Chef des damaligen 3. Linien-Infanterie-Regimentes ernannt. Den praktischen Dienst mit der Waffe lernte der Prinz, indem er am 8. März 1846 als Lieutenant in das 2. Infanterie-Regiment eintrat und 1847 zum Garde-Reiter-Regimente übersetzt wurde. Zum Oberlieutenant am 23. August 1849 ernannt, gehörte er im Jahre 1850 dem Generalstabe an, wurde 1851 zur Fuß-Artillerie transferiert und am 16. Februar 1852 der 1. reitenden Batterie zugetheilt. Am 29. April 1852 zum Hauptmann der reitenden Artillerie ernannt, war Prinz Georg Batterieführer während der Herbstübungen bei Mittweida. Nach seiner am 29. September 1853 erfolgten Beförderung zum Major in der Brigade der reitenden Artillerie, trat Prinz Georg am 11. Mai 1854 als zweiter dienstleitender Stabs-Officier bei dem 3. Jäger-Bataillon ein, dessen Commando er am 26. August 1854 übernahm. Am 12. April 1857 rückte er zum Oberstlieutenant mit der Anstellung als zweiter Stabs-Officier im Garde-Reiter-Regimente vor, das er später befehligte, wurde am 3. März 1858 Oberst der Reiterei und am 30. October 1861 General-Major. Als solcher fand er zunächst Verwendung im Commando der Reiter-Division und wurde am 4. September 1863 Befehlshaber der 1. Reiter-Brigade. Im Jahre 1863 wurde Prinz Georg während der Herbstübungen bei Leipzig mit der Führung der 1. Armee-Brigade beauftragt.

An der Spitze der 1. Reiter-Brigade machte Prinz Georg auch den Feldzug 1866 mit und führte dieselbe nach der Schlacht bei Königgrätz durch die Kleinen Karpathen. Bei dieser Gelegenheit erhielt er das Ritterkreuz des Militär-St. Heinrich-Ordens, seitens Österreichs das Militär-Verdienstkreuz mit der Kriegsdecoration. Am 14. December 1866 erfolgte die Beförderung des Prinzen zum Generallieutenant und erhielt er als solcher das Commando erst der 2., dann der 1. Infanterie-Division Nr. 23 der reorganisierten sächsischen Truppen. Letztere befehligte der Prinz auch noch zu Beginn des Krieges gegen Frankreich im Jahre 1870, der ihm seltene Erfolge als Truppenführer bringen sollte. Die genannte sächsische Infanterie-Division bildete in der heißen Schlacht bei St. Privat am 18. August das erste Treffen. Nach diesem entscheidenden, für die sächsischen Truppen so ruhmreichen Tage trat der Prinz an Stelle seines Bruders Albert, der den Oberbefehl über die neugebildete Maas-Armee übernahm, an die Spitze des königl. sächsischen XII. Armee-Corps, das er bis zur Beendigung des siegreichen Feldzuges commandierte. Unter des Prinzen Georg Führung erwarben sich die sächsischen Truppen unverwelkliche Lorberen bei Verdun (24. August), Nouart (29. August), Beaumont (30. August), Sedan (1. September) und namentlich vor Paris in den blutigen Schlachten bei Villiers und Brie am 30. November und 2. December. Erst am Tage des Truppen-Einzuges in Dresden, am 11. Juni 1871, legte Prinz Georg den Oberbefehl über die sächsischen Truppen in die Hände des Kronprinzen Albert zurück.

Hohe Kriegsorden schmückten des Prinzen Brust bei der Heimkehr aus dem Felde: das Comthurkreuz I. Classe des sächsischen St. Heinrich-Ordens, das Eiserne Kreuz I. und II. Classe, der Orden pour le mérite und das Großkreuz des militärischen Verdienst-Ordens von Württemberg. Seit 1871, und zwar seit den Tagen des Truppeneinzuges in Berlin und Dresden, ist der Prinz auch Chef des sächsischen Schützen-Regimentes Nr. 108 und des königl. preußischen (altmärkischen) Uhlanen-Regimentes Nr. 16; die Stadt Dresden aber beschenkte den damals siegreich heimkehrenden Königssohn mit einer silbernen Germania, während die Stände des Meißener Kreises ihm einen Ehrensäbel widmeten.

Seit der Thronbesteigung des Königs Albert, Ende October 1873, seit welcher Zeit Prinz Georg auch Inhaber des k. und k. 11. Infanterie-Regimentes ist, befehligt er wieder das XII. Armeecorps und in den seither verflossenen 25 Jahren haben viele und große Veränderungen bei den sächsischen Truppen stattgefunden, sowohl bezüglich der Bewaffnung und Uniformierung, als auch hinsichtlich der Stärke und taktischen Gliederung. Der mustergiltige Zustand und die hervorragende Leistungsfähigkeit des sächsischen Armeecorps, die gelegentlich der sächsischen Kaisertage durch die mittelst Armeebefehles bekannt gegebenen schmeichelhaften Handschreiben der Kaiser Wilhelm I. und Wilhelm II. an König Albert, nicht minder durch die von Kaiser Wilhelm II. am Tage seines Regierungsantrittes verfügte Ernennung des Prinzen zum General-Inspecteur und General-Feldmarschall erneut vor aller

Welt anerkannt worden sind, wurden erreicht unter dem Obercommando des Prinzen und sind in erster Linie sein Verdienst, die Frucht seines unablässigen ernsten Strebens.

Die Armee wusste es schon längst, dass sie in dem Prinzen Georg einen echten, rechten Soldatenvater besaß und hat ihm dafür auch schon einen sichtbaren Beweis gegeben. Dies geschah am 15. September 1884 gelegentlich der damaligen sächsischen Herbstmanöver im großen Kirchsaale der Albrechtsburg zu Meißen. Dort wurde ihm nämlich ein von den Officieren des XII. Armeecorps gestiftetes Geschenk überreicht: ein großes Gemälde von Götz „Nach der Parade" mit Bildnissen der prinzlichen Familienmitglieder und der hervorragendsten damaligen sächsischen Truppenführer. Jenes Gemälde hätte bereits im Mai des genannten Jahres übergeben werden sollen, in welchem Monate der Prinz mit seiner hohen Gemahlin die silberne Hochzeit feiern sollte. Doch hielt der Tod im Februar desselben Jahres seinen Einzug in das glückliche Familienleben und riss die Fürstin, eine geborene Infantin von Portugal, aus dem Kreise der Ihrigen. Prinz Georg hat keine zweite Gemahlin heimgeführt und lebt nur seinen Kindern, seinen militärischen Pflichten und vaterländischen Bestrebungen.

Nicht unerwähnt sei hier auch, dass Prinz Georg durch seine Kinder der Stammvater neuer Zweige der uralten Herrscherhäuser Wettin und Habsburg geworden ist, indem seinem ältesten Sohne, dem Prinzen Friedrich August, von dessen Gemahlin, der Erzherzogin Luise von Österreich-Toscana, drei Söhne, die Prinzen Georg, Friedrich Christian und Ernst Heinrich geschenkt wurden, und seine jüngste Tochter Prinzessin Maria Josefa, vermählt mit Erzherzog Otto von Österreich, 1887 und 1895 Mutter zweier Söhne, der Erzherzoge Karl Franz Joseph und Max, wurde.

Es erübrigt noch zu bemerken, dass der Deutsche Kaiser dem Prinzen Georg auch das äußere Zeichen der höchsten militärischen Würde, den Marschallstab, verliehen hat. Dies geschah gelegentlich des Besuches, den Kaiser Wilhelm II. am 27. August 1888 dem sächsischen Hofe in Pillnitz abstattete, vor dem Bahnhofe in Dresden-Friedrichstadt, wo der Prinz auf dem rechten Flügel der aufgestellten Ehren-Compagnie an der Spitze der Generalität stand. Bei der an demselben Tage stattgehabten ersten Besichtigung des sächsischen Kaiser-Grenadier-Regimentes Nr. 101 durch seinen Chef, den Kaiser, auf dem Grenadier-Kasernhofe, führte der Prinz den Marschallstab zum erstenmale.

Am 8. März 1896 begieng Prinz Georg den 50. Jahrestag seines Eintrittes in den Militärdienst, in welchem er, gleich seinem Bruder, dem Könige Albert, die höchsten Würden und Ehren erlangt hat. Anlässlich des goldenen Militär-Dienstjubiläums hat die Armee dem Prinzen ein weiteres Geschenk dargebracht und hat es bei diesem Anlasse auch an Ehren und Auszeichnungen aller Art nicht gefehlt. Das Sachsenheer, das Sachsenvolk vereinigte sich an dem militärischen Ehrentage des Prinzen Georg in dem aufrichtigen Wunsche, den Jubilar neben seinem königlichen Bruder noch lange als Vorbild aller militärischen Tugenden an seiner Spitze zu sehen.

21. Februar 1874.

Sergius Alexandrowitsch Großfürst von Russland,

kaiserl. russischer Generallieutenant und General-Adjutant, General-Gouverneur von Moskau sowie Commandeur des Moskauer Militär-Bezirkes, Chef des kaiserl. russischen 2. Leibgarde-Schützenbataillons, des kaiserl. russischen 38. Infanterie-Regimentes Tobolsk, **Oberst-Inhaber des k. und k Infanterie-Regimentes Nr. 101 (seit 18. September 1884)**, Chef des königl. preußischen Uhlanen-Regimentes Kaiser Alexander II. von Russland (1. brandenburgisches) Nr. 3, à la suite des 1. großherzogl. hessischen Infanterie-(Leibgarde-)Regimentes Nr. 115, Ritter des kaiserl. russischen St. Andreas-Ordens, des kaiserl. russischen St. Georg-Ordens IV. Classe, **Großkreuz des königl. ungarischen St. Stephan-Ordens**, Ritter des königl. preußischen Schwarzen Adler-Ordens etc. etc.

Am 29. April/11. Mai 1857 erblickte der vierte Sohn des Kaisers Alexander II. von Russland und der Kaiserin Maria Alexandrowna zu Zarskoje-Sselo das Licht der Welt. Der neugeborene Großfürst erhielt in der heiligen Taufe den Namen Sergius. Er genoss eine vorzügliche Erziehung und machte, ausgestattet mit außerordentlichen Geistesgaben, namhafte Fortschritte. Für alle Disciplinen der Wissenschaften legte er regstes Interesse an den Tag. Im jugendlichsten Alter trat er in die Reihen der kaiserl. russischen Armee und erhielt im russisch-türkischen Feldzuge 1877/78 bereits die Feuertaufe. Zu Anfang dieses Krieges befand er sich im Hauptquartiere Kaiser Alexanders II., später aber nahm er an der Seite seines ältesten Bruders, des damaligen Cäsarewitsch, nachmaligen Kaisers Alexander III., welcher die Armee von Rustschuk befehligte, Antheil an mehreren Gefechten mit den Türken. Bei dieser Gelegenheit benahm sich Großfürst Sergius äußerst tapfer und wurde für seinen an den Tag gelegten Heldenmuth mit dem St. Georg-Orden IV. Classe belohnt. Rasch nacheinander alle militärischen Chargen erreichend, bekleidet der Großfürst jetzt die höchste Stelle im russischen

Staate, die eines General-Gouverneurs von Moskau. Großfürst Sergius ist sehr religiös und beschäftigt sich viel mit der Lösung kirchlicher Fragen. Er steht an der Spitze der Palästina-Gesellschaft, deren Zweck es ist, zu Pilgerfahrten nach Jerusalem aufzumuntern, den Pilgern zuhilfe zu kommen und zur Gründung griechisch-katholischer Schulen im heiligen Lande beizutragen. Am 21. Februar 1874 ernannte Se. Majestät Kaiser Franz Joseph I. von Österreich den Großfürsten zum Oberlieutenant im k. und k. Infanterie-Regimente Alexander II. Kaiser von Russland (heute Nikolaus II. Kaiser von Russland) Nr. 2. Am 24. October 1876 rückte er zum Hauptmann 1. Classe, am 4. April 1879 zum Obersten im selben Regimente vor und am 18. September 1884 wurde ihm das k. und k. Infanterie-Regiment Nr. 101 verliehen.

Seit 3./15. Juni 1884 lebt Großfürst Sergius in glücklichster Ehe mit Großfürstin Elisabeth Feodorowna, einer geborenen Prinzessin von Hessen und bei Rhein, Tochter des Großherzogs Ludwig IV. und dessen Gemahlin Großherzogin Alice.

21. Februar 1874.

Paul Alexandrowitsch Großfürst von Russland.

kaiserl. russischer Generalmajor, Generaladjutant und Commandeur der 1. Garde-Cavallerie-Division, Chef des Leibgarde-Husaren-Regimentes Grodno und des 79. Infanterie-Regimentes Kura, **Oberst-Inhaber des k. und k. Infanterie-Regimentes Nr. 63 (seit 12. März 1891)**, Chef des königl. preußischen Kürassier-Regimentes Kaiser Nikolaus I. von Russland (brandenburgisches Nr. 6), Ritter des kaiserl. russischen St. Andreas-Ordens, **Großkreuz des königl. ungar. St. Stephan-Ordens**, Ritter des königl. preußischen Schwarzen Adler-Ordens etc. etc.

Großfürst Paul Alexandrowitsch ist der jüngste Sohn Kaiser Alexanders II. von Russland und dessen Gemahlin Kaiserin Maria Alexandrowna und wurde am 21. September (3. October) 1860 zu Zarskoje-Sselo geboren. Vorzüglich erzogen, wurde dem Großfürsten nach Vollendung seiner Vorstudien eine vorwiegend militärische Ausbildung zutheil. Doch auch Kunst und Wissenschaft wurde eifrigst gepflegt und zeigte Großfürst Paul stets das regste Interesse für alle wissenschaftlichen Fächer.

Er hieng mit überaus inniger Liebe an seiner leider zu früh verstorbenen Mutter, Kaiserin Maria Alexandrowna; stets war er an ihrer Seite und begleitete sie auch regelmäßig nach dem sonnigen Süden, wo die Kaiserin aus Gesundheitsrücksichten zu wiederholtenmalen weilte. Nach dem Tode seiner Mutter, welcher dem Großfürsten den herbsten Schmerz bereitete, unternahm derselbe zahlreiche Reisen ins Ausland.

Gelegentlich derselben berührte er einigemale Griechenland und legte bei seinen mehrfachen Besuchen am Königshofe zu Athen den Grund zu seiner überaus glücklichen, leider nur zu kurzen Ehe. Innige Herzensneigung zog ihn zu Prinzessin Alexandra, einer Tochter des Königs Georg I. der Hellenen, hin. Die Prinzessin erwiderte die Gefühle auf das wärmste, und im Jahre 1888 wurde die Verlobung des hohen Paares bekannt, welcher am 5./17. Juni 1889 die Vermählung zu St. Petersburg folgte. Es war eine selten glückliche Ehe, welcher Großfürstin Maria Paulowna, geboren zu St. Petersburg am 6./18. April 1890, und Großfürst Dimitri Pawlowitsch, geboren zu Jllinskoje am 6./18. September 1891, entsprossen.

Ein schwerer Schlag war es für den Großfürsten Paul, als ihm der Tod am 12./24. September 1891 die innig verehrte Gemahlin entriss. Gramgebeugt trat er eine größere Reise an.

In der Gesellschaft ist Großfürst Paul eine der beliebtesten Persönlichkeiten. Seine Dienstpflichten erfüllt der mit vielen Fähigkeiten und reger Arbeitsfreude begabte Großfürst auf das gewissenhafteste.

Im österreichischen Heere wurde Großfürst Paul am 21. Februar 1874 zum Lieutenant im k. und k. Uhlanen-Regimente Alexander II. Kaiser von Russland Nr. 11 ernannt. Mit 24. October 1876 zum Oberlieutenant, am 31. März 1881 zum Rittmeister 1. Classe und am 25. Mai 1888 endlich zum Obersten im selben Regimente avanciert, war dem Großfürsten am 12. März 1891 von Sr. Majestät Kaiser Franz Joseph I. das k. und k. Infanterie-Regiment Nr. 63 verliehen worden.

25. März 1875.

Dom Miguel Herzog von Bragança,

k. und k. Oberst im Husaren-Regimente „Wilhelm II. Deutscher Kaiser und König von Preußen" Nr. 7, Ritter des Ordens vom Goldenen Vliese, des herzogl. nassauischen Hausordens vom Goldenen Löwen etc. etc.

Prinz Miguel wurde als ältester Sohn des Herzogs Dom Miguel, Infanten von Spanien, und dessen Gemahlin, Prinzessin Adelheid von Löwenstein-Wertheim-Rosenberg, am 19. September 1853 zu Schloss Heubach im Königreiche Bayern geboren und erhielt im Elternhause eine ausgezeichnete Erziehung. Nach Beendigung seiner Studien mit 25. März 1875 als Lieutenant des 14., Dragoner-Regimentes den Reihen der k. und k. Armee einverleibt, wurde der Prinz am 24. April 1877 Oberlieutenant und vermählte sich am 17. October desselben Jahres zu Regensburg mit Prinzessin Elisabeth von Thurn und Taxis. Nach kaum $3^{1}/_{2}$jähriger glücklicher Ehe jedoch schon verschied am 7. Februar 1881 die jugendliche Prinzessin, ihrem hohen Gemahle zwei Söhne, die Prinzen Michael (geboren zu Reichenau am 22. September 1878) und Franz Joseph (geb. zu Meran am 7. September 1879), sowie eine Tochter, Prinzessin Maria Theresia (geboren zu Ödenburg am 26. Januar 1881), zurücklassend.

Mit 27. October 1880 zum Rittmeister 2. Classe im Dragoner-Regimente Nr. 2 befördert, wurde der Prinz von Sr. Majestät Kaiser Franz Joseph I. am 30. April 1881 durch die Verleihung des Ordens vom Goldenen Vliese ausgezeichnet.

Nachdem Prinz Miguel am 24. April 1882 zum Rittmeister 1. Classe in seinem Regimente vorgerückt war, brachte er einen neunmonatlichen Urlaub in Cannes, Klein-Heubach, Reichenhall, Salzburg und Bronnbach in Baden zu. Vom 1. October 1883 an wieder mit großem Pflichteifer seinen Dienstesobliegenheiten als Frontofficier nachkommend, unternahm der Prinz im Februar 1886 eine sechsmonatliche Reise nach Indien. Mit 16. August 1886 rückte Prinz Miguel wieder zur Truppen-Dienstleistung ein und wurde am 24. October desselben Jahres als Major in das Husaren-Regiment Nr. 7 übersetzt.

Nachdem der Prinz am 26. April 1890 zum Oberstlieutenant befördert worden war, trat er im September 1891 einen einjährigen Urlaub an, um nicht wieder zum activen Dienste einzurücken. Mit 1. Februar 1892 erhielt er den Obersten-Charakter ad honores bei dauernder Belassung im beurlaubten Verhältnisse.

Am 8. November 1893 vermählte sich Prinz Miguel zum zweitenmale und reichte der am 4. Januar 1870 geborenen Prinzessin Therese zu Löwenstein-Wertheim-Rosenberg die Hand zum ewigen Bunde. Zwei Töchter entstammen dieser Ehe: Prinzessin Elisabeth, geboren zu Schloss Heubach am 19. November 1894, und Prinzessin Maria, geboren obendaselbst am 12. August 1896.

16. December 1877.

Ludwig IV. Großherzog von Hessen und bei Rhein,

General-Oberst der Infanterie mit dem Range eines General-Feldmarschalles, Inhaber des 1. großherzogl. hessischen Infanterie-Regimentes (Leibgarde-Regimentes) Nr. 115, des 1. großherzogl. hessischen Dragoner-Regimentes (Garde-Dragoner-Regimentes) Nr. 23 und des großherzogl. hessischen Feld-Artillerie-Regimentes Nr. 25, Chef des königl. preußischen (1. hessischen) Infanterie-Regimentes Nr. 81, Inhaber des königl. bayerischen 5. Infanterie-Regimentes, sowie **Oberst-Inhaber des k. und k. Infanterie-Regimentes Nr. 14 (vom 16. December 1877 bis 13. März 1892)**, Chef des kaiserl. russischen Kliastiz'schen Husaren-Regimentes Nr. 6, Ritter des königl. preußischen Schwarzen Adler-Ordens, des Ordens pour le mérite, des Eisernen Kreuzes I. und II. Classe, Besitzer des großherzogl. hessischen sowie des großherzogl. mecklenburgischen Militär-Verdienstkreuzes, **Großkreuz des königl. ungarischen St Stephan-Ordens**, Ritter des kaiserl. russischen St. Georg-Ordens III. Classe etc. etc.

In einem zu Bessungen bei Darmstadt gelegenen Palais war es, wo am 12. September 1837 dem Prinzen Karl von Hessen und bei Rhein, dem jüngeren Bruder des nachmaligen Großherzogs Ludwig III., von seiner Gemahlin Elisabeth, einer Prinzessin von Preußen, ein Sohn geboren wurde, welcher die Namen Ludwig Friedrich Wilhelm Karl in der Taufe erhielt, zu dessen Pathen König Friedrich Wilhelm III. von Preußen gehörte.

Schon im Jahre darauf, 1838, wurde Prinz Heinrich geboren, später, 1843 Prinzessin Anna, und der dritte Bruder, Prinz Wilhelm, im Jahre 1845. Die beiden ältesten Brüder, so nah sich stehend im Lebensalter, haben auch einen großen Theil ihrer Laufbahn gemeinschaftlich durchmessen. In liebevoller Pflege wuchsen sie im Elternhause heran, in ihrer schönen Heimat, oder mit vorübergehendem Aufenthalte auf der nahen Rosenhöhe, in Seeheim oder in Fischbach in Schlesien, bis beide am 11. April 1854 als Lieutenants dem großherzoglich hessischen 1. Infanterie-Regimente einverleibt wurden. Nach zweijähriger militärischer Ausbildung wurde Prinz Ludwig zur Krönungsfeier des Czaren Alexander nach

Moskau entsendet und bei dieser Gelegenheit zum Inhaber des russischen Husaren-Regimentes Kliastiz ernannt. Ostern 1856 hatten die Prinzen Ludwig und Heinrich die Universität Göttingen bezogen, studierten hier Geschichte und Staatslehre und besuchten im Jahre 1858 die heimatliche Universität Gießen. Dann wurde die Feder wieder mit dem Degen vertauscht.

Am 22. Januar 1859 trat Prinz Ludwig als Hauptmann in das 1. Garderegiment zu Fuß in Potsdam. Was er hier in der Anfangszeit der preußischen Reorganisation in strenger Pflichterfüllung erlernt hat, es hat ihm später reiche Früchte getragen, als er selbst zur neuen Organisation der heimatlichen Truppen berufen wurde.

Im Sommer 1860 gieng Prinz Ludwig nach England und lernte hier seine spätere Gemahlin Prinzessin Alice, das dritte Kind der Königin Victoria und des Prinzgemahles Albert, kennen und lieben. Bei einem zweiten Besuche hatte am 30. November die Verlobung stattgefunden. Am 18. October 1861 wurde Prinz Ludwig in Preußen, am 22. October in Hessen zum Major befördert.

Im Frühjahre 1862 kehrte der Prinz aus Potsdam in die Heimat zurück und wurde am 2. Juni zum Oberst und zweiten Inhaber des 1. Reiter-Regimentes ernannt. Bald darauf, am 1. Juli, fand seine Vermählung in Osborne-House auf der Insel Wight statt. Durch diese Verbindung wurden nicht nur neue verwandtschaftliche Beziehungen mit einer auswärtigen Großmacht hergestellt, sondern man knüpfte dadurch auch das schon bestehende Verwandtschaftsband mit dem Berliner Hofe fester, wo die erlauchte Schwester der neuvermählten Prinzessin dem Thronerben Preußens vor wenigen Jahren die Hand gereicht hatte. Am 12. Juli hielten die Neuvermählten ihren Einzug in Darmstadt, mit Jubel von der ganzen Bevölkerung empfangen. Neues Leben zog mit ihnen in das Land und echtes Familienglück in ihr einfaches Haus. Das schöne Familienleben des hohen Paares, gegründet auf innigste Eintracht und herzlichste Zuneigung, in Kreise blühender Kinder war ein leuchtendes Vorbild auch für den geringsten der Unterthanen.

Als die Stürme des Jahres 1866 durch das Land zogen, stand Prinz Ludwig, welcher am 3. September 1865 zum Generalmajor und Commandeur der großherzoglich hessischen Reiter-Brigade ernannt worden war, an der Spitze dieser Truppe. Hessen kämpfte auf Seiten Österreichs. Die hessischen Truppen nahmen im VIII. deutschen Bundescorps unter dem Prinzen Alexander von Hessen, dem Oheim des Prinzen Ludwig, am Main-Feldzuge theil, in dessen

Verlaufe der Prinz im Gefechte bei Aschaffenburg mit seiner Brigade die Feuertaufe empfieng und dann bei Gerchsheim focht.

Nach dem Feldzuge erhielt der Prinz am 13. August 1866 unter Beförderung zum großherzoglichen Generallieutenant das Commando der hessischen Division und von diesem Zeitpunkte an ist sein Lebensgang bis zum Regierungsantritte unzertrennlich mit dem Schicksale dieser Division verknüpft. Bald nach Friedensschluss kam am 7. Mai 1867 zwischen Hessen und Preußen ein Bündnis zustande, nach welchem unter anderem die hessische Division in den Verband des XI. preußischen Corps eintrat. Als ihr Commandeur wurde durch Se. Majestät den König von Preußen Prinz Ludwig am 11. October 1867 bestätigt und am 18. desselben Monats zum Generalmajor à la suite der Armee ernannt.

Jetzt begann für den jungen Commandeur eine Zeit der reichsten Thätigkeit und ist der Übergang der hessischen Militärverhältnisse in die nach dem Vertrage gebotenen preußischen Formen das Werk des Prinzen Ludwig. Als nun nach nur drei Jahren der Krieg aufs neue entbrannte, da war die Rüstung auch des hessischen Heerbannes kampffertig und festgeschmiedet in kurzer, harter Friedensarbeit; ebenbürtig konnte Prinz Ludwig seine Regimenter den preußischen zur Seite führen. Diese Verdienste einer stillen Friedensarbeit sind nicht geringer anzuschlagen, als die ruhmvollen Kriegsthaten, welche unter seiner Führung der hessischen Division in dem großen Völkerkampfe 1870/71 zu vollbringen vergönnt waren. Die hessische Armee war kampffertig und wurde dem IX. Armeecorps unter General von Manstein, zur Armee des Prinzen Friedrich Karl von Preußen gehörig, zugetheilt.

Die Schlachten bei Mars la Tour, Gravelotte, St. Privat, Metz, Orléans sind unvergessliche Ruhmestage auch der hessischen Division und ihres tapferen Führers. Mit Verehrung und Liebe hiengen die Soldaten an der Heldengestalt ihres Prinz-Generals, der ihnen ein Vorbild war des Muthes und der standhaften Ertragung aller Mühseligkeiten. „Der eherne Löwe, der an dem stillen Waldessaume des Bois de la Cusse ruht über den Gebeinen der Gefallenen, berichtet der Mit- und Nachwelt, dass Hessens tapfere Soldaten und Officiere unter Eurer Königlichen Hoheit bewährten und tapferen Leitung für das Wohl und die Einigkeit des Vaterlandes stritten, siegten und fielen," mit diesen Worten feierte Kaiser Wilhelm II. bei seiner Anwesenheit in Darmstadt 1889 die Verdienste der hessischen Truppen und ihres Führers. Mit dem Eisernen Kreuze II. und I. Classe und dem Orden pour le mérite schmückte

Kaiser Wilhelm I. die Brust des jugendlichen Siegers und ernannte ihn am Einzugstage der preußischen Truppen in Berlin zum Chef des 1. hessischen Infanterie-Regimentes Nr. 81. Am 21. Juni 1871 aber empfieng das jubelnde Darmstadt den heldenmüthigen Fürstensohn an der Spitze der heimkehrenden Truppen und dankte ihm durch Überreichung eines silbernen Lorbeerkranzes.

Ein engerer Zusammenschluss der Truppen-Contingente der einzelnen deutschen Staaten war geboten und so schloss auch das Großherzogthum Hessen eine neue Militär-Convention mit Preußen, nach welcher vom 1. Januar 1872 ab die Division in die preußische Verwaltung aufgenommen wurde. Prinz Ludwig, welcher am ersten Jahrestage der Schlacht von Gravelotte zum Generallieutenant befördert worden war, verblieb an der Spitze seiner Division und unterzog sich abermals der Arbeit, welche die veränderten Verhältnisse mit sich brachten. Am Sedantage des Jahres 1873 wurde Prinz Ludwig durch Se. Majestät den Kaiser à la suite des 1. Garde-Regimentes zu Fuß gestellt.

Die nächste Zeit gieng in strenger Friedensarbeit dahin, bis das Jahr 1877 eine entscheidende Wendung in des Prinzen Lebensweg herbeiführte. Am 20. März verschied sein Vater, Prinz Karl von Hessen, und bald darauf, am 13. Juni, sein Oheim, Großherzog Ludwig III., welcher seit 1848 regiert hatte. Da dieser keine Kinder hinterließ, bestieg der Prinz als Ludwig IV. den Thron seiner Vorfahren. Das engere Band, welches bisher den Prinzen mit der Division, deren Commandeur er 11 Jahre lang gewesen, in Leid und Freud verbunden hatte, wurde damit gelöst; aber nie hat der Großherzog aufgehört, seinen Truppen, ihrer Ausbildung und ihren Leistungen das größte Interesse zuzuwenden. Bald nach seiner Thronbesteigung, am 23. Juni, verlieh der König von Bayern dem Großherzog Ludwig das 5. bayerische Infanterie-Regiment, Se. Majestät der Kaiser von Österreich am 16. December 1877 das k. u. k. Infanterie-Regiment Nr. 14, beides Regimenter, deren Inhaber sein Oheim gewesen war. Am 11. Juni 1879 erfolgte seine Beförderung zum General der Infanterie; Kaiser Friedrich III. beförderte ihn am 24. Mai 1888 zum General-Inspecteur der 3. Armee-Inspection und Kaiser Wilhelm II. am 12. September 1891 zum General-Obersten der Infanterie mit dem Range eines General-Feldmarschalls.

Im Jahre nach dem Regierungsantritte wurde Großherzog Ludwig und mit ihm das ganze Land von unsagbar herbem Leid betroffen. Seine geliebte Gemahlin Alice, mit welcher er so überaus glücklich gelebt, wurde plötzlich durch den Tod von seiner Seite genommen, nachdem Prinzessin Marie derselben tückischen Krankheit, der Diphtheritis, zum Opfer gefallen war. Seinen zu früh verwaisten Kindern, vier Töchtern und einem Sohne, suchte der schwer getroffene Vater mit der ganzen Wärme seines Herzens und mit rührender Hingabe den Verlust der Mutter zu ersetzen; er fand Trost darin, das weiter zu pflegen und auszubauen, was von seiner edlen Gemahlin an guten Werken ausgegangen war.

Ebenso hell wie seine militärischen Verdienste strahlen Ludwigs IV. Herrschertugenden als Landesfürst. Während seiner ganzen Regierung, von 1877 bis 1892, hat er sich als treuer Bundesfürst wie als wohlwollender und gerechter Landesherr bewährt. In aufrichtig nationalem und maßvoll liberalem Geiste führte er die Regierung. Er hielt darauf, ein gerechtes, streng constitutionelles Regiment zu führen; nie ließ er sich in den Staatsgeschäften von persönlichen Neigungen oder augenblicklichen Stimmungen leiten und machte seiner Regierung keinerlei Schwierigkeiten durch eigenmächtige Anordnungen. Zahlreiche Monumentalbauten sind äußere Wahrzeichen der Fürsorge Ludwigs IV. für sein Land. Mehr aber als eine Aufzählung von Gesetzen, Einrichtungen und Maßnahmen zur Förderung der Wissenschaft, des Unterrichts, der öffentlichen Wohlfahrt, insbesondere Landwirtschaft, des Handels, der Gewerbe und des Verkehrswesens, lehrt ein Blick auf den blühenden Zustand des Landes.

Persönlich trat Ludwig IV. durch seine rein bürgerlichen Tugenden, durch die Biederkeit seiner Gesinnung, durch sein Wohlwollen, durch die vornehme Bescheidenheit und Schlichtheit seines ganzen Wesens dem Herzen seines Volkes besonders nahe. Großherzog Ludwig IV. starb, tief betrauert von seinem Lande, am 13. März 1892.

17. August 1880.

Karl I. König von Rumänien,

Chef des königl. preußischen 1. hannover'schen Dragoner-Regimentes Nr. 9 und des 1. Garde-Feld-Artillerie-Regimentes, **Oberst-Inhaber des k. u. k. Infanterie-Regimentes Nr. 6 (seit 17. August 1880)**, Inhaber des 6. serbischen Infanterie-Regimentes, Ritter des königl. preußischen Schwarzen Adler-Ordens wie des **kaiserl. österreichischen Ordens vom Goldenen Vliese, Großkreuz des königl. ungarischen St. Stephan-Ordens und des kaiserl. österreichischen Leopold-Ordens, Besitzer des k. u. k. Militär-Verdienstkreuzes**, Ritter des königl. großbritannischen Hosenband-Ordens etc. etc.

Prinz Karl von Hohenzollern stand im 27. Lebensjahre, als am 30. März 1866 der rumänische Abgesandte Joan Bratianu in Düsseldorf anlangte, um dem Prinzen mitzutheilen, dass die Lieutenance Primiere Rumänien's auf Anregung Kaiser Napoleons beschlossen habe, ihn dem rumänischen Volke zum Fürsten vorzuschlagen.

Der Prinz, welcher längst den Wunsch gehegt, seinem Thatendrange ein weiteres Feld eröffnet zu sehen, zeigte sich geneigt auf das Anerbieten einzugehen, obwohl er sich der großen Verantwortung und Schwere dieser Aufgabe voll bewusst war. Vor allem aber musste er darauf bedacht sein, die Einwilligung König Wilhelms, des Chefs der Familie, zu erlangen. Dieser hielt es zwar nicht für ganz angemessen, dass ein Hohenzollern sich unter die Suzeränität des Sultans begebe, sprach sich aber auch nicht entschieden gegen die Candidatur des Prinzen aus.

Daraufhin entschied sich Prinz Karl auch ohne formelle Einwilligung des Königs und gegen den Beschluss der in Paris tagenden Conferenz, welche sich der Candidatur des Prinzen entschieden widersetzt hatte, die rumänische Krone anzunehmen und nach Bukarest zu reisen, umsomehr da nun bei den im April stattgehabten Wahlen das rumänische Volk ihn einstimmig zum Fürsten erwählt hatte.

Er hoffte, dass allen Schwierigkeiten durch ein fait accompli ein Ende gemacht werden würde. Zu diesem Behufe nahm er

einen längeren Urlaub, um sich zuerst nach Paris zu Kaiser Napoleon und dann nach Bukarest zu begeben.

Gegen dieses Project hatte der König nichts einzuwenden.

Prinz Karl war vermöge seiner Charaktereigenschaften, sowie auch seiner vielseitigen, hohen Bildung wegen für seinen künftigen Beruf auf das Beste vorbereitet. Am 20. April 1839 in Sigmaringen als zweiter Sohn des Fürsten Karl Anton von Hohenzollern und der Erbprinzessin Josefine geboren, genoss er seit seiner frühesten Jugend eine strenge, sorgfältige Erziehung, welche sein Vater persönlich überwachte.

Fürst Karl Anton war ein edler, freidenkender Mann, der seine Kinder über alles liebte und auch von ihnen stets als das Ideal eines Vaters verehrt wurde. Das Zusammenleben mit seiner Gattin, Fürstin Josefine, war ein äußerst glückliches, harmonisches.

Von der Mutter, die mit liebevoller Sorge und Milde über ihre Kinder wachte, hatte Prinz Karl die tiefe Religiosität und wahre Kindesreinheit, die ihn schon in den Jugendjahren so unwiderstehlich machte und die er sich auch bis ins Mannesalter bewahrt hatte.

So entwickelte sich Prinz Karl zu einem körperlich gesunden Menschen und geistig durchaus harmonischen Charakter, ohne Zwiespalt zwischen Wollen und Können, ohne Missklang zwischen Geistes- und Gefühlsleben. Schon als Knabe zeigte er eine bewunderungswürdige Ruhe des Geistes, welche ihm in jeder Lebenslage zu großem Vortheile gereichte.

Infolge seiner strengen Erziehung hatte er sich früh daran gewöhnt, seiner ursprünglich waghalsigen Natur Zügel anzulegen und sich den Geboten anderer zu fügen, wobei sich naturgemäß ein gewisser Mangel an Selbstvertrauen entwickelt hatte.

Jenen, die ihn nicht näher kannten, machte er den Eindruck kühler Gemessenheit, weil er sich strenge an die conventionellen Formen und die Grundsätze der hergebrachten Moral hielt. Diejenigen aber, welche das Glück hatten, länger in seiner Nähe zu weilen, erkannten sofort sein echtes, einfaches, von wahrer Herzensgüte beseeltes Wesen.

Ein gewisses Gleichmaß der Stimmung, eine stets gute Laune, Schlagfertigkeit und Geistesgegenwart machten ihn zu einem der angenehmsten Gesellschafter. Pünktlichkeit, Ordnungsliebe und ganz besonderer Thätigkeitsdrang gehörten zu seinen vorzüglichen Eigenschaften.

Die allererste Erziehung des Prinzen Karl leitete eine französische Bonne, Mlle. Picard, welcher auch Prinz Leopold und Prinzessin Stephanie, die beiden älteren Geschwister des Prinzen, sowie sein um zwei Jahre jüngerer Bruder Prinz Anton und Prinzessin Marie anvertraut waren.

Seine Kinderjahre verbrachte der Prinz theils in Sigmaringen, theils auf den Sommerschlössern Inzigkofen und Krauchenwies. Im Sommer 1847 kam er zum erstenmale auf die seinem Großvater Fürsten Karl gehörige „Weinburg" in der Schweiz.

Prinz Karl zeigte schon in früher Jugend hohe Intelligenz und widmete sich den Studien mit wahrem Feuereifer. Die Anfangsgründe der Wissenschaften brachte ihm der geistliche Rath Emele bei. Im August 1850 begann das eigentliche Studium des Prinzen in Dresden, wo er und sein Bruder Anton unter der strengen Aufsicht eines Erziehers standen. Obwohl die beiden Prinzen sehr viel und eifrig studierten, wurde doch auch dem Vergnügen Rechnung getragen. Die häufigen Besuche und kleinen Festlichkeiten am sächsischen Hofe, im Hause der Fürstin Mestscherski und des gewesenen Justizministers Held boten dem Prinzen viel Freude und Unterhaltung. Außerdem wurden jedes Jahr Ferienreisen zu den Eltern und kleinere Erholungsausflüge unternommen, einmal nach der Insel Rügen und oft zu den Großeltern nach Schloss Bistritz in Böhmen.

Der Aufenthalt in Dresden währte sechs Jahre. Dank seiner Wissbegierde und Ausdauer hatte sich Prinz Karl während dieser Zeit alle erforderlichen Kenntnisse zueigen gemacht. In Münster legte er die Portéepée-Fähnrichsprüfung ab und begab sich dann nach Düsseldorf, wo sein Vater, nachdem er im December 1849 durch Staatsvertrag die Souveränität über sein Fürstenthum an die Krone von Preußen übergeben, das Commando der 14. Division übernommen hatte.

Prinz Karl verweilte jedoch nicht lange im Elternhause. Sein Vater, der die Vorliebe seines Sohnes für Reisen kannte, sandte ihn zur Belohnung für seinen Fleiß während der Studienjahre in Begleitung des Gouverneurs nach der Schweiz und nach Oberitalien.

Prinz Karl, der sehr viel Sinn für Naturschönheiten besaß, genoss diese Reise in vollen Zügen; oft unternahm er Tagesmärsche von 14stündiger Dauer, ohne zu ermüden. Mitte October begab sich der Prinz in die „Weinburg", wo die ganze Familie versammelt war; hier verbrachte er glückliche frohe Stunden.

Am 1. Januar 1857 wurde er zum Secondlieutenant à la suite des Garde-Artillerie-Regimentes ernannt, aber vorläufig vom Dienste in der Front dispensiert, da er seine Studien noch fortsetzen wollte. Im Februar begab er sich mit dem Militär-Gouverneur Hauptmann von Hagen nach der Festung Jülich, um sich dort im praktischen Dienste zu üben. Bei der Vorstellung des Officiers-Corps wurde allgemein die Liebenswürdigkeit und Gewandtheit des jungen 17jährigen Prinzen bewundert.

Nach einem mehrwöchentlichen Aufenthalte in der Festung siedelte der Prinz nach Berlin über, um dortselbst seine Studien für den Eintritt in die Artillerieschule zu machen. Der Berliner Aufenthalt war für den Prinzen ein sehr anregender. Er studierte eifrig Mathematik und Militärwissenschaften. In der Taktik unterrichtete ihn der ihm beigegebene Militär-Gouverneur selbst. Prinz Karl besuchte häufig den preußischen Hof und auch an den Höfen von Dresden und Dessau fühlte er sich sehr wohl und war überall beliebt. Im August wohnte er an der Seite seines Vaters den Manövern der 14. Division bei, was von großem Interesse für ihn war. Bei dieser Gelegenheit lernte er auch General von Moltke kennen.

Von Mai bis September 1858 war Prinz Karl in seinem Regimente einer Batterie zur Dienstleistung zugetheilt und machte die sehr anstrengenden Schießübungen auf dem Tegeler Schießplatze mit. Bei einem nachher stattgefundenen, vom Officierscorps veranstalteten Hürdenrennen gewann der Prinz den Damenpreis.

Nach Abschluss der Manöver unternahm er eine äußerst genussreiche Reise nach München und durch Tirol.

Nach Berlin heimgekehrt, beschäftigte sich Prinz Karl sehr viel mit der Politik, da sein Vater vom Prinzen von Preußen beauftragt war, ein liberales Ministerium zu bilden und das Präsidium desselben zu übernehmen.

Als im Jahre 1859 bei Ausbruch des Krieges in Italien die preußische Armee mobil gemacht wurde, erhielt Prinz Karl für kurze Zeit die Aufgabe, eine auf Kriegsfuß gebrachte Batterie zu führen. Er marschierte mit derselben von Berlin nach Potsdam und blieb in einem umliegenden Dorfe einige Monate stationiert. Nach Friedensschluss kehrte der Prinz, der in den Frontdienst des Garde-Artillerie-Regimentes eingetreten war, nach Berlin zurück, nachdem er zuvor noch seine Eltern in Düsseldorf besucht hatte. Dort ereilte ihn die traurige Kunde vom Tode seiner

Schwester, der Königin Stephanie. Die ganze Fürstenfamilie wurde durch diesen unerwarteten Schlag in tiefe Trauer versetzt. Stephanie war seit April 1888 mit Dom Pedro V. von Portugal vermählt gewesen und nun an Diphtheritis gestorben.

Zwei Jahre nach ihrem Tode besuchte Prinz Karl ihr Grab, als er seinen Bruder, den Erbprinzen Leopold, begleitete, der sich nach Lissabon begab, um hier seine Vermählung mit der Infantin Antoinette zu feiern.

Im November 1861 nahm Prinz Karl einen längeren Urlaub, den er zu einer militärischen Studienreise nach Südfrankreich, Algerien, Spanien und Paris benützte.

Für das Sommersemester bezog er dann die Universität Bonn und trat im Herbste als Premier-Lieutenant bei den 2. Garde-Dragonern wieder in den militärischen Dienst. Das neue Regiment und das kameradschaftliche Leben sagten dem Prinzen sehr zu; er bewegte sich viel in Gesellschaft und besuchte häufig die Höfe von Berlin, Potsdam, Babelsberg und Charlottenburg.

In dem Kriege von 1864 kämpfte Prinz Karl an der Seite des deutschen Kronprinzen, welchem er als Ordonnanz-Officier beigegeben war, und zeichnete sich durch besonderen Heldenmuth aus, der sich manchmal fast bis zur Tollkühnheit steigerte.

Der Kronprinz und Prinz Karl schlossen sich während dieser Monate ihres Zusammenseins innig aneinander und es entspann sich zwischen ihnen eine wahre, dauernde Freundschaft.

Nach Beendigung des Krieges gieng Prinz Karl nach Bad Schinznach in der Schweiz und kehrte dann zu seinem Regimente nach Berlin zurück, wo er im April 1866 zum Rittmeister à la suite ernannt wurde. In diese Zeit (30. März 1866) fiel nun, wie schon erwähnt, seine Wahl zum Fürsten von Rumänien.

Nach reiflicher Überlegung und Beseitigung aller vorhandenen Schwierigkeiten unternahm der Prinz den ernsten, entscheidenden Schritt und trat am 11. Mai in Begleitung des Cabinetsrathes von Werner und des preußischen Kammerherrn Baron von Mayenfisch im strengsten Incognito seine Reise nach Bukarest an.

Am 20. Mai langte er glücklich in der ersten rumänischen Stadt Turn-Severin an, wo er mit Joan Bratianu zusammentraf und sofort per Wagen die Reise nach Bukarest fortsetzte.

Das ganze Land war indessen von dem glücklichen Ereignisse, der Ankunft des neuen Fürsten, in Kenntnis gesetzt worden. In jeder Stadt, welche er passierte, wurden ihm große Ovationen bereitet, überall herrschte lauter Jubel; der junge Fürst wurde mit Blumen und Kränzen überschüttet. Auch der Empfang in der Hauptstadt des Landes war ein begeisterter und herzlicher.

Der Bürgermeister von Bukarest, Demeter Bratianu, überreichte dem neuen Herrscher die Schlüssel der Stadt, worauf Fürst Karl in Begleitung des Generals Golesku, Mitglied der Lieutenance Primiere, des Ministerpräsidenten und Ministers der auswärtigen Angelegenheiten Joan Ghika einen Galawagen bestieg und in die Stadt einzog. Er war umgeben von einem glänzenden Stabe hoher Officiere in prächtigen Uniformen, darunter Oberst Haralambi, Mitglied der provisorischen Regierung, und Kriegsminister Oberstlieutenant Lekka.

Unter brausenden Hurrahrufen des Volkes bewegte sich der Zug durch die Stadt bis zur Metropolie, der Hauptkirche Bukarests, wo der Fürst vom Metropolit Niphon, Primas von Rumänien, und sämmtlichen Geistlichen empfangen wurde. Nach dem Tedeum begab sich der Fürst, geleitet vom Metropoliten-Primas und dem Ministerium, zu Fuß nach der Kammer, wo sämmtliche Deputierte anwesend waren. Mit unbeschreiblichem Jubel empfieng das übervolle Haus den Fürsten, der nun den Eid auf die Gesetze des Landes leistete.

Nach Schluss dieser Ceremonie bezog Fürst Karl sein Palais, ein einstöckiges, schmuckloses Haus. Vom Balkon aus sah er dem Vorbeimarsch der gesammten Garnison zu. Mit einbrechender Dunkelheit wurde die Stadt glänzend illuminiert. Noch am selben Abend wurde von ihm das neue Ministerium zusammengestellt:

Laskar Catargiu übernahm das Präsidium und das Innere,
Joan Bratianu die Finanzen,
Petre Mavrogheni das Äußere,
C. A. Rosetti den Cultus,
Joan Candacuzino die Justiz,
General Fürst Joan Ghika den Krieg und
Demetre Sturdza die öffentlichen Arbeiten.

Am nächsten Tage war großer Empfang aller Staatsbehörden im Thronsaale. Am 12./24. Mai fand die Vereidigung der Truppen auf dem Garnisons-Exercierplatze bei Cotroceni statt; zu dieser Feierlichkeit legte der Fürst zum erstenmale die rumänische Generals-Uniform an.

Sehr bald erkannte Fürst Karl, welch ungemein schwierige Aufgabe er übernommen hatte, in diesem durch viele Jahre verwahrlosten Lande Ordnung zu schaffen. Die finanzielle Lage war eine geradezu trostlose; seit sechs Monaten konnte an Beamte und Militärs kein Gehalt ausbezahlt werden, zudem hatte das Land eine Schuldenlast von hundert Millionen. Die Acten sämmtlicher Ministerien waren in großer Unordnung. Der Zustand der Straßen und öffentlichen Gebäude war ein höchst primitiver, auch blieb in sanitärer Beziehung viel zu wünschen übrig.

Die Kammer votierte dem Fürsten eine Civilliste von 100.000 Ducaten, doch verzichtete er angesichts der großen Finanznoth des Staates auf 40.000 für das erste Jahr.

Als liberal denkender Herrscher beantragte er in der Kammer die Niederlassung der Israeliten in Rumänien. Dies fachte jedoch nur von neuem den Hass der Judenfeinde an, welche soweit giengen, dass sie die Synagoge in der Hauptstadt zerstörten. Durch diese Ausschreitungen war wohl die Kammer gezwungen, den Artikel der Naturalisation der Juden zu verwerfen. Ganz Europa war gegen Rumänien aufgebracht und die übertriebenen Nachrichten, welche die Presse über die Unterdrückung der Juden verbreitete, trugen das Ihrige bei, die allgemeine Erregung zu steigern.

Unter großen Feierlichkeiten legte Fürst Karl am 30. Juni/ 12. Juli den Eid auf die Constitution ab.

Trotz der vielen Staatsgeschäfte, die den jugendlichen Monarchen kaum zur Ruhe kommen ließen, verlor er doch nicht das Interesse für sein Vaterland. Er verfolgte mit großem Antheile die Ereignisse des im Juni zwischen Österreich und Preußen ausgebrochenen Krieges. Die Nachricht von dem Siege bei Königgrätz erfüllte ihn mit aufrichtiger Freude, welche dann wohl durch die Kunde von der schweren Verwundung seines Bruders, des Prinzen Anton, beträchtlich getrübt wurde. Derselbe erlag auch zwei Monate später zum großen Schmerze des Fürsten seinen Verletzungen.

Die Erfolge der preußischen Armee waren für die Stellung des Fürsten Karl von großer Wichtigkeit. Sie erhöhten seinen Wert und sein Ansehen in den Augen der Rumänen und auch auf die Türkei, welche sich anfangs nicht mit seiner Wahl einverstanden erklärt hatte, schienen sie einen günstigen Eindruck geübt zu haben. Denn bald darauf (8./20. October) erfolgte nach langen Debatten und Schwierigkeiten seine Anerkennung durch die Pforte. Aus diesem Anlasse unternahm Fürst Karl nun die Reise nach Constantinopel, um dem Sultan mündlich zu versichern, dass Rumänien die Verträge über seine Beziehungen zur Türkei treu halten wolle. Der Empfang, der ihm und seinem zahlreichen Gefolge bereitet wurde, war ein über alle Erwartung guter und glänzender. Der Sultan, welcher während der Anwesenheit des Fürsten in liebenswürdigster Weise mit ihm verkehrte, überreichte ihm beim Abschiede das Großkreuz des Osmanie-Ordens in Smaragden und Brillanten.

Sehr häufig unternahm der Fürst kleinere Reisen in seinen Staaten; besonders oft fuhr er in die Moldau und hielt sich dann stets längere Zeit in Jassy auf. Diese Reisen, welche wahren Triumphzügen glichen, überzeugten ihn von der Liebe und Anhänglichkeit seines Volkes. In jedem Orte besuchte er die Kirchen, Schulen, Kasernen, Hospitäler, fand aber alles in höchst verwahrlostem Zustande. Erst nach Jahren, nachdem die finanzielle Lage des Landes sich gebessert hatte, konnte an die Verbesserung dieser öffentlichen Gebäude geschritten werden.

Seine volle Aufmerksamkeit wandte der Fürst stets der Heeres-Organisation zu; ein ganz neues System wurde von ihm eingeführt, neue Regimenter errichtet, überhaupt der Armeestand bedeutend vermehrt und neue Waffen angeschafft. Im October 1867 fanden die ersten planmäßigen Manöver statt, welche vom Fürsten selbst geleitet wurden. Zwei Jahre darauf wurde in Furceni ein neu angelegtes Lager vollendet, wo von nun an die Manöver stattfanden. Die Leistungsfähigkeit der Truppen steigerte sich von Jahr zu Jahr, was den Fürsten mit Stolz und Freude erfüllte.

Im Jahre 1872 stiftete er ein Militär-Ehrenzeichen in Form von Medaillen für Officiere, die 18 und 25 Jahre treu gedient; für erstere aus Silber, für letztere in Gold. Außerdem stiftete der Fürst auch noch eine silberne Medaille, verbunden mit einer jährlichen Pension von 300 Francs für Unterofficiere, welche zwölf Jahre gedient hatten. Dieselbe Medaille in Gold wird an solche Officiere verliehen, welche sich durch Tapferkeit ausgezeichnet haben.

Nach Vollendung der Heeres-Organisation im October 1874 verlieh der Fürst den Regimentern 32 neue Fahnen.

Sehr viel beschäftigte sich Fürst Karl mit der Hebung des Schulwesens. Er ließ ein Volksschullehrer-Seminar errichten und wohnte daselbst oft persönlich den Prüfungen bei.

Auch Versicherungs- und Creditanstalten wurden unter seiner Regierung ins Leben gerufen. Besonders am Herzen lag ihm aber der Bau von Eisenbahnen, welcher zur wirtschaftlichen Entwickelung des Landes sehr viel beitrug, demselben aber auch ungeheure Lasten auferlegte. Im Jahre 1868 schloss Minister Bratianu mit dem Eisenbahnunternehmer Strousberg einen Vertrag, doch schon nach vier Jahren musste das Eisenbahnwesen einer Berliner Gesellschaft übergeben werden, da Strousberg sich geweigert hatte, die von ihm versprochene Couponzahlung für die Obligationen zu leisten und endlich vollkommen Bankerott machte.

Erst nach Jahren erfolgte vom Staate der Ankauf der Eisenbahnen und die Auflösung der Eisenbahn-Actiengesellschaft.

Sehr ungünstig beeinflusst wurden die ersten Regierungsjahre des Fürsten durch den häufigen Wechsel der Mitglieder der Kammer und des Ministeriums. Schon zwei Monate nach seinem Regierungsantritte reichte Ministerpräsident Joan Bratianu seine Demission ein. Es folgten nun die Ministerien: Joan Ghika, K. Cretzulesku, St. Golesku, General Nikolaus Golesku, Fürst D. Ghika, Callimaki, Catargiu, Jepureanu und Ghika, welche aber alle nur von kurzer Dauer waren; erst das Ministerium Laskar Catargiu hielt sich längere Zeit, von 1871—1876. Später wurden die Ministerien Floresku und Jepureanu gebildet, doch auch diese gaben schon nach wenigen Monaten ihre Demission.

Fürst Karl berief endlich wieder Joan Bratianu, in welchen er großes Vertrauen setzte, zum Präsidenten. Letzterer gehörte der gemäßigt liberalen Richtung an und verstand es, die Volksbildung, Ordnung und Wohlstand in Rumänien zu fördern. Erst 1888 nahm er seine Entlassung.

Nun traten die Junimisten Th. Rosetti und Carp an die Spitze der Regierung, wurden jedoch bald von dem conservativen Ministerium Laskar Catargiu (April 1889) verdrängt. Da aber die Kammern damit nicht einverstanden waren, wurde schon im November ein conservativ-junimistisches Ministerium geschaffen. Dieses führte 1890 die großen Befestigungen, die Reform des Richterstandes, die Ermäßigung der Staatszinsenlast und die Einführung der Goldwährung durch. Das Ministerium Catargiu schloss 1892 mit den Mächten Handelsverträge ab, welche für Rumänien von großem Vortheile waren.

Im Jahre 1895 wurde durch einen Zwist der Conservativen und Junimisten ein Ministerwechsel nöthig. Die Wahl fiel auf den Führer der Nationalliberalen Demetre Sturdza, welcher den an ihn gestellten Anforderungen vollkommen entsprach.

Das Verhältnis Rumäniens zu den übrigen Staaten war im Anfange der Regierung des Fürsten Karl ein sehr reserviertes, doch gewann es sich mit der Zeit immer mehr und mehr die Sympathien der Mächte.

Anlässlich seiner 1869 unternommenen Reise nach der Krim wurde Fürst Karl nicht nur in Sebastopol, sondern auch in Livadia, wo sich das russische Kaiserpaar aufhielt, auf das wärmste und freundschaftlichste aufgenommen. Am Tage seiner Abreise übersandte ihm der Kaiser den Alexander-Newskij-Orden.

Noch im selben Jahre unternahm der Fürst die langersehnte Reise in seine Heimat zu den Eltern. Am 29. August / 10. September kam er auf der Durchreise nach Wien; die Aufnahme, welche ihm Kaiser Franz Joseph I. zutheil werden ließ, war eine sehr herzliche; durch Graf Beust ließ er ihm den Leopold-Orden übergeben. Nach viertägigem Aufenthalte reiste der Fürst über Salzburg nach München ab. In Rheineck traf er mit seinen Eltern und Geschwistern zusammen, welche mit ihm nach der „Weinburg" fuhren. Das Wiedersehen war ein unbeschreiblich frohes und glückliches, daher auch der Abschied nach zweiwöchentlichem Beisammensein unendlich schwer.

Von der Heimat begab sich Fürst Karl nach Brüssel, zum Besuche seiner Schwester, der Gräfin von Flandern, dann nach Baden-Baden, wo er vom preußischen Königspaare und dem Kronprinzen auf das herzlichste empfangen wurde. Der König verlieh dem Fürsten das Großkreuz vom „Rothen Adler" und auch der Großherzog von Baden übergab ihm seinen Orden.

Von Baden-Baden begab sich Fürst Karl nach Paris, wo er im Hotel Bristol abstieg. Noch am selben Tage fuhr er weiter nach St. Cloud zum Kaiser, der sehr leidend war. Der Empfang war herzlich und freundlich. Den nächsten Tag stattete der Kaiser seinen Gegenbesuch ab und übergab dem Fürsten das Großkreuz der Ehrenlegion. Die französische Presse beschäftigte sich sehr viel mit dem Besuche des Fürsten und äußerte wiederholt ihre Sympathien für denselben.

In Köln, wo sich Fürst Karl zunächst aufhielt, erfolgte seine lang geplante Verlobung mit der liebreizenden Prinzessin Elisabeth von Wied (geboren 29. December 1843), der am 4./16. October 1869 die Verlobungsfeier im Monrepos (bei Neuwied) folgte.

Nicht nur in Rumänien, sondern in allen Staaten wurde die Verlobung des Fürsten mit großer Befriedigung aufgenommen. Insbesondere wohl auch darum, weil er bei seiner Wahl nicht politischen Rücksichten, sondern einer innigen Herzensneigung folgte, welche ihn die mit vielen edlen Eigenschaften begabte Prinzessin wählen ließ. Von allen Seiten trafen Glückwunsch-Telegramme ein; vier Tage nach seiner Verlobung begab sich der Fürst wieder nach der

Weinburg, wo auch Prinzessin Elisabeth mit ihrer Mutter eintraf, um sich ihren künftigen Schwiegereltern vorzustellen.

Die feierliche Vermählung erfolgte am 31. October/12. November 1869 im Schlosse zu Neuwied.

Nach sechstägigem Aufenthalte dortselbst, welcher durch großartige Festlichkeiten verherrlicht wurde, trat der Fürst mit seiner jungen Gemahlin die Reise nach Rumänien an. Der Empfang in Bukarest war ein ungemein begeisterter und herzlicher. Fürstin Elisabeth erweckte durch ihr bescheidenes und liebenswürdiges Auftreten die allgemeinen Sympathien.

Am 27. August/8. September 1870 wurde dem Fürstenpaare eine Tochter, Marie, geboren, welch frohes Ereignis die Eltern mit inniger, stolzer Freude erfüllte.

So beglückend das Familienleben des Fürsten war, so unleidlich gestalteten sich zu jener Zeit die politischen Verhältnisse. Durch die ungünstige Finanzlage, welche durch die Eisenbahncalamität noch gesteigert wurde, nahm die Unzufriedenheit des Volkes immer mehr zu und der Fürst war den bittersten Anfeindungen ausgesetzt.

Auch die bulgarische Bewegung, welche von Russland heimlich unterstützt wurde, nahm immer größere Dimensionen an. All diese leidigen Verhältnisse wurden dem Fürsten zur Last gelegt, der dadurch so erbittert war, dass er, nach schweren, innerlichen Kämpfen, den Entschluss fasste, abzudanken. Im März 1871 berief er die Mitglieder der ehemaligen Lieutenance-Primière, um die Regierung wieder in ihre Hände zurückzulegen.

Erst auf wiederholte eindringliche Bitten der Minister, welche dem Fürsten die ganze Tragweite seines Schrittes vor Augen hielten und das Wohl des Landes dadurch für gefährdet erklärten, stand Fürst Karl von seinem Vorhaben ab.

Gelegentlich seiner im April in die Moldau unternommenen Reise wurde er allseitig mit Enthusiasmus begrüßt, woraus er erkannte, dass das Volk noch treu zu ihm halte, er somit seinen Entschluss nicht zu bereuen habe. Diese Reise hatte einen vollständigen Umschwung zur Folge und von nun an trat wieder Ruhe in der Hauptstadt ein.

Im Juni 1873 traf Fürst Karl in Wien ein, um einer Einladung des Kaisers Franz Joseph I. folgend, die Wiener Weltausstellung zu besichtigen. In seiner Begleitung waren die Minister Mavrogheni und Boeresku sowie die Adjutanten Major Skina und Major Filitis.

Der Fürst, dessen Empfang am Bahnhofe ein sehr feierlicher war, nahm Wohnung im Finanzministerium, dem ehemaligen Palais des Prinzen Eugen von Savoyen. Hier traf er auch mit seinem Bruder Leopold zusammen. Die Bewillkommnung, welche dem Fürsten durch das Kaiserpaar zutheil wurde, war eine ebenso herzliche, wie die seitens der Erzherzoge und übrigen anwesenden Fürstlichkeiten, welchen Fürst Karl seinen Besuch abstattete. Die Auszeichnung, mit welcher man ihm allerseits entgegenkam, ließen ihn sehr wohl den Unterschied erkennen gegen die Aufnahme im Jahre 1869.

Die Ausstellung erregte das besondere Interesse des Fürsten. Er besichtigte eingehend die rumänische Abtheilung, welche zu seiner vollsten Zufriedenheit ausgefallen war. (Bei der Preisvertheilung erhielt die rumänische Gruppe 170 Medaillen.)

Am 19. Juni/1. Juli verließ der Fürst Wien und begab sich nach Neuwied, wo er mit seiner hohen Gemahlin und der kleinen Prinzessin zusammentraf.

Das Fürstenpaar begab sich nun gemeinsam nach Ems, wo eine Zusammenkunft mit Kaiser Alexander von Russland und einige Tage später mit dem deutschen Kaiserpaare stattfand.

In dem kleinen Bade Immau nahm Fürst Karl und seine Gemahlin längeren Aufenthalt, um die Cur zu gebrauchen. Nach Beendigung derselben siedelten die hohen Fürstlichkeiten nach Krauchenwies bei Sigmaringen zu den Eltern über. Hier im engen Familienkreise fühlte sich Fürst Karl unendlich glücklich; die kleine Prinzessin Marie war der allgemeine Liebling.

Zum größten Bedauern aller musste das Fürstenpaar aber schon zwei Wochen später wieder abreisen; der Abschied von den geliebten Eltern und Geschwistern fiel ihnen ungemein schwer.

Nach einem viertägigen Aufenthalte in Wien traf Fürst Karl und die Fürstin wieder in Sinaja bei Bukarest ein, wo, wie alljährlich, der Sommer zugebracht wurde. Die Bevölkerung bereitete dem Herrscherpaare einen überaus herzlichen und feierlichen Empfang.

Überhaupt wandte sich die Volksgunst wieder voll dem Fürsten zu, was sich bei jeder Gelegenheit kundgab; so auch anlässlich des am 28. März/9. April 1874 erfolgten Ablebens der kleinen Prinzessin Marie. Das ganze Land trauerte mit seinem Herrscherpaare.

Fürst Karl und seine hohe Gemahlin waren durch den Verlust ihres einzigen, lieben Kindes tief zu Boden gedrückt. Sie gaben sich ihrem grenzenlosen Schmerze rückhaltlos hin, was auf die ohnehin schwächliche Gesundheit der Fürstin nur nachtheilig wirken musste.

Auf dringendes Anrathen der Ärzte begab sich das Fürstenpaar zum Curgebrauche nach Franzensbad und von da über London an den Strand von St. Leonards bei Hastings zur dreiwöchentlichen Seebädercur. Die Rückreise erfolgte dann über Paris, Straßburg, Freiburg, Constanz nach Rorschach, von da nach der „Weinburg" und am 29. September/11. October heim nach Bukarest.

Bei dem Kriege zwischen Serbien und der Türkei 1876 verhielt sich Rumänien vollkommen neutral, womit zwar Russland nicht einverstanden war, die übrigen Mächte sich aber sehr lobend äußerten.

Im April 1877 erklärte Russland der Türkei den Krieg, um den Greuelthaten der Türken gegen die Christen ein Ende zu machen. Rumänien gab seine Einwilligung zum Durchmarsche der russischen Truppen, nachdem von russischer Seite das Versprechen gegeben wurde, dass dies in vollkommen friedlicher Weise geschehen werde.

Da sich in jener Zeit auch die Differenzen Rumäniens mit der Türkei immer mehr und mehr steigerten, beschloss Rumänien seine bisher gewahrte Neutralität aufzugeben und die Türkei im Vereine mit Russland zu bekämpfen. Gleichzeitig erklärte Rumänien durch eine Circularnote den Großmächten, dass es durch seinen Anschluss an Russland nicht beabsichtige seine Beziehungen zur Pforte zu lösen, sondern nur seine politische Stellung zu wahren, indem es sich für unabhängig erkläre.

Am 25. April/7. Mai erfolgte die Mobilmachung der rumänischen Armee und Fürst Karl erklärte den Oberbefehl übernehmen zu wollen. Die ganze Wehrkraft des Landes betrug gegen 70.000 Mann. Der Nationalfeiertag am 10./22. Mai als der Tag der Unabhängigkeits-Erklärung wurde im Jahre 1877 besonders festlich begangen. Das ganze Land brachte dem Fürsten seine Huldigungen dar.

Großfürst Nikolaus, der mit seinem Sohne Nikolaus Nikolajewitsch zur Zeit in Plojetschti weilte und oft mit dem Fürsten Karl freundschaftlich verkehrte, nahm an allen Festlichkeiten in Bukarest mit großem Interesse theil.

Fürst Karl stiftete als bleibende Erinnerung an das für Rumänien so bedeutsame Jahr 1877 den Orden des „Sterns von

Rumänien", welcher sowohl an Militär- als auch an Civilpersonen verliehen werden kann.

Die rumänisch-türkischen Feindseligkeiten begannen damit, dass Fürst Karl in Calafat, wo sich ein Theil seiner Truppen befand, den Befehl gab, die Beschießung Widins zu eröffnen. In dem heftigen Bombardement, das von Seite der Türken erfolgt war, zeigte der Fürst bewunderungswürdigen Muth und Kaltblütigkeit, was die ganze Armee aneiferte, seinem Beispiele zu folgen. Am 25. Mai/6. Juni traf Kaiser Alexander aus St. Petersburg in Plojeschti ein. Der Empfang, welcher ihm vom Fürstenpaare und im ganzen Lande zutheil wurde, war ein ungemein herzlicher.

Ein wichtiger Moment für den Beginn des bulgarischen Krieges war der im Juni erfolgte Übergang der Russen über die Donau und ihre Niederlassung in Braila. Nach einer zweimaligen Niederlage der Russen vor Plewna richtete Kaiser Alexander die dringende Bitte an Fürst Karl, ihm mit seiner Armee zuhilfe zu kommen und auch das Obercommando über die vor Plewna liegenden 30.000 Mann starken russischen Truppen übernehmen zu wollen. Nach kurzem Bedenken willigte der Fürst in diesen Vorschlag ein. Im russischen Lager, wo über die bedeutenden Verluste vor Plewna und beim Schipkapasse große Niedergeschlagenheit geherrscht hatte, setzte man seine ganze Hoffnung auf das gemeinsame Eingreifen der russischen und rumänischen Truppen unter dem Commando des Fürsten.

Im August feierten die Rumänen ihren ersten Sieg; es war ihnen nach langen, blutigen Kämpfen gelungen, die Griwitzaredoute vor Plewna zu nehmen. Dieser Erfolg erfüllte Russen und Rumänen mit neuer Zuversicht und ließ sie die großen Verluste, welche sie bei diesem Kampfe erlitten hatten, zum Theile verschmerzen. Die meisten Verwundeten wurden nach Bukarest transportiert, wo sich die Fürstin und ihre Hofdamen mit wahrer Aufopferung der Krankenpflege widmeten.

Anlässlich dieses bedeutenden Sieges und der so oft bewiesenen persönlichen Tapferkeit des Fürsten Karl verlieh Kaiser Alexander demselben das Georg-Kreuz.

Nachdem durch die Eroberung der Redoute von Gornji-Dubnik durch die Russen die Einschließung von Plewna vollendet war, erfolgte endlich am 28. November/10. December die Einnahme dieser von den Türken so hartnäckig vertheidigten Position.

Osman Pascha, der verwundet war, wurde gefangen genommen. Die Zahl der übrigen Gefangenen belief sich auf 40.000 Mann.

Der Fall von Plewna war der wichtigste und gefährlichste Moment im russisch-türkischen Kriege und es erfüllte die Rumänen mit Stolz, dass ihre Armee in diesem Augenblicke rettend eingegriffen hatte. Ganz Europa beglückwünschte den Fürsten zu diesem Siege und allgemein wurde der Muth und die Leistungsfähigkeit der rumänischen Truppen bewundert. Kaiser Alexander verlieh dem Fürsten eine sehr seltene Auszeichnung, den Andreas-Orden mit Schwertern. Der Deutsche Kaiser sandte ihm zum Zeichen seiner Anerkennung den Militär-Orden pour le mérite. Auch Fürst Nikolaus von Montenegro bat den Fürsten, die höchste militärische Auszeichnung Montenegros „Milosch Olibitsch" anzunehmen. Der Großherzog von Mecklenburg-Schwerin verlieh ihm sein Militär-Verdienstkreuz.

Bald nach dem Einzuge der Sieger in Plewna reiste der russische Kaiser, nachdem er zuvor der Fürstin in Bukarest einen Besuch abgestattet hatte, nach St. Petersburg zurück. Fürst Karl, den noch dringende Geschäfte im Hauptquartiere zurückhielten, verließ dieses erst am 10./22. December. Durch die überall angehäuften, enormen Schneemassen war das Fortkommen sehr erschwert, so dass er erst spät abends in Nikopoli anlangte.

Der Anblick des Schlachtfeldes, welches von Tausenden von Todten bedeckt war, erschütterte den Fürsten auf das tiefste und dämpfte seine Siegesfreude.

Die Donauüberfuhr war durch den starken Eisgang nicht ungefährlich, so dass es als Glück zu betrachten war, dass Fürst Karl unversehrt in Turn-Magurelle eintraf. Hier erwartete ihn eine ungeheure Volksmenge, die ihn mit nicht endenwollendem Jubel empfieng. Am 15./27. December erfolgte die Ankunft in Bukarest. Das Wiedersehen mit der Fürstin nach so langer Trennung war ein unbeschreiblich herzliches.

Die Bevölkerung kannte in der Begeisterung und Liebe zu ihrem Fürsten keine Grenzen.

Gleich nach der Ankunft besuchte der Fürst mit seiner Gemahlin die in Spitälern und Baracken untergebrachten Verwundeten und theilte Medaillen unter sie aus. Die Nachrichten, welche im Laufe der Zeit vom Kriegsschauplatze eingelaufen waren, lauteten meist günstig.

Den Rumänen war es gelungen, am 12./24. Februar Widin einzunehmen. Die Türken erwiesen sich bei dieser Gelegenheit als sehr zuvorkommend und ihr Auszug aus Widin vollzog sich vollkommen ruhig.

Die Bulgaren empfiengen die Rumänen mit großer Freude. Auch in Belgradjik erfolgte die Ablösung der türkischen durch rumänische Truppen. Die Russen waren nach Überschreitung des Balkans und eines glänzenden Sieges am Schipkapasse nach und nach siegreich bis zum Ägeischen Meere vorgedrungen. Am 19./31. Januar nahmen die Türken den von den Russen beantragten Waffenstillstand in Adrianopel an, dem am 19. Februar/3. März 1878 der Friede von San Stefano folgte.

Russland erlangte zwar von der Pforte die Anerkennung der rumänischen Unabhängigkeit, forderte aber dafür von Rumänien die Abtretung von Bessarabien und bot ihm dafür die Dobrudscha. Nach langem Widerstreben musste Rumänien diesen Tausch annehmen.

Um der Forderung der Mächte betreffs der Gleichstellung der Juden in Rumänien nachzukommen, wurde 1879 nach langem Sträuben das Gesetz angenommen, welches den Unterschied der Religion hinsichtlich der bürgerlichen Rechte aufhob.

Daraufhin erfolgte von den Mächten die Anerkennung der Souveränität Rumäniens. Zwei Jahre später wurde Rumänien durch die Kammer als Königreich proclamiert und Fürst Karl am 10./22. Mai 1881, 15 Jahre nachdem er die Regierung angetreten hatte, feierlichst zum Könige gekrönt.

Vom Jahre 1884 an erhält er eine Kronapanage, bestehend aus 12 Gütern mit einem Einkommen von 700.000 Francs.

Die Verhältnisse in Rumänien haben sich im Laufe der Zeit in jeder Beziehung erheblich gebessert und man kann sagen, dass sich das Land unter König Karls Regierung zu ungeahnter Blüte entwickelt hat, so dass der König mit stolzer Freude das glückliche Resultat seiner Mühen betrachten darf.

Nicht nur in finanzieller und wirtschaftlicher Beziehung ist ein bedeutender Aufschwung zu verzeichnen, sondern auch Kunst und Wissenschaft machten erfreuliche Fortschritte.

Da der König nun ohne directe Erben ist, wurde zur Erhaltung der Dynastie Prinz Ferdinand, ein Sohn Prinz Leopolds, des Bruders des Königs, als Thronfolger bestimmt. Derselbe hielt am 1. Mai 1889 seinen Einzug in Bukarest und vermählte sich am 10. Januar 1893 mit Prinzessin Maria von Edinburgh.

Sein erster Sohn, Prinz Karl, wurde am 15. October 1893 geboren und griechisch-katholisch getauft.

24. April 1881.

Ferdinand Fürst von Bulgarien,

Prinz zu Sachsen-Coburg-Gotha, Herzog zu Sachsen, kaiserl. türkischer General-Gouverneur von Ostrumelien und General-Feldmarschall, General-Adjutant Sr. Majestät des Sultans, Ritter des kaiserl. russischen Alexander-Newskij-Ordens, Großkreuz mit der Collane des königl. portugiesischen Militär-Verdienstordens vom Thurme und Schwerte, Großkreuz des großherzogl. meklenburgischen Hausordens der Wendischen Krone, des fürstl. montenegrinischen Danilo-Ordens etc. etc.

Der dritte und letzte Sohn, mit welchem Prinzessin Clementine von Sachsen-Coburg-Gotha, eine Tochter König Louis Philipps von Frankreich, ihren Gemahl, den Prinzen August von Sachsen-Coburg-Gotha, beschenkte, erblickte am 26. Februar 1861 zu Wien das Licht der Welt und erhielt in der heiligen Taufe die Namen Ferdinand Maximilian Karl Leopold Maria.

Das Familienleben im Hause Coburg war ein ungemein herzliches und inniges; die Kinder des hohen Paares hiengen mit zärtLiebe aneinander, infolgedessen Prinz Ferdinand eine äußerst glückliche Kinder- und Jugendzeit verlebte. Seine erste Ausbildung erhielt der aufgeweckte Prinz durch den nunmehrigen Hofrath Fleischmann, setzte hierauf seine Studien unter der Leitung von Professoren des k. k. Theresianums fort und legte nach Vollendung derselben 1880 die Maturitätsprüfung ab.

Später bereiteten Lehrer der Infanterie-Cadettenschule in Wien Prinz Ferdinand zum Officiersexamen vor, welches er am 14. April 1881 bestand. Am 24. April wurde nun der Prinz zum Lieutenant im k. u. k. Husaren-Regimente Nr. 11 ernannt. Hier oblag Prinz Ferdinand bis Februar 1882 mit großem Eifer seinen Dienstespflichten, um welche Zeit er einen längeren Urlaub antrat. Diesen benützte er zu einer großen Reise, welche sich über Italien, Frankreich, England, Deutschland, Russland und Ägypten ausdehnte.

Mit 2. Juli 1884 zum 26. Feldjäger-Bataillon übersetzt, rückte der Prinz am 4. October desselben Jahres zu dem obengenannten Truppenkörper ein.

Am 19. November 1885 wurde er zur königl. ungarischen Landwehr-Cavallerie transferiert, woselbst am 1. November 1886 seine Ernennung zum Oberlieutenant erfolgte.

Nun nahte der entscheidenste Wendepunkt im Leben des Prinzen Ferdinand. Bisher hatte wohl weder er selbst, noch seine Angehörigen geahnt, dass ihm einstens die so schwierige Aufgabe gestellt würde, die Geschicke des aufstrebenden Bulgarenvolkes zu lenken.

Unter der Regierung des Fürsten Alexander I. von Bulgarien war durch die am 14. Juli 1886 einberufene Nationalversammlung Bulgarien und Ostrumelien zu einem Staate vereinigt worden.

Die Liberalen und Radicalen unter Zankow und Karawelow, nicht einverstanden mit der Form der Vereinigung beider Bulgarien, verbanden sich mit unzufriedenen Officieren und dem ehrgeizigen Metropoliten Klement von Sofia zum Sturze des Fürsten. In der Nacht des 20. August 1886 überraschten Grujew und Benderew den ahnungslosen Fürsten in seinem Palaste, zwangen ihn unter Drohungen eine Art von Abdankungsurkunde zu unterzeichnen und brachten ihn unter strenger Bewachung auf russisches Gebiet. Bereits war aber die Gegenbewegung durch ganz Bulgarien in vollem Gange. Allerorten erklärten sich die Truppen für Alexander; schon am 25. August bildete Stambulow, der Kammerpräsident in Tirnowa, mit Mutkurow eine provisorische Regierung. Grujew, Klement und Jankow wurden verhaftet und in Lemberg, wohin Fürst Alexander sich von Russland begeben hatte, wurde diesem durch eine Deputation die Bitte vorgetragen, in sein Wahlvaterland zurückzukehren. Schon am 29. August betrat er in Rustschuk unter stürmischem Jubel wieder bulgarischen Boden. Wohl wissend, dass seine Anwesenheit hierselbst nicht in den Intentionen Russlands gelegen sei, richtete er noch von Rustschuk aus ein Telegramm an den Czaren, das diesem seine Rückkehr anzeigte, jedoch mit den Worten schloss: „Russland hat mir meine Krone gegeben, und ich bin bereit, diese Krone wieder in die Hände Euerer Majestät zu legen."

Über die Antwort konnte Fürst Alexander kaum zweifelhaft sein, als er im Triumphzuge über den Balkan nach Philippopel und von dort am 3. September nach Sofia gieng. Dortselbst war auch bereits ein kurzes Antwort-Telegramm des russischen Kaisers an ihn gelangt: der Czar könne die Rückkehr des Fürsten nicht billigen, werde sich aber jeder Einmischung in die bulgarischen Verhältnisse enthalten, so lange sich Alexander dort befinde.

Damit war dessen Schicksal entschieden. Noch am 3. September erklärte er den Ministern, er werde abdanken, um dem Lande eine sonst unvermeidliche Occupation zu ersparen, und alle Bitten zurückweisend, reiste er am 7. September nach Darmstadt ab.

Die Regentschaft: Stambulow, Mutkurow und Karawelow, die er noch gebildet hatte und die von der Sobranje anerkannt worden war, gerieth sofort in Conflict mit dem russischen General Kaulbars, welcher die Bevölkerung gegen die Regentschaft zu stimmen suchte. Da trotz seines Widerspruches die große Nationalversammlung am 31. October zusammentrat und am 10. November den Prinzen Waldemar von Dänemark zum Fürsten wählte, reiste Kaulbars am 20. November mit sämmtlichen russischen Consuln ab. Zahlreiche unzufriedene Bulgaren folgten ihm und die Lage wurde sehr schwierig, als Prinz Waldemar ablehnte und die Regentschaft einige Militäraufstände mit eiserner Faust niederschlagen und sogar neun daran betheiligte Officiere am 6. März 1887 in Rustschuk kurzerhand standrechtlich erschießen ließ.

Da wählte die Sobranje am 7. Juli 1887 den Prinzen Ferdinand von Sachsen-Coburg-Gotha zum Fürsten von Bulgarien. Dieser nahm die Wahl an, leistete am 14. August in Tirnowa den Eid auf die Verfassung und hielt, vom Volke herzlichst begrüßt, am 28. seinen Einzug in Sofia.

Obwohl er infolge von Russlands Einsprache von den Mächten nicht als Fürst anerkannt wurde, behauptete er dennoch seine Herrschaft und befestigte dieselbe immer mehr und mehr, ebenso wie er sich die Herzen der Bulgaren erobert und ihre Anhänglichkeit gewonnen hat.

Fürst Ferdinand ernannte bei seinem Regierungsantritte Stambulow zum Ministerpräsidenten. Das Land erfreute sich von nun ab innerer Ruhe und Ordnung, die Finanzen waren in bestem Stande, ein Eisenbahnnetz wurde angelegt und das Heerwesen trefflich organisiert.

Wohl fehlte es nicht an panslavistischen Wühlereien, welche sogar zu Mordthaten ausarteten, doch wurde durch dieselben nichts erreicht.

Wie sehr das Ansehen Bulgariens sich unter der Regierung des Fürsten Ferdinand gehoben, beweist am besten der Abschluss von Handelsverträgen der meisten europäischen Staaten mit Bulgarien.

Auch wurde die Zahl der Mitglieder der Sobranje auf die Hälfte (161) herabgesetzt; die erste nach dem neuen Gesetz gewählte Versammlung bestand fast nur aus Anhängern der Regierung.

Fürst Ferdinand erwirkte auch bei der Sobranje einige Verfassungsänderungen. Die wichtigste derselben ist, dass nicht sein unmittelbarer Thronerbe, wie ursprünglich festgestellt war, sondern erst der zur Erbfolge berechtigte Nachkomme des letzteren sich zum orthodoxen Glauben, dem das Bulgarenvolk angehört, bekennen müsse.

Nachdem Fürst Ferdinand diese Abänderung durchgesetzt, stand ihm nichts mehr im Wege, dem Zuge seines Herzens zu folgen und sich mit der einem streng römisch-katholischen Fürstengeschlechte entstammenden Prinzessin Maria Luise von Parma, Tochter des Herzogs Robert I. von Parma zu verloben. In den ersten Tagen des Februar 1893 fand die Verlobung in der herzoglichen Villa bei Viareggio in Toscana statt. Am 18. Februar wurde das Verlöbnis in der Dorfkirche von Schwarzau in Niederösterreich, woselbst im Schlosse die herzogliche Familie von Parma im Sommer zu residieren pflegt, kirchlich eingesegnet.

Schon am 10. April desselben Jahres erhielt das Herzensbündnis in der Villa Pianore (Provinz Lucca, Italien) die kirchliche Weihe. Ganz Bulgarien nahm innigsten Antheil an dem Glücke seines Fürsten; nicht nur in Sofia, sondern im ganzen Lande, vom Timok bis zur Küste des Pontus, von der Donau bis zur Maritza wurde zur Feier der Hochzeit und zum Empfange des hohen Paares gerüstet. Nicht endenwollender Jubel aber durchbrauste Bulgariens Gefilde, als Fürstin Maria Luise am 18./30. Januar 1894 einem Prinzen das Leben schenkte, welcher den Namen Boris Clemens Robert Maria Pius Ludwig Stanislaus Xaver und den Titel eines Prinzen von Tirnowo erhielt. Ein zweiter Sohn, Prinz Ciryll Heinrich Franz Ludwig Anton Karl Philipp Prinz von Preslav, erblickte am 5./17. November 1895 zu Sofia das Licht der Welt.

Die Verhältnisse brachten es später mit sich, dass sich Fürst Ferdinand, wenn auch schweren Herzens, entschließen musste, seinen erstgeborenen Sohn zur orthodoxen Kirche übertreten zu lassen. Eine Proclamation vom 23. Januar/4. Februar 1896 brachte diesen Entschluss der Sobranje zur Kenntnis, und setzte die Salbung des Erbprinzen nach dem Ritus der nationalen, orthodoxen Kirche für den 2./14. Februar fest.

Am 27. Januar/8. Februar erschien die Nationalversammlung im Palais, um dem Fürsten den Dank der Nation auszusprechen.

Stoilow war inzwischen nach Stambul abgereist, um die Anerkennungsfrage zu betreiben und dem bulgarischen Exarchen Josef die amtliche Einladung zur Vollziehung der Aufnahme des Prinzen

Boris in die orthodoxe Kirche zu überbringen. Am 30. Januar (11. Februar) traf der Exarch in Sofia ein, am nächsten Tage schon erschienen die mit der Vertretung des Sultans bei der Ceremonie betrauten besonderen Abgesandten und am 1./13. Februar begrüßte Prinz Ferdinand den Generalmajor der Suite des russischen Kaisers, Grafen Golenitschew-Kutusow, welcher beauftragt war, als Zeuge und Pathe im Namen des Czaren der Vollziehung des Sacramentes der Salbung beizuwohnen.

Festliche Bewegung herrschte in ganz Sofia am Morgen des 2./14. Februar. Durch die fürstliche Leibgarde aus dem Konak abgeholt und vom Volke stürmisch begrüßt, langte um 11 Uhr der Erbprinz im offenen Wagen vor der Kathedrale an. Sämmtliche Botschafter und Würdenträger des Landes wohnten der feierlichen Ceremonie bei, während welcher Graf Golenitschew an der rechten Seite des Prinzen stand. Nach Vollendung der heiligen Handlung, beim Verlassen der Kirche donnerten dem Kinde Bulgariens 62 Kanonenschüsse entgegen, übertönt von vieltausendstimmigem Hurrah des Volkes. Wie auf dem Herwege gab auch bei der Rückkehr die Leibgarde die Escorte für den Erbprinzen.

Nach der kirchlichen Feier nahm Fürst Ferdinand eine Parade über die Garnison ab und ein glänzender Fackelzug, festliche Beleuchtung der Stadt und ein prächtiges Feuerwerk im Centralgarten vor dem Palais beschlossen diesen bedeutungsvollen Festtag.

Bei dem am 2./14. stattgehabten Bankett trank Fürst Ferdinand auf die Gesundheit des Sultans und des Czaren, welcher durch Übernahme der Pathenstelle ein unzerreißbares Band zwischen der russischen und bulgarischen Nation geschaffen habe. Dem Grafen Golenitschew gab der Fürst und der Ministerpräsident bis Zaribrod das Geleite.

Durch den Religionswechsel des Prinzen Boris war nun Russland versöhnt, Fürst Ferdinand wurde von der Pforte durch Ferman vom 2./14. März 1896 als Fürst von Bulgarien mit dem Prädicate „Königliche Hoheit" bestätigt und von sämmtlichen Signatarmächten des Berliner Vertrages von 1878 anerkannt. Der Verkehr Bulgariens mit den anderen Staaten vollzieht sich nun in den völkerrechtlich festgesetzten Formen. Da Russland keinerlei Widerspruch erhob, hatte im Februar der ottomanische Minister des Äußeren auf Grund des Artikels 3 des Berliner Vertrages die Signatarmächte ersucht, der durch die Bestätigung der am 7. Juli 1887 erfolgten Wahl des Prinzen Ferdinand von Coburg vollzogenen Anerkennung des Prinzen als Fürsten von Bulgarien ihre Zustimmung zu ertheilen.

Die zustimmende Antwort Österreich-Ungarns war die erste, welche am Goldenen Horn eintraf. Kaum acht Tage später waren alle anderen Mächte darin gefolgt. Nun konnte auch die Ernennung des Fürsten zum General-Gouverneur von Ostrumelien auf je fünf Jahre gemäß Artikel 17 des Berliner Vertrages und gemäß dem Übereinkommen der Signatarmächte vom 7. März 1886 vor sich gehen.

7. Mai 1881.

Wilhelm II. Deutscher Kaiser, König von Preußen,

Markgraf zu Brandenburg, Burggraf zu Nürnberg, Graf zu Hohenzollern, souveräner Herzog von Schlesien wie auch der Grafschaft Glatz, Großherzog von Niederrhein und Posen, Herzog zu Sachsen, Westfalen und Engern, zu Pommern, Lüneburg, Holstein und Schleswig etc. etc., Oberster Kriegsherr des deutschen Reichsheeres und Chef der Marine, Chef des 1. Garde-Regimentes zu Fuß, des Regimentes der Gardes du Corps, des Leibgarde-Husaren-Regimentes, des Königs-Uhlanen-Regimentes (1. hannover'sches) Nr. 13, des 1. Garde-Feld-Artillerie-Regimentes, des König-Infanterie-Regimentes Nr. 145, des königl. sächsischen 2. Grenadier-Regimentes Nr. 101, des königl. württembergischen Infanterie-Regimentes (2. württembergisches) Nr. 120, des 2. badischen Grenadier-Regimentes Nr. 110, des Infanterie-Regimentes Kaiser Wilhelm (2. großherzogl. hessisches) Nr. 116, Inhaber des königl. bayerischen 1. Uhlanen-Regimentes und des 6. Infanterie-Regimentes, **Oberst-Inhaber des k. und k. Infanterie-Regimentes Nr. 34 (seit 16. Juni 1888) und des k. und k. Husaren-Regimentes Nr. 7 (seit 18. September 1885), General der Cavallerie der k. und k. Armee**, Chef des kaiserl. russischen St. Petersburger Leibgarde-Grenadier-Regimentes und des 85. Infanterie-Regimentes Wyborg, des königl. großbritannischen 1. Dragoner-Regimentes, Ehren-Oberst des königl. portugiesischen 4. Reiter-Regimentes, königl. großbritannischer Ehren-Admiral der Flotte, königl. schwedischer Flaggen-Admiral, königl. norwegischer und königl. dänischer Ehren-Admiral, Admiral der kaiserl. russischen Flotte etc. etc., Souverän und Meister des Ordens vom Schwarzen Adler, Protector des Johanniter-Ordens, **Großkreuz des königl. ungarischen St. Stephan-Ordens**, Ritter des königl. großbritannischen Hosenband-Ordens des königl. spanischen Ordens vom Goldenen Vliese etc. etc.

101 Salutschüsse verkündeten am 27. Januar 1859, 4 Uhr nachmittags, der Berliner Bevölkerung, dass der mächtige Stamm der Hohenzollern ein neues Reis getrieben. Prinzessin Victoria hatte ihren Gemahl, den damaligen Prinzen Friedrich Wilhelm, mit einem Sohne beglückt, dem Vaterlande aber zugleich einen Erben geschenkt. Die Herzensfreude, die im kronprinzlichen Palais eingekehrt, das Glück des hohen Großpapas, des damaligen Prinz-Regenten, späteren Kaiser Wilhelms I. über das neugeborene

Enkelchen war unbeschreiblich. Doch auch Berlin zeigte durch eine feenhafte Beleuchtung der Stadt seine herzliche Theilnahme an den Freuden des angestammten Herrscherhauses.

Bei der Taufe, die Oberhofprediger Dr. Strauß am 5. März, um 1 Uhr mittags, in der Kapelle des königlichen Palais vollzog, erhielt der Neugeborene die Namen Friedrich Wilhelm Victor Albert.

Prinzessin Victoria setzte schon in der Kinderstube ihr bestes Können ein, alle guten Keime des jungen Wesens zur Entfaltung und Blüte zu bringen. Bis zum vollendeten sechsten Lebensjahre leitete die Erziehung unter Aufsicht der erlauchten Eltern ein Fräulein von Dobeneck, dann erhielt der junge Prinz Hauptmann von Schrötter als Militärgouverneur zugetheilt, welcher 1867 durch Premierlieutenant O'Danne in diesem Amte abgelöst wurde. Die Erziehung vom Jahre 1866 bis zur erlangten Großjährigkeit war in die Hände Dr. Hinzpeters gelegt.

Der beim neuen Palais in Sanssouci bei Potsdam für ihn und seinen Bruder Heinrich hergestellte Tummelplatz bot den jugendlichen Prinzen bei Spielen mannigfacher Art reichlich Gelegenheit, die körperliche Entwickelung zu fördern.

Auf Wunsch seiner Eltern wurde Prinz Wilhelm bereits durch häuslichen Unterricht zum Eintritt in die höhere Classe eines öffentlichen Gymnasiums gründlich vorbereitet. Die erforderlichen Lehrkräfte hiezu stellte das Joachimsthaler Gymnasium bei.

Nachdem Prinz Wilhelm am 1. September 1874 in Gegenwart der Allerhöchsten und höchsten Herrschaften, der Ritter des Schwarzen Adler-Ordens, der Staatsminister, der Generalität und anderer hoher Würdenträger durch Hofprediger Heym in der Friedenskirche bei Sanssouci die heilige Confirmation erhalten hatte, bezog er nach dem Wunsche seiner Eltern das von Professor Dr. Vogt geleitete Gymnasium zu Kassel. Als Civilgouverneur des Prinzen war Professor Dr. Hinzpeter mitgekommen, während Generallieutenant von Gottberg dem kleinen Hofstaate vorstand. Der Prinz bewohnte die einstige Residenz der Hanauer Prinzen, das sogenannte Fürstenhaus. Über ausdrückliche Verfügung seines Vaters, des Kronprinzen, und dessen Gemahlin wurde Prinz Friedrich Wilhelm während seiner Schuljahre zu Kassel in Bezug auf Anforderungen, welche die Anstalt an seinen Fleiß und seine Leistungsfähigkeit stellte, mit seinen Mitschülern ganz gleich gehalten. Die freie Zeit wurde zu Excursionen ins Freie, zu Fecht-

und Schwimmübungen, Schlittschuhlaufen und den Körper stählenden Spielen verwendet.

Als Prinz Friedrich Wilhelm die Weihnachten des Jahres 1875 in Berlin zubrachte, fand seine Investitur mit dem ihm von König Alfons XII. verliehenen spanischen Orden vom Goldenen Vliese statt.

Anfangs Januar 1877 machte er sein Abiturienten-Examen und erhielt bei dieser Gelegenheit eine der an die drei fleißigsten Schüler zur Vertheilung gelangten Medaillen zugesprochen.

Einem alten Hausgesetze der Hohenzollern gemäß wurde der Prinz mit Vollendung seines 18. Lebensjahres am 27. Januar 1877 großjährig. Mit diesem Tage trat er auch unter großem Ceremoniell in die Reihen der Ritter des Schwarzen Adler-Ordens, sowie ihm der englische Botschafter Lord Russel im Namen der Königin von England den Hosenband-Orden überreichte.

Obwohl als Hohenzollern-Prinz bereits seit dem zehnten Lebensjahre dem 1. Garde-Regimente zu Fuß angehörend, trat Prinz Friedrich Wilhelm erst mit erlangter Volljährigkeit, am 9. Februar 1877, activ in die Reihen der Armee, um den praktischen Dienst zu lernen und zu üben. In Begleitung des Majors von Liebenau nahm er nun im Potsdamer Stadtschlosse Quartier und leistete mit größter Gewissenhaftigkeit den ihm seiner Charge gemäß zukommenden Truppendienst; außerdem erhielt er seitens gediegener Lehrer Unterricht in den militärischen Fächern.

Im Herbst 1877 bezog Friedrich Wilhelm für zwei Jahre die Universität zu Bonn. Sehr vielseitig war hier das Studium des Prinzen, für welches Geheimrath Göppert über Auftrag des Cultusministers Dr. Falk den Plan ausarbeitete. Auch dem Studentenleben hielt er sich nicht ferne, indem er als Mitglied dem Corps „Borussia" angehörte. Von Bonn aus begab sich Prinz Friedrich Wilhelm in den ersten Tagen des Monats März nach Köln, um Kronprinz Rudolf von Österreich, mit dem ihn innige Freundschaft verband, nach Berlin zu begleiten. Der österreichische Thronfolger kam von London, um sich am preußischen Hofe als volljähriger Prinz vorzustellen, und zugleich für die ihm im Vorjahre zutheil gewordene Verleihung des 10. preußischen Uhlanen-Regimentes seinen Dank abzustatten. Etliche schöne und fröhliche Tage verlebten die beiden jungen Prinzen in Berlin, durch ihre innige Freundschaft die herzlichen Beziehungen der beiden Kaiserhöfe verkörpernd.

Anfangs September 1879 wohnte Prinz Wilhelm mit seinem Vater den Manövern und Paraden in Königsberg bei.

Am 14. Januar 1880 war in Wiesbaden Herzog Friedrich zu Schleswig-Holstein-Sonderburg-Augustenburg, dessen Tochter Victoria das Herz des jugendlichen Prinzen Wilhelm schon seit fast einem Jahre in glühender Liebe entgegen schlug, plötzlich einem Schlaganfalle erlegen. Obwohl die eigentliche Verlobung bereits am 14. Februar 1880 zu Gotha, wohin Prinz Wilhelm zu kurzem Besuche der höchsten Herrschaften gereist war, stattfand, wurde dieselbe aus pietätvoller Rücksicht für den hohen Verstorbenen erst am 2. Juni auf Schloss Babelsberg feierlich begangen und veröffentlicht.

Im September kam anlässlich der Herbstmanöver über besonderen Wunsch Kaiser Wilhelms neuerdings Kronprinz Rudolf nach Berlin, seinen Freund Prinz Wilhelm zu besuchen. Ebenso herzlich wie feierlich gestaltete sich der Empfang, welcher dem österreichischen Thronfolger zutheil wurde. Es folgte Fest auf Fest, militärische Schauspiele wechselten mit Festvorstellungen und Galadiners ab.

Am 27. Februar 1881 fand in der Kapelle des königlichen Schlosses zu Berlin die feierliche Vermählung des Prinzen Wilhelm mit Prinzessin Victoria statt; Oberhofprediger Dr. Kögel gab dem innigen Herzensbündnisse die kirchliche Weihe. Mit althergebrachtem Ceremoniell und unter nicht endenwollendem Jubel der Bevölkerung war die jugendlich schöne Braut am 26. durch die festlich geschmückten Straßen in Berlin eingezogen; am 27. verkündete um 7 Uhr 35 Minuten Kanonendonner den vollzogenen Ringwechsel. Mit welch glühender Begeisterung die Bevölkerung der einzelnen Provinzen, die Universitäten, Akademien, Behörden, Vereine etc. an dem jüngsten Eheglücke des Hauses Hohenzollern theilnahmen, bewiesen die Unmasse Deputationen, die am 1. März ihre Huldigung darbrachten, sowie die prächtigen Hochzeitsgeschenke, die dem jungen Paare zu Füßen gelegt wurden. Alles war von edlem Wetteifer beseelt, dem angestammten Herrscherhause seine Anhänglichkeit zu beweisen.

Am 2. März hatte Potsdam, die mit dem Geschicke der Hohenzollern so eng verbundene Havelstadt, Festkleidung angelegt und alles Erdenkliche aufgeboten, um das junge prinzliche Paar willkommen zu heißen. Sämmtliche Gewerke, Vereine, Körperschaften und sonstige Gilden waren mit ihren Musiken zum Empfange erschienen, abends folgte ein Fackelzug seitens der Gymnasiasten, sowie eine allgemeine Illumination der prächtig decorierten Stadt.

Anfangs Mai 1881 wohnte Prinz Wilhelm mit seiner hohen Gemahlin zu Wien den Vermählungsfestlichkeiten des Kronprinzen Rudolf von Österreich mit Prinzessin Stephanie von Belgien bei und wurde bei dieser Gelegenheit durch die Verleihung der Hauptmannscharge in dem den Namen seines königlichen Großvaters tragenden Infanterie-Regimente Nr. 34 ausgezeichnet, der bereits am 19. September desselben Jahres die Beförderung zum Major folgte. Der 7. Mai 1882 war abermals für das Herrscherhaus und mit diesem für die ganze Bevölkerung ein Freudentag. Prinzessin Wilhelm war am Abende zuvor eines Prinzen genesen. Unbeschreiblich war die Freude des greisen, kaiserlichen Urgroßvaters, der damit das gewiss seltene Glück genoss, seinen Nachfolger dritter Linie in den Armen wiegen zu können.

Seit Herbst 1882 wurde Prinz Wilhelm, der bisher nur seinem militärischen Berufe obgelegen, über eigenen Wunsch durch Staatsminister Dr. Achenbach auch mit der Civilverwaltung der preußischen Monarchie vertraut gemacht. Mit vollster Hingebung widmete er sich auch diesem neuen Studium und bereitete sich dadurch auf das gewissenhafteste für seinen zukünftigen Beruf vor.

Nachdem Prinz Wilhelm seit 16. September 1881 als Major dem Garde-Husaren-Regimente zu Potsdam angehört, wurde er, mit Überspringung der Oberstlieutenantscharge, im September 1885 zum Oberst befördert. Mit 16. October 1885 übernahm er auch das Commando der Garde-Husaren.

Im Jahre 1884 hatte sich Prinz Wilhelm, als er gelegentlich der Großjährigkeits-Erklärung des russischen Thronfolgers in Vertretung Kaiser Wilhelms in Petersburg eintraf, in Kürze auch die Herzen der russischen Bevölkerung erworben.

Im October 1885 finden wir Prinz und Prinzessin Wilhelm abermals, und zwar diesmal zu längeren Besuche des österreichischen Thronfolgers Kronprinz Rudolf und dessen Gemahlin Stephanie in Wien und Laxenburg. Während die beiden Prinzen im kaiserlichen Reviere zu Neuberg in Steiermark dem edlen Weidwerk oblagen, machten die hohen Damen Ausflüge in die Umgebung Laxenburgs. Februar 1886 machte Prinz Wilhelm eine ebenso interessante wie gefährliche Bärenjagd in den ausgedehnten Revieren des Fürsten Anton Radziwill in Russland mit. Die seltene Kaltblütigkeit und Treffsicherheit des Prinzen versetzte alle Anwesenden in Staunen und Verwunderung.

Wie Prinz Wilhelm von Jugend auf die Waffen zu führen verstand, ist er auch mit Pinsel und Palette vertraut. Besonderes Vergnügen machte es ihm bei seinem seit jeher an den Tag gelegten Interesse für das Seewesen, sich unter Anleitung des Malers Salzmann im Malen von Marinemotiven zu üben.

Juli 1887 führte Prinz Wilhelm das erstemal in seiner Eigenschaft als Oberst und Commandeur des Garde-Husaren-Regimentes dieses seinen militärischen Vorgesetzten vor, und wahrlich, wie er fünf Jahre zuvor seine Schwadron dem Kaiser in musterhafter Verfassung vorgestellt, so stand jetzt sein Regiment tadellos ausgebildet da.

Bei gewissenhafter Erfüllung seiner militärischen Pflichten vergaß Prinz Wilhelm auch seine glückliche Studentenzeit nicht und des öfteren hatte die „Borussia" das Glück, ihn in ihrer Mitte begrüßen zu dürfen.

Wie wir sehen, umfasste das Denken und Wirken des Prinzen stets ein ungemein ausgedehntes Gebiet. Bei militärischen Festlichkeiten seinen Soldaten mit zündenden Worten die Bedeutung des Tages vor Augen haltend, bleiben gewiss auch seine, bei sonstigen Anlässen gehaltenen begeisternden Reden in ewiger Erinnerung derer, die das Glück genossen, ihn zu hören.

Der Sommer 1887 brachte Prinz Wilhelm manch bittere Stunde, da die Aussprüche der Ärzte über den Zustand seines Vaters des öfteren nicht sehr beruhigend lauteten. Der Kronprinz war am 13. Juni, nachdem er sich in Berlin einer Operation durch den englischen Chirurgen Dr. Mackenzie unterzogen hatte, in Begleitung seiner Gemahlin und seiner Töchter nach Norwood bei London abgereist, um sich ganz der Behandlung des genannten Arztes anzuvertrauen. Sein Befinden besserte sich denn auch und gestattete ihm sogar die Theilnahme an den Festlichkeiten gelegentlich des Regierungs-Jubiläums der Königin Victoria von England. Im September übersiedelte der Kronprinz nach Toblach, verbrachte, als sich ungünstiges Wetter einstellte, eine Zeit in Venedig und am Lago Maggiore und begab sich, über ärztliches Anrathen warmes Klima aufsuchend, nach San Remo, wo die Villa Zirio für ihn gemietet worden war. Dorthin war auch Prinz Wilhelm geeilt, seinem leidenden Vater einen mehrtägigen Besuch abzustatten.

An seinem Geburtstage, dem 27. Januar 1888, wurde Prinz Wilhelm von seinem kaiserlichen Großvater zum Generalmajor und Commandeur der zweiten Garde-Infanterie-Brigade ernannt.

Nun folgte wohl eine sorgenvolle Zeit für Prinz Wilhelm, wie überhaupt das Jahr 1888 ein kummervolles war. Der greise Kaiser beklagte schmerzlich seinen geliebten Sohn, der durch sein schweres Leiden an San Remo gefesselt war; der Gram um ihn nagte verzehrend an seinem Vaterherzen. Als Prinz Wilhelm gelegentlich seines Besuches in San Remo nicht die günstigsten Nachrichten an seinen kaiserlichen Großvater gelangen lassen konnte, fasste der fast einundneunzigjährige Greis den Entschluss, trotz Winterschnees und Kälte nach San Remo zu eilen, um den geliebten Sohn noch einmal in seine Arme schließen zu können. Nur der entschiedene Widerspruch seiner Ärzte vermochte diese gefahrvolle Reise zu verhindern. Der Kummer um den Prinzen, dann ein neuer Schlag, der plötzliche Tod des Prinzen Ludwig Wilhelm von Baden, eines Enkels des Heldengreises, verzehrten dessen Kräfte vollends. Der 8. März bereits versammelte die gesammte kaiserliche Familie am Krankenbette Kaiser Wilhelms. Obwohl der Kräfteverfall riesige Fortschritte gemacht hatte und bereits völlige Bewusstlosigkeit eingetreten war, versuchte der hohe Kranke, als er gegen Abend wieder zu sich kam, noch einmal mit Prinz Wilhelm zu sprechen. Mit klarer Stimme besprach er die politische Lage und die Heereseinrichtungen Deutschlands, sowie das Verhältnis zu Russland.

Im Laufe der darauffolgenden Nacht schwanden jedoch die Kräfte abermals, diesmal bis zur Neige. Am 9. früh hatte der Heldenkaiser ausgerungen. Prinz Wilhelm, der am Fußende des Bettes gestanden, nahm mit den übrigen Familienmitgliedern den letzten Abschied von dem hohen Verblichenen.

Welch bitterer Schmerz musste an seiner Seele genagt haben, als er zurückgekehrt von der letzten Ruhestätte seines Großvaters, seinen Vater leiden sah, wohl wissend, dass jede Hilfe vergebens, wohl wissend, was der Verlust des so Theuren bedeute.

99 Tage später, am 15. Juni, stand Prinz Wilhelm auch an der Bahre seines Vaters.

Bei der Liebe und Anhänglichkeit, die der nunmehrige Herrscher für seinen Großvater wie für seinen Vater gehegt, bei der grenzenlosen Begeisterung und Hochverehrung, mit welcher er stets auf die beiden so rasch hintereinander aus dem Leben Geschiedenen empor geschaut hatte, musste er den herben Verlust wohl doppelt schwer empfunden haben.

Am Abend des 24. Juni hielt Kaiser Wilhelm II. an der Seite seiner hohen Gemahlin in vierspänniger Equipage, geleitet von zwei Schwadronen der Gardes du Corps, seinen Einzug in die Reichshauptstadt, und am Mittag des folgenden Tages fand im Weißen Saale die feierliche Eröffnung des deutschen Reichstages statt.

Als Kaiser Wilhelm II., gefolgt von fast sämmtlichen deutschen Fürsten, den Saal betrat, wurde er mit stürmischen „Hochs" empfangen. Festen Schrittes stieg er die drei Stufen zum Throne hinan und im Halbkreis herum gruppierten sich die regierenden deutschen Fürsten, an ihrer Spitze König Albert von Sachsen und Prinz-Regent Luitpold von Bayern — eine imponierende Versammlung, zusammengetreten, um an der Seite des jungen Kaisers von des Deutschen Reiches Glanz und Macht und von der unverändert festen Einigkeit seiner Fürsten Zeugnis zu geben. Kaiser Wilhelm trug den Purpurmantel des Schwarzen Adler-Ordens und gleich ihm die meisten übrigen Fürsten und Ritter dieses Ordens. Zu beiden Seiten des Thrones sah man die greisen Paladine Kaiser Wilhelms I., Bismarck, Moltke und andere, die Minister und Mitglieder des Bundesrathes, die Generalität und die Hofchargen, während ihnen gegenüber die Mitglieder des Reichstages Aufstellung genommen hatten. Stehend verlas der Kaiser die Thronrede; er sprach kurz, aber deutlich, die Hauptstellen mit erhobener Stimme scharf markierend. „Ich bin entschlossen, Frieden zu halten mit jedermann, so viel an mir liegt!" — Dieser kurze Satz mochte wohl der bedeutungsvollste und inhaltsschwerste der ganzen Thronrede gewesen sein, ein Gelübde, den Frieden des Reiches zu schützen und zu schirmen. Bei der feierlichen Eidesleistung im preußischen Landtage am 27. Juni versprach der Monarch gleich Friedrich II. der erste Diener des Staates zu sein.

Indem Kaiser Wilhelm die von Bismarck bisher angerathene Politik zu der seinigen machte und durch Pflege des Bündnisses mit Österreich und Italien stets den Frieden zu sichern bemüht ist, suchte er das Vertrauen der Mächte zu seiner Politik durch Besuche an den bedeutendsten Höfen Europas zu befestigen. 1888 besuchte er mit einer Kriegsflotte die Höfe von St. Petersburg, Stockholm und Kopenhagen, dann die süddeutschen Höfe und erschien zu Besuch in Wien und Rom; 1889 folgten Reisen nach England, Griechenland und Constantinopel. Seinen festen Entschluss, das Gebiet des Deutschen Reiches unvermindert zu behaupten, sprach er mit Nachdruck aus und war stets eifrig bestrebt, Heer und Flotte in bestem Stande zu erhalten. Die neue Heeres-organisation von 1893 betrieb Kaiser Wilhelm II. mit großem Eifer. Namentlich bringt er aber der Entwickelung der Marine das regste Interesse entgegen, wie die in letzter Zeit projectierte große Flottenvermehrung zeigt.

Am 16. December 1897 sandte Kaiser Wilhelm II. seinen einzigen Bruder, den Prinzen Heinrich, mit einem Geschwader aus, Deutschlands Flagge in Ost-Asien zu hissen.

28. October 1881.

Humbert I. König von Italien,

Oberst-Inhaber des k. und k. Infanterie-Regimentes Nr. 28 (seit 28. October 1881), Chef des königl. preußischen hessischen Husaren-Regimentes Nr. 13, **Ritter des kaiserl. österreichischen Ordens vom Goldenen Vliese, Großkreuz des königl. ungarischen St. Stephan-Ordens,** Ritter des königl. preußischen Schwarzen Adler-Ordens etc. etc.

Humbert I., der zweite König von Italien, wurde seinen Eltern, dem damaligen Kronprinzen von Sardinien, Victor Emanuel, und Erzherzogin Adelheid von Österreich, am 10. März 1844 geboren. Unter der liebevollen Aufsicht seiner Eltern erhielt der Prinz eine sorgfältige und liberale Erziehung. Von seinem kriegerischen Vater nach den Traditionen der savoyischen Königsfamilie früh in das militärische Leben eingeführt, nahm er als Fünfzehnjähriger an dem italienisch-französisch-österreichischen Kriege im Jahre 1859 theil, welcher die Neuschöpfung des Königreiches Italien zur mittelbaren Folge hatte. Begeistert für die italienische Einheit, widmete er sich dem militärischen Dienste des Vaterlandes und wurde beim Ausbruche des Krieges von 1866 zum Generallieutenant ernannt.

Schon zu Beginn des Jahres 1866 hatte Prinz Humbert von seinem königlichen Vater eine diplomatische Sendung nach Paris erhalten, um Napoleon III. betreffs des Bündnisvertrages mit Preußen zu sondieren.

Am 8. April 1866, zwei Tage darauf, nachdem Graf Bismarck durch den preußischen Gesandten von Werther in Wien dem österreichischen Minister Grafen Mensdorff-Pouilly erklärt hatte, der Absicht des Königs von Preußen liege nichts ferner als ein Angriffskrieg, wurde der Vertrag abgeschlossen.

Die Ereignisse, welche der am 20. Juni seitens Italiens an Österreich abgegebenen Kriegserklärung folgten, sind genügsam bekannt, um wiederholt zu werden. Die Schlacht von Custozza am 24. Juni, aus welcher die österreichischen Truppen siegreich hervorgiengen, machte Kronprinz Humbert an der Spitze der 16. Division mit und führte dieselbe mit außerordentlicher Tapferkeit. Nach der Entscheidung des heißen Waffenganges deckte der Kronprinz mit seinen Truppen den Rückzug der italienischen Armee bis hinter den Oglio. Nachdem die italienischen Waffen auch zur See mit Unglück gekämpft hatten, folgte am 3. October 1866 zu Wien der Friedenschluss zwischen Österreich und Italien. Seine Bestimmungen ergaben sich völlig aus der Lage. Napoleon III. überließ Venetien, das ihm Kaiser Franz Joseph zur Verfügung gestellt hatte, an Italien unter der Bedingung, dass die Venetianer durch eine Volksabstimmung den Wunsch zu erkennen gäben, mit Italien vereinigt zu werden; eine bedeutungslose Form, da die politische Reife der Italiener den Ausgang einer solchen Abstimmung von vornhinein unzweifelhaft machte. Am 4. November 1866 überbrachte eine venetianische Deputation dem Könige das Ergebnis und am 7. November hielt Victor Emanuel, umgeben von den Prinzen des königlichen Hauses, seinen feierlichen Einzug in die Lagunenstadt.

Der italienisch redende Theil von Tirol blieb Österreich erhalten, das dafür jedoch die Anerkennung des Königreiches Italien aussprach. So war die Einheit Italiens vollendet, bis auf Rom und den Rest des Kirchenstaates, weniger durch Kriegsglück, als vielmehr durch geschickte Ausnützung der europäischen Lage und durch die entschlossene nationale Haltung des italienischen Volkes.

Wiewohl an dem Kriege gegen Österreich persönlich betheiligt, vermied Kronprinz Humbert mit fast ängstlicher Behutsamkeit jede entschiedene öffentliche Meinungsäußerung über die Politik der väterlichen Regierung und identificierte sich mit keiner der politischen Parteien. Im Jahre 1867 gieng er als Vertreter Italiens zur Weltausstellung nach Paris.

Am 22. April 1868 vermählte sich Kronprinz Humbert zu Turin, unter der jubelnden Theilnahme der getreuen Bürgerschaft der alten piemontesischen Fürstenstadt, mit seiner Cousine Margherita von Savoyen, der Tochter des früh verstorbenen Herzogs Ferdinand von Genua und dessen Gemahlin Elisabeth, einer Tochter des Königs Johann von Sachsen. Kronprinz Humbert war bei seiner Vermählung 24 Jahre alt, während Prinzessin Margherita erst das 17. Lebensjahr erreicht hatte. Am 11. November 1869 wurde dem jungen Fürstenpaare zu Neapel, wo es in den ersten Jahren residierte, ein Sohn und Erbe geboren: Victor Emanuel Ferdinand Maria Januar, Prinz von Neapel, der jetzt als Generallieutenant und Commandeur des X. Armeecorps ebenfalls in der schönen Golfstadt residiert. Er ist der einzige Sprosse der Ehe geblieben.

Im Sommer 1872 begab sich Kronprinz Humbert über Einladung des königl. preußischen Hofes zur Taufe der jüngsten Tochter des Kronprinzen von Deutschland nach Berlin, wo sich jenes Freundschaftsband zwischen den beiden Fürsten knüpfte, das seither bei vielen Gelegenheiten zutage getreten ist. Besonders herzlich zeigte sich dieses im Jahre 1878 nach dem Tode Victor Emanuels, als der deutsche Kronprinz, der Vertreter seines kaiserlichen Vaters bei den Exequien des ersten Königs von Italien, an der Seite des neuen Königspaares, mit dem jungen Prinzen Victor am Arme, sich auf dem Balkone des Quirinals dem versammelten Volke zeigte.

Am 9. Januar 1878 folgte Kronprinz Humbert seinem Vater auf dem Throne. Hochgebildet, von vornehmer Haltung, feinen Formen und nicht ohne eine gewisse aristokratische Zurückhaltung, besitzt er zwar nicht die fast abgöttische Liebe und ungemessene Popularität wie sein Vater, wohl aber mit Recht die allgemeinste Achtung. Durch seine feste Haltung der Curie gegenüber, durch seine Proclamation nach der Thronbesteigung und seine Rede auf die Eidesleistung der Verfassung, welche mit den Worten schloss: „Italien beweist heute die Wahrheit der Worte meines herrlichen Vaters, dass die gewissenhafte Achtung freier Institutionen der sicherste Schutz gegen alle Gefahren ist. Mein einziger Ehrgeiz besteht darin, das Lob zu verdienen: „Er ist seines Vaters würdig gewesen," hat er sich rasch die Verehrung und das Vertrauen seines Volkes gewonnen.

König Humbert, dessen martialische Erscheinung es selbstverständlich macht, dass er auf dem Schlachtfelde seine Schuldigkeit gethan und in seiner Lebensweise männliche Strenge und Einfachheit befolgt hat, betrachtet sich durchaus als den ersten Diener seines Staates und findet seinen Ruhm darin, unter strenger Innehaltung der verfassungsmäßigen Grenzen seiner Macht die geeinigte Nation zur wahren Freiheit zu führen. Besonnen und kaltblütig, ist er aber zugleich freisinnig in seinen politischen Anschauungen und ein streng constitutioneller König im Sinne des parlamentarischen Systemes.

In Beziehung auf seine Politik dem Auslande wie der Curie gegenüber nimmt König Humbert, unter günstigeren Umständen aufgewachsen, einen freieren und unbefangeneren Standpunkt ein als sein Vater, der durch die Verschwägerung mit den Napoleoniden und seine Dankbarkeit gegen Napoleon III. stets eine Vorliebe für die französische Allianz bewahrte, wie er zugleich infolge seiner streng ultramontanen Erziehung stets zwischen der überkommenen Tradition unbedingter Hingebung an die Kirche und den entgegengesetzten Interessen seines Landes und Königthums schwankte, wenn auch die letzteren immer den Sieg davon trugen.

Allein noch schönere Lorbeeren als die des Soldaten und Staatsoberhauptes hat König Humbert gepflückt, als er, ohne mit der Wimper zu zucken, durch seine eigene ruhige Besonnenheit den Mordversuch eines halb wahnsinnigen politischen Fanatikers namens Giovanni Passanante am 17. November 1878, da er an der Seite seiner hohen Gemahlin in Begleitung des Ministerpräsidenten Cairoli durch die Straßen von Neapel fuhr, vereitelte, als er tröstend und helfend unter den wankenden Gebäuden der Erdbeben-Insel wandelte und in den Cholerajahren durch die schaurigen Stätten des Elendes eilte.

Am 22. April 1893 feierten König Humbert I. und seine hohe Gemahlin, Königin Margherita, das Fest der silbernen Hochzeit. Kaum dritthalb Jahre nach ihrer Vermählung wehte die Tricolore Italiens mit dem Wappen von Savoyen auf dem Quirinal zu Rom und als das königliche Herrscherpaar die Feier der silbernen Hochzeit begieng, war es die Bevölkerung Roms, die Bevölkerung „der ewigen Stadt", welche ihm zujauchzte und stolz die Fürstlichkeiten und hohen Abgesandten begrüßte, welche die Glückwünsche mächtiger befreundeter Nationen und Staatsoberhäupter überbrachten.

Was an ihm lag, hat das mehr als ein Vierteljahrhundert miteinander verbundene erlauchte Paar gethan, um den Aufschwung der neugeeinten Nation zu fördern, derselben überall Zuneigung und Achtung zu erwerben, die Geschicke des Vaterlandes und der Dynastie unauflöslich zu verbinden, die Liebe und Verehrung eines großen Volkes zu verdienen. Wenn die Einigung Italiens trotz der kräftigen Gegenbestrebungen republikanischer und föderalistischer, wie clericaler und nicht nationaler Elemente sich unter der Parole „Italia a Casa Savoja" deshalb mit so unwiderstehlicher Gewalt vollzogen hat, weil Victor Emanuel klug und muthig seine Krone als Siegespreis einsetzte, so ruht das Fortbestehen der Monarchie in Italien wesentlich auf den Tugenden Humberts und Margheritas. Niemals haben im italienischen Volke verfassungs- und einheitsfeindliche Tendenzen Boden gewinnen, republikanische Lehren es nie über eine geringe Zahl von Anhängern hinaus bringen können, weil fortdauernd die Überzeugung herrscht, dass das Königshaus der beste Kitt und die festeste Stütze der nationalen Einheit sei und diese Überzeugung auf der offenkundigen Thatsache ruht, dass die königliche Familie sich rückhaltlos dem Wohle der Nation weiht. Auch die Gegner der Monarchie erkennen willig an, dass das Land sich kein besseres Oberhaupt wünschen könne, als den hochherzigen, geradsinnigen, anspruchslosen, pflichteifrigen und allezeit opferbereiten Sohn Victor Emanuels, und seine hohe Gemahlin wird wegen ihrer Anmuth und Liebenswürdigkeit von ihrem ritterlichen Volke noch heute so gefeiert wie einst. Die „bella principessa Margherita" gilt im Palaste, wie in der Hütte als das unerreichte Vorbild der Gattin, der Mutter, der Lehrerin und Wohlthäterin. Ebenso wie König Humbert hat Königin Margherita nie gefehlt, wo Trost und Hilfe zu spenden waren. Ihren Namen tragen zahllose gemeinnützige Anstalten, an deren Wohlergehen sie persönlichen Antheil nimmt. Mit scharfem Verstande und feinem ästhetischem Gefühle begabt, dazu im Besitze mancher Kunstfertigkeit und eines hochentwickelten Geschmackes, widmet sie den größten Theil ihrer Zeit und Kraft den Veranstaltungen zur Hebung der Bildung und Erwerbsfähigkeit der Frauen, zur Besserung der Lage der Enterbten, zur Erziehung und Belehrung der weiblichen Jugend und ihre Besuche wechseln zwischen Musiksälen, Künstlerateliers, Frauenvereinen, Lehranstalten, Waisenhäusern, Asylen, Hospitälern — mit beträchtlichem Übergewichte der letzteren Kategorien. Möge dem schönen Lande Italien und dessen begabtem Volke nur Segen aus einer langen Lebens- und Herrschaftsdauer des allverehrten Königspaares erblühen!

22. Januar 1883.

Alfons XII. König von Spanien.

Oberst-Inhaber des k. u. k. Infanterie-Regimentes Nr. 94 (vom 22. Januar 1883 bis 25. November 1885), Ritter des königl. spanischen Ordens vom Goldenen Vliese etc. etc.

König Alfons XII., der älteste Sohn der seit 1868 entthronten Königin Isabella II. und deren Gemahls Königs Franz de Assisi wurde am 28. November 1857 geboren und führte als präsumtiver Thronerbe den Titel Prinz von Asturien. Als elfjähriger Knabe musste er infolge der September-Revolution des Jahres 1868 mit seinen Eltern das Land verlassen, in dem seine Wiege stand. In der Verbannung genoss er eine ausgezeichnete Erziehung. Zuerst der theresianischen Akademie in Wien anvertraut, wurde ihm an derselben eine gründliche wissenschaftliche Ausbildung zutheil, später bezog er die Militärschule zu Sandhurst.

In Spanien waren indessen die seit der Entthronung der Königin unternommenen Versuche, einen fremden Prinzen auf den Thron zu erheben, gescheitert; mehrere Fürsten hatten die ihnen angebotene Krone abgelehnt und auch die Regierung des Herzogs Amadeus von Aosta sollte nur von kurzer Dauer sein. Am 4. December 1870 hatte er die Krone angenommen, am 10. Februar 1873 dankte er, überzeugt, dass er in dem unterwühlten Lande keine feste Autorität gewinnen könne, ab und kehrte über Lissabon nach Italien zurück. Die darauf erfolgte Erklärung Spaniens zur Republik überlieferte das Land nun vollends der Anarchie; Don Carlos hatte sich anderseits unmöglich gemacht. So blieb denn nur der älteste Sohn Isabellas, Prinz Alfons, der durch den Verzicht seiner Mutter vom 25. Juni 1870 Erbe der Thronansprüche der jüngeren bourbonischen Linie geworden war, als Candidat für den Thron übrig. Seine Erhebung erschien besonders den Officieren als die einzige Rettung aus dem Chaos und im Einverständnisse mit den einflussreichsten Generalen proclamierte Martinez Campos am 30. December 1874 in Sagunto Alfons XII. als König von Spanien. Das Haupt der alfonsistischen Partei, Canovas del Castillo, wurde an die Spitze eines liberal-conservativen Ministeriums berufen, welches der junge König nach seinem Einzuge in Madrid, am 14. Januar 1875 bestätigte. Er war am 9. Januar in Barcelona gelandet; der Herzog von Montpensier war der einzige Verwandte, der sich mit nach Spanien begeben hatte, um in der Nähe des neuen Hofes zu verweilen.

In seiner Proclamation an das Volk betonte König Alfons, dass er constitutionell regieren wolle, unterließ es aber nicht, auf seine katholische Überzeugung Gewicht zu legen.

Der Karlistenkrieg wurde nun von den Generalen Quesada und Moriones nach einem systematischen Plane und mit ausreichenden Streitkräften geführt und durch die Eroberung von Vitoria (8. Juli 1875), von Seo de Urgel (26. August) und Estella (19. Februar 1876) glücklich beendet; Don Carlos trat am 28. Februar im Thale von Roncesvalles auf französisches Gebiet über.

Von dem ungeheuren Jubel, mit welchem in ganz Spanien diese Kunde aufgenommen wurde, vermögen Worte kaum einen Begriff zu geben. Das lebhafte südliche Naturell ergieng sich in den leidenschaftlichsten Äußerungen. Am augenfälligsten und eindrucksvollsten bethätigte sich aber dieser Enthusiasmus bei dem feierlichen Einzuge, welchen König Alfons XII. nach seiner Rückkehr vom Kriegsschauplatze, wo er während der Ereignisse geweilt, in Madrid hielt. Die breiten Hauptstraßen der weit angelegten spanischen Hauptstadt boten bei dieser Gelegenheit einen höchst belebten und malerischen Anblick dar. Aus allen Provinzen und Gegenden des ganzen Reiches waren Neugierige nach Madrid gekommen; überall waren Triumphbogen erbaut und Trophäen aus der den Karlisten abgenommenen Kriegsbeute errichtet. Um 10 Uhr vormittags begann unter Kanonendonner der Einzug des Königs an der Spitze von 25.000 Mann Truppen, ein großartiges Schauspiel, das volle fünf Stunden währte. Der junge König wurde von einer unabsehbaren Volksmenge mit der stürmischesten Begeisterung empfangen, ebenso die Generale Quesadas, Martinez Campos, Loma, Moriones und Ribera. Ein königliches Decret hatte zur Feier des Einzuges und des wieder gewonnenen Friedens einen Fonds zur Unterstützung der Verwundeten und Invaliden, sowie der Witwen und Waisen der Gefallenen geschaffen.

Im Jahre 1878 vermählte sich König Alfons, kaum 21 Jahre alt, mit seiner Cousine Maria de las Mercedes, der dritten Tochter des Herzogs von Montpensier. Am 23. Januar segnete der Patriarch von Indien in der Kapelle von Attocha den nicht durch Convenienz und Politik, sondern durch innigste Herzensneigung enstandenen Bund ein. In Anwesenheit der Vertreter aller großen Höfe, umgeben von den Granden seines Landes, unter dem Zuströmen von Hunderttausenden nach der spanischen Hauptstadt, gieng die feierliche Ceremonie, bei der die altspanische Etikette wieder in ihr Recht trat, vor sich. Das Volk jubelte dem neuen Königspaare, wo es sich zeigte, zu. Fest reihte sich an Fest. Nicht lange sollte jedoch das junge, kaum erblühte Glück währen, denn schon nach fünfmonatlicher Ehe, am 26. Juni, raffte der Tod die jugendliche Königin dahin.

Nach mehr als Jahresfrist ließ König Alfons am 21. October 1879 durch einen außerordentlichen Botschafter in feierlicher Weise seine Werbung um die Hand der österreichischen Erzherzogin Maria Christine, einer Enkelin des großen Heldenmarschalles Erzherzog Karl, am Hofe zu Wien vorbringen.

Bereits am 29. November 1879 fand unter großartigen Festlichkeiten die feierliche Ceremonie der Vermählung statt. Ehe die hohe Braut ihren Einzug als Königin in die Madrider Residenz hielt, nahm sie in dem gegen zwölf Kilometer von der Hauptstadt gelegenen Lustschlosse Pardo Aufenthalt. Der Palast ist ein ehemaliges Jagdschloss Heinrichs III., das von Karl V. umgebaut wurde. Er ist groß, viereckig, von vier Thürmen flankiert und enthält ebenso viele Wohnabtheilungen, die durch Gallerien verbunden sind. An einem der Thürme prangt der kaiserliche Doppeladler; „Carl V., Caesar imperator rex Hispaniae 1547" lautet die Inschrift. Königin Christine residirte hier im Hause ihrer Ahnen.

König Alfons XII. erstrebte neben dem Ziele, im Innern die monarchisch gesinnten Parteien zu versöhnen und auf dem Boden der constitutionellen Monarchie zu vereinigen, in der auswärtigen Politik die Wiederherstellung von Spaniens Ansehen und Einfluss in Europa. Mit Eifer widmete er sich der Verbesserung seiner Streitmacht zu Land und zur See, suchte Anlehnung an die mitteleuropäischen Staaten und unternahm im Sommer 1883 eine Reise nach Österreich und Deutschland, an beiden Kaiserhöfen mit besonderen Ehren aufgenommen. Ein Besuch des deutschen Kronprinzen in Spanien bekundete die Achtung, die der König in Deutschland genoss. König Alfons war ein wirklich tüchtiger Herrscher und hat in seinem Vaterlande viel für die Herstellung geordneter Zustände gethan. Dass er die uralten Schäden des Reiches in der kurzen Zeit, die ihm zur Herrschaft gegönnt war, nicht abstellen konnte, darüber wird sich kein Billigdenkender verwundern. Von Parteiungen zerrissen war das Land, groß das Elend in dem Volke, das einst so große Schätze sein Eigen genannt.

Obwohl zwei Attentate auf König Alfons (am 25. October 1878 von Seite Oliva y Moncasis und am 30. December 1879 durch Gonzalez) unternommen wurden, die jedoch beide glücklicherweise ihr Ziel verfehlten, gelang es dem edlen Fürsten doch, seine Herrschaft immer fester zu begründen und auch frühere Gegner seiner Dynastie zu gewinnen. Zweimal durfte sich der König der echtesten und wahrsten Volksthümlichkeit erfreuen; das einemal bei seiner Rückkehr aus Deutschland im Jahre 1883, das zweitemal als er im Jahre 1885 die von der Cholera verheerte Umgegend von Madrid mit seltener Todesverachtung gegen den Willen der Minister und schon den Todeskeim in der Brust, aufgesucht hatte. Damals, als er trost- und hilfespendend erschienen war, hatten alle Parteien nur einen Ruf der Bewunderung für ihn und seine hohe Auffassung von Herrscherpflichten. Im September desselben Jahres jedoch schon wieder fiel wie ein zündender Funke die Nachricht, dass ein deutsches Kriegsschiff auf den Karolinen die deutsche Flagge gehisst habe. Nicht bloß der Madrider Pöbel ließ sich zu Wuthausbrüchen gegen Deutschland hinreißen, sondern auch die Führer der Parteien, namentlich der von je zu Frankreich hinneigenden Radicalen.

Es hatte sich dabei gezeigt, wie wenig Anhänger der Lieblingswunsch des Königs hatte, wie wenig Verständnis im Volke für den Wert eines Anschlusses an die Kaisermächte war. Doch König Alfons blieb fest in seinem Widerstande gegen eine verhängnisvolle Überstürzung und ermöglichte hiedurch eine ehrenvolle Verständigung mit Deutschland.

Leider setzte ein Lungenleiden, dessen Keim der kaum 28jährige Monarch schon längere Zeit in der Brust getragen, noch in diesem Jahre seinem Denken und Fühlen für Spaniens Wohl ein Ende. Seit langen Jahren der letzte spanische König, der auf dem Throne gestorben, schloss er am 25. November seine Augen für immer; seine Leiche wurde im Escorial beigesetzt. Mit ihm sank eine glänzende ritterliche Gestalt ins Grab, ein hochbegabter, edler Fürst, der nicht nur die Hoffnung seines Vaterlandes gebildet, sondern der auch weit über die Grenzen desselben der herzlichsten Sympathien sich zu erfreuen hatte. Außer der Königin, seiner Witwe, beweinten zwei Töchter, Prinzessin Maria de las Mercedes und Prinzessin Maria Theresia den hohen Verblichenen. Die Königin übernahm zuerst die Regierung für ihre ältere Tochter, nachdem sie aber am 17. Mai 1886 einem Prinzen das Leben geschenkt, für diesen als König.

10. September 1883.

Alexander Graf Hartenau,

bis 7. September 1886 Alexander I., regierender Fürst von Bulgarien, Prinz von Battenberg, k. und k. **Generalmajor und Commandant der 11. Infanterie-Brigade; Großkreuz des kaiserl. österreichischen Leopold-Ordens** etc. etc.

Fürst Alexander, ein Sprosse aus der morganatischen Ehe des heldenmüthigen Generals der Cavallerie Prinzen Alexander von Hessen und bei Rhein mit Prinzessin Julie von Battenberg, Tochter des Grafen Moriz von Hauke, wurde am 5. April 1857 geboren. Durch einstimmige Wahl von der in Tirnowa abgehaltenen bulgarischen Nationalversammlung am 29. April 1879 zum Fürsten von Bulgarien erwählt, waren alle Mächte, besonders aber Russland, welches ihn vorgeschlagen hatte, von diesem Wahlresultate sehr befriedigt, da Prinz Alexander in jeder Beziehung dieser großen Aufgabe vollkommen gewachsen schien.

Er hatte eine ausgezeichnete Erziehung im Gymnasium zu Darmstadt, in der Anstalt zu Schnepfenthal und in der Dresdener Cadettenschule genossen, nach deren Absolvierung er als Lieutenant in das 2. großherzoglich hessische Leibdragoner-Regiment Nr. 24 eintrat. 1877 machte er im Hauptquartiere des Großfürsten Nikolaus den Krieg in Bulgarien gegen die Türkei mit und wurde darauf nach Berlin in das Regiment Gardes du Corps versetzt. In dieser Stellung traf ihn im Jahre 1879 die Nachricht von seiner Wahl zum Fürsten von Bulgarien.

Es kostete ihn einen schweren Entschluss und mit Widerstreben unternahm er die Reise nach Livadia, um mit Kaiser Alexander II., seinem Oheim, über die Annahme oder Nichtannahme der bulgarischen Krone zu verhandeln. Unter anderem äußerte er sich auch dem Kaiser gegenüber, dass sein Vater, wegen der ihm als unbrauchbar erscheinenden Verfassung, welche Dondukow den Bulgaren gegeben, ihm noch nicht seine Zustimmung zur Annahme der Krone ertheilt habe. Czar Alexander sprach dem Prinzen mit warmen, herzlichen Worten zu, die Krone dennoch anzunehmen, und versprach ihm, dass in die Verfassung ein Paragraph eingefügt werden solle, der von Verfassungsänderung und ihrer Ermöglichung handle. Gleichzeitig gab der Kaiser dem Prinzen, den er sehr liebte, das Versprechen, dass er ihm in jedweder durch die Verfassung herbeigeführten schwierigen Lage mit Rath und That beistehen werde. Prinz Alexander nahm nun die Krone an und begab sich in seine Heimat zurück.

Am 7. Juli landete er, nachdem er sich zuvor an den europäischen Höfen vorgestellt hatte, endlich auf bulgarischem Boden in Varna, begab sich von da über Rustschuk nach Tirnowa, wo er am 9. Juli von der wiedereinberufenen National-Versammlung den Eid auf die Verfassung ablegte. Am 13. Juli erreichte er das Ziel seiner Reise, Sofia.

Die liberale Partei, welche von den Einwendungen des Fürsten gegen die Tirnower Verfassung gehört hatte, veranstaltete in vielen Orten, welche er passierte, alle möglichen Demonstrationen, was ihn begreiflicherweise höchst unangenehm berührte.

Gleich am ersten Tage nach seiner Ankunft in Sofia nahm der junge Fürst mit der ihm eigenen Energie und Thatkraft die Zügel der Regierung in die Hände und gieng vor allem daran, ein Ministerum zu bilden, wozu er den Rath des damaligen Generalconsuls Davidow einholte.

Präsidentschaft und Inneres übernahm Burmow, Justiz Grekow, Äußeres Balabanow, Finanzen Natschovitsch, Unterricht Athanasovitsch, Krieg Parenzow. Die erste Aufgabe dieses Ministeriums war die Vollziehung der Wahlen zu der noch im selben Jahre abzuhaltenden Kammer. Das Wahlergebnis war eine bedeutende Mehrheit für die liberale Partei (150 gegen 30).

Die Thronrede des Fürsten bei der am 2. November stattgehabten Kammereröffnung, in welcher er einige äußerst nothwendige Gesetzentwürfe ankündigte, die höchst ungünstige finanzielle Lage des Staates besprach und die Abgeordneten bat, Parteizwistigkeiten soviel als möglich zu meiden, hatte nicht die erhoffte Wirkung. Im Gegentheil, die erste That der Kammer war die Berathung eines Misstrauensvotums gegen das Ministerium und einer Adresse an den Fürsten, welche von diesem aber nicht angenommen wurde. Infolge dieser Vorgänge war Fürst Alexander gezwungen, die Kammer wieder aufzulösen; zugleich nahm er jedoch einige Änderungen im Ministerium vor, wodurch dasselbe mehr neutral gestaltet wurde. An Stelle Burnows trat der Bischof Kliment.

außerdem wurde noch Ikonomow in das Ministerium aufgenommen. Balabanow und Athanasovitsch legten ihre Portefeuilles nieder.

Durch den fortdauernden, heftigen Parteihader der Bulgaren und ihren rücksichtslosen Kampf gegen die Regierung, bei welchem selbst die Person des Fürsten nicht geschont wurde, war die Lage in Bulgarien eine im höchsten Grade unangenehme, so dass Fürst Alexander seiner ganzen Willenskraft und Ausdauer bedurfte, um nicht an dem Gelingen der von ihm unternommenen Aufgabe zu zweifeln. Er befand sich in einer äußerst fatalen Situation: eingeklemmt zwischen Russland und den übrigen Großmächten, im Suzeränitäts-Verhältnisse zur Türkei, beengt, durch eine zu freie Verfassung, angefeindet von der Dondukow'schen Partei. Außerdem war die feindliche Partei eifrig bemüht, das Volk darauf aufmerksam zu machen, dass der Fürst weder Slave noch Orthodoxer, sondern Protestant sei, was für sie gleichbedeutend war mit Slavenfeind und Atheist. Erst später lernten die Bulgaren den wahren Wert ihres Fürsten schätzen und wurden sogar seine begeisterten Anhänger.

Der Charakter des Fürsten war ganz dazu angethan, sich in solch kritischen Lagen zurechtzufinden; er war ein Freund rascher Entscheidungen und energischen Handelns und ließ sich durch keine Schwierigkeit von dem Ziele, das er sich vorgesteckt, ablenken. Doch war er auch nachgiebig zu rechter Zeit und wusste überhaupt in jeder Lage das Richtige zu treffen. Seine Offenheit, Geradheit, Einfachheit und Liebenswürdigkeit, sowie sein lebhafter Geist und sprudelnde Unterhaltungsgabe gewannen ihm bald viele Freunde. Selbst für den Geringsten seines Volkes hatte er stets ein freundliches Wort und man sah bei jeder Gelegenheit, wie warm sein Herz für seine Landsleute schlug. Auch die äußere Erscheinung des Fürsten war höchst sympathisch; seine hohe stramme Gestalt machte einen imponierenden Eindruck.

Im Januar 1880 begab sich Fürst Alexander nach St. Petersburg, um dort der Feier des 25jährigen Regierungs-Jubiläums Czar Alexanders II. beizuwohnen; doch verlief der Festtag (2. März) recht unbehaglich und still, da der Eindruck des am 17. Februar auf den Kaiser verübten Attentates, dem derselbe jedoch glücklich entronnen, noch schwer auf den Gemüthern lastete.

Während seines Aufenthaltes in St. Petersburg hatte Fürst Alexander häufig Gelegenheit, mit dem Kaiser die Verhältnisse Bulgariens zu besprechen. Er stellte ihm die Nothwendigkeit einer

Verfassungsänderung vor, da die bestehende das Regieren unendlich erschwere. Kaiser Alexander konnte auf diesen Vorschlag jedoch nicht eingehen, gab aber dem Fürsten das Versprechen, den Kriegsminister Parenzow, dessen Intriguen dem Fürsten schon seit langer Zeit unerträglich waren, abzuberufen und als Ersatz den Generallieutenant Ernroth zu senden.

Ende März kehrte der Fürst in sein Land zurück und wurde vom Volke mit großem Jubel begrüßt; bald darauf wurde die Kammer eröffnet. Da die Wahlen jedoch auch diesmal gegen das Ministerium ausgefallen waren, sah Fürst Alexander keinen anderen Ausweg als letzteres zu entlassen und ein neues, mehr liberales zu bilden. Zankow übernahm das Präsidium und das Äußere, Karawelow die Finanzen.

Nur zu bald sollte sich der Fürst jedoch in diesem Ministerium getäuscht sehen, dessen ganzes Bestreben darin gipfelte, die fürstliche Gewalt in den Hintergrund zu drängen. Das einzige in dieser Session berathene Gesetz, welches von bedeutendem praktischen Werte für das Land war, war das Münzprägungsgesetz, welches dem großen Mangel an Kleingeld abhelfen sollte. Außerdem beschloss das Ministerium, auf den Wunsch des Fürsten eingehend, den alten türkischen Konak, welchen der Fürst bewohnte, zu einem würdigen Palais umzugestalten. Der Bau, welcher auch bald darauf in Angriff genommen wurde, erforderte einen Kostenaufwand von $1^{3}/_{4}$ Millionen, fiel aber zur vollsten Zufriedenheit des Fürsten aus, der bis zur Fertigstellung seines neuen Heims in dem Hause des früheren russischen Kriegsministers Parenzow Wohnung genommen hatte. Eine Hauptaufgabe des Ministeriums waren auch die Berathungen über die für Bulgarien so nothwendige Eisenbahnangelegenheit, welche aber durch die Uneinigkeit der Mächte, diese Frage betreffend, unendlich erschwert wurde.

Die Parteileidenschaft und Gehässigkeit im Ministerium und in der Kammer nahm bei den Verhandlungen aller dieser Angelegenheiten derartige Dimensionen an, dass Fürst Alexander den Entschluss fasste, sich brieflich an den Kaiser von Russland zu wenden und ihm die Lage der Dinge mitzutheilen. Daraufhin kam ihm von Russland die Weisung zu, dass man ihm von nun an in allen Dingen freie Hand ließe nach eigenem Gutdünken zu handeln.

Das Ministerium Zankow blieb indessen noch bestehen und da sich der Fürst zur Zeit der Eröffnung der zweiten Session (27. October) noch auf einer Reise durch sein Land befand, eröffnete der Ministerpräsident die Kammer.

In dieser Session wurden einige für das Land besonders nützliche Institutionen geschaffen; so die Verbesserung des Rechnungswesen, des Post- und Telegraphenwesens, des Schulwesens; außerdem wurde ein ausführliches Zollgesetz beschlossen, ein statistisches Bureau errichtet und eine neue administrative Eintheilung des Landes vorgenommen. Kriegsminister Ernroth erwarb sich bedeutende Verdienste um die Hebung des Militärwesens. Nach Schluss der Kammer am 30. December gab Ministerpräsident Zankow seine Demission, Karawelow trat an seine Stelle.

Die Zustände in Bulgarien hatten sich unter dem Ministerium Zankow zwar in mancher Hinsicht gebessert, in anderer aber auch wieder verschlechtert. So hatte durch das schlecht organisierte Gerichtswesen das Räuberunwesen sehr stark überhand genommen, dem nun ernstlich gesteuert werden musste.

Das Verhältnis des Fürsten zu Russland war im Laufe der Zeit, trotz aller seiner Bemühungen den Frieden zu erhalten, ein immer gespannteres geworden. Die Stellung der Mächte zum Fürsten war eine passiv wohlwollende.

Als am 13. März 1881 Kaiser Alexander II. von Russland ermordet worden war, übernahm Alexander III. die Regierung und versprach dem Fürsten, der zum Leichenbegängnisse in St. Petersburg erschienen war, ihn in derselben Weise zu unterstützen, wie sein Vater es gethan hatte.

Indessen hatten sich die inneren Verhältnisse in Bulgarien derart gestaltet, dass der Fürst, der die momentane Unmöglichkeit einer Verfassungsänderung einsah, zu dem Entschlusse kam, die Verfassung ganz aufzuheben. Gleichzeitig machte er dem Volke durch eine Proclamation bekannt, dass er fest entschlossen sei, abzudanken, falls nicht durch die am 13. Juli 1881 in Sistowa abzuhaltende Nationalversammlung drei Artikel ihm zugestanden werden würden, laut deren er für die Dauer von sieben Jahren außerordentliche Vollmachten und überdies das Recht hätte, vor Ablauf dieser Frist die große Nationalversammlung zum Behufe einer Verfassungsänderung einzuberufen. Die Nationalversammlung nahm einstimmig die drei vorgeschlagenen Artikel an, und auch Russland sandte ein Telegramm, worin es dem Wunsche Ausdruck gab, das bulgarische Volk möge unauflöslich mit seinem Fürsten verbunden bleiben. Der Jubel im ganzen Lande war ein ungeheurer und die Rundreise, welche Fürst Alexander durch dasselbe unternahm, um die Stimmung des Volkes kennen zu lernen, glich einem Triumphzuge. In vielen Orten wurden ihm die Pferde ausgespannt.

Im Ministerium wurden einige Änderungen vorgenommen. Zum zeitweiligen Verweser des Ministeriums des Innern wurde der russische Oberstlieutenant von Römlingen, zum Kriegsminister der russische Generalmajor Krylow ernannt.

Eine für das Staatsleben höchst nützliche Institution war der vom Fürsten geschaffene Staatsrath, welcher am 11. Januar 1882 eröffnet wurde. Ihm verdankt Bulgarien einige höchst wichtige Gesetze, worunter besonders hervorzuheben sind: Die Abschaffung des Zehentes und Umwandlung desselben in eine Grundsteuer, Herabsetzung des Dienstes in der Armee von vier Jahren auf zwei und die Reorganisation der Landwehr wie des Gendarmerie-Corps. Ferner wurden über Anregung des Staatsrathes Kasernen und Brücken gebaut, Straßen verbessert und neu angelegt. Ein Beamtengesetz wurde erlassen, wodurch die Beamten unabsetzbar waren. Das Forst-, Post-, Telegraphen- und Schulwesen wurde geordnet und erweitert, die allgemeine Schulpflicht eingeführt und das Sanitätswesen bedeutend verbessert.

Da die Agitationen und Intriguen gegen den Fürsten und das Ministerium noch immer kein Ende nehmen wollten und die Minister es nicht verstanden, denselben energisch entgegenzutreten, unternahm der Fürst eine Reise nach St. Petersburg und erbat sich als Kriegsminister den Generalmajor Alexander Kaulbars. In diesen und den Minister des Innern Generalmajor Sobolew setzte Fürst Alexander nun seine ganze Hoffnung, dass endlich Friede im Lande eintreten werde. Doch sah er sich bitter darin getäuscht, da die beiden Generale nicht nur gegen seine Person auftraten, sondern auch beim Czar gegen ihn intriguierten und es dahin brachten, dass mehrere bulgarische Minister ihren Abschied nehmen mussten. Kriegsminister Kaulbars ließ auch immer neue Officiere aus Russland kommen, hielt das Avancement der bulgarischen auf und war somit eifrig bestrebt, dem Fürsten das Heer zu entfremden.

Aber selbst nach all diesen Vorgängen ließ sich Fürst Alexander von seiner russenfreundlichen Haltung nicht abbringen. Er glaubte stets im Interesse Russlands zu handeln, wenn er den Wohlstand und die Bildung des Heerwesens in Bulgarien soviel als möglich fördere, und war darin auch von Kaiser Alexander II. stets bestärkt worden. Nach dessen Tode jedoch wollte Russland kein entwickeltes Bulgarien, sondern ein schwaches, um es leichter beherrschen zu können.

All diese Widerwärtigkeiten wirkten so nachtheilig auf den Gesundheitszustand des Fürsten, dass er zur Erholung eine Reise nach Constantinopel, Palästina, Athen, Cettinje und Darmstadt unternahm. Dann begab er sich zur Kaiserkrönung nach Moskau. Hier erkannte er nur zu gut, in welchem Maße es den beiden Generalen Kaulbars und Sobolew gelungen war, den russischen Kaiser gegen ihn einzunehmen.

Während seiner Abwesenheit giengen in Bulgarien die unerhörtesten Dinge vor. Die Willkür der beiden Generale kannte keine Grenzen, sie thaten ihr Möglichstes, um den Fürsten ganz zu verdrängen und das Volk gegen ihn einzunehmen. Als Alexander nach Sofia zurückkehrte und vom Staatsrathe Bericht über die Willküracte der Regierung während seiner Abwesenheit erhielt, stellte er sofort mit größter Energie die alten Zustände wieder her.

Da das ganze bulgarische Volk an der Seite des Fürsten stand, sah sich General Kaulbars und Sobolew, wie das ganze Ministerium, gezwungen, zurückzutreten.

Am 19. September 1883 stellte der Fürst auf Wunsch des Volkes die Verfassung von Tirnowo wieder her. Das neue Ministerium kam nur schwer zustande.

Die Stimmung in Russland, welche bisher eine so ungünstige war, hatte sich nun mit einem Schlage vollständig geändert. Man wollte Frieden mit dem Fürsten machen, da man zur Einsicht gekommen war, dass ihm sein Volk mit unerschütterlicher Treue und großer Begeisterung ergeben war.

Bei der im Jahre 1884 abgehaltenen vierten Nationalversammlung fielen die Wahlen gegen das Ministerium Zankow aus, so dass dieses seine Demission gab und das Ministerium Karawelow an seine Stelle trat.

Den Sommer 1885 benützte Fürst Alexander zu einer Reise nach London, Wien und Franzensbad; den September verbrachte er, wie alljährlich, in Varna, wo er bis zur Fertigstellung des neuen Sommerschlosses in einem alten, von ihm angekauften Kloster Wohnung nahm. Er empfieng hier auch den Besuch seiner Schwester und deren Gemahls, mit denen er heitere, schöne Tage verlebte, welche auf seinen gedrückten Gemüthszustand von unendlich wohlthuendem Einflusse waren.

Fürst Alexander weilte noch in Varna, als am 18. September die Revolution in Ostrumelien zum Ausbruche kam. Aus allen Städten dieses Landes erhielt er Depeschen mit der Nachricht, dass man ihn überall zum Fürsten ausgerufen habe. Die Entscheidung war also nicht schwer für ihn; er erkannte, dass das bulgarische Volk für die Vereinigung sei und erachtete es als eine Pflicht, dem Rufe des Volkes zu folgen. Sofort gab er Befehl zur Mobilmachung der bulgarischen Armee, berief die Kammer zu einer außerordentlichen Session ein, erließ eine Proclamation an sein Volk und begab sich in Begleitung Karawelows und Stambulows nach Philippopel, wo er am 21. September eintraf.

In ganz Bulgarien war die Begeisterung hoch aufgeflammt, das Volk war freudig bereit, Gut und Blut für das Vaterland und seinen Herrscher zu opfern. Fürst Alexander erhielt unzählige Adressen mit der Bitte, er möge die Vereinigung anerkennen und die Regierung Ostrumeliens übernehmen. Für die Durchführung des Werkes der Einigung wurde in Sofia von der Kammer ein Credit von zehn Millionen beschlossen. Es war eine ungeheuer schwere Aufgabe, welche Fürst Alexander übernommen hatte. Manch anderer wäre unterlegen, noch ehe er sie recht angefasst hätte. Es bedurfte des kühnen Muthes, der Energie und des Selbstvertrauens, welche dem Fürsten eigen waren, um nicht zu unterliegen. Von Süden drohte die Türkei, von Westen Serbien mit einem Einfalle. Die ostrumelischen Truppen waren gering an Zahl, und der bulgarischen Armee waren auf russischen Befehl soeben sämmtliche russische Officiere entzogen worden, was die abermalige Missstimmung des großen Czarenreiches kennzeichnete. Fürst Alexander besetzte denn alle in der bulgarischen Armee ledig gewordenen Stellen durch seine eigenen jungen Officiere, ließ die Armee an die Grenze rücken und begann diplomatische Verhandlungen mit den Großmächten und dem Sultan.

Am 14. November traf plötzlich die Kriegserklärung König Milans an Bulgarien ein und der Fürst sah sich nun gezwungen, seine ganze Armee in Eilmärschen an die serbische Grenze mit dem Concentrationspunkte Slivinitza zu senden. Er selbst begab sich am 16. November auf das Schlachtfeld und blieb während der ganzen Dauer des Krieges unter seinen Truppen, theilte Hunger und Kälte mit ihnen und suchte sie durch sein Beispiel zu ermuthigen und anzufeuern. Am 26. December war der Krieg beendet und Fürst Alexander zog an der Spitze seiner siegreichen Truppen unter den brausenden Jubelrufen des begeisterten Volkes in Sofia ein. Großes, ja fast unmöglich Scheinendes war Fürst Alexander gelungen; er hatte die Serben am 22. November bei Slivinitza und nach Überschreitung der serbischen Grenze zum zweitenmale bei Pirot am 27. und 28. November besiegt und die Großmächte in ihrer Action aufgehalten, bis der Feind bezwungen war. In alle Welt drang die Kunde von dem Muthe und den großen Thaten der Bulgaren und ihres Fürsten.

Die durch den Krieg unterbrochenen diplomatischen Verhandlungen nahmen nun wieder ihren Fortgang und endeten endlich damit, dass die Großmächte die Vereinigung beider Bulgarien anerkannten.

Russland war damit jedoch durchaus nicht einverstanden und setzte die Agitationen gegen den Fürsten fort. Es wurden Agenten nach Sofia gesandt, welchen es auch gelang, eine große Anzahl Bulgaren für eine Verschwörung gegen den Fürsten zu gewinnen.

Am 20. August 1886 wurde Fürst Alexander in seinem Palais überfallen, gefangen genommen und nachdem ihn die Verschwörer zur Abdankung genöthigt hatten, unter polizeilicher Aufsicht nach Russland gebracht. Dortselbst wieder freigelassen, begab er sich zuerst nach Lemberg, folgte jedoch von hier aus, wenn auch nach furchtbaren innerlichen Kämpfen, dem wiederholten, dringenden Rufe seines Volkes und kehrte nach Bulgarien zurück, wo ihm großartige Ovationen bereitet wurden und die Freude der Bevölkerung keine Grenzen kannte. Die ganze Armee und das Volk, mit Ausnahme von Sofia, waren für ihn.

Russland aber gab dem Fürsten deutlich zu verstehen, dass es seine Rückkehr durchaus nicht billige; da eine Einigung zwischen dem mächtigen Czarenreiche und Bulgarien nur durch seinen Rücktritt zustande kommen konnte, fasste er den Entschluss, abzudanken. Dies erfolgte auch am 7. September 1886.

Noch an demselben Tage verließ der Fürst das Land. Die Bulgaren trauerten um ihn wie um einen Vater, die Abschiedsscenen an allen Orten, welche er passierte, waren wahrhaft ergreifend.

Fürst Alexander begab sich vorerst nach Darmstadt, wo er nun zurückgezogen lebte. Da sich seine Aussichten auf ein Ehebündnis mit einer Prinzessin des preußischen Königshauses infolge politischer Bedenken nicht verwirklichten, vermählte er sich nach Ablegung des Battenberg'schen Fürstentitels und Annahme des Namens eines Grafen von Hartenau am 2. Februar 1889 zu Nizza mit der früheren Hofopernsängerin in Darmstadt, Johanna Loisinger.

Am 26. October 1890 wurde Graf Hartenau, der schon seit 10. September 1883 der k. und k. Armee als Oberst des 6. Dragoner-Regimentes angehörte, von Sr. Majestät Kaiser Franz Joseph I. zu dem in Graz garnisonierenden Infanterie-Regimente König der Belgier Nr. 27 transferiert, in welchem er bis zu seiner am

11. October 1891 erfolgten Ernennung zum Regiments-Commandanten ein Bataillon befehligte. Mit Mai 1892 zum Generalmajor befördert, übernahm er das Commando der ebenfalls in Graz liegenden 11. Infanterie-Brigade. Graf Hartenau war in jeder Hinsicht ein leuchtendes Beispiel für seine Officiere und Soldaten; er stellte Ordnung und Gewissenhaftigkeit über alles und forderte dies auch von seinen Untergebenen. Seine Mußestunden benützte er zu militärischen Studien und Übungen.

Das Familienleben des Grafen war ein ungemein glückliches und wurde durch die Geburt eines Sohnes noch erhöht.

Alles wäre also dazu angethan gewesen, die Existenz des Fürsten ganz zufriedenstellend zu gestalten. Da wurde er von einer tückischen Krankheit befallen, der er trotz Jugend und Kraft am 17. November 1893 zum Opfer fiel. Wenige Tage zuvor sah er noch einen Lieblingswunsch erfüllt, indem seine Gemahlin einem Töchterchen das Leben schenkte.

Der so unerwartet rasch erfolgte Tod dieses hochbegabten, allgeliebten, noch so jungen Fürsten erweckte weit und breit die größte Theilnahme, welche sich auch durch die überaus große Betheiligung an der am 20. November in Graz erfolgten Leichenfeier kundgab.

Die irdische Hülle des Grafen von Hartenau wurde mit Einwilligung der Familie nach Sofia überführt und dortselbst in der Sveto-Kral-Kirche unter großen Festlichkeiten und reger Theilnahme des Volkes, welches mit Dankbarkeit und Wehmuth ihres früheren Fürsten gedachte, beigesetzt.

Im Jahre 1898 wurden die Gebeine des Grafen in das neue Mausoleum übertragen, welches ihm von den Bulgaren als Denkmal der Dankbarkeit errichtet worden war. Der Beisetzung, welcher sowohl sein Nachfolger Fürst Ferdinand von Bulgarien, wie seine trauernde Witwe mit ihrem Söhnchen beiwohnten, gestaltete sich zu einer imposanten, ergreifenden Ceremonie und die Rede, welche Fürst Ferdinand an die anwesenden Officiere hielt, machte einen tiefen, nachhaltigen Eindruck.

12. September 1883.

Milan I. König von Serbien,

Oberst-Inhaber des k. und k. Infanterie-Regimentes Nr. 97 (vom 12. September 1883 bis 15. März 1892), Großkreuz des königl. ungarischen St. Stephan-, wie des kaiserl. österreichischen Leopold-Ordens etc. etc.

König Milan wurde am 10./22. August 1854 als einziger Sohn des Fürsten Milosch Jephremović, eines Neffen des alten Fürsten Milosch, des Begründers des heutigen serbischen Staates, zu Bukarest geboren. Sein Großvater besaß, von Milosch dotiert, größere Güter in Rumänien und lebte für gewöhnlich in Bukarest, wo er seinen einzigen Sohn Milosch mit der Bojarin Maria Catargi vermählte. Die Ehe, welcher nur ein Kind entspross, war keine besonders glückliche; auch starb Milosch schon nach einigen Jahren, worauf seine Witwe anfangs in Bukarest blieb, später jedoch nach Wien übersiedelte. Das einzige Kind derselben, Prinz Milan, verlebte nach dem frühen Tode seines Vaters die ersten Jahre im Hause seiner Mutter und wurde dann frühzeitig zur Erziehung nach Paris gebracht.

Bis zu seinem 14. Lebensjahre erhielt er daselbst in dem Institute des Professors Huet eine vortreffliche Ausbildung. Nach der Ermordung des damals regierenden Fürsten Milan Obrenović III., der am 10. Juni 1868 einer von der Familie Karageorgiević angestifteten Verschwörung im Parke von Topschider zum Opfer gefallen war, herrschte im Volke Serbiens allgemeine Erbitterung über die Mörder des edlen und wohlwollenden Fürsten. Die Verschwörer verfehlten ihren Zweck vollständig, indem Prinz Milan als der letzte männliche Sprosse der Familie Obrenović von der provisorischen Regierung in Belgrad unter der Leitung des Obersten Milivoy Blaznavać und der beiden Staatsmänner Elies Garaschanin und Ivan Ristić auf den Thron von Serbien berufen und am 20. Juni (2. Juli) als Milan Obrenović IV. proclamiert wurde.

Seine Erziehung wurde hier unter den Augen des Volkes und der Vormundschaft, welche der Minister des Innern Miloyković mit dem Justizminister übernommen hatte, von Professor Huet fortgesetzt und nach dessen Tode durch den als südslavischen Schriftsteller hochgeachteten Grafen Pućić aus Ragusa vollendet. Die Regentschaft führte Blaznavać, Ristić und der Senator Gravilović. Dem Gesetze nach bestieg Fürst Milan mit vollendetem 18. Lebensjahre den Thron.

Erst 21 Jahre alt, führte er am 17. October 1875 die einzige Tochter Natalie des russischen Obersten Keczko, welcher in der Walachei und in Bessarabien einen bedeutenden Grundbesitz innehat, und einer Fürstin Stourdza zum Altar. Die Feierlichkeiten anlässlich dieser Verbindung wurden zu einem besonderen nationalen Feste, da sich seit nahezu fünfhundert Jahren, nämlich seit den Zeiten des letzten serbischen Czaren Lazar Greblianović (gestorben 1389), wieder der erste Fall ereignete, dass es der serbischen Nation vergönnt war, der Vermählungsfeier eines ihrer regierenden Fürsten anzuwohnen. Die Vermählung fand in der Kathedrale zu Belgrad mit großer Pracht statt, wie sie den ceremonienreichen Bräuchen der griechischen Kirche und den serbischen Nationalsitten entspricht.

Am 1. Juli 1876 begann Fürst Milan, von Russland unterstützt, den Krieg mit der Türkei. Die serbische Armee war unter den Befehl des russischen Generals Tschernajew gestellt, zeigte sich aber der Aufgabe nicht gewachsen. Die Serben wurden vom türkischen Gebiete wieder verdrängt. Im Thale der Morawa bei Alexinatz kam es im September und October zu heftigen Kämpfen, die Ende October mit der völligen Niederlage der Serben endeten. Am 1. März 1877 wurde zwischen der Türkei und Serbien Friede geschlossen, und der Stand der Dinge vor dem Kriege hergestellt. Gleichwohl begann Fürst Milan Ende December 1877 von neuem den Krieg und erlangte im Frieden von Santo Stefano eine beträchtliche Gebietserweiterung, welche auf dem Berliner Congresse sogar noch vergrößert wurde. Am 1. März 1878 wurde Serbiens Unabhängigkeit proclamiert und Milan nahm als souveräner Fürst den Titel „Hoheit" an. Klug und gewandt, ein vortrefflicher Redner, konnte er sich dennoch nicht die Anhänglichkeit seines Volkes erwerben, wie seiner Herrschaft auch seitens der Mächte eine feste Stütze fehlte.

Am 6. März 1882 proclamierte die Belgrader Nationalversammlung in enthusiastischer Weise Fürst Milan zum ersten Könige von Serbien. Fünf Tage später leisteten die Minister der jungen

Majestät den Eid der Treue. Gleiches erfolgte seitens der Volksdeputierten, des Senates, des Officiers-Corps, sowie anderer Corporationen des Landes.

In dem, am 13. November 1885 an Bulgarien erklärten Kriege, überschritt König Milan an der Spitze der serbischen, 43.000 Mann starken Armee am 14. November die bulgarische Grenze, um auf Sofia zu marschieren, wurde aber am 18. und 19. November bei Slivinitza von den Bulgaren unter Fürst Alexander besiegt und auf dem Rückzuge bei Pirot am 27. November nochmals entscheidend geschlagen. Dem weiteren Vordringen der Bulgaren setzte der Einspruch Österreichs ein Ziel. Am 21. December wurde ein Waffenstillstand geschlossen, dem am 3. März 1886 der Friedensschluss zu Bukarest folgte, welcher den Stand der Dinge vor dem Kriege herstellte. 1888 berief König Milan, um die Stellung seiner Dynastie zu befestigen, einen aus allen Parteien gebildeten Nationalausschuss, welcher eine neue Verfassung ausarbeitete. Dieselbe wurde auch am 22. December 1888 von der gewählten großen Skupschtina angenommen und am 3. Januar 1889 verkündet.

Regierungsmüde, erklärte König Milan am 6. März 1889, dem Jahrestage der Erhebung Serbiens zum Königreiche, ganz unerwartet seine Abdankung, proclamierte seinen einzigen am 2./14. August 1876 geborenen Sohn als König Alexander I. und setzte für denselben eine Regentschaft ein.

Er selbst nahm den Titel eines Grafen von Takowa an und lebt zumeist in Paris. Am 15. März 1892 legte er die ihm am 12. September 1883 verliehene Würde eines Oberst-Inhabers des k. und k. Infanterie-Regimentes Nr. 97 in die Hände Sr. Majestät des Kaisers Franz Joseph I. zurück.

11. October 1883.

Georg I. König der Hellenen,

königl. dänischer Admiral, Oberst-Inhaber des k. und k. Infanterie-Regimentes Nr. 99 (seit 11. October 1883), Chef des kaiserl. russischen 1. Infanterie-Regimentes Newa, Großkreuz des königl. ungarischen St. Stephan-Ordens, Ritter des königl. großbritannischen Hosenband-Ordens, des königl. spanischen Ordens vom Goldenen Vliese, des königl. preußischen Schwarzen Adler-Ordens etc. etc.

Nachdem die Pforte im Frieden zu Adrianopel, September 1829, die Unabhängigkeit Griechenlands zugestehen musste, bestimmte das Protokoll der Londoner Conferenz vom 3. Februar 1830, dass Griechenland, welches sich im Verlaufe des Krieges zu einem Freistaate constituiert und 1827 in der Person des in Corfu geborenen Grafen Capo d'Istria einen Präsidenten auf sieben Jahre gegeben hatte, künftig eine erbliche Monarchie zu bilden habe. Nachdem der Prinz Leopold von Sachsen-Coburg, nachmaliger König der Belgier, die Wahl abgelehnt hatte, der nach Oberherrschaft unter russischem Schutze strebende Präsident Capo d'Istria ermordet und dessen Bruder von der Nation verschmäht worden war, wurde der minderjährige Prinz Otto von Bayern auf den griechischen Thron berufen. Er landete 1833 in Nauplia und wählte, als er 1835 die Regierung selbst übernahm, Athen zu seiner Residenzstadt.

Unablässig war der König seitdem bemüht, in dem vielgeprüften Lande eine gesetzliche Ordnung einzuführen; seiner Hingebung hatte das Land die Hebung des Ackerbaues, der Industrie und des Handels, der Pflege des Volksunterrichtes und der Wissenschaft zu danken und dennoch gelang es ihm nicht, in dem von Parteien zerrissenen Lande glücklichere Tage herbeizuführen. Vielmehr hat sich die Unzufriedenheit der Griechen mit der neuen als unkriegerisch und unnational verschrieenen Regierung mehrmals in Aufständen der Palikarenhäuptlinge und größeren Militärverschwörungen Luft gemacht. Eine solche war es, welche König Otto im Jahre 1843 zwang, eine unter schweren persönlichen Opfern von ihm verlangte Constitution anzunehmen.

Obgleich der König nun constitutionell regierte, so konnten die Griechen des Königreiches Hellas bei dem raschen Vordringen des nationalen Gedankens im Norden der Balkanhalbinsel, ihrem Monarchen nicht verzeihen, dass er in seiner vorsichtigen Art sich dem großgriechischen Gedanken versagte. Freilich war das weniger seine Schuld, als die der Westmächte, die im Krimkriege, als er Anschluss an Russland suchte, kurzerhand den Piräus besetzten und die griechische Flotte wegnahmen. Dass König Otto nach dem Kriege nothgedrungen Anschluss an England suchte, beschleunigte die Katastrophe.

Es bildete sich eine weitverzweigte Verschwörung, deren Seele der alte Seeheld Kanaris war. Im October 1862 kam sie gleichzeitig in Athen, Korinth, Patras und Vonitza zum Ausbruch, als König Otto mit seiner Gemahlin auf einer Inspectionsreise im südlichen Peloponnes verweilte. Sofort kehrte er zurück. Aber im Piräus drangen die Gesandten der fremden Mächte an Bord seiner Fregatte „Hellas" in ihn, durch Thronentsagung dem drohenden Bürgerkriege vorzubeugen. Ohne Unmuth hörte er sie an, erließ von Salamis aus an die Griechen eine Proclamation, in der er, ohne abzudanken, seinen Entschluss, in die bayerische Heimat zurückzukehren, kund that, und schiffte sich auf einem englischen Dampfer nach Triest ein. Er nahm seinen Wohnsitz im lieblichen Bamberg, ohne jemals die Hoffnung aufzugeben, sein undankbares Volk, das er trotzdem nicht aufhörte zu lieben, werde ihn reuig zurückrufen.

Thatsächlich war der hellenische Königsthron frei. Wer sollte ihn nun einnehmen? Die jonischen Inseln, die eine Republik gebildet hatten, über welche England seit dem Pariser Vertrage vom 5. November 1815 eine sehr weitgehende Schutzherrschaft ausübte, verlangten schon lange nach einem Anschlusse an das Königreich Hellas. Auf sein Protectorat zu verzichten und in die Vereinigung der jonischen Inseln mit Griechenland zu willigen, erklärte sich nun England bereit, falls die griechische Königswahl nach seinen Wünschen ausfalle. Das gab die Entscheidung. Nachdem jedoch England die durch Volksabstimmung auf den Prinzen Alfred von Großbritannien gefallene Wahl nach Verabredung mit den beiden übrigen Schutzmächten, Frankreich und Russland, abgelehnt hatte, als ferner in Europa die sonst vorgeschlagenen Candidaten für den griechischen Thron eine sehr gerechtfertigte Abneigung gegen diese sehr wenig lockende Auszeichnung an den Tag legten, da lenkte die Diplomatie endlich das Augenmerk der griechischen

Nationalversammlung zu Athen und ihrer Führer auf den jüngeren Sohn des Königs Christian IX. von Dänemark aus dem Hause Schleswig-Holstein-Sonderburg-Glücksburg, auf den Prinzen Christian Wilhelm Ferdinand Adolf Georg. Obwohl der Prinz erst am 24. December 1845 geboren war, wurde der schwierige Versuch wiederholt, wie früher Otto von Bayern, so jetzt einen noch nicht volljährigen Jüngling mit der Aufgabe zu betrauen, das griechische Problem zu lösen und zu bewältigen.

Die griechische Nationalversammlung wählte am 30. März 1863 den von den drei Schutzmächten empfohlenen jungen Prinzen einstimmig zum neuen König der Hellenen. Am 4. April gieng die begrüßende Deputation, bestehend aus den Herren Thrasybul Zaïmis, Demetrios Grivas und dem alten Seehelden Kanaris nach Kopenhagen, wo sie am 25. April eintraf. Noch waren einige durch den König von Dänemark für seinen Sohn gemachte, persönliche Anforderungen zu erledigen, und das folgende Übereinkommen zeigt besonders von König Christians Klugheit und politischer Voraussicht. König Christian war weder gleichgiltig gegen die seinem Nachkommen erwiesene Ehre, noch war er blind der Wankelmüthigkeit der Nation gegenüber, welche diese Ehre verlieh. Da traf König Christian ein Übereinkommen, zu dem Zwecke, dass, im Falle König Georg I. gezwungen wäre, abzudanken, ihm von England, Frankreich und Russland eine Apanage von 24.000 Pfund auszuzahlen sei. Eigentlich bestimmte König Christian 40.000 Pfund. Die Summe wurde jedoch nahezu auf die Hälfte herabgesetzt. Vor 35 Jahren also sah der Vater des jungen hellenischen Königs Dinge voraus, die beinahe im Jahre 1897 eingetreten wären.

Als die griechische Nationalversammlung am 30. Mai diese persönlichen Anforderungen genehmigt und die Conferenz der Schutzmächte in London durch das Protokoll vom 5. Juni 1863 alles abschließend geordnet hatte, nahm Prinz Wilhelm mit 6. Juni 1863 unter dem Namen Georg I. die griechische Krone förmlich an, die ihm dann durch einen zwischen den Conferenzmächten und Dänemark geschlossenen Vertrag von 13. Juli 1863 auch noch von den Mächten förmlich übertragen worden ist.

Die griechischen Deputierten verließen Kopenhagen am 11. Juni und am 27. Juni erklärte die griechische Nationalversammlung den bisher im Seedienst beschäftigt gewesenen Prinzen für volljährig. Dieser unterzeichnete nun am 12. September eine Acte, wodurch er für sich und seine Nachkommen seinem jüngeren Bruder Prinzen Waldemar und eventuellen weiteren jüngeren Brüdern und deren Descendenz den Vorrang in der dänischen Erbfolge einräumte. Von dem dänischen Kammerherrn Grafen Sponnek als Rathgeber begleitet, verließ Georg I. am 17. September Kopenhagen, landete am 30. October im Piräus und übernahm am 31. October 1863 die Regierung. Er selbst blieb lutherisch; seine Nachkommen sollten sich verfassungsmäßig zur orthodoxen, anatolisch-griechischen Kirche bekennen.

Die Aufgabe des jungen Königs war sehr schwer und wurde dadurch nicht erleichtert, dass infolge der Revolution namentlich die Armee innerlich schon erschüttert war. Nichtsdestoweniger ist bis jetzt König Georg I. trotz mannigfacher politischer Complicationen glücklicher gewesen, als sein beklagenswerter Vorgänger. An sich, so wird angegeben, war die Persönlichkeit des Königs Georg frischer und zur Überwindung der griechischen Schwierigkeiten mehrfach glücklicher disponiert, als die seines Vorgängers auf dem griechischen Königsthrone.

König Georg hat die griechische Verfassung stets mit peinlicher Sorgfalt befolgt; nur bei einem Schritte in neuerer Zeit hat er, um Ordnung im Staate zu schaffen, den Grundsätzen, die in Verfassungsstaaten Geltung zu haben pflegen, zuwiderlaufend gehandelt. Der Gedanke, dass durch die Entlassung des Ministeriums Delyannis am 29. Februar 1892 ein gefährlicher Streit zwischen dem Parlamente und der Krone veranlasst werden könne, lag umso näher, als der Vorgänger Georgs I., König Otto, ebenfalls erst nach 29jähriger Regierung genöthigt wurde, Griechenland zu verlassen. Aber die Grundlage, auf der die Herrschaft König Georgs ruht, ist bei weitem fester als die, welche sich König Otto zu schaffen vermochte. Der gewagte Schritt des Königs, um den Staat vor Schaden zu bewahren, hat ihm gleichwohl in der öffentlichen Meinung nicht geschadet, im Gegentheile haben die Anhänger der Monarchie eingesehen, dass derselbe nöthig war. Die geringen Versuche, welche Delyannis machte, um sich mit Hilfe der Kammermehrheit am Ruder zu erhalten, sind kläglich gescheitert, weil das Heer sich als zuverlässig erwies; nach der Neuwahl der Kammer und der Übernahme der Geschäfte durch Trikupis kam alles wieder in das gewohnte Geleise, ohne dass der Staat und seine Verfassung Schaden gelitten hätten. Das war ein Prüfstein für die Festigkeit der Wurzeln, durch welche König Georg mit dem griechischen Volke verwachsen ist.

Vieles ist vor allem König Georg zugute gekommen. So die mit seiner Erwählung in Verbindung stehende Abtretung der jonischen Inseln an Griechenland, welche am 28. Mai 1864 vollzogen wurde: nicht nur finanziell für das kleine Königreich ein erheblicher Gewinn, sondern auch dadurch werthvoll, dass sie durch die beinahe fünfzigjährige englische Epoche an gesetzliche Ordnung gewöhnt sind. Weiter aber hat es sich namentlich seit 1870 doch recht fühlbar gemacht, dass Griechenland im Laufe von 40 Jahren die schrecklichen Wunden und Nachwehen der zerstörenden Kämpfe um seine Freiheit überwunden hatte. Das Land ist trotz seiner Verfassungsmisère materiell in frischem Gedeihen. Ferner ist es ein großer Vortheil für König Georg geworden, dass seine, der orthodoxen Kirche angehörige Gemahlin, des russischen Großfürsten Constantin Tochter, und Nichte des Kaisers Alexander II., Olga (geboren am 3. September 1851, vermählt am 27. October 1867), dem Könige eine Reihe Kinder geschenkt hat. Endlich aber hat die jüngste Zeit König Georg einen großen und lange ersehnten nationalen Erfolg in die Hand gegeben. Der sehr berechtigte Wunsch der Griechen, ihr in so enge Grenzen gebanntes Gebiet durch neue nationale Erwerbungen erweitert zu sehen, hatte auf die Dauer die Stellung Ottos so unhaltbar gemacht. Unter König Georg hatte die energische Unterstützung der aufständischen Kreter Griechenland der Gefahr eines höchst bedenklichen Krieges mit der Pforte ausgesetzt (1866—1869).

Im Jahre 1866 brach nämlich ein neuer Aufstand auf Kreta los, das schon während des griechischen Unabhängigkeitskrieges seine Vereinigung mit Griechenland erstrebt hatte. Die große herrliche Insel, von 234.000 Griechen und nur 38.000 Mohammedanern bewohnt, zeigte sich stets unzufrieden. Von Natur so reich, dass sie sich ohne jede fremde Zufuhr ernähren kann, besaß sie doch weder fahrbare Straßen noch Brücken und da die Türken fast die Hälfte des Grundeigenthums in Händen hatten und von den drei einzigen Häfen der Nordküste, Kanea, Rethymno und Kandia, aus die ganze Aus- und Einfuhr beherrschten, so blieben die Hilfsquellen völlig unentwickelt, oder wurden von den Türken ausgebeutet. Da fasste am 26. Mai 1866 eine große Volksversammlung die Beschwerden der Griechen zusammen, rief, da die Pforte ablehnend antwortete, die waffenfähige Mannschaft zum Kampfe auf und proclamierte am 2. September die Vereinigung Kretas mit Griechenland. In ihren unzugänglichen Gebirgen, namentlich in der Sphakia mehrmals siegreich, konnten die Aufständischen zwar die Erstürmung des festen Klosters Arkadion am 22. November 1866 nicht hindern, erregten aber doch das Interesse der Großmächte derart, dass die Pforte Abgeordnete der Christen und Türken nach Constantinopel berief.

Doch kein Grieche gieng dorthin; auch Omer Pascha vermochte die Sphakia nicht zu bezwingen. Die provisorische Regierung gab Kaperbriefe aus, der kecke Dampfer „Arkadion" brach zwanzigmal die türkische Blockade und in Menge strömten aus Griechenland Freischärler herbei, während die fremden Kriegsschiffe die Wehrlosen nach Griechenland brachten, so dass die aufständischen Kreter gegen die türkischen und ägyptischen Truppen sich zu behaupten vermochten. Endlich bewilligte die Pforte auf das Drängen der Großmächte einen Waffenstillstand bis zum 1. November, sowie eine Amnestie und Ali Pascha verhandelte persönlich über einen weitherzigen und klugen Verfassungsentwurf, der alle billigen Wünsche der Kretenser zu befriedigen schien.

Griechenland war amtlich zunächst neutral geblieben; aber das Ministerium Kumúndúros (seit Ende 1866) verstärkte das Heer und die Flotte und richtete am 3. Juni 1867 eine energische Note an die Mächte. Zugleich gab die Vermählung des Königs Georg (27. October 1867) mit Großfürstin Olga, der Tochter des Großfürsten Constantin, dem Königreiche einen stärkeren Rückhalt an Russland. Als aber die Türkei die Unterhandlungen mit den Kretern abbrach, ein Ultimatum an Griechenland stellte und ein Heer unter Omer Pascha Ende 1868 in Bereitschaft setzte, da trat auf Vorschlag Preußens im Januar 1869 eine Conferenz der Großmächte in Paris zusammen und entschied, dass Kreta unter türkischer Herrschaft zu bleiben und Griechenland sich zu fügen habe. Den Kretern blieb nunmehr nichts übrig, als die Unterwerfung gegen einige Zugeständnisse, doch erklärte das neue griechische Ministerium Zaïmis, dass Griechenland sich nicht für die Zukunft binde.

Dass sich Griechenland an die Beschlüsse der Pariser Conferenz vom Jahre 1869 nicht gebunden erachtete, zeigte der im Jahre 1897 neuerdings auf der Insel Kreta ausgebrochene Aufstand, welcher in weiterer Folge zum Kriege Griechenlands mit der Pforte und zur empfindlichen Niederlage des ersteren führte. Kreta zufrieden zu stellen, ist der Diplomatie bis nun nicht geglückt. Griechenland musste Kriegskosten an die Türkei zahlen und war nahe daran Thessalien wieder zu verlieren, Thessalien, durch dessen Zuwendung wie durch die Zuwendung eines Theiles von Epirus es im Sommer und Herbst des Jahres 1881 der europäischen Diplomatie gelungen war, das griechische Königreich zu erweitern, nachdem sich den Wünschen des Berliner Congresses vom Jahre 1878 gemäß die Pforte endlich entschlossen hatte, diese Gebietstheile zu räumen. Hatte auch der Misserfolg der griechischen Waffen das gute Verhältnis zwischen der Dynastie und den Griechen vorübergehend getrübt, so kann doch angenommen werden, dass sich das Verhältnis, welches sich im Laufe der nun bald 35jährigen Regierungszeit zwischen Fürst und Volk in Griechenland entwickelt hat, im großen und ganzen an Innigkeit und Herzlichkeit nichts zu wünschen übrig lässt. Dieses glückliche Einvernehmen kam bei allen Festen, welche die griechische Königsfamilie in den letzten Jahren gefeiert hat, zum Ausdrucke; so am 31. October 1888, als König Georg I. sein 25jähriges Regierungs-Jubiläum begieng, so am 27. October 1889, als sich Kronprinz Konstantin von Griechenland mit der Schwester des deutschen Kaisers, Prinzessin Sophie von Preußen, vermählte, so am 26. Mai 1892, als das dänische Königspaar, dessen directer Nachkomme König Georg I. ist, die goldene Hochzeit feierte; am meisten jedoch, als am 27. October 1892 das griechische Königspaar die silberne Hochzeit begieng. Die hohe Gemahlin des Königs, Großfürstin Olga Konstantinowna von Russland, lebt mit ihrem Gemahle in glücklichster Ehe, aus der fünf Söhne und zwei Töchter entsprossen. Die Bevölkerung ließ es sich nicht nehmen, dem Herrscherpaare bei diesem Anlasse ihre Liebe und Anhänglichkeit zu zeigen. Das Königspaar hatte die Absicht, das Familienfest in engstem Kreise zu feiern; und zu dem Ende sollten nur der Großfürst-Thronfolger von Russland und der Kronprinz von Dänemark den Tag durch ihre Anwesenheit in Athen verherrlichen. Die internationalen Beziehungen aber, in denen Griechenland zu den Mächten steht, brachten es mit sich, dass die Feier zugleich einen öffentlichen Charakter annahm. Der französische Gesandte Graf Montholon, der die Rückreise von Paris nach Athen an Bord des Admiralschiffes eines nach der griechischen Hauptstadt entsandten französischen Begrüßungs-Geschwaders unternahm, war der Überbringer eines Glückwunschschreibens des damaligen Präsidenten Carnot an König Georg I. Auch das englische Mittelmeer-Geschwader, das vor kurzem in Nauplia eintraf, hatte sich an der Flottenkundgebung betheiligt und ein gleiches geschah seitens der italienischen Flotte. Und so hatte sich denn ganz von selbst ein Festprogramm gestaltet, das an Reichhaltigkeit kaum hinter solchen zurückstand, die das Ergebnis langer Vorbereitungen waren. So wie die Dinge in Griechenland liegen, ist alle Aussicht vorhanden, dass, wenn der Friede erhalten bleibt, das Land zur Blüte gelangen kann, und was König Georg I., unbeirrt durch das im März des heurigen Jahres verübte Attentat eines Wahnwitzigen, dazu beizutragen vermag, wird er unzweifelhaft thun. Und so möge ihm noch eine lange und segensreiche Regierungszeit die verdienten Früchte seiner ernsten und aufrichtigen Bemühungen um das Glück seines Wahl-Vaterlandes bringen!

18. September 1884.

Nikolaus II. Kaiser von Russland,

Czar von Polen und Großfürst von Finnland etc. etc., Chef der Leibgarde-Regimenter Preobraschenski, Ssemjonow, Ismailow und Pawlow, des Leibgarde-Jäger-, des Leibgarde-Grenadier-Regimentes, des 1. und 3. finnländischen und des 4. Leib-Schützen-Bataillons, des Leib-Regimentes zu Pferd, des 1. Leibgarde-Kürassier-, des 2. Leibgarde-Uhlanen-, des Leibgarde-Husaren-, des Leibgarde-Kosaken-Regimentes, des 1. Jekaterinoslaw'schen Leib-Grenadier-Regimentes Kaiser Alexander III., des 12. Grenadier-Regimentes Astrachan, des 13. Grenadier-Regimentes Eriwan, des 2. Infanterie-Regimentes Sophia, des 145. Infanterie-Regimentes Nowotscherkask, des 16. Schützen-Regimentes, des 1. Leib-Dragoner-Regimentes Moskau, des 5. Leib-Dragoner-Regimentes Kurland, des 6. Leib-Dragoner-Regimentes Pawlograd, des 8. Dragoner-Regimentes Smolensk, des 46. Dragoner-Regimentes Perejaslaw, der 1. Leibgarde Ssotnie des Kuban'schen und der 3. Leibgarde Ssotnie des Terek'schen Kosaken-Heeres, der 1. Leibgarde-Artillerie-Brigade, des Leibgarde Sappeur-Bataillons, Hetman aller Kosaken, Chef des Leibgarde-Regimentes Wolhynien, des 65. Infanterie-Regimentes Moskau, des 80. Infanterie-Regimentes von der Kabarda, des 84. Infanterie-Regimentes Schirwan, des 1. ostsibirischen Schützen-Bataillons und des 44. Dragoner-Regimentes Nischni-Nowgorod, **Oberst-Inhaber des k. und k. Uhlanen-Regimentes Kaiser Nikolaus II. Nr. 5 (seit 25. August 1885)** und des **k. und k. Infanterie-Regimentes Nr. 2 (seit 10. November 1894)**, Chef des königl. preußischen Kaiser Alexander Grenadier-Regimentes Nr. 1, des königl. preußischen Husaren-Regimentes Kaiser Nikolaus II. von Russland (1. westfälisches) Nr. 8, à la suite der kaiserl. deutschen Marine, 1. Chef des 2. großherzogl. hessischen (Leib-)Dragoner-Regimentes Nr. 24, und des königl. großbritannischen 2. Dragoner-Regimentes Royal Scots Greys, Großmeister sämmtlicher kaiserl. russischer Orden, **Großkreuz des königl. ungarischen St. Stephan-Ordens**, Ritter des königl. spanischen Ordens vom Goldenen Vliese, des königl. großbritannischen Hosenband-Ordens, des königl. preußischen Schwarzen Adler-Ordens etc. etc.

Der älteste Sohn Kaiser Alexanders III. von Russland und dessen Gemahlin Maria Feodorowna, einer Tochter König Christians IX. von Dänemark, Großfürst und Thronfolger Nikolaus Alexandrowitsch, wurde am 18./6. Mai 1868 zu St. Petersburg geboren.

Durch seine hohe Geburt bestimmt, einst die Krone seiner Väter zu tragen, Alleinherrscher des mächtigen Czarenreiches zu werden, wurde Großfürst Nikolaus unter der unmittelbar persönlichen Aufsicht seiner hohen Eltern auf das sorgfältigste erzogen; hoch angesehene und tüchtige Lehrkräfte, Männer, wie General Danilowitsch, Boungue und andere hatte Kaiser Alexander III. ausgewählt, um den jungen Thronfolger durch eingehendes Studium der modernen Sprachen, sowie der edlen Wissenschaften, insbesondere der Staatsökonomie, auf seinen künftigen schweren Beruf vorzubereiten. Eine Rundreise nach dem Orient vollendete seine wissenschaftliche Ausbildung und hatte den Zweck, ihn durch eigene Anschauung die Verhältnisse daselbst kennen lernen zu lassen, denn schon damals war man überzeugt, dass die Hauptinteressen Russlands in Asien liegen. In Japan ist Großfürst Nikolaus am 23. April 1891 von einem Fanatiker angefallen und am Kopfe, glücklicherweise nur leicht, verletzt worden.

Von Natur aus nachdenklich und ernst veranlagt, spiegelte sich stets die Güte der Mutter, gepaart mit dem durchdringenden, majestätischen, Gehorsam fordernden, doch zugleich Vertrauen erweckenden Blicke der Romanows in den Augen des Großfürsten Nikolaus.

Durch den frühen Tod seines Vaters, des Czaren Alexander III., welcher am 1. November 1894 einem längeren Leiden erlegen war, zur Regierung gelangt, bestieg der Großfürst als Czar Nikolaus II. den Thron des weiten Russen-Reiches. Obzwar er kein eigentliches Manifest erließ, erklärte er deutlich und entschieden, an den Regierungsgrundsätzen seines dahingegangenen Vaters festhalten zu wollen. Die äußere Politik des jungen Czaren setzte sich die Erhaltung des Friedens in Europa und die Entwickelung der russischen Macht in Ostasien zum Ziele. Durch Beschleunigung des sibirischen Eisenbahnbaues und eine Intervention in Korea suchte sich die neue Regierung ihre Machtstellung in Asien zu sichern.

Wenige Monate vor dem Tode seines Vaters hatte sich Nikolaus, dem Zuge seines Herzens folgend, mit Prinzessin Alice, der jüngsten Tochter des Großherzogs Ludwig IV. von Hessen, verlobt. Infolge der Familientrauer fand die Vermählung des hohen Paares, nachdem Prinzessin Alice vorher zur orthodoxen Kirche übergetreten war und die Namen Alexandra Feodorowna erhalten hatte, in aller Stille am 14./26. November 1894 zu St. Petersburg statt.

Zwei Großfürstinnen: Olga, geboren am 3./15. November 1895, und Tatjana, geboren am 29. Mai/10. Juni 1897, vervollständigen das Glück dieser Ehe.

Im Mai 1896 fand unter großartigen Festlichkeiten die Krönung Czar Nikolau's II. statt. Im Herbste desselben Jahres besuchte das russische Kaiserpaar, überall mit lautem Jubel empfangen, die europäischen Höfe. Während seines mehrtägigen Aufenthaltes in der österreichischen Metropole fand unter anderen, dem Czarenpaare zu Ehren veranstalteten Festlichkeiten auch eine glänzende Truppenrevue statt. Bei dieser Gelegenheit führte Czar Nikolaus sein ihm durch Allerhöchstes Handschreiben vom 10. November 1894 verliehenes Infanterie-Regiment Nr. 2 Sr. Majestät dem Kaiser Franz Joseph I. vor, damit seine innige Zusammengehörigkeit mit dem Regimente bekundend.

Schon seit 18. September 1884 dem österreichischen Heere angehörend, an welchem Tage der damalige Großfürst zum Oberlieutenant im 5. Uhlanen-Regimente ernannt worden war, wurde demselben am 25. August 1885 die Inhaberstelle dieses Regimentes verliehen.

25. August 1885.

Georg Großfürst-Thronfolger von Russland,

kaiserl. russischer Schiffslieutenant der I. Flotten-Equipage Großfürst Constantin Nikolajewitsch, Flügeladjutant, Chef der reitenden Garde-Artillerie, der Atamanschen Kosaken, der Ural'schen Kosaken Ssotnie und des 93. Infanterie-Regimentes Jrkutsk, **Oberlieutenant im k. und k. Uhlanen-Regimente Alexander II. Kaiser von Russland Nr. 11**, à la suite des königl. preußischen Uhlanen-Regimentes Kaiser Alexander III. von Russland (westpreußisch) Nr. 1, **Großkreuz des königl. ungarischen St. Stephan-Ordens**, Ritter des königl. spanischen Ordens vom Goldenen Vliese, des königl. preußischen Schwarzen Adler-Ordens etc. etc.

Als dritter Sohn des Kaisers Alexander III. von Russland und dessen Gemahlin Kaiserin Maria Feodorowna erblickte Großfürst Georg am 27. April / 9. Mai 1871 in Zarskoje-Sselo das Licht der Welt.

Zusammen mit seinem älteren Bruder, dem nunmehrigen Czar Nikolaus II., wurde er unter der Leitung des Generales Danilowitsch in der größten Einfachheit und strengsten Disciplin vorzüglich erzogen. Großfürst Georg, welcher für den Seedienst ausersehen war, um dereinst die Charge eines Großadmirals der russischen Flotte zu erreichen, machte in seinen Studien namhafte Fortschritte.

Eine überaus sympathische Erscheinung, hatte der Großfürst noch in ganz jugendlichem Alter eine bedeutende Größe erreicht; möglicherweise ist in diesem so raschen Wachsthume der Grund seiner Kränklichkeit zu suchen.

Als im November 1890 der damalige Großfürst-Thronfolger Nikolaus eine Reise nach Japan antrat, begleitete ihn Großfürst Georg, nicht nur um seine Kenntnisse zu bereichern, sondern um auch den praktischen Seedienst näher kennen zu lernen, da er als dienstthuender Officier diese seine erste Oceanreise mitmachen sollte. Mit unermüdlichem Eifer und größter Gewissenhaftigkeit entledigte er sich der ihm aus dieser Stellung erwachsenden Pflichten, doch schon im Rothen Meere stellten sich Fiebererscheinungen ein und zwangen ihn, sich Ruhe zu gönnen. Er erholte sich zwar rasch und reiste bis Bombay mit, musste sich jedoch zu seinem größten Bedauern aus Gesundheitsrücksichten von seinem Bruder trennen und auf dem „Admiral Kosnilaw" in die Heimat zurückkehren.

Seit dieser Zeit muss der Großfürst den Winter stets im Süden verbringen, während er auch im Sommer nur in Gegenden von milderem Klima Aufenthalt nimmt. Einigemale schon drangen besorgniserregende Nachrichten über ihn in die Öffentlichkeit, besonders im Jahre 1894, als sich sein Zustand durch einen Sturz vom Pferde bedeutend verschlechtert hatte. Glücklicherweise besserte sich stets wieder das Befinden des Großfürsten, um dessen Pflege seine erlauchte Mutter, Kaiserin Maria Feodorowna, auf das zärtlichste besorgt ist.

Dem österreichischen Heere gehört der Großfürst seit 25. August 1885 als Oberlieutenant des Uhlanen-Regimentes Alexander II. Kaiser von Russland Nr. 11 an.

Da der zweite Sohn des Kaisers Alexander III. noch im zartesten Alter verschied und Czar Nikolaus bis nun ohne männlichen Erben ist, ist präsumtiver Erbe der Krone Russlands vorläufig Großfürst Georg.

5. März 1888.

Albert Eduard Prinz von Wales,

Herzog von Sachsen, Cornwall und Rothesay etc. etc. Mitglied des Oberhauses, königl. großbritannischer wie königl. preußischer General-Feldmarschall, Admiral ad honores, Oberst ad honores der Garde-Cavallerie, des 10. Husaren-Regimentes („Prince of Wales own") und des 6. Cavallerie-Regimentes von Bengalen, **Oberst-Inhaber des k. und k. Husaren-Regimentes Nr. 12 (seit 5. März 1888)**, Chef des königl. preußischen Husaren-Regimentes Fürst Blücher von Wahlstatt (pommerisch) Nr. 5 wie à la suite des Garde-Dragoner-Regimentes Königin von Großbritannien und Irland, Chef des kaiserl. russischen Dragoner-Regimentes von Kiew, Ritter des königl. großbritannischen Hosenband-, wie des Distel-Ordens, des königl. spanischen Ordens vom Goldenen Vliese, des königl. preußischen Schwarzen-Adler-Ordens, Ehrenritter des Johanniter-Ordens, **Großkreuz des königl. ungarischen St. Stephan-Ordens** etc. etc.

 Am 9. November 1841 schenkte Königin Victoria im Buckingham-Palaste zu London dem ersten Prinzen das Leben, welcher in der Taufe die Namen Albert Eduard erhielt. Unter der Oberaufsicht seines Vaters, des Prinzen Albert, wurde dem jungen Thronfolger durch Privatlehrer eine ausgezeichnete Erziehung, sowie die hohen Eltern auf das eifrigste bemüht waren, schon von zartester Jugend an Geist und Gemüth des Prinzen für seinen künftigen Beruf zu bilden. Seine Universitätsstudien absolvierte Prinz Albert in den Jahren 1857—1860 an den Hochschulen zu Edinburgh, Oxford und Cambridge. Nach Vollendung derselben bereiste er Amerika, 1862 Griechenland, Ägypten und Palästina; im Winter 1875/76 besuchte der Prinz Indien, allerorts enthusiastisch und mit den höchsten Ehren empfangen.

 1858 als Oberst in die Armee eingetreten, wurde er 1862 zum General und 1875 zum Feldmarschall ernannt, sowie er im preußischen Heere seit 1883 die höchste militärische Charge, die eines General-Feldmarschalls bekleidet.

 Prinz Albert entwickelt, seit er in das öffentliche Leben eingetreten, eine ungemein rege Thätigkeit. 1863 erfolgte sein Eintritt in den Staatsrath, 1868 in den Geheimrath von Irland.

Im Oberhause nimmt Prinz Albert als Herzog von Cornwall seinen Sitz ein. Auch Wohlthätigkeitsanstalten und Vereinen bringt der Thronfolger reges Interesse entgegen; 1878 führte er mit großem Geschicke den Vorsitz der englischen Commissionen für die Pariser Ausstellung. Er ist Präsident der Society of arts, des St. Bartholomäus-Hospitals, Gouverneur des Charterhouse und des Christospitales.

Ein passionierter Sportsman ist er stets an der Spitze aller sportlichen Veranstaltungen.

Am 10. März 1863 vermählte sich Prinz Albert zu Windsor Castle mit der am 1. December 1844 geborenen ältesten Tochter König Christians IX. von Dänemark, Prinzessin Alexandra, welche ihren hohen Gemahl mit zwei Söhnen und drei Töchtern beschenkte. Prinz Albert Victor Herzog von Clarence, welcher der älteste Sprosse des hohen Paares war, wurde leider schon 1892 vom Tode dahingerafft, Prinz Georg, Herzog von York, ist mit Fürstin Mary von Teck vermählt, Prinzessin Luise ist die Gemahlin des Herzogs von Fife, Prinzessin Victoria, noch im Elternhause, und Prinzessin Maud, vermählt mit Karl Prinz von Dänemark.

17. August 1888.

Ludwig I. König von Portugal

und Algarbien, diesseits und jenseits des Meeres in Afrika, Herr von Guinea etc. etc., Herzog zu Sachsen, **Oberst-Inhaber des k. und k. Infanterie-Regimentes Nr. 5 (vom 17. August 1888 bis 19. October 1888)**, Chef des königl. preußischen 3. brandenburgischen Infanterie-Regimentes Nr. 20, **Großkreuz des königl. ungarischen St. Stephan-Ordens** etc. etc.

König Ludwig I., geboren am 31. October 1838, war der zweite Sohn des Königs Ferdinand, Prinzen von Coburg, und der Königin Maria II. da Gloria von Portugal.

Als Prinz den Titel eines Herzogs von Oporto führend, trat Ludwig, für den militärischen Beruf gründlich vorbereitet, frühzeitig in die heimatliche Marine ein, in der er den Rang eines Capitäns erlangte. Nach dem frühen Tode seiner königlichen Mutter (15. November 1853) übernahm sein älterer Bruder als Pedro V. anfangs unter der Vormundschaft seines Vaters, seit 1855 selbständig die Regierung.

Wenige Jahre später jedoch schon, im Jahre 1861, sah sich Prinz Ludwig durch den frühen Tod seines königlichen Bruders plötzlich und unerwartet an die Spitze der Regierung gestellt. Ein schreckliches Verhängnis war über die königliche Familie hereingebrochen; binnen wenigen Wochen hatte ein typhöses Fieber König Pedro V. nebst seiner jungen Gemahlin und seinen Brüdern Johann und Ferdinand dahingerafft. Nur Prinz Ludwig, der nunmehr als König Ludwig I. den Thron Portugals innehatte und dessen letzter Bruder Prinz August waren am Leben geblieben, doch auch sie sollten nie wieder volle Genesung finden.

Das Erbe, welches König Ludwig von seinem verstorbenen Bruder übernommen, bot reichlich Gelegenheit zur Arbeit, denn Portugal bedurfte zur Beseitigung der beständigen Parteiwirren neuer Reformen. Das 1857 vom Herzoge von Loulé gebildete Versöhnungsministerium, das alle constitutionellen Parteien vereinte, musste 1870 einem durch den Herzog von Saldanha gebildeten

Cabinette das Feld räumen. Schon im Herbste 1871 jedoch gelangten die Gemäßigten (Regeneradores), die von dem schöpferischesten Staatsmanne des neuen Portugals, Pereira de Mello, geführt wurden, zur Regierung. Letzterer behauptete mit Unterbrechungen bis 1886 die Gewalt. Während dieses langen Zeitraumes wurde das Heer reorganisiert, ein Eisenbahnnetz geschaffen, neue Straf- und Civilgesetzbücher verfasst und das Wahlrecht der zweiten Kammer erweitert. Das 1886 unter dem Vorsitze do Castros gebildete Cabinet hatte keine wesentlichen Reformen bewirkt.

Im Vordergrunde des nationalen Interesses standen die Colonialangelegenheiten. Die erste Einbuße für Portugals afrikanische Besitzungen war 1885 der Abschluss der Congo-Acte gewesen, die einen beträchtlichen Theil des unteren Congogebietes dem Könige der Belgier überwies. Um so eifriger strebte König Ludwig die Stärkung der übrigen Colonien an, die freilich bis dahin wenig nutzbar gemacht worden waren. Mit Deutschland schloss der König am 30. December 1886 eine Übereinkunft über die Grenzen der beiderseitigen Besitzungen in Afrika, während er 1887 Angola durch Errichtung einer afrikanischen Truppenmacht, sowie Anlegung einer Bahn sicherte.

Am 6. October 1862 vermählte sich König Ludwig mit der jüngsten Tochter des Königs Victor Emanuel von Italien Prinzessin Maria Pia, welche ihn mit zwei Söhnen, dem Kronprinzen Karl (geboren 28. September 1863) und dem Prinzen Alfons (geboren 31. Juli 1865) beschenkte.

1888 stattete der König mit seiner hohen Gemahlin den Monarchen Österreichs und Deutschlands Besuche ab und weilte im August desselben Jahres am Sommer-Hoflager zu Ischl. Von Sr. Majestät Kaiser Franz Joseph I. bei dieser Gelegenheit zum Oberst-Inhaber des 5. Infanterie-Regimentes, welches seit 13. Juni 1886, dem Todestage König Ludwigs II. von Bayern, verwaist war, ernannt, reiste König Ludwig am 18. August nach Wien, um mehrere militärische Etablissements, wie die zur Erinnerung an das 40jährige Regierungs-Jubiläum Sr. Majestät des Kaisers veranstaltete Jubiläums-Gewerbeausstellung zu besichtigen. Am 22. August verließ der König mit seinem Gefolge Wien.

Noch im selben Jahre ergriff das Leiden, welches König Ludwig vor Jahren drei Brüder entrissen und dessen Keim auch bei ihm nicht gänzlich auszurotten gewesen war, mit erneuerter Macht den Herrscher Portugals. Alle Kunst der Ärzte, das theure Leben zu retten, erwies sich als erfolglos. Am 19. October entschlief der Monarch auf seinem Schlosse zu Cascaës an der Tajomündung, die Krone seinem Erstgeborenen, dem heute regierenden Könige Karl I., hinterlassend. Die irdischen Überreste des hohen Verblichenen wurden zuerst im Kloster Belem ausgestellt und dann in der königlichen Gruft der Klosterkirche San Vincent de Flora zu Lissabon beigesetzt.

28 Jahre lang hatte König Ludwig I. das Scepter geführt und still und klug manch gefährliche Krise von Staat und Volk abgelenkt. Ein hochgebildeter Mann mit ausgesprochenen literarischen und künstlerischen Neigungen, der unter anderem Shakespeares sämmtliche Werke meisterhaft ins Portugiesische übersetzt hatte, war mit ihm von hinnen gegangen.

18. August 1888.

Friedrich Prinz zu Schaumburg-Lippe,

k. und k. Rittmeister im Husaren-Regimente Graf Nádasdy Nr. 9, Ritter des königl. preußischen Rothen Adler-Ordens I. Classe, Großkreuz des königl. württembergischen Kronen-Ordens, sowie des herzogl. anhaltischen Ordens Albrecht des Bären, Ehrenkreuz I. Classe des fürstl. Schaumburg-Lippe'schen Hausordens und des diesem affiliierten silbernen Verdienstkreuzes, Ritter I. Classe des fürstl. Waldeck'schen Militär-Verdienstordens, Großkreuz des königl. dänischen Danebrog-Ordens, Besitzer der königl. württembergischen Erinnerungs-Medaille und der Erinnerungs-Medaille an die goldene Hochzeit Ihrer Majestäten von Dänemark etc. etc.

Prinz Friedrich wurde am 30. Januar 1868 zu Ratibořic als ältester Sohn des Prinzen Wilhelm von Schaumburg-Lippe und der Prinzessin Bathildis von Anhalt geboren.

Die erste Ausbildung erhielt der Prinz unter der liebevollen Aufsicht seiner hohen Eltern. Der häuslichen Erziehung entwachsen, trat er in die k. und k. theresianische Militär-Akademie zu Wiener-Neustadt ein und wurde nach deren Absolvierung am 18. August 1888 zum Lieutenant im k. und k. Husaren-Regimente Graf Radetzky Nr. 5 ernannt. Mit 1. Mai 1892 zum Oberlieutenant im selben Regimente befördert, avancierte Prinz Friedrich am 1. Mai 1895 zum Rittmeister 2. Classe unter gleichzeitiger Transferierung zum k. und k. Husaren-Regimente Graf Nádasdy Nr. 9 mit der Garnison in Ödenburg.

Vermählt ist Prinz Friedrich seit 5. Mai 1896 mit Prinzessin Louise von Dänemark, einer Enkelin König Christians IX., welche ihren Gemahl am 10. Februar 1897 durch die Geburt eines Töchterchens, Prinzessin Marie, beglückte.

2. October 1888.

Heinrich Prinz von Preußen,

kaiserl. deutscher Contre-Admiral, Inspecteur der 1. Marine-Inspection, General-major à la suite des königl. preußischen 1. Garde-Regimentes zu Fuß, des Garde-Füsilier-Ludwig-Regimentes, des großherzogl. hessischen Feld-Artillerie-Regimentes Nr. 25 (großherzogl. Artillerie-Corps), Chef des königl. preußischen Füsilier-Regimentes Prinz Heinrich von Preußen (Brandenburg) Nr. 35, des kaiserl. russischen Dragoner-Regimentes Nr. 33, **Oberst-Inhaber des k. und k. Infanterie-Regimentes Nr. 20 (seit 12. August 1889) und Contre-Admiral in der k. und k. Marine (seit 19. September 1895)**, Ritter des königl. preußischen Schwarzen Adler-Ordens, des königl. großbritannischen Hosenband-Ordens, des königl. spanischen Ordens vom Goldenen Vliese, **Großkreuz des königl. ungarischen St. Stephan-Orden** etc. etc.

Als zweiter Sohn des Prinzen Friedrich Wilhelm von Preußen und der Prinzessin Victoria am 14. August 1862 im Neuen Palais zu Potsdam geboren, wurde Prinz Heinrich in Gemeinschaft mit seinem älteren Bruder Prinz Wilhelm auf das sorgfältigste erzogen. Prinzessin Victoria verbrachte einen großen Theil ihrer Zeit in der Kinderstube, den Kleinen die erste Anleitung gebend. Nachdem die jungen Prinzen ihrer Ober-Gouvernante, Gräfin Fanni Reventlov, entwachsen waren, wurde Geheimer Rath Professor Dr. Hinzpeter ihr Gouverneur.

Wie die hohen Eltern auf eine zweckmäßige geistige Ausbildung der Prinzen bedacht waren, wandten sie auch ganz besondere Aufmerksamkeit deren körperlichen Entwickelung zu.

Zu diesem Zwecke war beim Neuen Palais in Sanssouci ein weiter Spielplatz errichtet, wo sich die beiden Prinzen herumtummeln und an den verschiedensten Turngeräthen ihre Kräfte stählen konnten. Ebenso wurden sie frühzeitig schon im Exerciren, Reiten, Fechten, Schwimmen und Schlittschuhlaufen unterrichtet.

Hohes Pflichtgefühl wurde schon bei Zeiten den Prinzen eingeimpft, infolge dessen sie sich mit besonderem Eifer ihren Studien widmeten.

Da Prinz Friedrich Wilhelm für seine Söhne eine vollständige Gymnasialbildung ins Auge gefasst hatte, wurde der häusliche Unterricht bereits darnach eingerichtet. Als beide Prinzen genügend vorbereitet waren, um in eine mittlere Classe des Gymnasiums eingeführt zu werden, übersiedelten dieselben mit einem kleinen Hofstaate nach Kassel, um hier das von Professor Vogt vorzüglich geleitete Gymnasium zu besuchen.

Die Prinzen bezogen die einstige Residenz der Prinzen von Hanau in unmittelbarer Nähe des Gymnasiums. Nach vorzüglicher Absolvierung desselben trat Prinz Heinrich im April 1877 als Cadet in die kaiserlich deutsche Marine. Vorher hatte er die jedem Cadetten vorgeschriebene Aufnahmsprüfung glänzend bestanden.

Nach einer gemeinsam mit seinen Kameraden genossenen militärischen Ausbildung zu Lande, wurde er an Bord der Segelfregatte „Niobe" eingeschifft. Während deren Kreuzfahrten in der Ostsee, Nordsee und an der englischen Küste erhielt der Prinz seine erste praktisch-seemännische Ausbildung und außerdem noch theoretischen Unterricht in allen Zweigen des Kriegsschiffsdienstes.

Zurückgekehrt nach Kiel besuchte Prinz Heinrich die Marineschule, um sich in wissenschaftlicher und berufstechnischer Beziehung für die Seecadettenprüfung vorzubereiten. Als er dieselbe bestens bestanden, schiffte er sich im Herbste 1878 auf der Corvette „Prinz Albert" ein und machte auf derselben eine Reise um die Erde mit, von welcher er erst im September 1880 wieder in Kiel eintraf.

Viele interessante und bemerkenswerte Erfahrungen hatte der junge fürstliche Seemann auf dieser Weltumseglung gesammelt, doch auch dem praktischen Schiffsdienste hatte er sich mit allem Ernste hingegeben und alle Phasen desselben mitgemacht.

Nachdem Prinz Heinrich die erste Seeofficiers-Berufsprüfung glänzend bestanden, wurde er am 18. October 1880, dem Geburtstage seines Vaters, zum Lieutenant zur See wie zum Premier-Lieutenant im 1. Garde-Regimente ernannt.

Anlässlich der Anwesenheit des englischen Ostseegeschwaders unter dem Commando des Herzogs von Edinburgh in Kiel machte Prinz Heinrich an der Seite des Prinzen Wilhelm alle zu Ehren dieser befreundeten ersten Seemacht arrangierten Festlichkeiten mit. Der Aufenthalt der Flotte erstreckte sich vom 14. bis 17. Juli 1881. Am 18. früh verließ das englische Geschwader den Kieler Hafen und kehrte in die Heimat zurück. An Bord des „Hercules" machte Prinz Heinrich die Fahrt ebenfalls mit, um seine in England weilenden hohen Eltern zu besuchen.

Theils zur Erholung, theils zum Vergnügen bereiste Prinz Heinrich hierauf Italien und Ägypten. Schon 1882 aber schiffte er sich wieder zu einer längeren Reise an Bord der Corvette „Olga" ein. Diese lief mehrere Hafenorte von Venezuela und Columbien an, dann folgten Besuche von Rio, Bahia, Kingstown, Jamaica, Havanna, den Bermudasinseln und den Azoren. In allen deutschen Ansiedelungen empfieng man den Sprossen des Hauses Hohenzollern mit lautem Jubel und wetteiferte, ihm Beweise der Anhänglichkeit an die alte deutsche Heimat zu geben.

Nach Kiel zurückgekehrt, wurde Prinz Heinrich am 18. October 1884 zum Capitän-Lieutenant befördert und zum Führer der 2. Compagnie der 1. Matrosen-Division in Kiel und 1887 zum Chef der 1. Torpedoboot-Division ernannt. Se. Majestät Kaiser Franz Joseph I. ernannte den Prinzen am 2. October 1888 zum Corvetten-Capitän, am 29. Januar 1889 zum Linienschiffs-Capitän, mit 12. August 1889 zum Oberst-Inhaber des k. und k. Infanterie-Regimentes Nr. 20 und mit 19. September 1895 zum Contre-Admiral der k. und k. Marine.

Am 90. Geburtstage Kaiser Wilhelms I. (22. März) verlobte sich Prinz Heinrich mit seiner Cousine Prinzessin Irene von Hessen-Darmstadt, der dritten Tochter des Großherzogs Ludwig IV. von Hessen und dessen Gemahlin Großherzogin Alice.

Das auf gegenseitiger inniger Neigung basierende Herzensbündnis erhielt am 24. Mai 1888 zu Charlottenburg die kirchliche Weihe. Der überaus glücklichen Ehe entstammen Prinz Waldemar, geboren zu Kiel am 20. März 1889, und Prinz Wilhelm Sigismund, geboren zu Kiel 27. November 1896.

Ausgezeichnet durch bedeutendes fachliches Wissen erreichte der Prinz bald eine der höchsten Chargen der kaiserlich deutschen Marine. Im Herbste 1897 betraute ihn sein kaiserlicher Bruder mit dem Commando über das für Ostasien bestimmte Deutsche Geschwader; hiermit wurde ihm die ehrenvolle Aufgabe, Deutschlands Flagge in Ostasien zu hissen.

Das Geschwader besteht aus drei mächtigen Schiffen, wovon sich Prinz Heinrich den Panzerkreuzer „Deutschland" als Flaggenschiff erkor. Die Ausfahrt des Geschwaders fand am 16. December 1897 von Kiel aus statt. Se. Majestät der Deutsche Kaiser und dessen Söhne Kronprinz Friedrich Wilhelm, Prinz Eitel Friedrich und Prinz Albert gaben dem fürstlichen Seemann eine Strecke weit das Geleite.

Prinzessin Heinrich mit ihren beiden Söhnen sah von den Fenstern des Schlosses der Abfahrt zu. Heiße Segenswünsche der gesammten Bevölkerung Deutschlands für das glückliche Gelingen dieser Unternehmung begleiteten das Geschwader auf seiner Fahrt.

10. November 1888.

Christian IX. König von Dänemark,

der Wenden und Gothen, Herzog von Schleswig-Holstein, Stormarn, Ditmarschen, Lauenburg und Oldenburg, königl. schwedischer General, **Oberstinhaber des k. u. k. Infanterie-Regimentes Nr. 75 (mit 10. November 1888)**, Chef des kaiserl. russischen 45. Dragoner-Regimentes Ssjewers, des königl. preußischen thüringischen Uhlanen-Regimentes Nr. 6, Ritter des königl. großbritannischen Hosenband-Ordens, des königl. spanischen Ordens vom Goldenen Vliese, des königl. preußischen Schwarzen Adler-Ordens, **Großkreuz des königl. ungarischen St. Stephan-Ordens** etc. etc.

König Christian IX. wurde am 8. April 1818 im Schlosse Gottorp bei Schleswig geboren. Er ist der vierte Sohn des Herzogs Friedrich Wilhelm Paul Leopold von Schleswig-Holstein-Sonderburg-Glücksburg (gestorben am 17. Februar 1831) und der Herzogin Luise Karoline, Tochter des Landgrafen Wilhelm von Hessen-Kassel (gestorben am 13. März 1867). Nach dem Tode seines Vaters gieng Prinz Christian, 13 Jahre alt, nach Kopenhagen und trat ins Cadetten-Corps ein. Da König Friedrich VI. (gestorben 1839), der mit einer Schwester seiner Mutter vermählt war, keinen Sohn hatte, nahm sich dieser des Prinzen mit großer Liebe an. 21 Jahre alt, besuchte Prinz Christian die Universität zu Bonn, wo er die Rechte und Geschichte studierte. Nachdem er 1840 größere Reisen in Deutschland und Italien gemacht hatte, wurde er als Vertreter des Königs vielfach an verschiedene Höfe bei festlichen Gelegenheiten geschickt. Am 26. Mai 1842 vermählte er sich mit seiner Base und Jugendfreundin, der Prinzessin Luise Wilhelmine Friederike von Hessen-Kassel (geboren am 7. September 1817), Tochter des Landgrafen Wilhelm von Hessen-Kassel und der Prinzessin Charlotte von Dänemark. Das junge Ehepaar, das erst in dem bescheidenen Schlosse Bernsdorff in der großen Königstraße wohnte, bezog später das nachmals so berühmt gewordene Gelbe Palais neben der Amalienborg. Die Mauern des Schlosses Bernsdorff waren Zeugen mehr echter und herzlicher Familienliebe als sonst irgend ein

Königssitz der Welt, ausgenommen vielleicht das Heim der englischen Herrscherin, oder die Tuilerien während der Regierung Louis Philipps.

Als König Christian VIII., welcher Friedrich VI. succedierte, am 28. Januar 1848 nach kurzem Krankenlager die Augen für immer schloss und der letzte gekrönte, absolute dänische König aus dem Hause Oldenburg zu Grabe getragen war, erhob sich am politischen Himmel aller Staaten Europas ein Sturmwind, der die Throne erschüttern machte. Der einzige Sohn und Nachfolger Christians VIII., König Friedrich VII., der von Jugend auf, angeregt durch eigenthümliche Verhältnisse in seinem Elternhause, demokratischen Neigungen huldigte, kam sofort nach seiner Thronbesteigung dem langjährigen Verlangen des Volkes nach Freiheit freiwillig durch Verheißung einer freien Verfassung entgegen, einer Verfassung, die nach langen Berathungen der constituierenden Reichsversammlung am 5. Juni 1850 erlassen wurde und heute noch, unberührt von den verschiedenen Zeitströmungen der verflossenen fünf Jahrzehnte, im wesentlichsten besteht.

Die Versuche der nationalliberalen dänischen Partei, Schleswig von Holstein zu trennen und erstgenanntes Herzogthum Dänemark einzuverleiben, führten zur Erhebung der Schleswig-Holsteiner im Jahre 1848, zu einem Bruderkriege, der erst im Jahre 1850 beendet wurde und später durch das Londoner Protokoll vom 10. Mai 1852 seinen Abschluss fand. Durch dieses wurde die Wiederherstellung der alten Monarchie und Thronfolge des Prinzen Christian von Schleswig-Holstein-Sonderburg-Glücksburg von den Großmächten festgestellt.

Prinz Christian schloss sich der von Christian VIII. eingeschlagenen Politik, namentlich in Betreff der Thronfolge-Ordnung der Gesammtmonarchie beim Aussterben des Oldenburger Mannesstammes, völlig an, nicht ahnend, dass er jemals dadurch einen Vortheil erzielen könnte; denn vorläufig war nach dem bis nunzu bestehenden Erbrechte sein Schwager Prinz Friedrich Wilhelm von Hessen-Kassel Thronerbe in Dänemark. Erst nach dem Friedensschlusse von 1850 verzichtete der Prinz von Hessen, da er auch präsumtiver Thronerbe in Hessen-Kassel war, zu Gunsten des Prinzen Christian.

Prinz Christian nahm nun den Titel eines Prinzen von Dänemark an, hielt sich aber von jeder Einmischung in die Regierungs-Angelegenheiten ferne und waltete nur seines Amtes als Chef der Garde zu Pferde. Als König Friedrich VII., der letzte männliche Sprosse aus dem Hause Oldenburg, am 15. November 1863 auf dem Schlosse Glücksburg bei Flensburg in Schleswig, erst 55 Jahre alt, plötzlich und ganz unerwartet an Gesichtsrose starb, gieng die Krone verfassungsmäßig auf Christian IX., das Haupt der Glücksburger Linie, über. Der volle Ernst des Lebens, die ganze Verantwortung der Krone trat nun an den mit den Regierungs-Angelegenheiten wenig vertrauten neuen Herrscher heran. Auf der einen Seite drängten die Nationalliberalen in ihn, die bereits vom Reichsrathe vorgeschlagene und „gemeinsame Verfassung für Dänemark und Schleswig" zu vollziehen, um — so hieß es — die seit Jahren herrschenden Regierungswirren und die deshalb schwebenden Verhandlungen mit dem Deutschen Bunde wie mit den holsteinischen Ständen zu beendigen, anderseits drohten Österreich und Preußen namens des Deutschen Bundes mit Zwangsexecution, also Krieg. Auch an guten Rathschlägen und Vermittlungsversuchen der nichtbetheiligten Großmächte fehlte es nicht.

In dieser Lage entschied sich König Christian IX. schweren Herzens, von Volkstumulten in Kopenhagen bedroht, von seinem Minister Hall gedrängt, und ohne jede Wurzel in Dänemark, am 18. November 1863 die neue Gesammtstaatsverfassung zu unterzeichnen. Die Schleswig-Holsteiner aber waren der Ansicht, dass die Nachfolge in ihren Herzogthümern dem Herzog Friedrich von Schleswig-Holstein-Augustenburg gebüre und sahen in dessen Erbrechten einen Schutz gegen die drohende dänische Vergewaltigung. So erhoben sie den Prinzen in der großen Landesversammlung zu Kiel begeistert auf den Thron. Dieser Enthusiasmus pflanzte sich bald über ganz Deutschland fort, nicht sowohl der Hoffnung wegen, noch einen deutschen Kleinstaat mehr zu begründen, als für die aufleuchtende Aussicht, endlich einmal den alten deutschen Boden der Herzogthümer der dänischen Fremdherrschaft entreißen zu können.

Der Herzog indes hielt sich zunächst zurück; er begnügte sich von Gotha aus, wo er mit seiner Familie lange zurückgezogen gelebt hatte, eine Proclamation an die Schleswig-Holsteiner zu richten, ein Ministerium zu ernennen und beim Bundestage seine Anerkennung zu beantragen.

Auch die Stände und die Ritterschaft Schleswig-Holsteins wandten sich an den Bundestag um Hilfe. Die ganze dänische Verwaltung brach dort, wo nicht dänische Truppen standen, zusammen, denn die meisten Beamten verweigerten den Eid für den neuen Landesherrn König Christian IX. So beschloss denn der

Bundestag am 7. December über Antrag der beiden Großmächte den Vollzug der Bundesexecution, behielt sich aber die Entscheidung über die Erbfolgefrage noch vor. Am 24. December rückten die Contingente von Sachsen und Hannover, die mit der Execution beauftragt waren, im ganzen 12.000 Mann, unter dem Befehle des sächsischen Generals von Hacke in Holstein ein, eine ebenso starke österreichisch-preußische Reserve bei Lübeck und Hamburg hinter sich. Die dänischen Truppen zogen sich auf den Rath der Westmächte mit Protest, aber ohne Gegenwehr zurück.

Zwei Civilcommissäre übernahmen im Namen des Bundes die Verwaltung von Holstein, doch behauptete die von diesen in Kiel gebildete holsteinische Landesregierung unter Dr. Henrici ihnen, wie später dem Herzog Friedrich gegenüber ihre volle Selbständigkeit, wobei es nicht ohne Verdrießlichkeiten abgieng. Die Bundescommissäre gestatteten, dass auf einer sehr zahlreich besuchten Volksversammlung in Elmshorn am 27. December Prinz Friedrich zum Herzog von Schleswig-Holstein ausgerufen wurde, worauf dieser denn auch, jedoch wie er erklärte, nur als Privatmann nach Holstein kam. In der Stille richtete er indes an Kaiser Napoleon III. ein Gesuch um Unterstützung.

Mit der Proclamierung des Herzogs war offenbar der Bundesentscheidung vorgegriffen. Die Volksstimmung in Deutschland jedoch war durchaus und mit stürmischer Leidenschaft dafür. Seit 1848—1849 hatte das Land keine solche Aufregung erlebt. Eine schlewig-holsteinische Deputation, welche die Hilfe der deutschen Fürsten anrufen sollte, wurde überall mit Jubel empfangen; ein deutscher Abgeordnetentag in Frankfurt am Main sprach sich für Friedrich VIII. aus und setzte einen Ausschuss von 36 Männern zur Leitung der deutschen Volksbewegung ein. Die meisten Höfe erkannten den Herzog an, Volksversammlungen traten für Schleswig-Holsteins Recht ein, ja, die Bevölkerung dachte sogar an die Ausrüstung von Freiwilligen, wie im Jahre 1848. Man bedachte dabei die Rechtslage nicht und war mit der Haltung der Großmächte, namentlich Preußens, unzufrieden. Denn diese, die doch vor dem Riss zu stehen hatten, wenn es zum Kriege kam, erhoben am Bundestage Einspruch und beantragten am 28. December, dass von Dänemark nur die Aufhebung der Gesammtverfassung gefordert, im Weigerungsfalle aber Schleswig im Namen des Bundes als Pfand besetzt werde. Aber wie ihre Unterhandlungen mit Dänemark, den Herzogthümern ihre Rechte zu wahren, gescheitert waren, so erlagen sie auch am Bundestage der Majorität der Mittel- und Kleinstaaten, welche darauf bestand, dass auch Schleswig für Herzog Friedrich VIII. mit Waffengewalt in Besitz genommen werde.

Unter diesen Umständen erklärten am 14. Januar 1864 die beiden Großmächte als solche, die Auseinandersetzung mit Dänemark selbst in die Hand zu nehmen, obwohl das preußische Abgeordnetenhaus eine Anleihe von 12 Millionen Thalern, die Bismarck zu einem energischen Vorgehen gegen Dänemark verlangte, mit 275 gegen 51 Stimmen ablehnte, während der österreichische Reichsrath 6 Millionen Gulden für den gleichen Zweck bewilligte. Beide Staaten schlossen am 16. Januar eine geheime Convention miteinander, richteten an Dänemark direct die Forderung, die November-Verfassung binnen 48 Stunden aufzuheben, und beantworteten die Ablehnung dieses Ultimatums am 18. Januar 1864 mit der Kriegserklärung. Nun trugen endlose Züge durch Schlesien über Breslau ein österreichisches Armee-Corps nach dem Norden; über Lübeck durch Ostholstein giengen die Preußen vor. Am 1. Februar 1864 überschritten 23.000 Österreicher mit 56 Geschützen und 37.000 Preußen mit 110 Geschützen unter dem gemeinsamen Oberbefehle des preußischen Feldmarschalls von Wrangel die Eider: die Österreicher bei Rendsburg, die Preußen von Kiel her.

Ihnen gegenüber standen im ganzen fast 60.000 Dänen mit 120 Geschützen unter General de Meja. Das Übergewicht des Fußvolkes war auf Seite der Dänen, das der Cavallerie und Artillerie hatten die angreifenden Mächte. Mit 36.000 Mann hatten die Dänen den sechs Meilen langen Schanzwall des Danewirks und die Schleilinie besetzt. Gegen diese Aufstellungen richteten sich sofort die Angriffe der Verbündeten: der Österreicher unter Feldmarschall-Lieutenant von Gablenz, der Preußen unter dem Prinzen Friedrich Karl. Noch am 1. Februar besetzten die Preußen nach kurzem Kampfe Eckernförde. Doch hatten sie mit ihrem Angriffe auf Missunde, an der schmalsten Seite der Schlei, am 2. Februar bei dem concentrierten Geschützfeuer der Dänen keinen Erfolg; sie wählten daher Arnis und Kappeln weiter ostwärts, um die Schlei zu überschreiten und die Dänen in ihrer linken Flanke zu überflügeln. Die Österreicher dagegen bestanden am 3. Februar siegreich das Gefecht bei Jagel und Oberselk vor Schleswig am Königshügel. Die Dänen sahen somit ihre Aufstellung zugleich in der Front und der Flanke bedroht und beschlossen daher, als auch die Preußen in der Nacht des 4. Februar die Schlei überschritten hatten, sie aufzugeben.

In der Nacht vom 5. zum 6. Februar traten sie mit Zurücklassung zahlreicher Geschütze den Rückzug an, um sich hinter den Schanzreihen bei Düppel festzusetzen. Nur dieser rasche Abzug und das einfallende Glatteis, das die Verfolgung beschränkte, rettete die dänische Armee vor der Vernichtung, welche ihr der preußische Generalstabschef von Moltke zugedacht hatte, indem er sie von Flensburg abschneiden wollte. Lediglich der dänischen Nachhut, dem tapferen ersten Kopenhagener-Regimente, brachten die Österreicher am 6. Februar bei Översee unweit Flensburg eine empfindliche Schlappe bei. Am 7. Februar rückten die Verbündeten in Flensburg ein, wo sie Civilcommissäre einsetzten, die im Namen der beiden Großmächte die Verwaltung des Herzogthums Schleswig übernahmen und sofort den Sprachenzwang, sowie die Abzeichen der dänischen Herrschaft beseitigten.

Die Preußen theilten sich jetzt. Das combinierte Armeecorps unter dem Prinzen Friedrich Karl nahm Stellung in Sundewitt, um gegen die Verschanzungen von Düppel zu operieren. Die Gardedivision dagegen überschritt alsbald die Grenze von Jütland und warf die Dänen in die Festung zurück; die Österreicher folgten anfangs März und besetzten nach einem siegreichen Gefechte am 8. März Veile. Bis an den Liimfjord drangen jetzt die Verbündeten vor, während die Dänen sich über den Sallingsund nach der Insel Mörs zurückzogen.

Unterdes hatte auch die weit überlegene dänische Flotte (18 größere Kriegsschiffe auf der Ostsee allein) die Blockade der deutschen Küsten begonnen; denn die preußische Flotte lag noch in ihren Anfängen und hatte zu Beginn nur zwei Fregatten und eine Corvette sammt einer Anzahl von Kanonenbooten zur Verfügung, die obendrein theilweise mit ganz ungeübten Mannschaften besetzt waren. Gleichwohl wagte es der Capitän zur See Jachmann mit drei preußischen Schiffen am 17. März auf der Höhe von Arkona sich sieben dänischen Schiffen mit 167 Kanonen entgegenzustellen, ohne dass diese des verwegenen Angriffes Herr zu werden vermochten.

Auf den Höhen östlich vom Dorfe Düppel, zu beiden Seiten der Straße Flensburg-Sonderburg, die dort rasch ansteigt, der Insel Alsen gegenüber und von ihr nur durch den schmalen Alsensund getrennt, hatten die Dänen eine doppelte Reihe sehr starker Schanzen, im ganzen zehn, aufgeführt, in denen sie den Angriffen der Preußen sicher glaubten widerstehen zu können, zumal ihr

Monitor „Rolf Krake", von anderen Schiffen unterstützt, den Alsensund beherrschte.

Den Dänen nachfolgend hatte Prinz Friedrich Karl vor den dänischen Werken Stellung genommen; allein zu ihrer Überwindung bedurfte es der Herbeischaffung schweren Geschützes, und die ursprüngliche Absicht von Moltkes gieng überhaupt nicht dahin, um Düppel einen langen Belagerungskampf zu führen. So vergiengen die ersten Wochen zwar nicht ohne blutigen Kämpfe, doch ohne Entscheidung. Erst in der Nacht des 29. März konnten die Belagerer die erste Parallele ausheben, tausend Schritte von den Schanzen. Doch gieng man erst dann ernsthaft an die Belagerung, als ein Angriff auf Alsen über den Alsensund hinüber, welcher die Schanzen im Rücken gefasst hätte, in der Nacht des 2. April durch stürmisches Wetter vereitelt worden war, da die preußischen Kanonenboote nicht auslaufen konnten. So wurde am 7. April die zweite, am 11. April die dritte Parallele ausgehoben; nur noch 500 bis 600 Schritte vom Feinde am 14. April noch eine vierte.

Im ganzen standen 118 schwere Geschütze im Feuer. Die furchtbare Treffsicherheit der gezogenen Rohre bis auf fünf Kilometer Entfernung überschüttete die dänischen Schanzen ununterbrochen mit Eisenmassen, demontierte ihre Geschütze, verwandelte ihre Werke in unförmliche Erdhaufen, zerschoss ihre für bombenfest gehaltenen Blockhäuser in Splitter, so dass jeder Aufenthalt in den Schanzen unmöglich wurde und die Dänen das Feuer kaum noch erwiderten. In dumpfer Ergebung erwarteten sie den Sturm; sie wussten, dass sie ihn nicht würden abschlagen können. Auf den 18. April, vormittags 10 Uhr, setzte Prinz Friedrich Karl den Sturm an; er beobachtete ihn mit dem Kronprinzen von der Batterie „Feldzeugmeister" jenseits des Wennigsundes aus.

In den Laufgräben standen die Sturmcolonnen in der milden Frühlingsnacht bereit. Morgens 3 Uhr begann das Bombardement wie alle Tage, zu immer größerer Heftigkeit sich steigernd, bis gegen 8 Uhr an 80 Schüssse in der Secunde fielen. Da schlug die Thurmuhr in dem Dorfe Düppel zehn; mit dem Glockenschlage schwiegen sämmtliche Geschütze in der langen Reihe. Im Laufschritte brachen die Sturmcolonnen heraus, gleichzeitig gegen die sechs Schanzen der ersten Reihe. Voran gieng eine Compagnie in aufgelöster Ordnung, um das Feuer mit der Besatzung zu unterhalten, hinter diesen Pionniere mit Beilen, Faschinen, Hacken und Pulversäcken zum Wegsprengen der feindlichen Palissaden;

ihnen folgte die erste Colonne der Sturmmanuschaften, etwas weiter zurück die zweite. Mit Hurrah gieng es vorwärts, die Schanzen hinan. Nach sechs Minuten schon war eine, nach 22 Minuten alle sechs Schanzen genommen. Ein heißer Kampf entspann sich um die Mühle; Verstärkungen rückten nach, die Dänen wurden trotz tapferster Gegenwehr auch aus der zweiten Linie geworfen, gegen 4000 abgeschnitten und zu Gefangenen gemacht.

Mit 1100 Todten und Verwundeten (von 16.000 Stürmern) hatten die Sieger ihren Erfolg erkämpft, mit ebenso großen Verlusten die Dänen ihre Niederlage gebüßt.

Nun sollte die Belagerung der Festung Friedericia, welche die Dänen durch zwei verschanzte Lager gedeckt hatten, mit allem Nachdrucke von den Österreichern aufgenommen werden. Allein die Dänen verzichteten auf die Vertheidigung und räumten in der Nacht des 28. April, 237 Kanonen im Stiche lassend, in aller Stille die Festung.

Nur zur See versuchten sie noch Widerstand zu leisten. Auf der Höhe von Helgoland griffen sie am 9. Mai ein österreichisch-preußisches Geschwader unter dem österreichen Contre-Admiral Tegetthoff an, das die dänische Blockade der Nordseehäfen brechen sollte; die verbündete Flotille widerstand jedoch so wacker, dass, obgleich die österreichische Fregatte „Schwarzenberg" in Brand geschossen wurde und sich unter dem Schutze des „Radetzky" zurückziehen musste, die Dänen trotz ihrer Überlegenheit nur eine schwache und wirkungslose Verfolgung wagten. Ungefährdet erreichten die zerschossenen Schiffe Cuxhafen.

Der Muth der Dänen war indessen noch lange nicht gebrochen. Zwar hatte Russland ihren Hilferuf abgewiesen, Frankreich kühl und bestimmt, England mit dem Ausdrucke tiefsten Bedauerns abgelehnt; in London war jedoch am 25. April eine Conferenz der Großmächte eröffnet worden, auf der sie wiederzuerlangen hofften, was sie im Felde verloren hatten. Auch der Deutsche Bund war auf dieser Conferenz durch den sächsischen Minister Beust vertreten. Freilich bestand der principielle Gegensatz zwischen den mittelstaatlichen und der österreichisch-preußischen Politik fort, denn jene beharrte auf ihrem Grundgedanken, den Herzog von Augustenburg als rechtmäßigen Landesherrn zu betrachten, und diese stand formell noch auf dem Londoner Protokoll.

Die Conferenz vermittelte zunächst einen Waffenstillstand zwischen den kriegführenden Parteien vom 12. Mai bis zum 26. Juni, um den Friedensschluss einzuleiten. Und wirklich erklärten sich auch die siegreichen Verbündeten zum Frieden bereit, wenn unter völliger Trennung der Verfassung und Verwaltung die Elbherzogthümer fortan lediglich durch das Band der Personalunion mit Dänemark verbunden würden, wie es das Londoner Protokoll festgestellt hatte. Dänemark wies indes diese Forderung als unannehmbar zurück, verließ also den einzigen anerkannten Rechtsboden, den es besaß; auch von einer Theilung der Herzogthümer nach der Schleilinie oder sonstwo wie sie England vorschlug, wollte es nichts wissen, denn seine Erwartung war noch immer, dass es, wenn es seine Truppen auf die Inseln zurückziehe, den Verbündeten widerstehen würde. So löste sich denn am 25. Juni die Conferenz ergebnislos auf und der Waffengang begann von neuem.

Auf der Insel Alsen stand in wohlbefestigten Stellungen die Hauptmasse der dänischen Armee. Der Meeresarm des Alsensundes deckte sie, wie sie meinten, unangreifbar gegen die feindlichen Truppen auf dem Festlande. General Herwarth von Bittenfeld führte diese jetzt, während Prinz Friedrich Karl, schon seit dem 18. Mai, an Wrangels Stelle den Oberbefehl über die gesammten Truppen der Verbündeten übernommen hatte.

Nachdem preußische Truppen in der Nacht vom 28. auf den 29. Juni den Übergang über den Sund bewerkstelligt hatten, mussten sich die Dänen nach tapferster Gegenwehr landeinwärts zurückziehen und setzten sich nun bei der Rönhoffschanze fest; ein hitziges Gefecht entspann sich. Verstärkungen mit Feldgeschützen, welche bei den Preußen nach und nach anlangten, begannen das Missverhältnis der Zahl mehr und mehr auszugleichen. Die Dänen wurden denn auch auf Kjär, dann auf Ulkebüll und Sundsmark zurückgedrängt und schifften sich endlich nach der Insel Fünen ein.

Während die Österreicher über den Ottensund nach der Insel Mörs vordrangen, überschritten die Preußen den Liimfjord, um auch den Norden von Jütland zu besetzen. Am 12. Juli standen die Verbündeten auf Cap Skagen, der äußersten Nordspitze Jütlands. Wenige Tage später, am 19., waren neben dem ganzen dänischen Festlande auch die friesischen Inseln in der Gewalt der Verbündeten. Jetzt, wo selbst Fünen bedroht war, erfuhr die Stimmung in Kopenhagen einen jähen Umschlag. König Christian IX. entließ am 8. Juli sein eiderdänisches Ministerium Monrad und umgab sich mit einem friedliebenden Cabinete, dessen Leitung Bluhme, der Schöpfer der Verträge von 1852, übernahm.

Gerne bewilligten die Sieger am 20. Juli die nunmehr nachgesuchte Waffenruhe. Am 1. August schon war man über die Bedingungen des Friedens einig; am 30. October 1864 wurde der endgiltige Vertrag zu Wien unterzeichnet. König Christian IX. von Dänemark trat darin alle seine Rechte auf die Herzogthümer Schleswig, Holstein und Lauenburg an den Kaiser von Österreich und den König von Preußen ab, wobei er nur einige kleine nordschleswigische Gebietstheile im Austausch mit altjütischen Enclaven südlich der Königsau behielt und verpflichtete sich zugleich, „die Dispositionen, welche Österreich und Preußen in Bezug auf die Herzogthümer treffen würden, anzuerkennen".

Durch den Verlust der Herzogthümer trat natürlich eine große Einbuße an den Staatseinnahmen und sonstiger materieller Schaden ein; aber unter der landesväterlichen und selbstbewussten Regierung König Christians IX., die stets von dem Wunsche beseelt war, das dänische Volk einig und glücklich zu sehen, hat Dänemark so bedeutende Fortschritte gemacht, dass nicht allein diese Verluste längst ausgeglichen, sondern die Staatseinnahmen gegen früher sich vervierfacht haben. Handel, Schifffahrt und eine im Wachsen begriffene Industrie blühen und die Landwirtschaft erregt durch ihre beträchtliche Production trotz mancher minderwertiger Ernten die Aufmerksamkeit des Auslandes. Mit Befriedigung kann der König auf die wirtschaftliche Entwickelung seines Inselreiches zurückblicken, die durch die Lage des Weltmarktes, die Betriebsamkeit der Bevölkerung und den andauernden Frieden bedingt ist. Die statistischen Jahrbücher legen Zeugnis dafür ab.

Die große Masse des Volkes ist materiell sicherlich besser gestellt als vor 1864. Der Verbrauch der wichtigsten Erfordernisse des Lebens hat in weit größerer Proportion zugenommen als die Bevölkerungszahl und der Brotpreis ist dank des Weltmarktes nicht höher als zu jener Zeit. Dass die Steigerung des Verbrauches jedoch durch die Steigerung der Einkommen übertroffen wird, geht zum Beispiele aus den Sparcassenanlagen hervor, welche sich in der Regierungszeit des Königs verfünffacht haben. Welche Fortschritte die öffentlichen Einrichtungen für Volksbildung und Krankenpflege, für Kunst und Wissenschaft in diesem Zeitraume gemacht haben, geht aus dem Budget des Staates und der Commune zur Genüge hervor.

König Christian IX. blickt auf ein Leben, reich an wechselnden Begebenheiten, an ungeahnten Schickungen zurück. Aber er sah den Widerwärtigkeiten mit derselben Gelassenheit entgegen, wie dem

Glücke. Immer hielt er an dem, was er einmal als recht und nützlich erkannt hatte, während seiner langen Regierungszeit unerschütterlich fest. Wir erinnern beispielsweise nur an die jahrelangen Kämpfe der Majorität des Folkethings über die gesetzliche und materielle Entwickelung des Landes und an die Conflicte der Regierung mit dem Folkething wegen der Befestigung der Hauptstadt. Der König, der gerade diese Befestigung zur Sicherung seines Reiches für nothwendig erkannt hatte, unterstützte seine Minister fast zehn Jahre lang gegen die Opposition, die endlich durch ein annehmbares Compromiss bald nach dem 25jährigen Regierungsjubiläum des Königs ihr Ende erreichte. Gerade diese Festigkeit des Charakters hat dem Monarchen die Liebe des Volkes erworben.

Was jedoch die Augen des Auslandes ganz besonders auf König Christian IX. lenkt, sind die verwandtschaftlichen Beziehungen, die aus den glänzenden Eheverbindungen und Stellungen seiner Söhne und Töchter hervorgiengen, mit denen ihn Königin Luise, seine hohe Gemahlin, beschenkte, sowie die Fürstenzusammenkünfte im Weißen Schlosse zu Friedensborg, denen man in Europa wiederholt politische Bedeutung beilegte. Des Königs ältester Sohn, Kronprinz Friedrich, ist der Gemahl der schwedischen Prinzessin Louise, der einzigen Tochter Karls XV., also einer Nichte Königs Oskar II. Wenn auch nicht Anwartschaft auf den schwedischen Thron, so verbindet doch eine nahe Verschwägerung das königliche Haus Dänemark mit dem regierenden Fürsten im Stockholmer Königsschlosse. Noch mehr befestigt wurden die nachbarlichen Beziehungen zu den skandinavischen Reichen Schweden und Norwegen, die seit mehr als 50 Jahren die freundlichsten waren, durch die jüngst vollzogene Vermählung des Prinzen Karl von Schweden und Norwegen mit der Prinzessin Ingeborg von Dänemark. Dagegen ist es ein ganz unmittelbares verwandtschaftliches Verhältnis, das zwischen König Christian IX. und dem jetzigen Kaiser Nikolaus II. von Russland und dem künftigen Thronerben von England besteht. Kaiser Nikolaus II. ist der Enkel König Christians, denn seine Mutter, die Witwe Alexanders III., ist eine geborene Prinzessin von Dänemark, die zweite Tochter König Christians, die unter den Namen Maria Feodorowna nahezu 30 Jahre die Gemahlin des Beherrschers aller Reußen war. Auf dem Throne von England aber wird einst ebenfalls eine Tochter des Dänenherrschers, seine älteste Tochter, Prinzessin Alexandra, an der Seite ihres Gemahls, des Prinzen von Wales, regieren.

Durch die Heirat seines jüngsten Sohnes, des Prinzen Waldemar, mit der Prinzessin Marie von Orléans ist das dänische Königshaus nicht nur mit den französischen Bourbonen verwandt geworden, sondern durch diese weitverzweigte kinderreiche Familie auch zu den regierenden Häusern von Österreich, Bayern, Mecklenburg, Coburg, Spanien, Portugal und Italien in mehr oder minder nahe Beziehungen getreten. Zum russischen Kaiserhause steht König Christian nicht nur durch seine Tochter Dagmar (Maria-Feodorowna), sondern auch durch seinen Sohn Wilhelm, seit 1863 unter dem Namen Georg I. König der Hellenen, im schwiegerväterlichen Verhältnisse, da dieser die russische Großfürstin Olga Constantinowna, eine Tochter des Großfürsten Constantin Nikolajewitsch, zur Gemahlin hat. Durch seinen Sohn Georg ist Christian auch mit dem Hause Hohenzollern in nahe Verwandtschaft getreten.

Kronprinz Constantin von Griechenland ist mit einer Schwester des deutschen Kaisers, Prinzessin Sophie von Preußen, vermählt. Auch durch die Heirat einer zweiten Schwester des deutschen Herrschers ist König Christian mit dem preußischen Königshause verschwägert worden, wohl nicht direct, sondern durch seine Gemahlin, die Königin Louise von Dänemark. Diese nämlich, eine hessische Prinzessin, ist die Tante des Landgrafen Friedrich Karl von Hessen, des Gemahles der Prinzessin Margarete von Preußen. Die übrigen Schwieger-Enkelkinder gehören sämmtlich der Familie des Kronprinzen Friedrich an. Prinz Karl, dessen zweiter Sohn, ist seit zwei Jahren mit der englischen Prinzessin Maud vermählt, der vierten Tochter des Prinzen von Wales; Prinzess Louise, die dritte Tochter des kronprinzlichen Paares, hat den Prinzen Friedrich von Schaumburg-Lippe zum Gemahl, einen Vetter des regierenden Fürsten Georg und zugleich Vetter des Prinzen Adolf von Schaumburg-Lippe, der durch seine Heirat mit Prinzessin Victoria von Preußen der Schwager des Deutschen Kaisers ist. König Christians IX. dritte Tochter, Prinzessin Thyra, ist mit dem Herzoge von Cumberland vermählt.

Mit Jubel wurde die Festfeier der goldenen Hochzeit König Christians IX. und seiner erlauchten Gemahlin im Lande begrüßt, welche das gegenwärtig älteste Fürstenpaar am Himmelsfahrtstage des Jahres 1892 begieng, ein Ereignis, das, soweit die Geschichte des dänischen Reiches bekannt ist, zum erstenmale daselbst gefeiert wurde. Denn in der langen Monarchenreihe dieses Landes haben vierzehn Könige die silberne Hochzeit erlebt, und nur ein Königspaar, Friedrich VI. und Maria Sophie Friederike von Hessen, war 49 Jahre und vier Monate verheiratet, als der König am 3. September 1839 starb. Seit langer Zeit rüstete man sich darum im Lande, das seltene Fest so feierlich als möglich zu begehen. Im ganzen Lande wurden Beiträge gesammelt, um dem Herrscherpaare in der Hauptstadt ein seiner würdiges, gemeinsames Denkmal zu errichten; die Regierung ließ zur ewigen Erinnerung der Feier eine Münze in der Größe und dem Werte der Zwei-Kronenstücke schlagen, welche die Brustbilder der beiden Majestäten und die Inschrift „26. Mai 1842—1892", umgeben von einem Myrtenkranze, trägt. Die Stadtverordneten der Residenzstadt hatten 35.000 Kronen zur Ausschmückung der Straßen und Plätze bewilligt, die dänischen Handwerksmeister widmeten dem Königspaare ein Galagefährt, das von diesem zur Fahrt nach der Kirche zum erstenmale benützt wurde.

Unzählig waren die Beweise der Liebe und Verehrung, deren sich das geliebte Herrscherpaar an diesem seltenen Ehrentage erfreuen konnte. Denn groß ist die Liebe und Verehrung, welche das dänische Volk auch der Königin Louise, der hohen Gemahlin König Christians IX., entgegenbringt. Gilt sie doch als Muster einer liebevollen, stets opferbereiten Mutter für ihre Kinder, als wahre und sorgsame Landesmutter; unzählig sind die Heimstätten der Menschenliebe, die sie ins Leben gerufen hat. Diese edle Wirksamkeit hat ihr die Liebe Aller eingetragen.

Wie verehrt und geliebt die junge Dynastie Glücksburg im ganzen Lande ist, das wahrzunehmen hatte man in allerjüngster Zeit Gelegenheit, als man am 8. April 1898 sich in ganz Dänemark, in Stadt und Land, bemühte, den seltenen Ehrentag des achtzigsten Geburtstages König Christians IX. in würdiger Weise zu begehen. Kein dänischer König vor ihm erreichte ein so hohes Alter und wird die Frische, mit welcher er dasselbe trägt, als ganz erstaunlich geschildert.

Wenn auch der Monarch mit freudiger Genugthuung auf seine achtzig Lebensjahre zurückblicken darf, so sind doch dem hochbetagten Herrscher an seinem Lebensabende nicht Kummer und Sorge erspart geblieben. Der Verlust seines geliebten Schwiegersohnes, des Czaren Alexander III. von Russland, der fast alljährlich nach Fredensborg wallfahrtete und hier die glücklichsten Stunden seines Lebens verbrachte, hat der König und seine hohe Gemahlin tief erschüttert. Ebenso blickte König Christian mit sorgenerfülltem Blicke auf Griechenland, wo sein Sohn den Kampf mit der Türkei aufgenommen hatte. Endlich musste er noch erleben, dass eine Mörderhand sich gegen König Georg I. erhob.

In dem Palais König Christians entwickelte sich das stille Familienleben, das der ganzen Welt als ein Beispiel unwandelbarer Liebe und Treue gilt. Auch im Auslande blickt man mit Verehrung zu diesem Fürstenpaare empor, zu dem jetzt Kinder und Kindeskinder wallen, um sich in dem Glücke und der Liebe des hohen Elternpaares zu sonnen und zu erwärmen!

10. November 1888.

Oskar II. König von Schweden und von Norwegen,

kaiserl. deutscher und königl. dänischer Admiral, **Oberst-Inhaber des k. und k. Infanterie-Regimentes Nr. 10 (seit 10. November 1888)**, Ehrendoctor der Universitäten Bologna und Leyden, Dr. phil. der Universitäten Erlangen und Wien, Dr. jur. hon. der Universität Oxford, **Ehrendoctor aller Facultäten der Universität Wien**, Ehrenmitglied der Akademie der Wissenschaften in Berlin und St. Petersburg, **Großkreuz des königl. ungarischen St. Stephan-Ordens**, Ritter des königl großbritannischen Hosenband-Ordens, des königl. spanischen Ordens vom Goldenen Vliese, des königl preußischen Schwarzen Adler-Ordens etc. etc.

König Oskar II., ein feingebildeter Fürst von ruhiger Besonnenheit, gehört zu den sympathischesten und aufgeklärtesten Potentaten Europas. Als dritter Sohn Oskars I. am 21. Januar 1829 in Stockholm geboren, erhielt er, wie alle Kinder Oskars I., eine sorgfältige Erziehung. Von frühester Jugend an lockte den Herzog Oskar Frederik die geistige Beschäftigung. Er war mit seinem Wissensdrange und seiner frischen Auffassung stets die Freude seiner Lehrer. Die Krone schien ihm, als dem dritten Sohne Oskars I., nicht zu winken. So gab er sich denn mit ganzer Seele den Studien hin, ohne dabei seine Prinzenpflicht zu versäumen und sich der soldatischen Erziehung zu entziehen. Der junge Prinz wählte, von einem unwiderstehlichen Drange getrieben, das Seemannsleben zu seinem vornehmsten Berufe und trat noch unter seinem Vater, mit dem Titel eines Herzogs von Ostergothland ausgestattet, im Jahre 1840, elf Jahre alt, als Cadet in die Marine ein. Mit der größten Auszeichnung, aber auch mit hohem Ernste und niemals ermüdendem Fleiße machte er wie jeder andere Kamerad alle unteren Grade durch, sich praktisch und theoretisch ausbildend. Nach vollendetem Cursus legte er das Examen als Seeofficier ab und wurde darauf zum Lieutenant befördert. Während der nun folgenden längeren Reise nach dem Mittelländischen Meere, welche Prinz Oskar an Bord der Fregatte „Eugenie" unternahm, bildete er nicht nur seine

Kenntnisse weiter aus und machte manch lehrreiche Erfahrungen, er gewann sich zugleich auch die innige Liebe und Hingebung der schwedischen „Orlogmänner". Im Jahre 1849 erhielt er das Commando einer Kriegsbrigg, mit welcher er 18 Monate die Welt umschiffte. Von Jahr zu Jahr nahm Prinz Oskar später an vielfältigen Expeditionen, theils als Chef des Schiffes, theils in der Eigenschaft als Flaggen-Capitän größerer schwedisch-norwegischer Geschwader theil, schließlich in der Eigenschaft als Admiral und Geschwaderchef der vereinigten Seemacht. Auf dem Meere, da ließ sich's eben sinnen und träumen, denken und dichten. Seine Größe weitet die Seele, das Meer löst los von aller irdischen Kleinlichkeit, von allen gesellschaftlichen Schlacken, es macht frei. Und ein Freier kehrte Prinz Oskar von allen Seefahrten durch alle Oceane heim. Commandant einer Kriegsbrigg und ganzer Geschwader, machte er auf der Universität in Upsala seine Studien und promovierte. Aber ausstudiert fühlte er sich noch nicht. Jetzt erst vertiefte er sich mit Eifer in Studien über Kriegsgeschichte und Seewesen, aus deren Bereichen er sich Fragen auswählte, die er wiederholt in der schwedischen Militär-Gesellschaft zu Stockholm in der Form öffentlicher Vorträge behandelte und zur Discussion brachte. Ein Prinz auf dem Podium des Docenten, das war etwas Neues und Verblüffendes, aber es gefiel und gewann dem jungen Königssohne die Herzen der Officiere. Durch diese Vorträge gab er die Anregung zum Militär-Literaturverein in Stockholm und förderte Entdeckungsreisen in die arktischen Gewässer, wo ihm zu Ehren ein Gebiet „Prinz Oskarland" getauft wurde.

Mit noch größerer Lust als das Wort, führte Prinz Oskar die Feder, ein Berufener und Auserwählter. Schon Oskar I. bekundete einen ziemlich entwickelten künstlerischen und schriftstellerischen Geist und lieferte nicht nur mehrere wertvolle Compositionen, darunter eine nicht unbedeutende Oper, sondern trat auch mit verschiedenen Abhandlungen als Publicist auf. Noch fruchtbarer und vielseitiger war Karl XV. als Dichter, Militärschriftsteller, Maler und Kartograph. Er schrieb und veröffentlichte als Kronprinz verschiedene poetische Arbeiten in schwedischer Sprache und zwei Sammlungen von Gedichten, die zumeist Gegenstände aus dem nordischen Alterthume behandelten. Noch als König überließ er sich seinen schriftstellerischen Neigungen und lieferte manchen wertvollen Artikel — allerdings anonym — für schwedische Journale. Der echte Poet und begabteste Autor der Bernadotte'schen Königsfamilie ist jedoch Oskar II.

Erst einige zwanzig Jahre alt, veröffentlichte der Prinz eine Sammlung von Gedichten, welchen er den Titel „Ur svenska Flottans minnen" (Erinnerungen der schwedischen Flotte) gab. Mit dieser Sammlung, empfangen und geboren im Brausen des Meeres, warb der Prinz anonym um den von der „schwedischen Akademie" ausgesetzten Preis und errang ihn mit allem Rechte. Prinz Oskar dedicierte diese „Erinnerungen" dem Officiers-Corps der schwedischen Flotte als einen Beweis seiner Liebe und Dankbarkeit; „denn," so heißt es in der Widmung, „die glücklichsten und sorgenlosesten Tage des Jünglings giengen ihm auf den Wellen auf und ihr Sonnenaufgang wurde nicht vom Lande verdeckt; des Jünglings schönste Träume wurden auf dem Meere geboren oder erhielten ihre Nahrung aus dem Leben zwischen den freien, frischen Wogen desselben; des Jünglings theuerste Freundschaftsbande wurden innerhalb der von den Wellen überstürzten Relingen, unter dem flatternden Tuche der dreizüngigen Fahne geknüpft."

Die „Erinnerungen der schwedischen Flotte" sind kleine Epopöen, im Tone der altnordischen Skalden, die in kräftig malerischer Sprache die Thaten berühmter Seehelden und Ereignisse der Seekriegsgeschichte Schwedens künden, Balladen, in denen die Nixen selbst zu flüstern scheinen, Lieder, aus denen die innige Liebe zum weißen Gischt, zum frischen und erfrischenden Athem der Salzflut lebt; das enthüllt dieses lyrische Buch, aus dem seither manches fast Volkspoesie geworden ist, dem Admiral ebenso vertraut wie dem Schiffsjungen, vom Hoffräulein ebenso gesungen, wie von der kleinen Netzeflickerin.

Diese „Erinnerungen" gaben nicht nur Zeugnis, wie sehr der Prinz den Beruf, den er sich wählte, liebte, mit welchem Gefühle er an dem wechselnden Geschicke des Seelebens theilnahm, wie sein Herz von den großen Erinnerungen, welche die schwedischen Helden auf den Blättern der Geschichte eingegraben haben, begeistert wurde, sie beweisen auch, welch hohe Vaterlandsliebe in der Brust des königlichen Dichters wohnt und von welch ernstem, männlichem Geiste bereits der Jüngling erfüllt war. Mit wahrer Meisterschaft und mit dem gewandtesten Pinsel des Malers wetteifernd, schilderte der königliche Sänger die großartigen Bilder des Meeres und die gefahrvollen Ereignisse des Seemannslebens, das er so liebt.

Der warme, specifisch schwedische Patriotismus erklärt sich daraus, dass Oskar II., obwohl französischem Blute entstammend, denn auch seine Mutter — Josefine Auguste Eugenie Prinzessin von Leuchtenberg, Tochter des Prinzen Eugen Beauharnais, des Adoptivsohnes Napoleons I. — war Französin, die sich so ganz und gar in das nordisch-germanische und schwedische Denken und Fühlen hineingelebt hat, so dass er selbst nicht nur politisch, sondern aufrichtig und von ganzer Seele zu den begeistertsten Patrioten seines Landes gehört.

Die „Erinnerungen der schwedischen Flotte" sind auch in vortrefflicher deutscher Übertragung erschienen mit noch anderen Gedichten, sowie die „Tagebuchblätter" des Königs unter dem Titel: „Gedichte und Tagebuchblätter" von Oskar II.

Den „Erinnerungen" ließ der Prinz eine Reihe von lyrischen und sonstigen Gedichten folgen, welche zu gleicher Popularität gelangten und in fliegenden Heften unter dem schlichten Titel: „Nytt och Gammalt" (Neues und Altes) veröffentlicht wurden. Wie seine Heldengesänge, so legen auch diese von der tiefpoetischen Begabung König Oskars II. Zeugnis ab. Auch in diesen Gedichten, von denen gar manche in Musik gesetzt worden sind und mit Vorliebe gesungen werden, tritt uns bei aller Tiefe des Gefühles ein erhabener Ernst und hoher Schwung des Geistes entgegen. Die Geheimnisse des Herzens öffentlich in Liedern mitzutheilen, vor aller Welt von Liebeslust und Liebesleid zu singen, dies freilich ist einem fürstlichen Dichter nicht so frei gestattet, wie anderen Poeten und darum finden wir diese zarteste Saite menschlichen Fühlens in den im Drucke erschienenen lyrischen Gedichten König Oskars II. nur ganz leise berührt. Es gewährt indessen Genuss und Interesse genug, auch nur die religiösen, politischen und sonstigen rein menschlichen Anschauungen und Gefühle, welche den königlichen Skalden bewegen und fast immer in idealer Gestalt zum Ausdrucke gelangen, in diesen Gedichten kennen zu lernen.

Es sind auch hier zum Theile national-patriotische Stoffe epischer und lyrischer Art, welche des Dichters flammende Begeisterung entfachten, dann aber auch die Schönheiten der Natur, farbig-individuelle Naturbilder, welche Oskar II. als Prinz auf seinen häufigen See- und Landreisen in ihrer ganzen Mannigfaltigkeit beobachten konnte, ferner brachten sie auch „Confessionen", Enthüllungen des Seelenlebens ihres Dichters, Entschleierungen seines Denkens und Fühlens, Kundgebungen seiner socialen, politischen, religiösen und philosophischen Weltanschauung und als solche die Spiegelung eines großen Charakters, eines vorurtheilslosen Vollmenschen.

Auch mehrere reizende Balladen und gelungene Gelegenheitsdichtungen befinden sich unter des Königs späteren Gedichten, sowie auch Gesänge, welche von tiefer Religiosität und einem vornehm philosophischen Geiste zeugen.

Weniger Erfolg hatte der erlauchte Poet als Bühnenschriftsteller; seine den deutschen Classikern nachempfundenen nationalen Dramen gelangten in Stockholm wohl zur Aufführung, aber sie konnten sich nicht behaupten und verschwanden bald aus dem Spielplane. Da König Oskar neben tiefer Gelehrsamkeit im Gebiete der nordischen Sage mit ungewöhnlichen Sprachkenntnissen eine große Vorliebe für die deutsche Literatur verbindet, so hatte er als dramatischer Nachdichter mehr Glück. In seiner musterhaften Übertragung ist Goethes „Tasso" auf dem schwedischen Theater heimisch geworden. Er hat auch Herders „Cid" congenial verdolmetscht und sein Schreibtisch soll noch manche Perlen translatorischer Arbeit, darunter Schillers „Wilhelm Tell" enthalten, die erst als Nachlass der Öffentlichkeit übergeben werden dürften. Der gekrönte Skalde scheint mit der Ausgabe seiner „Samlade skrifter", die bald nach seiner Thronbesteigung erschien, seine schriftstellerische Thätigkeit für abgeschlossen erklärt zu haben; seither ist wenigstens unter seinem Namen kein neues Werk erschienen, da „die ernsten Pflichten eines regierenden Monarchen, auf dessen Scheitel zwei Kronen ruhen, nur wenig Zeit zu poetischer Wirksamkeit übriglassen", wie er in der deutschen Ausgabe der Gedichte von sich sagen lässt. Gleichwohl blieb seine Muse seither nicht unfruchtbar. Als im Herbste des Jahres 1877 die Universität Upsala das vierhundertjährige Jubelfest ihrer Stiftung feierte — dieselbe Hochschule, welcher der König zuerst als Student, dann als Doctor der Philosophie angehörte und wo zu dieser Zeit sein ältester Sohn, der Kronprinz Gustav Adolf, studierte, mit dem er selbst noch Vorlesungen der Professoren hörte — da erschien anonym eine cantatenartige von Ivar Hallström in Musik gesetzte Dichtung von prächtigem Schwunge: „Erinnerungen an Upsala," welche allgemein dem königlichen Dichter selbst zugeschrieben wurde und die ihm auch ganz zweifellos angehört, obgleich er bisher officiell diese Verfasserschaft nicht eingeräumt hat. Diese Dichtung ist denn auch in die „Gedichte und Tagebuchblätter" aufgenommen worden, welche Sammlung doch mit der Autorisation des Dichter-Königs veranstaltet wurde.

Die öffentliche Meinung in Skandinavien und im ganzen gebildeten Europa schrieb Oskar II. mit aller Bestimmtheit auch ein echt publicistisches Werk zu, das ohne Autornamen im Jahre 1879 in Stockholm erschien und unter dem Titel: „Deux détroits. Quelques reflexions sur la phase actuelle de la question d'Orient" in eleganter Form weise Gedanken, geistvolle Aperçus zu der Frage vorbrachte, die damals alle Politiker lebhaft beschäftigte. Man weiß noch heute nicht recht, wie man damit daran ist. Dass der König der Verfasser jener gediegenen politischen Abhandlung sein konnte, das hat er mit seinen großen historischen Schriften dargethan. Sowohl die „Beiträge zur Kriegsgeschichte Schwedens", wie seine Monographie „Karl XII. als König, Krieger und Mensch", ein plastisch verfasstes Lebensbild und endlich die „historischen Nachrichten über die Regimenter und Corps der schwedischen und norwegischen Armee und Flotten" zeugen von gründlicher Bezwingung des Stoffes, von begeisterter Hingabe an denselben und von dem rechten und echten psychologischen Tiefblick des Historikers, der die Geschichte lebt, die er schreibt. Aber diese Werke sind auch voll feinster Winke und Fingerzeige in die Gegenwart für die Gegenwart, voll der Beweise, dass Oskar II. die Aufgaben seiner Zeit versteht und bestrebt ist, ihnen gerecht zu werden. Das hat er als König wie als Schriftsteller dargethan.

Mehrere große gelehrte Körperschaften ernannten ihn zum Präsidenten oder Ehrenmitgliede, die Universität Lund 1868 zum Doctor der Philosophie. Aus Anlass seines fünfundzwanzigjährigen Regierungsjubiläums hat auch die Wiener Universität im Jahre 1897 König Oskar II. zum Ehrendoctor aller Facultäten ernannt und eine Abordnung, bestehend aus dem Rector magnificus und zwei der hervorragendsten Professoren, hat das Diplom dieser seltenen Auszeichnung im Stockholmer Königsschlosse überreicht. Die akademischen Hochschulen seines Reiches haben sein fünfundzwanzigstes Regierungsjahr, das 1897 die schwedische Hauptstadt zur Feststätte machte, in der Weise mitgefeiert, dass sie fast sämmtlich seinen Königsnamen in ihr goldenes Buch einzeichneten. Aber dies ist nicht dasselbe, wenn Wien es thut, eine altehrwürdige Universität, welche mit der Verleihung des Ehrendoctorates sehr geizt und sich die Männer wohl ansieht, denen sie es verleiht. Vielleicht hat keine Universität so wenig Ehrendoctoren, aber die kleine Gemeinde umfasst die besten der Welt, von denen die Nachbarschaft des einen den anderen ehren muss. Und in diesen engen Kreis erlesenster Adelsgeister ist König Oskar II. geladen worden, zugleich von allen Facultäten, also mit ganz besonderer Betonung seiner Würdigkeit, eine Ehrung, als deren eigentlicher Rechtstitel wohl seine hervorragenden Leistungen auf dem Gebiete der Historiographie angesehen worden sein dürften. Wer den Dichter und Gelehrten auf dem schwedisch-norwegischen Throne kennt, ob persönlich, ob aus seinen Schriften, der wird die Würdigkeit nicht leugnen.

Wien hat den fürstlichen Jubilar besonders geehrt und ausgezeichnet und er wird sich als warmer Freund Wiens und der Wiener von diesem Festgruße auch besonders angenehm berührt gefühlt haben. Die österreichische Reichshaupt- und Residenzstadt und ihre Bevölkerung hat ja eine wichtige Rolle in der Geschichte des Hauses Bernadotte gespielt. Der kühne französische Marschall wäre nie König von Schweden geworden, hätte ihn nicht ein wilderregter Volkshaufe aus Wien, wohin er vor hundert Jahren als der erste Gesandte der französischen Republik kam, gewaltsam vertrieben, nachdem er am 13. April 1798 zur Feier eines französischen Nationalfestes eine dreifarbige Fahne auf seinem Hause gehisst hatte. Er musste flüchten und eilte dem Ruhme, dem Glücke in die Arme, das ihn zum König und zum Ahnherrn einer geachteten, heute den edelsten Fürstenhäusern verschwägerten Königsfamilie machte.

In weiterer Verfolgung des Lebenslaufes sehen wir, dass Prinz Oskar zum Brigadechef der königlichen Garde, zum Generallieutenant und Viceadmiral ernannt wurde. Im Kriege von 1855 nahm er mit der Flotte im baltischen Meere Übungsfahrten vor und rückte zum General-Inspector aller Militär-Anstalten auf.

Am 6. Juni 1857 vermählte sich Prinz Oskar mit Prinzessin Sophie, der Tochter des am 20. August 1839 verstorbenen Herzogs Wilhelm von Nassau und der Herzogin Pauline Friederike Marie. Es war dies die erste Verbindung mit deutschen Fürstenfamilien, welche das neue schwedische Königsgeschlecht einging, dem sich nun immer mehr auch die Sympathien Deutschlands zuwenden. Die Ehren, welche Oskar II. bei einem Besuche am Berliner Kaiserhofe zutheil wurden, bewiesen, dass man auch schon den Groll vergessen hat, den man wegen Karls XV. so natürlicher franzosenfreundlicher Haltung im deutsch-französischen Kriege auf das schwedische Königshaus geworfen hatte.

Seit 1859 präsumtiver Thronfolger, führte der Prinz bei Reisen oder Krankheiten seines Bruders, Karls XV., mehrfach die Regentschaft. Am 18. September 1872 war es, als Karl XV., der älteste Sohn Oskars I., nach kurzem Krankenlager zu Malmö starb, und schon tags darauf leistete Prinz Oskar Frederik, der durch den Tod des zweiten Sohnes Oskars I. nunmehr rechtmäßige Nachfolger des Bruders, die im Grundgesetze vorgeschriebene „Königsversicherung", das heißt den Eid auf die Verfassung. Jubelnd begrüßte ihn damals das Volk gerade nicht, dasselbe Volk, welches ihn heute liebt wie seinen Vater. Denn damals lehnte der schwedische Reichstag die Kosten der Krönung ab, und der König musste sich am 12. Mai 1873 in Stockholm auf eigene Kosten krönen lassen. Am 18. Juli erfolgte diese feierliche Ceremonie auf Landeskosten zu Drontheim in Norwegen.

Seit 1882 erlebte Oskar II. in Norwegen einen schweren parlamentarischen Conflict zwischen der Krone und dem Storthing, der auch die Union bedrohte. Der Storthing, von den radicalen Demokraten beherrscht, forderte viermal hintereinander die verfassungswidrige Theilnahme der Minister an seinen Sitzungen und stellte sie, als der König die Genehmigung kraft seines absoluten Vetos bei Verfassungsänderungen versagte, 1883 unter Anklage. Ein zweiter Streitpunkt ergab sich aus der Absicht der Minister, die Friedensstärke des Heeres zu erhöhen. Endlich wurden nach einem langen Processe — vom 7. April 1883 bis 1. April 1884 — elf Minister und Staatsräthe zur Amtsentsetzung oder Geldstrafen verurtheilt. Sie gaben daher ihre Entlassung, die der König auch nothgedrungen annahm. Ans Ruder kamen nun am 26. Mai 1884 natürlich die siegreichen Radicalen mit ihrem Führer Johann Svendrup, dem bisherigen Präsidenten des Storthings. Nunmehr genehmigte der Monarch die Theilnahme der Minister an dessen Verhandlungen und einige liberale Lieblingswünsche: Erweiterung des Wahlrechtes zum Parlamente und zu den Gemeindevertretungen, Geschwornengerichte bei Strafsachen, wurden erfüllt. Allein persönliche Zänkereien der Radicalen untergruben bald ihr Ansehen und im Juli 1889 trat ein conservatives Ministerium (E. Stang) ans Ruder. Dies brachte 1890 ein neues Zollabkommen mit Schweden zustande, da dieses im Interesse seiner Landwirtschaft und Industrie zu Schutzzöllen übergehen, Norwegen aber am Freihandel festhalten wollte. In Schweden kam dann im November 1892 eine neue Heeres-Verfassung zum Abschluss, im März 1894 wurde die Zahl der Abgeordneten in beiden Kammern wesentlich vermehrt, ohne dass man allerdings zum allgemeinen Wahlrecht übergegangen wäre, wie es der „Volksreichstag" in Stockholm im März 1893 stürmisch verlangt hatte. Ein neuer Kampf mit Norwegen entspann sich, als Stang im Februar 1891 zurückgetreten war und die Norweger eine selbständige Consular-Vertretung nach außen verlangten; auch die im November 1895 gebildete schwedisch-norwegische

Unions-Commission hat ihn noch nicht schlichten können. Jedenfalls ist der Gedanke an eine moderne Erneuerung der skandinavischen Union, der nach dem schleswig-holsteinischen Kriege viel erörtert wurde, jetzt in weite Ferne gerückt, schon weil in diesem Falle die Führung an Schweden fallen müsste. Die von Schweden, Norwegen und Dänemark am 19. December 1872 unterzeichnete, den Übergang zur Goldwährung anbahnende Münzconvention wurde vom Reichstage 1873 genehmigt. Durch den Vertrag vom 10. August 1877 trat Schweden seine einzige Colonie, die westindische Insel St. Barthelemy, gegen eine Entschädigung von 80.000 Frank an Frankreich ab. In dem zwischen der Kammer und dem norwegischen Storthing entstandenen Verfassungsstreite stellte sich das schwedische Ministerium auf die Seite des Königs und erklärte am 6. März 1884, dass ohne dessen Zustimmung und Genehmigung weder im norwegischen, noch im schwedischen Grundgesetze eine Veränderung vorgenommen werden dürfe.

Voll eifriger Sorge für das Wohl seiner Völker, die ihn innig lieben, arbeitet König Oskar II. unermüdlich. Er bereist häufig sein Reich und nimmt selbst Einsicht in alle Verhältnisse; väterlich sorgt er für Hebung von Industrie, Verkehr, Finanzen, Schulbildung und socialen Fortschritt. Ein Freund Deutschlands im Gegensatze zu Karl XV., hält er am Dreibunde, besuchte 1875 Kaiser Wilhelm in Berlin und Kaiser Alexander in St. Petersburg, wo er in liebreicher Weise aufgenommen wurde, und suchte Dänemark Preußen zu nähern. Im April 1885 besuchte der Monarch mit der Königin Constantinopel und empfieng vom Sultan den Imtiaz-Orden.

Welch persönlichen Antheil König Oskar II. an der Literatur und ihren Vertretern in seinen Landen nimmt, besagt am besten das Telegramm, welches er an Henrik Ibsen, den hervorragendsten Dichter Norwegens, zu dessen 70. Geburtstage am 20. März 1898 nach Christiania absandte: „Ich und die Königin senden herzlichen Glückwunsch anlässlich Deines Geburtstages. Dein Ehrentag ist auch ein Ehrentag des norwegischen Volkes."

12. August 1889.

Albrecht Prinz von Preußen Regent des Herzogthums Braunschweig,

General-Feldmarschall, General-Inspecteur der 1. Armee-Inspection, Chef des 1. brandenburgischen Dragoner-Regimentes Nr. 2, des Füsilier-Regimentes „General-Feldmarschall Prinz Albrecht von Preußen" (hannoverisches) Nr. 73, und des Dragoner-Regimentes „Prinz Albrecht von Preußen" (lithauisches) Nr. 1, 2. Chef des 3. Garde-Landwehr-Regimentes, Chef des königl. bayerischen 6. Chevauxleger-Regimentes, à la suite des 1. Garde-Dragoner-Regimentes, **Oberst-Inhaber des k. und k. Dragoner-Regimentes Nr. 6 (seit 12. August 1889)**, Chef des kaiserl. russischen 42. Mitauschen Dragoner-Regimentes und à la suite des kleinrussischen 40. Dragoner-Regimentes, Rector magnificentissimus der Universität Göttingen, Herrenmeister des königl. preußischen Johanniter-Ordens, Ritter des königl. preußischen Schwarzen Adler-Ordens mit der Kette, des Eisernen Kreuzes I. Classe, des Ordens pour le mérite (mit dem Eichenlaub), Großkreuz des königl. preußischen Rothen Adler-Ordens mit Eichenlaub und Schwertern, Ritter des königl. preußischen Kronen-Ordens I. Classe, Großcomthur mit Schwertern des königlichen Hausordens von Hohenzollern, Besitzer des fürstlich hohenzollern'schen Ehrenkreuzes I. Classe, des Dienstauszeichnungskreuzes, Großkreuz des herzogl. Anhaltischen Ordens Albrecht des Bären, des großherzogl. badischen Ordens der Treue, Comthur I. Classe des großherzogl. badischen Militär-Karl-Friedrich-Verdienst-Ordens, Großkreuz des großherzogl. badischen Ordens vom Zähringer Löwen, Ritter des königl. bayerischen St. Hubertus-Ordens, Großkreuz des herzogl. braunschweigischen Ordens Heinrich des Löwen, des großherzogl. hessischen Ludwig-Ordens, des großherzogl. hessischen Ordens vom Goldenen Löwen, des großherzogl. hessischen Militär-Verdienst-Ordens, Besitzer des Ehrenkreuzes I. Classe des fürstlich Lippe'schen Hausordens, Großkreuz des großherzogl. mecklenburgischen Ordens der Wendischen Krone mit der Ordenskette, Besitzer des großherzogl. mecklenburgischen Militär-Verdienstkreuzes I. Classe, des großherzogl. Mecklenburg-Strelitzischen Verdienstkreuzes für Auszeichnung im Kriege, Ehrengroßkreuz des großherzogl. oldenburgischen Haus- und Verdienst-Ordens, Ritter des königl. sächsischen Ordens der Rautenkrone, Großkreuz des großherzogl. sächsischen Falken-Ordens, Großkreuz des herzogl Sachsen-Ernestinischen Hausordens, Besitzer des fürstl. Schaumburg-Lippe'schen Militär-Verdienst-Medaille mit den Schwertern, Großkreuz des königl. württembergischen Kronen-Ordens, **Großkreuz des königl. ungarischen St. Stephan-Ordens, Besitzer des k. und k. Militär-Verdienstkreuzes mit der Kriegsdecoration** etc. etc.

Prinz Albrecht erblickte als einziger Sohn des Prinzen Friedrich Heinrich Albrecht von Preußen und der Prinzessin

Marianne, Tochter König Wilhelms I. der Niederlande, am 8. Mai 1837 das Licht der Welt.

Wie bei allen Hohenzollern-Prinzen, galt auch bei Prinz Albrecht die Vorbereitung für den militärischen Beruf als die erste und vornehmste Aufgabe. War doch auch sein Vater, der jüngste Sohn des Königs Friedrich Wilhelm III., Soldat mit Leib und Seele, das verkörperte Bild patriotischer Pflichttreue, dessen ganzer Ehrgeiz darin gipfelte, dem Könige und dem Vaterlande zu dienen. In diesen hohen Tugenden wuchs Prinz Albrecht seinem Vater nach; er lernte in unentwegter monarchischer Gesinnung die Unterordnung unter den Träger der Königskrone, er lernte gehorchen, um dereinst desto besser befehlen zu können.

Doch nicht nur zur militärischen Ausbildung allein zog es den jugendlichen Prinzen hin; schon frühzeitig begeisterten ihn auch schöne Wissenschaften, die Kunst, vor allem aber die Musik.

Einer alten Tradition des Hohenzollern-Hauses gemäß wurde Prinz Albrecht mit vollendetem zehnten Lebensjahre als Secondlieutenant des 1. Garde-Regimentes zu Fuß den Reihen der Armee einverleibt. Gründliche wissenschaftliche Studien wechselten nun mit der militärischen Ausbildung ab. Der Confirmation folgte die Aufnahme in den höchsten preußischen Orden, den des Schwarzen Adlers. Am 15. October 1854 wurde Prinz Albrecht zum Premierlieutenant befördert, nachdem er im Sommer zuvor bereits seine erste Dienstleistung beim 1. Garde-Regimente zurückgelegt hatte.

Nach zweijährigem Studium an der Universität zu Bonn, dem sich eine weitere militärische Dienstleistung im Jahre 1857 als Hauptmann und Chef der 3. Compagnie des 1. Garde-Regimentes anschloss, unternahm Prinz Albrecht eine Studien- und Vergnügungsreise nach Italien.

Bei seiner Heimkehr nach Berlin wurde er am 22. Februar 1859 als Rittmeister à la suite in das 1. Garde-Dragoner-Regiment versetzt, und mit 23. März des folgenden Jahres zum Major befördert. Er diente nun in der Waffe, für welche er, gleich seinem Vater, der ja oft „Lehrmeister der preußischen Cavallerie" genannt wurde, besondere Vorliebe hegte. Nachdem Prinz Albrecht mit 18. October 1861 in die Oberstens-Charge vorgerückt war, wurde er am 24. Mai des folgenden Jahres mit der Führung des 1. Garde-Dragoner-Regimentes betraut und erhielt mit 29. Januar 1863 das Commando desselben.

Am Feldzuge 1864 nahm Prinz Albrecht im Hauptquartiere des Prinzen Friedrich Karl theil und wohnte auch dem bewunderungswürdigen Sturme auf die Düppeler Schanzen bei. Zu den Mitkämpfern, die auf Vorschlag des prinzlichen Oberfeldherrn für bewiesene Bravour ausgezeichnet wurden, gehörte auch Prinz Albrecht, welcher vom Könige die Insignien des Rothen Adler-Ordens mit den Schwertern, wie die Militär-Verdienstkreuze Österreichs und Mecklenburgs verliehen erhielt. Eine weitere Auszeichnung für sein Verhalten im Feldzuge war seine mit 7. December erfolgte Ernennung zum Chef des brandenburgischen Dragoner-Regimentes Nr. 2.

Als dem deutsch-dänischen Kriege zwei Jahre später die blutige Auseinandersetzung zwischen Österreich und Preußen über die Vorherrschaft in Deutschland folgte, war Prinz Albrecht, der am 18. Juni 1865 Generalmajor geworden war, seit dem 3. April 1866 Commandeur der 1. Garde-Cavallerie-Brigade, der ersten schweren Brigade, welche aus den Gardes du Corps und Garde-Kürassieren bestand. Selten sind diese Hünen wohl von einem stattlicheren Commandeur geführt worden.

An der Spitze dieser Brigade, der für die Dauer des Feldzuges eine reitende Batterie der Garde-Artillerie zugetheilt worden war, ritt Prinz Albrecht in Böhmen ein und machte die Gefechte von Skalic, Schweinschädel, sowie die Schlacht bei Königgrätz in hervorragender Weise mit. Die Brust des heimkehrenden Kriegers schmückte der Orden pour le mérite.

Im Frieden wie im Kriege hatte sich Prinz Albrecht als Führer leichter und schwerer Cavallerie oft unter den Augen des Allerhöchsten Kriegsherrn, seines Oheims, der dem schlanken Prinz-General von Herzen zugethan war, bewährt. Als daher im Juli 1870 die Mobilmachung gegen Frankreich erfolgte, rückte er frohgemuth und mit dem Vertrauen seiner militärischen Vorgesetzten an der Spitze der 2., aus dem 1. und 3. Garde-Uhlanen-Regimente bestehenden Garde-Cavallerie-Brigade, welche er bereits seit dem 30. October 1866 befehligte, ins Feld, und zwar diesmal schon als Generallieutenant, welche Charge der erst 33jährige Prinz am 26. Juli 1870 verliehen erhalten hatte.

Nach der Schlacht bei Gravelotte, in der das Garde-Corps bereits im Feuer gestanden, wurde die Uhlanen-Brigade des Prinzen Albrecht der neugebildeten Maas-Armee unter dem Befehle des Kronprinzen von Sachsen zugetheilt und am 28. August von Remonville gegen Buzancy zur Aufklärung vorgeschoben. Auf die erhaltene Meldung hin, dass Abtheilungen des fünften französischen

Corps, welches von Brieulles anrückte, bereits bei Harricourt angelangt seien und daselbst ihre Lager aufschlügen, ließ Prinz Albrecht zwei Schwadronen des 3. Garde-Uhlanen-Regimentes eine Aufstellung bei Buzancy nehmen, aus welcher dieselben Einblick in das französische Lager gewannen. Mit dem übrigen Theile der Brigade gieng der Prinz nach Bayonville, wo auch die dritte reitende Batterie zu ihm stieß. Nachmittags konnte Prinz Albrecht bereits die Meldung erstatten, dass der Feind in der Stärke eines Armeecorps über Autruche in östlicher Richtung marschiere, was auf die Absicht Mac Mahons, Metz zu entsetzen, schließen ließ. Der prinzliche Reiter-General blieb mit seiner Avantgarde in engster Fühlung mit dem Feinde, war aber den Befehlen des Ober-Commandos, das den eigentlichen Angriff erst für den nächsten Tag beabsichtigte, folgend, sorgfältigst bemüht, den Feind nicht wissen zu lassen, dass ihm die deutschen Corps schon so dicht an den Fersen seien. Gelegentlich eines Recognoscierungsrittes auf Germont gelang es hiebei einer Patrouille des 3. Garde-Uhlanen-Regimentes, den von Marschall Mac Mahon an General de Failly entsendeten Generalstabs-Officier Marquis de Grouchy gefangen zu nehmen. Die bei demselben vorgefundenen Schriftstücke enthielten die Anordnungen des französischen Feldherrn für den 29. August, sowie auch Angaben über die in den vorigen Tagen ausgeführten Märsche der Armee von Chalons. Schwer wurde es dem von Kampfesmuth beseelten Prinzen, die vorüberziehenden Colonnen der Corps Failly und Donay nicht zu attaquieren; jedoch gerade diese Vorsicht ließ den Feind, sich in Sicherheit wiegend, den Marsch fortsetzen, um nach den Tagen von Nouart und Beaumont der deutschen Heeresleitung in die Falle bei Sedan zu gehen.

Am 1. September früh begann der Aufmarsch zu der weltgeschichtlichen Schlacht, die mit der Gefangennahme einer ganzen Armee und eines Kaisers enden sollte, und an der auch die Brigade des Prinzen Albrecht ihren Ruhmesantheil hatte.

Beim Vorgehen des Garde-Corps ritt die Brigade des Prinzen an der Spitze der Reiterei auf den rechten Flügel, um den eisernen Ring, der die Franzosen vor Sedan umklammern sollte, gegen Norden zu schließen. Es kam dabei zu einem Zusammenstoße mit französischer Infanterie, doch war diese zu schwach, das Verbindungswerk zu stören, zumal die von der Cavallerie begonnene Arbeit von der nachrückenden Infanterie bald beendet wurde. Prinz Albrecht wurde im Eisernen Kreuze der wohlverdiente Lohn. Zwei Hohenzollern-Prinzen, Vater und Sohn, hatten an der mörderischen Schlacht mit dem Säbel in der Faust als Reiterführer theilgenommen; Prinz Albrecht Vater als Commandant der 4. Cavallerie-Division unter dem Kronprinzen von Preußen, Prinz Albrecht Sohn als Commandant der Uhlanen-Brigade unter dem Befehle des Kronprinzen von Sachsen.

Die französische Republik, welche dem Kaiserreiche gefolgt war, gab jedoch nicht so schnell die Hoffnung auf, durch Volkes Kraft die fremden Eindringlinge wieder verjagen zu können, und setzte den begonnenen Kampf bis zur Neige fort. So musste denn das deutsche Obercommando an die Riesenaufgabe gehen, die weite Millionenstadt Paris mit ihrem Kranze vortrefflich angelegter Forts zu belagern. Auch in dieser zweiten Hälfte des deutschfranzösischen Krieges, der nicht nur vor Paris, sondern auch auf weiten Gebieten im Osten, Süden und Norden Frankreichs zur Winterszeit gegen immer neu auftauchende reguläre Truppen und Mobilgarden bald hier, bald dort geführt werden musste, nahm Prinz Albrecht ruhmvollen Antheil.

Zuerst wurde der Prinz mit seiner Uhlanen-Brigade bei der Cernierung der großen Seine-Stadt der 8. Division des IV. Armee-Corps zugetheilt, um die Verbindung mit der 5. Cavallerie-Division über Saint-Germain herzustellen. Bald aber aus dieser Stellung abberufen, wurde Prinz Albrecht dazu ausersehen, mit Detachements-Commandos im Norden von Paris gegen die sich dort sammelnden und die Pariser Cernierungslinie bedrohenden französischen Truppen und Freischärler zu fechten. Wie im Süden wurden auch im Norden die größten Anstrengungen gemacht, eine vollständig neue Armee, die französische Nordarmee, unter General Bourbaki aufzustellen.

Auch hier wurde Prinz Albrecht im Vereine mit Graf Lippe, dem Commandeur der königlich-sächsischen Cavallerie-Division, den ihm gestellten Aufgaben auf das beste gerecht; Gisors und Gournay wurden von den deutschen Truppen besetzt.

Als aus dem königlichen Hauptquartier zu Versailles an die Maas-Armee die Weisung ergangen war, dem General von Manteuffel je nach Bedarf den entbehrlichen Theil ihrer Cavallerie zur Verfügung zu stellen und die große Schlacht an der Hallue heranrückte, erhielt Prinz Albrecht am 21. December den Befehl, unverzüglich zur Nordarmee abzurücken. Er traf mit seiner Brigade, bestehend aus dem Garde-Husaren- und dem 2. Garde-Uhlanen-Regimente, wie befohlen, am 22. December in Beauvais ein. Hier wurde er angewiesen, am folgenden Tage gegen Amiens weiterzureiten, um dort am 24. December einzutreffen. Weitere Befehle giengen dahin, die Brigade Prinz Albrecht solle, Verbindung suchend mit den Detachements Lippe und Senden, über Moreuil das Terrain an der Somme aufklären. Große Anstrengungen waren es, welche mit diesen Märschen den Reitern und Pferden zugemuthet wurden, zumal Frost eingetreten war; aber die Brigade Prinz Albrecht entsprach aufs beste den in sie gesetzten Erwartungen.

Auch noch im Schlussacte des Krieges sollte der prinzliche Reiter-General Gelegenheit finden, seine hervorragende Thätigkeit als Führer gemischter Truppen, dann auch als Commandeur einer Division zur Geltung bringen zu können.

Als es sich in den ersten Tagen des Januar 1871 darum handelte, den Entsatz der belagerten Festung Péronne zu vereiteln, kam es am 3. Januar bei Bapaume zur Schlacht. Prinz Albrecht hatte mit den ihm unterstellten Truppen (1., 2. u. 3. Bataillon des Füsilier-Regimentes Nr. 40, 1., 2., 3. und 4. Escadron des 9. Husaren-Regimentes, das 2. Garde-Uhlanen-Regiment, 1. reitende, 6. schwere und 6. leichte Batterie) nach Bertincourt zu marschieren und dort den Befehl zum weiteren Vorrücken abzuwarten, General Graf von der Groeben hingegen umfassend gegen den feindlichen rechten Flügel vorzugehen. Der Kampf musste unter den schwierigsten und ungünstigsten Verhältnissen für die deutsche Armee geführt werden, während die Situation für den französischen General Faidherbe günstiger war. Trotz vierfacher Übermacht jedoch vermochte die französische Armee die Deutschen in ihren Stellungen bei Bapaume nicht zu erschüttern. Prinz Albrecht, der hiebei mit seiner Truppen-Abtheilung von Bertincourt nach Baucourt herangezogen worden war, hatte um 11¼ Uhr den Befehl erhalten, gegen die linke Flanke des Feindes vorzugehen und durch seinen scharfen Angriff einer Überwältigung des rechten Flügels vorgebeugt. General Faidherbe musste auch am 4. Januar gefasst sein, von den Deutschen angegriffen zu werden. Die Kämpfe des Tages vorher jedoch, sowie die strenge Kälte der darauffolgenden Nacht hatten die zum Theile noch wenig kriegsgewohnten französischen Truppen in so hohem Grade erschöpft, dass ihr Oberbefehlshaber es vorzog, den Rückzug anzutreten.

Am 5. Januar übernahm Prinz Albrecht an Stelle des Generals Baron Schuler von Senden das Commando der 3. Reserve-Division; zugleich blieb ihm die combinierte Garde-Cavallerie-Brigade unter Führung des Obersten Prinz Heinrich von Hessen und bei Rhein unterstellt. Mit diesen Truppen half der Prinz zunächst mit dem VIII. Corps die Einschließung von Péronne decken, welche Festung am 9. Januar fiel. Dieser Erfolg, sowie die Zutheilung weiterer Truppen von Rouen her und von Landwehren ermöglichten es am 19. Januar, dem der Kaiserproclamation zu Versailles folgenden Tage, den letzten entscheidenden Schlag auf dem nördlichen Kriegsschauplatze zu führen. Prinz Albrecht, der mit seinen Truppen zunächst hinter der 16. Division gegen St. Quentin vorgerückt war, griff nach der Eröffnung des Kampfes in diesen zwischen Essigny-le Grand und Grand Serancourt ein. Er ließ seine Batterien gegen das Dorf Grugies vorgehen, die Bataillone folgten. Grugies wurde genommen, der Feind zog sich auf die Höhen von St. Quentin zurück. In mühsamstem Vorgehen folgten die deutschen Truppen, Infanterie und Artillerie auf durchweichtem Boden über den Thalgrund hinweg, während Prinz Heinrich von Hessen und bei Rhein an der Spitze einer Escadron des 2. Garde-Uhlanen-Regimentes der französischen Vertheidigungslinie in die Flanke fiel. Die Franzosen traten bald darauf auf der ganzen Linie den Rückzug an, St. Quentin war bei heranbrechender Nacht in den Händen der deutschen Sieger. Es war der letzte große Sieg im Norden Frankreichs. Nebst anderen Decorationen schmückten nach Beendigung des siegreichen Feldzuges die Eichenlaubzierde des Ordens pour le mérite, das Eiserne Kreuz I. Classe, sowie das russische Tapferkeitszeichen, der St. Georgs-Orden, die Brust des prinzlichen Truppenführers.

In der nun folgenden Friedenszeit trug Prinz Albrecht nicht nur in militärischer, sondern auch in politischer Beziehung hervorragend zur Festigung des neu erstandenen Reiches bei. Des Kaisers Majestät berief ihn vielfach zu politischen Missionen, zu welchen ihn außer seiner imponierenden äußeren Erscheinung auch seine vielseitigen Kenntnisse, verbunden mit liebenswürdigen Umgangsformen und rednerischer Gewandtheit, besonders befähigten.

Am 23. Mai 1871 zum Commandeur der 20. Division ernannt, erkor sich Prinz Albrecht die am 2. August 1854 geborene Tochter des Herzogs Ernst von Sachsen-Altenburg, Prinzessin Marie, zur Lebensgefährtin. Am 19. April 1873 wurde im Schlosse zu Berlin die Vermählung gefeiert, nachdem die Prinzessin-Braut nach alter preußischer Sitte in feierlichem Zuge am Tage vorher im Schlosse zu Bellevue eingetroffen war. Nach den drei Tage dauernden glänzenden Hoffestlichkeiten wurde von dem Prinzenpaare zunächst das Berliner Prinz Albrecht-Palais an der Wilhelmstraße bezogen und dann Kamenz, eine herrliche Besitzung in Schlesien, aufgesucht. Glückliche Flitterwochen verlebte hier das prinzliche Paar im Sommer 1873 und ein Heim des Glückes ist es allezeit für dasselbe geblieben. Drei Söhne, welche die innigste Liebe und Verehrung für ihren fürsorgenden Vater und für das zärtliche Mutterherz hegen, entsprossen diesem reinen, ungetrübten Eheglücke: Prinz Friedrich Heinrich, geboren am 15. Juli 1874, Prinz Joachim Albrecht, der am 27. September 1876 das Licht der Welt erblickte, und Prinz Friedrich Wilhelm, der am 12. Juli 1880 geboren wurde.

Zunächst mit der Führung des X. Armee-Corps in dem ehemaligen Königreiche Hannover betraut, wurde Prinz Albrecht am 19. September 1874 zum Commandirenden General befördert, welcher Ernennung am nächsten Geburtstage des Kaisers die zum General der Cavallerie folgte.

Der Prinz hatte in Hannover neben der Führung des Corps die Wunden, welche der deutsche Bruderkrieg geschlagen, zum Heilen und Vernarben zu bringen. Von der persönlichen Liebenswürdigkeit des Prinzen hoffte man, dass er auch in Hannover manche Herzen gewinnen werde, die sich den neuen Verhältnissen noch verschlossen zeigten. Dass er den in ihn gesetzten Erwartungen entsprochen hat, anerkannte Kaiser Wilhelm gelegentlich seiner Anwesenheit im Herbste 1881 in Hannover öffentlich.

Mai 1881 wurde Prinz Albrecht an der Spitze einer stattlichen Deputation als officieller Vertreter Kaiser Wilhelms zu den Krönungsfeierlichkeiten nach Moskau entsendet.

Als am 21. Januar 1883 der langjährige Herrenmeister des Johanniter-Ordens und General-Feldzeugmeister Prinz Karl von Preußen seine Augen für immer geschlossen hatte, wurde Prinz Albrecht, in der festen Überzeugung, dass man die Leitung des Ordens keinen besseren Händen anvertrauen könne, auf diesen hohen Posten berufen. In feierlichster Weise gieng am 26. Juni die Einführung des neuen Herrenmeisters in dem alten Schlosse zu Sonnenberg vor sich. 2½ Jahre später sollte der durch Geburt und Verdienst schon hochstehende Prinz noch zu einer anderen, für das Reich hochwichtigen Aufgabe berufen werden.

Am 18. October 1884 starb auf dem Schlosse Sybillenort im schlesischen Fürstenthume Öls Herzog Wilhelm von Braunschweig unvermählt, als der letzte seines Hauses. Noch bei Lebzeiten, schon am 16. Februar 1879, hatte der edle Fürst, um seinem Lande für den Fall, als nicht ein erbberechtigter Thronfolger die Regierung übernehmen könne, einen ruhigen Fortgang der Regierungsgeschäfte zu sichern, das Regentschaftsgesetz unterschrieben. Der Ankündigung des herzoglichen Staatsministeriums über den Tod des Herzogs folgte demnach seitens des gesetzmäßigen Regentschaftsrathes die Bekanntmachung, dass er die Regierung des Landes übernommen habe. Nachdem am 23. October die irdische Hülle Herzog Wilhelms in der Gruft seiner Ahnen beigesetzt worden war, trat die Landesversammlung, die sich der Regierung treu an die Seite stellte, zusammen. In ihrer großen Sitzung am 25. October theilte Staatsminister Graf Görz-Wrisberg mit, dass sich die Regierung geweigert habe, ein Besitzergreifungs-Patent des Herzogs von Cumberland gegenzuzeichnen, dass die Vertretung der Regentschaft im Deutschen Bundesrathe genehmigt sei, der Kaiser selbst während der Dauer der Regentschaft die dem Herzoge vorbehaltenen Rechte eines Contingentsherrn über die braunschweigischen Truppen übernommen habe, und dass der Kaiser es sich überhaupt angelegen sein lassen werde, die aus der Lage sich ergebenden Verfassungsfragen in Gemeinschaft mit den verbündeten Regierungen verfassungsmäßig zu lösen und dabei die Rechte und Interessen des Herzogthums, seiner Bevölkerung und Verfassung den bestehenden Gesetzen entsprechend sicherzustellen. Der Regentschaftsrath waltete seines Amtes ein volles Jahr, in dieser Zeit emsig arbeitend, um nach Ablauf dieser Frist die Regentschaftsfrage lösen und eine Entscheidung treffen zu können.

Der greise Herzog von Cambridge, der auf Grund seiner nahen Verwandtschaft zum hannoverischen Königshause Ansprüche auf die Thronfolge in Braunschweig geltend machte, ließ, deren Aussichtslosigkeit erkennend, dieselben bald fallen.

Als nächster und allein berechtigter Anwärter der Krone Braunschweigs konnte nun kraft der gemeinsamen Abkunft des hannoverischen und braunschweigischen Welfenhauses wohl nur mehr der Sohn des letzten Königs von Hannover, Prinz Ernst August von Cumberland, angesehen werden. Doch machten sich gegen diese Thronfolge ernste Bedenken geltend, da Herzog Ernst August, wenngleich er auch erklärte, nach der Reichsverfassung regieren zu wollen, nicht rückhaltlos bereit war, auf den Thron Hannovers für immer Verzicht zu leisten. Der Deutsche Bundesrath entschied sich somit am 2. Juli 1885 dahin, „dass die Regierung des Herzogs von Cumberland in Braunschweig, da sich derselbe in einem den verfassungsmäßig gewährgeleisteten Frieden unter den Bundesgliedern widerstreitenden Verhältnisse zu Preußen befinde, und im Hinblicke auf die von ihm geltend gemachten Ansprüche auf

Gebietstheile dieses Bundesstaates, mit den Grundprincipien der Bündnisverträge und der Reichsverfassung nicht vereinbar sei".

Nachdem diese Entscheidung gefällt war, sah man mit Spannung der entgegen, welcher Prinz als Regent des verwaisten Herzogthums berufen werden würde. Bald wurde Prinz Albrecht von Preußen, den seine Stellung als Commandierender General des X. Armee-Corps und früher als Commandeur der 20. Division schon längst mit dem Herzogthume Braunschweig in nahe Berührung gebracht hatte, als die geeignetste Persönlichkeit für die nicht leichte Aufgabe bezeichnet. Auch in Braunschweig selbst fand der Vorschlag, dem verwaisten Lande den Prinzen Albrecht als Regenten zu geben, die beste Aufnahme. Die am 20. October 1885 in Braunschweig zusammengetretene Landesversammlung wählte denn auch nun über Vorschlag des Regentschaftsrathes einstimmig Prinz Albrecht zum Regenten; um 11 Uhr 35 Minuten vormittags proclamierte der Präsident die erfolgte Wahl. Überall im Lande herrschte darüber große Befriedigung. Sofort nachdem die Wahl in der Stadt bekannt geworden war, prangte dieselbe in reichem Flaggenschmucke, und noch am selben wie am folgenden Tage wurden dem Prinzen Glückwünsche, Begrüßungs- und Huldigungs-Depeschen in großer Zahl gesandt.

Am 24. October, vormittags 11 Uhr, empfieng Prinz Albrecht auf seinem Schlosse zu Kamenz, wo er zur Zeit mit seiner Familie weilte, eine Deputation des Herzogthums, in welcher die Landesversammlung durch den Präsidenten von Veltheim, den Abgeordneten Porkels für die Städte und den Abgeordneten Rosenthal für das Land vertreten war. Graf Görtz-Wrisberg überreichte das amtliche, die Wahl bekundende Schreiben des Regentschaftsrathes und versicherte den Prinzen, dass das ganze Land Braunschweig durch Annahme der Wahl seitens Seiner königlichen Hoheit sich beglückt sehen und sich zu tiefstem Danke verpflichtet fühlen werde.

Prinz Albrecht erwiderte, dass das Vertrauen, welches die Landesversammlung gelegentlich der Wahl in ihn gesetzt habe, ihm in hohem Grade zur Befriedigung gereiche. Er nehme die Wahl an in dem Bewusstsein, damit einem Wunsche Seiner Majestät des Kaisers zu entsprechen, dessen Wünsche für ihn Befehl seien. Weiters hob der Prinz hervor, dass er bestrebt sein werde, die Regierung des Landes im Geiste des hochseligen Herzogs Wilhelm, der über 50 Jahre lang die Regierung so segensreich geführt habe, auch seinerseits zu leiten.

Am 2. November 1885 fand der feierliche Einzug des Regenten im Lande statt. Auf der ersten braunschweigischen Station der Fahrt, in Helmstedt, das wie alle Ortschaften reichen Festschmuck angelegt hatte, wurden Prinz und Prinzessin vom Regentschaftsrathe empfangen, der seine Gewalt hier in die Hände des gewählten fürstlichen Oberhauptes niederlegte und diesem für das Land Braunschweig Treue gelobte.

Der Empfang am Bahnhofe zu Braunschweig war großartig; die Landesversammlung, Abordnungen der Städte und Landgemeinden des Herzogthums, sowie das Officierscorps waren zur Begrüßung ihres neuen Landesherrn erschienen. Unter schier endlosem Jubel der Bevölkerung erfolgte die Einfahrt in die alte Stadt, wobei eine Escadron des herzoglichen Husaren-Regimentes den Hofwagen escortierte. Vereine, Corporationen, Innungen, Schulen bildeten auf dem weiten Wege, den der Zug durch die Stadt nahm, Spalier. Die Ovationen erreichten aber am Abende ihren Höhepunkt, als die Feuerwehr mit einem stattlichen Fackelzuge und die braunschweigischen Männergesangvereine mit Laternen und Bannern vor das Schloss rückten und ihren vielhundertstimmigen Willkommengruß brachten.

Seiner Stellung als Commandierender General des X. Armeecorps wurde Prinz Albrecht, bald nachdem er die Regentschaft von Braunschweig angetreten hatte, enthoben. Am 19. Juni 1888, zur Zeit, da Deutschland seine unvergesslichen Kaiser Wilhelm I. und Friedrich III. beweinte, ehrte Kaiser Wilhelm II. die Verdienste des Prinzen Albrecht durch die Verleihung der höchsten militärischen Würde, der eines General-Feldmarschalls. Der prinzliche Marschall wurde General-Inspector der 1. Armee-Inspection, welche das I., II., IX., X. und XVII. Armeecorps umfasst, sowie er Präses der preußischen Landesvertheidigungs-Commission bis zu deren im Juli 1895 erfolgten Auflösung war.

Wie Prinz Albrecht der activen Armee fortgesetzt seine Aufmerksamkeit und Fürsorge zugewendet, war er auch einer der ersten deutschen Fürsten gewesen, welche die hohe Bedeutung der Kriegervereine erkannt und durch ihr Wohlwollen unterstützt und gefördert haben.

Eine seiner ersten Thaten als Regent war, dass er den peinlichen Conflict löste, welcher zwischen dem kaiserlichen Kriegsherrn und dem Herzoge Wilhelm dadurch entstanden war, dass sich dieser geweigert hatte, mit Preußen, gleich den übrigen norddeutschen Bundesfürsten, eine neue Militär-Convention abzuschließen. Die

Folge davon war, dass der Bundesfeldherr das braunschweigische Infanterie-Regiment nach Metz verlegt hatte, während das preußische Infanterie-Regiment Nr. 67 nach Braunschweig und Blankenburg in Garnison kam. Prinz Albrecht schloss diese Militär-Convention mit Preußen ab und die Braunschweiger konnten ihre heimatlichen Truppen wieder mit Jubel im Lande begrüßen. Die Fürsorge, dass an dem Bestehenden, das beliebt und bewährt war, möglichst nicht gerüttelt werde, hat Prinz Albrecht in seiner gut conservativen Gesinnung selbst auf die Personenfrage ausgedehnt. Er übernahm nicht nur die Staatsbeamten des alten Regimes, sondern behielt auch, soweit dieselben unter ihm weiterdienen wollten, sämmtliche herzogliche Hofchargen und Beamten der verschiedenen Hofämter. So hat denn Prinz Albrecht noch heute zwei Hofhaltungen; einen preußischen Hofmarschall in Berlin, den Grafen von der Schulenburg, und einem braunschweigischen, den Oberstlieutenant a. D. von der Mülbe. Wenn Prinz Albrecht den Winter in der Hauptstadt des Landes zubringt, lässt er sich täglich Vorträge halten und führt in den Ministerberathungen den Vorsitz. Weilt er auf dem Schlosse in Blankenburg, kommen dorthin mehrmals die Minister zu Vorträgen und Conferenzen.

Das Verständnis des Prinzen für Kunst und Wissenschaften ist besonders der Hauptstadt des Landes zugute gekommen. Die Erschließung des jetzt schönsten Stadttheiles hinter dem Theater, sowie die dazu gehörigen Anlagen sind lediglich auf den Schönheitssinn des Regenten zurückzuführen. Des Prinzen Zugehörigkeit zur deutschen Wissenschaft wird übrigens auch dadurch bekundet, dass er Rector magnificentissimus der Universität Göttingen ist.

Zu den militärischen Berufspflichten des Prinzen, seinen Regentenpflichten, der Leitung des Johanniter-Ordens treten Repräsentationspflichten in großer Zahl. Der Prinz erfüllt sie in Braunschweig, in Hannover, wo das Prinzenpaar alljährlich wenigstens einige Wochen residiert und mehrere Hoffestlichkeiten gibt, auf dem Schlosse im schön gelegenen Blankenburg im Harze, wohin die Hofjagden und die liebenswürdige Bewirtung jeden zweiten Herbst den Kaiser und viele andere hohe Gäste bringen, sowie im Prinz Albrecht-Palais zu Berlin und am Kaiserhofe. Wie einst von Kaiser Wilhelm I., so ist Prinz Albrecht auch von Kaiser Wilhelm II. schon vielfach zu jenem Repräsentationsdienste berufen worden, welcher politischen Gehalt hat und wichtig und bedeutungsvoll für den Einfluss und die Machtstellung des Reiches ist. So ist in den letzten Jahren Prinz Albrecht zweimal im Auftrage des Kaisers in Wien gewesen.

Das erstemal galt die Fahrt vom braunschweigischen Harze nach der österreichischen Kaiserstadt an der Donau Seiner Majestät Kaiser Franz Joseph selbst. Als nämlich am 26. Februar 1895 in Wien der greise Oheim des Kaisers, Erzherzog Albrecht, der bis nunzu auch die Würde eines preußischen General-Feldmarschalls innegehabt hatte, in die habsburgische Ahnengruft gebettet worden war, bat Kaiser Wilhelm II. den österreichischen Monarchen, selbst die Charge eines preußischen Feldmarschalls zu führen. Prinz Albrecht war nun dazu ausersehen, an der Spitze einer stattlichen Deputation Seiner Majestät Kaiser Franz Joseph das Zeichen der höchsten Würde, den Marschallstab, zu überbringen. Die Aufnahme, die der Prinz in Österreich fand, war eine ebenso herzliche, als glänzende. In der Mittagsstunde des 15. Mai 1895 überreichte Prinz Albrecht im großen Empfangssaale der Hofburg mit einer in kurzen militärischen Worten gehaltenen Ansprache den vom Commandeur des Franz-Regimentes aus dem Futteral genommenen Marschallstab, ein Kunstwerk der Goldschmiedekunst und der Juwelierarbeit, reich mit Edelsteinen besetzt und auf blauem Sammet die Adler aus massivem Golde tragend.

Dieser Feier folgten zwei Galatafeln, ein Festmahl bei dem Erzherzoge Karl Ludwig und Gemahlin, sowie eine Festvorstellung im Theater.

Schon ein Jahr später fuhr Prinz Albrecht wieder nach Wien. Diesmal um dem am 19. Mai 1896 verstorbenen ältesten Bruder Seiner Majestät des Kaisers, Erzherzog Karl Ludwig, das letzte Geleite zu geben.

Am 8. Mai 1879 vollendete Prinz Albrecht das sechzigste Lebensjahr und konnte damit auch das fünfzigjährige Militärdienst-Jubiläum feiern. In seinem schlichten und bescheidenen Wesen jedoch wollte der Prinz von großen öffentlichen Ehrungen, von denen bereits gesprochen wurde, nichts wissen und entschloss sich, den Jubiläumstag während einer Cur, die eine festliche Unterbrechung ausschloss, in einem süddeutschen Badeorte zu begehen. Als solcher wurde Kissingen gewählt, doch auch hier blieb Prinz Albrecht am 8. Mai nicht, sondern fuhr nach Karlsbad, wo seine Gemahlin und deren Vater Herzog Ernst von Sachsen-Altenburg weilten und wohin auch die drei Söhne des Prinzen kamen. In diesem traulichen Familienkreise wurde auf das Wohl des Jubilars mit wenigen Worten, aber in warmherzigster Weise toastiert. Inzwischen waren in Kissingen eine Unzahl von Briefen, Depeschen und Paketen eingelaufen. Die hohe Stellung des Jubilars, sein Ansehen in der Armee, seine Beliebtheit im Volke, seine vielen dienstlichen, verwandtschaftlichen und freundschaftlichen Beziehungen brachten ihm an diesem Tage Beweise der Liebe und Verehrung aus dem ganzen Reiche und auch aus dem Auslande.

Am 18. Juni 1897 reiste Prinz Albrecht über Hannover und Vlissingen nach England, um als officieller Vertreter Kaiser Wilhelms II. den großartigen Festlichkeiten anlässlich des sechzigjährigen Regierungs-Jubiläums der greisen Königin Victoria anzuwohnen.

Doch auch eine schwere Familientrauer sollte das an stolzen Erinnerungen reiche Jahr dem Prinzen und seiner treuen Lebensgefährtin bringen, denn am 23. October 1897 verschied auf Schloss Hummelshain die Mutter der Prinzessin, die Herzogin von Sachsen-Altenburg. Prinzessin Albrecht wich vor dem Ende des theuren Lebens wochenlang nicht von dem Krankenbette der Mutter und aus der Nähe des schwer geprüften Vaters, und als der Prinz die Todesnachricht erhielt, eilte er sofort an die Seite seiner Gemahlin und des Herzogs, um mit ihnen der geliebten und verehrten Entschlafenen in Altenburg die letzten Ehren zu erweisen.

Am 19. April 1898 feierten Prinz und Prinzessin Albrecht in stillem Familienkreise das Fest der silbernen Hochzeit.

18. August 1891.

Albrecht Prinz zu Schaumburg-Lippe,

k. und k. Oberlieutenant im Dragoner-Regimente Prinz Albrecht von Preußen Nr. 6, Großkreuz des königl. württembergischen Kronen-Ordens, sowie des herzogl. Anhaltischen Hausordens Albrecht des Bären, Ehrenkreuz I. Classe des fürstl. Lippe'schen Hausordens, Besitzer des fürstl. Lippe'schen silbernen Verdienstkreuzes und der fürstl. Lippe'schen Verdienstmedaille, Ritter I. Classe des fürstl. Waldeck'schen Militär-Verdienstordens etc. etc.

Am 24. October 1869 erblickte Prinz Albrecht zu Ratiboric das Licht der Welt. Geleitet von seinen hohen Eltern, dem Prinzen Wilhelm und der Prinzessin Bathildis von Schaumburg-Lippe, wurde dem Prinzen eine treffliche Erziehung zutheil. Nach Absolvierung der nöthigen Vorstudien zog der Prinz in die k. und k. theresianische Militär-Akademie zu Wiener-Neustadt ein und wurde mit 18. August 1891 zum Lieutenant im k. und k. Dragoner-Regimente Prinz Albrecht von Preußen Nr. 6 ernannt. Am 1. Mai 1895 wurde er zum Oberlieutenant im selben Regimente befördert.

Am 6. Mai 1897 vermählte sich Prinz Albrecht zu Stuttgart mit Herzogin Elsa von Württemberg; ein Jahr später, am 6. Mai 1898, fand zu Wels die feierliche Taufe des Erstgeborenen des prinzlichen Paares statt. Er erhielt die Namen Wilhelm Eugen Georg Constantin Max.

19. November 1891.

Prinz Friedrich August Herzog zu Sachsen,

königl. sächsischer Generallieutenant und Commandeur der 1. sächsischen Infanterie-Division Nr. 23, beauftragt mit Wahrnehmung der Geschäfte der Inspection der Unterofficiers-Schule und der Unterofficiers-Vorschule, Chef des königl sächsischen 5. Infanterie-Regimentes Nr. 104, à la suite des 1. (Leib-) Grenadier-Regimentes Nr. 100 und des 1. Königs-Husaren-Regimentes Nr. 18, **Oberst-Inhaber des k. und k. Infanterie-Regimentes Nr. 45 (seit 5. October 1892),** königl. preußischer Generalmajor, à la suite des königl. preußischen Garde-Schützen-Bataillons, Ritter des königl. sächsischen Hausordens der Rautenkrone, **des kaiserl. österreichischen Ordens vom Goldenen Vliese, Großkreuz des königl. ungarischen St. Stephan-Ordens,** Ritter des königl. preußischen Schwarzen Adler-Ordens etc. etc.

Prinz Friedrich August wurde als ältester Sohn des Prinzen Georg von Sachsen und dessen, am 5. Februar 1884 verstorbenen Gemahlin Maria Anna am 25. Mai 1865 zu Dresden geboren. Bis zu seinem 18. Lebensjahre erhielt der Prinz im elterlichen Hause zu Dresden durch treffliche Lehrer in allen Wissenschaften die sorgfältigste Erziehung. Bei Zeiten lernte er auch als Secondlieutenant den Dienst im sächsischen Leib-Grenadier-Regimente kennen, nahm längere Zeit an allen Übungen theil und wurde 1883 zum Premierlieutenant ernannt.

Im Frühjahre 1884 bezog Prinz Friedrich August, um in die Rechtswissenschaft eingeführt zu werden, die Hochschule zu Straßburg, von Ostern 1885—1886 studirte er an der Leipziger Universität. Nach einer größeren Reise durch Europa, der er im Jahre 1889 eine nach dem Orient folgen ließ, trat der Prinz 1887 als Rittmeister in das Königs-Husaren-Regiment Nr. 18 zu Großenhain. Im September 1888 nach Dresden zurückgekehrt, bezog er nun nicht mehr das väterliche Palais, sondern das Prinzenpalais am Taschenberge und erhielt seinen eigenen Hofstaat. 1889 zum Major, 1891 zum Oberstlieutenant ernannt, wurde er 1892 Oberst im Schützen-Regimente Nr. 108.

Am 21. November 1891 vermählte sich Prinz Friedrich August zu Wien mit Erzherzogin Luise Antoinette Maria, einer Tochter des Großherzogs Ferdinand IV. von Toscana, welcher Ehe die Prinzen Georg, Friedrich Christian und Ernst Heinrich entsprossen.

Seine Majestät Kaiser Franz Joseph I. ernannte den Prinzen mit 19. November 1891 zum Major, mit 3. Januar 1892 zum Oberstlieutenant im k. und k. Dragoner-Regimente Nr. 3 und mit 5. October 1892 zum Oberst-Inhaber des k. und k. Infanterie-Regimentes Nr. 45.

Seit 20. September 1894 Generalmajor und Commandeur der ersten sächsischen Infanterie-Brigade, übernahm Prinz Friedrich August vor kurzem als Generallieutenant das Commando der ersten sächsischen Infanterie-Division.

Anlässlich des 60jährigen Regierungsjubiläums Ihrer Majestät der Königin von England 1897 war Prinz Friedrich August als Vertreter Seiner Majestät des Königs von Sachsen zu den Feierlichkeiten entsendet worden.

Nach einer Original-Aufnahme von Reichard & Lindner, königliche Hof-Photographen, Berlin

26. December 1891.

Wilhelm II. König von Württemberg,

Chef des Grenadier-Regimentes (5. württembergisches) Nr. 123, des Uhlanen-Regimentes (1. württembergisches) Nr. 19, des Dragoner-Regimentes (2. württembergisches) Nr. 26 und des Feldartillerie-Regimentes (1. württembergisches) Nr. 13, General der Cavallerie à la suite des königl. preußischen Leibgarde-Husaren-Regimentes und Chef des Kürassier-Regimentes „Herzog Friedrich Eugen von Württemberg" (westpreußisches) Nr. 5, Inhaber des königl. bayerischen 4. Infanterie-Regimentes, Chef des königl. sächsischen 6. Infanterie-Regimentes Nr. 105 und des kaiserl. russischen 28. Dragoner-Regimentes „Nowgorod", **Oberst-Inhaber des k. und k. Husaren-Regimentes Nr. 6 (seit 26. December 1891)**, Ritter des königl. preußischen Schwarzen Adler-Ordens, des königl. spanischen Ordens vom Goldenen Vliese, **Großkreuz des königl. ungarischen St. Stephan-Ordens** etc. etc.

König Wilhelm II. erblickte als ältester Sohn des Prinzen Friedrich von Württemberg und dessen Gemahlin Prinzessin Katharina, der Tochter König Wilhelms I. von Württemberg, am 25. Februar 1848 zu Stuttgart das Licht der Welt.

Frühzeitig schon wurde dem jungen Prinzen die sorgfältigste Erziehung zutheil. Die ersten Professoren des Gymnasiums und der polytechnischen Schule von Stuttgart ertheilten ihm als Knaben Unterricht im elterlichen Hause; sein Hofmeister Professor von Günther, sowie sein Militärgouverneur von Linck förderten ihrerseits die geistige Ausbildung in so trefflicher Art, dass der Prinz ihnen später noch oft seine Erkenntlichkeit dafür aussprach. Sein königlicher Großvater ernannte denn auch den Enkel, der seinen Namen trug, um ihm ein besonderes Zeichen seines Wohlwollens zu geben, kaum 15 Jahre alt, zum Officier in der Leibgarde.

Militärischen Dienst that freilich der Prinz vorderhand nur vorübergehend.

Mit 17 Jahren bezog er die Universität Tübingen, wo er als lebensfroher Studiosus den Bremensern beitrat. Die kriegerischen Ereignisse des Jahres 1866 entrissen ihn jedoch bald den kaum begonnenen Studien und riefen ihn unter die Fahnen; es begann seine militärische Laufbahn. Als Lieutenant des 3. württembergischen Reiter-Regimentes (jetzigen Uhlanen-Regimentes Nr. 19) machte er den Feldzug im Hauptquartiere der württembergischen Feld-Division mit. Im Gefechte von Tauberbischofsheim fand er Gelegenheit, seine militärische Umsicht an den Tag zu legen, wofür er mit dem Ritterkreuze des Militär-Verdienstordens ausgezeichnet wurde.

Nach beendetem Feldzuge nahm Prinz Wilhelm seine Studien wieder auf, und gieng auf zwei Jahre nach Göttingen, um sich juristischen und staatswissenschaftlichen Studien zu widmen. An den Hof nach Stuttgart heimgekehrt, blieb er daselbst nur ganz kurze Zeit.

Nach der Aussöhnung des süddeutschen Königreichs mit Preußen wurde der Prinz im Jahre 1869 nach Potsdam geschickt, um den preußischen Dienst, nach dessen Muster die württembergische Armee reorganisiert werden sollte, genau kennen zu lernen. Bei gleichzeitiger Ernennung zum Premierlieutenant trat er in das in Potsdam garnisonierende 1. Garde-Regiment zu Fuß. Schon im nächsten Jahre übernahm er die Führung einer Compagnie, wurde jedoch bald darauf vom Könige von Württemberg zum Rittmeister ernannt. Als solcher machte er im Hauptquartier der 3. Armee, unter Kronprinz Friedrich Wilhelm von Preußen, den Feldzug gegen Frankreich mit und nahm theil an der Schlacht von Wörth, und später vor Paris an den Gefechten von Villiers und Champigny, den beiden Ehrentagen der Württemberger. Kaiser Wilhelm I. verlieh ihm hiefür das Eiserne Kreuz.

Nach dem Friedensschlusse begab sich Prinz Wilhelm, nach kurzem Besuche am Hofe zu Stuttgart, wieder nach Potsdam. Er rückte als Rittmeister zum Leibgarde-Husaren-Regimente ein, wohin er transferiert worden war; noch 1871 avancierte er daselbst zum Escadrons-Chef. Am 1. Januar 1872 verlieh König Karl dem Prinzen das württembergische Dragoner-Regiment, dessen Chef sein Vater, der inzwischen verstorbene Prinz Friedrich, gewesen. Im Sommer in die Majors-Charge vorgerückt, that er eine Zeit lang Dienst beim 2. Garde-Dragoner-Regimente in Berlin. Als Kaiser Wilhelm I. ihm 1874 das Commando des Leibgarde-Husaren-Regimentes übergeben hatte, hatte Prinz Wilhelm die Dienststellung erreicht, die zunächst das Ziel seiner Wünsche gewesen war. Im Mai 1875 führte er bei der großen Revue vor dem anwesenden Kaiser von Russland sein Regiment vor, zugleich von demselben Abschied nehmend. Kaiser Wilhelm hatte ihn, als er in den württembergischen Armee-Corpsverband übertrat, zum Oberst à la suite seines Husaren-Regimentes ernannt.

Es folgten nun größere Reisen nach Schweden, Russland, England und Österreich, dann eine längere Reise nach Italien, die dem wissbegierigen Prinzen reichlich Gelegenheit zu Studien boten. Ein Besuch am fürstlichen Hofe zu Arolsen im Herbste 1876 führte zur Verlobung mit Prinzessin Marie von Waldeck und Pyrmont. Die feierliche Vermählung fand am 15. Februar 1877 zu Arolsen statt. In glücklichster Ehe lebte Prinz Wilhelm schlicht und einfach, meist auf dem erworbenen kleinen Sommersitze Marienwahl in Ludwigsburg. Ein Sohn, Ulrich, und eine Tochter, Pauline, vermehrten seine häuslichen Freuden. Doch nur zu bald entriss ihm der Tod Sohn und Gattin; letztere 1882. Gramgebeugt lebte Prinz Wilhelm längere Zeit in völliger Zurückgezogenheit; auch sein militärisches Commando als Brigade-Commandant legte er für diese Zeit zurück. Doch bereits 1883 ernannte ihn König Karl zum General, und 1888 Kaiser Wilhelm zum General der Cavallerie.

Am 8. April 1886 vermählte sich Prinz Wilhelm zu Bückeburg zum zweitenmale mit Prinzessin Charlotte, Tochter des Prinzen Wilhelm zu Schaumburg-Lippe und der Prinzessin Bathildis von Anhalt. Das prunklose Auftreten der Prinzessin, ihre Mildthätigkeit, die Ruhe und Bestimmtheit ihres Wesens, ihr ebenso künstlerischer, wie auf Häuslichkeit gerichteter Sinn gewannen ihr bald die Sympathie derer, die sie näher kennen lernten.

Prinz Wilhelm liebte es nie, anders als in gebotenen Fällen der Repräsentation öffentlich hervorzutreten. Was ihm als Pflicht zukam, erfüllte er geräuschlos mit ernster Gewissenhaftigkeit und ruhigem Verständnis, die ihm eigen sind. Den Sitzungen der Kammer der Standesherren, der er angehörte, pflegte er regelmäßig beizuwohnen. Schon seit 1880 fiel ihm gelegentlich längerer Winteraufenthalte des Königs in Italien des öfteren die Stellvertretung desselben in den laufenden Regierungsgeschäften zu und machte ihn mit diesen vertraut.

Gerne verkehrte er in seiner schlichten Art mit den älteren, wie jüngeren Kameraden im Casino, ebenso mit den „alten Herren", wenn diese zu ihrem Commers zusammenkamen. Er liebte stets das Theater, eine künstlerisch belebte, häusliche Geselligkeit, sowie die Jagd. Zu einer solchen befand sich Prinz Wilhelm in Gmunden, als beunruhigende Nachrichten über das Befinden des greisen Königs Karl an ihn gelangten. Er eilte sogleich nach Stuttgart und konnte noch während der letzten Lebensstunden seines Oheims an dessen Krankenlager weilen. Nach dem Hinscheiden desselben, am Morgen des 6. October 1891, übernahm Prinz Wilhelm als nächstberechtigter Erbe des württembergischen Thrones die Regierung und erließ als ersten seiner königlichen Acte das Manifest, welches seinen Regierungsantritt dem Lande verkündete. Da König Wilhelm II. in der Haltung der Regierung nach innen und außen nichts zu ändern beabsichtigte, behielt er das Ministerium Mittnacht bei.

Besonders betonte der König in seiner Ansprache an das Volk seine Stellung als deutscher Regent und seine Treue zu den Verträgen mit Preußen. Der Versuch einer Verfassungsrevision, den Mittnacht 1894 machte, scheiterte an dem Widerstande der Mehrheit der zweiten Kammer.

Da der Ehe des Königs bisher kein Erbe entspross, ist Herzog Nikolaus als Haupt der herzoglichen Linie des Hauses Württemberg der nächstberechtigte Thronerbe.

18. August 1892.

Ludwig Prinz zu Sachsen-Coburg-Gotha,

Herzog zu Sachsen, k. und k. Oberlieutenant im 4. Regimente der Tiroler Kaiserjäger, Großkreuz des herzogl. Sachsen-Ernestinischen Hausordens etc. etc.

Prinz Ludwig, der dritte Sohn des Prinzen August von Sachsen-Coburg-Gotha und dessen Gemahlin Prinzessin Leopoldine, der zweiten Tochter Kaiser Pedros II. von Brasilien, wurde am 15. September 1870 zu Ebenthal geboren. Bis zum 14. Lebensjahre im Elternhause unter der Leitung des Rathes Karl Fleischmann sorgfältigst erzogen, besuchte Prinz Ludwig 1886—1889 die Staats-Oberrealschule zu Wien und legte sodann die Maturitätsprüfung ab. Mehrfache Reisen nach Italien, Frankreich, Spanien und Holland vervollständigten die allgemeine wissenschaftliche Ausbildung des Prinzen.

Von 1889 ab oblag Prinz Ludwig dem Studium an der Militär-Akademie zu Wiener-Neustadt und wurde mit 18. August 1892 als Lieutenant dem 1. Bataillon des Tiroler Kaiserjäger-Regimentes eingereiht. 1895 wurde der Prinz zu dem mit 20. April desselben Jahres formierten Tiroler Kaiser-Jäger-Regimente Nr. 4 transferiert und mit 1. Mai 1896 zum Oberlieutenant in diesem ernannt.

12. October 1892.

Friedrich Leopold Prinz von Preußen,

königl. preußischer Generalmajor und Commandeur der 4. Garde-Cavallerie-Brigade, à la suite des 1. Garde-Regimentes zu Fuß und des 1. Leibhusaren-Regimentes Nr. 1, **Oberst-Inhaber des k. und k. Husaren-Regimentes Nr. 2 (seit 1. Juli 1893)**, Chef des kaiserl. russischen 6. Libau'schen Infanterie-Regimentes Prinz Friedrich Leopold von Preußen, Ritter des königl. preußischen Schwarzen Adler-Ordens, **Großkreuz des königl. ungarischen St. Stephan-Ordens** etc. etc.

Als einziger Sohn des Prinzen Friedrich Karl und der Prinzessin Maria Anna von Anhalt am 14. November 1865 zu Berlin geboren, studierte Prinz Friedrich Leopold in den Jahren 1885 bis 1887 zu Bonn die Staatswissenschaften und trat sodann in die Armee ein. Im Jahre 1886 unternahm er eine Reise in den Orient, commandierte 1888 als Rittmeister die Leib-Escadron der Gardes du Corps, wurde 1889 als Hauptmann in das 1. Garde-Regiment übersetzt und 1890 zum Major ernannt. Mit 10. Juni 1893 in die Oberstencharge vorgerückt, übernahm er das Commando der Gardes du Corps.

Seit 24. Juni 1889 ist der Prinz mit der am 8. April 1866 zu Kiel geborenen Prinzessin Luise Sophie von Schleswig-Holstein-Sonderburg-Augustenburg, einer jüngeren Schwester der Kaiserin Auguste Victoria von Deutschland, vermählt, welcher Ehe vier Kinder entsprossen.

Se. Majestät Kaiser Franz Joseph I. ernannte den Prinzen mit Allerhöchster Entschließung vom 12. October 1892 zum Oberstlieutenant im k. und k. Husaren-Regimente Wilhelm II. Deutscher Kaiser und König von Preußen Nr. 7 und acht Monate später, am 1. Juli des folgenden Jahres, zum Oberst-Inhaber des k. und k. Husaren-Regimentes Nr. 2.

8. December 1892.

Albrecht Herzog von Württemberg.

königl. württembergischer Generalmajor und Commandeur der 4. Garde-Cavallerie-Brigade, à la suite des Uhlanen-Regimentes König Karl (1. württembergisches) Nr. 19, königl. preußischer Oberst à la suite des Kürassier-Regimentes Herzog Friedrich Eugen von Württemberg (westpreußisches Nr. 5), **k. und k. Oberst im Dragoner-Regimente Kaiser Ferdinand Nr. 4,** Großkreuz des Ordens der württembergischen Krone, des königl. württembergischen Friedrich-Ordens, Besitzer der königl. württembergischen Goldenen Jubiläums-Medaille, Großkreuz des königl. preußischen Rothen Adler-Ordens, Ritter des königl. bayerischen St. Hubertus-Ordens, Ritter des königl. sächsischen Ordens der Rautenkrone, **Ritter des kaiserl. österreichischen Ordens vom Goldenen Vliese sowie Großkreuz des königl. ungarischen St. Stephan-Ordens**, Ehrenkreuz I. Classe des fürstl. Lippe'schen Hausordens, Großkreuz des persischen Sonnen- und Löwen-Ordens etc. etc.

Herzog Albrecht ist der älteste Sohn des Herzogs Philipp von Württemberg und dessen Gemahlin Erzherzogin Maria Theresia, einer Tochter des österreichischen Heldenmarschalls Erzherzog Albrecht.

Am 23. December 1865 zu Wien geboren, wurde der Herzog vorwiegend militärisch erzogen, brachte dabei aber stets auch lebhaftes Interesse der Kunst und Wissenschaft entgegen; auch für öffentliche Angelegenheiten bekundet er hohes Verständnis.

Mit Leib und Seele Soldat, commandierte Herzog Albrecht als Oberst bisnun das 1. württembergische Grenadier-Regiment Königin Olga Nr. 119, jetzt als Generalmajor die 4. Garde-Cavallerie-Brigade zu Potsdam Ein schneidiger Reiter, ist er auch Präsident des württembergischen Rennvereines.

Der k. und k. Armee gehört Herzog Albrecht seit 8. December 1892 an, an welchem Tage er zum Rittmeister im Dragoner-Regimente Kaiser Ferdinand Nr. 4 ernannt wurde. Bereits am 23. Januar 1893 rückte der Herzog in die Majors-Charge vor, mit 9. Mai 1896 wurde er Oberst.

Auch sonst wurde Herzog Albrecht wiederholt durch Se. Majestät Kaiser Franz Joseph I. ausgezeichnet; so im Jahre 1891 durch die

Verleihung des Großkreuzes des königlich ungarischen St. Stephan-Ordens und 1893 durch den Orden vom Goldenen Vliese.

Durch seine hohe Mutter schon dem österreichischen Herrscherhause nahe verwandt, vermählte sich der Herzog, einer innigen Herzensneigung folgend, am 24. Januar 1893 mit Erzherzogin Margarethe Sophie, einer Tochter des 1896 verschiedenen, unvergesslichen Erzherzogs Karl Ludwig, aus dessen zweiter Ehe mit Prinzessin Maria Annunciata von Bourbon-Sicilien.

Erzherzogin Margarete Sophie, die bis zu ihrer Verlobung die Würde einer Äbtissin des weltlichen adeligen Damenstiftes auf dem Hradschin zu Prag bekleidete, beschenkte ihren hohen Gemahl bereits mit drei Söhnen, den Herzogen Philipp Albrecht, Albrecht Eugen und Karl Alexander, sowie mit einer Tochter, dem jüngstgeborenen Sprössling, Herzogin Maria Amalie.

Herzog Albrecht ist, so lange dem württembergischen Königspaare nicht männliche Nachkommenschaft beschieden ist, einer der nächsten zur Thronfolge berufenen Agnaten der Krone Württembergs.

26. April 1893.

August Leopold Prinz zu Sachsen-Coburg-Gotha,

Herzog zu Sachsen, k. und k. Linienschiffs-Lieutenant, Großkreuz des herzogl. Sachsen-Ernestinischen Hausordens etc. etc.

Als zweiter Sohn des Prinzen August von Sachsen-Coburg-Gotha und der Prinzessin Leopoldine von Brasilien wurde Prinz Leopold am 6. December 1867 zu Rio de Janeiro geboren.

Im Elternhause genoss der Prinz unter der Leitung des Rathes Karl Fleischmann eine vortreffliche Erziehung. Gleich seinem hohen Vater dem Seedienste besondere Vorliebe und regstes Interesse entgegenbringend, absolvierte Prinz August Leopold die Marine-Akademie zu Rio de Janeiro und wurde hierauf Schiffsfähnrich. Nach der Revolution in Brasilien verließ er die dortige Marine und wurde, nachdem er die Befähigungsprüfung abgelegt, mit 26. April 1893 zum Linienschiffs-Fähnrich in der k. und k. Kriegs-Marine ernannt. Mit 1. Mai 1896 rückte er zum Linienschiffs-Lieutenant II. Classe vor.

Prinz August Leopold, welcher in Pola in Garnison ist, vermählte sich am 30. Mai 1894 zu Wien mit Erzherzogin Karolina Maria Immaculata, einer Tochter des Erzherzogs Karl Salvator und der Erzherzogin Maria Immaculata. Dieser glücklichen Ehe entstammen: Prinz August, geboren zu Pola am 27. October 1895, und Prinzessin Clementine, geboren ebendaselbst am 23. März 1897.

15. Mai 1893.

Ernst Ludwig Großherzog von Hessen und bei Rhein,

königl. preußischer Generallieutenant à la suite des 1. Garde-Regimentes zu Fuß, Inhaber des 1. großherzogl. hessischen Infanterie-(Leibgarde-)Regimentes Nr. 115, des 1. großherzogl. hessischen Dragoner-Regimentes (Garde-Dragoner-Regimentes) Nr. 23, des großherzogl. hessischen Feldartillerie-Regimentes Nr. 25 und des 5. königl. bayerischen Infanterie-Regimentes, **Oberst-Inhaber des k. u. k. Infanterie Regimentes Nr. 14 (seit 15. Mai 1893)**, sowie Chef des kaiserl. russischen 18. Dragoner-Regimentes Kljatizki, Ritter des königl. preußischen Schwarzen Adler-Ordens, **Großkreuz des königl. ungarischen St. Stephan-Ordens**, Ritter des königl. großbritannischen Hosenband-Ordens etc. etc.

Der einzige Sohn des aus den Kriegsjahren 1870/71 rühmlichst bekannten tapferen Heerführers der hessischen Division und späteren Großherzogs Ludwig IV., Erbgroßherzog Ernst Ludwig, wurde am 25. November 1868 zu Darmstadt geboren. Zehn Jahre alt, hatte der Prinz das Unglück sich des sorgsamen Mutterauges beraubt zu sehen, denn Großherzogin Alice, die geistreiche Frau, die hochgebildete Pflegerin von Kunst und Wissenschaft, die Wohlthäterin der Armen, welche in der Linderung und Beseitigung der Noth unermüdlich thätig gewesen, wurde bereits am 14. December 1878 durch eine tückische Krankheit plötzlich und unerwartet dem Kreise ihrer Lieben entrissen. Großherzog Ludwig IV. suchte mit der ganzen Wärme seines Herzens und mit rührender Hingabe seinen früh verwaisten Kindern den Verlust der Mutter zu ersetzen und überwachte auf das sorgfältigste die Erziehung derselben.

Nachdem Prinz Ernst Ludwig die nöthigen militärischen Vorstudien absolviert hatte, wurde er am 21. April 1885 dem hessischen Leibgarde-Infanterie-Regiment einverleibt. 1891 sandte ihn sein Vater, der Großherzog, nach Potsdam, um, wie er selbst dereinst, im 1. Garde-Regimente zu Fuß, Dienst zu thun. Schon ein Jahr später jedoch sollte der jugendliche Erbgroßherzog an

der Bahre seines Vaters stehen, der am 4. März einen Schlaganfall erlitten. Prinz Ernst Ludwig, wie seine in der Ferne weilenden Schwestern hatten eben noch Zeit genug an das Sterbelager zu eilen und dem Theuren noch einmal die Hand zum Abschiede zu drücken. Am 13. März 1892 hatte Großherzog Ludwig IV. ausgelitten, sein einziger Sohn, Erbgroßherzog Ernst Ludwig, bestieg den verwaisten Thron. Gesonnen, im Geiste seines Vaters zu regieren, behielt der junge Großherzog das Ministerium desselben bei.

Am 19. April 1894 vermählte sich Großherzog Ernst Ludwig zu Coburg mit Prinzessin Victoria, der am 25. November 1876 auf Malta geborenen Tochter Herzog Alfreds von Sachsen-Coburg und Gotha. Prinzessin Elisabeth, das am 11. März 1895 zu Darmstadt geborene Töchterchen des großherzoglichen Paares, vervollständigt dessen Eheglück.

Der k. und k. Armee gehört Großherzog Ernst Ludwig seit 15. Mai 1893 an, an welchem Tage Se. Majestät Kaiser Franz Joseph I. ihm das bereits seit dem Jahre 1851 den Namen „Großherzog von Hessen und bei Rhein" führende oberösterreichische Infanterie-Regiment Nr. 14 verlieh.

Möge es Großherzog Ernst Ludwig, der beim Regierungsantritte seinem Volke „die Handhabung von Recht und Gerechtigkeit, sowie die Förderung der Wohlfahrt und des Besten des Landes sich angelegen sein zu lassen" versprach, unter Gottes gnädigem Schutze beschieden sein, lange Jahre hindurch in Glück und Frieden zum Segen seines Volkes zu regieren.

21. September 1893.

Arthur Herzog von Connaught und Strathearn,

Graf von Sussex, Mitglied des Oberhauses, General und persönlicher Adjutant der Königin, Höchstcommandierender des permanenten Lagers in Aldershot, Oberst der schottischen Garden und der Rifle-Brigade, Oberst ad hon. des 13. Lancier-Regimentes von Bengalen, Chef-Oberst des 6. (Inniskilling) Dragoner-Regimentes, Chef des königl. preußischen Husaren-Regimentes von Ziethen (brandenburgisches) Nr. 3, **Oberst-Inhaber des k. und k. Husaren-Regimentes Nr. 4 (seit 21. September 1893)**, Ritter des königl. großbritannischen Hosenband- sowie des Distel-Ordens, **Großkreuz des königl. ungarischen St. Stephan-Ordens**, Ritter des königl. preußischen Schwarzen Adler-Ordens etc. etc.

Herzog Arthur von Connaught ist der dritte Sohn der Königin Victoria von England aus ihrer Ehe mit dem verstorbenen Prinz-Gemahl Albert von Sachsen-Coburg-Gotha und wurde am 1. Mai 1850 im Buckingham-Palast zu London geboren. Als er mit erlangter Mündigkeit nach britischem Gesetze apanagiert und ihm eine eigene Hofhaltung eingerichtet wurde, empfieng er nach britischem Herkommen außer dem ihm von Geburt gebürenden Range eines königlichen Prinzen von England mütterlicher- sowie eines Herzogs von Sachsen väterlicherseits noch den besonderen Titel und Rang eines Herzogs von Connaught und Strathearn. Wie alle Kinder Prinz Alberts und der Königin Victoria hat auch Prinz Arthur eine sehr sorgfältige Erziehung genossen. Zahlreiche Reisen vervollständigten seine wissenschaftliche Ausbildung und erweiterten seinen Gesichtskreis. Wie Prinz Arthur bei Hofe und in der vornehmen Gesellschaft sich großer Beliebtheit erfreut, genießt er als Militär in den Kreisen der Armee die größte Hochachtung. Außer anderen hohen Ehrenstellen, die der Prinz im englischen Heere einnimmt, ließ ihm seine königliche Mutter die Auszeichnung der Ernennung zu ihrem persönlichen Adjutanten zutheil werden, als welcher sein Platz in der Regel in unmittelbarer Nähe der Monarchin ist.

Gelegentlich der Vermählungsfeier der ältesten Tochter seiner Schwester, der preußischen Prinzessin Charlotte, mit dem Erbprinzen von Meiningen, die im Februar 1878, zur selben Zeit, da sich

Prinzessin Elisabeth und der Erbgroßherzog von Oldenburg die Hand zum ewigen Bunde reichten, stattfand, legte Prinz Arthur, der mit seinem Bruder, dem Prinzen von Wales, am Berliner Hofe erschienen war, den Grund zu seinem künftigen Eheglücke. Schon am 14. Mai darauf fand im Adlersaale des königlichen Palais zu Berlin durch Se. Majestät den Kaiser die Proclamation der Verlobung des Prinzen mit Prinzessin Luise Margarete, der dritten und letzten Tochter des General-Feldmarschalls Prinzen Friedrich Karl von Preußen, statt. Prinz Arthur konnte wegen Mobilisierung des britischen Heeres an diesem festlichen Tage am Berliner Hofe nicht anwesend sein und ließ sich daher durch einen besonderen Gesandten, den „Controleur" seines Hofhaltes, Oberstlieutenant Sir Howard Elphinstone, vertreten.

Die feierliche Vermählung fand am 13. März 1879 im Schlosse zu Windsor statt.

Der Ehe des Prinzen entstammen: Prinzessin Margarete, geboren zu Bagshot Park am 15. Januar 1882, Prinz Arthur, geboren zu Schloss Windsor am 13. Januar 1883, und Prinzessin Victoria, geboren am 17. März 1886.

27. Mai 1894.

Alfred Herzog von Sachsen-Coburg und Gotha,

königl. Prinz von Großbritannien und Irland, Herzog von Edinburgh, Graf von Ulster und von Kent, auch Herzog zu Jülich, Cleve und Berg, zu Engern und Westfalen, Landgraf in Thüringen, Markgraf zu Meißen, gefürsteter Graf zu Henneberg, Graf zu der Mark und Ravensberg, Herr von Ravenstein und Tonna, königl. preußischer General der Infanterie, Admiral à la suite der kaiserl. deutschen Marine, Chef des 6. thüringischen Infanterie-Regimentes Nr. 95 und des 2. rheinischen Husaren-Regimentes Nr. 9, **Oberst-Inhaber des k. und k. Infanterie-Regimentes Nr. 84 (seit 27. Mai 1894)**, königl. großbritannischer Admiral der Flotte, Chef der Artillerie und der Infanterie der königl. großbritannischen Marine, Chef der kaiserl. russischen 2. Flotten-Equipage des Schwarzen Meeres, Ritter des herzogl. Sachsen-Ernestinischen Hausordens, des königl. preußischen Schwarzen Adler-, des königl. großbritannischen Hosenband- sowie des Distel-Ordens, **Großkreuz des königl. ungarischen St. Stephan-Ordens**, Ritter des königl. spanischen Ordens vom Goldenen Vliese etc. etc.

Herzog Alfred, der zweite Sohn des Prinzen Albert von Sachsen-Coburg-Gotha, sowie dessen Gemahlin Königin Victoria von Großbritannien und Irland, wurde am 6. August 1844 zu Schloss Windsor geboren.

Unter den Augen seines in trauter Häuslichkeit lebenden Elternpaares verlebte der Prinz eine ungemein glückliche Kindheit. Die von ausgezeichneten Lehrkräften geleitete Erziehung überwachte sowohl Prinz Albert, als auch Königin Victoria mit zärtlichster Sorgfalt, und frühzeitig pflanzte das edle Fürstenpaar die Liebe zu allem Schönen und Guten in seine Brust. Schon im Alter von 12 Jahren jedoch musste er sich von seinen geliebten Eltern trennen, um in Genf sowohl die deutsche, wie die französische Sprache möglichst gründlich zu erlernen. Hier an den Ufern des herrlichen Genfer Sees erwachte in dem jugendlichen Prinzen die Lust, Seemann zu werden. Schon 1858 wurde er in den Seedienst aufgenommen, den er von Grund auf kennen lernen wollte.

Nach einer Original-Aufnahme von Reichard & Lindner, königlicher Hof

Nachdem er ein ziemlich strenges Examen mit Erfolg bestanden, musste er an Bord eines vor Anker liegenden Schiffes die Anfangsgründe des seemännischen Wissens und Könnens erlernen. Erst nach diesen Anfangsstudien wurde Prinz Alfred zum Seecadeten befördert und an Bord des Panzerschiffes „St. George" commandiert. Nun konnte der junge Seemann seine Sehnsucht, fremde Länder und Menschen zu sehen, nach Herzenslust stillen. Es gibt wohl kein Meer der Erde, das Herzog Alfred nicht befahren, keinen größeren Hafenplatz, den er nicht besucht hätte. Schon mit dem „St. George" durchkreuzte er längere Zeit das Mittelmeer und lernte dieses gründlich kennen, sodann suchte er mit diesem Schiffe Westindien und Amerika auf. Nach dem Tode seines Vaters (14. December 1861) suchte der Prinz, über den herben Verlust auf das tiefste erschüttert, in anstrengender Arbeit und vollster Hingabe an seinen Beruf Zerstreuung. Er war fast beständig zur See, nur wenige Wochen verweilte er alljährlich am Hofe seiner trauernden königlichen Mutter. Sein schöner Beruf, in welchem er sich nun schon eine höhere Charge errungen hatte, nahm ihn ganz in Anspruch. Seine königliche Mutter verlieh ihm auch in Anerkennung seiner Leistungen am 24. Mai 1866 die Würde eines Pairs von England und noch in demselben Jahre auch das Amt eines Meisters des Trinidy House, das heißt des Vorsitzenden der Behörde, welcher die praktische Überwachung des Hafen- und Küstendienstes und andere die Handelsschifffahrt betreffende Verwaltungen obliegen. Größer aber als über diese Ämter und Würden war die Freude des Prinzen, als er im Jahre 1867, nach neunjähriger Dienstzeit als Seemann, zum selbständigen Commandanten eines Kriegsschiffes, der Fregatte „Galatea", ernannt wurde und den Befehl erhielt, mit diesem Fahrzeuge eine zweijährige Reise um die Welt zu machen. Der junge Capitän ahnte nicht das herbe Schicksal, das ihm auf dieser Reise beschieden war.

Am 1. Juni 1867 schiffte sich der königliche Prinz in Marseille ein und richtete seinen Curs zunächst nach Gibraltar, von wo aus die Reise nach Amerika fortgesetzt wurde. Am 15. Juli landete Prinz Alfred in Rio de Janeiro, wo er im Auftrage des Kaisers von Brasilien vom Herzog von Eu festlichst begrüßt wurde. Nach kurzem Aufenthalte gieng die Reise weiter, und am 15. August lief die „Galatea" in die Simonsbucht in Südafrika ein. Glänzende Feste veranstaltete man in Capstadt zu Ehren des Sohnes der königlichen Herrscherin. Von Afrika wandte sich der hohe Reisende nach Australien, lief am 30. October Adelaide und am 23. November

Melbourne an, überall mit gleicher Begeisterung empfangen. Die Monate December, Januar und Februar benützte der Prinz zum Besuche der Häfen von Japan, China und Indien, am 24. März 1868 lag die „Galatea" wieder im Hafen von Port Jackson. In dem zum Hafen gehörigen Clontarf sollte an diesem Tage ein Fest zum Besten eines Asylhauses stattfinden. Als der Prinz, der seine Anwesenheit zugesagt hatte, am Festplatze erschien, fielen rasch nacheinander zwei Schüsse. Quer durch den Leib getroffen, sank Prinz Alfred in die Arme seiner Begleiter, ein anderer Herr fiel verwundet zu Boden. Während ein Theil des Publicums den beiden Verwundeten Beistand leistete, ergriff der andere den Meuchelmörder O'Farell. Der verwundete Herzog wurde sofort von zwei Schiffsärzten untersucht, welche feststellten, dass die Kugel in den Leib gedrungen sei und sich noch darin befinde. Prinz Alfred hatte trotz seiner schweren Verwundung die Besinnung nicht verloren und bat die Ärzte, sich erst mit seinem Leidensgefährten zu beschäftigen. Zwei Tage später gelang es den Ärzten, die Kugel aufzufinden und zu entfernen. Ein Schrei des Schreckens gieng bei der Kunde von der Verwundung des geliebten Prinzen durch ganz England und in allen Ständen wetteiferte man, der grambgebeugten königlichen Mutter das herzlichste Beileid auszudrücken. Zum Glücke überwand die eiserne Körperconstitution des Herzogs sehr bald die Folgen der Verwundung, und schon am 4. April konnte er die Heimreise antreten. Am 27. Juni 1868 langte Herzog Alfred in Schloss Windsor an, begeistert empfangen vom englischen Volke und auf das herzlichste begrüßt von der besorgten königlichen Mutter.

Allmählich stieg Herzog Alfred in seinem seemännischen Berufe bis zum höchsten Range, dem eines englischen Admirals empor, in welcher Charge er eine lange Zeit hindurch die Flotte im Mittelmeere befehligte,

Im Alter von 29 Jahren erkor sich der Prinz die am 17. October 1853 geborene, einzige Tochter Kaiser Alexanders II. von Russland, Großfürstin Maria Alexandrowna, zur Gemahlin. Am 23. Januar 1874 fand in St. Petersburg die feierliche Vermählung statt, durch welche eine der glücklichsten Ehen begründet wurde. Das Glück wurde ein umso größeres, als Herzogin Marie am 15. October 1874 im Buckingham-Palast zu London ihren hohen Gemahl mit einem Erbprinzen beschenkte, der nach dem Vater den Namen Alfred erhielt. Außerdem entsprossen dem herzoglichen Ehebunde Prinzessin Maria, geboren zu Eastwell Park am

29. October 1875, vermählt zu Sigmaringen am 11. Januar 1893 mit Prinz Ferdinand von Rumänien, Prinzessin Victoria, geboren auf Malta am 25. November 1876, seit 19. April 1894 Gemahlin des Großherzogs Ernst Ludwig von Hessen, Prinzessin Alexandra, geboren zu Coburg am 1. September 1878, seit 20. April 1896 mit Erbprinz Ernst zu Hohenlohe-Langenburg vermählt, und Prinzessin Beatrice.

Seit Mitte der Siebziger-Jahre ist Coburg der ständige Wohnsitz der herzoglichen Familie, wo dieselbe im Winter in einem bescheidenen Palais in der Stadt, im Sommer auf dem reizenden Lustschlosse Rosenau weilt.

Als sich Herzog Alfred in seiner Eigenschaft als englischer Admiral noch seiner Dienstpflicht, meist auf Malta, widmen musste, kam er nur besuchsweise auf Wochen zu seiner Familie nach Coburg; seit mehreren Jahren aber weilt er fast beständig dort und hat sich die Verehrung der Bevölkerung ebenso zu erwerben gewusst, wie zuvor schon seine erlauchte Gemahlin.

Herzog Alfred, denselben ausgeprägten Kunstsinn besitzend wie sein Vater, pflegte stets seine künstlerischen Neigungen. Auf musikalischem Gebiete ist außer mehrfachen kleineren Compositionen eine Oper sein Werk. Er spielt meisterhaft Violine und sammelt häufig Künstler um sich, um mit ihnen zu musicieren.

Als am 22. August 1893 Herzog Ernst II. kinderlos zu seinen Vätern heimgegangen war, übernahm Herzog Alfred als Neffe des hohen Verblichenen die Regierung Sachsen-Coburg-Gothas, des Landes, mit welchem ihn nicht nur väterlicher-, sondern auch mütterlicherseits zahlreiche Bande verknüpfen.

18. August 1894.

Emanuel Prinz von Orléans, Herzog von Vendôme,

Oberlieutenant in der Reserve des k. und k. Dragoner-Regimentes Nikolaus I. Kaiser von Russland Nr. 5, Ehrengroßkreuz des königl. preußischen Johanniter-Ordens, Ritter des königl. bayerischen St. Hubertus-Ordens, Großkreuz des königl. belgischen Leopold-Ordens, sowie des herzogl. Sachsen-Ernestinischen Hausordens etc. etc.

Herzog Emanuel wurde am 18. Januar 1872 zu Obermais bei Meran (Tirol) als der erste Sohn des Herzogs Ferdinand von Alençon und der Herzogin Sophie in Bayern geboren. Nachdem ihm im Elternhause eine treffliche Erziehung zutheil geworden, trat er in die k. und k. theresianische Militär-Akademie zu Wiener-Neustadt ein und wurde nach Absolvierung derselben, am 18. August 1894, als Lieutenant dem k. und k. 5. Dragoner-Regimente eingereiht. Hier that der Herzog bis 1896 Truppendienst; nach Ablauf eines längeren Urlaubes trat er in die Reserve über und wurde in diesem Verhältnisse mit 1. November 1897 Oberlieutenant.

Seit 12. Februar 1896 ist Herzog Emanuel mit Prinzessin Henriette von Belgien vermählt, welcher Ehe die am 31. December 1896 geborene Prinzessin Maria Luise entstammt.

Durch seine verblichene hohe Mutter, welche eine Schwester Ihrer Majestät der Kaiserin von Österreich war und bei dem Wohlthätigkeitsfeste am 4. Mai 1897 in Paris den Flammentod fand, steht Herzog Emanuel in naher verwandtschaftlicher Beziehung zu dem österreichischen Herrscherhause.

20. September 1894.

Arnulf Prinz von Bayern,

königl. bayerischer General der Infanterie und Commandierender General des I. Armee-Corps, Inhaber des königl. bayerischen 12. Infanterie-Regimentes, à la suite des Infanterie-Leibregimentes, Chef des königl. preußischen 6. Brandenburgischen Infanterie-Regimentes Nr. 52. **Oberst-Inhaber des k. und k. Infanterie-Regimentes Nr. 80 (seit 20. September 1894),** Ritter des königl. bayerischen Hausordens vom heiligen Hubertus, Großkreuz wie Ritter II. Classe des königl. bayerischen Militär-Verdienst-Ordens, (letztere mit den Schwertern), Ritter des Eisernen Kreuzes II. Classe, Ritter des königl. preußischen Schwarzen Adler-Ordens, Großcomthur des königl. preußischen Hausordens von Hohenzollern, Ritter des großherzogl. baden'schen Ordens der Treue, sowie des großherzogl. baden'schen Ordens Berthold I. von Zähringen, Großkreuz des großherzogl. hessischen Ludwig-Ordens, Besitzer des großherzogl. hessischen wie des großherzogl. mecklenburgischen Militär-Verdienstkreuzes, Großkreuz des großherzogl. mecklenburgischen Hausordens der Wendischen Krone, Ritter des königl. sächsischen Ordens der Rautenkrone, Großkreuz des großherzogl. sächsischen Ordens vom Weißen Falken, des herzogl. Sachsen-Ernestinischen Hausordens, des Ordens der Württembergischen Krone, Besitzer der Kriegsdenkmünze für 1870/71, sowie des Dienstauszeichnungskreuzes II. Classe, **Ritter des kaiserl. österreichischen Ordens vom Goldenen Vliese, Großkreuz des königl. ungarischen St. Stephan-Ordens,** Ritter des königl. italienischen Annunziaten-Ordens, des großherzogl. luxemburgischen Hausordens vom Goldenen Löwen, Großkreuz des fürstl. montenegrinischen Ordens Danilo I., Besitzer der fürstl. montenegrinischen Erinnerungs-Medaille für den Feldzug 1875—1878 wie des königl. rumänischen Donaukreuzes, Ritter des kaiserl. russischen St. Andreas- wie des kaiserl. russischen St. Georgs-Ordens IV. Classe, Besitzer der Chiffre weiland Seiner Majestät des Kaisers Alexander II. und der kaiserl. russischen Erinnerungs-Medaille für den Feldzug 1877/1878 etc. etc.

Am 6. Juli 1852 als jüngster Sohn des damaligen Prinzen, heutigen Prinz-Regenten Luitpold von Bayern und der Erzherzogin Auguste von Österreich-Toscana, einer Tochter des Großherzogs Leopold II., zu München geboren, trat Prinz Arnulf nach Vollendung seiner Studien am 6. Juli 1868 als Secondlieutenant des Infanterie-Leibregimentes in die Reihen des königl. bayerischen Heeres. Mit 9. Januar 1871 zum Premierlieutenant ernannt, wurde der Prinz am 22. Juni 1876 Hauptmann, am 29. September des folgenden Jahres Major, und mit 27. Februar 1879 Oberst und Commandeur des Infanterie-Leibregimentes. Als Generalmajor, welche Charge Prinz Arnulf am 29. Februar 1884 erreichte, commandierte er eine Brigade im I. Armeecorps. Am 6. März 1887 wurde der Prinz Generallieutenant und mit 29. October 1890 General der Infanterie; zugleich erfolgte seine Ernennung zum Commandierenden General des I. Armee-Corps.

Seine Majestät Kaiser Franz Joseph I. ernannte den Prinzen mittelst Allerhöchsten Handschreibens vom 20. September 1894 zum Oberst-Inhaber des k. und k. Infanterie-Regimentes Nr. 80.

Am 12. April 1882 vermählte sich Prinz Arnulf zu Wien mit Prinzessin Therese, einer Tochter des 1858 verstorbenen Fürsten Alois von und zu Liechtenstein; ein Sohn, der am 24. Juni 1884 geborene Prinz Heinrich, vervollständigt das selten glückliche Familienleben des hohen Paares.

Prinz Arnulf, der mit ganzer Seele seinen Berufspflichten obliegt, weilt alljährlich längere Zeit auf seinem herrlich gelegenen Schlosse Leopoldstein bei Eisenerz in Steiermark.

14. April 1896.

Friedrich Wilhelm Kronprinz des Deutschen Reiches und Kronprinz von Preußen,

Lieutenant im königl. preußischen 1. Garde-Regimente zu Fuß, à la suite des 2. Garde-Landwehr-Regimentes, des königl. sächsischen 2. Grenadier-Regimentes Nr. 101, des königl. bayerischen 1. Uhlanen-Regimentes Kaiser Wilhelm II. König von Preußen und des kaiserl. russischen St. Petersburger Leibgarde-Grenadier-Regimentes König Friedrich Wilhelm III., **Lieutenant im k. und k. Husaren-Regimente Wilhelm II. Deutscher Kaiser und König von Preußen Nr. 7**, Ritter des königl. preußischen Schwarzen Adler-Ordens, Großkreuz des königl. ungarischen St. Stephan-Ordens etc. etc.

Am Morgen des 7. Mai 1882 zeigte Kanonendonner der Bevölkerung Berlins die glückliche Geburt eines Urenkels Kaiser Wilhelms I. an. Prinzessin Auguste Victoria hatte im Marmorpalais zu Potsdam am Abende des 6. Mai ihren Gemahl Prinz Wilhelm mit einem Sohne beschenkt.

Um ½8 Uhr morgens bereits traf Prinz Wilhelm in Berlin ein, um seinem kaiserlichen Großvater, sowie den in Berlin weilenden Prinzen und Prinzessinnen das glückliche Ereignis zu melden.

Die Stadt hatte reichen Flaggenschmuck angelegt, eine riesige Menschenmenge erwartete die Rückkehr des freudig erregten Kaisers vom Gottesdienste in der Domkirche und begrüßte denselben bei seinem Erscheinen mit lautem Jubel.

Am Mittag begab sich der greise Herrscher nach Potsdam, um der Prinzessin Wilhelm persönlich seine Glückwünsche zu überbringen. Der am 11. Juni vollzogene Taufact vereinigte eine stattliche Anzahl deutscher und ausländischer Fürsten in Potsdam. Fast alle Herrscher hatten zu dieser Feier ihre Vertreter entsandt. Vom österreichischen Kaiserhause war Kronprinz Rudolf erschienen.

Der neugeborne Prinz erhielt die Namen **Friedrich Wilhelm Victor August Ernst**.

Eine strenge Erziehung wurde dem kleinen Prinzen schon von Anfang an zutheil und wie Prinz Wilhelm sich mit seinen Söhnen gerne und viel beschäftigte und wenn die Zeit es ihm gestattete, auch an ihren Spielen theilnahm, ebensowenig erließ er dem Prinzen Friedrich Wilhelm oder einem seiner jüngeren Brüder eine strenge Strafe, wenn sie eine solche verdienten.

Prinzessin Auguste Victoria nahm regsten Antheil an der Erziehung des Prinzen und überwachte seine Pflege auf das sorgsamste. Nach einem ausgezeichneten Unterrichte in den Elementarfächern wurde Civilgouverneur Kessler, ein vorzüglicher Pädagoge, zur weiteren Ausbildung des Prinzen herangezogen.

Selbstredend wurde auch auf die militärische Ausbildung des Kronprinzen bedeutend Gewicht gelegt und schon im zartesten Alter exercierte täglich ein Feldwebel mit demselben. Seit 1892 gehört Kronprinz Wilhelm, einer alten Familien-Tradition des Hauses Hohenzollern gemäß, als Lieutenant des 1. Garde-Regimentes zu Fuß dem deutschen Heere an.

Der Kronprinz, welcher sehr musikalisch veranlagt ist, wird nicht nur im Clavier-, sondern auch im Violinspiel, wozu er besondere Vorliebe hegt, unterrichtet. Seine Tageszeit ist streng eingetheilt, abwechselnd ist jede Stunde für einen anderen Studienzweig bestimmt und nur wenig Zeit bleibt dem kaiserlichen Prinzen zur Erholung.

Auf seine Ausbildung in den Leibesübungen wird besonders Bedacht genommen und ist er nicht nur seit frühester Jugend ein vorzüglicher Reiter, sondern auch ein ebensolcher Schwimmer und Schlittschuhläufer.

Den Sommer bringt er gewöhnlich mit seiner kaiserlichen Mutter und den Geschwistern zu Sassnitz auf Rügen zu, woselbst die Studien aber keine vollständige Unterbrechung erfahren.

Der jetzige Obergouverneur des Kronprinzen, welcher bereits seinen eigenen Hofhalt besitzt, ist der frühere Militär-Attaché in Wien, Generalmajor von Deines; die militärische Ausbildung ist Premierlieutenant von Rauch in die Hände gelegt.

1895 unternahm Kronprinz Friedrich Wilhelm mit seinem Bruder Eitel Friedrich incognito eine Reise nach Süddeutschland.

Im Jahre 1896 begleiteten beide Prinzen ihren kaiserlichen Vater an den österreichischen Hof nach Wien, bei welcher Gelegenheit Se. Majestät Kaiser Franz Joseph I. am 14. April den Kronprinzen zum Lieutenant im k. und k. Husaren-Regimente Wilhelm II. Deutscher Kaiser und König von Preußen Nr. 7 zu ernennen geruhte; anlässlich seiner Confirmation im Mai 1898 verlieh ihm der österreichische Monarch das Großkreuz des St. Stephan-Ordens.

14. April 1896.

Eitel Friedrich Prinz von Preußen,

Lieutenant im königl. preußischen 1. Garde-Regimente zu Fuß, à la suite des 1. Garde-Landwehr-Regimentes, **Lieutenant im k. und k. Infanterie-Regimente Wilhelm I. Deutscher Kaiser und König von Preußen Nr. 34**, Ritter des königl. preußischen Schwarzen Adler-Ordens etc. etc.

Im Marmorpalais bei Potsdam am 7. Juli 1883 als zweiter Sohn des damaligen Prinzen Wilhelm und der Prinzessin Auguste Victoria geboren, genoss der Prinz, kaum den ersten Kinderschuhen entwachsen, eine äußerst sorgfältige, aber auch strenge Erziehung. Zugleich mit seinem um ein Jahr älteren Bruder, dem Kronprinzen Friedrich Wilhelm, wurde er im Alter von wenigen Jahren bereits in den Militärfächern unterrichtet und schon 1893 zum Lieutenant des 1. Garde-Regimentes zu Fuß ernannt.

Ebenso wie der Kronprinz, verfügt er auch nur über sehr wenig freie Stunden im Tage und verbringt die übrige Zeit im eifrigen Studium der einzelnen Gymnasialfächer, Musik und Sprachen. Auch für den Reitunterricht wird täglich eine bestimmte Zeit verwendet.

Prinz Eitel Friedrich besitzt schon seinen eigenen Hofhalt und ist Generalmajor von Deines sein Obergouverneur.

Gemeinsam mit dem Kronprinzen bereiste er 1895 incognito Süddeutschland und wurde anlässlich seiner Anwesenheit in Wien, wo er sich mit seinem kaiserlichen Vater und seinem Bruder zu Besuch Seiner Majestät des Kaisers Franz Joseph I. von Österreich befand, am 14. April 1896 zum Lieutenant im k. und k. Infanterie-Regimente Wilhelm I. Deutscher Kaiser und König von Preußen Nr. 34 ernannt.

18. August 1896.

Pedro Prinz von Orléans und Bragança.
k. und k. Lieutenant im Uhlanen-Regimente Kaiser Franz Joseph Nr. 4.

Prinz Pedro wurde am 15. October 1875 als erster Sohn des Prinzen Ludwig Philipp Maria Ferdinand Gaston von Orléans, Grafen von Eu, und dessen Gemahlin Isabella, Prinzessin von Bragança, zu Petropolis bei Rio de Janeiro geboren. Im Elternhause vorzüglich erzogen, trat er, um sich für den militärischen Beruf gründlich vorzubereiten, in die k. und k. theresianische Militär-Akademie zu Wiener-Neustadt ein. Nach Absolvierung derselben wurde Prinz Pedro am 18. August 1896 zum Lieutenant im k. und k. Uhlanen-Regimente Kaiser Franz Joseph Nr. 4 ernannt.

29. September 1896.

Ferdinand Kronprinz von Rumänien.

Prinz von Hohenzollern, Oberstlieutenant und Commandant des königl. rumänischen 4. Roschiori-Regimentes, à la suite des königl. preußischen 1. Garde-Regimentes zu Fuß, **Oberst im k. und k. Infanterie-Regimente Karl I. König von Rumänien Nr. 6**, Ritter des königl. preußischen Schwarzen Adler-Ordens **Großkreuz des königl. ungarischen St. Stephan-Ordens** etc. etc.

Kronprinz Ferdinand, der dazu bestimmt ist, dereinst der Nachfolger seines kinderlosen Oheims, des Königs Karl, auf dem rumänischen Königsthrone zu werden, wurde am 24. August 1865 zu Sigmaringen als zweiter Sohn des damaligen Erbprinzen (heutigen Fürsten) Leopold von Hohenzollern und dessen Gemahlin Prinzessin Antonia, Infantin von Portugal und Herzogin zu Sachsen, geboren.

Nachdem der Prinz im Elternhause zu Sigmaringen den ersten Unterricht genossen, übersiedelte er nach Düsseldorf, besuchte dortselbst das Gymnasium und legte 1885 das Abiturientenexamen ab.

In demselben Jahre bestand er auch in Berlin, nach mehrmonatlichem Besuche der Kriegsschule zu Kassel, das Officiersexamen und trat als Lieutenant in das 1. Garde-Regiment zu Potsdam.

Bei seinen wiederholten Besuchen in Rumänien wurde Prinz Ferdinand durch seinen königlichen Oheim am 26. November 1886, gelegentlich einer Truppenschau, als Secondlieutenant des 3. Infanterie-Regimentes der rumänischen Armee einverleibt. Nachdem der Prinz noch an den Hochschulen in Tübingen und Leipzig eifrig seinen Studien oblegen, und sein älterer Bruder Wilhelm am 22. November 1888 ausdrücklich auf die Thronfolge in Rumänien verzichtet hatte, wurde er durch das Decret des Königs von Rumänien vom 18. März 1889 zum Prinzen von Rumänien (d. h. den verfassungsmäßigen Thronerben) mit dem Titel „königliche Hoheit" ernannt, und zog am 1. Mai 1889 feierlich in Bukarest ein. Am

21. Mai trat er in den Senat ein, zu dessen Mitgliedern der jeweilige Kronprinz gehört.

Kronprinz Ferdinand vermählte sich am 11. Januar 1893 mit der am 29. October 1875 geborenen Tochter des Herzogs Alfred von Sachsen-Coburg-Gotha, Herzogs von Edinburgh, Prinzessin Marie von Sachsen-Coburg-Gotha, welcher Ehe der am 3./15. October 1893 zu Schloss Pelesch in Sinaia geborene Prinz Karl, sowie die am 29. September/11. October 1894 geborene Prinzessin Elisabeth entstammen.

24. April 1897.

Leopold Prinz zu Sachsen-Coburg-Gotha,
Lieutenant im k. und k. Husaren-Regimente Graf Nádasdy Nr. 9.

Prinz Leopold ist der einzige Sohn des Prinzen Philipp von Sachsen-Coburg-Gotha und dessen Gemahlin Luise, Prinzessin von Belgien, und am 19. Januar 1878 zu Szent-Antal in Ungarn geboren.

Im Elternhause vorzüglich erzogen, wurde seine weitere Ausbildung Privatlehrern anvertraut, welche ihn auch zur Officiersprüfung vorbereiteten. Diese legte Prinz Leopold im Frühjahre 1897 zu Wien ab und wurde hierauf am 24. April desselben Jahres zum Lieutenant im k. und k. Husaren-Regimente Graf Nádasdy Nr. 9 ernannt. Gegenwärtig ist der Prinz in Ödenburg in Garnison.

28. April 1897.

Nikolaus Nikolajewitsch Großfürst von Russland.

kaiserl. russischer General-Adjutant, Generallieutenant und General-Inspector der Cavallerie, à la suite der Garde-Cavallerie, Chef des kaiserl. russischen Leibgarde-Regimentes von Litthauen, des 6. Infanterie-Regimentes Schitomir. **Oberst-Inhaber des k. und k. Dragoner-Regimentes Nr. 12 (seit 28. April 1897),** Chef des königl. preußischen (magdeburgischen) Husaren-Regimentes Nr. 10, Ritter des kaiserl. russischen St. Andreas-Ordens, **Großkreuz des königl. ungarischen St. Stephan - Ordens,** Ritter des königl. preußischen Schwarzen Adler-Ordens etc. etc.

Großfürst Nikolaus Nikolajewitsch war das erste Kind, mit welchem Großfürstin Alexandra, eine Tochter des Prinzen Peter von Oldenburg, ihren Gemahl, den seit 13./25. April 1891 verstorbenen General-Feldmarschall der kaiserlich russischen Armee, Großfürsten Nikolaus Nikolajewitsch, beschenkte.

Am 6./18. November 1856 zu St. Petersburg geboren, zeigte der Großfürst bereits in den ersten Jugendjahren ganz ausgesprochene Vorliebe für den Soldatenstand. Frühzeitig begann er denn auch in der Cavallerie, seiner Lieblingswaffe, Dienst zu thun und hat sich um dieselbe bereits große Verdienste erworben. Rasch die höchsten Chargen erreichend, ist er heute General-Inspector der Cavallerie.

Der k. und k. Armee gehört Großfürst Nikolaus Nikolajewitsch als Oberst-Inhaber des 12. Dragoner-Regimentes an, welches Se. Majestät Kaiser Franz Joseph I. dem Sprossen des russischen Kaiserhauses nach dem Ableben des greisen Generals der Cavallerie, Grafen Erwin Neipperg, allergnädigst zu verleihen geruhte.

1. Juli 1898.

Georg Wilhelm Herzog zu Braunschweig und Lüneburg,

Lieutenant im k. und k. Infanterie-Regimente Ernst August Herzog von Cumberland, Herzog zu Braunschweig und Lüneburg Nr. 42 etc. etc.

Prinz Georg Wilhelm, der älteste Sohn des Herzogs Ernst August von Cumberland und ein Enkel Georgs V., des letzten Königs von Hannover, wurde am 28. October 1880 zu Gmunden geboren.

Bei dem innigen und herzlichen Familienleben, welches im Hause seiner hohen Eltern wurzelt, verlebte der Prinz eine ungemein glückliche Kindheit. Seine hohe Mutter, Herzogin Thyra, die jüngste Tochter König Christians IX. von Dänemark, überwachte mit sorgsamen Auge seine wie seiner Geschwister Erziehung. Leider sollte aber Prinz Georg Wilhelm durch eine ungemein schmerzhafte Kniegelenks-Entzündung schon in jungen Jahren auch bittere Stunden kennen lernen. Mit bewunderungswürdiger Standhaftigkeit ertrug der junge Fürstensohn die ihm auferlegten Leiden. Dank seiner kräftigen Körperconstitution wie ausgezeichneter ärztlicher Behandlung erholte sich der Prinz im sonnigen Süden bald derart, dass er nun seiner völligen Genesung entgegensieht.

Se. Majestät Kaiser Franz Joseph I. ernannte den in jungen Jahren schon so schwer geprüften Prinzen am 1. Juli 1898 zum Lieutenant in dem, den Namen seines hohen Vaters führenden Infanterie-Regimente Nr. 42.

18. August 1898.

Ludwig Prinz von Orléans und Bragança.

k. und k. Lieutenant im Corps-Artillerie-Regimente Erzherzog Wilhelm Nr. 3
etc. etc.

Als zweiter Sohn des Prinzen Ludwig von Orléans, Grafen von Eu, und der Prinzessin Isabella von Bragança am 26. Juni 1878 zu Petropolis bei Rio do Janeiro geboren, schwor Prinz Ludwig gleich seinem älteren Bruder Pedro zu Habsburgs Fahnen. Seine militärischen Studien absolvierte der Prinz in der technischen Militär-Akademie zu Wien und wurde am 18. August 1898 als Lieutenant in das Corps-Artillerie-Regiment Erzherzog Wilhelm Nr. 3 eingetheilt.